主編　吴洪澤　尹　波
主審　李文澤　刁忠民

宋人年譜叢刊

第九册

四川大學出版社

全國高等學校古籍整理研究工作委員會規劃項目

全國古籍整理出版規劃項目

國家「211工程」重點學科項目

目録（第九册）

洪文敏公年譜

（清）錢大昕 編
洪汝奎增訂
張尚英校點

宣統元年晦木齋刊《四洪年譜》

洪邁（一一二三—一二〇二），字景盧，號容齋，鄱陽（今江西波陽）人，洪皓第三子。紹興十五年進士，授兩浙轉運司幹辦公事，召爲敕令所删定官，累遷左司員外郎，進起居舍人，以張震劾其使金辱命，論罷。隆興初，起知泉州。乾道間移知吉州，召爲中書舍人兼侍讀、直學士院，出知贛州，移建寧府、婺州。召對，以提舉佑神觀兼侍講，同修國史，直學士院。淳熙十三年，拜翰林學士，進上《四朝史》。紹熙元年，出知紹興府，奉祠。嘉泰二年卒，年八十，謚文敏。

洪邁與兄适、遵均有文名，時稱「三洪」。洪邁尤爲博學，文備衆體。著述甚豐，尤以《容齋隨筆》、《夷堅志》影響巨大，體現了他在文學、史學、典章名物、文獻學等方面的成就。又有《野處文集》等，已殘佚，清勞格補輯有《洪文敏公集》八卷。事蹟見《宋史》卷三七三本傳。

清人錢大昕所編《洪文敏公年譜》一卷，有嘉定八年李氏刊《潛研堂全書·孱守齋所編年譜五種》本。道光間，洪氏裔孫汝奎以錢譜「尚有未盡，爰補拾漏遺，加以增訂」。宣統二年，汝奎子恩廣取其手稿與洪皓、洪适、洪遵年譜合刊，編入《四洪年譜》第四卷。此譜採擷錢譜，考述宦歷、詩文著述、生平事蹟甚詳，又以「增訂」補其脱漏，訂其訛誤，價值已超過錢譜。

洪文敏公年譜

嘉定錢大昕譔
裔孫汝奎增訂

宋徽宗宣和五年癸卯，公生。

公諱邁，字景盧，忠宣公晧第三子。

宣和六年甲辰，二歲。

宣和七年乙巳，三歲。

欽宗靖康元年丙午，四歲。

高宗建炎元年丁未，五歲。

建炎二年戊申，六歲。

忠宣公丁父太中憂。

建炎三年己酉，七歲。

忠宣公爲金國通問使，金人留之不遣還。

建炎四年庚戌，八歲。

紹興元年辛亥，九歲。

紹興二年壬子，十歲。

過衢州白沙渡，見岸上酒店敗壁間有題詩二絕句，一咏犬落水，一咏油污衣，愛而識之，終身不忘。

【增訂】《容齋三筆》卷五：予甫十歲時，過衢州白沙渡，見岸上酒店敗壁間有題詩兩絕，其名曰《犬落水》、《油污衣》。犬詩太俗不足傳，獨後一篇殊有理致。其詞云：「一點清油污白衣，斑斑駁駁使人疑。縱饒洗徧千江水，爭似當初不污時。」是時甚愛其語，今六十餘年，尚歷歷不忘，漫志於此。

按：公時十許歲，蓋隨伯兄文惠避亂歸饒州，旋復還秀州，道經衢州也。

紹興三年癸丑，十一歲。

紹興四年甲寅，十二歲。

紹興五年乙卯，十三歲。

紹興六年丙辰，十四歲。

紹興七年丁巳，十五歲。

紹興八年戊午，十六歲。

十一月，丁母魏國夫人沈氏憂。

紹興九年己未，十七歲。

十一月，葬沈太夫人於無錫縣。《容齋五筆》云「少年寓無錫，從錢伸仲借書，得《麴信陵集》」，當在是時。

【增訂】錢伸仲名紳，著有《同安志》十卷，見馬端臨《文獻通考》。《新唐書·藝文志》有《麴信陵詩》一卷。

紹興十年庚申，十八歲。

紹興十一年辛酉，十九歲。

紹興十二年壬戌，二十歲。

兄文惠公、文安公同登博學宏詞科，公亦寓南山淨慈院待詞科試。

【增訂】《五筆》卷四：紹興十二年壬戌，予寓南山淨慈，待詞科試。按：是歲，公應詞科未第。見省試官聯騎，公服戴帽，不加披衫，每一員以親事官一人執敕黃行前。是時知舉參詳點檢官合三十一員，最後一中官宣押者入下天竺貢院。及三十年庚辰，予以吏部郎充參詳官即入內受敕，則各各乘馬，不同時而赴院。至淳熙十四年丁未忝司貢舉，則了與昔異，三三兩兩自爲遲速，其乘轎者十人而九矣。

是年二月五日，有《送梁竑父通判江州序》。見富大用《事文類聚·外集》。

紹興十三年癸亥，二十一歲。

六月，忠宣公自金還。八月召對，以待制權直學士院提舉萬壽觀。九月出知饒州，公代作謝表。

紹興十四年甲子，二十二歲。

六月，忠宣公以中丞詹大方劾奏，罷饒州，提舉江州太平觀，尋丁內憂。

【增訂】祝淵《事文類聚·遺集》有《謝

紹興十四年曆日表》。按：《表》云「支郡頒常」，疑亦代忠宣公作。

紹興十五年乙丑，二十三歲。

是春，再至臨安，寓三橋西沈亮功主簿之館。沈以買飯於外不便，自以家饌日相供。同年湯丞相來訪，叩旅食大概，具爲言之，湯公曰：「主人亦賢矣。」試博學宏詞科中選，名在第三。試題：《漢麟趾褭蹏贊》、《唐凝暉閣渾天儀記》、《少保鎮南軍節度使充兩浙東路安撫大使兼知紹興軍府事授少傅鎮南靜江軍節度使充江南東路安撫大使兼知建康軍府事兼營田大使兼行宮留守加食邑實封制》、《代守臣謝賜御書周易尚書表》、《明道耤田頌》、《漢中和樂職宣布詩序》。

《夷堅志》：紹興十五年三月十五日，予在臨安試詞科第三場畢。出院時尚早，同試者何善伯明、徐搏升甫相率游市。時族叔邦直應賢、鄉人許良佐舜舉省試罷，相與同行，因至抱劍街。伯明素與明倡孫小九來往，遂拉訪其家。置酒於小樓，夜月如晝，臨欄望月，兩燭結花，粲然若連珠。孫固黠慧解事，乃白坐中曰：「今夕桂魄皎潔，燭花呈祥，五君皆校藝蘭省，其爲登名高第可證不疑。願各賦一詞紀實，且爲他日一段佳話。」遂取吳箋五幅寘於桌。升甫、應賢、舜舉皆謝不能，伯明俊爽敏捷，即操筆作《浣溪沙》一闋曰：「草草杯盤訪玉人。鐙花呈喜坐天春。邀郎覓句要奇新。黛淺顏嬌情脈脈。雲輕柳弱意眞眞。從今風月屬閒人。」衆傳觀歎賞，獨惜其末句失意。予續成《臨江仙》曰：「綺席留歡歡正洽，高樓佳氣重重。釵頭小篆燭花紅。直須將喜事，來報主人公。桂月十分春正半，廣寒宮殿葱葱。姮娥相竝曲欄東。雲梯知不遠，平步躡東風。」孫滿酌一觥，相勸曰：「學士必高中，此瑞殆爲君設也。」已而，予果奏名賜第，餘四人皆不偶。

授兩浙轉運司幹辦公事。四月，除左承務郎、敕令所删定官。既而言官汪勃論公與其父同惡相濟，閏十一月，出爲添差福州教授。據《繫年要録》。

【增訂】寓沈主簿事，見《四筆》卷十五。是年，《代謝賜御書周易尚書表》云：「八卦之説謂之索，奉以周旋；百篇之義莫得聞，坦然明白。」尾句曰：「但驚奎壁之輝，從天而下；莫測龜龍之祕，行地無疆。」見《三筆》卷八。錢氏於是年據李心傳《繫年要錄》書閏十一月出爲添差福州教授，又於十八年下注云「公出教福州」，未説年月，或疑前後兩歧。按《宋史·高宗紀》：紹興十五年十月甲午，以汪勃言折彥質黨趙鼎柳州安置，與此事適相先後，《繫年要錄》當不誤。惟十六年、十七年公實侍忠宣公側，未嘗到任，故錢氏附於十八年以俟考耳。

紹興十六年丙寅，二十四歲。

侍忠宣公於里。

《夷堅志》紀紹興十六年十月二十五夜，文惠公在台州薨妙緣寺事，云：「時忠宣在鄉里，文安在毗陵，予處侍下。」

紹興十七年丁卯，二十五歲。

五月，忠宣公謫英州安置，公侍親居英。

與僧希賜游南山，讀東坡《何公橋記》石刻。州人利秀才新作茅齋，從公乞名，以齋前有兩高松，因命之曰「二松」。

【增訂】《三筆》卷十一：英州小市，江水貫其中，舊架木作橋，每不過數年，輒爲湍潦所壞。郡守建安何智甫始叠石爲之，方成而東坡還自海外。何求文以紀，坡作四言詩一首。予侍親居英，與僧希賜游南山，步過橋上，讀詩碑。希賜云眞本藏於何氏，此有石刻，經黨禁亦不存。今以板刻之，乃希賜所書也。坡公作詩時建中靖國元年辛巳，予聞希賜語時紹興十七年丁卯，相去四十六年。《五筆》卷九：予頃在英州，訪鄰人利秀才，利新作茅齋，頗淨潔，從予乞名。其前有兩高松，因爲誦《藍田壁記》，命之曰「二松」。

紹興十八年戊辰，二十六歲。

忠宣公忤秦檜竄謫，檜恨未已，御史汪勃論公，出爲添差福州教授。向來州郡以表奏書啓委教授，因而餉以錢酒。公但爲撰公家謝表及《祈謝晴雨文》，至私禮箋啓小簡皆不作，遇聖節樂語嘗爲之。公出教福州，未詳年月，姑附於此。

【增訂】撰公家謝表云云，見《四筆》卷十五。

紹興十九年己巳，二十七歲。

是歲葉晦叔黯自敕令局出爲福建帥屬，公因春補諸生，白於府主，邀與同考校，鎖宿貢院兩旬。公作長句贈之，晦叔亦有和篇。

據《三筆》九。《三筆》九云：「予自福倅滿歸，晦叔以二詩送別。」據本傳，公爲福州教授，非通判也，「倅」字似誤。

【增訂】《三筆》卷六：紹興十九年，予爲福州教授，爲府作《謝曆日表》。又卷八載其表文曰：「神祇祖考，既安樂於太平；歲月日時，又明章於庶證。」

王應麟《詞學指南》：洪景盧作《謝曆日表》，一聯云「神祇祖考」云云。乾道中，外郡采取用之，洪公曰：「今光堯在德壽，所謂考者何哉？」又《淵聖乾龍節疏》曰：「應天而行，早得尊於大有；象日之動，偶蒙難於明夷。」

《三筆》卷四：予教授福州日，因訪何大圭，忽問：「君識天星乎？」答曰：「未之學。」曰：「豈不能認南方中夏所見列宿乎？」曰：「此卻麤識一二。」大圭曰：「君今夕試仰觀熒惑何在。」是時正見於南斗之西，後月餘再相見時，連旬多陰，所謂火曜已在斗魁之東矣。大圭曰：「使此星入南斗，自有故事。」予聞其語，固已竦然。明日來相訪，曰：「吾曹元不洞曉天文，昨晚葉子廉見顧，言及於此，蹙頞云：『是名魏星，無人能識，非熒惑也。』」予曰：「十二國星只在牛女之下，經星不動，安得轉移。」圭曰：「乾象欲示變，何所不可。」子廉云：「後漢建安二十五年亦曾出。」蓋秦正封魏國公，圭意比之曹操。予大駭，不復敢酬應。他日與謝景思、葉晦叔言之，且曰：「使邁爲小人告訐之舉，有所不能。萬一此段彰露，爲之奈何？」謝、葉曰：「可以言命矣，與是人相識便是不幸，不如靜以待之。」時歲在己巳。

謝景思時爲參議官，見《三筆》卷九。

按：太常少卿上蔡謝景思名伋，乃參政克家之子。有《藥寮叢稿》二十卷，葉水心爲之序。文惠公有《謝景思藥寮》

詩。

《隨筆》卷十二：予頃教授福州日，林之奇少穎爲《書》學諭，講「帝釐下土」數語曰：「知之爲知之，《堯典》、《舜典》之所以可言也；不知爲不知，九共藁飫略之可也。」其說最純明可嘉。

愈成《螢雪叢說》：洪內翰景盧主泮三山，以林少穎爲《書》學諭，講「帝釐下土」數語曰云云，惜乎林書不載此說，予故表而出之。

《隨筆》卷五：唐蘇州司戶郭京有《周易舉正》三卷云云，予頃於福州《道藏》中見此書而傳之。及在後省，見晁公武所進《易解》，多引用之，世罕有其書也。

陳振孫《書錄解題》：劉跂《學易集》，原本二十卷，最初李相之得於跂甥蔡瞻明，紹興中洪邁傳於長樂官舍，後施元之刻板行世。

是年正月，作《福州教授壁記》。見《事文類聚·外集》。

紹興二十年庚午，二十八歲。

紹興二十一年辛未，二十九歲。

紹興二十二年壬申，三十歲。

紹興二十三年癸酉，三十一歲。

紹興二十四年甲戌，三十二歲。

是歲，編詩爲《野處類篙》二卷，自序云：甲戌之春，家居卧病，因復作詩若干首，以當緩憂之一助。

【增訂】《宋史·藝文志》載洪邁《野處贅稿》三十八卷，《野處猥稿》一百四卷，未載《野處類稿》。今藏書家有僞本《野處類稿》二卷，惟卷首二詩眞贋未定，餘皆朱松《韋齋集》中詩。松，朱子之父也。序語殆亦書賈僞撰，錢氏偶據僞本編入。

按：錢大昕《十駕齋養新錄》：「洪文敏《野處類稿》二卷，吳門徐淡如鈔以見贈。頃見戈小蓮家藏本，前有自序一篇，因鈔於簡端。序稱『甲戌之春，家居卧病』。甲戌者，紹興二十四年也。然細讀此集，似不出文敏之手。如《庚戌正月謁普照塔》云『重來得寓目，歸枕尾殘汴』，當謂泗州大聖塔也。公生於宣和癸卯，至庚戌僅八歲，即早慧能詩，不應有『重來寓目』之句。又有《呈元聲如愚起莘三兄及懷舍弟逢年時歸婺源》詩，與文敏兩兄字全別，益可疑矣。」據此，則《野處類稿》之非眞本，錢氏故知之，特於此漏加按語耳。

紹興二十五年乙亥，三十三歲。

十月，忠宣公薨於南雄途次。

【增訂】按：忠宣公謫居英州凡九年，是年徙袁州，未踰嶺，以十月二十日薨於南雄。《隨筆》卷十三：「英州之北三十里有金山寺，予嘗至其處，見法堂後壁題兩絕句，僧云廣州鈐轄俞似之妻趙夫人所書。詩句灑落不凡，而字畫徑四寸，遒健類薛稷，極可喜。數年後又過之，僧空無人，壁亦隳圮，猶能追憶其語。」據此，則公侍親居英州蓋歷數年，抑或與昆季更番省侍，數年中前後兩至英州與？

是年四月二十日，作《重修廣州都鹽倉記》。見《事文類聚·外集》及《遺集》。《隨筆》卷十三「予頃作《廣州三清殿碑》」，未詳何年，附著於此。

紹興二十六年丙子，三十四歲。

十一月，葬忠宣公。

【增訂】文惠公撰忠宣公行述，稱邁左宣教郎、通判袁州，錢氏失書。

紹興二十七年丁丑，三十五歲。

是歲九月，還自衡岳，道宜春，買舟東下。永嘉方景南名雲翼置酒秀川館餞之，邵武黄景達名介、開封向巨源名鼐、歷陽許季韶名子紹皆與坐中，聯句作詩。

紹興二十八年戊寅，三十六歲。

二月，與文安公同被召。文安公除起居舍人，三月，公除祕書省校書郎。在三館假庾自直類文，先以正文點檢，中有數卷皆以後板爲前，令書庫整頓，然後錄之。《四筆》二。

【增訂】文安公撰《忠宣公謚告碑記》，題銜稱邁左宣教郎、祕書省校書郎。記云：「正月辛巳，被召赴行在。二月乙未，又召弟邁。壬子，遵對垂拱殿。三月戊寅，邁入對。上云『宇文虛中負國，卿父獨執節不屈』，因及秦檜毁高不得大用等語。」據此，則公與文安公乃接踵被召，非同時被召也。

紹興二十九年己卯，三十七歲。

四月，兼國史院編修官。

《三筆》十三云：《四朝國史》本紀，皆邁爲編修官日所作。至於淳熙乙巳、丙午，又成列傳一百三十五卷。惟志二百卷多出李燾之手。

八月，除吏部員外郎。

《續筆》二云：紹興二十八年三月，予入館。明年八月，除吏部郎官，一時同舍祕書丞虞雍公幷甫、著作郎陳魏公應求、祕書郎史魏公直翁、校書郎王魯公季海皆至宰相，汪莊敏公明遠至樞密使，恩數與宰相等。

輪對，奏自今當得致仕恩澤之人物故者，吏部考其平生，非有贓私過惡者，即官其後人。若眞能引年知止者，乞厚其禮節，以厲風俗。既下三省，首相湯岐公難之，議遂寢。

是歲，與左僕射沈該等分寫《四十二章經》，刻石於六和塔，公所書者第四十二章也，題銜稱左奉議郎、祕書省校書郎兼國史院編修官、兼權尙書駕部員外郎。《夷堅志》當成於是年。

【增訂】輪對云云，見《隨筆》十。

《宋史·高宗紀》：紹興二十六年五月壬寅，以沈該爲尙書左僕射，二十九年六月己酉，沈該以貪冒罷。閏月甲子，落沈該觀文殿大學士致仕。

畢沅《續資治通鑑》：是年四月壬辰，國子司業黃中賀金主生辰，還言金主再修汴梁，役夫萬計，此必欲徙居以見逼，不可不早爲之計。時中書舍人洪邁亦請密爲邊備，該等不聽。謂宰相沈該、湯思退。

按：洪邁疑洪遵之誤，時邁猶未爲舍人也。

紹興三十年庚辰，三十八歲。

三月，改禮部員外郎，充省試參詳官，主司委出詞科題。

《五筆》八云：時擧子兼經，出《易簡天下之理得賦》。有檢點試卷官杜華云：『簡』字韻甚窄，若『撰』字在所必用，然惟撰述之『撰』乃可耳。如雜物撰德，體天地之『撰』，異乎三子者之撰欠伸、撰杖屨之類，皆不可用。」予以白知擧，請揭榜示衆。何通遠諫議初亦難之，予曰：「儻通場皆落韻，如何出手。」乃自書一榜，榜才出，八廂邏卒以爲逐舉未嘗有此例，即錄以報主者。士人滿簾前上請，予爲逐一剖析，然後退。

七月，以禮部員外郎兼國史院編修官。是月八日，撰《郎官題名記》。

九月二十一日，撰《禮部尚書題名記》。

十月，以金人叛盟，詔親征。詔草公所撰也。是月二日，序文惠公《硯説》，題銜稱左承議郎、尚書禮部員外郎兼國史院編修官。

十一月，兼樞密院檢詳文字。

【增訂】主司委出詞科題，見《五筆》卷九。又《五筆》卷四：紹興三十年庚辰，予以吏部郎充參詳官云云，時猶未改禮部也。

《宋史·高宗紀》：紹興三十年三月辛巳，復館職召試，然後除擢。癸卯，賜禮部進士梁克家以下四百一十二人及第出身。

按：《宋史·高宗紀》：「紹興三十年八月壬子，賀允中使還，言金人必叛盟，宜爲之備。壬申，淮東總管許世安奏金主亮至汴京，起兵五十餘萬，屯宿泗州，謀來攻。三十一年十月庚子朔，詔將親征。十二月戊申，帝發臨安。」是金人叛盟在庚辰八月，而下詔親征在辛巳十月，公當於是時撰詔草。

周必大《親征錄》：紹興三十一年十月朔，手詔：「金虜叛盟，將親征。」其文洪景盧所草，前一月，人已能誦之。

《朱子語錄》云：儒用問：「庚辰親征詔，舊聞出於洪景盧之手。近施慶之云劉共甫實爲之，乃翁嘗從共甫見其草本。未知孰是？」曰：「是時陳魯公當國，命二公人爲一詔，後遂合二公之文而一之，前段用景盧者，後段用共甫者。」

按：此説與《親征録》小異，庚辰誤，當是辛巳。

《三筆》卷八：《辛巳親征詔》曰：「惟天惟祖宗，方共扶於基緒；有民有社稷，敢自佚於宴安。」又曰：「歲星臨於吳分，定成肥水之勳；鬬士倍於晉師，可決韓原之勝。」是時歲星在楚，故云。

《詞學指南》：野處洪公作《告契丹諸國及中原檄》曰：「蓋聞惟天無親，作不善者神弗赦；得道多助，仗大義者衆必歸。爲劉氏左袒，飽聞思漢之忠；徯湯后東征，必慰戴商之望。侯王甯有種乎，人皆可致；富貴是所欲也，時不再來」云云。

按：此檄後二聯，並見《三筆》卷八，似當與《親征詔》同時撰進。

《宋史》本傳：上居顯仁皇后喪，當孟饗，禮官未知所從。邁請遣宰相分祭，奏可。

按：顯仁皇后以二十九年九月薨。

又《三筆》卷八：禮部爲宰臣以顯仁皇后小祥請吉服，奏曰：「練而慨然，禮應順變，期可已矣，懼或過中。」又曰：「漢中天二百而興，益隆大業；舜至孝五十而慕，獨耀前徽。」時高宗聖壽五十四也。

周煇《清波雜志》：族叔茂振既葬二十八年，内翰洪公景盧方志其墓。當在樞府日，洪爲編修官。

按：茂振係周麟之之（名）（字）。

紹興三十一年辛巳，三十九歲。

三月，正除樞密院檢詳諸房文字。

《三筆》四云：予檢詳密院諸房日，有涇原副都軍頭乞換授，而所持宣内添注

「副」字，爲房吏所沮，都頭者不能自明，兩樞密以事見付。予視所添字與正文一體，以白兩樞曰：「使訴者爲姦，當妄增品級，不應肯以都頭而自降爲副，其爲寫宣房之失，無可疑也。」樞以爲然，乃爲改正。

又云：楊和王爲殿帥，罷一統領使歸部，而申樞密院云：「此人元姓名曰許超，只是校尉，偶有修武郎李立告使之鼎名，因得冒轉。續以戰功積累，今爲武顯大夫，既已離軍，自合依本姓名及元職位。」超詣院訴，而不能爲之詞。予檢詳兵房，爲言曰：「一時冒與，自是主將之命。修武以前，固非此人當得。若武翼之後，皆用軍功，使其戰死於陣，則性命須要超承當。今但當剋除不應得九官，而理還其餘資，庶合人情，於理爲順。」兩樞密甚然予説，即奏行之。

十月，知樞密院葉義問出視師，奏公參議軍事。

【增訂】《三筆》卷四：予爲檢詳時，葉審言、黄繼道爲長貳。審言，義問字也。黄祖舜字繼道，時同知樞密院。

謝維馨《合璧事類備要》後集引《家傳》云：紹興三十一年，完顏亮叛盟，時洪文敏公邁任樞密院檢詳，宰相傳旨令撰書詔榜檄。

《續通鑑》：紹興三十一年正月己巳，金人攻壽春府，保義郎、樞密院忠義前軍正將劉泰率所部赴救，轉戰連日。是月，金人引去，泰身被數十創，一夕死。樞密院檢詳諸房文字洪邁言其忠，詔贈武翼郎，官其家三人。

又云：十月戊午，《親征録》亦作十月戊午。

知樞密院事葉義問督視江淮軍馬，中書舍人兼直學士院虞允文參謀軍事，樞密院檢詳諸房文字洪邁、祕書省校書郎馮方並參議軍事。

岳珂《桯史》：虞雍公允文以西掖贊督議，既卻逆亮於采石，還至金陵，謁葉樞密義問於玉帳，留鑰張忠定燾及幕屬馮校書方、洪檢詳邁在焉，相與勞問江上戰拒之詳。天風欲雪，因留卯飲。酒方行，流星警報沓至，蓋亮已懲前衄，將改圖瓜洲。坐上皆恐，以雍公新立功，咸屬目。葉四顧久之，酌卮醪以前曰：「馮、洪二君雖參帷幄，實未履行陣。舍人威名方新，士卒想望，勉爲國家卒此勳業，義問與有賴焉。」

《隨筆》卷十：方完顔亮據淮上，予從樞密行府於建康，嘗致禱大江，能令虜不得渡者當奏冊爲帝。洎事定，朝廷許如約，朱丞相漢章以爲不可。

《續筆》卷四：紹興之季，虜騎犯淮，踰月之間，十四郡悉陷。予親見沿淮諸郡守盡帚官庫儲積，分寓京口，云預被旨許令移治。是乃平時無虞，則受極邊之賞，一有緩急，委而去之。敵退則反，了無分毫絓於吏議，豈復肯以固守爲心也哉！

王應麟《玉海》：紹興三十一年四月二十三日，洪邁言：「天子之出，淸道警蹕，旄頭前驅，豹尾後殿，其往來馳道與闌出入者皆有厲禁。自六飛時，循務爲簡便，四孟朝獻，前爲駕頭，後止曲蓋，爪牙拱扈之士，步趨離立，無復行列。觀者接袂，不聞誰何。願詔有司，凡車駕行幸，從駕禁旅以若干人爲一列，相去各若干步。其乘馬前導者豫上其數，有司繪爲圖，先一日以聞。有不如令及不在圖而冒至者糾之，令御史覺察。」詔可。

是年二月四日，有《館閣諸公送胡正字詩序》。見祝穆《事文類聚·前集》及祝淵《事文類聚·遺集》。

紹興三十二年壬午，四十歲。

正月，金遣使議和，公以左司員外郎借左朝議大夫，試尚書禮部侍郎，充接伴使。三月，除起居舍人，假翰林學士，充賀金登位國信使。知閤門事張掄字才老爲副使，弟景孫輔行。六月，孝宗即位。七月甲子，使還。

其國書云：「使介來庭，緘題越式。固違羣議，特往報書。」又云：「海陵失德，江介興兵，過乃止於一身，盟固難於屢變。」又云：「尺書侮慢，既匪藩函。寸地侵陵，又違誓表。」又云：「殊無敬賀之詞，繼有難從之請。」末句云：「尚敦舊好，勿徇羣言。」初，公在境上與接伴約用敵國禮，接伴許諾，故沿路表章皆用在京舊式。才入燕京，盡卻回，使依舊例易之，公不可。於是扃驛門，絕供餼，而館伴者云：「嘗從公父尚書公學，陽吐實言，勿固執，恐無好事，須通一線路乃佳。」公與張掄懼留，易表章授之。即入見，使副例不跪，至是皆跪。傳令云：「國書不如式，不當受，可付有司。」

八月，殿中侍御史張震論公奉使辱命，罷官。

【增訂】國書云云，見周必大《龍飛錄》。「藩函」，周集作「藩臣」；「供餼」，周集作「供饋」。《宋史·高宗紀》：「紹興三十一年十二月乙未，金人弒其主亮於揚州龜山寺。戊戌，金都督府遣人持檄，詣鎮江軍中議和。三十二年正月己丑，金遣其臣高忠建等來告嗣位。」據此，則公爲接伴使，乃來告嗣位之時，非議和也。

是年二月閏，公作《賀誅完顏亮表》云：「民勞汔可小康，甫迓升平之運；胡滅誠爲大慶，願臻混壹之期。」

《續通鑑》：紹興三十二年正月庚寅，宰執奏金使二月渡淮。帝曰：「今若拒之，則未測來意，有礙交好。受之則當遣接伴使副於境上，先與商量。向日講和，本爲梓宮太后故，雖屈己卑辭有所不憚。今金興無名之師，侵我淮甸，兩國之盟已絕。今使者來則名稱以何爲正，疆土以何爲準？與夫朝見之儀、歲幣之數，所宜先定，不然則不敢受也。」

又云：以洪邁、張掄爲接伴使。壬辰，帝謂宰執曰：「朕料此事終歸於和，卿等欲首議名分，而土地次之，蓋卿等不得不如此言。在朕所見，當以土地人民爲上，若名分則非所先也。何者？若得復舊疆，則陵寢在其中。使兩國生靈不殘於兵革，此豈細事。至如以小事大，朕所不恥。」陳康伯曰：「此非臣等所敢擬議。」帝曰：「俟邁等對，朕自以意諭之。」三月丁未，左司員外兼國史院編修官洪邁、文州刺史知閤門事張掄接伴北使還，入見，邁等言：「伏見已降指揮罷北使沿路游觀燒香。竊謂朝廷接納鄰好，所爭者大，非一事而止也。今賜予宴犒一切如舊，則游觀小節似可從略。

若以欽宗皇帝服制爲辭，則向者顯仁皇后弔祭使來，天竺、浙江之行猶且不廢。或彼有請，拒之無名，望令有司依例施行。」詔使人欲往浙江觀潮，令館伴諭以近日水勢湍猛，損壞江亭石岸，難爲觀看。其天竺並沿路游觀燒香，且依近例。或無所請，即依已降指揮施行。遂以邁守起居舍人，兼職如故。是日，金國報登位使高忠建等入國門。始忠建責臣禮及新復諸郡，邁以聞，且曰：「土疆實利不可與，禮際虛名不足惜也。」禮部侍郎黃中聞之，亟奏曰：「名定實隨，百世不易，不可謂虛。土疆得失，一彼一此，不可謂實。」議者或有謂土地實也，君臣名也，今宜先實後名，乃我之利。權兵部侍郎陳俊卿曰：「今力未可守，雖得河南，不免爲虛名。臣謂不若先正名分，名分正則國威張，而歲幣亦可損矣。」北使高忠建等將入境，責臣禮及新復諸郡縣。接伴使洪邁移書曰：「自古以來，鄰邦往來，並用敵禮。向者本朝皇帝上爲先帝，下爲生靈，勉抑尊稱，以就和好，而彼國無故背盟，自取殘滅。竊聞大金新皇帝有仁厚愛民之心，本朝亟諭將帥，止令收復外，不許追襲。乃蒙責問，首遣信使，舉國欣幸。但一切之禮難以復仍舊貫，當至臨淮上謁，更俟顧惠曲折面聞。」丁巳，金使高忠建等入辭，置酒垂拱殿。忠建等既朝，留驛中凡五日，觀濤、天竺之游皆罷之。至是面受報書，用敵國禮。將退，遣客省官宣諭云：「皇帝起居大金皇帝，遠勞人使，持送厚幣。聞皇帝登寶位，不勝欣慶。續當專遣人欽持賀禮。」忠建等捧受如儀。起居舍人兼國史院編修官洪邁假翰林學士，充賀大金登寶位國信使。

《宋史·高宗紀》：紹興三十二年三月丁巳，遣洪邁等賀金國即位。四月戊子，洪邁等辭行，報聘書用敵國禮。《親征錄》作三月乙卯，洪邁借翰苑經筵，同張掄充賀大金登寶位國信使副。「乙卯」字恐誤。

《金史·世宗紀》：大定二年六月庚辰，宋遣使賀即位。

《交聘表》：大定二年六月，宋翰林學士洪邁、鎮東軍節度使張掄錢大昕《廿二史考異》：是時邁官起居舍人，掄知閤門事，《表》所載皆假官也。賀上書詞不依舊式，詔諭洪邁，使歸諭宋主。

《宋史·孝宗紀》：紹興三十二年八月丁亥，起居舍人洪邁、知閤門事張掄坐奉使辱命罷。

《宋稗類鈔·詆毀類》：洪景盧奉使，其父忠宣嘗薦之。景盧爲金困辱而歸，太學諸生作詞云：「洪邁被拘留，垂哀告彼酋。七日忍饑猶不耐，堪羞。蘇武曾經十九秋。厥父既無謀，厥子安能解國憂。萬里歸來誇舌辨，村牛。好擺頭時不擺頭。」蓋洪好搖頭也。

按：此詞見羅大經《鶴林玉露》，與此微異。羅云：「紹興辛巳，亮既授首，葛王篡位，使來修好，洪景盧往報之云云。景盧素有風疾，頭常微掉，時人爲之語曰『一日之飢禁不得，蘇武當時十九秋。傳語天朝洪奉使，好擺頭時不擺頭。』」王士禛《居易錄》引之云：「洪忠宣公皓奉使，大節不殊蘇子卿。子文敏公邁又奉使，可稱無忝，乃太學諸生謗之云云。南渡，太學之橫如此。」按：漁洋謂南渡太學之橫，是固然矣。第忠宣公以紹興二十五年薨於南雄，迨三十二年文敏公始奉使，相距八年之久，乃云忠宣嘗薦之，何也？

《親征錄》：紹興三十二年三月己未，洪景盧出接伴。

《雜錄》云：淮泗間彌望無寸木，鵲巢平地。

又云：道逢泰州民自虜中逃歸，言初被驅迫至京畿，百姓爭舍匿之，調護甚至，仍爲治裝，告以歸路，有捨其馬使代步者，惟過河則不可回。

按：《接伴雜錄》殆文敏當日手記。

又《省齋文藁》有《送洪景盧舍人北使》詩：「嘗記揮毫草檄初，必知鳴鏑集單于。由來筆下三千牘，可勝軍中十萬夫。已許乞盟朝渭上，不妨持節過幽都。吾君甚似仁皇帝，宜有韓公贊廟謨。」

《三筆》卷十四：予頃使金國時，辟景孫弟按：忠宣公第四子，名遜，景孫疑是遜之字。唐元宗時，詞臣有孫逖，以制誥擅長，似取此義。輔行，弟婦在家許齋醮。及還家賽願，予爲作《青詞》云：「頃因兄伯出使，夫壻從行。」雖借用陳平傳兄伯之語，而自不以爲然。偶憶《爾雅·釋親篇》曰：「婦稱夫之兄爲兄公，夫之弟爲叔。」於是改「兄伯」字爲「兄公」，視前所用大爲不侔矣。

《夷堅志》：契丹小兒初讀書，先以俗語顛倒其文句而習之。頃奉使金國時，接伴副使、祕書少監王補每爲予言，以爲笑。補，錦州人，亦一契丹也。

周必大《掖垣類藁·劉繹轉官制》下注云：接伴使洪邁保奏權知泗州、修武郎、閤門祗候劉繹應副人使無敗闕，特轉武翼郎、閤門宣贊舍人。

《四筆》卷十六：頃在樞密行府，有院吏兵房副承旨董球於紹興三十二年正月尚未有正官。至四月，予接伴人使回，球通刺字來謁，已轉出爲武顯大夫。問其何以遽得至此，曰副承旨比附武顯郎，後用賞故爾。

孝宗隆興元年癸未，四十一歲。

起知泉州。是歲，始撰《容齋隨筆》。五月，文安公自翰林學士承旨除同知樞密院事。

【增訂】文惠公撰《慈塋石表》稱邁左朝奉大夫、前起居舍人。

隆興二年甲申，四十二歲。

七月，文安公罷樞府。

乾道元年乙酉，四十三歲。

四月，文惠公自翰林學士簽書樞密。八月，進知政事。十二月，入相。

乾道二年丙戌，四十四歲。

除知吉州，過闕奏事，詔赴郡。未之任，九月召還。入對，除起居舍人。十月，兼權直學士院。十一月，奏乞自今講讀官以日所得聖語送修注官書之，名曰《祥曦殿記注》。又奏《欽宗日曆》已成，宜修纂實錄，皆從之。十二月，兼同修國史兼實錄院同修撰。葉顒拜左僕射，公當制。是月十八日，序《夷堅乙志》二十卷，合甲乙二書，得六百事。是歲三月，文惠公罷政。

《夷堅志》：日者蔣堅，金陵人。乾道元

年，游術江左，至鄱陽僦邸舍，起卜肆，其學精於六壬。十二月四日，予詣東圃，呼之爲文惠公論命。公時參知政事，堅曰：「此命方超陞，如是秀才便及第，選人便改官，庶僚則爲侍從，從官則入兩府，執政則拜相。」仍即日有嘉音，予語之以實，對曰：「若然則做大事無疑，恨氣數不耐久，明年三月宜自勇退。」予曰：「既云正拜，不應進退太速。」因以知樞密汪明遠、簽判葉子昂兩命併叩之。堅曰：「皆當遷，亦甚緊，然葉不過四月，汪不過五月皆當去。」予勿之信。已而正以是日文惠拜右僕射，汪進樞密事，葉參大政。明年二月，文惠去位，三月葉去，四月汪去，皆如其先後，各差一月云。是年六月，予以知吉州奏事。堅同它客送至小渡，衆意予必留中，堅曰：「未也，秋末乃佳耳。」果入對訖，付以郡事，於是以委曲授邸吏，使報州發迓卒。及還家，擇用九月二十日西赴官。先旬日出舍，於圃喚堅占課，堅曰：「有面君喜神入傳，未必往。」才數日，召命下，乃以所擇日啓途。

【增訂】沈該《翰苑題名》：洪邁，乾道二年十月，以起居舍人兼權直院。

《玉海》：乾道二年十一月十三日壬子，起居舍人洪邁言：「景祐以來，邇英延義記注，數十年來，稍廢不續。臣伏睹今月五日王曮進讀《春秋》『莒人伐杞』，上曰：『《春秋》無義戰。』周執羔進讀《三朝寶訓》論文章之弊，上曰：『文以理爲主。』陳巖肖奏刑部事，上曰：『寬則容奸，急則人無所措手足。』凡此數端，皆承學之臣日夜探討，累數百語不能盡，而陛下蔽以一言。然記言動之臣不能究宣。乞自今講讀官以日得聖語送修注官，使謹書之，願倣前制，因今所御殿賜名《祥曦殿記注》。」從之。邁又奏《欽宗日曆》已成，宜修纂。十二月，詔免進呈，因龔茂良所補日厤而修。

按：《續通鑑》所載，互有詳略，因復備錄於下。起居舍人洪邁言：「臣幸得以文字薄技待罪屬車間，每侍清閒之燕，獲聞玉音，凡所擿論，莫非中的，徽言善道，可爲世法。退而執筆欲行編次，而考諸起居注，皆據諸處關報始加修纂，雖有日曆、時政記，亦莫得書，使洋洋聖謨無所傳信。伏覩今月五日給事中王曮進講《春秋》『莒人伐杞』，言周室中微，諸侯以強凌弱，擅相攻討，殊失先王征伐之意，上曰：『《春秋》無義戰。』」周執羔進讀《三朝寶訓》論文章之弊，上又曰：『文章以理爲主。』」陳巖叟按：《玉海》及《盤洲集》外制皆作巖肖，此獨作巖叟，疑誤。等奏刑部事，上曰：『寬則容姦，急則人無所措手足。』」此數端皆承學之臣日夜探討，累數百語所不能盡，而陛下蔽以一言，至明至當。然記言動之臣弗能宣究，恐非所以命侍立本意。望令講讀官自今各以日得聖語關送修注官，仍請因今所御殿名曰《祥曦記注》，庶幾百世之下咸仰聖學，以迹聰明文思之懿。」從之。

《葉子昂拜左揆制》曰：既從有北之投，亟下居東之召。有欲爲王留者，孰明去就之忠；無以我公歸兮，大慰瞻儀之望。見《三筆》卷八。

《詞學指南》云：本意用「公歸」之句，指邦人而言也，故云「瞻儀」。而單時疑之，謂人君而稱臣爲我公，信乎作文之難也。

張端義《貴耳集》：憲聖在南內，愛神怪幻誕等書，郭彖《暌車志》始出，洪景盧《夷堅志》繼之。

《宋史·藝文志》：洪邁《夷堅志》六十卷，原注甲、乙、丙志。又《夷堅志》八十卷，原注丁、戊、己、庚志。

《文獻通考》：《夷堅志》，甲至癸二百卷，支甲至支癸一百卷，三甲至三癸一百卷，四甲四乙二十卷，大凡四百二十卷。

《宋史·孝宗紀》：乾道二年十月己卯，減饒州歲貢金三之一。

《文獻通考》：乾道二年，詔饒州歲進金一千兩，特減七百兩。

按：公有《乞減饒州貢金劄子》，見《鄱陽縣志》。又《四筆》卷八：乾道二年冬，蒙恩召還，過三衢，郡守何德輔問奏對用幾劄，因出草稿示之。其一乞蠲減鄱陽歲貢誕節金千兩事，言此貢不知起於何時，或云藝祖初下江南，郡庫適有金，守臣取以獻長春節，遂爲故事。誤書「長春」爲「萬春」，乃金主褒節名也。德輔指以相告，亟改之。

《玉海》：乾道二年，陳確進《名臣奏議》，原注三十門二十卷。五月十八日，詔遷秩，洪邁爲之序。

《五筆》卷十：乾道二年十一月，薛季益以權工部侍郎受命使金國，侍從共餞之於吏部尚書廳，陳應求主席，自六部長貳之外，兩省官皆預，凡會者十二人。薛在部位最下，應求揖之爲客，辭不就，曰：「常時固自有次第，奈何今日不然。」諸公言此席正爲侍郎設，何辭之爲，薛終不可。予時爲右史，最居末坐，給事中王日嚴目予曰：「景盧能倉卒間應對，願出一轉語折衷之。」予笑謂薛曰：「孟子不云乎：『庸敬在兄，斯須之敬在鄉人。』侍郎姑處斯須之敬可也，明日以往，不妨復如常時。」薛無以對，諸公皆稱善，遂就席。

乾道三年丁亥，四十五歲。

五月，除起居郎。七月，除中書舍人兼侍讀兼直學士院。

《謝表》云：「父子相承，四上鑾坡之直；弟兄在望，三陪鳳閣之游。」蓋文安公以紹興二十九年入西省，隆興二年文惠公繼之，至是首尾相距僅九歲。

《夷堅丙志》：三衢人王廷善相人，不妄許與，士大夫目爲王鐵面。乾道三年至臨安，以六月三日來見予。予時以起居郎權中書舍人，權直學士院，廷曰：「君眉上色甚明潤，自此三十二日及四十九日有爲眞之喜。」至七月六日予忝掖垣之拜，二十一日直院落權焉，與所指兩日不少差。

十一月，南郊禮成，公當制，撰赦文。文有云：「天地設位而聖人成能，既撲緼紛之沉；雷雨作解而君子赦過，式流汪濊之恩。」及冬至日有雷雪之異，殆成讖云。

十二月，葉相以冬雷罷，公草制。制有云：「因災異而劾三公，實負應天之愧。」蓋因有諷諫也。

是月，序文惠公《隸續》，題銜稱左中奉大夫，守中書舍人，兼直學士院，兼同修國史兼實錄院修撰，兼侍講。

【增訂】《翰苑題名》：洪邁，乾道三年五月除起居郎，七月除中書舍人兼直院。

周必大《玉堂雜記》：乾道三年，洪景盧邁奏請自庶官遷侍從，便落權字正兼直院，故先以起居郎權直院，既遷中書舍人，即落權字。

張世南《游宦紀聞》：吾鄉三洪皆忠宣公皓之子也，兄弟連中詞科。紹興十三年，忠宣以徽猷學士直翰苑，紹興二十九年其仲子文安公遵始入西省，隆興二年文惠公适繼之，乾道三年文敏公邁又繼之，相距首尾二十五年，故景盧有謝表云云，實本朝儒林榮觀之盛。

王象之《輿地紀勝·饒州人物門·洪皓》注云：三子适、遵、邁皆中詞科，繼踵北門，邁作謝表云云，時人榮之，以爲忠義之報。陳居仁攝禮部郎中，嘗奏論臺閣宜多用明習典故之士，上曰：「知名之士試舉一二。」公奏：「如周必大、洪邁久在禁林，不待臣言。李燾、莫濟豈應棄之？」上欣納。

周密《齊東野語》：乾道丁亥十一月二日冬至，郊祀有風雷之變，宰相葉顒、魏杞皆策免。先是會慶節金國使在庭，時受誓戒矣，議者欲權免上壽，就館錫宴廟堂，姑息不能主其議。宴集英如常，天變豈偶然哉？洪邁當制，有曰：「理陰陽而遂萬物，所嗟論道之非；因災異而策三公，實負應天之愧。」蓋有所風也。

《四筆》卷十四《謝侍講修史表》云：下

建武之詔書，正爾恢張於治具，數貞元之朝士，獨憐流落之孤忠。

《續通鑑》：乾道三年二月壬午，起居舍人洪邁言：「兩省每日行遺錄黃文書，盈於几閣，多有常程細故，不足以煩朝廷專出命者。使中書之務不澄，無甚於此。」帝曰：「朕嘗見《通鑑》載唐太宗謂宰相聽受辭訟，縈於簿書，日不暇給，因勑尚書細務屬左右丞，朕見欲理會。」

《玉海》：乾道元年五月三日，詔執政每日莫入東華門，詣選德殿奏事，上欲從容論治故也。三年正月丙寅，洪邁對是殿，論古今治亂及祖宗以仁守天下，紀綱法度後世有以持循者，且謂邁曰：「此殿朕即位後所作。命名之旨，雖取選射觀德之義，然退朝之餘，嚴號施令，圖事揆策，無不在是。取《尚書》、《通鑑》孜孜讀之，法其興，戒其壞，口誦心惟，未嘗一日去手。近侍外臣晝接夕訪，大廷廉陛之儀一切略去，紬繹政理，從容問答，頗有漢宣室、唐浴殿遺意。至於騶虞時會，抗志決拾，以弛張文武之道，特其一事耳。」因命邁爲之記。二月庚午，撰記曰：「成天下之事莫大於至勤，洞天下之理莫大於至明。陛下天縱之聖，經之於至勤，緯之於至明。公卿已下，有外朝之覲，延英之對，金華之講，而又朝斯夕斯。舜好問察言，禹之惜寸陰，文王之中昃不皇食，皆已匹休伉美，然自強不息，願陛下以今日之心爲心」云云。記凡九百四字。

又三年三月，起居舍人洪邁、給事中王曮等進呈《同符貞觀錄序》云：臣等三月七日蒙宣召至選德殿，講論古今帝王之道，且曰：「唐三百年，惟太宗爲可尙，齋心敬慕，每事取法，宜爲朕采貞觀時事。以今日觀之，摭其所近似，求所未至。」臣等曰：「太宗之治固爲可慕，然要者無出諫行言聽。神宗序《通鑑》，謂太宗所謂禹吾無間然者。」謹采貞觀事迹，列爲二十門，事爲之説，件別以上。

又三年三月二十二日，同修史洪邁言修纂《哲宗寶訓》已成。五月戊戌上之，凡一百門，六十卷，並目録二卷。原注：一云五月六日進呈。

又《三筆》卷八《批執政辭經修哲宗寶訓轉官》曰：念叠矩重規，當賢聖之君七作；而立經陳紀，在謨訓之文百篇。

《宋史·孝宗紀》：乾道三年五月癸卯，葉顒等上《三祖下仙源積慶圖》及太宗、眞宗玉牒、《哲宗寶訓》。

又《藝文志》：洪邁集《哲宗寶訓》六十卷，《欽宗寶訓》四十卷，《高宗聖政》六十卷，《高宗寶訓》七十卷，《孝宗寶訓》六十卷。原注：並國史實録院進。

按：《欽宗寶訓》成書疑亦在乾道三四年間，而高宗、孝宗寶訓、《高宗聖政》則未審何時撰進耳。據《玉海》，嘉泰二年輯《高宗寶訓》，嘉定六年上七十卷，十四年又上《孝宗寶訓》六十卷。先是十一年奏修編類時，文敏公已薨，不應有撰進之事，疑《藝文志》有誤。

又按：《玉海》乾道《光堯聖政》條下云：乾道二年閏九月二十九日己巳，日麻所上《聖政》六十卷，疑即《高宗聖政》也。《三筆》卷八《賜宰臣辭免提舉聖政轉官詔》曰：「爲天子父尊之至，永惟傳序之恩；問聖人德何以加，莫越重華之孝。」又《修聖政轉官詞》曰：「念五馬渡江之後，光啓中興；述六龍御天以來，式時猷訓。」又曰：「薦於天而天是受，永言覆燾之恩；問諸朝而朝不知，詎測形容之妙。」

《隨筆》卷十六：予在西掖時，漢州申顯惠侯神頃係宣撫司便宜加封昭應公，乞換給制書。禮寺看詳，謂不依元降指揮，於一年限內自陳，欲符下漢州告示，本神知委。予白丞相別令勘當，乃得改命。

《續筆》卷三：乾道中，太史慈封靈惠侯，予在西掖當制，其詞云：「神蚤赴孔融，雅謂青州之烈士；晚從孫策，遂爲吳國之信臣。立廟至今，作民司命，擥一同之言狀，擇二美以建侯。庶幾江表之間，尙憶神亭之事。」

《三筆》卷十一：李燾仁甫之父名中，當贈中奉大夫，仁甫請於朝，謂當告家廟，與自身不同，乞用元豐以前官制，贈光祿卿，丞相頗欲許之。予在西垣聞其說，爲諸公言：「今一變成式，則他日贈中大夫必爲祕書監，贈太中大夫必爲諫議矣，法不可行。」遂止。

《三筆》卷十六：乾道三年正月，隨龍醫官、平和大夫、階州團練使潘攸差判太醫局，請給依能誠例支破。邁時在西掖，取會能誠全支本色，因能誠係和安大夫、潭州觀察使，月請米麥百餘碩、錢數百千，春冬綿絹之屬比他人十倍。因上章極論之，乞將攸合得請給令戶部照條支破。孝宗聖諭云：「豈惟潘攸不合得，並能誠亦合住了。」即日御筆批依，仍改正能誠已得眞俸之旨，旋又罷醫官局。

《夷堅志·丙集》：予在西掖，曾行雷神加封制。

《續筆》卷十一：乾道中，邁直翰苑，《答陳敏步帥詔》云：「亞夫持重，小棘門霸上之將軍；不識將屯，冠長樂未央之衛尉。」後爲敏作《神道碑》亦引之。

《宋史·孝宗紀》：乾道三年六月甲申，詔鎮江都統制戚方、武鋒軍都統制陳敏各上清河口戰守之策。

《四筆》卷八：乾道三年，以侍講講《毛詩》，作發題，引孔子於《論語》中說《詩》處云「不學詩無以言」，誤書「言」爲「立」，已寫進讀正本，經筵吏袁顯忠曰：「恐是『言』字。」予愧謝之。

《齊東野語》：洪景盧居翰苑日，嘗入直，値制詔沓至，自早至晡，凡視二十餘草。事竟，小步庭間，見老叟負暄花陰，詢何之，云京師人也，累世爲院吏，今八十餘。幼時及識元祐間諸學士，今子孫復爲吏，故養老於此。因言聞今日文書甚多，學士必大勞神也。洪喜其言，曰：「今日草二十餘制，皆已畢事矣。」老者復頌云：「學士才思敏捷，眞不多見。」

是年，公撰《中書門下後省題名記》。

潛說友《咸淳臨安志》：乾道三年二月二十五日，撰《中書門下後省題名記》。時爲起居舍人兼權直學士院、中書舍人。

乾道四年戊子，四十六歲。

正月，入對，論三衙軍制名稱不正。經筵進講，孝宗親書白樂天《和錢員外青龍寺》詩於扇，改「使君」爲「侍臣」。二月，蔣芾拜右僕射，辭免，公草不允詔。六月，除太中大夫、集英殿修撰，宮觀。本傳失載此事。《三筆》三云：「予任中書舍人日，已階太中。」而上年十二月題銜尚是中奉，則轉階太中當在是年春也。進《欽宗實錄》四十卷。據《直齋書録解題》在是年。

【增訂】《廿二史考異》：《宋史·職官志六》，乾道中，臣僚言三衙軍制名稱不正，此洪邁在翰林時所上劄子也。殿前司、侍衛馬軍司、侍衛步軍司，當時謂之三衙，各置都指揮使、副都指揮使、都虞候，皆帥也，故有三帥。殿前、步軍二司題名，今不可考矣，馬軍司題名則《景定建康志》有之。考其所載，自建炎以後，皆稱主管侍衛馬軍司公事。至乾道九年，始除趙撙都指揮使。淳熙二年，除李川、王明皆都虞候。三年，除吳拱都指揮使。六年除馬定遠，七年除雷世賢，皆都虞候。十二年，世賢遷副都指揮使。紹熙元年，除張師顔都虞候。是容齋之議，固已見諸施行。開禧以後，復有主管馬軍司之稱，間有除副都指揮使及都虞候者，不過十之一二耳。

白樂天《和錢員外青龍寺》詩云：舊峰松雪舊溪雲，悵望今朝遙屬君。共道使君非俗吏，南山莫動北山文。

《宋史·孝宗紀》：乾道四年二月己亥，以蔣芾爲尚書右僕射、同中書門下平章事兼樞密使，兼制國用使。公荅蔣丞相辭免曰：「永惟萬事之統，知非艱而行惟艱；有不二心之臣，帥以正則罔不正。」見《三筆》卷八。

《宋史·陳俊卿傳》：參知政事，按：俊卿以乾道三年十一月參知政事。劾奏洪邁姦險讒佞，不宜在左右，罷之。

按：錢《譜》紹興二十九年引《續筆》二云：一時同舍著作郎陳魏公應求。應求，俊卿字也。容齋諸筆中言陳應求者不止一處，蓋本有同僚之誼，意氣亦復相投，似不至有劾奏之事，文敏之罷或別有故。據葉紹翁《四朝聞見錄》：洪忠宣公以蘇武節爲秦檜所忌，孝宗憐之。其子邁以宏博中選，歷官清顯，孝宗有意大用，廉知其子弟不能遵父兄之教，恐居政府則非所以示天下，故特遲之。洪公每勸上早諭莊文，上爲首肯。間因左右物色洪公子政飲娼樓上，亟命快行宣諭洪公云：「也請學士自注：時洪爲知制詔。教子。」快行言訖，無他詔，洪驚愕莫知其端，但對使唯唯奉詔。退而研其子所如往，方悟上旨，遂抗章謝罪求去。

惟按：莊文薨後一年，公方去位，此說恐亦傳聞之誤。

《翰苑題名》：洪邁乾道四年六月，除集英殿修撰提舉江州太平興國宮。

《宋史·職官志》：政和六年，始置集英殿修撰，中興後以寵六曹權侍郎之補外者。

《隨筆》卷十六：國朝館閣之選皆天下英俊，然必試而後命一經，此職遂爲名流。其高者曰集賢殿修撰、史館修撰、直龍圖閣、直昭文館、史館、集賢院、祕閣，次曰集賢、祕閣校理，卑者曰館閣校勘、史館檢討，均謂之館職。

《宋史·孝宗紀》：乾道四年四月，蔣芾等上《欽宗帝紀》、《實錄》。

又《藝文志》：《欽宗實錄》四十卷，原注：洪邁修。

《玉海》：乾道四年三月二十四日，詔進呈《欽宗實錄》幷《本紀》已畢，就修纂《四朝正史》，從洪邁之請也。

《玉海》：乾道御製《春賦》云云，洪邁跋曰：「乾道四年正月庚寅，詔賜臣邁《春賦》一首，凡四百七十有二言，雲漢爲章，奎壁絢耀，昭回之光，下飾萬物。臣拜而言曰：古今能文者多矣，惟廣大高明，開闔造化，然後足以爲帝王之文章。帝王之文多矣，惟經緯天地，鼓舞動植，然後足以盡聖人之能事。元首之歌、薰風之辭、湯盤之銘，方策所載，昭然若揭日月。漢祖沛中之歌，高簡雄伉，讀之竦然，使人毛髮欲立；武帝悼河功之不成，作瓠子之歌，紆徐屈折，可以一唱而三歎。然鴻鵠高飛之謳，連娟修嫮之賦，惑於嬪嬙，心折氣沮，彼二君者。豈眞帝王之所以爲文者哉。陛下以天縱之聖，高視萬古，肆筆成書，震撼一世，巍乎其如天，煖乎其如春，嵩衡岱華不足以爲高，黃鍾大呂不足以爲清。乾坤施生之妙，陰陽動化之賾，探端索至，發其機緘，大哉言乎，直與《詩》、《書》、《邱》、《索》相表裏，天之斯文，於是無復餘地。」

羅大經《鶴林玉露》：楊東山嘗爲余言：「昔周益公、洪容齋嘗侍壽皇宴，因談肴核，上問容齋：『卿鄉里所產？』容齋番陽人也，對曰：『沙地馬蹄鼈，雪天牛尾狸。』又問益公，公廬陵人也，對曰：『金柑玉版笋，銀杏水精葱。』上吟賞。又問一侍從，忘其名，浙人也，對曰：『螺頭新婦臂，龜脚老婆牙。』四者皆海鮮也，上爲之一笑。」

按：孝宗時文敏兩居侍從，後一次在淳熙末，周益公已爲宰執，不在侍從之列。前一次在乾道初，周益公方爲侍從，正與公同時。公於是年罷侍從，爰附記於此俟考。

乾道五年己丑，四十七歲。

始治圃於鄉里，自伯兄山居手移穉松數十本，其高僅四五寸，植之雲壑石上，擁土以爲固。

【增訂】移松事見《續筆》卷三。《四筆》卷九：「雅志堂後小室，名之曰更衣，以爲姻賓憇息地。」《五筆》卷八：「予名雲竹莊之堂曰賞静。」按此，疑皆野處小坐落。

《輿地紀勝·景物上·野處》注云：在盤洲之北，洪内翰别墅。

是年爲向巨原作《臨湖閣記》。見《事文類聚·前集》。

《異聞總録》：臨安倡女儀二十二名，珏編隸鄱陽，使預樂部，頗慧，能立成詩詞。予嘗於席間與紙筆，既賦詞，大略美吾兄弟，有「鄱陽英氣鍾三秀」之語。

按：《異聞總録》係後人剌取文敏公《夷堅志》中語，而嫁名於宋永亨。此條叙事有「車駕旦日過德壽宫」之語，必在孝宗受禪以後，詞中所言，似作於文敏公昆仲同居里中之時。今考自隆興元年孝宗登極，至淳熙元年文安公薨逝，中間惟上年戊子六月以後文敏公予祠，與文惠公、文安公同居鄉里。至次年庚寅，文敏公復起知贛州矣。附記於此。

乾道六年庚寅，四十八歲。

除知贛州。

【增訂】《三筆》卷十六：予守贛，一將兵逃至外邑，殺村民於深林。民兄後知之，畏申官之費，即焚其尸。事發繫獄，以殺時無證，尸不經驗，奏裁刑寺，輒定爲斷配。予持敕不下，復奏論之，未下而此兵死於獄。

《三筆》卷四：劉焞爲江西通判，移牒屬郡知、通，云請聯銜具報。邁時以太中守贛，以於式不可，乃作公劄同通判。又云：陳居仁以太中、集撰知鄂州，只用一朱衣。蓋在法學士乃雙引，人以爲得體。邁頃守贛、建，官職與居仁等，而誤用兩朱，殊以自悔。

《三筆》卷九：亡友向巨原自少時能作詩，後裒其平生所作數千篇，目爲《葵齋雜藁》，倩予爲序。時予在章貢，及序成持寄之，則已卧病，僅能於枕上一讀而已。

按：已上諸條，均在贛州時事，附著於此。

乾道七年辛卯，四十九歲。

在贛州任。是歲，江西饑，贛適中熟，公令移粟濟鄰郡。五月十八日，序《夷堅丙志》二十卷，凡二百六十七事。

【增訂】《贛州府志》：洪邁知贛州，歲饑，贛適中熟，邁移粟濟鄰郡。僚屬有諫止者，邁笑曰：「秦越瘠肥，臣子義耶。」按：《贛州志》亦剌取《宋史》本傳語。

是年十一月十四日，有《送曹贛州序》。見《事文類聚·外集》。

乾道八年壬辰，五十歲。

在贛州任。五月，重刻《夷堅志》。較會稽本去五事，易二事，其它亦頗有改定處。雩都縣灌嬰廟旁耕得古瓦，刓缺兩角，猶重十斤，公取以作硯，銘之。未詳何年，姑附於此。

【增訂】《瓦硯銘》見《續筆》卷十二。《玉海》：「乾道八年，文敏作《孝宗御詩跋》云：制作之懿，播之詩章。與天爲徒，闔闢造化。蓋與舜《元首之歌》、湯之《盤銘》、漢祖沛中所作相爲表裏，自横汾瓠子以下不足議也。」

是年十二月九日，作《徙贛縣東尉治記》。見《事文類聚·外集》。

乾道九年癸巳，五十一歲。

在贛州任。周益公贈詩，有「人留河内寇，帝念禁中頗」之句。是秋，贛、吉連雨暴漲，公令多備土囊，壅堵城門，以杜水入，凡二日乃退。而臺符令禱雨，公格之不下，但據實報之。

【增訂】益公贈句見《省齋文藁》，題云《送劉子和教授赴贛州兼簡府主洪景盧二首》。周必大《書藁》：「乾道九年，答景盧云：『《山堂學記》益奇古，二詩用韻高妙，爲某之賜甚寵，豈止壓倒元、白而已。』」據此，似公嘗有和詩。《隨筆》卷四：溫公客位榜云云，乾道九年，公之曾孫伋出鎮廣州，道過贛，獲觀之。

淳熙元年甲午，五十二歲。

在贛州任。是歲，改元純熙，既布告天下矣，公進賀表云：「天永命而開中興，方茂卜年之統；時純熙而用大介，載新記號之文。」及詔至，乃「淳熙」也。十一月，文安公薨。

淳熙二年乙未，五十三歲。

改知建甯府，未詳何年，姑附於此。

【增訂】按何公異撰公《容齋隨筆序》有

云：「僕頃備數憲幕，留贛二年，至之日文敏去才旬月，不及識也。後十五年，文敏爲翰苑，出鎮淛東，僕適後至，濫吹朝列，相隔又旬月，竟不及識」云云。全文見後。考文敏公知紹興府及去任皆在紹熙元年庚戌，何序「出鎮淛東」即指此事而言，上溯十五年前，爲淳熙二年乙未，係文敏公去贛赴建甯之歲。錢《譜》繫改知建甯府於是歲，得此可證。公有《謝知建甯府表》，有《建甯府謝上表》。見《事文類聚·外集》。

赴建甯守，有《泛舟游九曲池》詩。見祝穆《新編方輿勝覽》。

淳熙三年丙申，五十四歲。

【增訂】是年四月十六日，作《江淮諸道都大提點司興造記》。見《事文類聚·遺集》。

十一月，作《唐元和郡縣圖志序》。見《玉海》。

淳熙四年丁酉，五十五歲。

【增訂】《宋史·孝宗紀》：淳熙四年，福州建甯府南劍州水，《五行志》：淳熙四年五月庚子，建甯府福南劍州大雨水，至於壬寅，漂民廬數千家。並振之。

是年七月六日，作《睢陽五老圖跋》。見朱存理《鐵網珊瑚·書品》。

淳熙五年戊戌，五十六歲。

淳熙六年己亥，五十七歲。

在建甯任。是秋，以明堂大禮恩澤改奏一歲兒。吏部下饒州，令狀內聲說被奏人曾與不曾犯決笞，及曾與不曾先經補官，因罪犯停廢，別行改奏。見《隨筆》十六，當在次年去郡歸里後也。建州東三十里有唐刺史李公祠，相傳以爲李回，公據《唐書·文藝傳》定爲李頻，勒碑紀之。未詳何年，姑附於此。

【增訂】《輿地紀勝·建甯府·古迹門·梨山廟》注云：初祥符八年，郡守盧幹立碑，謂神乃唐宰相李回。紹興五年，運使鄭士秀又立碑，謂神當爲李頻。《容齋續筆》云：建安有梨山廟，相傳爲唐刺史李回。洪邁守建日，讀《唐文藝李頻傳》，云懿宗時爲建州刺史，乃證其爲頻也。洪爲作碑以記之。象之謹按：邁以淳熙七年爲守，在鄭士秀之後，則改李回爲李頻乃鄭士秀，非始於邁也。

按：《容齋續筆》卷一：「予守郡日，因作祝文曰『亟回哀眷』，書吏持白『回』字犯相公名，請改之，蓋以爲李回也。後讀《文藝·李頻傳》，懿宗時，頻爲建州刺史，以禮法治下。時朝政亂，盜興相椎斂，而建賴頻以安。卒官下，州爲立廟梨山，歲祠之。乃證其爲頻。繼往禱而祝之，云倏獲感應，則當刻石紀實。已而得雨，遂爲作碑。」據此，是公於刻石紀實，始末言之綦詳，如果鄭士秀辨證在先，則書吏不應以犯名爲請。且淳熙六年，公在建甯任，《隨筆》曾言之，而《輿地紀勝》乃稱七年爲守，是於公爲守年月尚未詳考，不無紀載之失實矣。

是年四月七日，兩跋米元暉《瀟湘圖》。見《鐵綱珊瑚·書品》。

淳熙七年庚子，五十八歲。

在建甯任。七月，又刻《夷堅志》於建甯。是秋，解郡印歸。本傳失書罷郡事，當必除宮觀也。教穉兒誦唐人絕句，取諸家遺集，得五七言五千四百篇，手書爲六帙。是歲，《容齋隨筆》成，序之。

【增訂】是年二月二十一日，爲朱叔似作

《蕪湖縣令廳壁記》。見《事文類聚·外集》。

淳熙八年辛丑，五十九歲。

淳熙九年壬寅，六十歲。

淳熙十年癸卯，六十一歲。

淳熙十一年甲辰，六十二歲。

是春，起知婺州。周益公回啓有「淹屈殆更於五閏，蕃宣洊歷於三州」之句。二月，文惠公薨。上巳日，序妻機《班馬字類書》於金華松齋。序有云：去年予在鄉里。遷敷文閣待制，轉通議大夫。《夷堅志》載在婺州日決杖義烏縣巡檢館客田全璧事，在淳熙十二年四月，似誤。

【增訂】《廿二史考異》：《宋史·洪邁傳》十一年知婺州，遷敷文閣待制。明年召對，以提舉祐神觀兼侍講、同修國史，進敷文閣直學士，直學士院。十三年九月，拜翰林學士。按：傳先書乾道二年、三年、六年以次及十一年、十三年，然乾道紀元止於九年，不得有十一年、十三年也。考《中興學士院題名》，淳熙十三年四月，洪邁以敷文閣直學士兼直院，九月除翰林學士。又《容齋隨筆》云：「淳熙十二年，邁自婺召還。」又云：「淳熙十四年自注當作十三年九月，予以雜學士拜翰林學士。」則史所云十一年、十三年者，實淳熙之十一年、十三年矣。

《三筆》卷三：近歲有司不能探賾典故，予任中書舍人日已階太中，及以集英修撰出外，吏部不復爲理年勞，凡十八年始以待制得通議，殊可笑，蓋臺省之中，無復有老吏矣。

《續通鑑》：是夏，邁奏奬金華縣丞江士龍。十一月戊子，請蠲豐儲倉積欠米，並從之。

《宋史·藝文志》：洪邁《經子法語》二十四卷，《春秋左氏傳法語》六卷，《史記法語》八卷，《前漢法語》二十卷，《後漢精語》十六卷，《三國志精語》六卷，《晉書精語》五卷，《南史精語》六卷，《唐書精語》一卷。

《書錄解題》云：自《博聞誨蒙》、《漢雋撰奇提要》及此《法語》諸書，皆所以備遺忘。而洪氏多取句法，《漢雋》類例有倫，餘皆隨筆信意鈔錄者也。

今按：《浙江采集遺書總錄》：《史記法語》卷末署淳熙十二年刊於婺州，《經子法語》卷末署淳熙十三年婺州雕。據此，則《法語》諸書當成於知婺州前後數年。朱彝尊《曝書亭集·跋鄱陽洪氏南朝史精語》云：康熙辛酉冬，購得宋槧《經史法語》四冊，不足《藝文志》二十四卷之數。既而亡之，從故家鈔《南朝精語》宋四卷，齊三卷，梁三卷，陳一卷。《宋志》作六卷，蓋一代合爲一卷故也。《宋志》開《法語》有《左氏傳》六卷、《史記》八卷、《漢書》二十卷，《精語》有《後漢書》十六卷、《三國志》六卷、《晉書》五卷、《唐書》一卷，惜均未之見。所云《南朝史》者，蓋指沈約、蕭子顯、姚思廉所撰而言，非李延壽之《南史》，《志》失書「朝」字，誤矣。

淳熙十二年乙巳，六十三歲。

是春召對，除提舉祐神觀兼侍講。三月二十六日，車駕宿戒幸玉津園。命下，大雨，令從官帶雨具，比曉而晴，公進詩。四月四日，扈從景靈宮，上以和章宣示。見《五筆》五。六月，兼同修國史。九月癸巳，賜御書唐白居易詩二首。見《玉海》。是時，公在講筵，明年方除學士，《玉海》以爲直禁林所賜，蓋失之矣。

【增訂】《浙江通志》：陳亮《金華北山普濟院記》云翰林學士洪公邁還其甲乙住持之舊，免其諸般科買之擾，以勵其成。葉適《寶婺觀記》云觀即八詠樓，昔沈約始建，而地以文顯。觀初立於唐，史白須女之舍也，遂以名。州太守洪邁請錫嘉字，故曰寶婺。宋濂《重建寶婺觀記》云觀祠婺女星，始作於唐武德四年。初在郡城西北隅，吳越王時刺史錢儼徙於子城上西南陬。宋淳熙十三年，以知州事洪邁請賜今額。按：公以是春自婺州召還，宋濂記云淳熙十三年，似誤。

《三筆》卷十四「官會折閱條」云：淳熙十二年，邁自婺召還，見臨安揭小帖，以七百五十錢兑一楮，因入對言之。

《輿地紀勝·行在所下·史館》注引李心傳《朝野雜記》云：孝宗時，修五朝史，而列傳未畢，遂召李燾、洪邁踵爲之，皆奉京祠，不兼他職。

又云：《四朝國史》始於李燾而終於洪邁。乾道中，燾初入史院，上《四朝帝紀》。再還朝，乃修諸志，未及進書而燾去國。時史館官多以爲侍從兼職，往往不能淹貫，則私假朝士之有文學者代爲之。今《四朝藝文志》一書，實先君子筆也。淳熙中，趙衛公雄爲相，史志告成，燾時守遂甯，大臣言燾之力爲多，將進秩一等。久之列傳猶未就緒，上遂召燾卒成之。書垂成而燾卒，乃自婺女召洪邁入領內祠，專典史事。及一歲而始成書，凡列傳八百七十，總一百三十五卷。

許及之撰《文惠公行狀》云：「仲弟今敷文閣待制邁。」又云：「待制方膺上異眷，顯付史事。」

按：許撰行狀在淳熙十二年十一月。周必大《奉詔錄》：淳熙十二年七月十三日，御筆：「洪邁奏二件，以盜賊爲慮，今又用親札戒諭汝愚延璽，專以寇盜爲備。」

是年七月九日，有《國史院修四朝國史列傳劄子》。見《中興館閣續録》。

淳熙十三年丙午，六十四歲。

正月，以太上慶壽肆赦恩轉一官，授通奉大夫。

《謝表》云：供奉當時，敢齒貞元之朝士；頌歌大業，願賡至德之中興。

《夷堅志》：淳熙十二年冬，予以待制修史，假道山堂前日閤負暄。沈監虞卿遣相士蘇生來，蘇語予曰：「待制十日內當有鞶帶之錫，卻不濟事。」才到立春日，有遷秩之喜，名爲異恩，亦不甚緊要，然舉朝皆無之，是爲可慶，吾亦不能曉也。及二十八日裏見北使，予嘗借學士出聘，故循例關左帑金帶趨朝。明年正月五日，以光堯太上慶壽肆赦，文武臣悉理三年磨勘，惟禪位以前曾任侍從兩省以上者各轉一官。時侍從已盡，但兩省官三人，史魏公自以八十拜太傅，王宣子居憂，予獨忝轉通奉，中外皆無與比者。

三月乙未，召對，賜酒肴，出御製《春書即事絕句》，竝以所書蘇軾詩賜之。越九日甲辰，公進詩謝上，復俯和。見《玉海》。

四月，除敷文閣直學士兼直學士院。

八月十九日，請通修九朝正史，從之。

九月，除翰林學士、知制誥兼修國史，依前正奉大夫。

《三筆》九云：淳熙十四年九月，予以雜學士除翰林學士，蔣世修以諫議大夫除御史中丞。時施聖與在政府，語同列云：「此二官不常置，今咄咄逼人，吾輩當自點檢。」今據《學士院題名》，公實以十三年九月拜學士。

十月二日，進《欽宗宸翰石刻》，付史館。

十一月，奏《四朝國史》昨得旨限一年內修成，列傳今已成書，凡三百五十卷。

《三筆》四云：淳熙乙巳，邁承乏修史，丙午之冬成書進御，遂請合九朝爲一，壽皇即以見屬。嘗奏云：「臣所爲區區有請者，蓋以二百年間典章文物之盛分見三書，倉卒討究，不相貫屬，及累代臣僚名聲相繼，當如前史以子係父之體，類聚歸一。若夫制作之事，則已經先正名臣之手，是非褒貶皆有據依，不容妄加筆削。乞以此奏下之史院，俾後來史官知所以編纘之意，無或輒將成書擅行刪改。」上曰：「如有未穩處，改削無害。」邁既奉詔開院，亦修成三十餘卷矣，而有永思攢宮之役，纔歸即去國。尤袤以《高宗皇帝實錄》爲辭，請權罷史院，於是遂已。祥符中，王旦亦曾修撰兩朝史，今不傳。

【增訂】《五筆》卷五：淳熙十三年，光堯太上皇帝以聖壽八十肆赦推恩，宇宙之內，蒙被甚廣。太學諸生至於武學，皆得免文解一次，凡該此恩者千二三百人，而宗子在學者不預。諸人相率詣宰府，且徧謁侍從、臺諫，各納一劄子敘述大旨，其要以爲德壽霈典，普天同慶，而玉牒支派辱居膠庠，顧不獲與布衣書生等。竊譬之世俗尊長生日，召會族姻，而本家子孫不享杯酒鸞炙，外議謂何？今厖鴻之澤如此，而宗學乃不許廁名，於禮於義，恐未爲愜。時諸公莫肯出手爲言，邁以待制侍講內宿，適蒙宣引，因出其紙以奏，爲敷陳此輩所云尊長生日會客而本家子弟不得坐，譬喻可謂明白。孝宗亦笑曰：「甚是切當有理。」時所攜止是白劄子，蒙徑付出施行，遂一例免舉。

錢《譜》「三月乙未」云云，原注見《玉海》。今考《玉海》卷三十云：「淳熙十三年三月二十六日，車駕宿戒幸玉津園，命下，大雨，將曉有晴意，已而天宇豁然。洪邁進詩歌詠。詩云：五更猶自雨如麻，無限都人仰翠華。翻手作雲徒悵望，舉頭見日共驚嗟。天公的有施生妙，帝力堪同造物詩。上苑春光無盡藏，可須羯鼓更催花。四月四日，扈從景靈宮，賜聖製云：『比幸玉津園縱觀春事，適霽色可喜，卿有詩來上，因俯同其韻。』」聖製云：春郊柔緑徧桑麻，小駐芳園攬物華。應信吾心非暇逸，頓回晴意絶咨嗟。每思富庶將同樂，敢務游畋漫自詩。不似華清當日事，五家車騎爛如花。又卷三十一云：「淳熙十三年三月乙未，出御製《春晝絶句》賜邁。四月辛亥，和邁所進《幸玉津園》詩，邁謂深得《無逸》之餘旨。」又卷三十四云：「淳熙十三年三月乙未，召對，賜之酒肴，出御製《春晝即事絶句》，並以所書蘇軾一詩爲寵。越九日甲辰，邁進詩。四月辛亥，天筆俯和。」綜觀《玉海》各卷所引，則《春晝即事》詩乃在玉津進詩之前，其云四月辛亥和章，即所和玉津詩，而非別有進詩、和詩之事。《宋史·孝宗紀》：「淳熙十三年三月甲辰，幸玉津園。」考是年正月庚辰朔，三月己卯朔，十八日爲乙未，二十六日爲甲辰，三月小建，辛亥則四月四日也。《玉海》前後月日一一符合，錢氏蓋各據所出書之，未爲合勘，遂析一事爲二耳。錢氏於「越九日甲辰進詩」下，特增「謝」字，「俯和」上特增「復」字，亦與《玉海》原文不合。「謝」字、「復」字似宜據《玉海》刪去。

《三筆》卷四：予除翰林日所被告命，後擬云「可特授依前正奉大夫充翰林學士」。蓋初書黄時全文，故官告院據以爲式，其制當爾。而告身全銜亦云「告正奉大夫充翰林學士」，予以語吏部蕭照鄰尚書，曰如此則學士繫銜在官下，於故事有戾，今欲書謝表，當如何？蕭悚然。旋遣部主事與告院書吏至，乞借元告以去。明日持來，則已改正，移職居官上，但減一充字，於行內微覺疏，其外印文濃淡了無異，其妙至此。

《四筆》卷八：淳熙十三年，在翰苑，作《賜安南國曆日詔》云：「茲履夏正，載頒漢朔。」書「夏正」爲「周正」，院吏以呈宰執。周益公見而摘其誤，吏還以告，蓋語順意同，一時不自覺也。

《宋史·孝宗紀》：周必大以淳熙七年五月參知政事，十四年二月拜右丞相。《宋史·孝宗紀》：淳熙十三年十一月甲子，王淮等上仁宗、英宗玉牒，神宗、哲宗、徽宗、欽宗《四朝國史》、《皇帝會要》。

王淮以淳熙九年九月拜左丞相。按：《宋史·

藝文志》既載李燾、洪邁宋《四朝國史》三百五十卷，下又複載洪邁《四朝史紀》三十卷，《列傳》一百三十五卷，蓋與燾分修，而公所修復單行也。《宋史·李燾傳》有《四朝史藁》五十卷。

《玉海》：淳熙十二年七月，同修史洪邁奏：「神宗至於欽宗，傳叙相授，閱六十五年，除紀、志已進外，當立傳者千三百人。其間妃嬪、親王、公主、宗室幾當其半，乞倣前代諸史體例，分類載述，不必人爲一傳。」至十三年十一月二十二日，上《國史列傳》一百三十五卷。《文獻通考》引《中興藝文志》云：紹興末始修神、哲、徽三朝正史，越三年紀成。乾道初進時，洪邁已出，李燾未入館，史官遷易無常，莫知誰筆。後又進《欽宗本紀》，詔通爲《四朝國史》。乃修諸志，未進而燾去國。淳熙初志成，燾之力爲多。召修列傳，垂成而燾卒，上命洪邁專典之。初，邁以孫覿熟宣、靖事，乃奏令撰蔡京、王黼、童貫、蔡攸、梁師成、譚稹、朱勔、种師道、何㮚、劉延慶、聶昌、譚世勣等列傳。覿頗徇愛憎，邁多採之。邁又奏四朝諸臣有雖顯貴而無事跡可書者，用遷、固史劉舍、薛澤、許昌例，不爲立傳。踰年書成，爲列傳八百七十。邁又嘗欲合九朝三史爲一書，不果。《宣仁欽聖傳》居首，目録二卷。

錢《譜》：請通修九朝正史月日，見《玉海》卷四十六。進欽宗宸翰月日，見《玉海》卷三十四。據錢《譜》引《三筆》卷四「奉詔開院，修成三十餘卷」。今按：《宋史·藝文志》有《太祖太宗本紀》三十五卷，當即《三筆》所謂修成者。《詞學指南》載野處《進三朝帝紀表》，末云：「書大事而小則簡牘，願殫緗素之勤；藏名山而副在京師，終冀汗青之望。」

是年四月，跋范文正公《與尹師魯》二帖。

見朱存理《鐵網珊瑚·書品》、高士奇《江村消夏録》。

周必大《題五代應順年堂檢臨本》云：右後唐宰臣劉昫兼判三司堂檢，其內批用御前新鑄之印。予從洪景盧待制借本臨之，眞贋幾不可辨。淳熙丙午四月辛酉，致齋題。

田汝成《西湖志餘》：「洪景盧學士嘗賜對於翠寒堂，三伏中體氣戰慄。上遣中貴人以北綾半臂賜之，則境界可想矣。」未詳何年，附著於此。

淳熙十四年丁未，六十五歲。

是春，差知貢舉，取瀏陽湯璹第一。

《夷堅志》：瀏陽湯璹君寶淳熙甲辰過宜春，謁仰山二王祈夢。是夕夢一僧拉詣別館，見一鐘絕大，挂於架。湯撫摩之，謂僧曰：「試叩之如何？」僧曰：「鐘雖成竣，經洪鑪陶鑄乃可擊，今未也。」又問其故，曰：「今擊之，其聲只聞一方。若得洪鑪坯冶之力，然後鳴蒲牢以撞之，當宣播四方，非兹日比也。」及丁未南省，湯魁多士，予實典舉，乃悟洪鑪之兆。

三月，奏薦承議郎知龍州王稱、登仕郎龔敦頤，乞賜甄錄。此見《東都事略》卷首，但云三月十八日，三省同奉聖旨，王稱除直祕閣，龔敦頤特補上州文學，不著年分。

四月乙亥，召對淸華閣，於御榻之右取宸翰宋鮑照《舞鶴賦》一軸賜公。

八月入侍，孝宗忽云：「近見甚齋《隨筆》。」公對云：「是臣所著《容齋隨筆》，無足采者。」上曰：「煞有好議論。」公起謝。

十月，光堯上賓，公以學士充橋道頓遞使。

二十五日召對，諭以欲令皇太子參決萬幾，使條具合行事宜以進。

《三筆》十云：淳熙十四年十月二十二日，壽皇聖帝自德壽持喪還宮。二十五日有旨召對，與吏部尚書蕭燧同引。中使先諭旨曰：「教内翰留身。」既對，乃旋於東華門内行廊下，夾一素幄，御榻後出一紙，錄唐貞觀中太子承乾監國事以相示。蕭先退，上與邁言欲令皇太子參決萬幾，使條具合行事宜，仍戒云：「進入文字須是密。」邁奏言當親自書寫，實封詣通進司。上曰：「也只翦開，不如分付近上一箇内臣。」邁又言：「臣無由可與内臣相聞知，唯御藥是學士院承受文字，尋常只是公家文書傳達，今則不可。欲俟檢索典故了日，卻再乞對面納。」上曰：「極好。」於是七日間三得從容。

【增訂】周必大作《陳公居仁神道碑》云：學士洪邁知貢舉，命公權直院。

《宋史·選舉志》：淳熙十四年御試，正奏名王容第一。《宋史·孝宗紀》：淳熙十四年夏四月戊子，賜進士王容以下四百三十五人及第出身。時帝策士不盡由有司，是舉容本第三，親擢爲榜首。翰林學士洪邁言：「貢舉令賦限三百六十字，論限五百字。今經義論策一道有至三千言，賦一篇幾六百言，寸晷之下，惟務貪多，累牘連篇，何由精妙。宜俾各遵體格，以返渾淳。」

《宋史·危稹傳》：稹字逢吉，舊名科，淳熙十四年舉進士，孝宗更名稹。時洪邁得稹文，爲之賞激。

王應麟《困學紀聞》：淳熙中省試《人主之勢重萬鈞賦》，第一聯有用「洪鍾」二字者，考官哂之。洪文敏典舉，聞之曰：「張平子《西京賦》『洪鍾萬鈞』，此必該洽之士。」

《玉海》：元祐黨籍，建中上書邪等，名在兩籍者三百九人。和州布衣龔端頤訪求闕遺，成《列傳譜述》一百卷，書於編者三百五人，不可得而詳者四人而已。淳熙十四年三月十八日，修國史洪邁請甄錄，從之，授端頤上州文學。原注：端頤，原之曾孫。

《續筆序》云：淳熙十四年八月，在禁林日，入侍至尊壽皇聖帝清閒之燕，聖語忽云「近見甚齋《隨筆》」云云，邁起謝。退而詢之，乃婺女所刻，賈人販鬻於書坊中，貴人買以入，遂塵乙覽。

《宋史·孝宗紀》：淳熙十四年十月乙亥，太上皇崩於德壽殿。戊寅，以滎陽郡王伯圭爲攢宮總護使。按：公時充橋道頓遞使。據《齊東野語》，淳熙間高宗山陵，欲差五使，王季海爲首相，殊以爲憂。尤延之時爲禮官，於是授之以說云：「今此乃攢宮耳，不當置五使。」季海遂倡其說曰：「祖宗全盛，營陵西洛，乃差五使。今權卜會稽，止當差總護使耳。且歲旱，民力何以堪之？」於是止差伯圭充總護使，洪邁充橋道頓遞使。翰林學士洪邁言大行皇帝廟號當稱祖，詔有司集議以聞。甲申，用禮官顏師魯等言，大行太上皇帝上繼徽宗正統，廟號稱宗。

《宋史·尤袤傳》：「高宗崩，當定廟號。袤與禮官定號『高宗』，洪邁獨請號『世祖』。袤率禮官顏師魯、鄭僑奏曰：『宗廟之制，祖有功，宗有德，藝祖規創大業，爲宋太祖。太宗混一區夏，爲宋太宗。自眞宗至欽宗，聖聖相傳，廟制一定，萬世不易。在禮子爲父屈，示有尊也。太上親爲徽宗子，子爲祖，父爲宗，失昭穆之序。議者不過以漢光武爲比，光武以長沙王後，布衣崛起，不與哀、平相繼，其稱無嫌。太上中興雖同光武，然實繼徽宗正統，以子繼父，非光武比。將來祔廟，在徽宗下而稱祖，恐在天之靈有所不安。」詔羣臣集議，袤上議如初，邁論遂屈。詔從禮官議，衆論紛然。會禮部太常寺亦同主『高宗』，謂本朝創業中興皆在商丘，取商高宗，實爲有證，始詔從初議。」據此，則主議者實袤，而顔師魯等從之。

《孝宗紀》：淳熙十四年十一月己亥，詔皇太子惇參決庶務。庚子，皇太子三辭參決庶務，不許。戊午，詔皇太子參決庶務於議事堂，在內寺監，在外守臣以下，與宰執同除授訖乃奏。十五年正月戊戌，皇太子初決庶務於議事堂。

《玉海》：淳熙十四年十一月己亥，詔皇太子參決庶務。先是，學士洪邁入對，言天禧資善之詔可舉行也。至是詔右相周必大討論資善堂典禮。必大奏天禧時仁宗尚幼，始見輔臣，恐不可用。西晉有宣猷堂，今作議事堂可也。十五年正月二日戊戌，必大請上御延和殿，令宰執奏事畢，然後過堂議事云云。

周必大《思陵錄》：淳熙丁未十月乙亥，召洪邁草太上遺詔。予令添入「太上皇后宜改稱皇太后」，其他多與裁定，謂如「軍民不用縞素」一句，乃是誤隨《顯仁遺誥》，亦與删去。詔文又云「罹此眚災」，予謂眚災非病也，邁改作「抱疾弗瘳」。壬辰，按：是月戊辰朔，當是二十五日。內引蕭燧、洪邁，上服虔布背子，戴虔布巾，二人者同班服紫衫皁帶，自內東門入。設素幄於廊，邁奏二十八日太上皇三七，當過宮。按：此謂德壽宮。是日乙未，乃太后本命，乞用別日。上遂批問云：「展作二十七日過宮行香，如何？」王相與予回奏：「齋七不見於經，乃釋氏之說，而本朝用之，前一日亦無害。」聞未引二人有黃門侍御封文字，二人云未知付誰，不敢啓封，黃門云：「既得旨付下，自可同觀。」既啓封，乃是貞觀四年太宗遭高祖之喪，令太子聽政。邁遂留身從與其事。又乞令天下諱秀王名，幷以伯圭爲嗣王。乙未，又引洪邁，邁退語侍從云：「上問太上宰臣呂、趙孰優，邁云呂遭時艱難，功雖不細，而趙首陳立儲之義，其功尤大。上曰：『此社稷大勳也。』又說到浙東田渭與鄭汝諧、浙西羅點與趙不流不協處，上曰：『若是職事不相合，事過即已，安得生仇怨。』」兩事邁必有以開陳，故聖諭及之。既退，又以秀邸事語人，後復諱之。十一月戊戌朔，內引洪邁。聞邁欲擬皇太后聖旨尊崇秀王事，退而自以語人，衆皆愕然，邁尋諱之。又擬皇太子參決詔，初議鎖院，又恐張皇，上只令擬指揮，而邁謂恐不能道居喪曲折，遂草四六以進。上疑其文稍長，邁云：「不如此，意不達。」其後又明言五日三日及稍定其制度之類。己亥，內降手詔付三省樞密院，令有司討論皇太子參決庶務，洪邁之文也。上刪去所擬日分等數語，止令有司討論古今典禮以聞。辛酉，延和奏事，翰林院學士洪邁入局，上遣快行家問院吏云：「雖素服，若宣召學士賜茶，無妨否？」又問甚時出局，於是疑有宣引。已而無耗。是早三省進呈，邁乞省罷排頓官十二員，只付見任官，仍不推賞。

《續筆》卷十一：淳熙十四年，澧州慈利縣周赧王墓旁五里山摧，蓋古冢也，其中藏器物甚多。予甥余玠宰是邑，得一錞云云。

按：玠當是余執度之子。

是年九月辛亥，作《城南堂記》。見《淳祐臨安志》。

周必大《題王摩詰山水》云：自崇甯興畫學，名筆間出，有賜紫待詔高克明者，頗得摩詰用筆意，當時甚重之，今已不易致，況唐朝眞蹟乎。淳熙丁未八月八日，過史院，翰林洪公景盧出示此軸，輒記其後。

淳熙十五年戊申，六十六歲。

三月，永思陵禮成。公議以呂頤浩、趙鼎、韓世忠、張俊配享。祕書少監楊萬里與公議不合，上章論公，公上疏乞補外。

光堯梓宮發引前夕，用警場導引鼓吹詞。公先期撰進，又奉旨代作挽詩五章，有「社首鳳來遲」之句，內官謝純孝密以爲問，公舉王子年《拾遺記》告之。

四月乙亥，除敷文閣直學士，知鎮江府。

六月，以攢宮推恩轉一官。蓋自正奉轉宣奉也。《謝表》云：「武德文階，愧三品維新之澤；貞元朝士，動一時既往之悲。」

九月十七日，改除知太平府。

本傳失書鎮江、太平兩任，據《太平州瑞麻贊》刻於十六年八月，稱假守十閱月，知是年十月由鎮江移太平也。

【增訂】《宋史·孝宗紀》：淳熙十五年三

月癸丑，用洪邁議，以呂頤浩、趙鼎、韓世忠、張俊配饗高宗廟庭。《合璧事類備要》外集引《朝野雜記》云：永思陵復土，翰林學士洪邁言：「神聖武文憲孝皇帝祔廟有期，所有配食臣僚先期議定。臣兩蒙宣諭，欲用文武臣各兩人，文臣故宰相、贈太師、秦國公、謚忠穆呂頤浩，特進、觀文殿大學士、謚忠簡趙鼎，武臣太師、蘄王、謚忠武韓世忠，太師、魯王、謚忠烈張俊。此四人皆一時名將相，合於天下公論，望付侍臣詳議以聞。」議者皆以爲宜，從之。吏部侍郎章森乞用張浚、岳飛，祕書少監楊萬里乞用浚，皆不報。四月乙亥，詔洪邁、楊萬里並予郡。

《宋史·儒林·楊萬里傳》：高宗未葬，翰林學士洪邁不俟集議配饗，《宋史·尤袤傳》：靈駕將發引，忽定配享之議，洪邁請用呂頤浩、韓世忠、趙鼎、張（浚）〔俊〕。袤言祖宗典故既祔然後議配享，今忽定於靈駕發引一日前，不集衆議，懼無以厭服勳臣子孫之心，宜反覆熟議以俟論定。奏入，詔未預議官詳議以聞，繼寢之，卒用四人者。獨以呂頤浩等姓名上，萬里上疏詆之，力言張浚當預，且言邁無異指鹿爲馬。孝宗覽疏不悅，曰：「萬里以朕爲何如主！」由是以直祕閣出知筠州。

《續通鑑》：時論有以張浚大類漢諸葛亮，亦宜預列。邁謂亮斬馬謖已爲失計，浚襲其事斬曲端，幾於自壞萬里長城。至於詐張端旗，尤爲拙謀，徒足以召敵人之笑，沮我師之氣。帝是其議。《鶴林玉露》：曲端在陝西甚有威望，張魏公云云。宋淳熙間，高廟配享，洪景盧舉此爲魏公罪，迄不得侑食。

《鶴林玉露》：高宗配享，洪容齋在翰苑，以呂頤浩、趙鼎、韓世忠、張俊四人爲請，蓋文武各用兩人，出於孝宗聖意也。遂令侍從議。時宇文子英等十一人以爲宜如明詔，而識者多謂呂元直不厭人望，張魏公不應獨遺。楊誠齋時爲祕書少監，以書爭之，以欺、專、私三罪斥容齋。且言魏公有社稷大功五云云，於是有旨再令詳議。越數日，上忽諭大臣曰：「呂頤浩等配享，正合公論，更不須議。洪邁固是輕率，楊萬里亦未免浮薄。」於是二人皆求去，容齋守南徐，誠齋守高安，而魏公迄不得配食。本條下文又云：左次魏和伯子詩云：「鑾坡蓬監兩封書，道院東西各付渠。」但當塗乃江東道院，容齋守南徐，非當塗也。今按：公由鎮江移守太平，左詩不誤。羅大經只知出守鎮江，不知移守太平，故疑左詩爲誤耳。

《思陵錄》：淳熙十五年二月癸酉，都大主管喪事所繳到御製《太上挽詩》五首。先是洪邁入直，上令中使持草示之，且諭令須有所改定。內一篇云：「重華愧有虞，居然慚菲質，正爾紹皇圖。」邁以「愧」與「慚」相似，擬改作「居然將菲質」，上從之。

公除知太平州，長子梓代作謝表。見《四筆》卷十四。據《江南通志》，公知太平州在佘端禮後，繼之者趙汝愚、尤袤。

《四筆》卷九：予到當塗日，《謝執政書》云：「郡雖小而事簡，庫錢倉粟，自可枝梧。得坐嘯道院，誠爲至幸。」周益公答云：「從前得外郡太守書，未有不以窘冗爲詞，獨創見來緘如此。」蓋覺其與他異也。

是年正月，公入對，論喪服所宜。

《宋史·禮志》：淳熙十五年正月二十一日丁巳，諭輔臣曰：「昨內引洪邁，見朕已過百日，猶服衰麤，因奏事應以漸，今宜服如古人墨衰之義，而巾則用繒或羅。朕以羅、絹非是，若用細布則可。」王淮等言：「尋常士大夫丁憂，過百日巾衫皆用細布，出而見客則以黲布。今陛下舉曠古不能行之禮，足爲萬世法。」

《游宦紀聞》：世南嘗從親戚馬建家見洪文敏公內簡一副，與族伯提刑云：「正月十九日晚間，宣召從容，聖語云：『近日郡守辭見，並詣議事堂。太子封劄子來，但思之甚有未盡處，蓋全不見語話，如何得識其賢否？朕於選引郡守，自有見處，幾於不傳之妙。』遂笑云：『所謂父不能以傳之子也。』邁奏每見批出別與差遣人者，無不合於公論。上云：『如張垓者，觀其人材儘得一州，只緣鄂渚屯大軍，有諸司，卻恐他費力，故改與九江。』邁奏：『張垓是臣鄉人，故參知政事燾之子，其人誠如聖諭。自得改命，極感聖恩。至於玉音說其爲人，雖鄉里與之久處者，不過知之如是，而陛下一見即盡其平生，可謂至當。』上笑而頷首。觀此，足知簡記不忘，故詳以報。此段乃孝宗皇帝天語，拜手敬觀，益足以窺聰明冠倫妙處也。」按：公內簡具述「正月十九日晚間宣召從容聖語」云云，疑即與論喪服同日事也。

三月，請開院修纂《高宗實錄》。

《玉海》：淳熙十五年三月十一日，洪邁請開院修纂《高宗實錄》，慶元三年二月五日上三百八十卷，起藩邸至紹興十六年。修撰傅伯壽等嘉泰二年正月二十一日又上三百二十卷，起十七年至三十二年。修撰袁說友等自奉詔至成書凡十六年，成五百卷。

周必大《題蘇季眞所藏東坡眞蹟》云：

淳熙戊申三月，與洪景盧同以永思陵使事留泰甯寺，獲觀。

朱文公《晦菴集·記濂溪傳》云：戊申六月，在玉山邂逅洪景盧內翰，借得所修國史，中有濂溪、程、張等傳，盡載《太極圖說》，蓋濂溪於是始得立傳，作史者於此爲有功矣。

按：《宋史·孝宗紀》：淳熙十五年六月癸酉，以新江西提點刑獄朱熹爲兵部郎官。

淳熙十六年己酉，六十七歲。

在太平任。閏五月，以久旱禱雨於廣德之張王廟，得雨，撰《靈濟應禱記》。

《祠山事要》載：淳熙十六年六月，洪邁撰《靈濟應禱記》，署銜敷文閣直學士、宣奉大夫、知太平州軍州事、魏郡開國公、食邑二千二百戶、食實封二百戶。

八月，州生異麻，數本同幹，作《瑞麻贊》刻於石。

十二月，得東坡先生詩文十篇眞蹟，刻石郡齋。

是歲，撰《平江府學御書閣碑》，題銜稱敷文閣直學士、宣奉大夫、知太平州軍州事兼管內勸農營田使、焞煌郡開國公、食邑二千二百戶、食實封二百戶。《夷堅庚志》二十卷，當成於是年。

光宗紹熙元年庚戌，六十八歲。

二月，進煥章閣學士，依前宣奉大夫知紹興府、本傳：淳熙改元，進煥章閣學士知紹興府，此紹熙之譌。兩浙東路安撫使、魏郡公。過闕奏事，言新政宜以十漸爲戒。及到官，建棣鄂堂於府廨，以伯兄文惠公嘗守越，取綸告中語名之。撰《會稽和買事宜錄》七卷。

十一月，刻《唐人絶句》百卷於蓬萊閣。

十二月，除提舉隆興府玉隆萬壽宮，以集英殿修撰王信代公。

【增訂】《廿二史考異》：《宋史·洪邁傳》：「淳熙改元，進煥章閣學士知紹興府。」「淳熙」當爲「紹熙」之譌。《容齋隨筆》所謂「紹熙元年，予自當塗徙會稽過闕」者是也。攷《學士院題名》，邁以淳熙十五年四月由翰林學士差知鎮江府，又《太平州瑞蔴贊》作於己酉八月，云「予假守十閲月」。則是十五年之冬，由鎮江移知太平，至紹熙改元移紹興府，除授次第班班可考。本傳皆闕而不書，又誤「紹熙」爲「淳熙」，失之甚矣。

《五筆》卷二：淳熙十六年、紹熙五年連有覃霈，轉官賜服者衆。紹熙元年，予自當塗徙會稽，過闕，遇起居舍人莫仲謙於漏舍。仲謙云：「比赴景靈行香，見朝士百數，無一緑袍者。」又朝議中奉皆直轉行，故五品官不勝計。

《輿地紀勝·紹興府·景物下·棣蕚堂》注云：在州宅招山閣下，洪内翰所名，以内翰兄文惠公守越，取論語中語名之。

又《浙江通志》引《寶慶會稽續志》：清涼閣在府廨棣蕚堂下，洪邁重建，改爲招山閣，閣東建晚對亭。

《宋史·食貨志》：淳熙十六年，知紹興府王希吕言：「均敷和買，曩者亟於集事，不暇覈實，一切以爲詭戸而科之，於是物力自百文以上皆不免於和買，貧民始不勝其困。乞將挪科和買二萬五十七疋有奇盡放，則民被實惠矣。」於是詔下戸和買二萬五十餘疋，住催一年，又減元額四萬四千疋有奇。《宋史·光宗紀》：淳熙十六年九月癸亥，減紹興和買絹歲額四萬四千餘匹。均輸一節，令知紹興府洪邁從長施行。紹熙元年，邁定其法上之。詔依所措置推行，於是紹興貧民下戶稍寬矣。

又《文獻通考》：《會稽和買事宜錄》七卷，浙東帥番陽洪邁景盧、提舉常平三山鄭湜補之集。初承平時，預買令下，守越者無遠慮，凡一路州縣所不受之數悉受之，故越之額特重，以匹計者十四萬六千九百，居浙東之半。人戶百計規免，皆詭爲第五等戶，而四等以上戶之害日益甚，於是有爲畝頭均科之說者。帥鄭丙少嘉、憲丘崈宗卿、張詔君卿頗主之，由淳熙十一年以後略施行，而議者多以刱科五等戶爲不便。參政李彥穎秀叔、尚書王希呂仲行先後帥越，皆言之，而王畫八事尤力。會光廟亦以爲貽窮貧之害，戶部尚書葉翥叔羽奏乞先減四萬四千餘匹，止以十萬爲額，而後均敷，詔從之。仍令侍從集議，皆乞闕併詭挾，遂詔邁、湜措置。既畢，以施行次第類成此書，時紹熙元年也。

刻《唐人絕句》，公自序云：「淳熙庚子秋，邁解建安郡印歸，取諸家遺集一切整彙，凡五七言五千四百篇，手書爲六帙。起家守婺，齎以自隨。踰年再還朝，侍壽皇帝清燕，聖語云：『比使人集錄唐詩，得數百篇。』邁因以昔所編具奏，天旨驚其多，且令以元（木）〔本〕進入，蒙寘諸復古殿書院。又四年，來守會稽，間公事餘分，又討理向所未盡者。唐去今四百歲，考《藝文志》所載，以集著錄者凡五百家，今僅半之。又取郭茂倩《樂府》與稗官小說所載仙鬼諸詩，撮其可讀者，版蓬萊閣中，而識其本末於首。」

《三筆》卷十五：予編《唐人絕句》，得七言七千五百首，五言二千五百首，合爲萬首，而六言不滿四十。

《玉海》：淳熙中，洪邁編唐人絕句詩爲六帙。後入翰林，孝宗召對，偶及宮中書扇事，邁因以所編進上，命寘復古殿書院。邁自序謂初編得五千四百篇，後採《樂府》、小説諸詩，撮其可讀者合爲八十二卷。

按：《廿二史考異》云：《宋史·藝文志·總集類》有洪邁《唐一千家詩》一百卷，而《唐人萬首絕句》則失書之。

《夷堅志》：江浙間路歧，伶女有慧黠知文墨，能於席上指物題詠，應命輒成者，謂之合生。其滑稽含玩諷者，謂之喬合生，蓋京都遺風也。予守會稽，有歌諸宮調女子洪惠英正唱詞次，忽停鼓，白曰：「惠英有述懷小曲，願容舉似。」乃歌曰：「梅似雪，剛被雪來相挫折。雪裏梅花無限，精神總屬他。梅花無語，只有東君來作主。傳語東君，且與梅花作主人。」歌畢再拜云：「梅者，惠英自喻，非敢僭擬名花，姑以借意。雪者，指無賴惡少者。」官奴因言其人在府一月，而遭惡子困擾者至四五，故情見乎詞，在流輩中誠不易得。

紹熙二年辛亥，六十九歲。

歸鄱陽。向所種松蔚然成林，皆有干霄之勢。有兩園，適居東西，扁西爲西園，東爲東圃。

十一月，刻《唐人絕句》成。公在越刻未竟而去任，乃雇婺匠續成之。

《三筆》三云：「予以宣奉當磨勘，又該覃沛。顔師魯在天官，徑給回換一據，而不明言其所由。」按：是年十一月，圜丘合祭，禮成推恩肆赦。

【增訂】「種松成林」二句見《續筆》卷三，以乾道己丑順數至今歲，正二十年也。「兩園」見《五筆》卷九。又《五筆》卷十：「予於東圃作草堂，欲采唐人詩句書之壁，而未暇也。」

《十駕齋養新録》：宋紹熙二年正月三日壬子，其夜子時立春，洪文敏以劄子白廟堂，云日辰自古以子時爲首，今既以子時立春，則當是四日癸丑，謂太史之誤。自注見《賓退録》。《宋史·曆志》不載其事，是文敏有此議而廟堂未之行也。頃見寶祐四年《會天曆》，是歲立夏四月三日甲子，其夜子初二刻，則子初係前一日，終《宋史》未嘗改易，元、明至今猶承其舊。洪氏於推步本非專門，輒議太史爲誤，非也。

按：公於上年十二月已奉祠，劄子或進於冬月頒曆之後。

是年三月十六日，作張綱《華陽集序》。

紹熙三年壬子，七十歲。

三月，上表進所撰《萬首唐人絶句》，得壽皇聖帝旨，遣重華宮祗應耿枏到饒州宣諭，賜茶一百夸、清馥香一十帖、熏香二十帖、金器一百兩。即上表陳謝，竝乞御書「博洽堂」三字。壽皇又嘗書「野處」二字賜之。賜「野處」字見《玉海》，不書其年。今因乞御書事附及之。

是月十日，序《容齋續筆》。

仲子不得其名。簽書峽州判官，得古錞一於長楊縣，蓋虎錞也。公家蓄古彝器百種，此遂爲之冠。

長子梓通判信州。

辛幼安名棄疾。有《洪内翰慶七十》詞云：「樂天詩句香山裏，杜陵酒債曲江邊。」

【增訂】《輿地紀勝·饒州·景物上·野處》注云：「野處」二字，孝宗御書也。

《鄱陽洪氏宗譜》載文敏第二子櫄，峽州通判。按：《盤洲集·忠宣行述》叙諸孫，有櫄無梓，《慈瑩石表》有梓、椿無櫄。得古錞事，見《續筆》卷十一。

《夷堅志》：紹熙三年秋，信州解試揭牓畢云云，時大兒通判州事。

又云：禁衛幕士盛皋，有女爲大兒侍妾。

紹熙四年癸丑，七十一歲。

是歲，《夷堅壬志》二十卷成。

《癸志序》云：九志成，年七十有一。

撰《鄉人李文中墓銘》。撰《友恭堂記》，題銜稱煥章閣學士、宣奉大夫、提舉隆興府玉隆萬壽宫、魏郡開國公、食邑二千五百户、食實封二百户。

【增訂】《夷堅志》：鄉人李文中之子安行登第，爲江州德化主簿，迎親之官，以紹熙四年正月卒。安行正奏名時，予典貢舉，因此介來求銘，既爲之製撰。安行之從父康時見之，咨嗟歎息，謂其子中行曰：「吾他日身後，還復見此否？」後二年二月，康時亦亡，中行與兄應行念前言，復來求銘。《夷堅志》：「道州營道縣村婦養姑孝謹，因食婦所進肉而死，鄰人有小恨，訴其腊毒，縣（牌）〔牒〕尉薛大圭往驗得釋。薛字禹圭，河中人，予嘗志其墓」云云。未詳何年，類記於此。

《三筆》卷五：紹熙四年冬，客從中都來，持所鈔《班朝錄》一編相示，蓋朝士官職姓名也。讀至尚書郎，纔有正員四人，其他權攝者亦只六七人耳。因記紹興二十九年，予爲吏禮部時，同舍郎二十人皆正官。今既限以曾歷監司郡守，故任館職及寺監丞者不可進步，其自外召用者資級已高，曾不數月必序遷卿、少，以是居之者益少。

是年，仲子仍爲峽州判官。

《夷堅志》「峽州泰山廟條」云：紹熙癸丑之冬云云，廟成，仲子時僉書郡幕。

紹熙五年甲寅，七十二歲。

七月，甯宗即位。明堂禮成加恩。

《謝表》云：考皇祐明堂之故，操以舉行；念貞元朝士之存，今其餘幾。

梓通判福州，轉朝散郎。

《夷堅志支乙序》云：紹熙庚戌臘，從會稽西歸，至甲寅之夏季，《夷堅》之書緒成辛、壬、癸三志，合六十卷，及《支甲》十卷，才八改月，又成《支乙》一編。

【增訂】《夷堅志》：呂德卿自贛州石城宰滿秩赴調，夢人持牓子來謁，曰「前信州通判洪朝散」，其字廣長二寸許，蓋予大兒也。覺而熟念不能測。時大兒已除倅福州，既還鄉里，後數月被受甲寅覃霈遷秩之命，告中乃載云：洪梓等五人擬官如右。遂同轉朝散郎，始憶前夢。

又《志》云：吳興周權巽伯以紹熙甲寅爲福建安福參議官，大兒倅貳福州。

甯宗慶元元年乙卯，七十三歲。

《三筆》十二云：「年過七十，法當致仕，以新天子臨御，未敢遽有請。」故玉隆滿秩，只以本官職居里。鄉衮趙子直汝愚不忍使絶祿粟，俾之因任。

按：南渡宮觀，例以兩年爲一任，公自紹熙辛亥任玉隆，至甲寅冬已兩任矣。以甯宗新立未即請休，故復有因任之命，蓋第三任也。

撰《李康時墓志》。

【增訂】《夷堅志》：福州閩清林子元慶元元年秋試畢，九月二十四日揭榜，以詩賦居首選，大兒榟時通判州事。

慶元二年丙辰，七十四歲。

六月，序《容齋三筆》云：「予從會稽解組歸里，于今六年。」

是冬，榟福州任滿，寓居大中寺，以俟解印。

【增訂】《四筆》卷八：慶元二年，邵州守黄沃叔啓買「漢壽亭侯印」一鈕於郡人張氏，予謂非眞漢物，爲作辨跋一篇，見《贅藁》。

是年十月庚申，爲莆田黄公度作《知稼翁集序》。十月十四日，作《唐御史公集序》。明正德刊本。

慶元三年丁巳，七十五歲。

四月九日，序朱翌《猗覺寮雜記》，題銜仍稱煥章閣學士、宣奉大夫、魏郡公。

九月二十四日，序《容齋四筆》。

十二月，序婁機《漢隸字原》。榟爲大社令。

慶元四年戊午，七十六歲。

再上章告老，進龍圖閣學士。

本傳繫於淳熙改元之明年，差繆之甚。今亦未審的於何年，但以去年署銜尚稱煥章，則除龍圖必在四年以後也。

是秋，大孫未審其名。赴南昌漕試。

【增訂】《夷堅志》「劉自虛」條云：予二孫偃、僊。此云大孫，殆即偃也。漕試事亦見《志》「滕王閣」條云：慶元四年，趙不干晉臣以漕使兼府事，大孫赴試漕臺。

慶元五年己未，七十七歲。

【增訂】朱子《晦菴集·答鞏仲至》云：「放翁近報亦已挂冠，今春議者欲起洪景盧與此老，付以史筆，置局湖山，以就閒曠。已而當路有忌之者，其事遂寢。」按：錢氏《陸放翁年譜》：「慶元五年，上章請老，五月七日拜致仕敕。」據此，則此事當在是年。

慶元六年庚申，七十八歲。

嘉泰元年辛酉，七十九歲。

嘉泰二年壬戌，八十歲。

以端明殿學士致仕，未幾卒。

公致仕及卒年月俱無可考。本傳於進龍圖閣學士後，即云「尋以端明殿學士致仕，未幾卒」，似卒於淳熙二、三年間。王圻《續文獻通考》謂淳熙中謚文敏，亦承《宋史》之誤。據《三筆》四自序，則慶元中公尚無恙也。公年八十，見於本傳。以《續筆》考之，乾道己丑，年四十七，則其卒當在嘉泰二年壬戌也。

年八十，贈光祿大夫，謚文敏。夫人張氏，兵部侍郎淵道女也。見《夷堅志》。

【增訂】《廿二史考異》：《宋史·洪邁傳》：「明年再上章告老，進龍圖閣學士，尋以端明殿學士致仕，是歲卒，年八十。」據傳文，似淳熙二年告老，即以其年卒。今考之，不特「淳熙」字誤，即謂卒於紹熙二年亦誤也。《容齋三筆》成於慶元二年六月，其序云：「予從會稽解組還里，於今六年，年齡之運，踰七望八。」則是慶元二年丙辰，邁年尚未盈八十也。據《續筆》云「乾道己丑，年四十七」，邁既壽至八十，其卒當在嘉泰二年壬戌矣。

《隨筆》卷十三：建炎三年，外舅張淵道爲太常博士，時禮寺典籍散佚，亡幾而京師未陷，公爲宰相言宜遣官往訪故府，取見存圖籍，悉輦而來，以備掌故。宰相不能用，其後逆豫竊據，鞠爲煨燼。又《續筆》卷一「李衛公帖」條、《四筆》卷四「兩道出師」條均及張淵道。周必大作《張淵道侍郎挽詞》二首：籍甚中興日，歸歟載戢秋。周旋黃石法，邂逅赤松游。名與衡山峙，身隨楚水流。若爲窺智勇，家世本留侯。南國頻移鎮，西清叠進班。袞衣元繾綣，貝錦漫斕斑。斜日逢單閼，公薨以己卯夏。流金識大還。惟餘千字誄，傳誦滿人間。

按：公諸孫偃最著，《宋史·藝文志》：洪偃《五朝史述論》八卷，元注：洪邁孫。《四筆》卷九：「後進不當輒議前輩，因孫偃有問，書以示之。」又《四筆》卷十二：「偃孫頗留意曆學。」臨川何異撰《容齋隨筆序》云：知贛州寺簿洪公伋以書來曰：「從祖文敏公由右史出守是邦，今四十餘年矣。伋何幸遠繼其後，官閒無事，取文敏《隨筆紀錄》，自一至四各十六卷，五則絕筆之書，僅有十卷，悉鋟木於郡齋。公其爲我識之。」僕頃備數憲幕，留贛二年，至之日文敏去才旬月，不及識也。後十五年，文敏爲翰苑，出鎮淛東，僕適後至，濫吹朝列，相隔又旬月，竟不及識。而與其子大社梓、其孫參軍偃相從甚久，得其文愈多。而所謂《隨筆》者僅見一二，今所有大半出於淛東歸休之後，宜其不盡見也。僕又嘗於陳日華曄盡得《夷堅十志》與《支志》、《三志》及《四志》之二，共三百二十卷。按：《文獻通考》作四百二十卷，又有陳曄《夷堅志類編》三卷。阮氏《揅經室外集》：《甲志》二十卷，《乙志》二十卷，《丙志》二十卷，《丁志》二十卷。《提要》云宋洪邁撰，影宋鈔本。案，《夷堅志》十集，每集二十卷，《支志》十集，每集十卷，《三志》十集，每集十卷，《四志》甲乙二集，二十卷，共四百二十卷。小説家唯《太平廣記》爲卷五百，然卷帙雖繁，乃搜輯衆書所成者。其出於一人之手，而卷帙遂有《廣記》十之七八者唯有此書，亦可謂好事之尤者矣。邁每集各爲之序，唯四乙未成不及序，計序三十一篇，各出新意，趙與時嘗撮各序大指，載於《賓退録》。此本《甲志序》已佚，餘三序存，與《賓退録》所舉相合，每卷之下注明若干事，每事亦必注明某人所説，以著其非妄。書中神怪荒誕之談居其大半，然而遺文軼事可資考鏡者，亦往往雜出於其間。《四庫全書》所收者乃《支志》五十卷，與此不相涉。此本卷首有元人沈天祐序，稱建學所存舊刻閩本殘闕，承本路府判張紹先之命，以浙本補全者。邁與兄适、遵皆晧之子，名位著述皆相埒，世所稱「鄱陽三洪」是也。邁亦有弟二人，一景裴，名邃，一景何，不知其名，皆見於此書。周密《浩然齋雅談》云：近世趙汝淳《讀夷堅志》詩云：「千古邱明法度書，豕嘷蛇鬬未爲誣。後來更有無窮事，付與蘭臺鬼董狐。」用干寶事甚佳。就摘其間詩詞雜著、藥餌符呪之屬，以類相從，編刻於湖陰之計臺，疏爲十卷，覽者便之。僕因此搜索《志》中，欲取其不涉神怪，近於人事，資鑒戒而佐辯博，非夷堅所宜收者，別爲一書，亦可得十卷，俟其成也，規以附刻於章貢可乎。寺簿方以課最就持憲節，威行谿洞，折其萌芽，民實陰受其賜。願少留於此，他日有餘力則經紀。

文敏之家，子孫未振，家集大全恐馴致散失，再爲收拾實難。今《盤洲》、《小隱》二集，士夫珍藏墨本已久，獨《野處》未焉。寺簿推廣《隨筆》之用心，願有以亟圖之可也。嘉定壬申仲冬初吉，寶謨閣直學士、太中大夫、提舉隆興府玉隆萬壽宮臨川何異謹序。

據此序，則《野處猥藁》、《贅藁》，宋末已無傳本，《文獻通考》載《野處類藁》二卷，云全集未見。其二卷之書不知即坊行僞本否。但據馬端臨引陳振孫語，已云「全集未見」，則書佚久矣。

按：公著述，錢氏失書及年分無考者，尚有《節資治通鑑》一百五十卷、《次李翰蒙求》三卷、《記紹興以來所見》二卷、《詞科進卷》六卷、《瓊野錄》三卷、《皇族登科題名》不詳卷數，並載《宋史·藝文志》。又《四筆》卷七：《新唐書藩鎮傳》云云，文惠公頃與予作《唐書補過》。又《三筆》卷十自注云「其詳見於所記《見聞事實》」，疑《見聞事實》即《藝文志》所云《記紹興以來所見》一書。而《唐書補過》，則僅《四筆》一見，《盤洲集》中亦不言有此書。又按：《浙江采集遺書總錄》：「明江陰夏樹芳撰《奇姓通》十四卷，其書仿洪邁、楊慎之體。」是公又有姓氏書矣，《宋志》未載。至明季虞山毛氏汲古閣所刻《津逮祕書》中，有《容齋題跋》一書，皆刺取《容齋隨筆》成之。《稗海》等書所收搜采《異聞總錄》，亦皆摘錄《隨筆》中語而嫁名宋永亨矣。韓淲《澗泉日記》云：洪邁，忠宣公晧之幼子也，作翰林學士。有文名，制詞有典式，喜用艱深之詞以作碑記，世亦以此寶之。

《困學紀聞》：洪景盧、周茂振入館謝啓，雖不若董彥遠之博，如「桃萊難悟，柳卯本同」、「幼婦外孫之義，女郎世子之名」，亦儷語之工者。

趙希弁《郡齋讀書志·附志》有黃日新齊賢所著《通鑑韻語》九卷，洪容齋爲之序，又唐王貞白貞白字有道。《靈溪集》七卷，慶元中洪文敏序。

《西湖志餘》：木應之爲待制，孝宗問之曰木姓起於何時，罔知所對。他日謂洪邁曰：「木待制乃卿壻乎？木應之，名待問。據周必大作《文安公神道碑》，乃文安壻，官禮部尚書。《文獻通考》：《宋登科記》，孝宗隆興元年進士五百四十一人，省元木待問，狀元同。以明經擢高第，而不知祖姓所出，卿宜勸之讀書。」邁拜謝而出，嘆曰：「聖主萬機，廣覽如此，爲士可不研博古今耶。」

按：以上數則，未詳年分，彙紀於此。

跋

吾宗先德以南宋時爲極盛，忠宣公之後，文惠、文安、文敏弟兄，相繼以勛績彪聞於時，史册流光，實爲前代所希有。先大夫生平尤勤勤以纂述爲事，嘗先後刊行忠宣公所著《松漠紀聞》、《鄱陽集》及文惠公《盤洲集》、《隸釋》、《隸續》，文安公《泉志》，文敏公《容齋五筆》諸書。道光戊申間，先大夫從湘鄉曾文正公講學，春明公嘗語先大夫以錢竹汀宫詹所輯文惠、文敏二公年譜，謂宜翻刻傳布族人。别後又寓書爲言。先大夫乃求得錢公所爲譜，閲之，知其尚有未盡，爰補拾漏遺，加以增訂。又以舊傳《忠宣公年譜》尤多疏略譌舛，益援據史乘，摭拾羣書，編輯忠宣公及文安公《年譜》。廣搜博采，曲暢旁通，條列鈎稽，類皆手自抄撮綴集而成。與儀徵劉伯山先生往復討論，積日累時，殫精不厭。恩廣兄弟兒時侍側，尙及見之，於是兩世四譜，始得大備。嗚呼！先大夫表章前烈之功，可謂勤且瘁矣。手澤具存，未嘗鏤版，先二兄恩嘉嘗謀刊未果。恩廣不肖，深懼遺業弗彰，致蹈重戾，因與三兄恩毓及弟槃等商榷，出稿本就正於華陽王雪徵觀察秉恩、江甯陳雨生孝廉作霖、涇翟展成孝廉鳳翔，反覆審定，付諸剞劂。經始於宣統二年庚戌二月，閲十月刊成。從政之餘，謹悉心詳校一過，絹免脱漏。庶幾流示來葉，永爲家乘，俾世世子孫無忘前德之休光及我先人纂輯之精勤云爾。宣統三年歲次辛亥春正月，弟四男恩廣謹跋。

洪容齋先生年譜

王德毅 編

幼獅學報第三卷第二期

譜主洪邁（一一二三—一二〇二）事蹟，見前譜簡介。本譜爲今人王德毅所編，以錢大昕編、洪汝奎增訂《洪文敏公年譜》爲藍本，取其精英，補正其闕誤，引述資料，更加謹嚴，考述譜主生平事迹，更加翔實，其價值又勝過錢、洪二譜。原譜載於《幼獅學報》第三卷第二期（一九六一年四月），於宋紀元下下附注金國及公元紀年，今依全書體例，删去金國與公元紀年，并對原版式標點等略作調整。

凡例

一、本譜以錢大昕編、洪汝奎增訂《洪文敏公年譜》爲藍本，擷取其精英，補正其闕誤，非敢妄擬前修，只期追求眞實。昔朱子作《伊川年譜》，自言：「某嘗竊取實錄所書，文集內外書所載，與凡書之可證者，次其後先，以爲年譜。既不能以意形容，又不能保其無謬誤，故於每事之下，各繫其所從得者。」此編之成，竊以朱子之意爲鵠的焉！

一、本譜叙事採平述之體，而期其有條不紊，綱目粲然。紀年一律頂格，下繫譜主年歲。叙事一律低一格。遇有應評論或解釋處，即加案語，以申解之。遇有異聞，即附考異，以明原委。統另起一行低三格書寫，以期醒目。

一、本譜取材，悉依現代史學之指示，以原手史料爲主，以同時人直接史料爲貴。所引述者，皆詳註出處，以便覆案。

一、本編雖力求詳實，然事隔千年，南宋文獻散佚頗多，掛一漏萬，在所難免。加以編者初習譜錄之學，雖昕夕翻閱，孜孜矻矻，而學淺識昧，甄別爲難，文緐事宂，缺點實多。尙望師友先進，憫其不才，毋吝教誨是幸！

甲　譜前

洪姓，據洪氏家傳所述出于古共工氏，追記前烈，代有賢人。洪咨夔《平齋文集》卷十《於潛洪氏譜系圖序》稱：「洪姓有兩出，一避唐孝敬帝及本朝宣帝諱，易弘爲洪。一伏羲神農間，共工以水德伯九州，其子勾龍爲后土，後裔封於共，爲共氏。漢末避仇，益水爲洪。吾宗共工之後也。……其散見於纂記，多占籍東南。吳廬江太守矩，宣城人；唐集賢學士孝昌，舒城人；翰林學士侃仕南漢，參知政事杲仕南唐。昇元宗譜，一侍郎，三尚書，則鄱陽三洪之遠祖也。得姓以來，鄱陽爲鼎盛。」

案：上所云云，不敢斷爲事實，《盤洲文集》及《容齋隨筆》皆有類似之說，姑錄述如上。

容齋先生十一世祖玉自歙州徙饒州樂平。八世祖師暢，暢生漢卿，卿生膺圖，仕南唐。

高祖士良，種德積義，以氣節聞。力教二孫，欲振起門戶。徙居鄱陽。高祖母章氏。

曾祖炳，早歿，後贈少保，曾祖母何氏，贈國夫人。

伯祖彥昇，字仲達，當宋元豐乙丑以進士起家，洪氏遂大。仕徽宗朝，累官至給事中，有直聲。後進徽猷閣待制，卒，年六十三。

祖彥先，贈太師、秦國公；祖母董氏，贈秦國夫人。

父晧，字光弼，登政和五年進士，出任秀州司錄，以拯救災黎之故，人稱洪佛子。

建炎三年奉命使金，被留，在北方十有五年，備受冷辱饑寒；而關心國事，至死不稍渝。至紹興十三年乃得歸，高宗奬之再三，有「蘇武不能過」之語。遂除徽猷閣直學士，兼權直學士院。以與時宰秦檜不和，罷守鄉郡，俄而再降謫嶺南，至紹興二十五年卒，年六十八，謚忠宣。

母沈氏，贈魏國夫人。

叔父六人：曦，暐，暎，暉，曜，杲。

長兄适，字景伯，幼穎異，年十三即能任家事。紹興十二年中宏詞科。歷官司農少卿，中書舍人，僉書樞密院事。高宗曾面諭曰：「上謂用卿，吾謂從官中無踰卿者，況卿父精忠，古今所無，頃欲大用，阻於秦檜。今卿兄弟相繼入輔，此天報也。」乾道元年由參政拜右相，俄而去位，退居鄉里，以著書自娛。淳熙十一年卒，年六十八，謚文惠。

次兄遵，字景嚴。兒時，端默如成人。紹興十二年冠詞科，詞章壯麗，自成一家。歷官吏部尚書，翰林學士。隆興元年除同知樞密院事，明年即罷去。淳熙元年卒，年僅五十有五。謚文安。

有五弟：逖、遜、邈、邃、迅。

妻張氏。

子三，長子榟，次子名未詳，三子櫰。

乙、正　譜

宋徽宗宣和五年癸卯，先生生。

先生姓洪，名邁，字景盧，號容齋，又號野處。忠宣公晧之季子也。洪氏爲南宋江西望族，居鄱陽（今江西縣）。是年先生生於秀州（今浙江嘉興縣）司録事官舍。

案：《容齋續筆》卷三「栽松詩」條云：「乾道己丑歲，正年四十七矣！」己丑爲乾道五年（一一六九），逆推之，知當生於是年。又案：林表民編《天台續集別編》卷五有《寄題分繡閣》一詩，下繫「洪邁，字興伯」。蓋先生初字興伯，後改景盧。以其長兄适初字溫伯證之，初字興伯，甚有可能。

是年，父晧，世稱忠宣公者，年三十六歲。

案：各本《宋史》，皆書洪皓，從白從告；而四部叢刊本景宋刊《盤洲文集》，附録洪适行狀及神道碑銘，皆書父晧，從日從告。今觀先生諸父之名皆從日（彥昇之子名洪昕），故以晧爲是。此點，洪汝奎編《洪忠宣公年譜》已有考證，特補充之。

長兄适（文惠公），年七歲。見《盤洲文集》卷二。

次兄遵（文安公），年四歲。見樓鑰《攻媿集》卷五二《洪文安公小隱集序》。

朋友同僚中年歲可考者：

史浩（一一〇六—一一九四）字直翁，《宋史》卷三九六有傳，鄞縣人。二十三歲。

黃公度（一一〇九—一一五六）號知稼翁，見《知稼翁集》附録行狀，莆田人。十五歲。

汪澈（一一〇九—一一七一）字明遠，《宋史》卷三八四有傳，饒州人。十五歲。

虞允文（一一一〇—一一七四）字并甫，一字彬父，見王質《雪山集》卷五《樞密宣撫相公樂府序》，仁壽人。十四歲。

王十朋（一一一二—一一七一）字龜齡，見《梅溪先生文集》附録《神道碑》，温州人。十二歲。

陳俊卿（一一一三—一一八六）字應求，見《朱子全集》卷九六《陳公行狀》，興化人。十一歲。

李燾（一一一五—一一八四）字仁父，見周必大撰《李文簡公神道碑》，丹陵人。九歲。

韓元吉（一一一八—一一八七）字無咎，見《南澗甲乙集》卷一四《易繫辭解序》，潁川人。六歲。

劉珙（一一二二—一一七八）字共父，見《朱子全集》卷六四《劉樞密墓誌》，樂安人。二歲。

宣和六年甲辰，二歲。

是歲，友人楊萬里（一一二四—一二〇六）字廷秀，《宋史》卷四三三有傳，吉水人。生。

宣和七年乙巳，三歲。

冬十月，金將宗望、宗翰分道入寇，童貫總兵燕晉，不戰自潰。

十二月，徽宗以金兵日迫，窮於應變，禪位于太子桓，是爲欽宗。因竄群奸，以新耳目，如蔡京者是也。

是歲，友人陸游（一一二五—一二〇九）字務觀，見錢大昕編《放翁先生年譜》。生。

欽宗靖康元年丙午，四歲。

正月，金師渡河圍汴，朝廷無備，戰和不決。金人所謂「議論未定，兵已渡河」者也。

六月七日，友人王淮（一一二六—一一八

九）字季海，見《攻媿集》卷八七《王公行狀》。生。

七月十五日，友人周必大（一一二六—一二〇四）字子充，見《周益公年譜》。生。

十一月，京師陷落，欽宗如青城金營議和，被留不遣。京師鼎沸，官私金銀珠帛爲之一空。

是歲，友人徐夢莘（一一二六—一二〇七）字商老，見《攻媿集》卷一〇八《徐公墓誌銘》。生。

高宗建炎元年丁未，五歲。

隨父母家居秀州。

三月七日，金人立張邦昌爲僞楚。二十七日、四月一日宗望、宗翰先後退兵，徽、欽二帝北狩不返。

五月一日，康王構即皇帝位於南京應天府，今河南商邱縣。舊名歸德府，在北宋日「南京」。是爲高宗，改靖康二年爲建炎元年。

十一月二十二日，孝宗生於秀州青杉牐之官舍。

建炎二年戊申，六歲。

是歲，祖父歿於故鄉，父往奔喪，家人仍留秀州。時諸卒以城叛，擄掠無一家免，過門皆曰：「此洪佛子家也，毋得入。」

建炎三年己酉，七歲。

居秀州。

五月初十日，父晧奉命使金。一日歸別，持太碩人拜且泣，時長兄适甫十三，遂以下皆襁褓，呱呱省別，行路不能仰視。

冬十月，金人大起燕雲河朔民兵及女眞渤海漢軍，以宗弼爲元帥，實行南侵。

十一月，金師勢如破竹，連下兩淮諸州郡，於月二十七日破建康，遂擾江南各府州縣。

十二月，宗弼破臨安，再破越州，高宗自明州逃往海上避敵。

建炎四年庚戌，八歲。

二月，金人破秀州，隨家人歸饒避亂。

五月，宗弼焚建康城，引師北去，高宗自海上還至明州。

十月，秦檜歸自金，自言殺監己者潛逃而南，人皆疑之，曰：「豈有舉家南返，踰河越淮，而無譏訶勾留之者乎？」

十一月，金立劉豫爲僞齊，改元阜昌，不沿天會。

紹興元年辛亥，九歲。

正月朔，詔改元紹興，大赦天下，復賢良方正直言極諫科，以新視聽。

紹興二年壬子，十歲。

九月，使者王倫歸，爲高宗言先生父在金抗節不屈之狀，即下秀州存問家屬，賜銀絹二百。

是歲過衢州白沙渡，見壁間油污衣詩：「一點清油污白衣，斑斑駁駁使人疑；縱饒洗遍千江水，爭是當初不污時。」是時甚愛其語，終身不忘（《三筆》卷五）。

友人張孝祥（一一三二—一一七〇）字安國，見《于湖居士文集》附録《張氏信譜傳》。生。

紹興三年癸丑，十一歲。

紹興四年甲寅，十二歲。

紹興五年乙卯，十三歲。

紹興六年丙辰，十四歲。

紹興七年丁巳，十五歲。

紹興八年戊午，十六歲。

十一月二十三日，丁母憂。先是家計困甚，所仰給者惟父奉入，母持家教子，操勞殊甚。曾曰：「爾父以儒學起家，爾曹能一人趾美，我無恨。」至是壽終，享年五十（《盤洲文集》卷七七《慈塋石表》）。

十二月，奉母喪來無錫，依舅氏沈松年。

紹興九年己未，十七歲。

守母喪，居無錫。

春，外家墳庵前後，有二松，各結一珠，爲伯氏、仲氏登詞科之瑞（《夷堅乙志》卷十）。

十一月廿四日，葬母於無錫開化鄉白茅山之原。

紹興十年庚申，十八歲。

三月，友人趙汝愚（一一四〇—一一九五）字子直，見《餘干縣志·趙忠定公墓誌》。生。

五月，友人辛棄疾（一一四〇—一二〇七）字幼安，見鄧廣銘編《辛稼軒先生年譜》。生。

是歲，與二兄共習詞科於無錫，時河南收復，伯兄嘗擬宰臣賀表，有「宣王復文武之土，光啓中興；齊人歸鄆讙之田，不失舊物」之句，舅氏一見奇之，勉爲詞科之習。昆仲乃閉門習爲之，夜不安枕者歲餘（《盤洲老人小傳》，《洪公行狀》）。

案：錢大昕編《洪文惠公年譜》，於紹興十一年下繫曰：「是夏，忠宣公自金遣邵武男子李微，以皇太后書至。時河南復爲王土，公擬宰執賀表……」云云，時間延後一年。洪汝奎增訂本仍之，不能不謂爲疏漏。予詳考之：紹興十年六月，劉錡有順昌之捷，七月，岳飛有郾城之報。皓於是年十一月上母書曰：「順昌之敗，岳帥之來，此間震恐。未幾而岳帥軍回，吳璘軍大敗，河南關西故地，一朝復盡得。」

蓋宋已於九月諭韓世忠罷兵，諸大帥皆還鎮也。宋兵退出，河南地又復爲金所有。知宋之軍力及於河南，在本年夏秋之交，故适之擬宰執賀表，必在收復河南同時，決不會遲至翌年河南再陷之日！且小傳中稱：「閉門習詞科，夜不安枕者歲餘。」先生兄弟於十二年正月即已啓程赴臨安，則詞科之習應始自十年明矣！

紹興十一年辛酉，十九歲。

紹興十二年壬戌，二十歲。

正月二十四日，詔以給事中程克俊知貢舉。

是月，隨二兄同赴臨安應詞科試，寓南山淨慈院。

三月二十七日，伯仲氏皆登博學宏詞科，高宗奬之，曰：「是洪皓子耶？父在遠能自立，此忠義報也。可與陞擢差遣。」（《皇宋中興聖政記》卷三八）

是歲，始作《夷堅志》。

案：《夷堅支甲志序》云：「《夷堅》之書成，其志十，其事二千七百有九，蓋始末凡五十二年。」《癸志》成於紹熙四年，逆推之，知《夷堅》之撰，當自是年始。

紹興十三年癸亥，二十一歲。

八月十三日，父皓自金還，至臨安。高宗一見甚喜。稱：「卿忠貫日月，志不忘君，雖蘇武不能過。」賜金帶鞍馬銀帛酒茶。先生代作謝劄，稱：「已爲死別，遂得生還。」蓋紀實也。

九月十一日，父以直觸怒秦檜，檜乃諷御史李文會劾之，謂「貪戀顯列，不求省母；若久在朝，必生事端」。乃降知饒州。先生代作謝表。

冬，父到饒州任，代作《知饒州謝上表》（《南宋文録》）。

是歲友人陳亮（一一四三—一一九四）字同甫，見童振福著《陳亮年譜》。生。

紹興十四年甲子，二十二歲。

六月十六日，父被劾罷饒州，次日，提舉江州太平觀。

是年秋，遭祖母之喪。

是歲，爲右承務郎、兩浙轉運司幹辦公事。

案：此事不詳年月，以明春中詞科時題此銜，姑附記於此。

紹興十五年乙丑，二十三歲。

春正月，再赴臨安應詞科試，寓於沈亮功家。沈以先生買飯於外爲不便，乃自取家饌日相供。同年湯思退來訪，叩旅食大概，具爲言之。思退笑曰：「主人亦賢矣。」因戲出一語曰：「哀王孫而進食，豈望報乎？」先生良久應之曰：「爲長者而折枝，非不能也。」思退大激賞而去（《四筆》卷一五）。

二十四日，以右諫議大夫何若知貢舉，陳康伯、游操同知貢舉。

三月十五日，詞科第三場考畢出院，時尚早，同試者何善伯明、徐搏升甫，相率遊市。時族叔邦直應賢，鄉人徐良佐舜舉，省試罷，相與同行，因至抱劍街。伯明素與名娼孫小九來往，遂拉訪其家，置酒於小樓。夜月如晝，兩燭結花，粲然若連珠。孫娼固黠慧解事，乃白坐中曰：「今夕桂魄皎潔，燭光呈祥，五君皆校藝蘭省，其爲登名高第，可證不疑。願各賦一詞紀實，且爲他日一段佳話。」遂取箋五幅置於桌。升甫、應賢、舜舉皆謝不能。伯明俊爽敏捷，即操筆作

《浣溪沙》一闋，曰：「草草杯盤訪玉人，燈花呈喜坐天春，邀郎覓句要奇新。黛淺顔嬌情脈脈，雲輕柳弱意眞眞。從今風月屬閒人。」衆傳觀歎賞，獨惜其末句失意。先生成《臨江仙》一闋，曰：「綺席留歡歡正洽，高樓佳氣重重。叙頭小篆燭花紅，直須將喜事，來報主人公。桂月十分春正半，廣寒宮殿葱葱，姮娥相竝曲欄東。雲梯知不遠，平步躡東風。」孫滿酌一觥相勸曰：「學士必高中，此瑞殆爲君設也。」已而果奏名賜第，餘四人皆不偶（《夷堅支景志》卷八）。

是月中博學宏詞科，名列第三，賜同進士出身。稱銜爲右承務郎、新兩浙轉運司幹辦公事。時湯思退第一，王曮第二。

四月，除左承務郎、敕令所删定官。長兄有詩：「倚欄春晝靜，花柳自芳香。消息三州遠，塵埃兩地忙。鵲聲傳近喜，鴻影憶初行。抄得新書策，歸時補墨莊。」（《盤洲文集》卷二《得二弟消息》）時适尚在台州任。

案：适慣稱遵曰元弟，稱先生曰二弟。詩曰「鵲聲傳近喜」，蓋指先生之中詞科也。時當在四月。

閏十一月，言官汪勃論先生知其父不靖之謀，同惡相濟，乃以爲福州州學教授（《要録》卷一五三）。

案：《宋史·高宗紀》，紹興十五年十月甲午，以汪勃言折彦質黨趙鼎，柳州安置。與此事適相先後，《要録》所記當不謬也。

紹興十六年丙寅，二十四歲。

夏四月，伯兄於台州官舍東建分繡閣，先

生寄題詩章，有「新閣何隆隆，經營自兹歲，其前山送青，其下竹交翠」之句，其美奂可以想見（《天台續集别編》卷五）。

是歲，侍親於鄉里（《夷堅支戊志》卷五）。

紹興十七年丁卯，二十五歲。

五月七日，父晧責授濠州團練使，英州安置。以臣僚論列得郡，既而奉祠，言者復以其里居與郡守王詳、通判陳大淵以言語動摇國是，乃再責之（《宋會要》職官七〇）。

八月二日，侍父南遷至虔州，夜宿於城樓。

秋後，侍親抵英州。與僧希賜遊南山，步過何公橋，見東坡所爲紀事詩碑，希賜爲道其詳，時距坡公作詩已四十六年。

紹興十八年戊辰，二十六歲。

是歲，自英州赴福州教授任。

案：先生於十九年確在福州教授任，故於今年赴任所甚爲可能，蓋命下已三載，此次侍親南來，正可順便。

紹興十九年己巳，二十七歲。

八月十三日，從叔提舉福建常平事洪昕卒，年六十。

冬十月，英州守倪詧捕先生家奴於獄。詧老矣，以承務郎守郡，自謂秩卑，苦無奥援。聞新興守以巧中遷客取使節，意躍然效之。鈎先生父爲奇貨，捕家奴置於獄中，欲釀成罪（《先君行述》，《要録》卷一六〇）。

案：洪汝奎編《洪忠宣公年譜》，將此事繫於十八年下，稱「未詳年月，原編在此，仍之。」今從《要録》，改移於此。

是歲春，因春補諸生試，白于府主，邀友

人葉黯晦叔同考校，鎖宿貢院兩旬。時晦叔爲福建帥屬，友人謝景思爲參議官，先生作長句簡之，有「謝公尋山飽閒暇，應笑腐儒黏故紙」。晦叔有和章，云：「文章萬言抵杯水，世上虛名徒爾耳！……大屋沈沈餘百年，到今所閲知幾士？……他年萬一復相從，未必從容今日似。」語意超新，先生大擊賞之云（《三筆》卷九）。

冬，代府主作《謝賜日曆表》，頌德一聯云：「神祇祖考，既安樂於太平；歲月日時，又明章於庶證。」讀者以爲駢麗精切。乾道中，有外郡亦上表謝，采用之，時光堯（高宗）尚居德壽宮，未之宜也（《三筆》卷六）。

案：慣例，賜日曆皆在冬季，故謝表當在此時。

紹興二十年庚午，二十八歲。

七月，在福州教授任，以郡博士被檄考試臨漳。時閩縣甘棠港有自東南海上飄來番舟一，載三男子一婦人，縣宰丘鐸文招往共觀。男子束髮跣足，女齒白如雪，惟膚色差黑耳（《夷堅乙志》卷八）。

紹興二十一年辛未，二十九歲。

紹興二十二年壬申，三十歲。

紹興二十三年癸酉，三十一歲。

是歲，解福州教授任，友葉晦叔以詩送別。詩云：「一門伯仲知誰似，四海文章正數君。何事與予如舊識，由來於世兩相聞。閒官各喜光陰贍，勝地空多物色分；忽復翻然從此去，更應變化上青雲。」先生謂爲奇作。然相別不兩年即下世，每誦味其語，輒爲悽然。

案：二十四年春家居卧病，則離福州

教授任最晚當在是年，姑附於此。

道過英州省父。

紹興二十四年甲戌，三十二歲。

是春，編舊作詩爲《野處類稿》二卷。自序：「甲戌之春，家居臥病，因復作詩若干首，以當緩憂之一助，昔人所謂內壹鬱而外揚爲聲者是也。遂取曩時所存而未棄者，錄爲《野處類稿》二卷。」

案：洪汝奎增訂年譜云：「《宋史·藝文志》載洪邁《野處贅稿》三十八卷，《野處猥稿》一百四卷，未載《野處類稿》。今藏書家有僞本《野處類稿》二卷，惟卷首一詩眞贋莫辨，餘皆朱松《韋齋集》中詩。松，朱子之父也。序語殆亦書賈僞撰。」所言近於武斷，《宋史·藝文志》所缺之書，不知凡幾。今按：《直齋書錄解題》卷一八題：「《野處類稿》二卷，翰林學士文敏公洪邁景盧撰，其全集未見。」《文獻通考·經籍志》亦錄入，稱二卷，正吻合。《四庫全書》收入別集類。提要稱「世所傳邁集，獨有此本而已！」雖亦指出可疑之處，亦未遽斷其爲僞本。附記於此，待考。

紹興二十五年乙亥，三十三歲。

十月二十日，父卒於南雄州。先是魏良臣等言：「皓在貶所病甚，欲復舊職宮觀，任便居住。」高宗曰：「皓在敵中，屢有文字到朝廷，甚忠於國，中間以語言得罪，事理曖昧。」乃復敷文閣直學士（《要録》卷一七〇）。

是歲，通判袁州。《先君行述》云：「邁左宣教郎、通判袁州。」

案：《先君行述》作於紹興二十六年。

遵於廿五年秋除秘書省正字兼權中書舍人，繼以丁憂去國。此銜見於《先君行述》。故先生之除袁州通判在喪父之前。丁憂中必無新除。觀至二十八年服除後始有召覲見，可知也。

紹興二十六年丙子，三十四歲。

八月二十五日，友人黃公度卒，年四十八。

十一月，葬父於故縣之原。

紹興二十七年丁丑，三十五歲。

九月，還自衡岳，至宜春，買舟東下永嘉。友人方雲翼景南置酒秀川館餞之，邵武黃介景達、開封向鑰巨源、曆陽許子紹季韶與焉。坐中屬聯句送行，且強先生同之，人賦十許韻。賓主皆醉。景南書之，並爲序。即以之遺先生（《野處類稿》附集外詩）。

紹興二十八年戊寅，三十六歲。

二月初四日，被召赴行在。

三月十八日入對。高宗曰：「卿父出使，與宇文虛中同時，虛中負國，卿父獨執節不屈。既還，朕即有意大用，何故與秦檜相失如此？自秦檜死，便欲擢用卿兄弟。」對曰：「先臣終始惟賴陛下照知，前年詔於諸逐臣中，首復官職，皆陛下生死骨肉之恩，臣兄弟功微，何勞勤以問記？」（洪遵撰《先臣謚告碑記》）

十九日，除秘書省校書郎。

五月一日，父賜謚忠宣。勅書有「忠貫日月，志懷雪霜」、「抱至剛而養氣，奮不顧以致身」、「請行萬里，不渝寸心」之句，蓋實錄也。

十一月，郊祀大禮成，進詩一首。

紹興二十九年己卯，三十七歲。

二月二十五日，請罷斥堠。蓋以禁軍三人

之費，不能增一遞卒也。

四月初六日，以秘書省校書郎兼國史院編修官。

閏六月二十六日，同舍請與任質言一子恩澤。草奏云：「僉謂質言故諫官伯雨之孫，篤學安貧，論議勁正，乞特官其嗣以勸忠義。」正字劉望之摘曰：「只如此意似不廣，宜增數語。」云：亦使四方英俊，知館閣養士，雖其不幸，亦蒙哀卹如此。」既從其言，私心怪之（《要録》卷一八二）。

是歲，仲兄拜中書舍人，長兄以詩寄意。有「傳家紫橐榮三子，得路青雲喜二難」之句（《盤洲文集》卷四）。

紹興三十年庚辰，三十八歲。

正月九日，以吏部員外郎充禮部貢舉省試參詳官，既而入内受勅，考官各乘馬不同時而赴院。主官委出詞科題，同院欲以東園主章爲箴。對曰：「君但知漢表耳！《霍光傳》：『光之喪，賜東園溫明。』……《董賢傳》『東園祕器以賜賢。』注引《漢書儀》：『東園祕器作棺。』若是，豈佳處乎？」同院驚謝而退。又兼經出《易簡天下之理得賦》，有點檢試卷官杜華言：「簡字韻甚窄，若撰字必在所用，然唯撰述之撰乃可爾！如雜物撰德之撰，異乎三子者之撰，欠伸撰杖屨之類，皆不可用。」先生以白知舉，請揭榜示衆，何通遠諫議初亦難之。因對曰：「倘舉場皆落韻，如何出手？」乃自書一榜，榜才出，八廂邏卒以爲逐舉未有此例，即錄以報主者。士人滿簾前上請，乃爲逐一剖析，然後退（《容齋五筆》卷八、九）。

正月十四日，與虞允文等奏尚書司封員外郎鮑彪，篤學守道，安于靜退，其博物洽聞，可以備議論，清介端慤，可以表縉紳。請予表彰。特授左奉議郎，賜緋魚袋致仕（《要録》卷一八四）。

三月初七日，以尚書吏部員外郎改禮部。高宗居韋太后喪，當孟饗，禮官未知所從。先生請遣宰執分祭。奏可。既而宰執請吉服，奏曰：「練而慨然，禮應順便；期可已矣，懼或過中。」又曰：「漢中天二百而興，益隆大業，舜至孝五十而慕，獨耀前徽。」時高宗聖壽正五十四矣。

案：錢大昕編《洪文敏公年譜》稱：「三十年三月，改禮部員外郎，充省試參詳官，主司委出詞科題。」實顛倒。《容齋五筆》卷四明言：「三十年庚辰，予以吏部郎充參詳官。」今據《宋會要》選舉二〇，知除參詳官在正月初九日，詞科揭榜於三月初七日，故改禮部與除參詳官，相距兩月，錢氏未深考耳。

七月初六日，以禮部員外郎再兼國史院編修官。

二十六日，奏請今後每歲在大中小各祠祭，令禮部具合差官關報吏部。許於寺監簿編修删定學官宮教授六曹架閣六院釐務官內，輪行差攝。

七月八日，撰《禮部郎官題名記》。

九月二十日，撰《禮部長貳題名記》。

十月二日，爲長兄序《硯說》。

十一月二日，兼樞密院檢詳諸房文字。

是年，面宰相白事，請以劉寶錢賞其軍。有鎮江都統制劉寶者，乞詣闕奏事，朝廷以其方命刻下，罷就散職。寶規取恩寵，掃一府所有，載以自隨。巨舟連檣，白金至五艦，他所齎皆稱是。至國門，趑趄，不許入覲。或以謂欲上諸内府。先生乃向丞相建陳，請援唐崔祐甫策乞以寶所齎等第賜其本軍，明降詔旨，遣一朝士，以寶平生過惡告諭卒伍，使明天子惠綏惻怛之意。或寶靳固奄有，據爲己物，則宜因人之言，發命責問，悉取而籍之，就其舟楫北還充賜，尤可以破其谿壑無厭之謀。湯思退當國，不用（《容齋續筆》卷七）。

紹興三十一年辛巳，三十九歲。

春正月，賦館中紅梅，友人周必大、王十朋次韻唱和。

三月七日，由尚書禮部員外郎兼國史院編修官，正除樞密院檢詳諸房文字。

初九日，左宣教郎趙公廙知平江府長洲縣，此先生爲尚書郎時應召所薦舉者，今得用。

四月二十三日，奏「天子之出，清道而後行，千乘萬騎，稱警言蹕」，請嚴車駕行幸之威儀。報可。

五月，金人來求淮漢之地，使者王全見高宗，厲聲詆責，並以欽宗崩報聞。

六月，金主亮遷都於汴，將南侵。

八月，亮自將三十二總管所屬兵六十餘萬來犯。兵甲之盛，軍容之壯，爲宋金交兵以來所僅見。蓋亮志在「提兵百萬西湖上，立馬吳山第一峰」，欲一舉而亡宋也。

十月初一日，高宗以金人叛盟，將親征，四日，下親征詔，詔文先生所草也，一月前都人皆能誦之。詔曰：「朕履運中微，遭家多難。八陵廢祀，豈勝抔土之悲；二帝蒙塵，莫贖終天之痛。皇族尙淪於沙漠，神州猶汚於腥膻。銜恨何窮，待時而動。未免屈身而事小，庶期通好以弭兵。屬戎虜之無厭，嘗信盟之弗顧。怙其篡奪之惡，濟以貪殘之兇；流毒徧於華夷，視民幾於草芥。赤地千里，謂暴虐而無傷；蒼天九重，以高明爲可侮。輒因賀使，公肆嫚言，指求將相之臣，坐索漢淮之壤。吠堯之犬，謂秦無人。朕姑務於含容，彼尙飾其奸詐。嘯厥醜類，驅吾善良。妖氛侵結於中原，烽火遂交於近甸。皆朕威不足以震疊，德不足以綏懷，負爾萬邦，于今三紀。撫心自悼，流涕無窮。方將躬縞素以啓行，率貔貅而薄伐，取細柳勞軍之制，考澶淵卻狄之規。詔旨一頒，歡聲四起。歲星臨于吳分，冀成淝水之勳；鬬士倍于晉師，當決韓原之勝。尙賴股肱爪牙之士，文武大小之臣，戮力一心，捐軀保國，共雪侵凌之恥，永肩恢復之圖。播告邇遐，明知朕意。」《遺史》曰：「詔未降一月之前，市人皆能誦其詔文，既降詔，始知文已製成，但未降前不當漏於外耳。」（《北盟會編》卷二三二）《朱子語類》卷一二七：「問：『庚辰（應爲辛巳）《親征詔》，舊聞出於洪景盧之手，近施慶之云劉共甫實爲之，乃翁嘗從共甫，見其草本，未知孰是？』曰：『是時陳魯公當國，命二公人爲一詔，後遂合二公之文而一之，前段用景盧者，後段用共甫者。』問：『此詔如何？』曰：『亦做得欠商量，蓋名義未改故也。……此只當以淵聖爲辭，蓋當時屈己講和者，猶以鑾輅在北之故，今其禍變若此，天下之所痛憤，復仇之義，自不容已。以此播告，則名正言順。如八陵廢祀等說，此時隔闊已久，許多時去那裡！』」

案：《弋陽縣志》卷一二《藝文志》，陳康伯紹興辛巳所擬《親征詔》，附有案語，可資考證。案語云：「按《達賢錄》云：『金亮渝盟，天子北伐，一時詔檄，多出陳魯公，讀者痛憤，聞者流涕。』《鶴林玉露》卷四載辛巳《親征詔》，……云：『洪容齋筆也。』《容齋三筆》自錄其四六亦及之。而陳氏《家集》公之孫景思輩刻其原草，有陳以初敘，慶元時何澹、謝深甫，嘉泰時陳讜、葉適、辛棄疾諸人跋。殆容齋呈稿，公親點竄歟？」又周必大《親征錄》云：「紹興三十一年，歲在辛巳，十月朔庚子陰，手詔：金虜叛盟，將親征，其文洪景盧所草。」而謝維馨《合璧事類備要後集》亦引《洪文敏家傳》，稱：「紹興三十一年，完顏亮叛盟，時洪文敏邁任樞密檢詳，宰相傳旨令撰書詔榜檄。」時陳康伯正爲相。然《三筆》所錄「惟天惟祖宗，方共扶於基緒；有民有社稷，敢自佚於宴安」數語，當係先生原稿中文句，而《宋會要》、《會編》、《要錄》所收之詔書皆無之。又「歲星臨于吳分」以下四句，亦不在前段而在後段。則知經頒之詔書，既非先生原稿，亦非如朱子所說「前段用景盧者，後段用共甫者」。當係陳康伯合劉珙及先生詔稿而點竄之，時人亦莫知詔文究爲誰筆也。

又案：錢氏所編年譜稱：「紹興三十年庚辰十月，以金人叛盟，詔親征，詔草公所撰也。」洪汝奎增訂因之，稱：「金人叛盟在庚辰八月，而下詔親征在辛巳十月，公當於是時撰詔草。」皆未深考，詔書自不能定於一年之前。予詳考之：三十年八月，賀允中使金還，言金人必叛盟，宜爲之備。高宗不聽，命允中致仕。蓋帝一則懼戰，一則金人叛盟於其面目無光。既不信金人叛盟，則詔書何由草起？《宋史》卷三八四《陳康伯傳》云：「（三十一年）九月金犯廬州，王權敗歸，中外震駭，朝臣有遣家豫避者，康伯獨具舟迎家人入浙，……時人恃以安。敵迫江上，召楊存中至內殿議之，因命就康伯議。康伯延之入，解衣置酒，上聞之已自寬。翌日入奏曰：『聞有勸陛下幸越趨閩者，審爾大事去矣，盍靜以待之！』一日，忽降手詔：『如敵未退，散百官。』康伯焚之而後奏曰：『百官散，主勢孤矣！』上意既堅，請下詔親征。」是帝初無親征之意，主之者乃陳康伯也！且詔文中有「輒因賀使，公肆嫚言，指求將相之臣，坐索漢淮之壤」數語，顯指王全來使當殿辱駡，索漢淮之地而言，此事在三十一年五月，故詔草之撰必在此後，而不在三十年八月明矣！金人遷汴在三十一年六月，出師在八月，親征之詔當必草於是時。故宋人一月前即能誦之。或錢氏看到《朱子語錄》稱庚辰親征詔，而遽以爲詔文草於庚辰，而不自知其誤也矣！

又岳珂《桯史》卷三「歲星之祥」條云：「紹興辛巳，逆亮渝盟，有上封事者言：『吾方得歲，虜且送死。』詔以問太史，考步如言。陳文正康伯當國，請以著之親征詔書。故其辭有云：『歲星臨于吳分，冀成淝水之勳；鬬士倍於晉師，當決韓原之勝。』蓋指此。是冬，亮遂授首。」是明言《親征詔》草於紹興三十一辛巳，而非三十年庚辰。

四日，劉錡檄告契丹諸國及中原等路云：「惟天無親，作不善者神弗赦；得道多助，仗大義者衆必歸。願敦繼好之規，共作侮亡之舉。」號召「秦晉奇士，齊趙雋才，抱節義之良謀，志功名之嘉會。爲劉氏左袒，飽聞思漢之忠；徯湯后東征，必慰戴商之望。侯王寧有種乎，人皆可致；富貴是所欲也，時不再來。」（《要録》）

案：此檄當與《親征詔》同時草就，洪增訂譜亦繫於三十年，似誤。考證如前。

十九日，詔知樞密院事葉義問督視江淮軍馬，中書舍人虞允文參謀軍事，兵部郎中馮方咨議軍事，先生主管機宜文字。繼而朝廷從義問之請，與馮方同改爲參議軍事。二十二日啓程。二十九日至京口。時沿淮十四郡悉陷，親見諸郡守盡掃府庫儲積，分寓京口。是乃平時無虞，則受極邊之賞，一有緩急，委而去之。寇退則反，豈復肯以固守爲心哉（《續筆》卷四）。

十一月初五日至建康，禱大江，能令虜不得渡者，當奏請冊爲帝。蓋大江滔滔天險，可坐遏巨敵之衝，使其百萬束手，倒戈而退。宋之得保有江南者，長江於有賴焉（《隨筆》卷十）。

十一月八日，采石告捷。葉義問奏云：「十一月八日，虜酋親統重兵侵犯采石，欲直奪渡口，參謀虞允文專一監督官軍，水陸進戰，大敗賊兵，掩殺無數。焚盡賊船，致虜首領兵逃竄，取眞陽路去。」楊萬里記水戰情況云：「逆亮至江北，掠民舩，指麾其衆欲濟，我舟伏於七寶山後，令曰：『旗舉則出江。』先使一騎偃旗於山之頂，伺其半濟，忽山上卓立一旗，舟師自山下河中兩旁突出大江。人在舟中，蹈車以行舩。但見舩行如飛，而不見有人，虜以爲紙舩也。舟中忽發一霹靂砲，蓋以紙爲之，而實之以石灰、硫黃。砲自空而下落水中。硫黃得水而火作，自水跳出，其聲如雷。紙裂而石灰散，爲煙霧眯其人馬之目。人物不能相見，吾舟馳之，壓賊舟，人馬皆溺，遂大敗之云。」（《誠齋集》卷四四）

案：采石之戰關係南宋存亡，李心傳謂：「采石之役，若非允文身在兵間，鼓舞士氣，使敵人一渡江，則大勢去矣！」所言甚是。是役也，宋人於僥倖狂歡之餘，官私記載，多所誇張。姚從吾教授見告，言誠齋所記頗有問題，其所持理由有三：一、作者非當事人，所爲《神道碑》，有諛譽之嫌；二、與《要錄》所載衝突（趙甡之《遺史》更不信有敗金之事，自屬太過）；三、叙述不迫眞，如「自水跳出，其聲如雷」。是以應加註明，不可含糊。所告甚爲珍貴，故附於此，以示尊師重道之意。

是月，虞允文既卻海陵於采石，還至建康。先生與葉義問、張燾、馮方相與問勞江上抵拒之詳。時方天風欲雪，因留共飲。俄爾，警報沓至，蓋海陵改圖瓜州。衆相顧愕然，一坐皆恐。時劉錡屯京口，病且亟，不可恃，衆乃屬目於允文。義問危洒於前曰：「馮、洪二君，雖參帷幄，實未履行陣。舍人威名方新，士卒想望，勉爲國家卒此勳業，義問與有賴焉！」允文受之，竟如鎮江。海陵旋被弑於廣陵，金兵悉退，邊禍得熄（岳珂《桯史》）。

案：宋金此次媾兵，先生實參與軍機，故述其原委於上。

冬，友人王十朋奉簡問候。稱：「比獲識檢詳難兄弟於朝，讀雄偉之文，聞正大之論，知天下士在一門也。又辱爲檢詳同舍之末，荷知良不淺。臨行既勤餞送，仍寵以詩章，歸槖有光，感激無已，違去數月，斗念不忘。」（《梅溪王先生文集》後集卷二四）

案：十朋於三十一年罷著作郎，五月十八日去國，簡中稱「違去數月」，當必至初冬也。

紹興三十二年壬午，四十歲。

正月初二日，奏言樞密院忠義前軍正將劉泰，於金人犯壽春時，率所部赴救，轉戰連日，身被十數創，一夕死。且其自備家資，募兵儲械，極見忠義。十八日（乙酉）詔贈武翼郎，官其家三人（《要録》卷一九六）。

案：洪增訂譜云：「《續通鑑》：紹興三十一年正月己巳金人攻壽春，……

劉泰身被數創，一夕死。樞密院檢詳諸房文字洪邁言其忠，詔贈武翼郎，官其家三人」云云。案三十一年正月甲戌朔，該月無己巳日，似誤。予細查《續通鑑》卷一三四，紹興三十一年正月内未載此事，而卷一三六，三十二年正月有之。蓋洪氏一時誤置耳。

十一日，守尚書左司員外郎兼權行在檢詳。

二十二日，金遣左監軍高忠建、禮部侍郎張景仁來告即位，並議和，已過界，邊吏以聞。詔以先生充接伴使，文州刺史、知閤門事張掄（字才老）副之。

案：《金史》卷六一《交聘表》稱：「大定元年（紹興三十一年）十二月，元師左監軍高忠建、德昌軍節度使張景仁以罷兵歸正隆所侵地，報諭宋國。」此乃金遣使之期，其至宋界當在二年正月。

二十三日，朝議應付金使來議和之對策。宰執曰：「金使二月渡淮。」高宗曰：「今若拒之，則未測來意，有礙交好。受之，則當遣接伴使副於境上先行商量。如向日講和，本爲梓宮太后，故雖屈己卑辭，有所不憚。而金國主興無名之師，侵我淮甸，則兩國之盟已絶。今日使者所以惠我國甚寵，然願聞名稱以何爲正，疆土以何爲準，與夫朝見之儀，歲幣之數，所宜先定，不然，則不敢受也。」葉義問奏曰：「金人乞和之議，未可許之，未可拒之。許之則不可盡歸侵疆，而盟約一成，則中原之人無路歸順。拒之則兵連禍結，未有已時。然則進取之計，既不可急，又不可緩。急則彼將以此爲辭，恐脅其衆，併力拒我。緩則彼君臣之分既定，盡反虐政，以收人心。他日圖之，難於今日。爲今之計，莫若具爲悠悠之辭，以答其求和之請。並詔諸帥且與相持，俟吾兵威益震，其京陝之地半已收復，彼見可畏，堅來請盟，然後聽許。」（《要録》卷一九六）

二十五日，與副使同入對。高宗謂宰執曰：「朕料此事終歸於和，卿等欲首議名分，而土地次之。蓋卿等事朕，不得不如此言。在朕所見，當以土地人民爲上。若名分則非所先也。何者？若得復舊疆，則陵寢在其中，使兩國生靈不殘於兵革，此豈細事。至若以小事大，朕所不恥。」既入對，高宗亦以此意諭之（同上）。

二十八日，與副使辭行，高宗顧張掄曰：「洪皓三子，其才皆可用。」

閏二月二十六日，金使責臣禮及新復四郡，先生乃通書直折之。書曰：「蓋自古以來，鄰邦往還，並用敵國禮。向者，本朝皇帝上爲先帝，下爲生靈，勉抑尊號，以就和好，而歧國無故興師，長驅涉境，欺天背盟，神怒民怨。曾不旋踵，自取夷滅。既已兩國交兵，則是大義已絕。竊聞大金新皇帝即位，有仁厚愛民之心，本朝皇帝亟諭將帥，止令收復外，不許追襲，貴朝師歸，方議遣使，別修誓好。乃蒙貴朝首拜信使，舉國欣幸，無以爲喻。但一切之禮，難以復仍舊貫，更俟惠顧，曲折面聞。惟界首一事，舊以淮爲界，至中國取接，令於泗州臨淮虹縣之北迤邐迎候，及隨排辦宿頓矣。邁等理合至界首，泗州之北，更無人煙館舍以容衆，只俟近耗，當至臨淮上謁。」

（《會編》卷二五〇）《中興禦侮錄》云：「邁等次盱眙，金人移文欲仍舊約，割淮水中分爲界，以迓使者。邁等貽書謂：『昔兩朝通好，約割淮水爲界，故彼此送迓使等，皆於中流接見。今兩國既交兵，則是大義已絕。况本朝所得州郡，乃是去歲岐王南侵之時用師克復者，當爲我疆何疑？如泗州、臨淮、虹縣等是也。今當以虹縣爲我界，宿州爲彼界，各於此處送迎使者可也。』於是始從。又不肯用敵國禮見，邁等辭不敢納，五返介而後議定。二十一日，各立營幕於兩界首虞姬墓以見。」先生接伴至淮，目睹戰後廢圻，遺體狼藉，懇請掩骼。范成大送詩「淮瀆陰德貫神明」者是也。斯時淮泗間彌望無寸木，鵲巢平地，所謂「廢池喬木，猶厭言兵」，其戰後慘狀，豈僅發弔古者之思而已哉！

案：《中興禦侮錄》所記日期，與《要錄》有出入，當以《要錄》爲據。

三月初六日，與副使合奏接伴變更舊例事件。望付三省樞密院，令主管往來國信所照會。今已差館伴，及日後接送伴，再賜御筵中使，並令通知，庶免異同。詔從之。所變更舊例十有四事，茲開具如下：一、舊於淮河中流取接，今於虹縣北虞姬墓首。二、舊接伴使副先一日發遠迎狀，人使不答，今來不與。三、舊只傳帝名，而方傳廟諱御名，今彼此不傳。四、舊接伴使問大金皇帝聖躬萬福，北使只問宋帝淸躬萬福，今彼此不問。五、舊相見之初，對立已定，接伴出班，就北使立位叙致，今彼此稍前。六、舊上中節公參時，接伴公服出笏，迎於幕外，與之揖。今只著紫衫，而彼冠服如儀。上節先一翻參，接伴稍起，不還揖；中節來，則坐受其禮。七、舊北使引接初傳語時，賂以金十兩，銀二十兩；今不與。八、舊與北使語，稱上國下國，今稱貴朝本朝。九、舊北使口稱本朝爲宋國，今改稱宋朝。十、舊對使人稱皇帝爲主上，今稱本朝皇帝。十一、舊賜御筵，中使讀口宣，低稱有旨，今抗聲言有敕。十二、舊中使與北使相揖，北使引接請中使稍前，今只揖平揖。十三、舊御筵勸洒，傳語稱帝恩隆厚，今稱聖恩隆厚。十四、舊私覿接伴用御位姓名申狀，人使回狀押字不書名，今彼此用目子。此乃敵國禮也（《要録》卷一九八，《宋史》卷三七三本傳）。自渡江以來，屈己含忍多過禮，至是一切殺之。

十一日，金使入國門，樞密院都承旨敷文閣待制徐嘉、知閤門事孟思恭館伴，安之都亭驛。先生入見，除起居舍人。奏言：「伏見已降指揮，罷北使沿路遊觀燒香。竊謂朝廷方接納鄰好，所爭者大，非一事而止也。今賜予宴犒，一切如舊，則遊觀小節似不必略。若以欽宗皇帝服制爲辭，則向者顯仁皇后弔祭使來，天竺浙江之行，猶且不廢。拒之無名，望令有司依例施行。」遂除先生爲起居舍人，兼職如故。是日，以北使責臣禮及新復諸郡奏聞，且曰：「土疆實利不可與，禮節虛名不足惜也。」禮部侍郎黃中聞之，亟奏曰：「名定實隨，百世不易，不可謂虛，土疆得失，一彼一此，不可謂實。」議者或有言：「土地實也，君臣名也，趣今之宜，當先實而後名，乃我之利。」權兵部侍郎陳俊卿曰：「今力未可守，雖得河南，不免謂虛名，臣謂不如先正名分，名分正則國威張，而歲幣亦可損矣！」衆議紛然，久久不決（《要録》卷一九八）。

十三日，朝議以先生及張掄報聘金國並賀登位，乃改命太常少卿王普假工部侍郎充送伴大金國信使。

十四日，朝廷録接伴之勞，與副使皆轉一官。

十六日，金使高忠建謁高宗於紫宸殿，二十一日朝辭。忠建留驛中凡五日，天竺等之遊皆罷之。至是面授報書，用敵國禮。諭云：「皇帝起居大金皇帝，謝勞遠人使持送厚幣。聞皇帝登寶位，不勝欣慶。續當專遣人持賀禮。」答國書云：「淮甸侵疆，幸先期而克復；祖宗故地，方遣使以請求。」忠建等捧受如儀。蓋金國書有「歸兩淮，敦舊好」之語（《要録》卷一九八，周必大《親征録》）。

是日，詔先生假翰林學士、左朝議大夫、知制誥、侍讀，充賀金朝登位國信使，張掄假鎮東軍節度使、領閤門事副之。以三事爲請，歸欽宗梓宮及天眷一也，還河南故地二也，罷臣禮及歲貢用敵國禮三也（《宋會要》職官五一及《禦侮録》）。

案：《禦侮錄》稱「三月十六日，詔洪邁假兵部尚書」云云，似誤，當以《宋會要》所述日期假官爲據。

四月，以右史午對畢，在皇城司與張同甫共食。有一戰功累累之老兵，涕息相告以薄命不偶，御前呈試，遽遭淘汰，三十年勤勞，一旦如掃之狀，不覺歎息憐之（《容齋三筆》卷一五）。

四月二十一日，出使朝辭。自建炎以來，高宗樂天保大，過於屈己。因建言：「今故盟已寒，宜只以敵禮往。」高宗既俯從，因親洒宸翰百五十字，有虛文博實利之語，蓋欲求河南關陝地，猶欲假以虛名。國書有云：「事有權宜，姑爲父兄而貶損；釁無端隙，靡逃天地之鑒臨。既邊隙之一開，致誓言之遂絕。」又曰：「載惟陵寢之山川，寢隔春秋之祭祀。志豈忘於纘舊，孝實切於奉先，願復舊疆，寵還敝國。結兄弟無窮之好，垂子孫可久之謀。」（《要録》卷一九九）

先生之出疆也，伯兄送以詩：「漢節螭蚴初，青氈映父兄；天方摧醜虜，人已望神京，使節今茲重，邊塵定可清，歸來陳口伐，蓮燭問嚴更。」（《盤洲文集》卷四）范成大送詩云：「金章玉色照離亭，戰伐和親決此行；國有威靈雙節重，家傳忠義一身輕。平生海內文場伯，今日胸中武庫兵。萬里往來公有相，淮瀆陰德貫神明。」（《石湖居士詩集》卷八）周必大送詩云：「嘗記揮毫草檄初，必知鳴鏑集單于；由來筆下三千牘，可勝軍中十萬夫。已許乞盟朝渭上，不妨持節過幽都。吾君甚是仁皇帝，宜有韓公贊廟謨。」（《省齋文稿》卷二）所謂「邊烽已卻南來虜，使節猶煩第一人」，時人對先生之期望有如此者。

五月二十一日過北界，金人遣工部侍郎龐顯忠接伴，相約用敵國禮。故沿路表章皆用在京時舊式。

二十六日，仲兄除翰林學士。先是，陳康

伯奏：「詔書方冗，翰苑獨員，洪遵在近，可召之。」而朱倬惡其非出己，即曰：「不可，其弟邁新爲右史，今復召遵，此蘇軾與蘇轍所以變動元祐也。」高宗卒召之。

是月，前所保舉之權知泗州修武郎劉繹，得轉武翼郎、閤門宣贊舍人（周必大《掖垣類稿》）。

六月十日，抵燕山，館於會同館。金遣兵部侍郎高文昇等館伴，持所與國書及沿路謝表來，云：「禮數未是，不敢受，請依前來體例，國書用表，國信稱臣方可。不然，臣下不敢奏知皇帝。」對曰：「昔本朝皇帝所以不憚卑屈者，以太母、欽宗之故也。太母、欽宗既已上仙，本朝皇帝又以兩國生靈之故，不欲遽違盟好，拓循舊例。去歲歧王首覆盟信，無故興師，兩國既已交兵，則是大義已絕，安可復舊禮哉！」文昇等曰：「昨歧王無道，師出無名，已從廢殞矣！今主上仁慈聖德，豈可復與歧王比哉！若國信早換表來，當即爲奏知，有所議事，庶得早畢。不然，恐國信卒未得見皇帝，亦未有還期。」對曰：「奉命出疆，而擅易國書，當若是耶？且如侍郎他日銜命出疆，還敢以朝廷國書擅自更易否？」相與辯論，至晚不決。文昇去，扃驛門，絕供饋，三日不得飲食。十二日文昇復來，問「不知已換國書否？」先生以不敢易爲對。文昇曰：「若國信堅執不從，恐爲國別生事端。」對曰：「奉命一介使耳，若貴朝必欲生事，無過見留，止一死耳！」復爭辯良久。文昇怒，遽揖去。云：「國書既不可易，國信謝表亦不可易耶？請更從長計議。無貽後悔。」文昇既去，先生與副使議曰：「國書既已力爭見聽，如換表，乃吾臣子之辱耳！似可從。」至晚，文昇復遣介至，遂署表國書與之去。俄頃，使押宴至，日已夕矣。至十五日始見金皇帝。既入見，使副例不跪，至是皆跪。世宗傳諭云：「國書不如式，不當受，可付有司。」所請三事皆不見允。又言：「大臣議欲留卿輩，朕以卿等將命遠來，良勞，姑且歸之。歸爲朕語，倘以舊境見還，復篤鄰好可也。」至是所請不從，唯唯而退（周必大《龍飛録》，《中興禦侮録》）。

十三日，高宗行內禪，太子眘即位，是爲孝宗。詔云：「凡今之發政施仁之目，皆得之問安視膳之餘。」蓋孝宗天性聖孝也。

十五日，自燕南還。《金史》稱：「詔諭洪邁，使歸諭宋主。」國書略曰：「使介來庭，緘題越式，固違群議，特往報書。」「宣靖既遷，楚齊繼及。」叙海道定君臣之事。「海陵失德，江介興師，過乃止於一身，盟固難於屢變。」「尺書侮慢，既匪藩臣，寸地侵陵，又違誓表。」並責以「殊無致賀之詞，繼有難從之請」，「若使干戈不息，賦斂繁興，墜民塗炭，咎將誰執」？而末句則在欲敦舊好（《龍飛録》）。

七月，使回，過鎮江，見張浚，具言「初到虜中，鎖之寓館，不與飲食，令表中換陪臣字。」（《朱子全集》卷九五《張浚行狀》）

二十九日抵國門，范成大以詩迓之，曰：「玉帛干戈洶並馳，孤臣叱馭觸危機；關

山無極申舟去，天地有情蘇武歸。漢月凌秋隨使節，胡塵捲暑避征衣，國人渴望公顏色，爲報寒帷入帝畿。」（《石湖詩集》卷八）

八月九日，任奏解嚴禮部郎中（《宋會要禮四九》）。

二十三日，坐奉使無狀，與副使張掄同遭罷黜，以殿中侍御史張震論其奉使失措故也。先生自稱：「還朝之日，壽皇已受内禪，有新得政者，風御史以辱國見逐。」

是歲秋後，退居鄉里。

孝宗隆興元年癸未，四十一歲

是歲伯兄撰《慈塋石表》，稱「邁，左朝奉大夫、前起居舍人」。自母歿，首尾已歷二十六年。

除知泉州，未赴任。《宋史》本傳稱：「明年，起知泉州。」實未曾赴任，蓋《福建通志·宦績志》未載也。

隆興二年甲申，四十二歲。

七月三日，友人王十朋蒞饒州任。《梅溪文集》後集卷八有《七月三日至鄱陽》一詩，時在甲申歲。

七月四日，仲兄遵罷樞府，以端明殿學士提舉江州太平興國宮，以自請也。

八月三日，張浚病歿，年六十九。

十二月十六日，伯兄使金。

孝宗乾道元年乙酉，四十三歲。

正月二十四日，奏接伴變更舊事例。

奏云：「接伴金國人使，已到揚州。於泗州虹縣北境虞姬墓界首取接，不發遠迎狀。兩朝廟諱御名彼此不傳；兩朝皇帝聖躬萬福彼此免問；相見叙志彼此稍前。三節丈公參盡冠服，接伴只著紫衫，上節先參，稍起不還揖，中下節則坐受其禮。舊制，止曾與賜筵中使口宣人有敕，中使北使相揖，各只依位。御筵勸酒傳語稱聖恩隆厚，送私覿彼此用目子。上件事理，元是逐一往復議定，欲降付三省樞密院下主管往來國信所照會，如已差館伴及日後接伴並賜御筵中使等，並令通知，庶免異同。」奏上，詔令李若川、張說照應參照施行（《宋會要》職官三六國信所）。

二月朔，友人王十朋、王嘉叟來訪於別墅，即席唱和。十朋有「野處名園境界賒，《夷堅》博物似張華」之句，自注云：「景盧作《夷堅志》。」（《梅溪文集》後集卷八）

二月十五日，和王十朋長篇，十朋用韻以謝，自序云：「予向年少不自量，因讀韓詩，輒和數篇，未嘗敢出以示人，蓋二十年矣！近因嘉叟見之，不能自掩，且贈以長篇，蒙景盧繼和，用韻以謝。」（同上卷九）

是月，贈十朋人面竹杖一，十朋贈詩致謝。詩云：「奔走方嗟力不任，得公一杖直千金，竹當有面如人面，人亦虛心似竹心。渡水只愁龍欲化，入山應與鳳聯吟，翰林虞部相酬贈，同舍交情復見今。」自注云：「余與洪亦館中同舍也。」（同上）

五月二十五日，與友人王十朋、王宗承餞張安國於薦福，坐間各賦詩記事。

是夏，與友人王十朋等成《楚東酬唱集》。

七月九日，十朋由饒州起程移夔州任，貽詩云：「預恐吾儕有別離，急忙刊得唱訓詩。江東渭北何曾隔，開卷無非見面時。」（《梅溪文集》後集卷一一）

十一月三日，進劄子，奏請凡犯官給告，乞略去大小使臣謫詞，徑下吏部，以犯由始末盡載告身，以懲惡而除奸。而凡除節鎮及上州者，各令詞臣具以郡國風俗民事廢置，載之於絲綸，以詔其行。劄由中書舍人梁克家轉奏上，詔可（《宋會要》職官三）。

十二月四日，詣已家東圃就游士蔣堅爲長兄論命。堅曰：「此命當超陞，如是秀才便已第，選人便改官，庶僚則爲侍從，從官則入兩府，執政則拜相，乃即日有佳音，恨氣數不耐久耳！」後果如所言（《夷堅支甲》十）。

九日，伯兄适由參政拜相。

乾道二年丙戌，四十四歲。

三月三日，伯兄适罷相，授觀文殿大學士、提舉江州太平興國宮。制書以适「亟升樞筦，旋秉國鈞，方本朝循名責實之秋，蓋大臣同心輔政之日，何未凝於懿績，遽有嘖於煩言」，故有是命（《宋會要》職官七八）。

六月，除知吉州，赴闕面君，委以郡事。畢，又還家。

九月二十日，起家赴行在，入對，除起居舍人。

閏九月二十九日，國史館進《三朝正史帝紀》，撰進表，有云：「慨多歷於歲華，訖未施於功緒，蓋士起異同之論，而時更板蕩之餘。視熙豐符祐之成，舉是非而雜糅；考崇觀政宣之志，頗放失於舊聞。賴故家遺俗之猶存，致偉績宏休之可紀。」（《南宋文範》卷二八）

十月，以起居舍人兼權直學士院。

是月四日，奏請減饒州貢金。言每年逢聖

節，饒州有貢金一千兩，民困官憂，已非一日，與他郡不等，蓋失於敷陳也（《鄱陽縣志》卷一六）。九日，詔減歲貢七百兩。

十一月十三日，奏請另立祥曦記注。奏曰：「臣幸得以文字薄技，待罪屬車間，每侍清閑之燕，獲聞玉音，凡所摘論，莫不中的。微言善道，可爲世法。退而執筆，欲行編次，而考諸起居注，皆據諸關報，始加修纂，雖有日曆、時政記，亦莫得書，故使洋洋聖謨，無所傳信。臣伏覩今月五日給事中王曮進讀《春秋》莒人伐杞，言周室中微，諸侯以強凌弱，擅相攻伐，殊失先王征伐之意。上曰：『《春秋》無義戰。』周執羔進讀《三朝寶訓》，論文章之弊，上又曰：『文章以理爲主。』陳巖叟巖肖之誤。等奏刑部事，上曰：『寬則容奸，急則人無所措足手。』此數端皆承學之臣，日夜討論，累數百語所不能盡，而陛下蔽以一言，至明至當。然記言動之臣，弗能宣究，恐非所以侍立本意。切見景祐以來故事，有邇英、延羲二閣記注，凡經筵侍臣出處封章進讀宴會賜予，皆用記注，數十年間，已廢不續。欲望聖慈，令講讀官自今各以日得聖語關送修注官，乃乞因今所御殿名曰《祥曦記注》。庶幾百代之下，咸仰聖學，以迹聰明文思之懿。」從之（《皇宋中興聖政》卷二九，《宋會要》職官二）。

十一月二十七日，奏《欽宗日曆》已成，請發赴國史院修纂實錄。從之。

是月，薛季益以權工部侍郎使金國，侍從共餞之於吏部尚書廳。陳應求主席，凡與會者十有二人。薛在部位最下，應求揖之爲客，辭不就。曰：「常時皆有次等，奈何今日不然？」諸公曰：「此席正爲侍郎設，何辭之爲？」薛終不可。先生時爲右史居末座，王日嚴視而言曰：「景盧能倉卒間應對，願出一轉語折衷之。」先生笑謂薛曰：「孟子不云乎，庸敬在兄，斯須之敬在鄉人。侍郎姑處斯須之敬可也。明日以往不妨復如常時。」薛無言以對，諸公皆稱善，遂就席（《容齋五筆》卷十）。

十二月十三日，《欽宗日曆》發付到國史院。十四日，奏修《欽宗實錄》申請事項：「一、遇修實錄則置實錄院，今更不置局，止就國史院修撰。二、行文移字以實錄院爲名，就用國史院印信。三、更不添置官，止就見今國史院兼充。四、乞差提舉實錄院官。五、所有官屬更不添支食錢。六、所有公使錢就國史院錢內支破，更不添支。七、合用參照文字，乃劄下日曆所，盡數發赴本院。八、更有合要臣僚之家照用文字，乞依本院，行下搜訪。九、每月提舉官過局，乞用國史院日分，更不別行排辦。十、擇定十二月十九日開院，乞限一年內修纂進呈。」詔並依。乃以魏杞兼提舉官，以先生兼同修撰（《宋會要》職官一八實錄院）。

十五日，葉顒拜左相，先生草制云：「既從有北之投，亟下居東之召。有欲爲王留者，誰明去就之忠？無以我公歸兮，大慰瞻儀之望。」本意用公歸之句，指邦人而言也，故云瞻儀。而御史單時疑之，謂人君而稱臣爲我公，彼蓋不詳味詞理

耳！（《三筆》卷八）

十八日，《夷堅乙志》成，序之。自言《甲志》成，人以尚奇好異，每得一說，或千里寄聲，於是五年間又得卷帙多寡與前編等，乃以《乙志》名之。

二十八日，奏「天下萬物，出命於中書，審於門下，行於尚書，所以敬重政令，期於至當而已。初無文武二柄東西二府之別也。今三省所行事，無巨細必先經中書畫黃，宰執書押，當制舍人書行，然後過門下，而給事中書讀。如給舍有所建明，則封具奏以聽上旨。惟樞密院既得旨即畫黃過門下，而中書不預，則封繳之職，微有所偏。況今宰相樞臣，兩下兼領，因而釐正不無有嫌。欲望詔樞密院，自今以往，凡以被旨文書，並關中書門下，依三省式畫黃書讀，以示欽重出命之意。」詔從之（《中興聖政》卷二九）。

是月，謁陳俊卿。問曰：「人言鄭聞當除右史，某當除某官，信乎？」陳曰：「不知也，公獨何自得之。」乃以曾覿、龍大淵語告。陳入奏，具以先生語質於上前，孝宗怒，俄爾，乃出曾、龍二人於外，中外快之（《朱子全集》卷九六《陳正獻公行狀》）。

乾道三年丁亥，四十五歲。

正月二十七日，對於選德殿。孝宗顧先生曰：「此殿朕即位後所作也。命名之旨，雖取於選射觀德之義，然退朝之餘，發號施令，圖事揆策，無適而不在。是凡燕遊聲色之奉，宮室苑囿之娛，非唯不可好，亦所不好。獨以閒暇，取《尚書》及《資治通鑑》孜孜而讀之，帝之所以爲帝，王之所以爲王，法其所以興，戒其所以壞，未嘗一日輒去手。近侍外臣，晝接夕訪，大廷簾陛之儀，一切略去，紬繹政理，從容問答，頗有漢宣室唐浴殿遺意。至於騶虞時會，抗志決拾，以弛張文武之道，特其一事耳！卿爲朕記之。」二月一日撰成，題銜爲左朝議大夫、起居舍人、兼權直學士院、兼權中書舍人、兼同修國史、兼寶録院同修撰（《南宋文録》卷十）。

二月十三日，奏清中書之務。

奏云：「兩省每日行遣録黃文書，盈於几閣，多有常程細故不足以煩朝廷專出命者，使中書之務不清，無甚於此！」孝宗曰：「朕嘗見《通鑑》載：唐太宗謂宰相聽受辭訟，縈於簿書，日不暇給，因敕尚書，細務屬左右丞。朕見欲理會，會卿所論，可謂至當！」（《皇宋中興聖政記》卷四六）

三月二十五日進呈《同符貞觀録》。先是，孝宗語云：「唐三百年，惟太宗爲尙，齋心敬慕，每事取法，宜爲朕采貞觀時事，以今日觀之，摭其所近似，求其所至。」先生乃與給事中王曮采貞觀事跡，列爲二十門，奏上。

是日，奏《哲宗寶訓》已成，請與玉牒同時進呈。

是日，撰《中書門下後省題名記》。先生兄弟前後四入省，皆得致志。

五月十一日奏：奉旨編修欽宗實録、正史，除日曆所發到《靖康日曆》及汪藻所編《靖康要録》並一時野史雜説與故臣家搜訪到文字外，緣歲月益久，十不存一。雖靖康首尾不過歲餘，然徽宗朝大臣多終於是年，其在今錄，皆當立傳。詢之其家，已不可得，欲訪之故臣遺老，則存者無幾。今有孫覿，在靖康中實爲臺諫侍從，親識當時之人，親見當時之事，其年雖老，筆力不衰。乞詔覿以其所聞見，撰爲蔡京、王黼、童貫、蔡攸、梁師成、譚稹、朱勔、种師道、何㮚、劉延慶、聶昌、譚世勣等列傳及一朝議論事蹟，凡國史實錄所當書者，皆令條列上送史院，庶幾遺文故事，得以畢集（《宋會要》職官一八）。

是月，批答執政辭經修《哲宗寶訓》轉官。「念疊矩重規，當賢聖之君七作；而立經陳紀，在謨訓之文百篇。」哲宗正爲第七主，而《寶訓》亦百卷。

六月十一日，奏請「諸路州縣巡尉，今後遇監司知通初到，許量帶兵級出一程防護，若凡值出巡經歷而在置司五十里內者，許其迎送，過此以外，皆不得出。」詔從之（《宋會要》職官四八）。

十四日，國史院奏修《哲宗寶訓》轉官。得旨轉一官，更減一年磨勘。

是月，以起居郎兼權中書舍人。

七月，除中書舍人兼直學士院。作謝表云：「父子相承，四上鑾坡之直；弟兄在望，三陪鳳閣之遊。」蓋紹興二十九年仲兄始入西省，至隆興二年伯兄繼之，至此先生又繼之，相距首尾僅九歲（張世南《遊宦紀聞》卷二）。

閏七月，劉珙除翰林學士，當制，有「不見賈生，遂趣長沙之召；既還陸贄，宜膺內相之除」之句。時人誦之。

八月十二日，孫覿奏上所撰蔡京等事實。有云：「臣今被旨，所當書者，皆誤社稷大惡，更無記注日曆爲根據，而出於一夫之手。他日怨家仇人，襲紹聖之跡，排爲誹謗，吠聲之衆，群起而攻之，臣腰領不足以薦鈇鉞。奉詔惕然，以樂爲懼。況列傳之體，合得州里、世次、出身、踐歷、歲月終始，移文所屬、督責報應，皆非臣所能辨。……今欲自蔡京以下，臣所親睹事跡有實狀者，旋行記憶。每得十數事，則繕寫續申實錄院，以備史官採擇。」從之，免覿越職出位之咎（《宋會要》職官一八）。

是月，以中書舍人兼侍講。

十月十四日，詔孫覿繳到《蔡京事實》降付國史實錄院。

十一月二日，南郊赦，草赦文，曰：「皇天后土，監于《成命》之詩；藝祖太宗，昭我《思文》之配。」讀者以爲壯。後語曰：「天地設位，而聖人成能，既僕緼紛之況；雷雨作解，而君子赦過，式流汪濊之恩。」此文先三日鎖院所作，冬至日，適有雷雪之異，殆成讖云（《容齋三筆》卷八）。

九日，葉顒罷相，當制。有「亟由外服，擢冠中臺，馴干至日之和，忽駭冬雷之咎」之句。又云：「理陰陽而遂萬物，所嗟論道之非，因災異而策三公，實負應天之愧。」蓋有所風也（《宋會要》職官七八，周密《齊東野語》卷一一）。

十二月三日，詔令直前奏事。此後修注官遇常朝日有奏稟職事，依此（《宋會要》儀制六）。

十一日，請修《欽錄》展限一年。以據著作局發到《靖康日曆》及續行搜訪到當時事跡，以事繫日，盡行編類，勢須仔細披尋，推見端緒，乃敢記述。兼有行下他處取索文字未能到齊。故請修成帝紀，一並擇日投進（《宋會要》職官一八）。

十八日，爲長兄序《隸續》，題銜稱左中奉大夫、守中書舍人、兼直學士院、兼同修國史、兼實錄院修撰、兼侍講。

是月，占城入貢，答敕，引故事乞用金花白藤紙寫詔，而李仁父請從紹興近例，用白藤紙作敕書。先生以其侵官，論奏之，孝宗卒從仁父。深不懌（《朝野雜記》甲集卷九及周必大撰《李文簡公神道碑》）。

乾道四年戊子，四十六歲。

正月，孝宗賜《春賦》一首。爲之跋，稱：「《元首》之歌，《薰風》之辭，《湯盤》之銘，方策所載，昭然若揭日月。漢祖沛中之歌，高簡雄伉，讀之竦然，使之毛髮欲立。武帝悼河功之不成，作瓠子之歌，紆徐屈折，可以一唱而三嘆。」

是月入對，上劄子論三衙軍制之不當。劄子云：「三衙軍制之大者凡八等：除都指揮使或不常置外，曰殿前副都指揮使、馬軍副都指揮使、步軍副都指揮使、曰殿前虞候，馬軍都虞候，步軍都虞候，曰捧日天武四廂都指揮使，龍神衛四廂都指揮使。秩秩有序，若登梯然，不可一級輒廢。一或有闕，即以功次遞遷。降此而下，則分營分廂，各置副都指揮使，如捧日左廂第一軍都指揮使，天武右廂第二軍都指揮使之類。邊境有事，命將討捕，則旋立總管、鈐轄、都監之名，使各將其所部以出，事已則復初。

二百年之間，累聖相承，皆用此術以制軍詰禁。自南渡以後，觸事草創，于是三帥之資淺者，始有主管某司公事之稱。而都虞候以下，不復設置，乃以天子宿衛虎士，而與在位諸軍同其名號，以統制、統領爲之長，又使遙帶外路總管、鈐轄之名。考之舊制則非法，稽之事體則非是，以陛下聖明，能知人善任，使所謂爪牙之士，豈無數十人以待用者。若法祖宗之制，正三衙之名，改諸軍爲諸廂，改統制以下爲都虞候、指揮使，宿衛之職，豫有差等，士卒之心，明有所係，異時拜將，必無一軍皆驚之舉。于以銷壓未萌，循名責實，則環衛將軍雖不置可也。如蒙聖慈或以爲然，乞下樞密討論。」孝宗覽畢甚喜，即批付樞密院。是時知院虞允文使四川，同知劉珙不樂曰：「若施行與否，自係廟堂處分。」竟寢不行（《南宋文録》卷三、《容齋三筆》卷三三）。

三月二十四日，請合修《四朝國史》。詔《欽宗實録》發國史院，一就修纂四朝正史。

是月，伯兄适請祠，獲允。

四月十二日，奏進呈《欽宗實録》事宜，一一施行。

二十四日，進呈《欽録》並《帝紀》。《欽録》乃因龔實之所補《日曆》而修，文直而事該。

五月四日，國史院請《欽録》經修官得推恩，轉一官，更減一年磨勘。

六月八日，除集英殿修撰，提舉江州太平興國宮。

《陳俊卿行狀》云：「從臣梁克家、莫濟

俱求補外，公奏二人皆賢，其去可惜。蓋近列中有以騰口交鬬致二人之不安者。於是遂與同列劾奏洪邁姦險讒佞，不宜在人主左右。罷斥之。」

案：此事又見《宋史·陳俊卿傳》。洪汝奎云：「容齋諸筆中言應求（俊卿字）者不止一處，蓋本有同僚之誼，意氣亦復相投，似不致有劾奏之事。」然宋代修國史，列傳多據行狀或家傳、墓誌之類，陳氏《行狀》中亦云：「（公）與人無所怨惡，錢端禮嘗沮公，洪邁亦與公不合，至入相，皆以名藩大郡處之。」不爲無說。汝奎妄自臆推，未曾深考原委，竊自不敢苟同。蓋宋人多好意氣之爭也。

秋，返鄉里，以田園之樂自適。

乾道五年己丑，四十七歲。

是歲，治園圃於鄉里，與伯兄、仲兄相唱酬於林壑，意象幽閒。偶自維揚得瓊花，植於別野，名曰瓊野，樓曰瓊樓，圃曰瓊圃。成《瓊野錄》一卷，乃園池記述題詠者也（《四朝聞見録》甲集、《文獻通考》卷二四九）。

乾道六年庚寅，四十八歲。

起知贛州。

《宋史》本傳云：「六年，起知贛州，起學宮，造浮梁，士民安之。郡兵素驕，小不如欲則跋扈。郡歲遣千人戍九江，是歲，或怵以至則留不復返，衆遂反戈，民訛言相驚，百姓恟懼。邁不爲動。但遣一校婉說之。俾歸營，衆皆聽，垂橐而入。徐詰什五長兩人，械送潯陽，斬于市。」

十一月初六日，南郊大赦，贈祖太傅。

是冬，友人張孝祥卒，年三十九。

乾道七年辛卯，四十九歲。

五月十八日，序《夷堅丙志》。自稱：「始予萃《夷堅》二書，頗以鳩異崇怪，本無意於纂述人事及稱人之惡也。然得於容易，或急於滿卷，故頗違初心云。」

七月，友人王十朋卒，年六十。

是秋，江西歲饑，贛獨中熟，令移粟濟鄰郡。七月六日詔云：「江西路今歲間有旱傷州縣，責在守令究心賑恤。」（《宋會要》食貨六八）

乾道八年壬辰，五十歲。

二月，奏贛州獄空。朝廷降詔獎諭（《宋會要》刑法四）。

五月，以會稽本《夷堅志》別刻于贛州，去五事，易二事，其他亦頗有改定處。

十二月二十九日，作《縣東尉署記》。

十一月，再奏贛州獄空（《宋會要》刑法四）。

乾道九年癸巳，五十一歲。

閏正月，周必大寄詩問候，有「人留河內寇，帝念禁中頗」之句（《省齋文稿》卷五）。

二月初七日，奏贛州獄空。

秋，贛州連雨，暴漲，備土囊壅諸城門，以杜水入，凡二日乃退。時臺符令禱雨，先生格之不下，但據實報之（《三筆》卷三）。

冬，周必大致書問候，稱：「《山堂學記》益奇古，而二詩用韻高妙，爲某之賜甚寵，豈止壓倒元白而已！三復欽歎，不能去手。……次十尊風味佳甚，眞可占美政化，此間廚釀絶不可飲也。」又致書云：「近聞九宸注想，已議還，得信頗的，非泛頌詠語。……且不鄙庸陋，示以《新橋記》，考古精詳，遣詞高雅，非得筆墨三昧，豈易及此！」其推崇可見。

案：此二書皆繫乾道九年。據《周益公年譜》，「九年八月戊辰，挈家離吉，舟次豐城，復以疾告。」前書有辭郡以疾乞祠之句。致書問候當在秋末冬初。

是歲，得觀司馬溫公客位牓。溫公作相日，親書牓稾揭于客位。公之曾孫伋出鎮廣州，道過贛，因獲觀之。

是年郊恩，陳居仁攝禮部郎中。奏薦先生爲知名之士，久在禁林，明習典故（《攻媿集》卷八九《陳公行狀》）。

案：據《陳公行狀》，此事應在乾道九年。洪汝奎增訂譜繫于六年，似誤。

孝宗淳熙元年甲午，五十二歲。

正月一日，改元淳熙，布告天下。初傳爲純熙，先生進賀表云：「天永命而開中興，方茂卜年之統；時純熙而用大介，載新紀號之文。」及詔至，乃知爲淳熙。

二月，同舍友虞允文卒，年六十五。

十一月，仲兄遵病卒，爲撰行狀。樓鑰《小隱集序》云：「公諱遵，字景嚴，若世系治行則文敏所作行狀甚詳。」

淳熙二年乙未，五十三歲。

移知建寧府。從錢大昕原編譜。

淳熙三年丙申，五十四歲。

在建寧任。

十一月，作《唐元和郡縣圖志序》。

淳熙四年丁酉，五十五歲。

在建寧任。

夏，府轄南劍（亦稱南雄）州大雨水，漂民廬數千家，詔令多方存恤。

淳熙五年戊戌，五十六歲。

淳熙六年己亥，五十七歲。

秋，明堂大禮推恩，改奏一歲嬰兒。吏部下饒州，必欲保官（《隨筆》卷一六）。

案：此所保奏之一歲嬰兒，當爲稚子檏，似生於是年。

淳熙七年庚子，五十八歲。

七月，刻《夷堅志》于建寧。

秋，解郡印歸鄉里。

《唐人絶句序》曰：「淳熙庚子秋，邁解建安郡印歸，時年五十八矣！身入老境，眼意倦罷，不復觀書，惟時時教稺兒誦唐人絶句，則取諸家遺集，一一整彙，凡五七言千四百篇，手書爲六帙。」

淳熙八年辛丑，五十九歲。

春初，有南昌之行。伯兄塡《滿庭芳》一闋，題曰：「景盧有南昌之行，用韻惜别，兼簡司馬漢章。」詞云：「老來光景，生怕聚談稀。」又云：「君今去，珠簾暮捲，山雨拂崇碑。」自注曰：「漢章作山雨樓，景盧爲之記。」

案：景伯有《滿庭芳》詞，題曰「辛丑春日作」，用眉韻，上引之《滿庭芳》正是次韻此春日之作者，故知南昌之行當去春日不遠，詞中有「春回柳岸」之句，可能在二月内。蓋适又有寄作，稱「入春踰兩月」也。

春，辛棄疾於帶湖建新居，以稼名軒，請先生爲作記。

案：鄧廣銘編《辛稼軒先生年譜》稱：「淳熙八年，帶湖新居落成，以稼爲軒，自號稼軒居士。」其案語曰：「案洪邁《稼軒記》中云：『既築室百楹，財佔地十四。』云：『今以右文殿修撰再安撫江南西路。』先生遊豫章東湖之《滿庭芳》注中，亦已道及洪氏作記之事。是《稼軒記》當作於本年暮春之前，而帶湖新居之經始，則當在春初。」梁啓勳《稼軒詞疏證》認爲《稼軒記》作於淳熙十二年，似誤，蓋十二年先生官行在，而今年恰在南昌，當從鄧說。

是歲，稼軒呈《滿庭芳》詞致謝。詞云：「曾是金鑾舊客，記鳳凰，獨遶天池。揮毫罷，天顔有喜，催賜尙方彝。」自注曰：「公在詞掖，嘗拜尙方寶彝之賜。」又云：「明日五湖佳興，扁舟去，一笑誰知。溪山好，且拚一醉，倚仗讀韓碑。」原注：「堂記公所製也。」

案：此詞仍用适之《滿庭芳》詞韻，當爲八年作無疑，而梁啓勳認爲作於淳熙四年，誤。

淳熙九年壬寅，六十歲。

五月，崔敦詩卒。敦詩字大雅，紹興三十年與兄敦禮聯登第。至是卒，年四十四。

案：紹興三十年先生任禮部貢院參詳官，與大雅蓋有師生之誼也。

淳熙十年癸卯，六十一歲。

是歲居鄉里日，得讀婁機著《班馬字類》。

是歲秋、冬，當有婺州之除。周必大有啓云：「詞章獨步於西垣，仁愛躬行於兩郡，適東陽之調守，契中扆之思賢。」又云：「而淹屈殆更於五閏，且蕃宣洊歷於三州。俶聞褒璽之頒，咸謂除書之晚。」（《省齋文稿》卷二六）

案：《宋史》本傳及錢編年譜皆稱十一年知婺州。予細味此啓，當在十年秋冬之際。蓋先生乾道四年六月去國，經六年五月閏，九年正月閏，淳熙二年九月閏，五年六月閏，八年三月閏，已歷五閏。而本年十一月又逢閏，啓中稱「淹屈殆更於五閏」，則此啓當在本年十一月前寄發，時已除知婺州，故稱「適東陽之調守」，今繫此事於本年，似勝舊說。

淳熙十一年甲辰，六十二歲。

二月二日，伯兄适卒，年六十八。

是月，友人李燾卒，年七十。

上巳日，爲婁機序《班馬字類》於金華松齋（金華即婺州）。

夏，奏賞江士龍興水利功。

奏稱：「本州負郭金華縣田土多沙，勢不受水，五日不雨，則旱及之。故境內陂湖最當繕治，而本縣丞江士龍，獨能以身任責，深入阡陌，諭使修築，令耕者出力而田主出穀以食之。凡爲官私塘堰及湖，總之爲八百三十七所，以畝計者合萬有九千，用民之力二萬七千有奇，田之被澤者二千餘頃，皆因其故蹤，葺而深之，於官無所費，於民不告勞，三二十年之中，度亦未至隳廢。使食君之祿者，皆能如此，豈不大有補於王政？而士龍者，上不因官司之督責，下不因邑民之訴情，自以職所當爲，勇於立事。用意如此，誠爲可嘉。乞加奬激以爲州縣小吏赴功趨事之勸。」從之（《中興兩朝聖政》卷六一）。

十一月三日，請蠲放欠米。略謂：「本州淳熙八年旱歉，支降豐儲倉米五萬石賑糶，內二千一百餘石依攬載船梢，盤剝折欠，已納到六千餘貫外，淨欠錢一千九百餘貫，約米五百三十餘石，乞照紹興府體例蠲放。」從之（同上）。

是歲在婺州，勵成北山普濟院，還其甲乙住持之舊，免其諸般科買之擾。

淳熙十二年乙巳，六十三歲。

季春，自婺州召赴臨安，入對，除提舉佑神觀兼侍講。見臨安人揭小帖以七百五十錢兌一楮，於入對時言之，喜其復行也。孝宗曰：「此事惟卿知之，朕以會子之故，幾乎十年睡不着。」（《三筆》卷一四）

三月二十六日，隨駕臨玉津園，時夜有雨，將曉，有晴意；已而，天宇豁然。乃進詩詠其實云：「五更猶自雨如麻，無限都人仰翠華。翻手作雲方悵望，舉頭見日共驚嗟。天公的有施生妙，帝力堪同造物誇。上苑春光無盡藏，可須羯鼓正催花。」（《五筆》卷五）

四月四日，孝宗賜和篇，云：「比幸玉津園，縱觀春事，適霽色可喜，卿有詩上，因俯同其韻。春郊柔綠遍桑麻，小駐芳園覽物華，應信吾心非暇逸，頓回晴意絕咨嗟。每思富庶將同樂，敢務游畋漫自誇。不似華清當日事，五家車騎爛如花。」（同上）

六月，以侍讀兼同修國史。《謝侍講修史表》云：「下建武之詔書，正爾恢張於治具；數貞元之朝士，獨悽流落之孤縱。」（《四筆》卷一四）

案：洪汝奎增訂年譜，將此謝表繫於乾道三年，予以爲未是。以其四用「貞元朝士」典故皆在晚歲也。且乾道三年以中書舍人兼同修國史又兼侍講，今則以侍講兼同修國史也。

七月九日，奏修列傳事宜。略云：「恭維神宗皇帝至於欽宗，傳序相授，閱五十餘年。方太寧極盛之時，立綱陳紀，流風善政，皆謹載史策，而舊聞放失，採求維艱。南渡以來，周一甲子，相去益遠，愈不可尋，以故東觀大典至今未能蕆就。臣自到局，約略稽考，據院吏所具，除紀志已進呈外，當立傳千三百人。其間妃嬪親王公主宗室幾當其半，然家世本末履歷始終不可見者十而七八，必俟究得其實，然後爲書，誠恐日引月長，無由可畢。如臣愚見，欲乞下本院，許據只今所有事狀，依倣前代諸史體例，分類載述，不必人爲一傳。其内外臣僚，或有官雖顯貴，而無事蹟可書，正如漢世劉舍、薛澤、許昌之徒，位至宰相，而司馬遷、班固不爲立傳，於事亦無所闕。今來亦乞倣此，悉行删去。乞詔提舉宰臣量立程限，責本院官併力修纂，庶幾累朝信史，早有汗青之期。」從之（《宋會要》職官一八國史院）。

十一日，請將本院所修列傳，俟玉牒會要奏書日同進呈，御筆依。詔限一年内修撰投進。

十三日，直前奏事，頗以盜賊爲慮。詔諭趙汝愚爲備。

九月十一日，孝宗賜手書唐白樂天詩二首。

十月八日，請行課績之法。孝宗曰：「此事只行一過，便是文具，今監司只擇人爲急，若擇時留意，課績之法不必行。」（《中興聖政》卷六二）

淳熙十三年丙午，六十四歲。

正月五日，以高宗壽八十恩赦，文武官悉理三年磨勘。惟禪位前曾任侍從、兩省以上者，各轉一官。時侍從已盡，兩省官三存。史浩自以八十拜太傅，王淮居憂，先生獨轉通奉大夫，中外皆無與此者（《夷堅支庚志》卷一）。

進謝表云：「共奉當時，敢齒貞元之朝士，頌歌大業，願賡至德之中興。」（《四筆》卷一四）

三月十七日，召對，賜之酒殽，出御製《春晝即事絶句》，並以所書蘇軾一詩爲寵。

四月十二日，奏景靈宮國忌陪位行香及四孟親饗在列之臣，除宰執使相外，其百官從人，帶入宮門號，方得隨入櫺星門，至中門即退，不得踰閾。從之（《宋會要》儀制五）。

五月一日，與同僚奏進讀陸贄奏議終篇。乞宣付史館，以彰不矜不伐、執古御今之意。六日，詔轉一官酬勞。十三日，撰謝恩詩進上，詔宣付史館（《宋會要》崇儒七）。

八月十九日，請通修九朝正史。

奏云：「頃嘗奏陳乞俟修纂《四朝國史》了畢日，將九朝三項國史合爲一書，已蒙聖恩開納。今臣所修書，計列傳八百八十目，既已成七百餘傳，所餘不多，度至十月可以畢事。所有元乞接續編撰九朝史事，乞先降指揮，容臣俟命下之日，從本院移牒在外州軍搜訪遺書逸事，俟今冬投進現修書畢，然後別取旨擇日開院。」又奏云：「臣所爲區區有請者，蓋以二百年間，典章文物之盛，分見三書，倉卒討究，不相貫屬。且累代臣僚名聲相繼，當以前史以子係父之體，類聚歸一。」從之（《宋會要》國史院，《三筆》卷四）。

案：洪汝奎增訂年譜云：「據錢譜引

《三筆》卷四，奉詔開院，修成三十餘卷。今按《宋史·藝文志》，有太祖太宗本紀三十五卷，當即《三筆》所謂修成者。《詞學指南》載野處《進三朝帝紀表》，末云：『書大事而小則簡牘，願殫緗素之勤，藏名山而副在京師，終冀汗青之望。』予詳考之，《九朝通史》未嘗有進書之跡，且《進三朝帝紀表》乃乾道二年閏九月二十九日進《神哲徽三朝帝紀》所上者，實與此毫不相干，不應混爲一談。

八月二十六日，王偁上《東都事略》一百三十卷，付國史院，先生主之。其書特掇取五朝史傳及四朝實錄附傳，而微以野史附益之。甚疏駁。

九月，除翰林學士。陳亮致啓相賀，有云：「伏審進東觀之成書，拜北門之眞命，當爲此官久矣。」又云：「因嘗拜假，就使爲眞；眷意方隆，登庸所屬。嘉官善話，因已久沃於聖聰；至公血誠，行且獨開於天步。」（《龍川文集》卷一八）

是月，以翰林學士兼修國史。

十月二日，進欽宗宸翰石刻於史館。先是，九月二十九日奏云：「竊以靖康之難，諸王皆留京師，惟太上皇帝持節河北，用能光啓中興，符一馬化龍之兆。近者忽得欽宗遺翰石刻於故相何㮚家。蓋靖康元年閏十一月北騎攻都城，中外不復可通，太上奉使至磁州，而有王雲之變。中夕還相州，迤邐東如濟、鄆。當是時，㮚爲開封尹，首建元帥之議，及在相位，遂擬進蠟書之文。其語云：『訪知州郡，糾合軍民，共欲起義。此皆祖宗百年涵養忠孝之俗，天地神祇所當佑助。檄到日，康王可充兵馬大元帥，陳亨伯充兵馬元帥，宗澤、汪伯彥充副元帥。同力協謀，以濟大功。』欽宗批云：『依奏施行。』又批云：『康王指揮已黃帛書訖。』又批云：『康王指揮已付卿，係黃帛書，必已到。』蓋閏月十三日所行也。欲乞下行何㮚家取索，布之史館，以彰示萬世，爲炎德復恢之符。」詔從之。至是取來進之史館（《中興聖政》卷六三）。

十月九日，奏《四朝史列傳》一百三十五卷已成書，請擇日投進。二十日，詔所修列傳與玉牒同日進呈。

十一月二十一日，上《四朝國史列傳》一百三十五卷。凡列傳八百七十。

是日，同舍陳俊卿卒，年五十四。

是冬，王淮以進國史，封魯公。當制。先曾爲擬進韓國制詞，既播告矣，而删定官馮震武以爲眞宗故封，不許用，遂貼麻爲魯。雖著於司封格，馮蓋不知富韓公已用之矣！是時淮以食邑過兩萬戶爲辭。孝宗遣中使至先生所居宣示，令具前此有無體例及合如何施行事理擬定聞奏。遂以邑戶無止法復命，乃竟行下（《續筆》卷一四）。

是歲，張功甫小圃玉照堂梅開，呈詞致意。詞云：「玉照梅開，三百樹，香雲同色。光搖動，一川銀浪，九霄珂月。幸遇勳華時世好，歡娛況是張燈夕。更不邀名勝賞東風，眞堪惜。《盤誥》手，《春秋》筆，今內相，斯文伯。肯閑迂軒蓋，遠過泉石。奇事人生能幾見？清樽花畔須教側。到鳳池卻欲醉鷗邊，應難得！」

（《中興以來絶妙詞選》卷三）

案：功甫名鎡，號約齋居士，西秦人，楊誠齋極稱其詩。細玩此詩文句，當係先生爲翰林學士修國史日所呈者。鄭因百教授見告：功甫俊之後，始終居杭州，未他遷。玉照堂乃功甫家園庭之一堂也。故此詞必在先生官杭州爲翰林學士日。且梅花盛開，當在冬季。先生後年四月即出守鎮江，姑繫於是年。

淳熙十四年丁未，六十五歲。

正月二十日，知貢舉，時爲翰林學士、知制誥兼侍講兼國史。直學士院斯時正闕官，乃薦陳居仁兼領。

二十八日，臣僚奏請今來知舉官應精加考校。比年以來，場屋之文，經義猶有可觀，而詩賦類多空疎不工。至於論策，徒有泛濫之辭，而不切於理，以文求士，失實已多。是當精加考校，取其語顯而意深，辭簡而理到，有淵源之學而無空浮之病者，使居前列。詔從之（《宋會要》選舉五）。

二月二十日，奏陳峴中博學宏詞科，詔賜同進士出身。

三十日，奏舉子程文流弊。

略謂：「竊見舉子程文流弊日甚。然漸漬以久，未能遽然化成。祖宗事實，載在國史，而舉子左掠右取，以爲場屋之備，牽強引用，類多訛舛；雖非所當，亦無忌避。其所自稱者，又悉變愚爲吾；或於叙述時事，繼以吾嘗聞之。至其程文，則或失之支離，或墮於怪僻。考之今式，賦限三百六十字，論限五百字；今經義策論一道有至三千言，賦散句之長至十五六字，一篇計五六百言。寸晷之下，唯務貪多，累牘連篇，無由精好。所謂怪僻者，如心心有主，喙喙爭鳴，一蹴可到，盥水可致之類，皆異端鄙俗，遽相蹈襲，恬不知悟，而滿場多然，不能勝黜。乞以此章下國子監及諸州學官，揭示士人，一洗前弊。專讀經書史子，三場之文，各遵體格，以反渾淳，而新士氣。」詔從之（《宋會要》選舉五）。

三月十八日，薦王偁與龔頤正於朝。奏稱：「國家史册雖本於金匱石室之藏；然天下遺文軼事，散落人間，實賴山林博洽之士廣記備言，上送有司，以爲汗青之助。臣比承乏四朝史院，甑歲引日，僅能奏篇，旣蒙聖恩，褒進崇秩。有人焉，嘗施功緒，卓然成勞，敢以姓名冒聞宸扆。龔敦頤……曾祖原昔爲泰陵實錄院官，故其家多藏書。念元祐黨籍諸臣及建中上書諫等人，多表表立名節，經崇寧禁錮，靖康流離，子孫不能盡存，施爲漫不可考。故慨然屬意，訪求闕遺，遂成列傳譜述一百卷，凡名在兩籍者三百九人，而書於編者三百五人，其不可得而詳者四人而已！王偁父賞，在紹興中亦爲實錄修撰，偁承其餘緒，刻意史學，斷自太祖，至於欽宗，上下九朝，爲《東都事略》一百三十卷。其非國史所載而得之於旁搜者居十之一，皆信而有證，可以據依。臣之成書，實於二者有賴。」詔王偁除直秘閣，龔敦頤特補與上州文學（《宋會要》崇儒五）。

是春，大兒梓攜眷來臨安省視。

四月四日，召對，賜鮑照《舞鶴賦》註一軸。

十七日，賜王容等以下四百三十五人進士及第出身。時孝宗策士不盡由有司，是舉湯璹第一，容本第三，乃親擢爲榜首。是科也，危稹應試，先生得稹文爲之激賞，亦舉進士第。

夏，友人韓元吉卒，年七十。

八月，入侍禁林，孝宗稱讚《容齋隨筆》「煞有好議論」。

九月十二日，作《城南堂記》（《咸淳臨安志》）。

十月八日，高宗崩，爲草遺詔。

十一日，任光堯山陵橋道頓遞使。因進言太上皇帝廟號當稱祖，詔有司集議以聞。

十三日，金國賀會慶節使將入見，詔議儀制以聞。乃與同僚議定，今當喪次，乞於二十三日就德壽宮素幄引見。

二十四日，撰《金國告哀國書》，云：「釁積菲躬，上干威譴，禍貽昭考，奄被凶菑。愴巨痛以難勝，捨至仁而莫訴。亟馳信馹，祗達哀函。惟素篤於修和，必深蒙於軫悼。」（《思陵録》上）

二十五日，內引即對，孝宗於御榻後出一紙，錄唐貞觀中太子承乾監國事以相示。乃戒曰：「進入文字，須是密奏。」先生乃請收具典故面呈，並曰：「天禧資善之詔可舉行也。」於是七日內三得從容（《三筆》卷十）。

二十八日，與孝宗論呂頤浩、趙鼎。先生曰：「呂遭時艱難，功雖不細，而趙首陳立儲之義，其功尤大。」孝宗曰：「此社稷大勳也。」

十一月初一日，擬太子參決詔。《思陵錄》云：「內引洪邁，聞邁欲擬皇太后聖旨尊崇秀王事，退而自以語人，衆皆愕然。」

邁尋諱之。又擬皇太子參決詔。初議鎖院，又恐張皇，上只令擬指揮，而邁恐不能道居喪曲折，遂草四六以進。」蓋孝宗有内禪之意，故先令太子參決庶務也。

次日，詔遂下。

十一日，建議大行太上皇帝廟號應稱世祖。禮官顔師魯、尤袤反對，奏云：「祖有功而宗有德，大行太上皇帝宏濟多難，紹開中興，功德並隆，上比太祖。稱祖立廟，有何不可？然在禮，子爲父屈，示有尊也。子雖齊聖，不先父食。大行太上皇帝親爲徽宗之子，子爲祖而父爲宗，則難以正尊卑昭穆之序。今議者（指先生）不過以光武爲比，然光武以長沙王之後，起於布衣之中，不與哀、平相爲繼承，其稱祖無嫌。大行太上皇帝實繼徽宗之正統，以子繼父，非若光武比也。」乃議定爲聖神文武憲孝皇帝，廟號高宗。先生爲撰謚議以進（《朝野雜記》甲二、《宋會要》禮四九）。

是冬，給事中王信論不當用宦者甘昪。先生入，孝宗語之曰：「王給事論甘昪事甚當。朕特白太上皇后，聖訓以爲今一宫之事異於向時，非我老人所能任。小黄門空多，頗不習事，獨昪可任責，分吾憂。渠今已歸，居室尚不能有，豈敢蹈故態。以是駮疏不欲行，卿見王給事可道此意。」信聞之乃止（《宋史》卷四〇〇《王信傳》）。

淳熙十五年戊申，六十六歲。

正月十九日，夜間宣詔。

先生與族伯簡云：「正月十九日晚間宣召從容。聖語云：『近日郡守辭見，並詣議事堂。太子封劄子來，但思之甚有未盡處，蓋全不見語話，如何識得賢否？朕於選引郡守，自有見處，幾於不傳之妙。』遂笑云：『所謂父不能以傳之子也。』邁奏：『每見批出，別與差遣人者，無不合於公論。』上云：『如張垓者，觀其人材得盡做一州，只緣鄂渚屯大軍，有諸司，欲恐它費力，故改與九江。』邁奏：『張垓是臣鄉人，故參知政事燾之子，其人誠如聖訓，自得改命，極感聖恩。至於玉音說其爲人，雖鄉里與之久處者，不過知之如是，而陛下一見即盡其平生，可謂至當。』上笑而頷首。」孝宗之聰明絕倫於茲見之（《宦遊紀聞》卷九）。

案：此事當在是年，斯時先生直翰苑，晝夜宣召，一也。文中稱「太子封劄子來」，知已參決庶政，二也。

三月十一日，奏：高宗祔廟有日，乞令國史院開館修撰《高宗實錄》，以附典故。

又奏：大行太上皇帝宜以文武各二臣配享，文臣莫如呂頤浩、趙鼎，武臣莫如張俊、韓世忠。皆一時名臣將相，合於天下公論。乞令侍從議。並批依（《宋會要》實録院、《思陵録》上）。

十七日，從官議上，禮部尚書宇文价爲議首，言四人皆有名績，見稱於世，宜如明詔，配享廟庭。奏上報可。

二十四日，楊萬里奏配享不當。

奏云：「今者議臣建配享之議，曰欺，曰專，曰私而已！」又稱張浚有社稷之功者五：一、建復辟之勳，二、發建儲之議，三、平逆亂以立國基，四、安全蜀免西顧憂，五、定兩淮以安中國。末曰：「配享祔廟者，捨浚而誰屬？」並力攻先生無異指鹿爲馬（《誠齋集》卷六二、《宋史·楊萬里傳》）。

二十五日，左拾遺許及之密報：臺諫欲於祔廟後論列配享事，先生乃亟入奏，引楊萬里之言，乞去。

案：配享之議，實無太多意義。然浚早年變亂黑白，亦不無可議之處，臣僚言：若再集議，則二三之論又將紛紛而起，甲可乙否，重惑視聽。孝宗乃詔以四人配享。嗚呼！北宋有濮議之爭，終成新舊兩黨水火之勢，馴至國破家亡，有以哉！今者，若非孝宗當機立斷，先生極知大體，勇於引退，則黨爭之患又將見於孝、光之世矣！

四月七日詔予郡，二十七日以正奉大夫知鎮江府。孝宗謂大臣曰：「呂頤浩等四人配享，正合公論，楊萬里乃謂洪邁專與私，邁雖是輕率，萬里未免浮薄。」於是二人俱補外。

六月十八日，國史院以修《高宗實錄》，停修《九朝國史》。

九月十九日，被旨知太平州，二十八日到任。上謝表云：「臣家本儒素，時無令名，濫竽宏博之科，稅駕清華之地。……在紹興之季年，污記注於右史。龍飛應運，鳳歷紀祥。……遂以詞賦之職，獲侍清閒之歡。雖宿命應仙，許暫來於天上；而塵心未斷，旋即墮於人間。一去十八年之中，三叨二千石之寄，未由金華郡，還紬石室書。從珍臺閒館之遊，勸廣廈細旃之講，眞拜學士，號名私人。受九重知己之殊，極三入承明之幸。……（然）李廣數奇，徒慕侯於校尉；汲黯妄發，敢歎薄於淮陽。」蓋述半生仕宦之始末也（《四筆》卷一四）。

淳熙十六年己酉，六十七歲。

在太平州任，政尚寬簡，民皆向化。

正月，金世宗崩，太孫璟即位，是爲章宗。

二月，孝宗內禪，光宗即位。

八月，州郊產瑞麻，狀若靈芝，人以爲瑞，撰《瑞麻贊》刻於石（見《太平府志》，錢譜繫八月，姑從之）。

是月十二日，王淮卒，年六十四。淮紹興十五年中進士科，與先生蓋同年也。

是歲，成《夷堅庚志》。序略云：「假守當塗，地偏事少。濟南呂義卿、洛陽吳斗南適以舊聞寄，似度可半編帙，於是輯爲《庚志》。初，《甲志》之《戌》歷十八年，自《乙》至《己》或七年，或五六年，今不過數閱月，閒之爲助如此。」

光宗紹熙元年庚戌，六十八歲。

二月，進煥章閣學士，移知紹興府。過闕奏事，光宗諭以「浙東民困於和市，卿往爲朕正之。」初承平時預買令下，守官者無慮遠，凡一路州縣所不受之數，悉受之，故越之額特重。以匹計者，十四萬六千九百，居浙東之半。人戶百計規免，皆詭爲五等戶，而四等以上戶之害日甚。於是有爲畝頭均科之說者。淳熙十六年知紹興府王希呂言：「均科和買，曩者亟於集事，不暇覆實，一切以爲詭戶而科之，於是物力自百文以上，皆不免於和買，貧民實不勝其困。乞將創科和買二萬五十七疋有奇盡放，則民被實惠矣！」會光宗亦以爲貽貧弱之害，於是詔下戶和買二萬五十餘匹住催一年，又減元額四萬四千匹有奇。均敷一節，詔令守臣從長計議施行。先生乃定均敷之法上之，詔依所措置推行，於是紹興貧民下戶稍寬矣。既畢，乃將施行次第撰成《會稽和買事宜錄》七卷（《宋史·食貨志三》、《書錄解題》卷五）。

十一月，刻《唐人絕句》百卷於蓬萊閣。自序云：「淳熙庚子秋，邁解建安郡印歸，時年五十八矣！身入老境，眼意倦罷，不復觀書，惟時時教稺兒誦唐人絕句。則取諸家遺集，一切整彙，凡五七言五千四百篇，手書為六帙。起家守婺，齎以自隨。踰年，再還朝，侍壽皇帝清燕，偶及宮中書扇事，聖語云：『比使人集錄唐詩，得數百首。』邁因以昔所編具奏。天旨驚其多，且令以元本進入。蒙寘諸復古殿書院。又四年，來守會稽，閒公事餘，分又討理向所未盡者。唐去今四百歲，考藝文志所載，以集著錄者幾五百家，今僅及半，而或失真。如王涯在翰林，同學士令狐楚、張仲素所賦宮詞諸章，乃誤入於王維集。金華所刊杜牧之續別集，皆許渾詩也。……如是者不可勝計，今之所編，固亦不能自免。然不暇正，又取郭茂倩《樂府》與稗官小說所載僊鬼諸詩，撮其可讀者，合為百卷。」題銜稱煥章閣學士、宣奉大夫、知紹興府事、兩浙東路安撫使。劉後村云：「野處洪公編唐人絕句僅萬首，有一家數百首並取不遺者，亦有復出者，宜其但取唐人文集雜說，令人抄類而成書，非必有所去取也。」（《後村大全集》卷九四）

十二月，除提舉隆興府玉隆萬壽宮。自會稽西歸，方大雪塞塗，千里而遙，凍倦交加。既歸鄉，前所植小松，皆蔚然成林，有干霄之勢。

紹熙二年辛亥，六十九歲。

三月十六日，爲張綱序《華陽文集》。題銜稱煥章閣學士、宣奉大夫、提舉隆興府玉隆萬壽宮。

是歲，長子通判信州。

案：鄧廣銘編《辛稼軒先生年譜》，稱「洪莘之通判信州至晚當始於是年」。其案語曰：「先生有壽洪氏之《瑞鶴仙》一闋，題曰：『壽上饒倅洪莘之，時攝郡事，且將赴漕舉。』詞中有『明年時候，被姮娥做了殷勤，丹桂一枝入手。』知必作於紹熙二年。錢大昕《洪文敏公年譜》於紹熙三年始著『長子梓通判信州』。蓋據《夷堅》而云然。然《夷堅志》謂三年通判信州，非謂始於三年也。」所云誠是。蓋稼軒於紹熙二年除福建提點刑獄，三年春即赴任，不復與莘之唱和，故應在是年。

十一月，繼刻《萬首唐人絶句》，成，上之重華宮。劄云：「去年守越，曾於公庫錢鏤板，未及了畢，奉祠西歸，家居無事，又復探討文集，傍及傳記小說，遂得滿萬，分爲百卷。」於是裝褫一部，投進。

紹熙三年壬子，七十歲。

三月十日，《容齋續筆》成，序之。先是，孝宗稱《隨筆》「煞有好議論」，引爲至榮。因復裒臆說綴于後，懼與前書相亂，故別以一二數，而目曰「續」。亦十六卷。

是月，《萬首唐人絶句》投入，孝宗獎爲

「選擇甚精，備見博洽」。又賜茶一百夸，清馥香一十貼，薰香二十貼，金銀一百兩。

案：陳振孫云：「《唐人絕句詩集》一百卷，洪邁景盧編，七言七十五卷，五言、六言二十五卷，卷各百首，凡萬首。上之重華宮，可謂博矣！而多有本朝人詩在其中，如李九齡、郭震滕、白玉蟾、王初之屬；尤其不深考者，梁何仲言也。」先生素以博洽見稱於時，爲湊足萬首，亦難免有雜入者。至程珌所云：「壽皇朝有進《唐人絕句》一編者，竊可謂無進可也。」（《洺水集》卷九）乃是腐儒之見，今不取。

是歲，先生壽七十，辛稼軒寄《最高樓》詞爲壽，題曰「慶洪景盧內翰七十」。詞云：「金閨彥，眉壽正如川，七十且華筵，樂天詩句香山裏，杜陵酒債曲江邊。問何如？歌窈窕，舞嬋娟。　更十歲太公方出將，又十歲武公方入相，留盛事，看明年。直須腰下添金印，莫叫頭上欠貂蟬。向人間，長富貴，地行僊。」

仲子某簽書峽州。

紹熙四年癸丑，七十一歲。

三月，上表謝賜茶香金銀。題銜稱煥章閣學士、宣奉大夫、提舉隆興府玉隆萬壽宮、魏郡開國公、食邑二千五百戶、食實封二百戶。有云：「頃因心好於唐文，輒爾手編於詩律，嘗蒙宣索，每恨疎蕪。比歲旁探，遂及萬篇之富；成書上奏，幸塵乙夜之觀。敢覬華褒，更加異寵。得黃金百，初微季布之名；復白圭三，不虞南容之玷。允謂非常之賜，眞爲不朽之榮。」

七月五日，友人范成大卒，年六十六。

冬，獲觀朝士職官姓名錄。

是歲，成《夷堅壬志》及《癸志》。《癸志序》略云：「九志成，年七十有一，擬綴輯癸編。稚子欙復云：更復從子至亥接續之。及成書，予拊之曰：天假吾年，雖倍此可也。人生未可料，惡知吾不能及見乎？」

案：《夷堅支甲志》序云：「自《甲》至《戊》，紀佔四紀，自《己》至《癸》，才五歲而已！」《庚志》成於淳熙十六年，《己志》之成最早在十五年，距是年已五年餘，故《癸志》亦成於是年。

紹熙五年甲寅，七十二歲。

六月一日，《夷堅支甲志》成，序之。略謂：「《夷堅》之書成，其志十，其卷二百，其事二千七百有九，蓋始末凡五十二年。古往今來，無無極，無無盡，荒忽眇綿，有萬不同，錙析銖分，不容一致。蒙莊之語：『惡乎然，然於然，惡乎不然，不然於不然。』又曰：『是不是，然不然。是若果是也，則是也異乎不是也，亦無辯。然若果然也，則然也異乎不然也，亦無辯。』能明斯旨，則可讀吾書也。初稚兒請用十二辰續未來編帙，念及支乃支體也，於是名此志曰《支甲》，爲前志附庸，降殺爲十卷。」

七月五日，寧宗即位。

八月七日，明堂大禮成，推恩轉官。《謝加恩表》云：「考皇祐明堂之故，操以舉行；念貞元朝士之存，今其餘幾？」《三筆》卷一二云：「年過七十，法當致仕。紹熙之末，以新天子臨御，未敢遽有請。故玉隆滿秩，只以本官職居里。趙子直不忍使絕祿粟，俾之因任。」

十月，母沈氏加贈魏國夫人（《止齋文集》卷一五）。

十二月，友人徐夢莘成《三朝北盟會編》二百五十卷。序云：「其辭則因元本之舊，其事則集諸家之說。不敢私爲去取，不敢妄立褒貶，參考折衷，其實自見。使忠臣義士亂臣賊子善惡之跡，萬世之下不得而掩沒也。自成一家之書，以補史官之闕，此《會編》之本旨也。若夫事不主此，皆有所略，嗣有所得，續繫於後。如洪內翰邁《國史》、李侍郎燾《長編》並《四繫錄》，已上太史氏，茲不重錄。」

是歲，友人陳亮卒，年五十二（《陳亮年譜》）。

寧宗慶元元年乙卯，七十三歲。

二月廿八日，《夷堅支乙志》成，序之。自稱：「老矣不復著意觀書，獨愛奇氣習猶與壯等，天惠賜於我耳！耳力未減，客話尚能欣聽；心力未歇，憶所聞不遺忘。筆力未遽衰，觸事大略能述。……又成《支乙》一編，於時予春秋七十三矣，殊自喜也。」

十月十三日，又成《支景志》十卷，序之。其祖諱炳，與丙同音，「故再世以來用唐人所借，但稱爲景」。

是歲，大兒椊在福州通判任（《夷堅支丁志》卷四）。

慶元二年丙辰，七十四歲。

正月，友人趙汝愚（子直）卒，年五十七。

二月十九日，序《夷堅支丁志》。自謂稗官小說家言不足以傳信，《夷堅》諸志皆得之傳聞，愛奇而已矣！

五月，《容齋三筆》成，六月晦日序之。略曰：「予從會稽解組還里，于今六年。仰瞻昔賢，猶駑蹇之規天驥，本非倫儗，而年齡之運，踰七望八，法當掛神虎之衣冠，無暇於誓墓也。幸方寸未渠昏，於寬閑寂寞之濱，窮勝樂時之暇，時時提筆，據几隨所趣而志之，雖無甚奇論，然意到即就，亦殊自喜。」

七月初五日，序《夷堅支戊志》。

十月，序黃公度（師憲）《知稼翁集》。稱其精於詩，「大抵鏗鏘蹈厲，發越沈郁，精深而不浮於巧，平淡而不近於俗」。又稱：「憶四十年前與公從容於番禺樂洲之上，予作《素馨賦》，公蓋戲而反之。」黃乃先生長者也。

十二月八日，序《夷堅支庚志》。序曰：「起良月庚午至臘月癸丑，越四十四日，而《夷堅支庚》之書成。凡百三十有五事。」頗自駭其速云。

案：《夷堅支己志》當成於十月。

冬，長子梓福州通判任滿。

是歲得觀張天覺小簡，取而記之。

慶元三年丁巳，七十五歲。

四月九日，爲朱翌序《猗覺寮雜記》。稱五十年前，「邁與文惠、文安兩兄時省覲直陽，歲必過韶踵門內謁先生，視如通家子弟，引而館之。賜之詩，有曰：『彭蠡春生萬頃湖，光明相映棣華袝，鵷雛鷟鸑俱爲鳳，乳酪醍醐總是酥。』」翌嘗爲長兄适序《隸釋》，故其仲子軝以序見囑。

五月十四日，序《夷堅支癸志》。略曰：「予既畢《夷堅十志》，又支而廣之，通三百篇，凡四千事。……《支癸》成於三十日間，世之所謂拙速，度無過此矣，況乃不大拙者哉！繼有聞焉，將成爲三志，而復從甲始。」

案：既云《支癸志》成於三十日間，則知《支壬志》當成於四月上旬。

六月，友人陳居仁卒，年六十有九。

九月二十四日，序《容齋四筆》。《四筆》之成，不費一歲。自亦謂「身亦老而著書亦速」。稚子櫰每見《夷堅》滿紙，輒曰：「《隨筆》、《夷堅》皆大人素所遊戲，今《隨筆》不加益，不應厚於彼而薄於此也。」日日立案傍，必俟草一則乃退。丈夫愛憐少子，乃哀所憶而書之。

十二月，爲婁機序《漢隸字源》。序謂文惠作五種書，《釋》、《纘》、《圖》、《續》皆成，惟《韻書》未就，而婁宗簡繼爲之。

慶元四年戊午，七十六歲。

四月一日，序《夷堅三志己》。

案：《支癸志》成於慶元三年五月十四日，《三志》成於四年四月一日，則《三甲》、《三乙》、《三丙》、《三丁》、《三戊》等志，當成於三年六月至四年三月之間。

六月八日，序《夷堅三志辛》。

九月初六日，序《三志壬》。言昌黎《原鬼》一篇，備極幽明之故，首爲三說，以證必然之理。《夷堅五志》所載鬼事，何啻五之一，千端萬態，不能出公所證之三非。

秋，大孫赴南昌漕事。

慶元五年己未，七十七歲。

春，議者欲起先生及陸放翁，付以史筆，

置局湖山，以就閒曠。已而，當路有忌之者，其事遂寢（《朱子全集》卷六四《答鞏仲至書》）。

案：此答書中有「熹衰病沈痼，日甚一日，告老之章，且幸得請」之句，考《朱子年譜》卷四慶元四年冬十月引章乞休，蓋以明年將七十也。五年四月有旨令致仕。故此啓應在是年內，蓋六年三月熹已卒也。

是歲，友人徐夢莘闢室名「儒榮堂」，賦詩誌之。

《徐公墓誌》云：「所居闢一堂，取詞命褒語扁曰『儒榮』，以侈上賜。樞密劉公德秀爲之記，待制楊公萬里爲之銘，少傳周公必大，端明洪公邁而下賦詩數百篇，遠邇流傳，公之名益顯矣！」（《攻媿集》卷一〇八）

案：《國學季刊》第四卷第三號陳樂素《徐夢莘考》云：「《文忠集》全部皆編年，此卷即《平園續稿》卷二（慶元丁巳（三年，一一九七）止慶元庚申（六年））。而此詩（即指徐夢莘《參議直閣進書登瀛創儒榮堂來索鄙句詩序奏稿寄題》而言）前七首有紀年之詩，題己未（五年，一一九九）三月十七日，其後第三詩題三月三日。……又據靜嘉堂文庫藏宋殘本《周益國文忠公集》，其詩序寄題二字下有「己未三月六日」六字，則徐氏之創儒榮堂實在慶元五年即七十四歲之事。」陳說不無根據，姑依之，附記於此。

慶元六年庚申，七十八歲。

三月，友人朱熹卒，年七十一。

寧宗嘉泰元年辛酉，七十九歲。

是歲，友人周必大題詩所作《松風閣記》。「小松風颼颼，長松風冽冽，遙知蒙溪上，餘韻兩清絕。宦遊正可樂，歸夢未應切，待生丁固腹，徐化莊周蝶。」（《平園續集》卷三，原繫嘉泰元年）

嘉泰二年壬戌，八十歲。

是歲卒，年八十，謚文敏。

《宋會要》禮志五八云：「端明殿學士、光祿大夫、贈開府儀同三司洪邁謚文敏。」錢大昕曰：「《洪邁傳》，明年再上章告老，進龍圖閣學士，尋以端明殿致仕。是歲卒，年八十。據傳文，似淳熙二年告老，即以其年卒。今考之，不特淳熙字誤，即謂卒於紹熙二年亦誤矣！《容齋三筆》成於慶元二年六月，其序云：『予從會稽解組還里，于今六年，年齡之運，踰七望八。』是則慶元二年丙辰邁尚未盈八十也。據《續筆》，乾道己丑年四十七，邁既壽至八十，其卒當在嘉泰壬戌矣。」（《二十二史考異》）

案：寧宗慶元元年二月十八日序《夷堅支乙志》，稱「予春秋七十三矣，殊自喜也」。至四年又連成《三己》、《庚》、《辛》、《壬》等志，是時年七十有六，則壽八十自應卒于嘉泰二年，錢說信不謬矣。

葬於鄱陽縣西北三十里龍吼山。

附記：本譜之編成，承蒙姚從吾師、鄭因百師指教，特致謝悃。

陸放翁年譜

（清）趙翼 編

尹波 校點

甌北詩話卷七

陸游（一一二五—一二一〇），字務觀，自號放翁，山陰（今浙江紹興）人。紹興二十四年應禮部試，以名列秦塤之上而被黜落。後以蔭入官，歷敕令所删定官、樞密院編修官，賜進士出身，出爲鎮江府通判，以力贊張浚北伐，移隆興府通判，後被免職。乾道間入蜀，歷任夔州通判、川陝宣撫司幹辦公事兼檢法官、成都府路安撫司參議官、權通判蜀州等職。淳熙間提舉福建、江西常平，知嚴州，除軍器少監。光宗朝擢禮部郎中兼實録院檢討官。寧宗朝權同修國史、實録院同修撰，兼秘書監，以寶章閣待制致仕。嘉定二年卒，年八十五。

陸游是宋代著名愛國詩人，頗有文名。一生著述甚豐，有《劍南詩稿》、《渭南文集》、《家世舊聞》、《老學庵筆記》、《入蜀記》等傳世，今人錢仲聯有《劍南詩稿校注》（上海古籍出版社一九八五年）。其事蹟見《宋史》卷三九五本傳。

今所見陸游年譜多達十餘種。最早爲清趙翼《陸放翁年譜》、錢大昕《陸放翁先生年譜》兩種，錢譜刊入《潛研堂全書》，後又收入《歷代名人年譜大成》、《錢大昕所編四家年譜》等，流傳最廣，而趙譜則收入《趙甌北全集》和《甌北詩話》，流傳與影響均不及錢譜廣泛。然趙譜實有可取之處，如所考放翁生卒年，及仿王宗稷《蘇文忠年譜》例，據詩文集以詮次譜主行歷、著作，均簡明有據。今人歐小牧《陸游年譜》（人民文學出版社一九八一年）、于北山《陸游年譜》（上海古籍出版社一九八五年）、刁抱石《宋陸放翁先生年譜》（臺灣商務印書館一九九〇年）考證詳悉，堪稱精審。本書選收趙翼《陸放翁年譜》，原載於嘉慶間刊《甌北詩話》。

陸放翁年譜小引

放翁集向無年譜。然身閲六朝，歷官中外，仕而已，已而仕，出處之迹既屢更。且所值之時，當宋南渡，戰與和局亦數變，使非有譜以標歲月，則讀者於先生之身與世，將茫無端緒。幸先生詩自入蜀以後四十卷，係手自編訂；四十卷之後，至八十五卷，則其子子虡當先生在時即隨年記録，故歲序差可考。而文集中碑記之類，亦多書明年月官位，可以稽其時地。昔王宗稷作《蘇文忠年譜》，悉本《東坡大全集》詮次之。今余亦彷此例，就《劍南詩集》、《渭南文集》及《家世舊聞》、《老學庵筆記》等書，次其先後，蓋已十得八九。惟入蜀以前少年之作，所存無幾，難於懸揣。然事迹亦往往散見於詩文，因亦就其可知者繫於某年之下，并略載時事，以相印證，庶讀者可以一覽瞭如云。

陸放翁年譜

陽湖趙翼雲崧

宋徽宗宣和七年乙巳

先生生於是年十月十七日，在淮上舟中。是日平旦，大風雨，及先生生而雨止。見先生慶元元年詩題。又有詩云：「少傅奉詔朝京師，艤舟生我淮之湄。」

按：先生先世自嘉興徙錢塘，吳越時又徙山陰之魯墟，世業農。宋祥符中，陸軫始以進士起家，仕至吏部郎中，直昭文館，贈太傅，是爲先生高祖。軫生珪，官國子博士，贈太尉，是爲先生曾祖。珪生佃，仕至尚書左丞，贈太師、楚國公，是爲先生之祖。《宋史》有傳。佃生宰，字元鈞，則先生父也。見先生文集及《家世舊聞》。其官位不可考。按先生《跋向薌林帖》云：「先少師使淮南，實與薌林爲代。」《跋周侍郎奏稿》云：「余生於宣和末年，先少師以畿輔轉輸餉軍澤潞，寓家於滎陽。」又云：「先君以御史徐秉哲論罷，南來壽州。」則先生父蓋嘗官提舉、轉運等職。《跋楚公奏稿》云：「此先少師紹興中命筆吏傳錄者。」又作《陳彥聲墓誌》云：「建炎四年，先君會稽公奉祠洞霄宮。」則南渡後曾有祠祿。又《跋朝制要覽》及《持老語錄》，皆云「先君會稽公」，則其官階及勳封可見也。惟文集稱「先少師」，詩集稱「先少傅」，微有不同。然「師」、「傅」同一階，蓋皆應得之封耳。

欽宗靖康元年丙午

二年丁未

二帝北行。

高宗建炎元年即靖康二年五月，即位，改元。

二年戊申

三年己酉金兵南下，帝航海。

四年庚戌，帝歸臨安，金立劉豫爲子皇帝。先生年七歲。

按：《陳彥聲墓誌》云：「建炎四年，金兵南來，先君欲避無所。聞東陽陳彥聲以俠稱，乃挈家依之。居三年，乃歸。」《跋周侍郎奏稿》云：「先君自徐秉哲論罷後，南來壽春。又自淮徂江，間關兵間。及歸山陰舊廬，則某年已稍長矣。」開禧中有詩追記云：「家本徙壽春，遭亂建炎初。南來避狂寇，乃復遇強胡。亂定不敢歸，三載東陽居。」蓋先生生而遭亂，其父挈之避兵，由壽州過江，又僑居東陽者三年。至紹興二三年，始歸山陰。

紹興元年辛亥

二年壬子

三年癸丑

四年甲寅，先生年十歲。

按：《跋周侍郎奏稿》云：「先君歸山陰，一時賢公卿與先君遊者，言及靖康北狩，無不流涕哀慟。」又《跋傅給事帖》云：「紹興中，某甫成童，見當時士大夫言及國事，無不痛哭，人人思殺賊。」蓋皆此數年中事。先生生平以復讐爲念，蓋自幼習聞先正之言，至老不變也。又嘉泰元年有詩，謂「某十許歲，即往來雲門諸山。」

五年乙卯金太宗崩，熙宗立。徽宗殂於金。

六年丙辰，先生年十二。能詩文，以蔭補登仕郎。本傳。

按：先生父南渡後，不見有仕宦之迹，

蓋以祠祿致仕所得恩蔭也。

七年丁巳，金廢劉豫。先生年十三。

《跋陶淵明集》云：「吾年十三四時，侍先少傅居城南小隱。」

八年戊午相秦檜，先已罷相，至是再相。與金議和。

九年己未金人歸河南、陝西地。

十年庚申，金復取河南、陝西。先生年十六。

初赴舉場。

按：先生《燈籠》詩云：「我年十六遊名場，靈芝借榻棲僧廊。」又《跋范元卿書後》云：「紹興庚申、辛酉間，予年十六七，與陳公實及予從兄伯山、仲高、葉晦叔、范元卿皆同場屋。」

十一年辛酉，和議成。先生年十七。

尚從師受業。與許子威輩同從鮑季和先生。晨興，必具袍帶而出。見嘉泰元年詩自註。

十二年壬戌金人歸徽宗、鄭后、邢后之喪及韋太后。

十三年癸亥，先生年十九。

以舉進士試南省，至臨安。見嘉泰三年詩自註。

十四年甲子，先生年二十。

作《司馬溫公布被銘》。自註：「予年二十歲所作，今傳以爲秦少游作者，非也。」

又作《菊枕》詩。見《丁未歲》詩註。

是年上元，在都城從舅光州通判唐仲俊觀燈。見嘉泰二年詩自註。

十五年乙丑

十六年丙寅

十七年丁卯，先生年二十三。

按：先生《跋韓非子》云：「紹興丁卯，先君年六十時，所得吳棫才老本。」先生是年父尚在，而入仕後未見有丁父艱之事，蓋其父歿於此數年中。

十八年戊辰

十九年己巳金完顏亮弑熙宗而自立。

二十年庚午

二十一年辛未

二十二年壬申

二十三年癸酉，金遷都於燕。先生年二十九。

兩浙轉運使陳阜卿爲考試官，秦檜孫塤以右文〔殿〕修撰就試，直欲首送。阜卿得先生文，擢置第一，塤次之。檜大怒。

二十四年甲戌，先生年三十。

試禮部被黜。時陳阜卿亦幾得禍。

二十五年乙亥秦檜死。

二十六年丙子欽宗殂於金。

二十七年丁丑，先生年三十三。

作《雲門壽聖院記》，尙無官位，但書「吳郡陸某記」。

二十八年戊寅，先生年三十四。

官福建寧德縣主簿。

先生有《謝內翰啓》云：「仕由資蔭。」蓋先生十二歲所得恩蔭，至是始選主簿也。是歲作《寧德縣城隍記》，繫銜書「迪功郎主簿」。見文集。

按：先生赴任，由溫州入閩，有《題江心寺》、《泛瑞安江》及《平陽驛觀梅》等詩。

二十九年己卯，先生年三十五。

在寧德。

按：先生《跋盤澗圖》云：「紹興己卯、庚辰之間，予爲福州決曹掾，與閩縣大夫張仲欽甚相得。」

三十年庚辰，先生年三十六。

以薦者除敕令所刪定官，遷大理司直，兼宗正簿。本傳。

《盤澗圖跋》云：「紹興己卯、庚辰，予爲福州決曹。」是是年春間，尙在寧德也。《祭周益公文》云：「紹興庚辰，予始至行在，與益公相遇，遂定交。」則以除敕令所入都也。先生自閩歸途，亦從溫、處經行，有詩記其事。云：「自來福州，詩酒殆廢；今北歸，至永嘉括蒼，無日不醉。」又有詩記紹興庚辰遊謝康樂石門，王仲信爲作《石門瀑布圖》。皆自閩歸杭之遊跡也。

三十一年辛巳，金主亮南侵，被弑於瓜洲。金世宗立，入都於燕。**先生年三十七。**

在敕令所，遷樞密院編修官。

按：本傳謂「孝宗即位，遷樞密院編修官」。而先生子子虡跋語云：「紹興辛巳，及事高宗，累遷樞密（使）〔院〕編修。」是樞院乃高宗所授。先生挽汪茂南詩云：「往者紹興末，江淮聞戰鼙。」自註：「先相公汪澈督師荆、襄，招予幕府，會留樞屬，不克行。」又《跋陳魯公所草親征詔》云：「辛巳、壬午之間，予爲西府掾。」西府，即樞院也。是樞院之遷，在紹興無疑。又《史館書事》詩云：紹興辛巳，嘗蒙恩賜對，先生奏楊存中不宜掌禁旅，非宗室外家，不宜封王。皆在是年。

又《上執政書》，論文章關於道術。見文集。

三十二年壬午，高宗傳位於孝宗。**先生年三十八。**

自敕令所罷歸。

孝宗即位，在六月。以史浩、黃祖舜薦，召見，賜進士出身，擢太上皇帝聖政所檢討官。本傳。

按：先生《跋曾文清奏稿》云：「紹興末，文清居會稽，予自敕局罷歸，無三日不見。」又作《復齋記》，亦稱是年自都下還里。蓋是春夏間事。其因薦召用，雖不載月日，然是年十一月，上疏請信詔令，治其尤阻格者，計已在檢討任可知。皆孝宗初即位未改元之歲也。又《丙午歲晚書懷》詩自註：「紹興末，予官玉牒所。」蓋因修《聖政記》，故兼是官。

有《玉牒所迎駕》詩。

孝宗隆興元年癸未，先生年三十九。

在檢討任。

正月二十一日，二府請先生撰《致夏國主書》。

二月二日，又請作省劄，招諭中原士民。

見文集。

金蒙城邢珪侵邊，殺我義民，既而被擒，朝議將置大辟。先生上書，謂彼能爲其國盡力，宜免誅，以示中國禮義。

閬州奏慶雲見，先生上書宰執，勿受其圖。

和議將成，又上書二府，當與金人約：建康、臨安皆建都地。俱見文集。

按：先生《復齋記》又謂：「隆興元年，某自都還里，始與仲高遇。」又《王彥光見訪幷送茶》詩云：「瀛英帷幄舊儒臣，肯顧荒山野水濱。遙想解酲須底物，隆興第一壑源春。」則是年似又曾歸里。按先生方任檢討，何以又返山陰？豈乞假暫歸耶？

二年甲申，先生年四十。

時曾覿、龍大淵用事，先生爲樞密張燾言，燾遽以聞。上詰語所自來，以先生對。上怒，出先生通判建康，尋易隆興府。

本傳。

按本傳，先通判建康，今集中並無建

康詩，豈不久即調京口耶？先生《跋張敬夫書》謂：「甲申，佐郡京口，張忠獻浚以督軍過焉，故常與其子敬夫遊。」按浚歿於是年八月，則先生通判京口，必在春夏矣。又序《京口倡和》詩謂「隆興二年閏十一月，韓無咎來省親於潤，予時通判郡事，故與倡和」云。

乾道元年乙酉，先生年四十一。

在鎭江。有《鎭江府城隍忠祐廟碑記》。

二年丙戌，先生年四十二。

自鎭江移官，通判豫章。即本傳所云隆興府。

《上陳安撫啓》云：「佐州北固，麥甫及於再嘗；易地南昌，瓜未期而先代。」

七月，舟行星子縣，半日至吳城。見詩集。

本傳謂「言者論先生交結黨人，力說張浚用兵，遂免歸」。先生在蜀，有詩云：「少年論兵實狂妄，諫官劾奏當竄殛。」正指此事也。先生《幽棲》詩自註：「乾道丙戌，始卜居鏡湖之三山。」而慶元三年《春盡遣懷》詩自註則云：「予以乾道乙酉，卜築湖上。」蓋乙酉買宅，丙戌罷官歸，始入居之。嘉泰甲子有詩云：「曩得京口俸，始卜湖邊居。」乙酉正在京口。以京口俸買宅，正是年也。入居則丙戌耳。《開東園之路》詩云：「憶自南昌返故鄉，移家來就鏡湖涼。」是自南昌歸始居之證。

三年丁亥，先生年四十三。

正月十四日，作《崇恩禪院記》，繫銜但書「通直郎」，而無職任，已罷官故也。

四年戊子

五年己丑，先生年四十五。

是年十二月，差通判夔州。見《入蜀記》。

六年庚寅，先生年四十六。

以閏五月起行，十月二十七日到夔州。《將赴夔府書懷》云：「自從南昌免，五歲嗟不調。」蓋自丙戌至庚寅，凡五閱歲矣。

七年辛卯，先生年四十七。

春間監夔州試，有《試院呈同舍》詩，有《將出院》及《拆號前一日作》等詩。作《王侍郎生祠記》，繫銜書「左奉議郎、通判軍州、主管學事兼管內勸農事」。

八年壬辰，先生年四十八。

以夔州通判將滿任，上書虞丞相，預乞一官，得就祿。見文集。會王炎宣撫川、陝，辟爲幹辦公事。本傳。

按：先生是年作《靜鎮堂記》，繫銜書「左承議郎、權四川宣撫使幹辦公事、兼檢法官」，蓋已作幕僚，去夔州任矣。《送范西叔序》云：「乾道壬辰，予至益昌，始識范東叔，後月餘，與其兄西叔爲僚於宣威幕府。」

是年，北遊南山，望鄠、萬年縣，皆以幕僚出使。見《静鎮堂記》及《東樓集序》。

九年癸巳，先生年四十九。

自成都唐安至漢嘉，四十日復還成都。尋攝蜀州，有《初到蜀州寄成都諸友》詩。

入夏，又攝嘉州。

先生《跋岑嘉州集》云：「乾道癸巳，予自唐安別駕來攝嘉州。」

八月，作《漢嘉郡藏丹洞記》。

官舍多奇石，取作假山，名西齋曰小山堂。見詩集。

淳熙元年甲午，先生年五十。

秋間攝蜀州事，有《蜀州大閱》詩。

按：是年《秋夜讀書》詩云「別駕生涯似蠹魚」，又《與呂周輔教授遊大邑諸山》云「廣文別乘官俱冷」，蓋皆以通判攝州事也。

冬，又往榮州攝事。蓋幕僚係辟用，而本品仍是通判。

二年乙未，先生年五十一。

在榮州。得制置司檄，催赴參議官任。正月十日離榮州，有詩。

范成大來帥蜀，又辟爲參議官。以文字交，不拘禮法，人譏其頹放，因自號放翁。本傳。

三年丙申，先生年五十二。

作《范待制集序》及《籌邊樓記》，繫銜書「朝奉郎、成都府路安撫司參議官兼四川制置使司參議官」。

是年，有《飯保福院》詩云：「飽飯即知吾事了，免官初覺此身閒。」又《閒中偶題》詩：「七千里外新閒客，十五年前舊史官。」《病中戲書》云：「免從官乞假，且喜是閒身。」又有《蒙恩奉祠桐柏》詩云：「罪大初聞收郡印，恩寬俄許領家山。」蓋緣事不復攝州，別領桐柏祠祿。

四年丁酉，先生年五十三。

由桐柏祠祿換授主管台州崇道觀。見《銅壺閣記》及《彭州貢院記》。

是歲，范成大還朝，先生有詩送行。秋間得都下八月報書，牧叙州，有詩。然以後無叙州詩，但有《東歸有日書懷》詩及《遺興》詩，自註：「予將赴僰道，被命東歸。」蓋吏部選叙州，而朝旨令赴行在也。後有《上書乞祠》詩，述此云：「聖君終省記，萬里忽乘驛。」

五年戊戌，先生年五十四。

離蜀東歸。

有《賞海棠》詩云：「吉日不留春已老，歸舟已具客將行。」又明年《憶蜀中》詩云：「去年忝號召，五月觸瞿塘。」蓋以春暮出蜀，仲夏過峽也。子虡跋語，謂「戊戌春，孝宗念其久外，趣召東下。」蓋是去年選叙州之後。又先生《乞祠》詩：「遠客遊窮塞，亭障秋蕭瑟。聖君終省記，萬里忽乘驛。」是東歸實出於內召。先生有《謝王樞密啓》云：「斐然妄作，本以自娱，流傳偶至於中都，鑒賞遂塵於乙覽。」蓋先生在蜀，有詩傳入都，孝宗聞之，故特召還也。《謝錢參政啓》云：「一麾在巴、蜀之間，萬里促宣、溫之對。清光咫尺，睿賞再三。略有司資格之常，備奉使詢謀之選。方憂官謗，又辱詔追。半道遣行，雖嘆棲遲之薄命；頻年省記，要爲比數於諸公。」據此，則召還後曾賜對便殿，即膺出使之命。

未幾有詔別用，尋遣往閩中。

按：先生此次入閩，官階無考。子虡跋語云：「先君凡五佐郡。」則此乃通判建安也。以詩集考之，秋間便道歸里，作一月留。見明年己亥在建安憶家詩。《歸雲門》詩云：「微官行矣閩山去，又寄千巖夢想中。」

此行從衢州入閩，有《仙霞嶺》、《漁梁驛》諸詩。其官舍在建安。見詩集。

六年己亥，先生年五十五。

春夏在建安，多不得意。屢見於詩。

仲夏，先發書畫還故山，有詩。

尋去官，有《初發建安》詩云：「吾行迨

及晚秋時。」歸途由武夷山過信州鉛山縣，至衢州，奏乞祠，留衢待命，除提舉江南西（道）〔路〕常平茶鹽公事，賜緋魚袋。即在衢起行。

十二月，至江西，有《弋陽縣》、《饒撫道中》等詩。治在撫州。見《撫州廣壽禪院記》。

是冬，奏《筠州反坐百姓陳彥通訴人吏冒役狀》。見文集。

七年庚子，先生年五十六。

秋冬自臨川至高安，十一月被命詣行在。見《廣壽禪院記》。

按本傳：「以發粟賑民，爲給事中趙汝愚所駁，遂與祠。」

過嚴州得請，免入奏，仍除外官。遂便道歸山陰。俱見詩集。

是年，在臨川時自作《放翁贊》。見文集。

以後皆家居。

八年辛丑，先生年五十七。

自庚寅至辛丑，始見九日於故山。見詩集。

是年，有《寄朱元晦提舉》詩，以年荒，望其來賑糶也。

九年壬寅，先生年五十八。

築堂曰書巢，自作記。又追作《成都古楠記》，自註：「時已去蜀。」其繫銜書「朝奉大夫、主管成都府玉局觀」。有詩云：「放翁白髮已蕭然，黃紙新除玉局仙。」

十年癸卯，先生年五十九。

有《寄題朱元晦武夷精舍》詩。

十一年甲辰，先生年六十。

有《聞虜酋遁歸漠北》詩。

按：是歲金世宗如會寧，命太子守國，明年，始回燕京。曰「遁歸」者，傳聞之訛也。

十二年乙巳，先生年六十一。

是歲有《秋懷》詩，自註：「聞虜酋行帳爲壯士所攻，幾不免。」又《感秋》詩自註：「聞虜酋自香草淀入秋山，蓋遠遁矣。」

按：金世宗最爲賢君，國中稱「小堯舜」，而傳聞於宋如此，可見鄰國訛傳之不可信。此開禧輕率用兵所以致敗也。

十三年丙午，先生年六十二。

差知嚴州府，赴行在入見。

《天封寺記》云：「予以新定牧入奏行在。」是因除授後始入都。

有《延和殿退朝口號》。自註：「庭奏姓名，上自東廂出御坐。」

七月三日，到嚴州任。

十四年丁未，高宗崩。先生年六十三。

在嚴州。是歲始刻詩。見子虡跋語。

十五年戊申，先生年六十四。

在嚴州。四月，以任將滿，奏乞仍就玉局祠祿，未報。

七月十日，歸家。見詩集。

尋除軍器少監，入都。本傳。

有《宿監中作》及《致齋監中》詩。

十六年己酉，孝宗傳位於光宗。金世宗崩，章宗即位。先生年六十五。

遷禮部郎中、兼實錄院檢討官。

按：本傳以此官繫於紹熙元年，然先生詩集，是年有《儀曹直廬》、《南省宿直》及《史院書事》詩，十一月，作《明州阿育王碑記》，繫銜已書「朝議大夫、尚書禮部郎中兼實錄院檢討官」，則淳熙末已爲是官。

其冬，以口語被斥歸，作《風月軒自記》。

十年間兩坐罷斥，皆以詩，謂之嘲詠風月，故以名其軒。

光宗紹熙元年庚戌，先生年六十六。

以後皆家居。

是年，又刪訂詩稿。

自跋云：「此予丙戌以前詩十之一也，在嚴州再編，又去十之九。」然則丙戌以前詩，存者百之一耳。

又子虡跋云：「戊申、己酉以後詩，公自大蓬謝事歸，命子虡編爲四十卷，親加校定後，復題其籤曰《劍南詩續稿》。」子虡跋云：「先君在新定所編前稿，於舊詩多所去取。其所遺詩，存者尚有七卷。前稿行已久，不敢復雜之卷中，故別其名曰《遺稿》云。」又云：「自此以後至捐館，通前爲八十五卷。」

是歲，先生自號九曲老樵。見《跋鄭俠謝昌國書後》。

二年辛亥，先生年六十七。

作《建寧府尊勝院記》及《紹興府修學記》，繫銜書「中奉大夫、提舉建寧府武夷山沖祐觀」。見文集。

三年壬子，先生年六十八。

作《天封寺記》，繫銜「提舉沖祐觀」之下，增「山陰縣開國男、食邑三百戶」。

九月，上書乞再任沖祐。十一月得請，有《拜敕口號》。自註：「祠祿錢帛粟絮，共歲計千緡有奇；予以官視大卿，故俸給皆增於舊。」又云：「往時使閩者，例得茶三斤，予未嘗沾及也。」又《夜賦》一首：「窮賴三升酒。」自註：「郡中月給酒九斗，日恰得三升。」又《寄張季長書》：「近歲裁損濫恩，所謂十色錦者，所存無幾。」觀此，可見宋時祠祿之厚矣。

四年癸丑

五年甲寅，孝宗崩，光宗病不能執喪，皇子嘉王擴即位，是爲寧宗。**先生年七十**。

取舍東地一畝，種花數十株，名曰小園。

被命再領沖祐，有詩。又有《孝宗皇帝挽詩》。

寧宗慶元元年乙卯

二年丙辰，**先生年七十二**。

又拜再領祠官之命，有詩云：「悞恩四領幔亭秋。」

九月，作《呂居仁集序》，繫銜書「中大夫、提舉沖祐觀」，蓋中奉大夫進中大夫。自注：「張季賢書來，以大蓬見稱，以予寄禄官視昔秘書監也。」

三年丁巳，**先生年七十三**。

夫人王氏歿，年七十一。有子子虡，烏程丞；子龍，武康尉；餘子惔、子坦、子布、子聿。孫元敏、元禮、元簡、元用、元雅。曾孫阿喜。

按：《說郛》記先生初娶某氏，情好甚篤，以不得於姑，出去。後遇於沈氏園，殆不勝情。作詩有云：「傷心橋下春波綠，猶見驚鴻照影來。」後年老，再過沈園，猶有「此身行作稽山土，猶望遺蹤一泫然」之句。今夫人王氏，則前妻出後所再娶也。

是年，有《謝朱元晦寄紙被》詩。

四年戊午，**先生年七十四**。

祠祿滿，不敢復請。

是年有詩《聞金虜亂淮以北皆望王師之至》。是時金北方多警，傳聞於宋，開禧用兵之謀所由起也。

五年己未，**先生年七十五**。

乞致仕，有《五月七日拜致仕敕口號》。又

《述懷》詩：「四叨優老祿，十送故鄉春。」按：致仕後，尚有半俸之給。先生詩：「坐糜半俸猶多愧，月費公朝二萬錢。」以後繫銜，但書「中大夫致仕、山陰縣開國男、食邑三百戶」，而無「提舉沖祐」之稱，緣已罷祠祿也。

是歲朱子卒，先生有祭文，甚哀。

六年庚申，光宗崩。**先生年七十六。**

作《居室記》云：「舊食祠祿，秩滿，不敢請。又二年，遂請老。法當得祠祿，亦不敢言。」

尋賜龜紫，有詩紀恩。作《趙秘閣文集序》，繫銜書「中大夫、直華文閣致仕、賜紫金魚袋」。

嘉泰元年辛酉，先生年七十七。

子布自蜀中歸。

二年壬戌，先生年七十八。

有《食不足》詩。自註：「卿監致仕，當得分司祿，然須自請，今置之。頃有赦令，賜致仕者粟、帛、羊、酒，郡中亦格不行。」

會孝宗、光宗兩朝實錄及三朝史未就，詔起先生同修國史、實錄院同修撰，免奉朝請。本傳。

入都開局，皆有詩。尋又兼秘書監。自言三作史官，皆新開局也。

作《婺州稽古閣記》，繫銜書「中大夫、直華文閣、提舉佑神觀」。蓋起用後又畀祠祿。

有《自嘲》詩：「予仕宦幾五十年，歷崇道、玉局、沖祐，今又忝佑神之命。以修國史兼秘書監，居六官宅。」又有詩：「枉辱三華組。」自註：「國史、實錄及策府也。」

是歲，子虡赴金壇丞，子龍赴吉州掾，有

詩寄二子云：「大兒新作鶴林遊，仲子經年戍吉州。」

三年癸亥，先生年七十九。

四月，修史成，進御。是夕，宿道山堂之東直舍。陞寶謨閣待制，有《辭寶謨舉曾黯自代疏》。即上章致仕，不允，又上章固辭，乃授太中大夫，仍前寶謨閣待制、提舉江州太平興國宮。遂以五月初東歸。見文集。

受外祠敕，有詩。自記云：「壬戌六月十四日入都，癸亥五月十四日去國，中間有閏月，蓋相距正一年矣。」

已致仕，奉都省劄子「致仕官得薦舉」，乃舉臨安縣鞏豐、隨州教授王田、監南岳廟趙蕃。

按：致仕後《謝丞相啓》云：「致仕許歸，已荷乾坤之造；異恩及幼，更霑雨露之私。」蓋致仕恩例，又蔭一子也。

四年甲子，韓侂胄定議伐金。**先生年八十。**

以後皆家居。

有《聞虜亂》、《送辛幼安入都》等詩。

是歲，送子虡官吳門，送子坦官鹽官市征，送子修官於閩，皆有詩。子遹亦將赴官，以兄弟皆出，遂輟行。

周彥文遺畫工來寫先生像，先生自作贊。

開禧元年乙丑，先生年八十一。

鬬舍東隙地，插竹爲籬，名曰東籬，自作記。時方用兵，而先生年已老，故有詩云：「不須強預國家憂，亦莫妄陳帷幄籌。」「昔如埋劍常思出，今作閒雲不計程。」然尚有《出塞》四首，望王師之克捷也。

是歲，子龍自江西歸。

二年丙寅，吴曦反，以蜀地降金。郭倪復泗州，又攻宿州、唐州，皆敗歸。金人入寇。**先生年八十二。**

有詩云：「五處睽離父子情。」自註：「子虡調官行在，子龍阻風西陵，子修在閩，子坦在海昌，予與子布、子遹家居。」又有《力耕》詩云：「殘俸月無三萬錢。」自註：「子遹編予詩四十八卷，卷有百篇。」蓋即《劍南詩》四十卷後之四十五卷也。時已四十八卷，且開禧二年以後，尚有三年，又每卷有百篇，而今併爲四十五卷，每卷皆不及百篇，蓋子虡編刻時，又有刪併耳。

是歲，方用兵，故先生有《聞西師復華州》及《觀邸報》詩「上蔡臨淮奏捷頻」等句。

三年丁卯，安丙誅吳曦，復所獻金地。史彌遠誅韓侂胄。**先生年八十三。**

恩封渭南伯，食邑八百戶。子虡調官淮西，子龍官東陽丞，子坦調彭澤丞。

是年，作《李虡部詩集序》，繫銜書「太中大夫、寶謨閣待制致仕、渭南縣開國伯、食邑八百戶、賜紫金魚袋」。

陳伯予遣畫工來寫先生像，先生自作贊。

嘉定元年戊辰，和議成。**先生年八十四。**

有詩「傳家六兒子，其四今皓首」。自註：「大兒新年六十二，仲子六十，季亦近六十。」

是年二月以後，半俸亦不復請。

二年己巳，先生年八十五。

終於家。

是年有《自笑》一首。自註：「臘月五日，湯沐按摩幾半日，是早，第一牙脫去。」此後尚有詩七首。則先生之卒，在臘底也。然不詳何日。

徐夢莘年表

王德毅 編

據《大陸雜志》三一卷八期修訂

徐夢莘（一一二六—一二〇七），字商老，清江（今屬江西）人。紹興二十四年進士，授洪州新建尉，歷鬱林州、江陵府司户，教授南安軍。淳熙初以薦知湘陰縣，主管廣西轉運司文字，以議鹽法不合，改知賓州，旋罷歸閑居，以著述自娱。紹熙初薦授荆湖北路安撫司參議官，五年，撰成《三朝北盟會編》二百五十卷。慶元初致仕，二年詔録其書以進，特授直秘閣。開禧三年卒，年八十二。

夢莘仕宦幾五十年，居閑之日爲多，這爲他窮心力於著述創造了條件。所著《三朝北盟會編》是與李燾《續資治通鑑長編》、李心傳《建炎以來繫年要録》鼎足而三的編年體宋代史學巨著（鄧廣銘《影印三朝北盟會編序》），傾注其畢生心血。此外還著有《北盟集補》、《會録》、《讀書記志》、《集醫録》、《集仙後録》等，已佚。事蹟見樓鑰《直秘閣徐公墓誌銘》（《攻媿集》卷一〇八）、《宋史》卷四三八本傳。

本譜爲王德毅編，考述夢莘歷官著述及親屬、交遊事蹟，較爲簡明。並參照陳樂素《三朝北盟會編考》、《徐夢莘考》，又加補證，對徐夢莘撰著《會編》之事及清江徐氏史學，考證較多。兹據《大陸雜誌》（一九六五年十月）收録，對原版式標點略作調整，并訂正了個别誤字。

這幾年來，我的研究工作重心，都集中在南宋一代的諸史學家身上，曾先後發表《洪容齋先生年譜》、《李燾父子年譜》、《李秀巖先生年譜》等數家。而今乃草《徐夢莘年表》。他們都有不朽的著作流傳後世，在史學上發一異彩。而夢莘的《三朝北盟會編》，是一部外交專史，有血有淚。他生在靖康元年，從兒時就在兵荒馬亂的日子裏度過，所看到的是國勢的危殆，人民的流離失所，山河的破碎，和政治的不安，他嘗盡了在强敵壓境下所過的痛苦生活。於是激發出一股愛國的血誠，立志考究這一國難的始末。他有悲痛，有憤慨，這一些，都表現在《會編》裏。讀者請試一讀此書，便可知道他志趣之所在了。

關於《會編》的研究，陳樂素先生曾發表一篇《三朝北盟會編考》，刊於中央研究院《歷史語言研究所集刊》第六本第二、三份上。又撰有一篇《徐夢莘考》，發表在《國學季刊》第四卷三號上，都是很值得參考的。不過陳先生對夢莘一生的行事，考證仍嫌不够，所論述的清江徐氏的史學，還有待於詳爲補充的地方。本《年表》將負起這項任務。因此不揣譾劣，就現有的文獻，力爲搜求，譜成本表。夢莘著述，本多有與燾及心傳有相互發明之處，前於二李氏年譜中已有載述，可供參閱。幸希大雅君子，多多賜教。

宋欽宗靖康元年丙午，一歲。

夢莘生。

樓鑰撰《直祕閣徐公墓誌銘》說：「始公生於靖康之初元，歲在丙午。是冬，金人再犯闕，海內雲擾。」（《攻媿集》卷一一五）夢莘字商老，臨江軍清江縣人。曾祖用和，祖士穩，都未做官，父名世亨，累贈官至通議大夫，母楊氏，贈碩人（《墓誌銘》）。

案：明崇禎《清江縣志·夢莘傳》說：「徐夢莘字商老，其先開封人，父世亨，南渡守臨，有善政，以病卒於官，因家焉！」不知何所根據。然而夢莘之爲名，商老之爲字，似有懷念故國山河的意思，《清江縣志》的話，必定有所根據，姑且附在這裏，俟再詳考。

這一年，李燾十二歲，洪邁四歲，周必大一歲。范成大一歲。

高宗建炎元年丁未，二歲。

同年楊萬里生。

建炎三年己酉，四歲。

十月二十六日，金人自黃州渡江，取路寇略洪州。十一月十三日，金人攻陷臨江軍。

《墓誌銘》說：「建炎三年，寇躪江右，叛將大盜蜂起，公之生纔四年。母氏襁負走陂頭劉氏家，僅免於難。」

案：聚珍本《攻媿集·夢莘神道碑》稱：「建炎二年，寇躪江右。」陳樂素先生所寫的《徐夢莘考》，曾反覆求證爲建炎三年，德毅民國五十年在國立中央圖書館服務時，於北溝善本書庫得讀舊鈔本朱墨合校的《樓攻媿集》，其卷一一五有《直祕閣徐公墓誌銘》一文，就是建炎三年。足見善本的難得。參考本文附錄。

紹興二年壬子，七歲。

同年張孝祥生。

紹興五年乙卯，十歲。

夢華痛感靖康之禍的慘烈，既已省事，「自念生長兵間，欲得盡見事之本末。」（《墓誌銘》）

陳樂素先生說：「彼生之年值京師兩度爲敵國攻圍而陷，翌年並新舊兩帝被擄北遷不還，北宋因此遂亡。此不特宋人所不能遺忘之痛，亦漢民族史上最大耻辱之一。又況徐氏生當此年，其所感受自更深也。北宋既亡，南宋接興，而禍亂方熾，兩河既已非國有，長江下游相繼遭敵騎之蹂躪。徐氏甫四齡即身逢其難，幸爲母襁負南奔，得免於死。及長，漸知家難實隨國難而來，痛憤之回憶，遂導之爲事實之尋究。」（《三朝北盟會編考》）足見他早已立志要撰寫一部對金交涉的專書了。

紹興七年丁巳，十二歲。

友人樓鑰、陳傅良生。鑰，鄞縣人；傅良，瑞安人。

紹興十二年壬戌，十七歲。

表弟彭龜年生。龜年字子壽，清江縣人。夢華姨母的長子。

夢華「俊敏篤學，至忘饑渴寒暑，讀書過眼輒不忘。通貫經史百家，尤熟晉、宋、南北、五代時事。自熙、豐、元祐以來名公奏議及出處，大致無不該綜。作文皆有根據，用事精確。」（《墓誌銘》）

紹興二十四年甲戌，二十九歲。

正月，高宗派御史中丞魏師遜知貢舉，湯思退與鄭仲熊同知貢舉（《宋會要》選舉）。

三月，中張孝祥榜進士第。照例開始他的仕宦生活。初授左迪功郎、洪州新建縣尉，以父去世，沒有上任。

紹興二十五年乙亥，三十歲。

夢莘在家守喪。

十月，秦檜死。

陳樂素先生說：「徐氏早年之事蹟，除四歲外，《墓誌銘》無若何叙述。然以當時其所處之環境言，自初生至十六歲，即靖康元年（一一二六）京城之陷，至紹興十一年（一一四一）與金之議和，其間以不斷之外來壓迫與內部變亂，致形成變態的國家和社會。人民之所有甚至於生命悉無保障，而日處於恐怖與憤恨之情緒下。於是厭世思想、民族思想與政治思想同時產生。紹興十一年以後至二十五年（一一五五）秦檜之死，即徐氏十六歲至三十歲間，外來壓迫已如颶風之經短期間自然消滅，民族思想遂隨之如人之曾經注射興奮劑後藥力經相當時間漸次消失以至於無，乃復歸於萎頹不振。非戰派之高宗與秦檜乃內向以全力應付一切反動勢力與思想，以遂行其所主張之苟安的妥協主義。此時疲勞而得稍息之人民處於如斯情況之下，其思相遂轉趨徬徨不知所向。於是適合於中國民族性之溫情的復古主義乘時而興，所謂儒學是也。早年之徐氏適跨於此兩期間上，自然受此兩期間之思潮所薰染。其後半生之成《三朝北盟會編》，與南安建祠，湘陰興學，以至《家記》之載時祀禮式與所謂志義方之效之百不憂堂等，皆早年感受時代思潮之反應也。」（《徐夢莘考》）夢莘的以畢生精力從事《三朝北盟會編》的纂述，固然受民族思想的激發，但湘陰興學，并不是感受溫情的復古主義所致。因爲傳統的士大夫，出守地方，認爲興學是以德化人講求仁政的具體表現，所以陳樂素先生的分析，亦不足説明夢莘所受的時代影響。當南宋中興之初，士大夫高唱復仇，民族大義爲時代潮流所尚，自秦檜主和之後，這種思想受到壓制，士大夫鉗口不言復仇，乃轉而從事著作立言，激昂慷慨的詩文或史論，隨處可見。自秦檜死後，言論較爲自由。不久，宋金戰端又起，南宋士大夫恢復之聲又叫的更響亮了。

紹興二十七年丁丑，三十一歲。

夢莘服除，調鬱林州司戶參軍，上任不久，又因爲母親去世而歸鄉里。父母相繼亡，夢莘當然是相當悲痛的。

紹興二十九年己卯，三十三歲。

表弟彭龜年年十八，「薦于鄉，三預計偕」（《攻媿集》卷九六《彭公神道碑》）。

紹興三十年庚辰，三十四歲。

夢莘服除，任命爲江陵府司戶（《墓誌銘》）。

案：夢莘爲江陵府司戶，不詳年月，今因服除附之，待考。

紹興三十二年壬午，三十六歲。

六月，高宗內禪，孝宗即位。夢莘的長編就終止於此時。

這年，江陵府司戶任滿，陞左從政郎（《墓誌銘》）。

孝宗隆興元年癸未，三十七歲。

弟得之撰成《左氏國紀》三十卷。

《玉海》卷四〇：「《左氏國紀》三十卷，隆興初徐得之編。析諸國之事，每國各繫以年，疏其説於後。」陳傅良爲之序，內略稱：「自荀悅、袁宏以兩漢事編年爲書，謂之『左氏體』，蓋不知左氏於是始矣！昔夫子作《春秋》，博極天下之史矣，諸不在撥亂世反之正之科則不錄也。左氏獨有見於經，故採史記次第之。某國事若干，某事書某事不書，以發明聖人筆削之旨云爾，非直編年爲一書也。古者事言各有史，……自夫子始以編年作經，其筆削嚴矣！左氏亦始合事言與諸書之體依經作傳，附著年月下，苟不可以發明筆削之指則亦不錄也。……徐子所爲《左氏國紀》，曷可少哉！余讀《國紀》，周平桓之際，王室嘗有事於四方，其大若曲沃伯爲侯，詩人美焉！而經不著。師行非一役亦與王風刺詩合，而特書代鄭一事，王子頹之禍視帶爲甚，襄書而惠不書也。學者誠得《國紀》伏而讀之，因其類居而稽之經，某國事若干，某事書某事不書，較然明矣！於是致疑，疑而思，思則有得矣！徐子殆有功於左氏者也。余苦不多見書，然嘗見唐閔左氏史，與《國紀》略同，而無所論斷，今《國紀》有所論斷矣！余故不復贊，而道其有功於左氏者。」（《止齋先生文集》卷四十）蓋其自周以下各繫以國，又因事而爲之論斷，故陳傅良謂爲有功於左氏。

乾道四年戊子，四十二歲。

移知南安軍教授。

《墓誌銘》說：「南安官舍素在城外，請遷入以附校官，建雲漢閣以奉御書，立濂溪、二程先生祠于左，劉元城、張橫浦先生祠于右，自爲之序。參政龔公茂良時帥江西，讀而善之，以講筵官薦。」

案：《宋史》卷三八五《茂良傳》，謂

陳俊卿罷相，茂良除直顯謨閣、江西運判兼知隆興府。據《宋會要》選舉三四載，茂良出任江西轉運副使在乾道六年五月十五日，知夢莘之立濂溪、二程祠及茂良之薦爲講官，皆應在六年。今爲叙事方便計，特繫於是年。

乾道五年己丑，四十三歲。

夢莘表弟彭龜年舉進士第，授左迪功郎、袁州宜春縣尉。

在南安軍教授任。

乾道八年壬辰，四十六歲。

友人陳傅良中進士甲科，風采傾動朝野，授泰州州學教授（《止齋集》附録《陳公行狀》）。

十二月，劉珙除荆湖南路安撫使兼知潭州（《朱文公集》卷九四《劉樞密墓記》）。

淳熙元年甲午，四十八歲。

十一月，龔茂良自禮部侍郎兼權吏部尚書除參知政事（《宋史·宰輔表四》）。

夢莘以舉者薦，改宣教郎、知潭州湘陰縣。《墓誌銘》説：「湘陰並湖少田多盜，帥（即劉珙）括盜耕湖田者悉輸租，號增耕税。他邑或移別賦應命，公恐重困吾民，謂邑無新田，税無從出。帥盛怒，移湘潭丞。仍捃摭邑事，無可疵瑕者，卒免于行，更加禮焉！增葺學宫，嚴設祠像，祭器書籍，以次而舉，選士主之，湘陰于是始興于學矣！」夢莘的注意地方教育如此。

案：陳樂素先生説：「《墓誌銘》謂『乾道四年外移南安軍教授，以舉主改知湘陰縣，次授廣南西路轉運司主管文字。』其間似連續未嘗間斷者。若然，則任南安軍教授及知湘陰縣當在四十三歲至五十五、六歲之十三、四年間，兩職平均各任六、七年。」所言很有道理，所以繫在本年。

淳熙七年庚子，五十五歲。

是歲，除授廣南西路轉運司主管文字，賜緋衣銀魚。

案：據《神道碑》，先生於慶元六年（一二〇〇）賜紫衣金魚，又據《宋史》一七〇《職官志》云：「升朝官該恩著録二十週年賜緋魚袋，着緋及二十週年賜紫金魚袋。」從慶元六年上推二十週年應爲是年，此説爲陳樂素先生道及，今從之。

淳熙八年辛丑，五十六歲。

初秋，遊彈子巖。《粵西金石略》卷九云：

「淳熙辛丑立秋後一日，括蒼梁次張拉清江徐商老，浚儀邢之美，延平張子眞，柯山李伯寅來遊，當暑而寒，劇飲不醉。」次張即梁安世，不詳其籍貫仕歷。

八月中旬，夢莘與江西鄉人同仕於廣右者李蹊成淑、郭有憑充誠、潘脩文叔、李石藴玉、王璪季文、張垣明仲、蔡詵子羽、陳公瑑師宋、魏沐熏父、王思詠詠之、孟浩養直等十二人講鄉會於湘南樓，過彈子巖題名。有詩云：「五儕生江南，遠近且臨鄉。一官皆爲貧，糊口走四方。遇合良獨難，動如參與商。誰知自有時，朋盍聚炎荒。外臺參計劃，幕府佐紀綱。出宰得壯縣，司教蒞郡庠。曹掾勝三語，簿領直仇香。不止似人喜，頓覺吾輩張。合座尊序齒，避席敬行觴。巖洞縱登覽，杖履陪徜徉。棋矢以相娛，嘯歌情意長。舉酒起祝覞，愛我藥石良。古人尙植立，君子道其常。平生學忠孝，餘力從文章。

臨節不可奪，當官有何強？窮乃見節義，老當志彌剛。鴻鵠在寥廓，騏驥終騰驤。願言各勉旃，事業要輝光。他日光上道，富貴無相忘。」（《桂勝》卷二）

淳熙九年壬寅，五十七歲。

二月，詔詳議兩廣鹽法。先是，八年二月臣僚有奏：「廣西高、雷、廉、化、欽州諸郡，人煙蕭條，亭戶煎（鹽）輸官，已極困悴，又斂其就買官鹽，以充日食，遂至逃亡。」至是詔問：「兩廣鹽法紹興間如何施行，每歲收支若干，後來緣何變法？收支之數，視向來有無增損，民間便與不便者何事？今欲民力裕而用度足，可遣浙西安撫司幹辦公事胡庭直遍詣兩路訪問利害，與帥、漕、提舉諸司詳議，各具本末以聞。」（《宋會要輯稿》食貨二八）集議之始，夢莘曾與其事。《墓誌銘》說：

「朝廷議更二廣鹽法，遣浙西安撫司幹官胡廷直銜命與二漕臣集議境上，西漕王公正己以公審知利害，邀至蒼梧會所。公謂：『二廣事體不同，使者徒見東路郡多瀕江，可通客販，固已非是。若西路多山郡，近江者少，道阻運艱，客販不通，價必騰踴，郡計不給，重爲民害。郡有兵吏可役，民不告勞，若止循官般舊法，初無抑配等弊，公私俱便，可以經久。』衆不能奪，胡亦是之，議定而去。將入奏，爲主者所訹，畏罪希進，盡變其說，擢爲東路提舉，旋升西漕。」《宋會要》食貨二八云：「廣西運判兼提舉鹽事王正己，廣東提鹽林枅，浙西撫幹胡庭直奏到廣西所行官般官賣，誠爲民害，若兩路改作通行客鈔，誠爲利便。」於是詔廣西轉運司自淳熙十年四月一日爲始，住罷官般官賣，依舊通行客鈔。

十二月二十一日，胡庭直除提舉廣東茶鹽，同措置廣西鹽事。

樓鑰撰《王正己墓誌銘》稱：「除廣南西路轉運判官，議臣請行客販鈔鹽，薦浙西帥屬胡庭直至二廣議可否。公首貽書於胡，又奏其事。胡還朝，盡變前說，議臣亦駁公所陳，金字牌踵至，必欲施行。公不爲屈，復辯析其苦。大略謂：『西路官賣誠非鹽法之善，然科折有弊，尚可禁止。若客鈔有虧，無法可救，漕計立見空匱。諸郡趨辦，勢必不勝弊而又變矣！臣去替不遠，計任內決可支吾。豈以利害不及身，遂爲詭隨以欺陛下。』移公漕湖南。而議臣帥桂林，以庭直代公，且領鹽事，行其說。」（《攻媿集》卷九九）此所指議臣，即詹儀之。

淳熙十年癸卯，五十八歲。

四月十六日，孝宗以詹儀之陳奏二廣鹽法利害，深知民瘼，除集英殿修撰、知靜江府（《朝野雜記》乙集卷一六「廣西鹽法」）。

是歲，夢華以議與胡庭直不合，諸司辟改知賓州。未幾，以朝散大夫致仕。

《墓誌銘》說：「侍郎詹公儀之出鎮桂林，共行客販之策，慮公或以賓州奏事，必撼成說。武憲熊飛素不快於公，二人從而惎之，熊上悔舉之章，公遂罷。」仍以夢華主管建寧府武夷山沖佑觀，及華州雲臺觀。

案：客鈔之法，首倡之於詹儀之，由胡庭直條具其法，詔吏部尚書鄭丙與給事中施師點、中書舍人宇文价、葛邲，中書門下檢正王信，左司郎中陳居仁，右司郎中謝師稷、右司員外郎王公袞等同議定（《宋會要》食貨二八）。庭直的遷提舉廣西鹽事，亦爲詹氏主張。夢莘與王正己意見相同，王既因此而去，夢莘且爲其屬，在勢所不容留，故辟知賓州。及詹儀之帥廣西（案：儀之到任在本年季秋），爲政策上實行的便利計，遂以故請罷之。計夢莘在賓州任，爲時極短，所以《墓誌銘》說：「到郡遭罷。」其罷計亦當在秋後。

淳熙十一年甲辰，五十九歲。

是歲，夢莘弟得之、姪鈞同中進士第。得之爲部使者，鈞授爲攸縣主簿（《宋史·得之傳》及《清江縣志》）。

淳熙十三年丙午，六十一歲。

是歲，夫人鄢氏卒。

案：《墓誌銘》說：「歸而悼亡，連喪子女，宦情愈泊然矣。」又說：「娶豐城鄢氏，先公二十一年卒。」夢莘卒於開禧三年，上推二十一年，應爲是年。

淳熙十五年戊申，六十三歲。

九月二十一日，以應孟明知靜江府兼廣西經略安撫使。廣西極邊屯兵，所支衣糧，皆取辦於鹽，自罷官般改客鈔，軍食遂絕。五六年間，州縣率以鈔抑售於民，其爲害尤甚於官般之日，民甚苦之。侍御史胡晉臣論「廣西鹽鈔爲民深害，皆由詹儀之附下罔上，文過遂非，固位患失」，遂以孟明代之（《朝野雜記》乙集十六）。孝宗手詔給孟明說：「朕聞廣西鹽法利害相半，卿到任自可詳究事實。」孟明到官，首奏「本路見今以鈔鹽抑勒民戶，流毒一方，且都鹽司不支本錢，鹽丁散走，人戶多有請鈔而未得鹽者，……亦有己業既盡借荒田砧基以充要約者。不若復舊法，令漕司官般官賣，以解仇怨。」（同上）是皆夢莘不幸而言中，其有先見之明如此。故《墓誌銘》說：「不三年，二廣之害果如公言。民食貴鹽，富商至破產喪生。胡憂懼至死，詹亦得罪。復行舊法。……周益公（必大）當軸，謂公前謾未直，公答以『事久自明，不待辨也』。」其寬宏大度又如此。

案：《朝野雜記》所載事之年月與《會要》頗多不合，今全以《會要》爲據。

光宗紹熙元年庚戌，六十五歲。

夢莘數年閒居，以著述自娛。是歲，以同年楊萬里竭力推薦，被任爲荊湖北路安撫司參議官。

案：《墓誌銘》說：「楊誠齋挽使造朝，薦進甚力，廟堂將處內郡，止求議幕。」今《誠齋集》內，不載薦夢莘章奏，想楊長孺編乃父文集未收入。至於夢莘爲何「止求議幕」，陳樂素認爲夢莘編輯《三朝北盟會編》已近尾聲，爲繼續撰述之便利計，故不願就繁重之職務。此說亦未必盡然，案參議官并非閒職，帥臣有闕，往往代攝安撫司職事，其職責尤重大。惟夢莘本無意於仕進，理民亦非所長，平生僅知湘陰縣一任，知賓州只有一兩月，但數度任幕職，爲時日蓋已久，荊湖北路安撫司治江陵，爲其舊任地，於人文較熟悉，對其服務地方不爲無助。閒公事餘，收拾舊稿，既可以了結心願，亦可以調劑精神，《會編》之能在三五年內完成，其因素在此。

紹熙三年壬子，六十七歲。

十一月十四日，荊湖北路安撫使兼知江陵

府章森卒於任所，朝議以王藺繼任（《南宋制撫年表》）。

紹熙五年甲寅，六十九歲。

七月，光宗內禪，寧宗即位。是秋，王藺自知江陵府改帥湖南、知常德府，袁樞自知常德府擢右文殿修撰、知江陵府，二人蓋互調。《墓誌銘》說：「荊帥王公藺移鎮長沙，以公可任帥事，申省委公，經時而侍郎袁公樞始來，知公止請上幕俸給，盡以三月帥俸歸之，又力辭，尤嘆其廉。」樞之到任當在十月初。

十月廿七日，袁樞放罷。以臣僚言其「狠愎自用，貪虐不恤，立朝治郡，俱無足稱」，故有是命。

十二月八日，《三朝北盟會編》成，自爲序說：「靖康之禍，古未有也！夷狄爲中國患久矣，昔在虞周，猶不免有苗玁狁之征，漢唐以來，如冒頓之圍平城，狒貍之臨瓜步，頡利之盟渭上，此其盛者。又其盛，則屠各陷洛，耶律入汴而已！是皆乘草昧凌遲之時，未聞以全治盛際遭此其易且酷也。揆厥造端，誤國首惡，罪有在矣！迨至臨難，無不恨焉！當其兩河長驅而來，使有以死捍敵，青城變議之日，使有以死拒命，尚可挫其凶焰而折其姦鋒，惜乎仗節死義之士僅有一二，而偷生嗜利之徒，俯首承順惟恐其後，文吏武將望風降走，比比皆是。使彼公肆凌籍，知無人焉故也。尚忍言之哉！縉紳草茅傷時感事，忠憤所激，據所聞見，筆而爲記錄者無慮數百家。然各說有同異，事有疑信，深懼日月寖久，是非混淆，臣子大節，邪正莫辨，一介忠款，湮沒不傳。於是取諸家所說及詔敕制誥、書疏奏議、記傳、行實、碑誌、文集、雜著，事涉北盟者，悉取詮次。起政和七年登州航海通虜之初，終紹興三十二年逆亮犯淮敗盟之日，繫以日月，以政、宣爲上帙，靖康爲中帙，建炎、紹興爲下帙。總名曰《三朝北盟會編》，盡四十有六年，分二百五十卷。其辭則因元本之舊，其事則集諸家之説，不敢私爲去取，不敢妄立褒貶，參考折衷，其實自見。使忠臣義士亂臣賊子善惡之迹，萬世之下不得而掩沒也。自成一家之書，以補史官之闕，此《會編》之本志也。若夫事不主此，皆在所略，嗣有所得，續書於後。如洪內翰《國史》、李侍郎燾《長編》並《四繫錄》，已上太史氏，茲不重錄云。」題銜稱朝散大夫、充荆湖北路安撫司參議官、賜緋魚袋。夢莘自念生長兵間，欲得盡見事之本末，游宦四方，收集野史和其他官私文書多至二百餘家。此書之可貴處，即在引用材料豐富，而能保存其本來面目。要爲研究宋遼金三朝外交與軍事所不可不讀之書。

案：《北盟會編》一書乃夢莘一生心力之所聚匯，凡關本書的內容，流傳版本、引用書目和材料來源，陳樂素撰之《三朝北盟會編考》言之甚詳，茲不重贅。

是月，姨母弟吏部侍郎彭龜年因疏論韓侂胄落職與郡，除煥章閣待制、荆湖北路安撫使兼知江陵府。夢莘聞之，乃上乞致仕之章，蓋以明年將七十，法當致仕之故。

寧宗慶元元年乙卯，七十歲。

暮春，乞致仕之命下，即日東歸故里。自

是即在鄉養老，未再出仕。彭龜年送以詩。序云：「甲寅之冬，上命某守荆州，某以公在幕府，欲固辭。或曰：『法不可也。』既辭不獲命，則僕僕而西。已而公與某書曰：『已上祠請矣。』慚不可忍。某到荆兩月，公祠命下，即日揚舲而東，中懷慘然，敬賦五絶，以寫兄弟之情，恨不工也。目而斥之，爲幸已甚！」詩云：「平生兄弟間，聚少散亦多。欲作對牀夢，奈此往復何？」「法許公不許，法不如公嚴。公不爲我留，寧避世俗嫌。」「我歸不能休，公去不可挽。依依原隰間，相對意無限。」「嘗覘金匱書，遺逸窮冥搜。肯令太史氏，挽作周南留。」「離離鴻雁行，漠漠鱸蓴秋。誰獨無此情，何以寫我憂！」（《止堂集》卷一八）夢莘的以清高自律及無意仕進，於此亦可見之。

案：《止堂集》卷十《清江道院詩序》說：「慶元初元春正月，余守荆渚，道歸清江。」是龜年雖受命在去年十二月，而動身赴任則在本年正月，其抵達任所最早也在正月底。到任兩月。夢莘的祠命下，乃買棹東歸，其時當在暮春或初夏。時已官至朝散大夫。

慶元二年丙辰，七十一歲。

是歲，夢莘除直祕閣，蓋屬異恩。

《墓誌銘》說：「史官方修《高宗皇帝實錄》，修撰楊公輔率同僚十人奏乞取公所編之書，仍下臨江軍給筆札抄錄以進。十一月，史官又奏其書有補於史筆爲多，乃薦公之賢，大略云：『廉靜樂道，好學不衰。』……又奏所編書目有百餘家，館所未備，復命錄其全書。諸公欲相挽一出，與同筆削，有論公者，答曰：『此書本不爲進身計。』力辭之。」其淡於榮進，又一證明。

案：史官楊輔等十一人奏取《會編》，《墓誌銘》不詳其人，據《中興館閣續錄》載，是年供職實錄院的有吏部尙書兼實錄院修撰葉翥，翰林學士兼修撰傅伯壽，權吏部侍郎兼實錄院同修撰應孟明，權禮部侍郎楊輔，戶部侍郎劉穎，祕書郎兼實錄院陳宗召，著作佐郎李壁，祕書省正字陳峴，祕書少監宋之瑞，著作佐郎余復，國子司業高文虎、考功郎中黃唐等十餘人，內中當有數人爲薦《會編》者。

慶元三年丁巳，七十二歲。

二月五日，實錄院修撰傅伯壽撰進《高宗實錄》二百八十卷，修止於紹興十六年。

案：《宋會要》職官一八載：「慶元元年正月十一日臣僚言：『竊惟《高宗實錄》開院已及七年，功緒悠悠，汗青無日。……自淳熙十五年肇端刊緝，至今已踰六年，脩撰、檢討官共計三十一員，而所修者僅及八九年爾！』」又言最大節目倍費考詳者，如「南京即位，揚州渡江，復辟之功，親征之舉，與夫僞楚僞齊，……隆佑過江西，車駕幸明浙，收復河南，奉迎梓宮，和戰議論之異同，治軍理財之本末。」皆在炎興之初，都待考詳，夢莘《會編》的薦進，對此貢獻很大。當時詔在一年半內完成，果能如期奏篇。實夢莘《會編》有以助成之。

慶元五年己未，七十四歲。

是歲，創儒榮堂。

《墓誌銘》說：「所居闢一堂，取祠命褒語，扁曰『儒榮』。樞密劉公德秀爲之記，待制楊公萬里爲之銘，少傅周公必大、端明洪公邁而下賦詩者數百篇，遠近流傳，而公之名益顯也。」德秀豐城人，萬里吉水人，必大廬陵人，邁鄱陽人，俱屬江西同鄉。另外尚有程珌，休寧人；樓鑰，鄞縣人，都有賦詩。

周必大《平園續稿》卷二《徐商老（夢莘）參議直閣，進書登瀛，創儒榮堂，來索鄙句，許示奏稿寄題》詩云：「三孔三劉歲月賒，後來儒術數君家。五枝舊折燕山桂，八月新乘海上槎。方履圓冠無愧怍，西崑東觀有光華。牙籤縱許窺青簡，銀海何堪眩黑花！」

案：此詩繫年月爲「己未三月五日」，知夢莘的創儒榮堂，最晚當在是年春。

樓鑰《攻媿集》卷四《寄題臨江徐祕閣儒榮堂》詩云：「滄水海豹來京畿，緊裙堯舜深惡之。元祐政和能幾時，女眞航海南乞師。以燕伐燕夷攻夷，吾國何爲潛與期？島夷日張耶律卑，城門失火殃魚池。督亢雖入空無貲，免夫賦及東南垂。廟謨顛倒幾逆施，中原丘墟責誰尸。高皇匹馬興漁灘，南巡國步尤阽危。神旌北指虜屢隳，天雖悔禍庭未犁。兩邦交聘玉節馳，廿年不見紅旌旗。狂胡窮凶不自知，意欲投箠凌江湄。安知送死蕪城西，倒戈勢如蟻潰隄。三年拜賜無能爲，再尋和議平創痍。中間紀載紛是非，顛末不備多懷私。痛定泣血作者誰？僉言亂華疑傳疑。徐君憂世老不衰，會粹衆作無棼絲。東觀直筆多所資，蓬萊漢閣生光輝。儒榮名堂本訓辭，大書流詠見豐碑。我昔假吏陪琬圭，故宮禾黍傷離離。洪河大山望而悲，壯士無數胡馬肥，謂國有人何至斯！此心耿耿淚自揮，年運而往不可追。因君來覓儒榮詩，感觸義概矢以詞。無由縱覽讀書帷，願得版行用激臣子無窮思。」

案：《墓誌銘》說：「始鑰屏居四明，得子壽書，俾爲儒榮堂賦詩，時雖抱疴，爲作古風寄之。」則《攻媿集》內不應無此詩。但聚珍本《攻媿集》不載，中央圖書館藏舊鈔本卷四卻俱載此詩，當是乾隆修《四庫全書》時爲館臣所刪去。

程珌《洺水集》卷二三《祕閣儒榮堂》詩云：「天狼騰騰照單于，怒覇抗嶽于上都。松漠城高沙萬里，其下穹廬育此胡。皇仁配天覆中寓，西垂北際杳無區。七十年來軍事絕，謀臣猛將皆丘墟。兜鍪摧剝士氣蝕，塞馬不鳴秋草枯。祈連山下安穩臥，歲將金帛自膏腴。文儒申申武士墮，先生奮臂一長吁。當時顛末誰能記，家有中原孤臣書。吮血爲墨膚爲紙，驚風吹到玉堦除。誠通精寤動乙覽，天經地緯開廟謨。手援神矛截河漢，中天眞人正握符。蛇龍螭虎雜萬騎，庸蜀荆楚從吳車。皇旅如雷鐵嶂碎，汴水泫泫汴風嘘。尺檄夜傳三泰定，侵田歸魯在須臾。向來孽霧漲此極，羲和一旦晴光舒。頓紘提綱無虧闕，澶漫萬里宣皇圖。怖威報德永無畔，施令酬功偏裨俱。上下兩間皆叶序，天賜皇壽天齊驅。炎精亦曜暢大鈞，天祐皇業卑唐虞。金石並奏告清廟，圓壇紫氣靄堪輿。丹門宣赦傳天下，百萬頌聲流康衢。此時此書方策勳，先生憂國榮有餘。」甚爲推崇。楊萬里撰《儒榮堂銘》，今傳本《誠齋集》中不載，惟卷一〇七內卻有《答參議尺牘》一封，有云：「恭惟致政參議直閣年丈，高蹈物表，獨樂事外，天棐名勝，台候動止萬福。某老病日侵，摧隤已甚，所謂『祇見有不如，不見有所超』者，退之此詩，似端爲儂發也。年丈宦簿年齡尙能記憶，當未及古稀之數，恭聞掛冠神虎，懸車里門，無乃太蚤！儒榮之堂，干青霄而直上，絲綸之誥，揭雲漢而不飾，斐然之詩，何異蟋蟀之鳴，蟲飛之聲，授簡所臨，不容九頓首而辭避。已犯不韙，茲蒙伐石深刻，架軸裝潢，不日以玉櫝而衷燕石，以繡段而藉魚目乎？寄似碑本，榮不蓋媿也。」由是知萬里已爲夢莘撰就《儒榮堂銘》，並刻諸石，獨惜集中不載，不然，將有助於我們瞭解夢莘晚年創儒榮堂的經過和目的，這是他晚年的一件大事。

慶元六年庚申，七十五歲。

是歲，夢莘長姪筠出宰分寧。

周必大《平園續稿》卷一九《分寧縣山谷祠堂記》云：「嘉泰元年秋，奉議郎臨江徐筠孟堅宰分寧期年矣，專以儒術飾吏事，每詣教官，必進諸生以學術。」

案：筠曾通判潭州，峒寇起，筠城守嚴備，寇不敢犯（《清江縣志·名宦》）。是筠頗有吏才，其後知全州，上裕民五事，乞免本州和糴，皆從之。衛涇曾上書推薦，乞賜甄擢，有云：「竊見朝請郎、權知全州軍州事徐筠，學古好修，謹身率下，不事表暴，力行撫摩，刑役清平，田里安帖，餘事著書，有補後學。又能崇敎化以厚風俗，築城壁以固籓籬，其他善政不一而足。……若蒙朝廷特賜甄擢，決不上孤使命。」筠的才幹，久爲人所賞識，殆無疑議。

嘉泰元年辛酉，七十六歲。

夢莘二姪天麟著《漢兵本末》一卷。是歲二月十五日周必大爲之序，略云：「臨江自三劉有功漢史，其學盛行。今徐筠孟堅既爲《漢官考》四卷，季天麟仲祥又惜司馬遷、班固不爲兵志，於是究極本末，類成一書，注以史氏本文，具有條理。凡中外諸軍，若將帥之名，與夫賞功罰罪，繇戍簡稽，兵器馬政，參互討論，略無遺者。」（《平園續稿》卷一四）

案：筠著《漢官考》四卷，陳振孫謂爲六卷，「以百官表官制爲主，而紀傳及注家所載皆輯而錄之。」（《書錄解題》卷六）西漢二百年品秩爵列位號名數，自三公而下至於筦庫，釐爲十九門，總一百四十九條（晁氏《附志》），是亦有功於漢史者。

開禧元年乙丑，八十歲。

春，天麟舉進士甲科第，爲撫州州學敎授。

是歲，親黨爲賀八十壽慶，「宴笑數日乃罷，中嬰小疾，精明如故，猶能課諸孫誦習」（《墓誌銘》）。

開禧二年丙寅，八十一歲。

三月二十三日，表弟彭龜年卒於家，年六十五。

樓鑰撰《彭公神道碑》，稱龜年「性質剛方，學識正大，而議論尤爲簡嚴勁直。善惡是非，務盡道理，義所當爲，白刃可蹈。正色立朝，其愛君憂世之誠，先見之識，敢言之氣，皆人所難及。」（《攻媿集》卷九六）其推重如此！

開禧三年丁卯，八十二歲。

八月二十一日，夢莘卒於家。

《墓誌銘》說：「三年八月浴出，瞑目危坐而化，二十有一日也。」又說：「年雖已老，手不釋卷，有《讀書記志》、《集醫錄》、《集仙後錄》各三冊，《會錄》四冊，皆以『儒榮』冠其首，家有萬書閣，籤帙甚整，能視細字如年少時。事親盡孝，祭器封鐍惟謹，有《家記》一篇載時祀禮式。又揭百不憂堂，以志義方之效。閣前亂石森立，石間多紅薇花，若張錦然，號『紫微洞天』。勝日深衣坐閣下，二鶴翔舞於前，殆神仙中人也。」所著除《北盟會編》外，尚有《北盟集補》五十卷。

夫人豐城鄒氏。子簡，從事郎，新邵州新化縣令。範，迪功郎，新袁州司理參軍。籥，進士。

弟得之，字思叔，官至通直郎，致仕。安貧樂分，不貪不躁。著有《春秋左氏國紀》二十卷、《史記年紀》、《靜安作具》、《敝篋筆略》、《鼓吹詞》二卷。

姪筠，《宋史》無，然亦嗜史學，實受夢莘影響。陳振孫謂：「其家長於史學。」所著除《漢官攷》外，尚有《修水志》十卷、《周禮微言》十卷、《姓氏源流攷》七十八卷。《周禮微言》十卷。《玉海》卷三九引《中興館閣續書目》說：「徐筠學《周官》於陳傅良，記所口授，而成《周禮微言》十卷。自謂聞於傅良曰：《周禮》綱領有三，養君德，正綱紀，均國勢。鄭氏注誤有三：《王制》，漢儒之書，今以釋《周禮》，其誤一也。《司馬法》，兵制也，今以證田制，其誤二也。漢官制皆襲秦，今以漢官比周官，其誤三也。」

天麟字仲祥。歷官湖廣總領所幹辦公事、臨安府教授、湖西提舉常平司幹官、主管禮兵部架閣文字、宗學諭、武學博士，通判惠、潭二州，權英德府，權發遣廣西轉運判官。所到任處，無不興學明教，著有惠政。其著述很多：㈠《三表說》，曹彥約跋云：「徐孟堅得諸父之傳，又師友四方善士，邃於經學，作《周禮微言》，發明聖人之意，不爲略矣！獨於大司馬三表之說猶有遺論，仲祥補而輯之，前無前輩，後無後來，然後知學問義理靡有窮極，愈用力則愈光明。古人以有賢父兄爲樂，以有賢子弟爲幸，以兄弟俱賢爲難，良有以也。漢鄭氏世守舊典，不襲故常，釋《太宰》『政役比居』一節，或以爲政役之政，或以爲征賦之政。……康成一意經術，正平持論，非如劉歆悖亂以《春秋》爲壟斷者也。程明道設教西洛，至伊川而大備，胡文定垂憲南方，至五峰而益廣，本朝儒學之盛，父子兄弟之懿，豈特漢二鄭專門之謂哉！既以爲仲祥喜，復以爲仲祥勸。」（《昌谷集》卷一七）㈡《西漢會要》七十卷，樓鑰序之，云：「臨江徐氏以儒名家。始余讀思叔《左氏國紀》，故中書舍人陳公君舉爲之序，固已甚重其書。後見貳卿彭公子壽爲其表兄祕閣商老求《儒榮堂》詩，始知其編《北盟錄》甚富，史官奏其有益於史筆，遂膺延閣之寵，尋傳其書，知其爲思叔之兄，伯仲皆以詩書發身，晚皆掛冠家居，爲鄉里標表。已而思叔長子孟堅著《漢官攷》，次子仲祥又倣《唐會要》之體，爲《西漢會要》一書，疏爲七十卷，目錄二卷，總爲十五門，分三百六十有七事。嘉定四年表進，仲冬丁卯有旨付尚書省，藏之祕閣。是昆仲父子間四書俱行于時，俱有益于世用。……三代之餘，治效近古，莫如西京，典章文物，立法定制，不惟輝煥周密，其言語亦皆雅馴，非後世可及，然而散于紀傳表志之間，讀者未易識其倫緒。仲祥究心于此二十餘年，無一事不錄，無一語無據，條列臚分，秩然有叙，開卷一閲，而二百餘年之事歷歷在目。其體專以班氏爲主，又旁取荀悅諸書，參攷異同。……士大夫之好古者無不欲錄而藏之。……余旣書儒榮之堂，又銘祕閣之墓，思叔致書又以此爲屬，爲著其大略，惟老憊不能盡纂述之詳爲有媿云。」（《攻媿集》卷五三）《四庫提要》稱「是書仿《唐會要》之體，取《漢書》所載制度典章見於紀志表傳者，以類相從，分門編載，其無可隸者，亦依蘇冕舊例，以雜錄附之，凡分十有五門，共三百六十七事。……班固書最稱博贍，於一代禮樂刑政悉綜括其大端，而理密文繁，驟難得其體要，天麟爲之區分別白，經緯本末，一一犂然，其詮次極爲精審。惟所採祇據本史，故於漢制之見於他書者概不採掇，未免失之於隘。……然其貫串詳洽實未有能過之者。昔人稱顏師古爲《漢書》功臣，若天麟者固亦無媿斯目矣！」（卷八一）

㊂《東漢會要》四十卷，自序說：「臣

頃於嘉定四年九月表進臣所編《西漢會要》七十卷……乃十一月丁卯有旨付尙書省，藏之祕閣。……當時三館之士被命看詳，間謂臣言，兩漢治效，上軋殷周，制度文物，炳耀靑史，今詳於西劉而略於東都，豈不猶爲缺典。……迺因公退之暇，繙閱范史，旁貫諸書，復加裒次，成《東漢會要》四十卷。竊惟炎運中興，禮樂庶事視西都爲加詳，建官置兵以節約而鄉簡，雖建武改制，事歸臺閣，中世失權，政移戚宦，然猶足以綿延二百年之祚，此隆於高文武宣者，以綱紀法度猶有可以憑藉扶持者也。自蔡邕作《十意》，補續前志，其文旣已湮沒，范氏亦欲遍作諸志，依準前書，然徒懷著述，莫究孱功。范又嘗以十志託於謝儼，搜撰垂畢，值范傾敗，委棄弗存。其後劉昭因范遺緒，以注補之，今八志所述，綱目粗備，然食貨、兵、刑、學校、選舉之類，皆缺弗著，學者病焉。臣不量疏謬，復茲編綴，以補一朝之典。……凡八者已詳者，今特撮其綱要，志所未備者則詳著本末，又間以己見爲之論述。」此書曾於寶慶二年六月二十二日表進。《四庫提要》說：「其體例皆與前書相合，所列亦十五門，分三百八十四事。惟《西漢會要》不加論斷，而此書則間附以案語及雜引他人論說，蓋亦用蘇冕《駁議》之例也。東漢自光武中興，明章嗣軌，皆汲汲以修舉廢墜爲事，典章文物視西京爲盛，而當時載筆之士如《東觀紀》及華嶠、司馬彪、袁宏之類遺編斷簡，亦間有留傳，他若《漢官儀》、《漢雜事》、《漢舊儀》諸書，爲傳注所徵引者，亦頗犂然可攷，故東漢一代故事，較西漢差爲詳備。天麟據范書爲本，而旁貫諸家，悉加裒次，其分門區目，排比整齊，實深有裨於攷證。中間如獻帝子濟陰王熙，山陽王懿……既以封建立國，自當著之帝系皇子條下，以表其實，乃因范書無傳，遂削而不書，未免闕漏。又天麟自序中稱劉昭因范氏遺緒詳補八志，而不知其爲司馬彪《續漢書志》，實非《漢書》，晁公武已譏之，則亦偶然失檢。然其大體詳密，即稍有踳駁，固不足以爲累也。」（卷八一）㊃《漢兵本末》一卷，見前。㊄《西漢地理疏》六卷。㊅《山經》三十卷。今存惟東西《漢會要》而已。

嘉定元年戊辰，卒後一年。

十一月，子簡等葬夢莘于清江縣修德鄉古牛岡之原，弟得之爲狀其行，樓鑰銘其墓。樓氏說：「始鑰屏居四明，得子壽書，俾爲儒榮堂賦詩，時雖抱疴，爲作古風寄之。已而子壽與公俱以書來謝。比聞子壽之訃，固已不堪云亡之痛，而公亦下世矣！公既葬之二年，簡以赴調來見，謂前詩恨未見《北盟》全書，盡錄以見遺，又出其季父致政所作行狀求銘。……銘曰：『靖康虜禍，古所未有，凡曰臣子，痛心疾首。公生初元，以及己酉，犬羊長驅，薦食江右。幼而得全，實賴襁負，少長讀書，志已不苟。宦遊四方，諮訪尋究，網羅舊聞，編不停手。二百餘家，筆下輻湊，……有制有書，有疏有奏，衆說雜言，攷證是否。……儒榮名堂，足以不朽，才不盡用，仕多不偶。』」（《墓誌銘》）一生大節，皆在於此。

附録

跋陳樂素《徐夢莘攷》

德毅手録陳先生撰《徐夢莘攷》甫畢，因檢閲中央圖書館藏舊鈔本朱墨合校樓鑰《攻媿集》，其卷一一五有《直祕閣徐公墓誌銘》一文，稱：「慶元二年有旨，朝散大夫徐夢莘除直祕閣，蓋異恩也。」始公生於靖康之初元，歲在丙午，是冬金人再犯闕，海内雲擾。建炎三年，虜躪江右，叛將大盜蜂起，公之生才四年，是陳氏所反覆攷證以求得者，乃得此佳本而證實之，豈非快事，苟陳氏得睹此佳本，當不致浪費若許之筆墨也。又「諸公欲相挽口出，與同筆削」一語，陳氏稱「『挽』下一字未明」，此本作「相挽一出」，已補其缺。「自熙豐元裕以來」一語，此本作「自熙豐元祐以來」，又訂其誤。「皆以儒榮冠其目」一語，此本「目」字作「首」，讀來尤較前爲典雅。至「孫十人，長峰亡矣，次嶢，次金酉，薦於鄉」一段，此本作「次堯，次金，兩薦於鄉」，夢莘諸孫皆單名，「酉」字作「兩」，點於下句，益見入情合理，則知此本之可資校正者正多也。佳本難遇，豈不信歟？民國五十年冬十一月，德毅謹識。

范石湖先生年譜

王德毅　編

《文史哲學報》第十八期

范成大（一一二六—一一九三），字致能，一作至能，號石湖居士，吴縣（今江蘇蘇州）人。紹興二十四年進士，歷徽州司户參軍、監和劑局，隆興初升檢討官，除樞密院編修官，累遷著作佐郎、吏部員外郎，以言罷。乾道四年，起知處州。五年，召爲禮部員外郎，遷起居郎，使金，以不辱使命除中書舍人。九年，知静江府，兼廣西經略安撫使。淳熙間歷四川制置使兼知成都府，召權禮部尚書，兼直學士院，除參知政事，旋奉祠。起知明州、建康府。紹熙間嘗知太平州，旋歸營范村。紹熙四年卒，年六十八。追封崇國公，謚文穆。

成大使金不屈和四任疆臣的經歷，頗爲人稱道，尤以詩著名，有「田園詩人」之稱，又與尤袤、陸游、楊萬里並稱「中興四大詩人」。著有《石湖集》、《攬轡録》、《驂鸞録》、《吴船録》、《桂海虞衡志》、《吴郡志》等，今人整理本有《范石湖集》（上海古籍出版社一九八一年）。事蹟見周必大《資政殿大學士贈銀青光禄大夫范公成大神道碑》（《周文忠公集》卷六一）、《宋史》卷三八六本傳。

清范氏後裔編有《范公石湖年譜》，未見傳本。現存范成大年譜七種：除本譜外，尚有北壬《范石湖事蹟繫年長編》、徐甫《范成大佚文的輯集與繫年》、梁慕琴《范石湖年譜》、于北山《范成大年譜》、孔凡禮《范成大年譜》、顧志興《范成大年譜簡編》。其中于、孔二譜最爲翔實，已出專書。本譜爲王德毅編，原載臺灣大學刊行《文史哲學報》第十八期（一九六九年五月），本書即據此整理，略去了原本中之金紀年與公元紀年，校訂了個别誤字。

本年譜原是德毅所草《范成大研究》的附篇，全文過長，且未定稿，短期內尚難問世。玆先將年譜整理發表，冀就正於並世師友及海內外大雅君子；任何教言，都將對拙作大有裨益，實不勝感謝期待之至。

宋欽宗靖康元年丙午，一歲。

六月四日，先生生於江南吳郡之吳縣（今江蘇省吳縣）。先生姓范，名成大，字致能，亦曰至能，自號石湖居士。

周必大撰先生神道碑說：「吳郡范氏自文正公起孤童事仁宗皇帝，當慶曆癸未（一〇四三）入參大政，後百三十有六年，公復參孝宗皇帝政事，雖譜牒不通，俱望高平派南陽之順陽，蓋鴟夷子苗裔也。今爲郡之吳縣人。」（《平園續稿》卷廿二）

案：先生生日，據周必大《玉堂類稿》卷一載有「淳熙五年六月四日賜生日詔，賜參知政事范成大」一道。又《吳船錄》卷上：「丁酉六月壬申，泊青城山，始生之辰也。」丁酉爲淳熙四年，六月己巳朔，壬申爲初四日。足以證明。先生生年由周撰《神道碑》推知爲靖康元年丙午，而先生亦自言之，詩集卷二六有《丙午新年六十一歲俗謂之元命作詩自貺》詩一首，自注說：「僕與今丞相王公（淮），樞使周公（必大），參政錢公（良臣）皆丙午。」

又案：范仲淹（文正公）亦蘇州人，《神道碑》說與先生譜諜不通，然先生每自謂與文正同族。《驂鸞錄》說：「報恩寺中有蕭洒軒，取吾家文正公

『蕭洒桐廬郡』之句以名。」又《吳郡志》卷六引所撰《思賢堂記》也說：「文正公又吾東家丘焉！」鄙意以爲這裏所說的吾家當是同姓本家的意思，不一定是指譜諜相同的親族。錢大昕《十駕齋養新錄》卷七「范文穆與文正不同族」一條說：「范文穆公成大世居吳郡，而與文正不同族。……周益公乾道壬辰《南歸錄》有一條云：『右通直郎范公武，文正之後，今歲有子登科。范氏自忠宣公皇祐中登科後，今方有人。』若文穆與兄成象於紹興中先後登第，果係同族，不當作斯語矣！今吳中《范氏譜》以文穆爲文正之後，殆不可信。」其言得之。

曾祖澤，贈太子少保；妣夏氏，昌元郡夫人（《神道碑》）。

祖師尹，贈太子少傅；妣陸氏，咸安郡夫人；蔣氏，咸寧郡夫人（《神道碑》）。

父雩，字伯達，宣和六年沈晦榜進士，治《易經》。龔明之《中吳紀聞》卷五「范秘書」一條說：「范雩字伯達，予之同舍也。嘗試《禹稷顏回同道論》，先生見之，以爲奇作，置之魁選，遂馳譽於太學，學者至今以爲模範。入館，除秘書郎，今參政公即其子也。」終左奉議郎，贈少師。妣蔡氏。

《神道碑》說：「母秦國夫人蔡氏，莆陽忠惠公（蔡襄）之孫，而潞忠烈公（文彥博）外孫也。」

妻，魏氏。

《神道碑》說：「妻，和義郡夫人魏氏，前公幾月薨。……夫人承直郎信臣女，紹興參知政事敏肅公（魏良臣）之猶子。

敏肅公知公深，一見以遠大期之。」

朋友同僚的年歲：

虞允文十六歲。

王十朋十三歲。

洪适十歲。

汪應辰九歲。

韓元吉九歲。

洪遵七歲。

洪邁四歲。

陸游三歲。

七月十五日，周必大（子充、洪道、平園）生（《周益公年譜》）。

閏十一月，金人攻陷汴京，徽、欽二帝北狩，宗室宮女皆被執，官私金銀財帛，歷代典藏寶器文物，都爲之擄掠一空。這是歷史上所稱的「靖康之難」，南宋人所謂之「靖康恥」。

是歲，友人王淮（季海）生（《攻媿集》卷八十《王氏行狀》）。

高宗建炎元年丁未，二歲。

五月一日，高宗即皇帝位于南京應天府，改靖康二年爲建炎元年，是爲南宋中興之主。

九月二十二日，同年楊萬里（廷秀、誠齋）生（《誠齋楊公墓志》）。

是歲，尤袤（延之）生（《宋史》卷三八九本傳）。

建炎四年庚戌，五歲。

先生天才穎異，《神道碑》說：「公在懷抱，已識屏間字，少師力教之。」

九月十五日，朱熹（元晦，晦庵）生（《朱子年譜》）。

紹興二年壬子，七歲。

同年張孝祥（安國）生（《于湖集》附《張

氏信譜傳》)。

紹興五年乙卯，十歲。

三月，堂兄成象（致先，澹齋）中汪應辰榜進士（《吳郡志》卷二八）。

案：《姑蘇志》卷五一載先生傳，說：「從兄成象，……成大事之如嚴師。」先生幼孤，以後能有所樹立，受成象教導之益必很多。

紹興七年丁巳，十二歲。

從父受教，徧讀諸經史（《神道碑》）

紹興九年己未，十四歲。

能爲文詞。長子莘跋詩集說：「先人嘗爲莘等言，自十四五始爲詩文。」

先生自幼身體羸弱，今歲大病瀕死。詩集卷三四《問天醫賦》，並序，說：「余幼而氣弱，常慕同隊兒之強壯，生十四年，大病瀕死。」又不幸遭逢母喪，先生幼年時代是很悲苦的。

紹興十年庚申，十五歲。

五月十一日，友人辛棄疾（幼安、稼軒）生（《辛稼軒先生年譜》）。

是歲先生又遭父喪，煢然哀慕，自此十年不出（《神道碑》）。

紹興十一年辛酉，十六歲。

讀書於崑山薦嚴寺。《姑蘇志》卷三二：「范公亭在崑山薦嚴寺後圃池上，參政范成大少讀書寺中，遊息其上，吳仁傑嘗扁之曰『可賦』，後人遂以范公名之。」

案：先生始讀書於薦嚴寺不詳其年月，姑繫在這裏。《姑蘇志》卷五一載先生傳，云：「父亡，讀書崑山薦嚴寺，十年不出。」此當必有所本，或本之龔頤正所作的《行狀》，所以繫在今年，也還合理。

紹興十二年壬戌，十七歲。

宋金約和，東以淮河中流、西以大散關爲界。四月，金遣使冊封高宗趙構爲「大宋皇帝」，是爲君臣國，宋每年奉獻給金歲幣銀絹各二十五萬兩匹。使節往還，禮文多過份，南宋的屈辱可説達到極點。

紹興二十年庚午，二十五歲。

自父母雙亡後，先生十年不出，「竭力嫁二妹，無科舉意，欲買山無貲，取唐人只在此山中之語，自號此山居士。又慕元魯山爲人，一字幼元。父執御史王公彥光勉之曰：『子之先君期爾祿仕，志可違乎？』因課以舉業。」（《神道碑》）

案：《吳郡志》卷二七《王葆傳》說：「葆字彥光，崑山人，宣和六年進士，……學行俱高，潛心古道，……誘掖後進，推誠樂育如親子弟，門下士多成立，號稱鄉先生。……紹興間歷司封郎官，監察御史，崇政殿說書，終浙東提刑。王公於人物鑒裁尤精，……左丞相周益公必大初第，以女妻之，知其爲國器也。成大以蚤孤廢業，一日呼前喻勉切至，加以詰責，留之席下，程課甚嚴，未幾亦忝科第。」知葆與先生父有同年之誼，故能愛護鞭策如此。

紹興二十二年壬申，二十七歲。

五月，得寒疾，臥病十數日。《詩集》卷一《兩木》詩序題說：「壬申五月，臥病北窗。」又卷三四《問天醫賦》序題說：「余幼而氣弱，常慕同隊兒之強壯，生十四年，大病瀕死，至紹興壬申，又十三年矣，疾痛疴癢，無時不有，夏至前一日，得寒疾，夢謁天醫，省，問答了然，獨未知天醫爲何神，……雖然，吾疾自是其有間哉！」

紹興二十四年甲戌，二十九歲。

正月，高宗命御史中丞魏師遜知貢舉，權禮部侍郎湯思退，右正言鄭仲熊同知貢舉（《宋會要稿》選舉一）。

三月，中張孝祥榜同進士，治《詩》（《館閣録》卷七）。

案：《宋百家集》卷第十《于湖集》附小傳說：「張孝祥字安國，歷陽烏江人，父祁，與胡寅交善，秦檜惡寅，羅織及祁，並寘獄。孝祥年十六，領鄉書，紹興二十四年廷試，考官擬秦塤首選，孝祥次之，塤，檜子（孫）也。高宗親自披閱，擢孝祥爲第一。檜忿甚，暗曰：胡寅雖遠斥，力猶能使故人子爲狀元邪？後孝祥詣檜，檜問習何書？答以顔書，又問學何詩？答以杜詩。檜佯笑曰：好底盡爲君占卻也。」據《繫年要録》（一六六）說：「上讀塤策，覺其皆檜、熺語，遂進張孝祥爲第一，塤第三。」但《要録》所載孝祥策，內不乏阿諛秦檜的文字，並非高宗親自選拔所致。

同年中與先生常交往者有楊萬里、樂備等人。

楊萬里，見以後各年譜文。

樂備，字順之，一字成功，崑山人，有學行，能文章，尤長於詩，嘗與先生及馬先覺結詩社，先生常稱他樂先生。

十二月，父執王葆自尚書司封員外郎遷監察御史（《要録》一六七）。

紹興二十五年乙亥，三十歲。

正月，湯鵬舉來知平江府，與先生交喜，常相唱和。

十一月初九日，魏良臣自敷文閣直學士召爲參知政事。良臣乃先生妻的叔父。

十二月廿三日，兄成象以左從政郎行太學録（《要録》一七〇）。先生作詩送之，有「栽桃種杏須付我」之句（《詩集》四）。

是歲，除徽州司戶參軍，當時亦稱新安掾。

案：先生除新安掾不詳年月，惟據《詩集》卷卅四《荔枝賦》的序題，稱「紹興丙子（二十六年）夏……時爲新安掾。」又先生於三十年離徽州歸平安，如以兩任六年計，則當始於是年，姑繫之，俟考。

紹興二十六年丙子，三十一歲。

二月十九日，參知政事魏良臣罷爲資政殿學士知紹興府。

十一月九日，新安守李植到任。植字元直，臨淮人。《宋史》卷三七九《植傳》說：「改知徽州，徽俗崇尚淫祠，植首以息邪說正人心爲事，民俗爲變。轉朝請大夫、直秘閣，改知鎮江府，遷江淮荆湘提點坑冶鑄錢公事。」

案：周必大撰先生《神道碑》說：「李御下嚴，獨霽威待公，會遷提點坑冶，辟公幹辦公事，不就。」與《植傳》所記遷官有出入，據《新安志》卷九，知植曾在廿八年四月自徽州守改除荆湖北路轉運判官，不知何者爲是。《詩集》卷六有《送李徽州赴湖北漕》五古一首，當是《新安志》所記載較正確。

紹興二十七年丁丑，三十二歲。

十月二十九，兄成象罷職。殿中侍御史葉義問彈劾說：「太學博士范成象阿附權勢，甘爲僕隸，偏走臺諫之門，士類所鄙。」同時被劾的尚有吏部員外郎劉天民，天民與成象都是湯鵬舉所薦，詔並罷職。《要錄》說：「蓋以搖湯鵬舉也。」（《要録》一七八）成象顯爲政爭下的犧牲者。

十二月一日，葉義問再度彈劾劉天民與成象等。《要錄》稱：「兵部郎官李庚輕儇無狀，衆所共惡，頃因湯鵬舉之薦而爲監察御史，日與劉天民、范成象、留觀德之徒，相爲表裏。……時天民、成象爲左宣教郎，觀德爲右奉議郎。……仍詔天民、成象、觀德自今毋得與堂除。」（同上，又《宋會要稿》職官七十）

紹興二十八年戊寅，三十三歲。

四月十八日，徽州知府李植除荆湖北路轉運判官（《新安志》卷九），其離任時，先生賦詩送之（《詩集》卷六）。

六月八日，新任徽州知府左朝散大夫潘莘到任（《新安志》卷九）。

十一月二十三日，郊祀，赦天下。潘莘格之不下。周必大撰先生《神道碑》說：「潘格郊赦，不弛諸軍糧欠，衆言紛紛，將校告急於公，公徑爲免符，白守行之，乃定。」

紹興二十九年己卯，三十四歲。

閏六月十九日，徽州守潘莘罷（《新安志》卷九）。

九月十六日，新任徽州知府洪适到職（《新安志》卷九）。至是先生到任徽州戶曹後，凡歷三守。《神道碑》說：「洪公博洽精明，每以訟牒付公，必問一牒幾人，姓名云何？公由此究心熟吏事。洪公喜，日與公商榷今古，常曰：吾視君齒必致兩府地，其自愛。」又周必大所撰《洪适神道碑》說：「范文穆公成大來爲戶掾，公一見知其遠器，勉以吏事，暇則商榷著述，自是范公宦業文筆高一世，每德公云。」（《盤洲文集》附録）

紹興三十年庚辰，三十五歲。

冬，先生徽州戶曹任滿，用舉主薦陞從仕郎。回里時，洪适以詩送之，說：「秋雲暗千山，欲雪意未歇。兩腳侵夜分，鵠首勇朝發。軟紅英俊林，定不冗干謁。磊落胸中書，高談傾上笏。結駟映天街，登瀛有仙骨。摩娑先友碑，姓名或湮沒。卻顧浮丘亭，寄聲頻日月。」（《盤洲文集》卷四）先生和章有《知府秘書遺帳下持新詩追路贈行輒次韻寄上》及《寄上鄱句之明日舟次梅口南枝已有春意復次知府秘書贈行高韻》兩首，並見《詩集》卷八。

紹興三十一年辛巳，三十六歲。

二月二十九日，洪适除提舉浙西常平茶鹽公事（《新安志》卷九）。

五月，翰林學士洪遵來守吳郡。遵，适之弟，因得結識，時相過從。

八月，洪遵修思賢堂，請先生爲之記。《吳郡志》卷六：「思賢堂舊名思賢亭，以祠韋應物、白居易、劉禹錫，後改曰三賢堂。紹興二十八年郡守蔣璨建，三十一年郡守洪遵又益以王仲舒及范文正公二像，更名思賢。」先生所撰《思賢堂記》說：「吳郡治故有思賢亭，以祠韋、白、劉三太守，更兵燼，久之，遂作新堂，名曰三賢。……紹興辛巳，鄱陽洪公始益以唐王常侍、本朝范文正之像，復其舊之名亭者榜焉……嘗謂士才高必自賢，位高或不屑，其官世通患也。洪公忠宣公之子，擢博學宏詞第一，名字滿四海，餘二十年，既入翰林爲學士，未幾自列去，甫及里門，制以左魚來矣。……始至之日，咨民所疾苦，退然不自居其智能，亟從掌故吏訪諸賢之舊圖畫，髣髴想見其平生。公既以道學文章命一世，顧有羨於五君子者，意將迹其惠術，講千里之長利，以膏雨此民。……斯堂應得書，會公使來，屬筆紀歲日。成大世占名數西郭，樂其州多賢守令之不歉於古也，文正公又吾東家丘焉，……乃不辭而承公命。八月既望，州民左從事郎范成大記並書。」（《吴郡志卷六》）

秋，洪遵又建瞻儀堂，亦請先生爲之記，十月九日記之（同上）。

紹興三十二年壬午，三十七歲。

是歲赴臨安就任戶曹新職。《神道碑》說：「入監行在太平惠民和劑局。堂吏匄藥不獲，以朝旨下所隸大府，蒐細故杖吏逞憾，公曰：『戶部侍郎汪公應辰杖大府吏，已能大其官矣！』」

孝宗隆興元年癸未，三十八歲。

正月九日，翰林學士承旨知制誥洪遵知貢舉，先生爲點檢試卷官（《宋會要稿》選舉一九）。

四月，編類光堯聖壽太上皇帝聖政，命先生爲聖政所檢討官，又兼敕令所編修官。同官有周必大、凌景夏、陸游等人。《神道碑》說：「近世局務官無修書者，人以公爲宜。」又說：「詔百官條時弊，公舉十事，極論文具非所以爲國，執政奇其才。」先生自此漸露頭角。

是月，周必大因論繳曾覿、龍大淵除知閤門事指揮，孝宗不聽，奉祠歸廬陵，先生送以詩（《詩集》卷九）。《周益公全集·廬陵日記》說：「癸未四月二日出暗門，李平叔大監，陸務觀編修，鄒德章監丞，王致君判院，范至能省幹攜詩相送。」先生贈行詩題《送周子充左史奉祠歸廬陵》。

五月，友人陸游除左通直郎通判鎮江軍府事，出都還鄉里，先生亦有贈行詩，題稱《送陸務觀編修監鎮江郡歸會稽待闕》（見《詩集》卷九），有「高興餘飛動，孤忠有照臨。浮雲付舒卷，知子道根深」之句。

隆興二年甲申，三十九歲。

二月，除樞密院編修官（《神道碑》）。

夏秋間，先生自以銓格改左宣教郎（《神道碑》）。

十二月，除秘書省正字。《神道碑》說：「居數月，自以銓格改左宣教郎。時館職無定員，有詔公與王衜（字夷仲）候闕召試。十二月，不試先除，牽聯併除公秘書省正字，公不可，必試策而後就。」除正字的制書是洪适所草，說：「瀛洲英俊之躔也，中興以來，未有父子踵相躡者，爾學贍而文縟，陟美于前人，益觀異書，以正魚魯之謬。」（《盤洲文集》卷二二）

先生試館職策有云：「議兵莫若留營屯，蓋度支月給諸軍居十之九，三歲大禮犒軍居十之八，一有軍興，大費突出，雖積金齊於箕斗，發粟浩如江河，終亦屈竭。宜留營屯，以更戍轉輸之費，供鋤櫌鏨鑿之須，漸開屯田以時閲習。」又謂：「漢高帝一天下者也，家室狼狽而不顧；越勾踐復仇者也，非報吳之事則不言。東晉保境土者也，稽古禮文之事畢舉，而北嚮爭天下之事不問焉。今終日所從事者，保境土之規模而已，又兼欲爲越王、漢高之所爲，宜其材散力分，坐糜歲月。」（《黄氏日抄》卷六七）可以說是針對南宋當前國情而發，堪稱「一針見血」之論。黃震說：「本議文氣極好。」亦爲知言。

乾道元年乙酉，四十歲。

正月三日，友人洪适以中書舍人假翰林學士充賀金國生辰使，啓行，先生賦詩贈行以壯之。見《詩集》卷十。

案：《四庫總目》卷一六〇《石湖詩集》提要說：「是集乃成大所自編，……諸詩亦皆注以下某處作，是亦手訂之明證矣！詩不分體，亦不分立名目，惟編年爲次。然送洪邁使金詩凡四首，其兩首在第八卷，列於邁使還入境以詩迓之之前，其兩首乃在第十卷，列於何溥挽詞之後，邁未嘗再使金，則送別之詩不應前後兩見。……或後人亦有所竄亂割併歟？」這段頗有誤。既然《詩集》是作者手自編定，又按年月先後排列，卷八有《送洪景盧內翰使虜二首》和《洪景盧內翰使還入境以詩迓之》一首，共三首七律，邁出使在紹興三十二年四月，使還在七月，這三首就是這時所寫的。卷十又有《送洪內翰使虜二首》，也是七律，這二首編在《翰林學士何公溥挽詞》之後，並有自註「以下館中作」

字樣，乃是孝宗隆興二年十二月先生入館閣爲秘書省正字以後的作品。與第八卷的並非同一時期。檢《宋會要》職官五一「國信使」條載：「隆興二年十二月十六日，詔中書舍人洪适假翰林學士差充金國賀生辰使。」在時間上對照，卷十的《送洪內翰使虜二首》，應是送洪适而不是送洪邁的。适曾爲先生長官（見紹興二十九年譜文），對先生有知遇之恩，故先生對他特尊禮之，贈答之詩皆題官銜而不稱名號，卷八的送詩和迓詩皆題洪邁的字，而卷十的送詩不題，是很顯而易見的。且卷十的兩首詩，皆提到郊祀的事，「郊廟熙成霈澤濱」，「峨冠方侍玉輿香（自註說『公比侍祠郊禋，執綏備顧問』），……歸來煙雨正梅黃。」

考紹興三十二年不逢郊祀，但隆興二年卻是郊祀之年，孝宗初詔訂在十一月二十九日有事於南郊，後又改在翌年（乾道元年）正月初一日，大赦改元，赦文就是适所草的，載於《盤洲文集》卷一一，《困學紀聞》卷一五也提到了。又适的女婿許及之所撰《适行狀》說：「虜既尋盟，首爲賀生辰使。上謂副介龍大淵曰：『前日洪某侍玉輅，見其容貌甚悴，豈有聲色之奉耶？方欲大用之，可諭意令自愛。』公附奏曰：『臣家素無侍妾，近以法服執綏車輅，撼頓失其常度，咫尺天威，有戰慄之色，報國之軀，敢不自愛。』」（《盤洲文集》附録）與先生贈行詩的自注正相吻合，以是知适動身北上是在年節以後，據《中興禦侮録》

載适於正月十九日渡淮入虜界，從南宋人出使金國所記的行程錄看，從臨安出發半個月就可以渡淮，由是可以推知适是正月初三、四啓程的，先生的贈行詩當即此時所作。約計适使還返回到臨安應在四月中，所以送行詩有「歸來煙雨正梅黃」之句。若洪邁出使在紹興三十二年四月，返回在七月，與詩中所提到的節令便不附合了。《四庫總目》的編者紀昀先生未作深考，而含含糊糊的以「或後人亦有所竄亂割併歟」一語了之，殊誤，特加考證如上，其詳可參考拙文《四庫總目范石湖詩集提要書後》。

三月，遷秘書省校書郎（《南宋館閣録》卷八）。

六月，以校書郎兼國史院編修官（同上）。

八月十五日夜，值宿三館（《詩集》卷卅四《桂林中秋賦序》）。

十一月，遷著作佐郎，仍兼國史院編修官（《南宋館閣録》卷七、八）。

乾道二年丙戌，四十一歲。

二月，除尚書吏部員外郎，仍兼國史院編修官（《館閣録》卷七、八）。

三月四日，以言者論列放罷。《宋會要稿》職官七一載：「詔新除吏部員外郎范成大放罷，以言者論其巧官幸進，物論不平故也。」《神道碑》說：「言者以不先攝爲超遷，宰相曰：『著廷間擢左右史，顧不可爲郎耶？』三月，以言者罷，乃主管台州崇道觀。」

先生官史院期間，曾上論三朝國史劄子，說：「恭惟國家五朝正史久已成書，而神宗皇帝、哲宗皇帝、徽宗皇帝三朝史書，始於紹興二十八年開院纂緝，糜費帑廩，九年於此，惟帝紀略備之外，其餘邈然無涯，不惟舊聞失墜，無書可考，亦緣是非褒貶，易招悔吝，朝廷既不督課，有司幸於因循，加以席未及暖，遷徙而去，甚或提綱無官，秉筆全闕，動經旬月，無復誰何！人徒見館宇邃嚴，吏胥旁午，皆謂煌煌天朝，必備史策，而不知文具如此！……若只用目前規摹，更數十百年亦恐汗青無日。何則？自熙寧初年至今百年，見聞所逮，尚難追記，只更一二十年，殘編斷簡，漸就散逸，故家遺俗，無可詢究，雖悔向來之因循，欲決意成之，亦不可復得。……伏望特賜聖裁，亟命朝廷討論史事，立之課程，剋以期限。其熙寧以來舊事，本院無書可考者，許關取秘閣四庫所藏，及搜訪士大夫家所存干照文字，網羅修訂，仍擇儒館優閑之臣數人增兼編撰，庶得併工分力，結局有期。」（《歷代名臣奏議》卷二七七）

七月七日，與王萬（必大）等人同登姑蘇臺（《詩集》卷十）。

案：《詩集》卷十有《丙戌閏七月七日與王必大登姑蘇臺招王浚朋陳淵叔耿時舉避暑次時舉韻》之古風一首，是年不值閏，而明年始閏七月，當是「閏」字誤置。

乾道三年丁亥，四十二歲。

二月一日，吳江縣主簿四明高文達重修主簿廳，請先生爲撰記文一篇（《吴郡志》卷三七）。

五月，周必大至宜興，約先生會晤，必大《遊山錄》載之甚詳。

八月，自溧陽來宜興再與周必大相會，先生以薄遽往陽羨，必大以卮酒餞行，送之北門（《詩集》卷三四《桂林中秋賦序》及必大《遊山録》）。

夏秋之際，父執王葆卒，先生挽以詩。題稱《提刑察院王公挽詞》，詩稱：「諭蜀三年戍，還吳萬里船，雲歸雙節後，雪白短檠前。百世春秋傳，一丘陽羨田，浮生如此了，何必更凌煙。」「日者悲離索，公今又眇冥，門人辦韓集，子舍得韋經，此去念築室，空來聞過庭，平生無路見，終古泣松銘。」（《詩集》卷十）

案：此詩編在《送關壽卿校書出守簡州》之前，壽卿是關耆孫的字，據《南宋館閣録》卷八載，曾於是年七月除校書郎，九月出知簡州，先生詩皆編年，知葆之卒當去此不遠。葆乃先生父同年友，先生事之如嚴師。《吳郡志》卷二七葆傳説他「誘掖後進，推誠樂育如親子弟，門下士多成立者，號鄉先生。」《姑蘇志》卷卅四「王葆墓」條附袁華詩，有云：「范公在館下，結責如切磋，卒爲廊廟器，詞章若江河。」教誨之嚴如此，因盡録挽詞如右，以見其情份。

十二月，起知處州（《神道碑》）。並未即時上任，恐是除職待闕。

乾道四年戊子，四十三歲。

五月十三日，進對，極論諸州軍隊簡閲不精，營伍未立。孝宗説：「正緣無營寨，所以紀律不行。」（《宋會要稿》兵六之二〇）又奏保惜日力、國力、人力，專用於所欲爲之地。説：「臣聞自古建功業者，必有一定之規摹。規摹既定，則以其力之所能及者，日夜淬厲以赴之，而不可分其力於規模之外。所謂力者有三：一曰日力，寸陰是也；二曰國力，資用是也；三曰人力，思慮知術之所及者是也。世事無窮，而三力有限，豈可分之於不急之地哉！臣雖疵賤，去國未久，固嘗仰窺陛下神謨聖策，將大有爲，竊計復古之心，規摹已定，然而風俗宴安，期會倥偬，稽古禮文之事太繁，承平虛費之習未盡，日力窮於不急之務，國力耗於不急之須，人力疲於不急之役，皆非所以副陛下規摹之所欲爲者。非曠然大有以損益之，恐不克於志勤道遠之歎。願陛下與世政之臣，自治三力，專用之於所欲爲之地，凡規摹之外，一切稍緩。……昔越王勾踐未得志也，蚤朝晏罷，非謀吳之策則不講，自古能用三力無出其右者。……故併以爲陛下獻。」（《歷代名臣奏議》卷九六）《神道碑》說：「公前應詔上封事，及試策，反復論此，至是方見上，力以爲言。上曰：「卿能激昂如此，朕當行之。」

八月，抵處州接任。先生在任，倡行義役。

《神道碑》說：「松陽民爭役，公曉之曰：『吾聞東陽縣有率錢助役者，前婺守吳侯義之，爲易鄉名，揭碑褒勸，爾與之鄰，獨無愧乎？』民既感謝，則推廣其制，諭鄉人視貧富輸金買田，擇信義之家掌其事，儲歲入助當役者，命曰義役，許自第名次，有司勿預。數月間，人皆樂從，一縣二十五都悉以辦告，甲乙相推，遠至二十年。諸邑爭效之。」

案：宋代的科擾繁鉅，執役的人，每每爲之破產喪家。正如乾道三年十月十九日臣僚奏中所說的「有弓兵月巡之擾，有透漏禁物之責，有捕獲出限之罰，有將迎擔擎之差，有催科塡代之費，有應副按檢之用，有承判追呼之勞，凡此之類，皆執役之所深懼。」（《宋會要稿》食貨一四）因此百姓千方百計逃避差役，往往奸僞層出，出人意表。如乾道七年臣僚所言：「一縣之內係女戶者其實無幾，而大姓猾民避免賦役，與人吏鄉司通同作弊，將一家之產析爲詭戶女戶五七十戶，凡有科配，悉行蠲免。」（同前）這種逃避差役的方法，十分普遍，政府雖禁而不能制止。但是此類作奸犯科的勾當，總是不足爲訓的。惟有由地方官倡行義役，民戶按物力高下出田產錢物以助役戶，庶免輪到執役時遭到破家之患。於國家法令亦無所違。這是先生倡行義役的眞正義意。李心傳說：「乾道中，范文穆成大知處州，言松陽縣民輸金買田以助役戶，爲田三千三百畝有奇，排比役次，以名聞官，不煩差科，可至一二十年者，請命諸邑通行之。事下戶部看詳，蓋江浙民久病差役，催科往往破家竭產，用是良民憚役，爭訟囂然，故文穆以爲言。」（《朝野雜記》甲集卷七）誠如所言。

乾道五年己丑，四十四歲。

正月，所建平政橋落成。自爲記。說：「括蒼帶部浮橋，歲久弗葺，民告病涉。乾道四年冬，假守范成大實始改作，郡從事張澈惠利民，麗水縣留清卿調其工費，以授州民豪長者四大使董役，吏毋得有所與。凡爲船七十有二，聯續架梁，爲梁三十有六，築亭溪南以蒞之。歲十一月橋成，名之曰平政，亭成，名之曰知津。又得廢浮圖之田五十畝於縉雲，以其租屬亭，歲時治橋，俾勿壞。明年正月前晦二日，大合樂以落之。」（《處州府志》卷四）

正月，動工修復通濟堰，《神道碑》說：「處多山田，梁天監中詹南二司馬作通濟堰於松陽、遂昌之間，激溪水四十里外，溉田二十萬畝，溪遠田高，堰壞已五十年。公尋故迹，議伐大木橫壅溪流，度水與田平，而堰可復。議定，官爲僱工運石，命其傍食利戶各發丁壯，分畫界至，以五年正月興工，四月而成，水大至如初議。」《宋史》卷三八六本傳則說：「堰歲久壞，成大訪故迹，疊石築防，置堤閘四十九所，立水則上中下，灌溉有序，民食其利。」

四月，通濟堰修復完成，神道碑說：「適公被召，躬往勞之，父老歡呼曰：堰成公忍去我耶？公曰：吾能經始，安能保其無壞。爲立詹南廟，作堰規刻石廟中，盡給左右山林爲修堰備，至今蒙其利。」

十九日，作《通濟堰碑記》。《括蒼金石志》收錄之，云：「范石湖《通濟堰碑》，文凡十四行，行書，徑一寸五分。碑文曰：『通濟堰合松陽遂昌西谿之水，引而東行，環數十百里，溉田廣遠。……蕭梁氏時詹南二司馬所作，至宋中興乾道戊子幾千歲矣！往迹蕪廢，中下源尤甚。明年春，郡守吳人范成大與軍事判官蘭陵人張澈始修復之，事悉具新規，三月，工徒告休。成大馳至斗門，落成于司馬之廟。竊悲夫水無常性，土亦善堙，修復之甚難，而潰塞之實易，惟後之人與我同志，嗣而葺之，將有致於斯，今故刻其規於石以告。四月十九日，左奉議郎、權發遣處州軍州、主管學事兼管内勸農事范成大書。」

五月，自處被召還臨安，除禮部員外郎兼國史院編修官又兼實録院檢討官（《館閣録》卷八）。《神道碑》説：「公入對，因及義役，上大喜，頒其法諸路。公曰，此可助法，非以爲法，顧守令行之何如耳！初，上命宰相陳正獻公（俊卿）擇文士掌内制，正獻薦知遂寧府張震及公，至是上曰：卿文學詞翰宜直禁林。公懲前遷郎致謗，懇辭，退復告執政。會上目疾不御朝，久之，内殿奏事，上首及公除目，正獻道公意，上曰：不專在内制，正要士人宿直備顧問，乃除禮部員外郎兼崇正殿説書。上令更加清職，遂兼國史院編修官。會從兄成象爲工部郎官，公援故事乞班其下。從之。」

五月十三日，進對，奏弓手之制弊壞。《宋會要稿》兵三：「權發遣處州軍州事范成大進對，奏弓手之制弊壞，大縣額管百人，姑以十分爲率，其闕額不補者常二分，差出借事者亦二分，縣中過數占留與縣尉干預民事承引追呼者又二分，此三色者固已占破六十餘人，實在尉司者四十人而已！又有小吏閽人院子市買之屬，亦不下十數人，實計眞爲弓手者纔二十人而已！僅足以充縣尉當直肩輿之役，往往全無椿充教閱緝捕之數。欲望先委諸路提刑官徧行屬州汰減老弱，隨闕招塡，依今來訓練將兵之制，分定弓弩槍牌，諸色技藝，具名注籍，逐州委鈐轄或路分一員每季下縣教閱。倣禁軍賞格，隨宜激賜，略以軍法檢校。如此，則州縣之勢稍壯。上曰：卿理會此，極切事情。」

夏秋間，先生上疏乞修行給米舉子之政。劄子說：臣「伏見比者臣僚有請，以福建等路有不舉子之風，乞支錢米以濟貧乏。陛下推天地好生之德，特從其請，恩至渥矣！然其間尚有委曲，臣請續終其說：姑以臣前任處州言之，小民以山瘠地貧，生男稍多，便不肯舉，女則不問可知，村落間至無婦可娶。……檢准紹興八年指揮，貧乏妊婦支常平米四斗。十五年指揮，改支常平米一石，又著令殺子之家父母鄰保與收生之人，皆徒刑編置。賞罰具著如此，而此風未殄者，蓋州縣以常平積欠，救過不暇，決不敢以此非時發倉，支賜既不復行，罪名亦不復問。臣伏覩去冬聖旨，將諸路常平義倉米漏底折欠十七萬八千餘石盡行除放，若以此數救不舉之子，當活十七萬八千餘人，而典吏巨蠹陷失如此，陛下尚且置而不問，臣決知陛下無所惜於貧乏之家也。昔蘇軾知密州，盤量寬剩，得數百石，專儲以養棄兒，是時初無常平給賜之令，使軾在今日，則推廣上恩當如何哉！臣愚欲望聖慈，申飭諸路提舉司，並州縣長吏，有似此風俗之處，依累降指揮勘會貧乏，如數支賜，又須申嚴法禁，與之並行，並窮山僻縣常平義倉所管數少，不了支給，定成空文，乞令運司倣蘇軾遺意，措置寬剩，量撥助之。每歲各具支過錢米、活過赤子數

目奏聞。」(《歷代名臣奏議》卷一〇八)

八月中秋及二十二日，夜直玉堂，内宿。《神道碑》説：「内直，數宣對，嘗諭公：朕治心養性以求知道。公曰：知道莫如堯、舜、禹、湯、文、武、周、孔，其靜而聖，存心養性是也。動而王，治天下國家是也。漢唐之君，功業固有之，道統則無傳焉！上嘉奬數四。」

十月，金國賀生辰使高德基來臨安，沿路多驕恃之狀，先生於内殿上《論虜使必生事劄子》説：「臣竊聞前日金國遣使來奉壽觴，其正使沿路於瑣瑣末節多欲少變舊例，……陛下待之有法，一不得志而去，然有近年未嘗敢爾，其所以敢爾者，士大夫竊議謂有兩説：或謂山東饑旱，民多流徙，恐爲吾所窺測，故爲此驕狀而示泰然而堅盟信。或謂彼國以陛下天賜神武，不忘中原，經理邊陲，江淮增勢，必慮和好不久，虜之君臣或有計議，使者恐預知之，故敢肆然出此。二説是非，固未易決，要之皆所以啓陛下自治待時之計，何則？從前之説，彼憚於興役，而懼吾有謀耶，則安知其無可乘之機。從後之説，彼疑吾經略而不恃和好耶，則安知其無先事之舉。故曰皆所以啓陛下自治待時之計。臣愚欲望聖慈與帷幄大臣，乘此閒暇之時，稍紓不急之務，益講待敵之策，蚤夜孜孜，更甚前日，以待事至而應焉。臣去年面對，嘗陳三力之説：一曰日力，寸陰可惜者是也；二曰國力，資用所出者是也；三曰人力，思慮智術之所及者是也。此三力者有限，不可糜費於不急之地，盡用以待敵，猶恐不給。臣區區愚忠，

因使人之來又有所感，故復爲陛下略言之。」（《歷代名臣奏議》卷三四九）

十二月，擢起居舍人兼侍講兼國史院編修官兼實錄院檢討官（《館閣録》卷八）。數奏事，皆蒙採納施行。《神道碑》說：「十二月，擢起居舍人，兼侍講，直前謝，上曰：卿宏深博約，因有此除。又兼實録院檢討官。公奏獄案淹延當貸者多瘦死，乞嚴程限。于是自三省至大理皆定經由之日。公先嘗論二浙丁錢，至是詔遞減之。乾道令以絹計贓，估價頗輕，論罪過重。公奏承平時絹匹不及千錢，而估價過倍。紹興三年遞增五分，爲錢三千足，今絹益貴，當倍時值。上驚曰：是陷民深文也。遂增爲四千，而刑輕矣。」後又奏上論勤政劄子。說：「興事之初，必謹憲度，不興事之初，固無可行之理，憲度謹矣，而必繼之以屢省者，蓋事不加省，雖成而必隳矣！」（《大典》卷二四六〇引先生大全集）《神道碑》亦錄此奏大要，說：「勤政而不省其成否，治具雖多何益？古者君臣相戒，既曰率作興事，又曰屢省乃成，二典之治，如斯而已！上喜曰：卿言切治道。已退，復召公，曰：爲朕尋繹經傳與此論協者條上。公即摘取《易》、《左傳》、《國語》、《孟》、《荀》等書上之。」

乾道六年庚寅，四十五歲。

先生前曾薦崔敦禮給丞相史浩，浩未引用。至是歲，與魏杞會於平江府，敦禮爲教官往謁，二人始證實先生不苟於薦士。《攻媿集》卷七六《跋史太師答范參政薦崔宮教帖》說：「乾道間，丞相魏文節公（杞）守吳門，魏惠憲王鎮宣城，過郡，宮教爲教官，作樂語有云：『天上風姿，咸仰吾君之子；人間官品，休論異姓之王。』丞相極稱之，以是知大參范公不苟于薦士，太師謂之二難是矣！」

案：據《姑蘇志》卷三古今守令表中，杞以觀文殿學士左宣奉大夫知平江府，於乾道六年三月到任，七年十二月提舉臨安府洞霄宮。又據《宰輔編年錄》卷一七，浩於乾道六年三月任保寧軍節度使，尋丁母憂，知浩之過平江府應在六年夏，故繫之於此。

五月四日，詔令諸路提刑司行下所屬州縣，遵依已降指揮將弓手精加教閱，每歲躬親前去點檢拍試，間具有無事藝，陞進退墮，申名置兵籍，向樞密院報備。以先生曾上言：「近日臨安府餘姚縣尉司弓手捕捉私鹽，勢力不敵，爲所殺傷，正以弓手單弱，疎失如此。伏見諸州禁軍占役偷惰之弊，陛下令以姓名事藝注籍於御前，不測於逐州點撥一二十人到行在覆實，緣此州郡皇恐奉承，斷不敢占留雜役，及不敢一日不入教場。若欲痛革弓手之弊，亦當依禁軍造籍，開具姓名及所執事藝斗力細數上之於兵部，一年一次，取旨量擇一二十縣，每縣點擇數名赴兵部或樞密院依籍核試，以其殿最虛實，將教閱官及縣尉重加賞罰。其籍乞限指揮到一季申發，令兵部專一拘催，毋令迤邐廢格。」故有是命（《宋會要稿》兵志三之二七）。足見南宋兵備之廢弛和軍力之脆弱。

是月，除起居郎，仍兼國史院編修官、實錄院檢討官（《館閣録》卷八）。

閏五月初九日，朝命假資政殿大學士、左

大中大夫、醴泉觀使、兼侍講、丹陽郡開國公充金國祈請國信使。權知閤門事兼樞密副都承旨康湑假崇信軍節度使副之（《宋會要稿》職官五一「國信使」條），求陵寢地，且請更定受書禮式。《中興兩朝聖政》卷四八說：「自紹興和敵後，定受書之禮，多有可議者。」及乾道再和，循舊例降榻受書畢，復御座，上頗悔之。先年因其報問使還及其年遣李若川賀敵尊號，悉命口陳，祈削此禮，不報。至是虞允文議遣使，上問誰可使者，允文薦李燾及成大。退以語燾，燾曰：「今往，敵必不從，不從，必以死爭之，是丞相殺燾也。」更召成大告之，成大即承命。足見先生勇於任事，其精神固可佩。

案：岳珂《桯史》卷四「乾道受書禮」條載此事甚詳。時陳俊卿爲相，不贊成遣使，及虞允文入爲樞密使，並拜右相，力主遣使，正合孝宗的心意。又《宋宰輔編年錄》卷一七稱：「允文之始相也，建議遣使金虜，以陵寢爲請，俊卿面陳以爲未可，復手疏陳之，上感其言，事得少緩。至是允文復申前議，……遂遣使，竟不獲其要領。」

六月，出使成行。《桯史》說：「上臨遣之曰：『朕以卿氣宇不羣，親加選擇，聞外議洶洶，官屬皆憚行，有諸？』范對曰：『無故遣泛使，近於求釁，不執則戮，臣已立後，乃區處家事，爲不還計，心甚安之。』上色愀然曰：『朕不敗盟發兵，何致害卿，嚙雪餐氊，理或有之，不欲明言，恐負卿耳！』范奏乞國書並載受書一節，弗許。遂行。」孝宗是以陵寢爲詞，而使使者自及受書之禮，故不欲載入國書中。

六月十五日出國門，廿八日至金山，與友人陸游相會。游撰《入蜀記》說：「奉使金國起居郎范至能至山，遣人相招食于玉鑒堂。至能名成大，聖政所同官，相別八年，今借資政殿大學士提舉萬壽觀侍讀爲金國祈請使云。」

八月十一日渡淮。金遣尚書吏部郎中田彥皋、侍御使完顏溫爲接伴使副。先生知金國法嚴，請更定受書禮事決不可達，遂密不泄一字，二接伴亦不疑（《桯史》卷四）。

九月初九日至燕山，館於燕賓館。《神道碑》及《桯史》說：「至燕，乃夜蔽帷秉燭密草奏，具言他日北使至，欲令親王受書，其辭云云。大昕而朝，遂懷以入。初跪進國書，陳誼慷慨，虜君臣方傾聽，公隨奏曰：『兩朝既爲叔姪，而受書之禮未稱，昨嘗附完顏冲，李若川等口陳，久未得報，臣有奏劄在此。』搢笏出而執之，金主大駭。厲聲問其宣徽副使韓鋼曰：『有請當語館伴，此豈獻書啓處耶？自來使者未嘗敢爾！』連呼綽起，鋼惶恐，以笏來綽公，公不爲動。再奏云：『奏不達，歸必死，寧死於此。』金主欲起，左右掖之坐。又厲聲云：『教拜了去。』鋼復以笏抑公拜，公跪如故。金主曰：『何不拜？』公曰：『此奏得達，當下殿百拜以謝。』金主乃令納館伴處。公即袖下殿，望殿上臣僚往來紛然。後聞太子欲殺公，其兄越王不可而止。頃之，引見如常儀。既歸，館伴果宣旨取奏去。是日，鋼押宴，謂公早來殿上甚忠勤，皇帝嘉歎，云：可以激勵兩國臣子。』」《玉峰志》中及《崑山郡志》四《成大傳》說：「嘗仗節使虜庭，伏穹廬不起，袖出私書切責之，其所負不凡類此。」概得其實。

九月十五日入辭。《桯史》「乾道受書禮」條說：「廷議方殷，會夏國有任德敬者，乃夏酋外祖，號任令公，再世用事，謀篡其國，事敗而卒。蜀宣司嘗以蠟書通問，爲夏人所獲，致之虜廷，雍酋益怒。范朝辭，遂令其臣傳諭詰之，范答以姦細之僞不可測。退朝，而館伴持眞書來，印文皦然可識，范笑曰：『御寶可僞，況印文乎？』虜直其辭，遂不竟。」又《鶴林玉露》卷四說：「至能將回，又奏曰：『口奏之事，乞於國書中明報，仍先宣示，庶使臣不墮欺罔之罪。』虜主許之。報書云：『口奏之說，殊駭觀聽，事須審處，邦乃孚休。』」《金史·交聘表》說：「求免起立接受國書，詔不許。」

九月十六日出館，十月十一日至泗州，與接伴使田彥皐、完顏溫叙別（《攬轡録》）。

十月，使還。金復書說：「和約再成，界山河而如舊；緘音遽至，指鞏雒以爲言。援曩時無用之文，瀆今日既盟之好。既云廢祀，欲伸追遠之懷；止可奉遷，即俟刻期之報。至若未歸於旅櫬，亦當並發於行塗。抑聞附請之詞，欲變受書之禮，出於率易，要以必從，於尊卑之分何如，顧信誓之誠安在？」（《兩朝中興聖政》卷四八）出使無成，然孝宗頗嘉獎。《神道碑》說：「上於是知公竭節盡忠，獎勞之餘，有終始保全語。」《程史》卷四亦說：「上於是知其忠勤，有大用意。後八年，迄參大政云。」

是月，除中書舍人，兼國史院同修國史及實錄院同修撰（《南宋館閣録》卷八）。賜紫章服。自出使回，副使以下皆遷兩官，獨成大不預，蓋因某大臣對成大不樂，嘗言其輕信西夏的緣故。

案：此據《神道碑》，某大臣當指虞允文，金人所指以爲言的「蜀中蠟書」當是允文帥蜀時聽信西夏，與之通問，被金人得去，成爲話柄，給成大帶來出使的困擾。及成大回，難免稍有微詞，因而開罪允文，而不得遷官。

十一月，以中書舍人兼侍講，吏部員外郎張栻亦兼侍講。成大在講筵講《禮記》，深合上意。《神道碑》說：「上勵精政事，患風俗委靡，書崔實《政論》賜輔臣，公講《禮記》『天子不合圍，諸侯不掩羣』，上曰：『此成湯祝網意也。』公遂奏：『德莫大於好生，陛下得之矣。乃者御書《政論》，意在飭紀綱，振積弊，而近日大理議刑，遞加等，此非以嚴致平，乃酷也。』上大喜曰：卿知言。聞臨安已觀望行事矣！講退，侍講張君栻謂公深得納約自牖之義，右史莫君濟曰：當書之記注。後數日，公進故事，復申其說。自公使北，狂生上書迎合恢復事，補官十餘人。公奏：『倖門不可開，繼此，臣必繳奏。』」

乾道七年辛卯，四十六歲。

正月十九日，上申請義役劄子，說：「臣任處州時，訪聞松陽有一兩都憚于充役，欲各出田以助役，風義可取，臣因而勸勉，數月之間，一縣十五都悉皆約成。大概隨役戶之多寡，量產力之厚薄，輸金買田，充爲衆產，遇當役者，以田助之。又自相推評，排比役次，以名聞官，蓋有排至一二十年者。既絕爭論，又無破家竭產之患，田里雍和，幾有古風，民間名曰義役。臣又將松陽規約頒其餘五縣，方施行間，臣蒙恩召還，即以囑代者樓璩，節次得報，諸縣已皆就緒，方今天下苦於爭役，而處州六縣之民，獨能以義相率，輯睦如此，實是聖化所漸，可以砥礪頹風。近緣朝廷兼行官戶差役，處州之人以義役已成，惜其遂壞，屢有士夫遠來謁臣，丐一言于朝廷，行下所屬，不妨官戶混差指揮，存留已結義役，並官戶亦自各願結入，同饗其利，即與新法別無相妨。伏望聖慈矜閔此方獨能興於禮義，特降睿旨，行下本州，許從民便，依舊循義役規約行使，官戶願入者聽其添入。仍乞今見知處州胡沂將六縣已結義役規約詳細繕寫成冊，繳送以聞。」三省同奉聖旨依。仍關牒諸路，遵依施行（《古今合璧事類備要》外集卷三十）。

案：外集載此劄爲臣僚奏，據《朝野雜記》甲集卷七「處州義役」條及黃震《黃氏日鈔》卷六七引先生奏狀，知確爲先生所奏。

三月二日，孝宗以知閤門事兼樞密都承旨張說簽書樞密院事，說是近習，而無才能，且屬躍遷而非常例，是以命下，朝論譁然，左司員外郎兼侍講張栻上疏切諫，先生當制，久不視草。岳珂《桯史》卷四「一言悟主」條說：「石湖立朝多奇節，其在西掖時，上用閤門事樞密都承旨張說爲簽書，滿朝譁然起爭，上皆弗聽。范既當制，朝士或過問當視草與否？笑不應，獨微聲曰：是不可以空言較。問者不愜，又譁然。謂范黨近習，取顯位，范亦不顧。既而，廷臣不得其言有去者，范詞猶未下，忽請對，上意其弗繳，知其非以說事，接納甚溫。范對久，將退，乃出詞頭納榻前。玉色遽厲。范徐對曰：『臣有引諭，願得以聞。今朝廷尊嚴，雖不可以下擬州郡，然分之有別，則略同也。閤門官日日引班，乃今郡典謁吏耳，執政大臣倅貳比也。陛下作福之柄，固無容議，但聖意以謂有一州郡一旦驟拔客將使爲通判，職曹官顧謂何邪？官屬縱俛首，吏民觀聽又謂何邪？』上霽威，沉吟曰：『朕將思之。』明日說罷。」張說甚不快，對人說：「張左司平時不相樂，固也；范致能亦奚爲見攻？」說因指所坐亭材植說：「是皆致能所惠也。」（參考《續通鑑》卷一四二）先生與說似有私誼，但不以私誼害公事，可謂直諒之士。

案：魏了翁上應召封事第四項「復侍從舊典以求忠告」中說：「乾道用張說，張栻以侍講上疏，范成大以西掖封還詞頭，周必大以翰苑不草答詔，莫濟在後省不書錄黃。至於臺諫交章爭之。」（《鶴山大全集》卷一八）《崑山志》卷四《李衡傳》說：衡爲侍御史，上疏論張說不當君樞筦，「時王希呂爲右正言，亦力彈之，莫濟爲給事中不書黃，周必大直學士院不草制，皆遭遷逐，布衣莊治作四賢詩以美之。」足見一時輿論皆不悅張說，說之罷，當以先生封駁之功爲大。

四月，先生求去，孝宗說：「卿言引班事甚當，朕方聽言納諫，乃欲去邪？」先生自是數有繳奏，竟不安於位（《神道碑》）。

七月，賑湖南江西饑。先生說：「夫振糴振濟其説不過兩言，莫不便於聚人，莫良便於散給。」（《兩朝聖政》卷五十）

八月五日，先生由中書舍人兼侍講同修國史兼實錄院同修撰除集英殿修撰知靜江府，兼廣西經略安撫使（《宋會要稿》選舉三四）。《神道碑》說：「會召宋晲，公又論之，章不下。」是爲外放的原因之一。

十四日，詔免淮民戶丁錢及兩浙丁鹽絹。《宋會要稿》食貨六六「身丁錢」條載：

「宰執進呈兩浙諸州丁鹽絹數，上曰：『范成大謂處州丁錢重，遂有不舉子之風。』虞允文奏曰：『誠有之，但諸州縣丁絹尺寸多少各不等，欲擇其重者蠲之。』上曰：『有一家而數丁者，須當量與減免，卿等更議定以聞。』于是詔兩浙州軍人戶身丁鹽錢折納細絹數內紹興府湖處州比之他州最重，敷納不均，訪聞民戶避免，至于生子不舉，有傷風化，可令提舉常平官限一月取見逐州所管戶口丁數等第，每丁歲納若干，有無折科，覈實保明，攢具成冊，繳申尚書省請旨。」

案：先生曾有乞議減浙東丁錢及乞免處州丁鹽絹等奏，俱見黃震《黃氏日鈔》卷六七，孝宗令虞允文詳議減免兩浙丁錢，即本於先生所奏。又論不舉子：「準紹興八年指揮，貧乏妊娠支常平米四斗，十五年改支一石。又令殺子之家，父母鄰保收生人皆徒罪。先是蘇軾知密州，盤量寬剩，得數百石，專儲以養棄兒。」先生之關心民生，亦可想見。

先生既得外放之命。乃先歸故里。門下士崔敦禮呈啓恭迎，說：「朝北海之洋，久已遡精神於門牆之下；歌南山之粲，庶幾定平生於言語之間。敢勤躧履之迎，用慰執鞭之慕。竊以先覺達後覺，雖有迪於見聞；下風應上風，亦相尋於氣類。……欽惟文伯，大起儒風，道四時之氣而洩其龢，落百氏之華而食其實。……然而道大則物必兼容，名盛則衆斯咸慕，雖問途豈資於老馬，然致士方揖於怒蛙。……伏念敦禮株愚智短，芻俚才微。素蘊壯圖，咲牛心而快賞；居懷強學，咀能膽以助勤。……成章不知所之，深負小子斐然之媿；不敏庶斯達矣，願聞先生莞爾之談。雖磁石鐵以類相從，實風馬牛勢常不及，豈意廣文之席，適邇舍人之門。……恭惟某官，包羅百氏，磅薄九流，以輝煌汗漫之作，而執耳文盟，以博大高明之資，而盱衡士類。一言噓善，四海傾風。自顧雖無玉佩瓊琚而放厥詞，庶幾足免明月夜光而投之暗鼎。」（《宮教集》卷八）

案：敦禮舉紹興三十年進士，極富才學，時正教授平江府，雅爲先生所器重，曾向史浩推薦過，故敦禮對先生極尊崇。惜其懷才不遇，英年早逝，學士大夫深哀傷之。

是年，繳僞會齊仲斷案。《黃氏日鈔》卷六

七《范石湖》奏狀：「繳僞會齊仲斷案，爲中書時所奏。初乾道六年七月四日指揮，限三日毀印。湖州齊仲以八月十七日有犯，斷以死罪，謂在三日外也。石湖謂七月七日降指揮，十一日方關戶部檢法案；金部之與法案，同一曹局，頃步之間，八日方能關行，而況傳至外州。合更審會湖州出榜的日，仍豁限三日，勑限外，照本人所犯日子，然後處斷。愚謂此仁人之舉也，記之。」先生可謂仁者。

自先生歸吳中，築別墅於吳縣西南十二里，名曰石湖。盧熊《蘇州府志》卷七說：「石湖在吳縣西南十二里，蓋太湖之一派，范蠡所從入五湖者，參政范成大創別墅於此，因越來溪故城，隨地勢高下而爲亭榭，植以名花，而梅爲獨盛，別築農圃堂，對楞伽寺，下臨石湖，孝宗御賜石湖二大字。……又有北山堂、千巖觀、天鏡閣、玉雪坡、錦繡坡、說虎軒、夢漁軒、綺川亭、越來城等處，以天鏡閣爲第一。一時名人皆爲文詞以侈之。」

乾道八年壬辰，四十七歲。

三月一日，友人周必大以春官去國，與其兄必達過蘇州，先生招飲於石湖，必大極讚園中景物之盛美。周必大《南歸錄》說：「乾道壬辰三月己巳朔，……與吳縣尉徐似道相見於津亭，既退，易舟徑赴范至能石湖之招。過橫塘，入般若院，……風橫而逆，薄暮方至。初吳築姑蘇前後兩臺，相距半里，爲城三重，遺基儼然，夫差與西施宴遊之地也。前有溪，越王勾踐以此攻吳，今號越來溪。溪上築城，與吳人夾溪相持。至能之園，因城基高下而爲亭榭，所植多名花，别築農圃堂，對臨伽山，下臨石湖。蓋太湖之派，范蠡所從入五湖者。望吳江縣才二三十里。飲酒至夜分，留題壁間，云：『吳臺越壘距盤門才十里，而陸沉於荒煙野草者千七百年，紫微舍人始創别墅，登臨之勝，甲於東南，豈鴟夷子成功於此，遍舟去之，天閟絶景，須苗裔之賢者然後享其樂耶？』」先生觀畢愧謝，説：「公言重，何乃輕許與如此！」必大説：「吾行四方，見園池多矣，如薌林盤園尙乏此趣，非甲而何？」《永樂大典》卷二二六六「石湖」條引《龔氏紀聞》説：「范公文章政事震耀一世，其地爲人愛重，石湖西南一帶盡佳山水，作圃於其間（者）頗衆，往往極侈麗之觀，春時士大夫游賞者，獨以不到此爲恨，猶洛中諸園必以獨樂爲重耳！按石湖之名前此未甚著，實自范文穆公始。由是繪圖以傳。」其景物之美如此。

崔敦禮撰有《石湖賦》一篇，極言石湖景物之壯麗，並述先生志趣。説：「崔子問於石湖先生曰：『富貴人所願，閑寂不可居，位通顯者有洋洋之志，處幽曠者懷戚戚之悲，此人之常情也。先生芥鐘鼎而不盼，徒軒冕而若遺，居無牆宇之飾，而丘壑以爲樂，家無珠玉之玩，而泉石以爲資，不已迂乎？』先生莞爾而笑曰：『子安知予之眞樂哉？寓形宇宙間，身世同浮萍，吾常委心任去留，奚肯逐物而營營？時乎見用則進，而上紫微之掖；一朝遇坎則退，而歸石湖之耕。方其余之在紫微也，未嘗忘江湖之夢；及其余之耕石湖也，益自覺公侯之輕。蓋山林斯予之至樂，而簪紱不能以攖其情者也。子嘗覽吾石湖之勝矣，其地有殘墉故疊，斷岸長雲，瀰迤延連，繚曲幽深者，越王之所城也。東臨具區，觀滄波之杳渺，怒濤之軒轟，風帆浪楫，出滅煙雲者，鴟夷之所經也。西傍越溪，見吳王之臺，想夫千軍萬馬，銜枚潛渡，黃金白璧之殿，化雨爲荒萊。南連橫山，北睇亞字城，樓觀相望，翼乎崢嶸，其地勢奇古如此，自越迨今，千五百歲，霜露之所蒙翳，狐狸之所竄處，至於登臨之要，則不得而擇其所。我乃被天奧，發地藏，平夷土途，誅薙蕪荒，伏萬象之偃蹇，洗千古之淒涼，築農圃湖山之觀。聳碧城崑閬之丘，岫幌納千峰之秀，雲莊開萬壑之幽，夜月兮嬉漁，春風兮芳洲，渺煙波兮鷗鷺，適忘機之樂，度

雪兮龜魚，聽柱杖之遊（皆園中名）。至於水靜鵠立，林幽鶴鳴，漾湖光於几席，占山影於臺亭，花粲粲以昌被，木欣欣其敷榮，菡萏兮十里，琅玕兮滿城，其他幽芳奇觀，間見層出，又不可殫舉而悉名。於是或命籃輿，或漾輕舟，或舒嘯以登臯，或賦詩而臨流，或掘雲於晳嵲之頂，或採月於澄泓之洲，若乃浩蕩連空，月華正中，鑒秋毫於浮玉，倒寒影於垂虹，鼓棹踏松江之浪，扣舷吟笠澤之風，訪蓴鱸於漁父，詰龍橘於江童，此天下之至樂也。其何得以加之？」崔子聞之曰：『先生樂哉！矛頭淅米劍頭之炊，不如枕流漱石脫富貴之危機；翻手作雲，覆手作雨，不如遺名絕俗與煙月爲侶。先生樂哉！雖然，趨市朝者患於既倦而不知歸，入山林者失於固藏而

不肯仕。先生石湖之樂誠樂矣，當如江上之清風，山中之明月，欣然接之可以寓意，而不可以留意。若曰抱其道而不施，懷其材而不用，必欲就閒逸樂，幽隱爲將老之計，此余所未取也。』於是作石湖招隱之歌，歌曰：清且泚石湖之水，高嶄巖石湖之山，湖之中可釣可遊，湖之側宜稼宜穡。有美一人兮樂無涯，朝出遊兮暮來歸。曳杖兮吳臺，維舟兮越溪，念夫君兮淹留，葺蘭芷兮芳洲。長松卧壑兮風颼颼，深山紫玉兮光彩浮，萬牛回頭兮挽山丘，五城一覩兮禮必優。宜規明堂兮備前旒，去來去來兮石湖不可久留。」（《宮教集卷一》）後先生頗得閒數年，將石湖修整成天下第一等的園池。《驂鸞錄》說：「始吾得吳中石湖，遂習隱焉，未修經營如意也。翰林周公子充同其兄必達子上過之，題其壁曰：登臨之勝，甲於東南。余愧駭曰：公言重，何乃輕許與如此。子充曰：吾行四方，見園池多矣，如薌林、盤園尙乏此天趣，非甲而何？子上從旁贊之。余非敢以石湖夸，憶子充之言，並記於此。噫！使予有伯恭、子嚴之才，又得閒數年，則石湖眞當不在薌林、盤園下耶！」這是先生的意願。

案：陳振孫《直齋書錄解題》著錄《石湖集》一百三十六卷，說：「石湖在太湖之濱，姑蘇臺之下，去城十餘里，面湖爲堂，號鏡天閣，又一堂扁石湖二字，阜陵宸翰也。今日就荒毀，更數年恐無復遺跡矣！」再過之，爲之慨然。」如此美麗的園囿，經始不易，但子孫不能保有，數十年後便已荒毀，實令人興無涯之感慨！

是月，友人周必大來遊石湖後，盤旋經月始去，必大《南歸錄》載之甚詳。「三月五日癸酉」條載：「觀金沙塔，新隆興察推周從事寅相候。張漢卿自天池遣其子見召，范至能來自吳下，置酒風雨終夜。」六日甲戌，「再遊本禪師塔，登琴臺，觀崑山慧聚寺，風動地，幾不能立，至能談戴子善子微之弟遇道人朝斗事，甚異。」十五日癸未，「再約范至能會石湖，復掛帆而東，及園，至能未來，與伯氏徧賞羣花，遊楞伽治平寺。薄晚，至能來，月色如畫，乘小舟入石湖之心，登岸策杖，度行春橋、越來溪橋，歸飲煙波亭，飲農圃堂，夜分乃寢。」十六日甲申，遊橫山寶積寺，「次望上方教院，小酌，御風而下，回望姑蘇前臺，週遭城基故在。至能畏風不果登，登後臺而歸。二臺相距甚近，但隔楞伽治平寺。至能辭還城。」

三十日，周必大歸，先生與張杕等置酒餞行。《南歸錄》說：「張漢卿攜家置酒相餞，外舅仲賢夫婦，唐致遠夫婦畢集，范至能亦來。」

春，姪藻（德明）舉進士（《玉峰志》卷中）。

十二月，將往廣西，親友咸來相送。《大典》卷一五一三九載李洪《芸菴類稿》，有《送范至能帥桂林》七律一首，稱：「口伐奇謀讋可汗，歸來猶著侍臣冠。燧林草色供詩思，鳳沼春波灩筆端。誰謂玉堂眞學士，暫臨桂管小長安。元戎十乘無遄邁，上閤宣麻句已團。」

案：李洪生於建炎三年，《宋史》無

傳，其事跡不可考。《芸庵類稿》卷六有「紫微龍尾硯銘」一則，云：「余生歲在己酉，大駕南巡，先公扈從掌誥紫微閣下，渡江故物散逸，得龍尾圜硯焉！」

七日，自吳郡出發，帥廣西，《驂鸞錄》說：「石湖居士以乾道壬辰十二月七日發吳郡，帥廣西，泊船姑蘇館。」

十五日，姻親相送于松江。《桂海虞衡志》序說：「始余自紫微垣出帥廣右，姻親故人張飲於松江，皆以炎荒風土爲戚，余取唐人詩考桂林之地，少陵謂之宜人，樂天謂之無瘴，退之至以湘南江山勝於驂鸞仙去。則宦遊之適，寧有踰於此者乎？既以解親友，而遂行。」

案：先生赴帥廣右，《驂鸞錄》載之甚詳，有如日記，文繁，不及詳錄，且所記皆宿止地名，旅游經過，無關國計民生，因不一一著於年譜，讀者如有興趣，可自行參考。

乾道九年癸巳，四十八歲。

三月一日，抵達桂林。十日，入城交接府事。郡治前後，萬峰環列，與天爲際。先生自吳郡啓程來廣右，旅途所經，咸有記錄，其紀行之作，遂以《驂鸞》名之。《驂鸞錄》說：「桂林自唐以來，山川以奇秀稱，韓文公雖不到，然在朝乃熟聞之，故詩有參天帶水翠羽黃甘之語，末句乃曰：遠勝登仙去，飛鸞不暇驂。蓋歆豔之如此，故余行紀以驂鸞名之。」

先生治民，一本誠信，《桂海虞衡志》自序便說：「既至郡，余既不鄙夷其民，民亦信其誠。」先生出守四方，其所以政績卓著者胥由於此。

九月一日，與莆田林光朝同遊水月洞，考古揆宜，復其舊日名稱，並爲之銘（《南宋文録録》卷八），刻於石。

案：《粤西金石略》轉載劉玉麐之言說：「按宋史：范成大字致能，吳郡人，中書舍人，掌內制，留張說簽樞詞頭不下，出知靜江府。林光朝字謙之，莆田人，隆興元年年五十，始進士及第，歷國子司業，因不往賀樞密張說，出爲廣西提點刑獄。是二公之出，並因外戚張說也。……成大與光朝並以乾道九年至廣西，今石刻載二公同遊水月洞，正在是年。可以證明史傳，而亦並知當日攜手登山，兩相契合之由矣！」此言得之。

十二月，廣西鹽復官賣法，從先生所請。

《中興聖政》卷五二「乾道九年十二月」條：「是月，廣西鹽復官賣法，從帥臣范成大之請也。二廣鹽法，自靖康間行官般官賣法，至紹興八年後因臣僚言其爲利甚博，遂改行鈔法。節次更廢不一，至乾道六年逐司互有申陳，遂自八年詔令兩路通販，官鈔九十萬貫同認歲額，然實與西路歲計不便，遂詔廣西鹽住行鈔法，撥還運司，均與諸州官般官賣，以充歲計。」《神道碑》說：「廣西荒遠窘匱，承平時仰湖南北及封椿錢七十餘萬緡禆歲計，此外惟恃鹽貨，其法屢變，大要官般爲便。建炎後中原士族富家避地輻輳，嘗以行客販，其後客皆北歸，鄰道歲給亦停，稍許折苗招糴，旋以病民而罷。諸郡專藉運鹽之利，漕司取十六，以其四充郡計，已復盡取之。於是屬州有增價抑配之弊，詔復行鈔鹽。漕司拘鈔錢，均給所部，而錢不時至，守令束手無措，極邊如邕州至經年無吏俸，禁軍逃亡不補。公入境，曰：『利害有大於此乎？』日夜討論，連奏疏數千言，大略謂法久或弊，救之在人，誠能裁漕司強取之數，以寬郡縣，則科抑可禁，不在改法。上極從之。」

案：《黃氏日鈔》卷六七摘錄《石湖集》奏議，說：「廣西無酒稅，商舶所入，祖宗撥諸路錢物助之，湖北軍衣絹四萬二千匹，湖南軍絹一萬五千匹、綿一萬兩，廣東米二萬二千石，提舉司鹽一千五百萬斤，韶州岑水場銅五十二萬斤，付本路鑄錢一十五萬貫，總計一百一十餘萬貫，並充廣西支遣。建炎兵興，諸路不復撥到，所籍者官賣鹽耳。廣西漕司歲發鄂州大軍經略司買馬靖州共二十一萬貫，歲撥諸經費及諸司循例支遣共五十二萬二千八百貫，通計七十二萬一百貫，均撥鹽敷諸州出賣，除收息充歲計外，又別支鹽鈔附賣，以六分爲大軍買馬及靖州歲計，四分助諸州，又計一十九萬四千一百貫有畸。紹興八年六月改官賣鹽，行客鈔，利歸鹽司，分隷起發時，漕臣高繹止具舊來經費，已失四分。所管十九萬四千一百餘貫之利，又使擬鈔法，必及歲額，以太半不可指準之錢爲一路歲計，以致諸州困乏，軍無贍養。後因鈔鹽不行，乾道四年六月四日復令官賣，廣東鹽廢弛，以不得過西路爲說，乾道七年六月二十八日復通行客鈔。石湖入（蜀）廣，值宜州對境南丹州莫延葚入省地作過，謂皆固、邕、宜、融邊郡無錢糧，軍政廢弛所致，力請於朝，以復行官賣鹽爲第一事。」廣西鹽忽而官賣，忽行客鈔，政府沒有貫徹實行的決心，遇臣下一有陳奏不便，即翻然改易，在政府固任爲尊重地方官意見，但百姓卻頗受滋擾。是年既因先生奏請改官賣法，而五年後，詹儀之主張行客販鹽鈔，政府亦從之，即此一事，亦足見政府對國是舉棋不定，實在談不上行政效率了。

十二月十三日，安南王李天祚遣使尹子思、李邦正入貢方物，過靜江府，先生奏請「本司經營諸蠻，安南在綏撫之內，其陪臣豈得與中國王官抗禮，政和間貢使入境皆庭參，不復報謁，宜遵舊制，於禮爲得。」（《宋史》四八八）孝宗從之。

《宋會要》蕃夷七「歷代朝貢」條：「乾道九年十二月十三日廣南西路經略安撫司言：安南使副尹子思等稱：本道紹興二十六年入貢方物，係是輕細，今來進奉象身所用供御羅我重大之器，並有沉木香等二千斤，所有夫力除省擔仗外實用七百五十人，馬四十疋，乞比舊例增五十人。從之。同日又言：進奉使副等到，本司除公參大排茶酒外，其餘禮數頗繁，本司並行折算，及說諭在路不宜稽滯，已依稟趨程起發。所有經由以北州軍門迎大排辭送管設之類，並乞一併折算，可省搔擾繁縟之費，已備牒照應施行。舊例帥臣往使人館舍報謁，仍移庖茶酒七盞，竊謂本司經略諸蠻安南等道，偕係綏撫，其陪臣無敵體之禮，恐於今日國體未是。遂檢准政和五年交州進奉經過州軍更不復禮指揮，令尹子思等赴闕，本司參謁叙寒溫罷，即以門狀就廳展還，尹子思等降階揖謝而退，次日亦不移庖折送還之，自此可爲定例。及除參司並特排外，其餘大排謝會辭府朔旦等茶酒，悉准物價遞送，官司省費，蠻人亦以爲利。從之。」

案：《宋會要稿》蕃夷四「交趾國」條亦載此奏，並稱「知靜江府充廣南西路經略安撫司」，知爲先生所奏。

冬，先生條陳馬政革弊事項，《黃氏日鈔》卷六七摘錄先生節廣時奏議說：「論馬政四弊，邕州買馬大弊二：蠻人先驅一二百瘦病者爲馬樣，邀以買此而後大隊至，暨至，亦雜以半，買馬司典吏與招馬人歲久爲弊，一也。橫山寨無草場，支錢悉爲官吏乾沒，不以時得草，二也。沿路損馬大弊二：所至無橋道，涉水食程，一也。州縣不與草料，但計囑押人而去，二也。買之弊乞擇官，損之弊乞馬病隨遇留醫。」報可。廣西本不產馬，羅殿、自杞諸蠻以錦綵易之於大理國，再趨到橫山寨互市，廣西經略安撫司負責收買後發赴臨安，以是日久弊生，銀則雜銅名四六銀，鹽則減斤百得七十，皆爲邊吏乾沒。《朝野雜記》甲集卷一八「廣馬」條言此事甚詳，有云：「廣馬者，建炎末廣西提舉峒丁李棫始請市戰馬赴行在。紹興初隸經略司。三年春，即邕州置司提舉，市於羅殿、自杞、大理諸蠻。未幾，廢買馬司，以帥臣領其事。七年，胡待制舜陟爲帥，歲中市馬二千四百匹，詔賞之。其後馬益精，歲費黃金五鎰，中金二百五十鎰，錦四百端，綺四千匹，廉州鹽二百萬斤，而得馬千五百匹。馬必四尺二寸以上乃市之，其直爲銀四十兩，每高一寸增銀十兩，有至六七十兩者。土人云：其尤駔駿者，在其出處或博黃金二十兩，日行四百里，但官價有定數，不能致此耳！然自杞諸蕃本自無馬，蓋又市之南詔，南詔今大理國也，去自杞國可二十程，而自杞至邕州橫山寨二十二程，橫山寨至靜江府又二十餘程，羅殿國又遠於自杞十程。乾道九年冬，有大理人李觀音得等二十二人至橫山求市馬，知邕州姚恪盛陳金帛誇詡之，其人大喜。出一文書，稱利貞二年十二月，約來年以馬來，所須《文選》、五經、《國語》、二史、《初學記》及醫釋等書，恪厚犒遣之，而不敢奏也。會宜州谿洞巡檢常恭者赴闕，持南丹州莫延甚表來，乞就宜州市馬，比之橫州可省三十餘程。張說在樞筦，以其表聞，李壽翁時爲檢詳文字，爲說言邕遠宜近，人孰不知，前迂其途，豈無意？況今莫氏方橫，乃欲爲之除道，而擅以互市之饒，誤矣！小吏妄作，將啓邊釁，請論如法。說不聽，命從義郎李宗彥以提點綱馬驛程往宜州措置。」廣西馬政積久生弊，蓋由於此。

淳熙元年甲午，四十九歲。

仍在廣西經略安撫使兼知靜江府任，建樹甚多。

先生曾建議嚴邊防，孝宗採納。《宋會要稿》兵二九：「淳熙元年六月十二日，詔廣西帥憲司行下宜州溪洞司，常明遠斥堠，過作隄備，仍整齪將兵土丁等常爲待敵之計，以備不測。毋令侵犯作過。

以知靜江府范成大言：南丹州莫延甚二三年來，專作不靖，恐爲邊患。故有是命。」

八月五日，張說罷知樞密院事（《宋宰輔編年録》卷一八）。先是宜州溪洞巡檢常恭建議與南丹在宜州市馬，說力贊之，先生奏「南丹越宜州已屬非法，今並舍帥司，邊防壞矣！」（《神道碑》）及說罷政，樞密院乃奏宜州買馬不便，而罷。李心傳《朝野雜記》甲集卷一八「廣馬」條說：「既而說罷政，密院乃奏宗彥等所言邊防不便罷之，時淳熙元年秋也。帥臣范致能因劾常恭之罪，下吏削籍流竄焉！廣馬例以五十匹爲一綱，每年過三十綱許推賞，然官吏爲奸，博馬銀多雜以銅（蠻人交易，每銀一兩為握臂釧樸以為率），鹽百斤爲一畚朘，減至六十，所贏皆官吏共盜之。蠻覺知，不肯以良馬來，所市率多老病駑下，且不能登數。致能爲約束，令太守莅鎔釧樸，增足鹽畚。逮其去官之歲，市馬乃六十綱，前此未有也。」《黃氏日鈔》卷六七摘録先生全集，云：「淳熙元年指揮，戰馬買四尺四寸以上，石湖乞四尺三寸帶分。……廣中元無戰馬，羅殿、自杞諸蠻以錦綵博之大理，大理即南詔也。諸蠻驅至橫山場互市，每低一寸，減銀十兩，如四尺四寸者銀四十一兩，三寸即三十一兩。自橫山至邕州七程，至經略司又十八程，其道自邕賓象靜江出湖南。紹興十年三月指揮，經由州縣於經制錢立科應副；湖南自全州至行在並遵依。而廣西科稅戶，稅戶陪些小錢物，折與管押兵校，而馬斃於饑渴矣！石湖奏乞一體遵行。又買馬久弊，約定銀則雜銅名四六銀，鹽則減斤，百得七十，皆爲邊吏乾沒。石湖以乾道九年到任，銀不夾帶，鹽足斤兩，又印給支買憑由，每量到馬足，即批上尺寸斤兩。蠻人感悅，得馬最多。出嶺又奏乞常切檢察，準格買馬，不及千五百疋（四）展磨勘一年，多二百疋減磨勘，千疋轉官。淳熙元年多千二百五疋。」先生力革廣西馬政之弊，其效如此。

八月十五日，捕獲興安縣界盜賊。《神道碑》說：「興安縣界盜傷人，公密設方略掩捕。適中秋，同諸司泛舟賞月，命取大巵酌酒置案間，提刑鄭丙問故，公笑曰：欲飲至爾！俄岸上讙譟，乃將官沙世堅執賊首來，即以巵酒飲之。諸司駭然。」

九月，桂林鹿鳴燕，先生賦詩勸駕，刻於石（《粤西金石略》）。

十月，除敷文閣待制四川制置使兼知成都府（《神道碑》）。先生在廣西，重視邊防與地方自衛，甚著績效。《神道碑》說：「公以溪洞猺人出沒不時，請選官團結省民，毋得外交，寇至，勿候官兵徑禦之。次及熟猺在省地者，亦爲保伍；明開博易之路，勿得私易。又遣人深入蠻境，諭以約束，自是無敢犯法。」《黃氏日鈔》卷六七載之尤詳。說：「廣西管州二十五，四在海之南，二十一在海之北。在海北者外邊諸蠻，內雜洞猺，而邕、宜最爲要害。邕州管東南第十三正將五千一百人，淳熙初僅存七百七十餘人，宜州管十二副將，淳熙初有五百三十餘人，又多差押爲催綱、接送雜役，在營者皆老病，與無兵同。邕州馬元額一千六百疋，至是亦僅二十七疋而已！石湖申乞復行官賣鹽，以其事力招塡邕州買馬銀鹽繪錦數十百萬，皆在横山庫，無城護藏，無兵鎮壓，乞將邕州守臣常擇折衝禦侮之材。經司駐靜江，是時見兵亦不滿二千人，石湖蒐強壯一千人，並駐泊，下揀百八十四人，與摧鋒軍本司效用結隊上教，旬兩披擐。蓋自何佾爲帥，隆興間申揀得五百人敎閱，今方再教之。使郡將常以此存心，太祖養兵之法何至反成蠹國哉！近世見在軍不蒐，而反添刺羸弱，以益其蠹，可怪也。石湖練兵之外，又團結猺人作三節措置，先結邊洞省民，授器教陣；次諭稍近猺人團結立誓，然後許通博易；最後又遣勇敢，以近猺爲鄉導，深入不賓處，如前諭之。他日遠猺有犯，須先破近猺，近猺有犯，先及邊團，則官兵固已至矣！是年靜江管下溪洞猺人結成五十五團，置桑江寨以統屬之，其義寧、臨桂、古縣一帶深山團結不盡者二十四聚落，亦緣此不敢犯邊，又置博易兩場以防其窮迫，山之北置義寧縣西，山之南置灣溪隘下，皆具圖冊奏聞。摧鋒軍本東路駐劄，分二百人於西路靜江，東路尙二千六百人。有欲抽回靜江者，石湖屢申不發，謂固西路所以固東路也。東路管十四州軍，駐韶州，非邊面，故云。」

案：《宋人軼事彙編》卷一七引《西園聞見錄》說：「范成大帥廣西時，令諸猺團長納狀云：『某等已充山職，今當鈐束家丁，男行侍捧，女行把麻，任從出入。上有太陽，下有地宿，翻背者生兒成驢，生女成豬，舉家絕滅。不得對好翻非，不得偷寒送暖，上山同路，下水同船，男兒帶刀，一點一齊，同殺盜賊，不用此欵者，並依山例。』山例者，殺戮也。自是帥事二年，諸猺無及省界者。」觀諸猺囤長所納之軍狀，顯然是一項誓詞，對猺人甚有約束力。足見先生對安定邊疆之功，實在是相當宏偉的。

又據《黃氏日鈔》六七所載，知先生帥廣右時建白甚多，據稱：「繼又條四事，一乞招塡諸州將兵，二乞以前提刑滕屠效用軍發赴行在，逃亡者招充本路效用，小弱者斷給據自便。三以廣西人少，一保動隔山川，改戶長法，止以三十戶爲一科。四以簿尉規辟上司，別差無籍者攝之，乞禁止。又劾宜州兵官不之任及冒領邊賞。乞改四月十五科舉爲三月十五，以免冒暑，乞以銓試三場分日。」先生之留心軍政民事，亦可於此數事見之。在任時，又嘗上透漏銅錢劄子，對泉寶外流之患及救之之道言之甚詳。說：「臣聞東南蕃夷舶船，歲至中國，舊止以物貨博易，近年頗以見錢爲貴，廣、泉、四明及並海諸郡，錢之去者，不可勝計。紹興三十年嘗大立法禁，五貫之罪死，隨行錢物，全給告人。罪賞之重至此極矣，而終弗敗獲，蓋溟渤荒渺，客程飄忽，誠有法禁所不能及者。訪聞一舶所遷，或以萬計，泉司歲課，積聚艱窘，而散落異國，終古不還，誠可爲痛惜而深恨也。今法禁既不可制，盍亦循其本而求之乎？臣愚欲望明詔，試令有司條具，每歲市舶所得，除官吏糜費外，實裨國用者幾何？所謂蕃貨中國不可一日無者何物，若資國用者無幾，又多非吾之急須，則何必廣開招接之路。且以四明論之，蕃舶所賫，止於青甆銅器螺頭松實及板木之類而已，皆非中國不可無之物，而誘吾泉寶以去，利害重輕，不較而判。臣嘗試妄議，以爲明州一處蕃舶，豈不可以權住，姑塞漏錢之一穴，其它可以類舉，此拔本塞源，不爭而善勝之道。今無法以必禁，又以爲蕃貨不可無，則當坐視泉寶四散而去，勿惜恨可也。」（《歷代名臣奏議》卷二七二）先生之留心國是，誠有足多者。其時中外貿易已開，權住市舶，恐難辦到。

十一月九日，詔四川所買西馬並依廣西成規施行。《宋會要稿》兵二三「買馬」條：「淳熙元年十一月九日，詔四川所買西馬並依廣西已降指揮施行。先是有旨廣西自淳熙二年收買四尺四寸馬，經略使范成大言：其間四尺三寸及三寸帶分之馬，齒嫩闊壯，一切棄之可惜。乞令邕州於內揀選壯嫩權奇者收買。……既從其請，故令四川依此。」

十二月十九日，詔改先生爲管內（成都路）制置使（《孝宗本紀》）。

案：《南宋制撫年表》稱先生改本路安撫使，不知何據。《神道碑》說：「令復置宣撫使，以命樞臣，改公成都路制置使。未幾廢宣撫司，公復專四路之寄。」

三十日，除夕，友人陸游調陞四川制置司參議官。

淳熙二年乙未，五十歲。

正月，將往成都。友人林光朝與書說：

「某昨遣承局行計程當已過蒼梧，忽觀勅目，竊審紫微舍人有節制全蜀之命，已專走賀牘，此行甚寵，料不容固辭。恐前旆已出湘潭，遂令去人徑自郴江下長沙。領近誨，乃知尚在桂林，欣慰之甚。某歲中兩至南海，覺得筋力殊不堪，若更宿留，恐厲毒之氣乘衰備而來，卻如何禁？當得反復思之，勢當乞祠祿爲度嶺計。每見舍人處倉猝有甚深定力，萬里之行，想規劃已就，亦須牽船上峽否？若有一線道可去，自不必起此想。某兩度颿海作怔忪者數年，雖證候多端，不盡可曉，然緣想在是耳！來書苦多病，聞之懸切，第以國事，不應逡巡。越城舊隱，在江東爲第一，然天下閑人自應少，看了錦官古跡，卻歸來袖手亦未晚。退之一生辛苦，故有『尋思百計不如閑』之語，舍人於應酬紛拏中，乃如無事，書卷且不廢，恐石湖一境不爲徒然耳！」（《艾軒集》卷六《與范帥至能》）其對先生推崇勗勉之意深厚如此。

是月，與桂林百姓道別，羣衆奉觴先生於途，既出郭，又留二日始去（《桂海虞衡志序》）。月之二十八日與諸友酌別於碧虛，並題名其間，刻於石。《粤西金石略》說：「范至能赴成都，率祝元將、王仲顯、游子明、林光甫、周直夫、諸葛叙時酌別碧虛，時淳熙乙未正月二十八日。此刻在臨桂棲霞洞，行書，徑三寸許。」

先生赴成都，所過皆以詩記之，俱載《石湖詩集》卷一五、一六中。乃先北行，取道衡山、長沙、而荆州，再西行，過巴東巫峽，至夔州。再經忠州、遂寧，至六月而達成都。先生到任後作謝表說：「去國八千里，恨靑天蜀道之難；提封六十州，豈白面書生之事。」（《黄氏日鈔》卷六七）時陸游爲制置司參議官，以文字交，不拘禮法。二人自乾道六年金山一別，已歷五載（《宋史》卷三九五游傳）。

是夏長至日，撰成《桂海虞衡志》一卷，記述廣西風俗人情及景物。序稱：「始余自紫薇垣出帥廣右。……即至郡，則風氣清淑，果如所聞，而巖岫之奇絶，習俗之醇古，府治之雄勝，又有過所聞者。余既不鄙夷其民，而民亦矜予之拙而信其誠，相戒勿欺侮。歲比稔，幕府少文書。居二年，余心安焉！承詔徙鎮全蜀，亟上疏固謝，不能留。再閲月，辭勿獲命，乃與桂民别，民觴客於途，既出郭，又留二日始得去。航瀟湘，絶洞庭，泝灩澦，馳驅兩川，半年達於成都。道中無事，時念昔遊，因追記其登臨之處與風物土宜，凡方志所未載者，萃爲一書，蠻陬絶徼見聞可紀者，亦附著之，以備土訓之圖。噫！錦城以名都樂國聞天下，余幸得至焉，然且惓惓於桂林，至爲之綴緝瑣碎如此，蓋以信余之不鄙夷其民，雖去之遠，且在名都樂國，而猶弗忘之也。」

六月，抵成都治所，始視事。

八月五日詔加強黎州屯戍。《宋會要稿》蕃夷五「黎州諸蠻」條中載：「淳熙二年八月五日詔制置使范成大於本路諸州軍係將不係將禁軍內，均選彊壯，作兩番，每番七百人，分上下半年於黎州屯戍，委制置司置辦衣甲軍器等，差有智勇兵官一員統轄訓練與輪戍。大軍三百人，同其防把。成大奏：奉御筆體究黎州邛部川崖巇，部乂兄弟爭殺事，今探聞五月二十九日有兩林蠻王弟籠畏首領崖來等同部乂率人馬三四百來攻邛部川之籠甕城，不克，虜掠牛羊千餘，崖巇遣人追逐，殺三人，部乂等復歸兩林，崖巇見守籠甕自固，照得崖巇、部乂兄弟相攻未已，臣已行下黎州，嚴切隄備，並遣發更戍西兵，前去守把。故有是命。」

二十日，先生奏劾前知黎州宇文紹直，詔編管秦嵩。前書條又載：「二十日，詔前知黎州宇文紹直特送千里外州軍編管秦嵩，令四川置司疾速取勘。以范成大言黎州申五月六日安靜寨押到蕃部首領奴兒結等九名，還納所虜漢口周往保等三十九名，乞再行打誓依舊入省地互市。本州已將人口津送歸業，其奴兒結等亦支犒設發歸部訖。照得本朝故事，番夷作過，若欲復通，須還虜去人口，如何但得三十九名便要打誓通和故也。」

二十二日，奏措置邊門事宜。《宋會要輯稿》兵二九「邊防」條載：「淳熙二年八月二十二日，知成都府范成大言：『本路邊防欲行措置，一則欲精閱一路將兵，添置器械，而無犒賞營繕之力。二則欲葺治保障，修明防隘，而無調度夫役之費。則當謂究寨戶土丁之舊，置造軍器給散，與之團結教閱，以省戍役。然須有以助邊州支用給犒。乞給降度牒五百道付本司，轉變措置上項經畫，數月之間，稍有端緒，逐旋圖寫奏聞。』從之。」

案：《神道碑》說：「初及境，言吐

蕃、南詔昔爲唐患，今幸瓜分，西南無警二百年。近者雅州碉門蠻入寇，敗官軍，乾道九年，吐蕃青羌兩犯黎州，而奴兒結蕃列等尤桀黠，輕視中國，臣當內教將士，外脩堡寨，仍講明寨丁教閲團結之法，使人自爲戰，三者非財不可。上手札獎勵，賜度牒錢四十萬緡。公日夜閲士，製器甲，督邊郡次第行之。時摘兵赴帥司，按其精粗，以黎爲要地，奏置路分都監增五寨，籍少壯五千爲戰兵，經理歲餘，凡吐蕃擾邊徑路十有八悉築堡置戍。奴兒結借諸部兵扣安靜寨，公發飛山軍千人赴之，料其三日必遁，戒勿與爭，已而果然。有白水寨將王文才私娶蠻女，常導之寇邊，公重賞檄羣蠻，使相疑貳，俄蕃牙擒文才以獻，公命即黎州教場斬之，兵威大振。於是專意恤民矣！」先生安定邊陲之功實不可抹。

九月二十二日，先生奏請重邊郡選辟官屬，至是詔從之。《中興兩朝聖政》卷五四：「九月庚子，詔階、成、西和、鳳州當職官以下，令本路帥漕司於四路在部官同共選辟，並體量見任人委實癃老及不堪倚仗者，並申制置司躬親體量保明，申取朝廷指揮，其所辟官，不許辭避。所有邊賞一節，令吏部看詳申尚書省。以知成都府權四川制置使范成大所奏也。」

二十六日，奏言：「相度乞下興州都統司，如鳳州不測，緩急有所應援一節，一面應機將附近軍馬申發前去，卻申制置司照令施行。」（《宋會要稿》兵二九「邊防」，《中興聖政》卷五四）從之。

十月，友人林光朝與先生通欵曲。說：「某自到湘南，首尾恰兩年，凡再易地，今復在收召之數，僥竊誤恩，何以論報？去年五月末出淩江督捕，以署暍多生疾。三十年來，案頭竊坐，無一長進，從來不知兵，今乃以破賊聞，不能無慙色也。舍人節制兩蜀，事權不分，爲上之所倚重者如是。忠武侯當倥偬之日，應接不少停，而天下視之常若廬中堅卧，無意於事功者。石湖依然，幸不必多念之。……舍人涉太行以北，又望交州爲接畛，今乃卧護巴漢，而經略中原，若不提一旅人，使太史氏誇張所歷，似亦大無謂也。」（《艾軒集》卷六《與蜀帥范至能》）

案：《宋會要稿》兵十三「捕賊下」：是年閏九月廿八日詔：「廣東提刑林光朝不肯避事，躬督摧鋒軍以遏賊鋒，志甚可嘉。初謂其人物懦緩，臨事乃能如此，宜與進職。」蓋光朝以平茶寇功，進職一等。知此書最早當在十月。

十月十六日，奏請綿州、潼川兩處屯駐西兵内各選差一百人輪戍黎州。從之。先是，從宣撫使沈復之請，於五月廿七日詔「潼川府及綿州所屯將兵内各輪差三百人作兩番，分上下半年更替於黎州屯戍。」至是先生再請。

案：《永樂大典》卷三五八七載先生乞免移屯與執政答宣諭劄子，說：「某昨奉鈞誨，傳諭上旨，議欲移屯潼川、綿州大軍二千人前來成都，並聽成都帥臣節制等事，竊惟成都會府，根本全蜀，而武備玩弛，卒乘單弱，若增屯大軍，誠可折衝。惟是潼川、綿州兩軍屯戍皆經四五十年，老身長子各已成家，婚姻盤錯，墳壟相望，揆之常情，恐未免安土重遷。必先爲之經畫措置，曲盡其宜。使盤挈之初，免家具破散之憂，既到之後，無暴露羈旅之戚，人忘其徙，家安其舊，然後有利無害。略計營壘支犒之費，無慮十有餘萬，非一日可遽辦者。至於目下脱有奸盜竊發，一切緩急事宜有合調發去處。緣去年復再置四川制置司時，已有九月五日專降聖旨，依條具合行事務内一項：四川諸州奸宄夷獠之患，計從制置司審度事勢，差發都統司西兵捍禦。今來成都帥臣係兼四川制置使，遵照上件指揮，於諸處屯兵，自可節制奉行，不至闕悮。所有移屯，欲乞鈞慈特賜開陳，少寬限期，容某續更子細相度，並計算所費萬數，條具申聞。某博詢熟究，以致拜答稽緩，伏乞鈞慈，特賜矜恕。」足見先生的務實精神。

淳熙三年丙申，五十一歲。

先生喜遊宴，常招邀陸游，酬唱新詩，蜀人爭爲傳誦。《劍南詩稿》卷七《錦亭》詩有「樂哉今從石湖公」之句。《詞林紀事》卷一一引黄花庵之言説：「范致能爲蜀帥，務觀在幕府，主賓唱酬，短篇大章，人爭傳誦之。」又《蜀故》卷九：「范致能、陸務觀以東西文墨之彦，至爲蜀帥，在幕府日，賓主唱酬，每一篇出，人以先睹爲快。」

三月三日，蜀人爲先生刊刻《西征小集》，請陸游爲之序。序稱：「石湖居士范公待制敷文閣來帥成都，兼制置成都潼川利夔四道。成都地大人衆，事已十倍他鎮，而四道大抵皆帶蠻夷，且北控秦隴，所以臨制捍防，一失其宜，皆足致變故於呼吸顧盼之間。以是幕府率窮日夜力理文書，應期會，而故時巨公大人亦或不得少休。及公之至也，定規模，會號令，施利惠農，選將治兵，未數月，聲震四境，歲復大登，幕府益無事。公時從其屬及四方之賓客飲酒賦詩，公素以詩名一代，故落紙墨未及燥，士女萬人已更傳誦，被之樂府弦歌，或題寫素屛團扇，更相贈遺，蓋自蜀置帥守以來未有也。或曰：公之自桂林入蜀也，舟車鞍馬之間，有詩百餘篇，號《西征小集》，尤雋偉，蜀人未有見者，盍請於公以傳，屢請而公不可，彌年乃僅得之，於是相與刻之，而屬游爲序。」（《渭南文集》卷一四）

案：劉宰《漫塘文集》卷廿四《書石湖詩卷後》說：「余與蜀李季允同爲紹熙庚戌進士，慶元間季允由校書郎還蜀，舟未具，小留儀眞，余時爲郡掾，無日不會。因問近時南士蜀帥誰賢，季允以范石湖對。余疑焉！細問之，季允言：蜀之俗大抵好文，其後生往往知敬先達，先達之所是亦是之。范公以文名，其毫端之珠玉，紙上之雲煙，蜀士大夫爭寶之。又其爲政平易近民，民有隱必伸，有謁必獲，故其教易成，其政不嚴而治。余聞而私識之。今觀江君逐良所藏春日田園雜興詩卷，其句律清新，字畫遒勁，又熟習田家景物，益信季允之言不妄。」足徵先生治蜀的成功。

六月十二日，先生奏「四川酒課折估虛額錢四十九萬餘緡，乞自淳熙三年減放。」詔「以湖廣總領所上供錢內撥還。」（《中興兩朝聖政》卷五四）《黄氏日鈔》卷六七摘録先生《全集》説：「蜀自失陜，竭其力養關外軍，而折估最病民。折估者，蜀中課名也。公契勘成都郡元額四萬八千四百八十貫，見收四十萬八千六百四十貫，縣鎮十五萬六千四百四十貫，見收三十九萬二百七十貫。遂並覈實四路，共六十二州，内十三州元無折估，五州不申敗缺，餘四十四州各有重額，共奏減四十七萬二千五百四十三道，錢引計分内減八釐三毫有奇，以總領司經費外事故僧道度牒截發對減。奏凡三四上，其要有曰：『去四川數十年之害，培其本根，徐用其力，國家長計也。』又曰：『遠方州縣吏爲大朝廷根本憂者幾人？折估不辦，上司怪怒，百方貼補，下傷陛下赤子，而不恤後日意外之患，其間貪墨，又或並緣，此所以實聞於朝廷者寡也。』又曰：『出納之司徒見枝葉粗存，而不知本根將撥。』又曰：『望陛下斷自宸衷，與帷幄大臣決之，不須更付有司，彼有司者，但知出納之吝，安知根本之憂。』及得旨蠲放，又奏舊以增額補敗闕，有司以增數爲不係帳錢，而敗闕不問。有司今後不得掠取係帳錢。已而四路州縣節次申七月十五日以後百姓各啓建感恩祝聖道場五日或七日，乞照仁宗免榷河北鹽故事宣付史館。時淳熙三年也。公之拳拳根本之計如此。」

案：《朝野雜記》乙集卷一六「四川椿管錢物」條説：「淳熙初，龔實之行丞相事，始奏損四川緡錢之贍湖廣者四十七萬緡以減酒課（三年六月）。」所減數字與《聖政》所載不同，而與《黃氏日鈔》所載合。《神道碑》說：「初蜀之財用止以贍蜀，自屯大兵，始竭民力，公私俱困。公略計成都在城建炎三年酒稅歲纔四萬緡有奇，後增十倍，縣鎮酒稅場店民戶買撲課利總十五萬有奇，後累至四十萬，它郡可知，即具奏聞，詔減四十八萬緡。公隨額重輕，躬爲裁定，蜀人呼舞。」所減數字又與前兩種記載不同，敝意以爲當以黃氏本先生全集所載爲確。姑勿論裁減多寡，先生之關心民瘼，拳拳於國家根本大計，實是難能可貴的。

七月，倉部員外郎李蘩總領四川財賦，與先生同措置減免四川和糴。魏了翁撰《李蘩墓銘》說：「淳熙三年七月辛未，廷臣上書曰：臣竊見四川總領財賦所歲支軍糧爲石百五十餘萬，營田歲租與貿易利州諸處夏秋稅斛者凡十九萬，其百三十萬，水運七十，和糴六十，量産之厚薄，而制其數焉。名曰和糴，實科糴也。上三等戶饒於貲用，自輸自請雖少損猶可支，下二等戶勢必付之攬納之家，本錢既不可請，始逭責可耳！請下總領所蠲四五等所科之數，而官自收糴，或止增水運以補元數。詔范成大同李蘩疾速相度聞奏。時范公制置四川，李公已被命總餉，尚留漢中也。李公奏謂：今九州和糴，以二十四萬敷上三等戶，三十六萬敷下二等戶，若官司自糴下戶之所糴者而加之水運，則增費二百八十八萬緡，此何從出？俟臣到官詢究，乃議施行，願假數月之期，永除五十年之病。夫未知君之信否，而慨然以是自任矣！治領餉事，即上疏……總領所財賦已經宣撫使虞允文覈實，歲入有常，未易增費，臣爲陛下畢誠竭慮，但於經費之中，斟酌損益，不須朝廷降度僧牒，不用宣司樁積錢，不動總所歲計，自可變科糴爲官糴，貴賤視時，不虧毫忽之價，出納視量，不取圭撮之贏，使軍不乏興，民不加賦，敢掇其大者十一條以獻。……詔以六條問公，且令成大同共詳度。……公奏此臣所總財計，制司不得而盡知。又畫一以聞，……詔問以米麥隨宜雜支及令民戶以稅役準納糧米，有無未便？公奏謂：已移文范成大，見謂可行。時范公惑於浮言，謂公奏先上，則同共詳度之命無可施行。公遣露底裏以告于范，久之，范亦舍然信服，連名復命，卒無以易公也。……以孝廟之聖主於上，范公之賢議於下，猶以浮言異論始疑而終信，非公剛實在中，其能行尚而往功乎？民既樂與官爲市，牛車擔負千里不絕，會歲大稔，父老以爲三十年米價不若是之賤，梁、洋間繪像祠公，飲食必祝。縉紳大夫士采民謠以獻，無慮百篇。」（《鶴山集》卷七八）

又《宋史》卷三九八《李蘩傳》說：「知興元府、安撫利州東路。漢中久饑，劍外和糴，在州者獨多，蘩嘗匹馬行阡陌間，訪求民瘼，有老嫗進曰：民所以饑者，和糴病之也。泣數行下。蘩感其言，奏免之，民大悅。徙倉部員外郎、總領四川財賦軍馬錢糧，升郎中。淳熙三年，廷臣上言：四川歲糴軍糧，名爲和糴，實科糴也。詔制置使范成大同蘗相度以聞。蘗奏諸州歲糴六十萬石，若從官糴，歲約百萬緡，如於經費之中，斟酌損益，變科糴爲官糴，貴賤眂時，不使虧毫忽之價，出納眂量，勿務取圭撮之贏，則軍不乏興，民不加賦，乃書利民十一事上之。前後凡三年，蘗上奏疏者十有三，而天子降詔難問者凡八，訖如其議。民既樂與官爲市，遠邇讙趨，軍餉坐給；而田里免科糴，始知有生之樂。今歲大稔，米價頓賤，父老以爲三十年所無。梁、洋間繪蘗像祠之。范成大驛疏言：關外麥熟倍於常年，實由罷糴，民力稍紓，得以盡於農畝。孝宗覽之曰：免和糴一年，田間和氣若此，乃知民力不可重困也。擢蘗守太府少卿。范成大召見，孝宗首問和糴事可久行否？成大奏：李蘗以身任此事，臣以身保李蘗。孝宗大悅曰：是大不可得李蘗也。」

案：魏了翁《鶴山大全集》卷五四《李大卿罷糴錄序》說：「考公之督餉昉於淳熙三年之秋，未發漢中而條上糴事，固云：願假臣三數月，永除蜀人五十年之害。其見善明信己篤已若此。迨五年三月，僅僅一年有半，奏聞凡十有三，上尚書一，與同列往返七，璽書下尚書可其奏八，訖如始議，克底成績。余執書而嘆曰：雖昔人戊申奏聞，甲寅報可，殆不是過也。而公以表臣自奮，則非有營平得君之素也。以其時考之，自淳熙三年之九月，至五年之三月，又皆久虛相位，獨運萬幾，非有丙魏乎人主之側也，而往返問對，慮終稽敝，蓋面命口陳之不翅。嗚呼！亦誠而已矣！」蘗之功可見。又洪咨夔《平齋文集》卷九《知心堂記》記李蘗奏准改和糴爲官糴一事，與《宋史》記載相合。說：「昔在孝宗皇帝，以盛德大業紹開中興，視坤維戚休如在陛柸間。迺淳熙丙申（三年）秋七月，制詔晉原李公蘗以倉部員外郎總蜀賦，望選也。未上，首奏利路和糴爲民害，假臣三數月，可永除五十年病根，爲國爲民之慮目無全牛矣！尋奏易之，裒多益寡。書之懋遷有無，皆深寓理財至計，臣願於經費中揆盈虛斂散之宜，酌緩急先後之序，通融排斡，劑量取予，盡變抑配舊法，官自與農爲市，不虧毫忽之價，不取圭撮之贏，而軍不乏興，民不加賦。其條凡數十，其大節目十有一，反覆熟究，皆經久實利。惟少寬轡策，俾得盡其愚。上大奇之，詔制置范公成大同詳度，又詔度支郎周嗣武就覆利害，悉奏所請可施行。公以聖主難逢，時機易失，亦連上奏願任責辦集，其議三閱歲而堅定。案全蜀餉道，歲大約以石計者一百五十餘萬，中六十餘萬科之邊氓，量家業以定均敷之數，名和糴，實強取。民不堪命，怨咨轉聞。皇明洞燭萬里，一意任公以寬西顧。奏始上，非惟九重難之，公卿大夫皆難之，蜀之切於解倒垂者亦莫不難之，而公見定守篤，慷慨論列不少折，累書與同列，辨難尤力，迄如始議。官糴民槩，價與時爲低昂，遠邇讙趍，輦負繈屬，聲氣不動而軍餉給，九州數十萬戶踴躍呼舞，始知有生之樂，家祠人祝之。迨范公入參機密，上問蜀罷羅可久行否？范公奏以身保之。上悅曰：是大不易得。」然周必大撰先生《神道碑》則對蘩頗有微詞，說：「公復言和羅之害，凡西兵十萬，歲用米一百四十七萬斛，兌買省計及營田之外，闕五十二萬斛，括興元、階、成、西和、鳳、文、龍等州民戶家業而均科之，每石與錢引四道有半，其二分折茶，實給四引，耗費斛面不與焉！詔與總領李蘩議。蘩密計本所饋遺乾沒歲約百萬，隱而不言，獨奏乞朝廷降本招羅。執政怒，詔公劾蘩違制不同議。公遣人語，蘩感懼，始出羨數。是歲遂以此錢所在招羅。其後上疑歲歉或妨闕，公謂：脫不得已，權科一年，歲豐如故，不猶愈於常擾民乎？上曰善。令每歲降旨揮，而科羅遂止。」是將免和羅之功爲先生所獨專，似與史傳不盡相合。且《宋史·蘩傳論》曰：「李蘩所至能舉荒政，蠲苛賦，亦庶幾古所謂惠人也。」則蘩之功可想見了。

八月，在成都城西南建成籌邊樓，請陸游爲之記。記云：「淳熙年八月既望，成都子城之西南新作籌邊樓，四川制置使知府事范公舉酒屬其客山陰陸某曰：君爲我記。按《史記》及《地志》，唐李衛公節度劍南，實始作籌邊樓，廢久，無能識其處者。今此樓望犍爲、僰道、黔中、越嶲諸郡，山川方域皆略可指，意者衛公趾其果在是乎？樓既成，公復按衛公之舊圖，邊城地勢險要與蠻夷相出入者，皆可考信不疑。雖然，公於邊境，豈眞待圖而後知哉！方公在中朝，以洽聞強記擅名一時，天子有所顧問，近臣皆惟公對，莫敢先者。其使虜而歸也，盡能道其國禮儀則法職官宮室城邑制度，自幽薊以出居庸、松亭關竝定襄、五原以抵靈武朔方，古今戰守離合得失是非，一皆究見本末，口講手畫，委曲周悉，如言其閾內事，雖虜耆老大人知之不如是詳也。而況區區西南夷，距成都或不過數百里，一登是樓，在目中矣，所謂圖者，直按故事而已！請以是爲記。公慨然曰：『君之言過矣！予何敢望衛公，然竊有幸焉，衛公守蜀，牛奇章方居中，每排沮之，維州之功既成而敗。今予適遭清明寬大之朝，論事薦吏，朝奏入而夕報可。使衛公在蜀適得此時，其功烈壯偉詎止取一維州而已哉！』某曰：請併書公言以詔後世，可乎？公曰唯唯。九月一日記。」（《渭南文集》卷一八）

十一月七日，先生奏蜀中百姓感念朝廷蠲減酒課虛額，作道場報上恩。說：「陛下俯念四蜀酒課虛額之弊，乃六月十二日詔書各與次第蠲減，歲蠲上供緡錢四十七萬，爲蜀民代補贍軍折估之數。令下之日，百萬生靈，鼓舞讙呼，如脫溝壑。寰區四路州縣，節次申到自今年七月十五日以後各於寺觀啓建感恩祝聖道場，臣謹按慶曆六年三司使王拱辰建議榷河北滄、濱兩州鹽，仁宗皇帝曰：使人頓食貴鹽，豈朕意哉！下詔弗許。河朔父老相率拜迎於澶州，爲佛老會報上恩。今舉四蜀之廣，民心愛戴，不侔同辭，宜與河朔故事，俱傳不朽。伏望宣付史館。」詔從之（《中興兩朝聖政》卷五四）。先生又上論邦本劄子，大要說：「得民有道，仁之而已，省徭役，薄賦斂，蠲其疾苦而便安之，使民力有餘，而其心油然知厚德之撫我，……盜賊水旱之作，安能搖其本而輕動哉！迺者四蜀酒沽之患，捐錢五十萬代償，令一下驩呼，祝聖者沸天隱地。關外和糴之困，免糴令下，邊氓或至感涕。於是知民之易德有如此者。更願益加聖心，深詔內外執事，凡民疾苦，悉以上聞。苟可惠利，勿率故常，使光天之下，至於海隅蒼生，罔不被堯舜之澤，則衆心成城，天下可運諸掌矣！」（《黄氏日抄》卷六七）

是歲，上辟兵官劄子，對邊遠地方材武之人的出路問題，考慮的十分周詳。說：

「臣契勘四川去朝廷絶遠，事之利害，與近甸不同。自關外宿師以來，多有離軍使臣及將家子弟所在僑寓，外銓闕少，注擬不行，往往衣食匱乏，狼狽無歸，舊來朝廷將四川城寨兵官八十六闕專令制置司量才差辟，最有深意。近准尚書省劄子，坐據吏部申請，稱上件窠闕，本司未見辟人，欲從吏部權行差注一次。行下，止令遵依已降指揮。臣有以見陛下聖謨神斷，洞照萬里，至纖至悉，無不周盡。不然，則前項失職之人愈更坐困。臣照得上件窠闕，自前宣撫制置司節次差辟，未嘗闕員，正是右選小官，邈在萬里，類皆貧窶，無力赴部，計會付身，因循就祿，不敢更校資任。間有到吏部者，或以小節退難取會，往返動是經歲，更一往復，則已任滿罷去矣！

就令無所沮難，得給付身，又被幹人抽藏，邀取厚利，或將質當錢物，因以沉失，以此奉辟之書，實是難於上達。又前此差辟不曾一一拍試，自臣到任，盡革弊倖，遇有陳乞差遣者，躬赴教場，按閱事藝，取四色材武應選之人，依資次差辟。如武藝不應格者，即令歸部參選。向來醫卜給使及進納吏職之流，與夫癃老疾病退懦無技者，皆不得以濫叨。臣用此規模，一年以來，沿邊城寨諸州將佐，皆易以材武之人，幾以大半。只更數月，可以盡變。既已擇之之精，此等各望資歷寸進，臣今逐一與之點對，照驗付身，起發奏辟，每十員或二十員作一番保明，自用遞筒申發。欲望聖慈降下吏部照會，所給付身，乞勿付親事官及幹事人等，並從吏部復用皮筒遞付本司給散。如內有小節不圓未至切害去處，即乞先次放行，續下本司取會，庶幾川遠孤進，行伍舊人，皆得成就考任，安心效職，爲惠甚大，所繫不輕。」又說：「臣又契勘四川大小臣止緣不即起辟，給降付身，視城寨要害之處，止似權局，不爲固志。又緣舉辟官不測替移，被差官亦遂罷去。只如去年一年，宣撫司所差先經鄭聞選差一次，鄭聞罷則隨司亦罷。次經沈复差代一次，沈复罷則又亦隨罷。是一年之間沿邊城寨元不曾有正官，邊防如此，安得不慮！此皆緣不即時辟奏、給降付身，所以致然。」（《永樂大典》卷八四一三）又奏軍官選用應以材武者充。說：「臣伏見諸路將兵部轄官，自總管鈐轄而下，則有正副將、部隊將教押軍隊等官，及沿邊主兵窠闕，於法應以材武人充者，皆須事藝可觀，膽勇可仗，方爲稱職。其次亦須稍知弓馬，略識行陣，或人材身手眞是武臣者，乃可爲之。除總管至州鈐皆係朝廷選差別有格法外，竊見諸州將官以下窠闕，或以出職雜流及私家給使之人爲之，而西蜀尤甚。使吾選士拔卒俛首於下，聽驅役而知，使吾選士拔卒俛首於下，聽驅役而受鞭笞，尋常不平於心，緩急寧肯共力，此不待智者而知其不可也。伏覩近降聖旨，今後正將差曾經從軍立功或曾任兵官並沿邊巡尉及經捕盜有勞之人。……但今來新格，未及副將以下者，豈非以正將得人則副將以下尚可容其濫吹耶？臣竊謂若正將與副將以下同在一處，則可只嚴選正將一員以爲表率，今姑以蜀中諸州論之，則大不然，蓋副將以下分屯別州，名爲副隊，其實各當一面，與正將了不相關，……緩急誤事，悔之恐晚。臣愚欲望聖裁，應副將以下官合分屯處，並依今來正將已得指揮，其沿邊主兵窠闕，應以材武人充者，亦不得以雜流出職，及給使無武藝文虛占員闕，及不許時暫差權，內或有傑然自有武藝智略者，從帥臣保明以聞，特與差注。及許一面權攝，以防遺材，仰副陛下整軍經武之實。」（《歷代名臣奏議》卷二四〇）是皆關係整軍備、嚴邊防之大者。

又上論民兵義士劄子，說：「臣聞天下之議論常患於易偏，今之言民兵者是也。以爲可用者，則謂便成一軍；以爲無用者，則謂不如其已。而不知可用與否，各有所在，未可一偏議也。五方之人，風氣不同，強弱各異。臣以身之聞見，考之江浙近地，所謂民兵者，直保伍役夫耳，誠不足恃。乃若關外之義士，荆襄之義勇，勇鷙健武，人材絶異，技藝紀律，性習所使，雖正軍鋭卒，未能遠過。無廩兵之費，有勝兵之實，養威藏用，最爲上策。朝廷要當愛護拊循特加之意，申嚴其法而便安之，講明其利而增廣之。所謂申嚴其法者，謂如近年關外諸色守把官軍，皆已抽回，無人充代，便欲就差義士，拘係于官，輕變成法，朝廷行下禁止，制帥兩司雖已施行，即不知已未依應，當從朝廷立限催促，非因調發，永不得差。又如前此用兵之際，或先驅義士以嘗寇餌敵，棄如草菅，軍還有功，賞又弗逮，父老至今嘗以爲言，當從朝廷立定節制，別分頭項，使用其長，如是則其法盡善矣。所謂講明其利而增廣之者，謂如關外忠勇一軍，皆有蠲免科糴則例，近聞天恩曠蕩，已與權免和糴一年，若自此以後常得中熟，雖難永免，自可減科，既薄其税租之輸，又嚴其拘役之禁，則關外民丁，皆有餘裕。凡強壯者皆可增籍。又如荆襄義勇，臣過而見之，荆南一處已踰萬人，聞止是團結主戶，而客戶有力者實多，議者亦謂尙可通融措置，各乞下逐路帥臣，密切相度，申取聖裁。如是則其利無遺矣。臣載惟梁、荆之民，健武根蔕，攻有餘力，守不待勸。若便如此加意，可以特將成軍，所有教閲小費，比之養兵減省十倍以上，而其人可恃。較之汎然招刺游手之徒，羸弱逃亡常相半者，不可同年而語。如狂言可采，伏乞聖慈次第施行。」（《大典》卷八四一三）

淳熙四年丁酉，五十二歲。

正月，先生以卧疾上疏請祠祿。《神道碑》說：「四年春，公大病求歸，上令先進敷文閣直學士，明日乃下詔命，公列上便民十五事，上曰：范已病，尚爲國遠慮，可趣其來。」先生的憂國憂民如此。

二月二十八日，孝宗以新知荆南府胡元質爲四川安撫制置使兼知成都府，蓋以接替先生之缺。

四月，先生建銅壺閣成，初十日，友人陸游爲文以記之。記說：「淳熙二年夏六月，今敷文閣直學士范公以制置使治此（成都）府。始至，或以閣壞告，公曰：失今不營，後費益大。於是躬自經畫，趣令而緩期，廣儲而節用，急吏而寬役，一旦崇成，人徒駭其山立翬飛，業然摩天，不知此閣已先成於公之胸中矣！夫豈獨閣哉，天下之事，非先定素備，欲試爲之，事已紛然，始狼狽四顧，經營勞弊，其不爲天下笑者鮮矣。方閣之成也，公大合樂，與賓佐落之，客或舉觴壽公曰：『天子神聖英武，蕩清中原，公且以廊廟之重，出撫成師，北舉燕趙，西略司并，挽天河之水，以洗五六十年腥羶之污，登高大會，燕勞將士，勒銘奏凱，傳示無極。則今日之事，蓋未足道。』識者以此知公舉大事不難焉，其可闕書？」（《渭南文集》卷一八）對先生期待之高、相勉之深如此。四月，上催西兵營寨劄子。說：「臣契勘黎州比蒙朝廷添屯西兵，最爲良策，蓋徼外蕃落，從來以西兵爲重，謂之喫人肉虜子，只知近日就黎州處置叛將王文才，既斬首訖，其見屯西兵競分其肉食之，互市諸蠻皆環布震疊，面無人色。但前此西兵未有營寨，只就城內寺院駐劄，而互市諸蕃，亦入城安泊，臣竊慮往來日久，不免與西兵相遇於途，人情浸熟，漸忘畏憚，無以養威。遂行下知黎州祿東之，令於城外別立西兵營寨，不令無時入城。東之已於北城之外得寬閑寨基，所有起立營房及將官廨宇之類，臣即已撥支合用錢數，盡付東之，未見申到興工時日。臣今去官，合具奏稟。伏乞朝廷行下四川制置司及黎州催促。」先生對措置四川邊防甚盡心竭力。《黃氏日鈔》卷六七摘錄先生文，有云：「乞除放黎州欠負，其說曰：乾道寇入，致欠錢引一萬五百四十道，而總領司置獄雅州，抑吏均賠錢引萬餘，必非出自吏胥之家，掊領居民，漁奪商賈，何所不致，民困誅求，反思有寇之歲無此追擾。望聖慈計其大者，指此錢引下總司，特免催理。又以鳳州迫大散關，乞下興元都統補其軍，以階、成、西和、鳳四州關外爲北界首，乞從諸司共選辟守臣。凡其措畫四蜀邊防，大略如此。」對於團結地方民兵義士，本虞允文治蜀舊法。《日抄》亦載：「興元、洋州等處，建炎依陝西法抽結義士，在關外四州則名忠勇軍，與免科率，大散關之戰能爲官軍先鋒。後因差役規法侵壞，乾道二年虞雍公宣撫，得旨增結梁、洋一帶計二萬六千餘人，立爲專法，大要謂非因調發，不許差使。蓋朝廷無毫釐養兵之費，而實寓正軍數萬於民間，所當愛護。至是都統郭鈞議差守關隘，公以雍公專法爭之。」《神道碑說》：「蜀用陝西舊法，料簡強壯民丁三萬，寓之於農，號曰義士，以待緩急。歲久，監司郡守多雜役之，都統司又令守關隘烽燧，且乞與大軍更戍。公力言其不可，詔遵舊法。」欲民兵義士能發揮戰鬭力量，端在尊重其地位，更不可奴役使之。

先生帥四川日，與屬官陸游交誼最篤，蓋以二人都愛吟誦，時常與論前人詩。先生曾勸游爲蘇東坡詩作注，對蘇詩難解之句還作過一翻討論。後游爲施元之《註東坡詩》撰序，寫出此事的經過。序說：「近世有蜀人任淵，嘗註宋子京、黃魯直、陳無己三家詩，頗稱詳贍。若東坡先生之詩，則援據閎博，旨趣深遠，淵獨不敢爲之說。某頃與范公至能會於蜀，因相與論東坡詩，慨然謂予：足下當作一書，發明東坡之意，以遺學者。某謝不能。他日又言之。因舉二三事以質之，曰：『五畝漸成終老計，九重新掃舊巢痕。』『遙知叔孫子，已致魯諸生。』當若爲解？至能曰：『東坡竄黃州，自度不復收用，故曰新掃舊巢痕。建中初，復召元祐諸人，故曰已致魯諸生。恐不過如此耳！』某曰：『此某之所以不敢承命也。昔祖宗以三館養士，儲將相材，及官制行，罷三館，而東坡蓋嘗直史館，然自謫爲散官，削去史館之職久矣，至是史館亦廢，故云新掃舊巢痕，其用字之嚴如此！而鳳巢西隔九重門，則又李義山詩也。建中初，韓、曾二相得政，盡收用元祐諸人，其不召者亦補大藩，惟東坡兄弟猶領宮門，此句蓋寓所謂不能致者二人，意深語緩，尤未易窺測。至如車中有布乎，指當時用事者，則猶近而易見。白首沉下吏，綠衣有公言，乃以侍妾朝雲，嘗歎黃師是仕不進，故此句之意，戲言其上僭，則非得於故老，殆不可知。必皆能知此，然後無憾。』至能亦太息曰：如此誠難矣！」（《渭南文集》卷一五）是以游卒未能成之。

五月初七日，宰執轉呈先生奏劄，內稱：「關外麥熟倍于常年，蓋由去歲罷和糴一年，民力稍紓，得以從事耕作。」孝宗說：「免和糴一年，民間便已如此，乃知民力不可以重困也。」丞相王淮等奏道：「去歲止免關外，今從李蘩之請，盡免蜀口和糴，爲惠尤廣。」（《鶴山集》卷七八《李蘩墓銘》）

案：《中興兩朝聖政》卷五五繫此事於本年三月丙午（初六日），文字幾全同，當以五月爲是，因三月間麥尚未成熟，且成熟到什麼程度亦難預卜，《聖政》誤也。

五月廿九日，病愈，東歸，發成都。計先生帥蜀整兩年，政聲卓著，深得士心。《神道碑》說：「諸路提刑歲候朝命疎決，詔到率以秋，公請五月舉行。解試取士以四月五日，鎖院後十日引試，公請避盛暑，遞先一月：皆著爲令。高宗慶壽赦，舉引年致仕而才力不衰者，公奏名士樊漢廣年五十九，孫松壽六十九，先已納祿，尤宜旌異，詔令赴闕，二人俱不至，進職賜服，蜀士歸心焉！凡人才可用者，公悉羅致幕下，用其所長，不以小節拘之；其傑然者則露章以薦，往往光顯於朝，或至二府。……公疾愈而行，送客數百里不忍別。後公謝病吳門，往來者伺候謁舍，或經月，必一見乃去。其得士心如此。」

六月十四、十五日，與送客酌别於慈姥巖。《吳船錄》上說：「六月壬午發眉州六十里，午至中巖。……凡五里至慈姥巖，巖前即寺也。……送客復集山中，遂留宿，初夜，月出東巖，松桂如蒙霜雪，與諸人憑欄，極談至夜分始散。癸未，早食後，與送客出寺至慈姥巖前徘徊，皆不忍分袂，復班荆小飲巖下，須臾風雨大至，……諸賓即席作詩，不覺日暮，遂皆不成行，下山復入宿寺中。」

案：先生自蜀歸吳，途中所歷，凡山川景物逐日皆有所紀，成《吳船錄》一書，文繁，不備引。

是月，友人陸游送先生，自成都歷永康、唐安，至眉州，有《送范舍人還朝》之作。詩云：「平生嗜酒不爲味，聊欲醉中遺萬事，酒醒客散獨悽然，枕上屢揮憂國淚。君如高光那可負，東都兒童作胡語，常時念此氣生癭，況送公歸覲明主。皇天震怒賊得長，三年胡星失光芒，旄頭下掃在旦暮，嗟此大議知誰當。公歸上前勉畫策，先取關中次河北，堯舜尚不有百蠻，此賊何能穴中國！黃扉甘泉多故人，定知不作白頭新。因公並寄千萬意，早爲神州清虜塵。」（《劍南詩稿》卷八）對先生期許之深如此。先生《詩集》卷一八有序題「余與陸務觀自聖政所分袂，每别輒五年，離合又常以六月，似有數者，中巖送别，至揮淚失聲，留此爲贈」之七律一首，寫二人之友誼與離情。說：「宦途流轉幾沉浮，雞黍何年共一丘。動輒五年遲遠信，常於三伏話羈愁。月生後夜天應老，淚落中巖水不流。一語相開仍自解，除書聞已趣刀頭。」

十月，歸吳門。時同年友樂備已下世，先生爲文祭之。說：「有如先生之間關兵燼，九死一生，孑然而立身者乎？有如先生之學問攻苦，兼貫六藝，深醇而成全者乎？……又有如教誨成就自童而習之，以至同升諸公如某之託契於樂氏之門者乎？藐然遠戍，萬里來歸，謂復登堂受教，安知其忽焉揪行之下拜先生之墳乎？」（《永樂大典》卷四〇五四）備字順之，一字功成，崑山人，有學行，能文章，尤長於詩，嘗與先生及馬先覺結詩社，先生每以樂先生稱之，所以祭文中自稱門人。

是月入朝，上《論蜀兵貧乏劄子》，大要說：「蜀中養兵用民力者五十年矣，……原其致貧之由，皆謂初招軍時，止是單身，其後婚娶，人口漸多，勢不能給。前來宣撫司措置給錢，付都統司，使自回易，以資貼累重之人，每月添支糧米。緣本錢不多，軍中營運不行，近來多是以錢放償與合添支人。謂如每月借與錢引五千，即令出息一千，便將息錢准折添支，雖軍事少濟急闕之須，而實無增添之實。臣嘗謂軍中回易，非本錢寬餘，無以得倍稱之息，又非兩三年間可以見效。……所謂合與添支之數者，臣嘗試拖照支帳，略加料度，蜀軍雖九萬餘人，除將佐職事官俸給優厚外，又除入隊使人正兵弓箭手有職名人，舊宣司效用義兵強兵等人，月糧本色及折估添支有得錢引二十道以上者，敢勇月糧本色及折估添支有得錢引八道上下者，最強弓手月糧本色及折估添支亦得錢引六道上下，皆粗可足用。以上色額並不須添支。並不入隊人亦未須商議外，其餘入隊長行委有貧乏。蓋緣關外軍糧招收放請之制，單身者於所請糧内以五斗折估錢引，兩口以二斗折估錢引，三口之家則無折估。當時計口折估，止爲糧貴，折估賤，故口衆者不折，本意欲以優卹之。二十年來，糧米價賤，折估價貴，口衆之人全得正色，破賣比之折錢虧少錢引一道上下，所以累重。全請正色人尤難支梧，此蜀軍貧乏之要領也。今當將上件三色長行折估少者不以口計，量與增折，謂如無折估者，與折二斗五斗之類，及強弓手元添支銀三錢，止折得七分五釐，委是微不能濟用。……兩項合與增添者，止以入隊人爲率，其使臣及其職名人並不入隊人皆不須問。欲望處分，將臣此議以總領財賦官令下有司，密切算計上件人合量與添支數目，下回易所，能辦而所費錢數不多，朝廷可以調度，即乞出自聖慈，特與添給。蓋回易逐利非止目下未能見效，兼軍中貿遷，不無騷擾，將兵幹當，亦廢教習。前來已曾給錢營運，至今措置未行，臣故謂回易之説，切有疑慮。今已並下總領官，令多方調度，別更有何策可以貼濟，奏取聖裁。」（《大典》卷八四一三）

當時有家眷的軍人生活之苦可以想見。

先生鎮守全蜀兩年，有關軍事方面的規劃，多得力於幕客簡世傑之助，故先生還朝力薦之，得除知鄂州蒲圻縣。楊萬里所撰《世傑墓誌銘》言之最悉。説：「調靜江府司理參軍，……外邑以盜上府凡六七輩，府以屬公，公物色非是，出之，後果獲眞盜。時參知政事范公成大爲帥，將重劾邑令而請賞公，公力辭。范公薦公治獄詳明，有詔記公名於中書載籍。淳熙初元，范公徙鎭全蜀，辟署公爲四川制置司准備差遣。蜀自中興以來，置帥尤重，于時頻易帥，西南夷寇邊，前帥坐免，至是邊防機事，范公專以委公，公悉心贊，夙夜不懈。所辟客惟公一人相倚如肺腑。邊備稍飭，則考論四蜀利害，次第興除。其大者，如對減折估歲五十萬緡，罷閬外四州之和糴以蘇民力，實自公白發其端，蜀人大和。異時士夫有謁於制司者不得，則讟幕府，故僚屬往往怵於權利，公廉己和物，援寒畯，通下情，事有未安，必盡言不阿，范公虛心以聽。尙書鄭公丙手書貽公云：「蜀士翹楚，皆爲范公得；……范公召還，薦公於上前，乞不次擢用。上方留意吏治，以公新改秩，詔中書除知鄂州蒲圻縣。」又說：「公風度凝遠，不形喜慍，其學問通古今，其議論守大體，其好善出天性。自試進士，爲范公所識拔，因是游公之門。及在廣、蜀，再爲其屬，主賓相懽，金石不踰。及范公退歸，公亦婆娑于外。范公所薦蜀士數十人，公爲之首。」（《誠齋集》卷一三〇）

案：世傑登隆興元年進士，時先生正爲貢舉點檢試卷官，故二人有一層舊誼。墓銘所說「自試進士，爲范公所識拔」，應即指此。

秋後入朝，尋除權禮部尙書，先生上章懇免，十一月二日，優詔不允。說：「卿人物之英，搢紳所重，代言分閫，左右具宜，使蜀再期，政尤可紀。兹從嚴召，入告嘉猷，峻涉禮卿，丕昭眷獎。」（周必大《玉堂類稿》卷七）

淳熙五年戊戌，五十三歲。

正月七日，以先生知貢舉，試尚書刑部侍郎兼侍講程大昌和試右諫議大夫蕭燧同知貢舉。得合格奏名進士黃澳以下二百二十六人（《宋會要稿》選舉一之一八）。

二月二十一日，先生等奏舉人程文賦押韻用字事，說：「照對舉人程文賦內押『惚怳』字，或書作『恍』，除『怳』字《禮部韻》已收入外，其『恍』字按《老子》云無物之象，是惚恍是從心從光，《禮部韻》卻不曾收載，近年雖曾增廣，亦失附入。按《集韻》怳、恍並虎晃切，皆以昏爲義，即『怳』、『恍』二字並通，恐礙後來舉人引用，乞下國子監詳定修入。」從之（《宋會要稿》選舉五之四）。

二十五日，先生等又奏禮部考試有拆換卷子之弊及革除方法。說：「比年試院多有計囑拆換卷子之弊，謂如甲知乙之程文優良，即拆離乙文換綴甲家狀之後，其卷首雖有禮部壓縫墨印。緣其印狹長，往往可以裁去重粘。臣等今措置，於卷首背縫添造長條朱印，以『淳熙五年省試卷頭背縫印』爲文，仍斜印之，使其印角橫亘家狀程文兩紙，易於覺察。乞自後應干試院依此施行。」從之（同上）。時侍御史某奉詔啓封，吏承例牒拆號官，而不云何官，御史以爲薄己，屢有後言（《神道碑》）。

三月，兼直學士院（《宋中興學士院題名》）。

四月二日，先生自禮部尚書兼直學士院，遷中大夫除參知政事（《宋宰輔編年録》卷一八）。《朝野雜記》甲集卷九「舍人草内制」條說：「近歲翰苑止雙員，淳熙五年學士周洪道（必大）爲御試詳定官，直院范至能除參知政事，本院闕官，得旨：遇有撰述文字，依例權送中書舍人。」

十七日，以參知政事兼權監修國史、日曆（《神道碑》，《館閣續録》卷七）。上章辭免，詔以先生「負造微經遠之識，兼廣記備言之長，頃游著廷，夙播華問，今踐政路，往提大綱，惟中興諸臣逸事之未備，而時政鉅典屢書者無窮。」所請不允（《玉堂類稿》卷七）。

六月，以《中興館閣書目》成，孝宗賜飲宴於道山堂。《館閣續錄》卷六「讌集」條說：「淳熙五年六月，少保、丞相、衛國公史浩，知樞密院事王淮，參知政事趙雄、范成大以《中興館閣書目》成，被旨觀書置酒，會修史官並館職於道山堂。酒半，中使傳旨賜流香酒四壺，果肴五盤，且宣諭曰：雨涼多飲。丞相既上章謝，即與二府洎三館，更相勸酬，以侈上賜，藏聖語秘閣，爲無窮盛事云。」四日，賜先生生日詔並酒麪等物，因上表謝。表稱：「伏奉詔書，以臣生日，特降中使，賜臣羊酒米麪者。初度載逢，方軫蓼莪之感；中天蕃錫，遽叨稟餼之恩。拜賜焜煌，拊躬震惕。伏念臣少孤多難，幼學早荒，嗟漫叶於熊祥，悵莫償於烏哺。偶逢聖擇，躐豫機政。質蒲柳以先秋，材櫟樗而寖散，設桑弧於門左，雖粗效於馳驅；寘檀輻於河漘，終難逃於尸素。矧突黔之未久，已臺餽之下盼，慰其劬勞之思，寵以燕喜之具。特迂敕使，光賁私庭。此蓋伏遇皇帝陛下，仁壽躋民，恩勤逮下，中昊弗遑於暇食，大亨獨謹於養賢。在厥初生，既之大禮。至若斗筲之陋，亦污體貌之隆。臣敢不戒屬厭之心，勉謀遠之慮，予以馭其幸，雖弗洎於親榮；忠可移於君，尙永肩於國事。」（《永樂大典》卷一三九九二引《范石湖大全集》）

九日，以侍御史論劾，上章乞罷機政，孝宗以先生「術業閎茂」，優詔不允（《玉堂類稿》卷七）。先生辭亦切，終於十二日罷政，除資政殿學士知婺州。《神道碑》說：「前御史亟論公，公即出門，明日宣押奏事，引咎而已。上曰：『朕不忘卿，數月信至卿家矣！』除資政殿學士知婺州。公請以本官奉祠，詔如所乞，提舉臨安府洞霄宮。」

七月，先生歸吳郡。雖除知婺州，但未赴任，即以本官奉祠。

九月，孝宗派使者來吳郡傳詔慰問，密賜累珠金鼎、金合寶，實香其中（《神道碑》）。

十月一日，與兄成象及友人張元直同遊太湖，題名包山暘谷洞。錢大昕《金石文跋尾》說：「范至能題名在包山暘谷洞石壁，其文凡五行，行七字，云：『范至先、至能、張元直同遊林屋洞，至先之子蕆及現、壽二老俱，淳熙戊戌孟冬朔。』」考《宋史宰輔表》，淳熙五年戊戌四月丙寅范成大自禮部尙書兼直學士院，遷中大夫，除參知政事，六月甲戌范成大罷參政，以資政殿學士知婺州。本傳但云拜參知政事，兩月，爲言者所論，奉祠。不及知婺州事，蓋婺州之命雖下，未到任而即奉祠也。此刻題孟冬朔，正石湖奉祠居里時。以水月洞銘較之，筆蹤相似，其爲石湖書無疑。至先名成象，紹興五年進士，官工部郎中，石湖之從兄也。《玉峰志》以爲石湖弟，殊誤。《石湖詩集》卷廿六有《再贈壽老》詩云：『澹齋寂寞澹庵空，玉柱金庭一夢中，我病君衰猶見在，莫嫌俱作白頭翁。』自注：『頃與澹齋兄遊洞庭林屋，並澹菴現老、眉菴壽老偕，今十年矣！壽老見過話舊事，二澹已爲古人。』正記戊戌題名事。澹齋即至先也。」

淳熙六年己亥，五十四歲。

是歲居鄉里，泛舟石湖，或懷昔遊，或約親友，縱情山水間，與人贈答唱和。俱載《詩集》卷二十中。

淳熙七年庚子，五十五歲。

二月初七日，皇子魏王卒於知明州兼沿海制置使任所。旋起先生代之，上疏懇辭，而答詔則說：「朕選建賢侯，綏靖方夏，間者重鎭闕守，必先用舊政之臣。卿淸明夷粹之資，綜練該通之學，出入中外，勤勞國家。今四明大郡，方失吾賢子之愛，思得慈惠之帥，往撫摩之。歷選重臣，無越賢望。卿其趣裝經闕，受命之藩，……聲威靖巖，使海無傳箭。」因不允（《崔舍人玉堂類稿》卷十）。

當先生赴明州時，州人樓鑰奉啓相賀，推尊先生爲「儒林師表，聖代宗工。英主有爲，出際五百年之運；嘉謨允合，遂超九萬里之程。羽儀天朝，金玉王度。縯綸秘掖，追還盤誥之風；抗節殊鄰，平讐強梁之氣。威名日著，宸眷罙隆，謀元帥於西南，儋皇靈于徼塞。令行八桂，世稱伏波銅柱之規；澤浸兩川，人服武侯羽扇之略。進參嚴瑕，光輔太平，遽辭丹陛之風雲，高蹈石湖之林壑。奉身而退，與世相忘。屬名藩弄印之初，喜元老賜環之速，首頒帝綍，併護瀛壖。姑爲試馮翊之行，了無薄淮陽之志，仰體皇上憂顧之重，俯矜民生凋瘵之餘。叱馭徑行，不待東方之千騎；望塵雅拜，欣逢刺史之二天。傳塡撫之先聲，極撫摩之至意。吏民相賀，知有所依，旬月之間，坐以無事。輕裘談笑，澄瀚海之驚瀾；健筆流傳，播雞林之佳句。盡消愁歎，倏變謳吟。諒課最之易聞，恐公歸之難緩。」（《攻媿集》卷六一）

三月二十一日，到明州任。《延祐四明志》卷二職官考上：「范成大，中大夫，兼沿海制置使，淳熙七年三月。」《寶慶四明志》卷一：「范成大，淳熙七年三月二十一日到任，八年三月二十一日除端明殿學士知建康府。」

案：《神道碑》說「六年二月起知明州」，六年顯爲七年之誤。又說：「公未復職，過闕，依前執政例，中使郊勞，賜銀合茶藥，仍許服毬文帶，特御後殿引見賜茶。上曰：『蜀人思卿如慈親，故付卿以海道。』公奏張津、伯圭、魏王，皆國懿親，持節奉海物於兩宮，臣外朝臣也，不敢效尤。上命停貢而罷進奉局。」足見先生居官持正不阿之一斑。

先生在明州任，頗多興利除弊。《黃氏日鈔》卷六七引錄先生《奏疏》說：「知明州奏事：皇子魏王鎮明七年，而公承之。奏倚閣諸司錢十五萬貫，住罷不合幫錢米十之二三，罷供進局，還行鋪錢，此於救弊爲有大造。又奏減免舶舡抽解。又奏將舶舡客貨抄數估直若干，候回舶亦將博買中國貨物估直與來貨價同，方令登舟，使別無餘力可換銅錢，以絕舊來輕舠載錢潛行數程，以俟大舟洩錢，莫道之弊，愚恐徒擾而無補。如不科其抽解，竟禁其貿易足矣。又奏揀汰水軍，立每年條制。又奏配軍分送屯駐軍。暨歸朝，進海界圖本。諸盜發，各責地方官及□將海舡五千八百八十七隻結甲，遇盜賊根治同甲。愚恐巡尉非弭海盜之官，海舡不能止他舡爲盜，滄溟浩渺，責人以所難能，或未可耳。又乞截上供錢萬貫糴米定海縣倉，以給出海兵舡口食，此恐官司未必可行。乞配軍役滿十年不逃亡而歸本州，此恐人情不能遵守，殆紙上語也。」先生奏疏甚多，有可行者，亦有不可行者，但其勇於任責，留心時政的精神，則是應大書而特書的。

先生注意文物圖書的典藏，《寶慶四明志》卷二：「皇子魏王判州，藏書四千九十二冊，一十五軸，淳熙七年有旨就賜明州。于是守臣范成大奉藏於九經堂之西偏，繼又恐典司弗虔，乃奉藏於御書閣，列爲十廚。」

冬，兄成象卒，成象字至先，號澹齋，官至工部郎中。十二月一日，先生爲文祭之。說：「惟兄以履踐爲問學，故不載之空言；以廉隅爲事業，故無所同於時好。非其道義，一介不取，意所安樂，簞瓢晏如，清淨絕欲，半世塵外，天游逍遙，八極環堵。……不肖未克掛冠，復起典州，與兄別離；平生屢別，蓋亦屢見，奉遺盤門，謂我遄歸，豈其生離，化爲死別。……鄉之二老，獨餘一翁，我今雖歸，歸亦何心，新圖異書，誰與共閱，釀成果熟，誰與共嘗。橫塘之雪，石湖之月，誰其方舟；吳臺越城，包山洞庭，桃李之蹊，橘中之洲，誰其曳杖而行？……兄之存亡，固爲范氏重輕，而白首殘年抱目無窮之悲者，又某之所獨也。」（《大典》卷一四〇五一引）

淳熙八年辛丑，五十六歲。

二月二十三日，詔除端明殿大學士。《宋會要稿》職官六二「借補官」條：「以成大治郡有勞，故有是命。」先生懇辭，詔有「卿謨猷川行，知略輻湊，鎮服藩翰，輯和軍民，具聞忠勞。」勉以「尚思眷懷，益展報效」，不允。再辭免，又詔：「卿達識通才，清規亮節，賢聲顯重，夙表朝端，王事勤勞，殆環天下。」又不允，並令不得再有陳請（《崔舍人玉堂類稿》卷十）。

三月二日，陳俊卿罷知建康府（《景定建康志》卷一四）。

三月二十一日，改江南東路安撫使知建康府兼行宮留守。先生上辭免劄子說：「準尚書省劄子，三省同奉聖旨，范成大差知建康府，急速赴行在奏事訖之任。臣聞命震驚，罔知所措。臣聞覆載二儀之至公，不獨私於一物；爵祿衆賢之所共，難併萃於非才。臣去春蒙恩閫制海郡，治行亡狀，考幽當黜，迺二月庚子詔書，忽被誤渥，職臣秘殿，臣皇懼不敢當，即已陳情控免，俞音未下，又付留鑰，中外觀聽，雜然甚驚。……方陛下總核名實、登崇俊良之時，而何物么麽，浹辰之間，洊汙除書，未及滿歲，再煩臨遣。屈天地之私恩，拂衆賢之所共，眞才實能，於此猶懼。況如臣者，政使貪榮冒寵，豈不外憚煩瀆，內虞疾顛，積此凌競，何敢下拜。」希望朝廷收回成命，但未被採納。因此又上再辭免劄子。說：「臣比奏辭免差知建康府狀，奉詔書賜臣不允者，臣跽讀訓詞，感激涕泣。載念臣遭遇聖明，早蒙識擢，蓋嘗不量已似，許國馳驅，陛下過聽，假臣麾節，塡拊方外，四方萬里，臣未嘗敢輒辭。今又以執政寵名，居守留鑰，造廷得覲，過家上冢，閫外榮遇，殆冠平生。……緣臣尪羸蚤衰，疾痛日深，實恐有誤委寄，……又臣妻族魏氏見居溧水、宣城之間，皆係所部，豈無瓜李之嫌？積此凌競，不遑寧處，須不免再干方命之誅，陳情控免。」仍不允。先生乃不復辭。（《大典》卷一〇九九八）

閏三月十三日，奏明州所轄沿海諸船戶各結爲甲以相糾舉。《宋會要稿》「捕賊」條載：「新知建康府范成大言：『海道荒杳，界分不明，時有寇攘，並無任責。臣昨將明州管下諸寨，各考古來海界，繪成圖本，及根括沿海船戶，以五家爲甲，如一船有犯，同保並科，亦已攢寫成冊，並藏在制司。如遇獲到海賊，即檢照犯人船甲，根株究治。乞行下制置司，令于所隸州縣一體施行。』從之。」

十四日，入朝奏事，陛辭，孝宗賜以縑素書「石湖」二大字。《神道碑》說：「奏事畢，陛辭，詔明日辭宣德殿。近例賜宰執酒止傳觴，至是特設几開宴。酒三行，命侍行過西小軒，曰：此朕清坐處也。再坐，上曰：『勸卿一杯，且有一爲侑。』公飲訖，二內侍奉縑素來，上有『石湖』二大字，御墨尚濕。公拜賜，奉觴進酒謝，上滿飲，復袖御書蘇軾詩一軸以賜，自未至酉乃罷。石湖在平江盤門西南十里，……公隨高下爲亭觀，植花竹蓮芰，湖山勝絕，繪圖以傳。至是攜宸翰過家刻之。」先生謝賜御書說：「古人書法，字中有筆，匕中無鋒，乃爲極致，所謂錐畫紗屋漏雨之法，蓋自鍾王之後，未有得其全者。唯我高考獨傳此法，而陛下親授家學，曲盡聖能，意象自然，筆跡俱泯，而萬鈞之筆，潛寓其間。譬猶宇宙闔闢，不見斧鑿之痕；雲霞卷舒，殊非繪畫之力。此非聖性天高，學力海富，道腴德輝，被於心畫，則何以深造自得，集其大成全美如此。臣又嘗論李唐名家猶得楷法，本朝作者但工行書，如米芾所作飄逸超妙，可喜可愕，貴以楷法，殆無一字，此事寂寥久矣！」（《黄氏日鈔》卷六七）先生又有《跋御書石湖下方》一文，述賜書及刻石經過甚詳，錄之於下：「淳熙八年三月庚戌制書擢臣居守金陵。閏月丁亥朝行在所，庚寅辭後殿，翼日即望，詔賜清燕苑中，皇帝親御翰墨，大書『石湖』二字以賜。天縱聖能，遊藝超絕，典則高古，如伏羲畫，高勢奇逸，如《神禹碑》。日光雲章，垂耀縑素，環列改觀，禁禦動色。臣驚定喜極，不知抃蹈，冒死奉觴，上千萬歲壽。奉寶書以出。越五日，至於石湖藏焉！石湖者具區東匯，自爲一壑，號稱佳山水，臣少長釣遊其間，結茅種樹，久已成趣。春秋時吳臺其陰，越城其陽，登臨訪古，往跡具在。汙萊露蔓，千七百餘年，莫有過而問者。今猥以臣故，徹聞高清，天光博臨，燕及荒野，繇開闢來，未覩斯盛。裴度、李德裕皆唐宗臣，綠野平原，亦聲震當代，揆今所蒙無傳焉！何物幺麽，獨冒寵赫，百身萬殞，莫能負戴。臣蒲柳早秋，仕無補益縣官，倘晼晚不休，奸止足之戒，則將上累隆知，俯愧初服，臣用是懼。冀幸少日，遂賜骸骨，歸老湖上，宿衛奎璧，與山川之神暨猿鶴松桂同在昭回中，一介姓名，亦因是不朽。使後世之臣屬厭榮祿，得全於桑榆，以無辱君賜，則陛下丕顯休命，不委於草莽，庶幾報恩之萬一。臣既摹刻扁榜，又被之琬琰以傳，且附著臣之自叙云爾。」（《新編古今事文類聚別集》卷一二，《姑蘇志》卷三二）題銜稱「端明殿學士、中大夫、知建康軍府事、兼管内勸農事、提轄本府界分諸鋪遞角、充江南東路安撫使、馬步軍都總管、兼營田使、兼行宮留守、吳縣開國伯、食邑六百戶，賜紫金魚袋」。

楊萬里《題孝宗賜書石湖二字短歌》，序云：「淳熙聖人賜宴臨遣端明殿學士參政臣范成大居守金陵，鵩次肆筆，作『石湖』二大字賜之以寵其行。臣成大刻石，以碑本分似小臣楊萬里，敢拜手稽首賦長句。」詩曰：「石湖仙人補天手，整頓乾坤屈伸肘。爾來化作懶卧龍，簸弄珠璣漱瓊玖。五雲萬里天九重，玉皇深拱蓬萊宮。豈無九虎守閶闔，北門半扉當朔風。夜令雲師勑風伯，鞭起臥龍湖底月。湖水卷上天中央，卻煩北門護風雪。仙人馭風乘綠雲，玉宸殿上朝帝眞。帝將北斗酌天酒，冰桃碧藕脯麒麟。傳呼玉蜍吸銀浦，黟霜調冰澆月兔。洒成羲畫河洛書，白璧一雙浮雨露。石湖二字天上歸，奎星壁宿落山扉。昭回下飾吳花草，姑蘇臺前近太微。詩人不直一杯水，自是渠儂命如紙。教人妬殺石湖仙，手攬星辰懷袖底。」（《誠齋集》卷一八）

四月十三日，蒞建康任。《景定建康志》卷一四：「成大開府金陵，適歲旱，招徠商賈，捐倚閣夏稅，請于上，得軍儲二十萬碩振饑民，苗米十七萬斛是年蠲三之二，而五邑受粟總四萬五千四百餘戶，無流徙者。」《黄氏日鈔》卷六七說：「公時帥江東，當淳熙辛丑，仍歉，乞借朝廷見樁建康等處米三十萬石，穀二十萬石，不候檢到，損數通融兌便，恐冬深民流，救之無及也。又謂廣濟倉等陳米，儲之不過爲塵土，散之可以易民命，沿江渡口流民過淮處，如建康之靖安東陽下蜀大城堽馬家等渡，太平州采石大信荻港三山上灣等處，池州銅陵東流池口等渡，皆差官給糧津發其回，不願回者存養之。近渡路口如建康界湖熟、金陵鎭路口桐井四處，復爲之邀接津遣。其自兩浙來者，多自饒州石門取路，亦置場給，諭其還。勸分賞格，減半給敷，被荒殘稅，申乞蠲閣，流移歸業，收贖不候生滿，行李牛畜並與免收渡錢。凡荒政之大略，具其一一，皆可法者。顧恐近世無復乾淳可貸之粟，雖力莫施耳！」先生於救荒安流實大有功。

十二月二十二日，丞相王淮等進呈先生所具到上元縣所種二麥。淮奏道：「得范成大書，謂春麥惟郭剛能言之，蓋北人謂之劫麥。」孝宗說：「此間人亦不知，已令宮中種看。」（《中興聖政》卷五九）

淳熙九年壬寅，五十七歲。

正月六日，奏安撫流移之民歸業，說：「近降指揮，流移之人如願歸業耕種，即量支錢米，給據津遣。今欲移文兩淮安撫司漕行下所屬約束沿江渡口，遇有江淛流移歸業之人，其人口行李牛畜等並與免收渡錢，無致邀阻，其江淛津渡亦乞一例免收。」從之（《宋會要稿》食貨六九）。

八月十九日，詔轉一官，減二年磨勘，以去歲旱傷賑濟有勞之故（《宋會要稿》瑞異二）。其政績據《景定建康志》卷一四載：「盜發柴溝，去城二十里，又劫江賊徐五號靜江大將軍，成大設策收捕，皆獲而誅之。成大在鎮二年，以餘財代輸下戶秋苗及丁錢一半。」皆屬爲民興利除害之大者。秋，奏撥隸轉般倉劄子，說：「臣契勘近奉聖旨，諸路州軍應有朝廷米斛去處，專委守臣認數椿管，總司不許干預。並小貼子：大軍轉般倉椿管米，依前項指揮，臣已恭依，將本府大軍轉般倉見在米斛，盤到實數，拘收椿管訖。伏見目即諸處和糴米綱到倉岸者，舳艫相尾，見係本倉監官合干人交卸，竊緣轉般倉雖號建康府戶部轉般倉，而監官合干人及所管米斛，自來卻隸淮西總領所，今朝廷措置，既將此米撥付守臣，其合干人等卻仍隸總司，事體相違，難以檢察。欲望聖慈詳酌，特降指揮，將轉般倉撥正所隸，則守臣方可任責，實繫經久利害。」（《永樂大典》卷七五一五引《石湖集》）《大典》「轉般倉」條又載：「大軍倉轉般倉舊皆屬總所，淳熙九年七月九日奉旨，應有朝廷米斛，總司不許干預，時公在建康，盤量大軍倉欠八萬六千餘斛，奏以創倉已三十六年，支過無慮二千餘萬斛，不曾除豁，亦不到底，總有情弊，恐非合出於目即合干人。」先生奏乞蠲免大軍倉欠負劄子，載在《大典》卷七五一六，說：「臣比奉聖旨，盤量總領所大軍倉儲積米數，今已畢事，通計淨欠八萬六千餘斛，總領所見將合干人送本府左院根勘，照條斷罪備償。臣竊考之，大軍一倉，創於紹興五年。至今已得三十六年，前後支過軍糧無慮二千餘萬斛，從前即不曾除豁蠹頭蠹耗，亦不曾如此盤量到底，即上件欠數，猶不爲多。縱有情弊，恐非盡出於目即合干人等，若繩以三尺，則根株斷罪徒配，猶爲輕典，案後備償估籍，不足充數。緣情有可矜，理有可察，臣輒冒昧奏聞，伏望天恩詳酌，特降指揮施行。取進止。」

十二月初二日，特授先生太中大夫（《景定建康志》卷一四）。

淳熙十年癸卯，五十八歲。

四月七日，孝宗採納先生奏請，將轉般倉撥隸建康府。《永樂大典》卷七五一二頁八：「淳熙十年四月七日，詔建康鎮江府轉般倉各撥隸本府，所有逐州府大軍倉椿管朝廷米並委守臣同本倉監官認數別敖封鎖，其監官考任除所屬批書外，亦令於逐州府批書有無少欠，方得離任。以知建康府范成大言：近旨諸路州軍應有朝廷米斛，專委守臣認數樁管，總司不許干預。今來本府大軍轉般倉元係屬淮西總司，今朝廷既撥付守臣樁收，其合干人若依舊隸總司，難以檢察，乞將轉般倉撥正（交）所隸，則守臣方可任責故也。」

先生以積勤浸苦頭眩，自夏至秋五上章求閒，孝宗不得已，於八月二十三日除資政殿學士、提舉臨安府洞霄宫（《神道碑》，《景定建康志》卷一四）。《宋宰輔編年錄》卷一八：「十年八月乞宫觀，輔臣進呈，上曰：成大歷典大藩，備著勞效，可除資政殿學士、提舉洞霄宫。」

十月四日，右正言蔣繼周奏言處州義役不便，對先生倡行義役頗多抨擊。兹參考《宋會要稿》食貨六六及《兩朝聖政》卷六十錄於下：「處州進士經御史臺畫一十項，陳論本州義役擾民。臣因根究本末：義役之説起於乾道五年五月知處州范成大奏陳處州松陽縣有一兩都，自相要約，各出田穀，以助役戶，永爲義產，總計爲田三千三百餘畝，乞行下諸路州軍責縣官依此勸誘。至七年正月成大爲中書舍人，再述前請，朝廷從之。淳熙三年陳孺知處州，任滿奏事，言其不便，乞依見行條法，照物力資次依公差募。至八年處州布衣上書，乞行義役，詔令季翔（《聖政》稱李翔，今從《會要》）限十日看詳以聞。翔奏欲每田百畝出田二畝，官民僧道並爲一等。是年六月本州進士經御史臺投狀，訴義役不便，已令戶部行下本州照會。臣竊謂國家役法自祖宗以來前後講論詳矣，行之其或不能無弊者，非法弊也，人弊之爾！苟得一賢令尹則人樂爲之爭先，是知其弊誠在人而不在法。自范成大唱爲義役之説，在人耳目，而處州六邑之民擾初于義役者十有六年矣。夫狹鄉民貧，私相借助，以供上之役，是特鄉里常情爾！成大張大其事，標以義名，且欲改賜縣名，行之諸路，朝廷固已察其情狀，不可其請矣！成大不已，再有所陳，囑其代者，使遂其説。至陳孺知處州，親受其弊，任滿奏事，乃始備言其實，陛下即可其奏，於是處州之民始獲息肩於義役之罷。三兩年來舊説復作，一布衣之士上書，未必公言，朝廷令季翔看詳，蓋欲其詳酌可否，曾不能參照案牘，博詢民言，辨范成大、陳孺所奏虚實，有請於朝而罷之，乃從而附會其説，斷以己見，官民僧道出田一等，他日貧富置之不問。臣人以爲重擾，條畫利害，訟於烏臺。臣嘗問鄉閭出田助役然則可用，曰將以賂吏胥有常數也，吏胥之誅求於執役者，官立法以禁之，猶懼其不懲，使上之人通知之，其何以訓？夫立賞以誘之，而舉行者不加勸，立罰以威之，而沮敗者不加畏，給官田以助役，亦終於不可行，則出私田者民情之不樂從可見矣！舉處州之民，初不曰義，推行之於兩浙，兩浙固已被其擾，使推行之於天下，豈不重擾哉！欲望特降睿旨，將處州及兩浙有見行助役去處，聽從民便，令官司不得干預，民自難久行或不能息爭訟，仰州縣遵依現行條法，照應物力資次依公差募。仍乞將季翔罷黜，以謝處州兩浙十五六年間義役之擾。」從之。有關義役之利弊及各地舉行義役所以不能持之以久的原因，俱詳拙撰《南宋義役考》一文中。

淳熙十一年甲辰，五十九歲。

正月十六日，監察御史謝諤奏請義役、差役聽從民便，奏請：「去年十月四日，臣僚言，因處州守臣不合將義役置冊假以藉手，干求差遣，力陳其弊，奉旨依奏。其所奏係是兩項：第一項云，將處州及兩浙有現行助役去處，聽從民便，令官司即不得干預。第二項云，其民間自難久行不能息爭訟者，仰州縣遵依見行條法，昭應物力資次依公差募。第一項是行義役，第二項是行差役也。言外之意，欲差役、義役二者並行，元不曾指名言盡罷義役，兼但言兩浙之弊，不曾言及別路也。近訪聞江東西諸路，累年民間有便於義役去處，官司乘此頗有動搖。蓋民間舊因差役吏緣爲奸，當差之時，枚舉數名，廣行追擾，望其脫免，邀求貨賂，使之爭訟，至有累月而不定者，民戶因此多有困竭，緣行義役，遂頗便之。自此法之行，胥吏縮手無措，日久伺隙，思敗其謀，近有饒州德興縣吉州吉水縣人戶赴臺陳訴，其詞激切，端有可憫。乞下諸路監司州縣，應有義役，當從民便外，其不願義役及自有爭訟，乃行差役，兩項並合遵守，違者許提舉司按奏。」疏上，孝宗說：「前日蔣繼周言處州守臣專行義役之弊，今諤欲義役、差役各從民便，法意補得始圓。」令仍照去年十月四日已降指揮施行（《兩朝聖政》卷六一）。足見義役仍有其客觀的存在價值，所以到理宗時還有不少州縣人戶自相結約而行之的。

淳熙十三年丙午，六十一歲。

八月，王希呂（仲行）以龍圖閣學士知平江府，到任，先生常與會飲。《朝野雜記》甲集十七「公使庫」條說「淳熙中，王仲行尚書爲平江守，與祠官范至能、胡長文厚，一飲之費，率至千餘緡。」其生活之奢侈可知。是歲，作《四時田園雜興》詩六十首，序引云：「淳熙丙午，沉痾少紓，復至石湖舊隱，野外即事，輒書一絕，終歲，得六十篇，號四時田園雜興。」（《詩集》卷二七）《宋人軼事彙編》載《柳亭詩話》引湯廷射《公餘日錄》說：「孝宗欲相范至能，以其不知稼穡之艱難，遂止。范因作田園雜詩十六首。」疑此爲傳聞疑似之詞，蓋先生少時遭逢多難，家中生計本極艱苦，不可能不知稼穡之艱難。

淳熙十四年丁未，六十二歲。

三月後，姜夔遊杭州，因蕭德藻東夫的介紹，袖詩謁見楊萬里，萬里以詩送夔往吳郡晉謁先生。《誠齋集》卷二二《送姜夔堯章謁石湖先生》云：「吾友夷陵蕭太守，逢人說君不離口。袖詩東來謁老夫，慚無高價索璠璵，翻然欲買松江艇，逕去蘇州參石湖。」夔有《次韻誠齋送僕往見石湖》長句之作，載在《白石道人詩集》卷上中。

案：《誠齋集》詩文皆編年，此詩編在是年春間，後一首爲「三月二十六日殿試進士待罪集英殿門」，知姜夔謁萬里當在三月後。

是夏，姜夔來吳郡晉謁，呈《石湖仙》長

句以壽先生，詞云：「松江烟浦是千古，三高遊衍佳處，須信石湖仙，似鴟夷翻然引去。浮雲安在？我自愛綠香紅舞，容與看世間，幾度今古！盧溝舊曾駐馬，爲黃花閑吟秀句，見說胡兒，也學綸巾欹羽，玉友金蕉，玉人金縷，緩移箏柱聞好語，明年定在槐府。」（《白石道人歌曲》卷四）

淳熙十五年戊申，六十三歲。

十一月，起知福州，十二月入對。《神道碑》說：「十六（五之誤）年十一月起知福州，引疾固辭，詔令奏事，又辭。上先遣醫官張廣歸傳旨灼艾，既對，勞公曰：『卿南至桂廣，北使幽燕，西入巴蜀，東薄鄞海，可謂賢勞，宜其多疾。』袖丹砂以賜。時皇太子參決庶務，公得見東宮，坐論治道。移時，太子諭，公不敢暇逸，日惟讀書作字。公曰：石湖已拜宸翰，有壽櫟堂，願得寶書。太子欣然。……公既出闕，上復賜甚厚。至家，又遣使賜御書蘇轍詩二首，太子亦送壽櫟堂三大字。」乃刻於堂，榜曰重奎（《崑山郡》志卷四）。

是月，對於延和殿，上論二事劄子。《永樂大典》卷一〇八七六引先生《全集》僅錄其一事。說：「臣竊聞虜中自立璟爲太孫，諸子不平，形於謠言。臣頃過保州，是時其嗣允恭尚在，已見承應人密說國中惟畏服大王，將來恐有李唐秦王之事，謂其長子允升也。今又立璟，則其伯叔之心皆可想見。他日若璟得國，伯叔不服，必有內亂，此其機可乘。萬一璟能制伯叔之命，則必有腹心之臣爲之謀主，事成勢定，又必有窺伺之圖，國家當不輟儲備，以待時勢。」又說：「臣竊見方今國計未足，民力未裕，求所以足國裕民，則無其說。止緣規模未堅定，所經費不可減，欲儲蓄贏羡以足國，而所入不支所出，欲緩催科除耗剩以裕民，而上煎下迫，實惠難行。若只如此趣了目前，無復餘力，萬一敵人眞有機會，亦恐無以應之，天下事莫有大於此者。伏想久留聖心，不待愚臣妄論。」是歲，先生進秩通議大夫。《蘇州府志》卷四八載先生撰《重修行春橋記》，有「凡遊吳中，而不至石湖，不登行春，則與未始遊無異」之句，末題「資政殿學士、通議大夫、提舉臨安府洞霄宮」。知先生之轉通議大夫最晚當在是年。

淳熙十六年己酉，六十四歲。

正月，先生啓程往福州蒞新任，敖陶孫賦七律五首以上先生，表示崇敬。詩云：「人物于今正眇然，欲從江表訪先賢。邇來耆舊無新語，誰使文章漫兩川。利器蚤能誇脱穎，偏師聊復制中權。騷人有幾登青竹，耐可同時欠執鞭。」「今代論文更是非，賞音誰復得牙夔。直從長慶成編日，便利先生晚歲時。萬馬蕭蕭閑律令，孤峰隱隱出旌旗。了知長短三千首，收拾餘師即我師。」「十年口伐眞奇事，一代詩鳴不救貧。大手欲推浯水頌，羣首曾折石湖巾。乃今謝傅還初志，其奈王陽是故人。獨有吾閩欠公句，詔書果起釣磻濱。」「此行閩嶠吾能數，行盡天南未了青。莫倚看山韜墨本，要須入界挾圖經。西湖楊柳雲生鏡，東阜離支錦作屏。欲託翁水烏石篆，請公作屋與新銘。」「蚤知吳下多奇事，身許先生嫡子行。他日略容追李杜，斯文何敢望班揚。向來流水孤三奏，此去飛霞乞一翔。牛鐸調官吾豈敢，嘘濡萬一借聲光。」（《大典》卷一五一三九引《中興江湖集》）

二月，孝宗內禪，光宗即位。時先生正在赴闕途中，行至婺州，以腹疾力請奉祠，從之。《宋宰輔編年錄》卷一八先生「罷參政」一條下說：「光宗即位，下求言之詔，詔曰：卿以文章德行師表縉紳，受知聖父，致位丞弼，均佚方面，乃心王室，於天下事講之熟矣！其悉意以陳，以副朕傾想之意。」《神道碑》載：「壽康皇帝初政，特詔求言，公疏乞述重華以廣孝治，執仁術以守家法，堅國本以定規模，節經費以蘇民力，精覘牒以應事機，審選任以求將材，修堡障以固西南，議鹽筴以安二廣，嚴錢禁以榷官會，廣屯田以實邊儲。皆當世要務。」又《黃氏日鈔》卷六七載先生應詔上皇帝書說：「戶部督州郡，不問額之虛實，州郡督縣道，不問力之有無。縣道無所分責，凡可鑿空掠剩賊民而害農，無所不用，偶有所增，永不可減。其他巧作名色，核其支用，無非入己，亦不得而盡禁。此非超覽九天之上，作新一王之法，曠然大變其制，未見裕民之術。」又說：「西南保障，自嶺南左右二江沿邊西北，轉而西行，略牂牁夜郎黔中，而極於西南越嶲之塞，又西北，至劍外河西之境，無慮萬里，祖宗築城寨置兵，今名存而實廢。乞行下蜀廣巡修。」實皆屬切要之圖。

光宗紹熙元年庚戌，六十五歲。

二月十五日，以己所居之園圃名范村，撰

《范村記》。記云：「某奉祠還鄉，家西河之上，距海才百里，追懷祖武，想像仙山，月生潮來，悠然東望，煙雲晻靄，去人不遠。會舍南小圃適成，輒以范村名之。圃中作重奎之堂，敬奉至尊壽聖皇帝所賜神翰，勒之琬琰藏焉！四傍各以數椽爲便坐。……某不肖，生值聖世，饕竊名祿，無以報塞萬分，上恩天載，扶持全安之，老而歸休，猶能宿衛兩朝賜書於家林之下，婆娑日涉，常在雲漢昭回中，榮光所被，燕及猿鶴，此則昔者所無，而今之所有。僑立斯名，亦尚無愧。按周元王五年越入吳，陶朱公於是去國。後千三百五十年，當唐乾符六年，范村之名始聞於世。又三百二十年，實皇宋紹熙初元，歲在庚戌，某遂以范村名其圃。上下垂千七百年，其傳遠矣！杜元凱謂范氏世爲興家，斯言猶信。後之人儻能長保此居，則村名之傳，又不知幾世幾年乎？書之壁以示同姓。」

二月十五日，隆興元年同年會於姑蘇臺，獻酬賦詩，先生撰《姑蘇同年會詩序》。序說：「進士科始隋，盛于唐，本朝因之，偕升者謂之同年，衣冠之好，由來尚矣！唐人尤憙斯集，讌設之名，亡慮十數，……當此之時，通榜之士意氣相予甚厚，否則有素陌青雲之譏。本朝略去浮侈，但存聞喜一宴，而爲之同年之制則加詳焉！既朝謝，揆日集貢院，奉賜第錄黃於香案，列拜庭下。禮畢，更以齒班立，四十以上東序西鄉，未四十者西序東鄉。推年最老者、最少者各一人升堂，長者中立南鄉，少者下立北鄉。春官吏贊拜，少者拜；又贊答拜長者，洎兩序，皆再拜，謂之拜黄甲，叙同年，所以明章風，期惠篤，叙事契，委曲之意，過唐遠矣！……紹熙改元，建陽袁起巖（説友）、張元善偕使浙西，始以歲五日會同年之在吴下者於姑蘇臺。登臨勝絶，傾倒情素，獻酬樂甚，賦詩相屬，州里傳寫，旦夕殆遍，好事者欣然高贊以爲伐木之詩也。起巖謂僕嘗洿春圍，屬爲序引，僕時位下，詎足數，獨以親見諸公貴名之起，又知二使君能修舊好，略記團司故實以代揚觶之詞，庶凡號稱同年，聞風動情，增重名義，或與雅道小有補焉！非直爲一觴一詠設也。」（《蘇州府志》卷一三八）

紹熙二年辛亥，六十六歲。

十二月，姜夔載雪訪先生，賞梅於范村。《白石道人歌曲》卷四《暗香詞序》説：

「辛亥之冬，予載雪詣石湖，止既月，授簡索句，且徵新聲，作此兩曲，石湖把玩不已，使工妓隸習之，音節諧婉，乃名曰《暗香》、《疏影》。」先生以青衣小紅贈姜夔。《硯北雜志》説：「小紅，順陽公青衣也，有色藝。順陽公請老，姜堯章詣之。一日，授簡徵新聲，堯章製《暗香》、《疏影》二曲，公尋以小紅贈之。」所以夔有絶句云：「自作新詞韻最高，小紅低唱我吹簫。」

紹熙三年壬子，六十七歲。

春夏間，加資政殿大學士知太平州。先生辭數次，皆優詔不允。五月之任，時幼女年十七，行將出嫁，隨往，不幸於到任後十數日一病去世，先生追悼切至，毫無遊宦心意，遂請致仕，復得洞霄祠祿歸里（《神道碑》）。《誠齋集》卷四五

《范女哀辭》說：「石湖先生參政范公，有愛女，名某字某，嫕德淑茂，年十有七，紹熙壬子五月，從公泛舟之官當塗，至公舍得疾，旬日而逝，公哀痛不自制。」

六月，楊萬里長子長孺跋先生詞，載在《永樂大典》卷二二六六，說：「石湖先生文章翰墨，其視坡谷所謂魯君之宋，呼於垤澤之門者，今留天地間已貴珍之，况後世子雲耶？吟詠餘思，游戲樂府，縱筆落紙，不琱而工，較之於詩，似又度驊騮前也。淳熙戊戌，先生歸自浣花，是時家尊守荆溪，置酒卜夜，觴次從容，先生極談錦城風景之盛，宦情之樂，因舉似數闋，如賦《海堂》云：『馬蹄塵撲，春風得意，笙簫逐欽門，不問誰家竹，只揀紅粧高處燒燭，碧雞坊裏花如屋，燕王宮下花成谷，不須悔唱關山曲。直爲海堂也，合來西蜀。』如《憶西樓》云：『悵望梅花驛，疑情杜若洲，香雲低處有高樓，不近木蘭舟。緘素雙魚，遠題紅片葉秋，欲憑江水寄離愁，江已東流，那肯更西流。』此蓋先生最得意者，長孺耳剽，恨未飽九鼎之珍也。後九年，忽得《餘姸亭藁》二百十有二闋，遂入宅于石湖無盡藏中，毫髮無遺恨矣！又五年，長孺繫官二水，丞相益國周公羅致幕下，偶爲鄉人劉炳先、繼先伯仲言之，炳先曰：『昔蘧伯玉恥獨爲君子，足下獨私先生之制作可乎？』長孺對曰：不敢。乃以授之，俾傳刻云。紹熙壬子三年六月（二日），門下士修職郎、永州零陵縣主簿、權湖南安撫司準備差遣楊長孺敬跋。」

紹熙四年癸丑，六十八歲。

九月五日逝世，享年六十八歲。《神道碑》說：「九月，公疾病，語門人曰：『吾本不待年告老，今不濟矣，亟爲我剡奏。』詔未下，而公以是月五日薨。積官至通議大夫，爵至吳縣開國男，累封吳郡公，食邑三千二百户，食實封一百户，享年六十八。遺表聞，贈銀青光祿大夫。」

十二月十三日，葬吳縣至德鄉天平山上沙村先隴側。陸游挽詞說：「屢出專戎閫，遄歸上政途。勳勞光竹帛，風采震羌胡。籤帙新藏富，園林勝事殊。知公仙去日，遺恨一毫無。」「孤拙知心少，平生僅數公。凋零遂無幾，遲暮與誰同。瓊樹世塵外，神山雲海中。夢魂寧復接，慟哭向西風。」（《劍南詩稿》卷三三）

姜夔悼詩說：「身退詩仍健，官高疾已侵。江山平日眼，花鳥暮年心。九轉終無助，三高竟欲尋。尙留巾墊角，胡虜有知音。」「未作龍蛇夢，驚聞露電身。百年無此老，千首屬何人？安得心長健，那知事轉新。酸風憂國淚，高塚卧麒麟。」「未定情鍾痛，何堪更悼亡。遺書知伏枕，來弔只空堂。雪裏評詩句，梅邊按樂章。沈思酒杯落，天闊意茫茫。」

夫人魏氏，前乎先生數月卒，《神道碑》說：「夫人承直郎信臣女，紹興參知政事敏肅公（魏良臣）之猶子。敏肅知公深，一見以遠大期之。」

子二：長子莘，幼子玆，事歷皆不詳。

先生先受封吳國公，追封崇國公，謚文穆。

先生著述計有：《石湖大全集》一百三十六卷，《石湖別集》二十九卷，《石湖居士詩集》三十四卷，《吳郡志》五十卷，《攬轡錄》一卷，《驂鸞錄》一卷，《吳船錄》一卷，《桂海虞衡志》一卷等十多種，其傳世情形，俱詳拙著《范成大研究》著述考。黄震跋先生詩文集說：「公喜佛老，善文章，踪跡遍天下，審知四方風俗。所至登覽嘯詠，爲世歎慕，往往似東坡。東坡當世道紛更，屢爭天下大事，其文既開闢痛暢，而又放浪嶺海，四方人士爲之扼腕，故身益困而名益彰。石湖遭值壽皇清明之朝，言無不合，凡所奏對，其文皆簡樸無華，而又致位兩府，福祿過之，流風餘韻，亦易消歇！」（《黄氏日抄》卷六七）

先生書法精妙，袁說友《東塘集》卷一九有《跋范石湖草書詩帖》一則，於先生所爲草書甚讚賞。跋云：「紹熙癸丑（四年，一一九三），某將指肅客，事已，道由吳門，見公於壽櫟堂，飲食教誨，載辱竟日。某因出道間詩編呈似，公不鄙焉而覽之，既又申楮和墨，取四絶作草聖，頃刻即就。公曰：『予屬和未暇，書此以當和篇耳！』蛟龍驤騰，蜿蜒起伏，筆端變態，不可窮盡，視杜祁公、蘇滄浪、黄太史之筆誠兼有之。又六年，某繆制蜀閫，繼公於十九年之後，流風善政，殆不止於猶存也。仰企前規，如在左右。慨念疇昔洒翰之寵，何可自秘，敬鐫樂石，留置郡齋，庶幾夫古人掛劍之義，且以慰蜀民愛棠之思云。」

史源及參考書

甲、譜主著作

《石湖居士詩集》　四部叢刊初編
《吴郡志》　墨海金壺叢書本
《攬轡録》　知不足齋叢書本
《驂鸞録》　知不足齋叢書本
《吴船録》　知不足齋叢書本
《桂海虞衡志》　知不足齋叢書本
《石湖詞》　知不足齋叢書本

乙、同時人著述（包括元人）

《宋　史》　元脱脱撰　啓明書局影印
《宋會要輯稿》　清徐松輯　世界書局影印
《建炎以來繫年要録》　宋李心傳著　文海出版社影印
《建炎以來朝野雜記》　宋李心傳著　文海出版社影印
《宋宰輔編年録》　宋徐自明著　文海出版社影印
《皇宋中興兩朝聖政》　宋不著撰人　文海出版社影印
《南宋館閣録》　宋陳騤撰　武林掌故叢編
《南宋館閣録續録》　宋不著撰人　武林掌故叢編
《宋中興學士院題名》　宋何異撰　武林掌故叢編
《金史》　元脱脱撰　啓明書局影印
《文獻通考》　元馬端臨著　新興書局印
《中興禦侮録》　宋不著撰人　粤雅堂叢書本
《中吴紀聞》　宋龔明之撰　知不足齋叢書本
《新安志》　宋羅願纂　清光緒十四年翻刻本
《玉峰志》　宋凌萬頃撰　太倉舊志五種本
《崑山郡志》　元楊譓撰　太倉舊志五種本
《景定建康志》　宋周應合撰　清嘉慶七年

刊本
《寶慶四明志》　宋羅濬纂　宋元四明六志本
《開慶四明續志》　宋梅應發纂　宋元四明六志本
《延祐四明志》　元袁桷纂　宋元四明六志本
《桯史》　宋岳珂撰　四部叢刊續編
《困學紀聞》　宋王應麟撰　世界書局印
《皇宋書録》　宋董史撰　知不足齋叢書本
《齊東野語》　宋周密撰　學津討原本
《周益國文忠公全集》　宋周必大撰　清道光刊本
《陸放翁全集》　宋陸游撰　世界書局排印本
《于湖集》　宋張孝祥撰　四部叢刊初編本
《誠齋集》　宋楊萬里撰　四部叢刊初編本
《盤洲集》　宋洪适撰　四部叢刊初編本
《朱文公文集》　宋朱熹撰　四部叢刊初編本
《魏鶴山大全集》　宋魏了翁撰　四部叢刊初編本
《攻媿集》　宋樓鑰撰　四部叢刊初編本
《白石道人詩集》　宋姜夔撰　四部叢刊初編本
《平齋集》　宋洪咨夔撰　四部叢刊續編本
《艾軒集》　宋林光朝撰　四庫全書珍本
《東塘集》　宋袁説友撰　四庫全書珍本
《崔舍人玉堂類稿》　宋崔敦詩撰　叢書集成本
《崔宫教集》　宋崔敦禮撰　四庫全書
《和石湖詞》　宋陳三聘撰　知不足齋叢書
《漫堂文集》　宋劉宰撰　嘉業堂叢書
《桐江集續集》　元方回撰　宛委别藏本
《黄氏日鈔》　宋黄震撰　明正德建陽刊本
《直齋書録解題》　宋陳振孫撰　武英殿聚

珍本

《新編古今事文類聚》 宋祝穆編 元富大用補 明建陽刊本

《古今合璧事類備要》 宋謝維新編 明嘉靖間刊本

《硯北雜志》 元陸友撰 筆記小説大觀

丙、後人編集及研究

《永樂大典》（今存本） 世界書局影印

《歷代名臣奏議》 明楊士奇編 學生書店影印

《宋百家集》 清刻本

《蘇州府志》 明盧熊纂 舊鈔本

《處州府志》 明劉宣纂 明成化間刊本

《姑蘇志》 明王鏊纂 學生書店影印

《宋元學案》 世界書局排印

《宋元學案補遺》 清王梓材輯 四明叢書本

《十駕齋養新録》 清錢大昕撰 世界書局印

《金石文跋尾》 清錢大昕撰 潛研堂全書本

《續資治通鑑》 清畢阮撰 藝文印書館影印

《四庫全書總目》 藝文印書館

《影印括蒼金石志》

《粵西金石略》

《宋人軼事彙編》 丁傳靖編 商務印書館排印

《四庫總目范石湖詩集題要辨證》 王德毅撰 大陸雜誌卅三卷九期

鄭忠肅公年譜

（宋）鄭竦 編

刁忠民 校點

清康熙年間刊《鄭忠肅公奏議遺集》附

鄭興裔（一一二六—一一九九），初名興宗，字光錫，開封（今屬河南）人，徽宗顯肅皇后外家三世孫。以后恩授成忠郎，充幹辦祇候庫。累官至江東路鈐轄。乾道間徙福建路。淳熙間累差浙東、浙西、江東提刑。入知閤門事兼幹辦皇城司，又兼樞密副都承旨，出知廬州、揚州。紹熙元年，遷保静軍承宣使。寧宗即位，除知明州兼沿海制置使。告老，授武泰軍節度使。慶元五年卒，年七十四，謚忠肅。

鄭興裔以后裔入仕，涖官任事，頗稱勤懇，多所建言。所著《退庵集》三十卷，不傳，後人輯其文爲《鄭忠肅公奏議遺集》，有清康熙三十二年刊《鄭氏六名家集》本、《四庫全書》本。事蹟見周必大《武泰軍節度使贈太尉鄭公興裔神道碑》（《文忠集》卷七〇）、《宋史》卷四六五本傳。

本譜原署：「奉直大夫、韶州太守、封崑山縣開國男孫竦編次。浙閩參軍十一世孫若曾重訂。」鄭竦，宋理宗時人，嘗築鄭氏園、止足堂，丞相葉夢鼎爲題扁。事見《淳祐玉峰續志》卷下、正德《姑蘇志》卷三二。此譜記譜主生卒月日，詳載其仕宦經歷及子孫廕官仕履等，繫事以奏議爲主，蓋據家譜及《奏議遺集》裒拾而成者。

公初諱興宗，孝廟賜名興裔，字光錫，系出相國宣公後，世家開封。

五世祖諱昭，太子少師、開府儀同三司，累贈太傅、太師，追封冀王，謚肅敏。

高祖諱甫，宣徽北院使，累贈太傅、太師，追封吳王，謚恭懿。

曾祖諱紳，顯肅后父，歷官太傅、太師，封樂平郡王，追封南陽郡王，謚僖靖。妣李氏，封秦國夫人。任氏，封蜀國夫人。

祖諱翼之，檢校太師，陸海軍節度使，封魯國公，謚榮恭。妣宗室仁壽郡主。

父諱蕃，和州防禦使，贈少師、保平軍節度使，追封燕國公。妣宗室趙氏，封燕國夫人。

靖康元年丙午

二月十有一日，燕國夫人趙氏生公於開封縣東榆林巷之賜第。

建炎三年己酉，公年四歲。

時高宗南渡，父燕國公諱蕃、世父榮國公諱藻奉詔帶御器械，偕從子龍圖閣學士諱修年、資政殿學士諱億年、集英殿修撰諱僑年扈蹕從遷，僑寓崑山縣通德坊。

載《蘇州府志》，舊有石碑刻「鄭府界」三字。

公早失怙，世父榮國公子撫之。

紹興三年癸丑

公受學於楊文靖公時。

四年甲寅

蔭成忠郎，監潭州南嶽廟，尋除幹辦祗候庫，詔充昭慈聖獻皇后攢宮內外都巡檢使。公潛心經史，闡周、程之學，留陵下六年，未嘗干進。

七年丁巳

正月，祖姑顯肅后凶問至，公在陵下成服。

閏十月，后祔於太廟。奉詔詣臨安陪祀，進階從義郎，辭闕，仍赴陵下。

十一年辛酉

除授鎭江府提轄榷貨務都茶場。奏請禁革州縣折帛錢及徵民戶積欠。

十二年壬戌

上早定儲貳劄子。

八月，徽廟暨顯肅后梓宮歸，召赴行在，侍駕臨平鎭奉迎登舟，易緦服。

十月，帝后攢會稽永祐陵，奉詔閱視營事。

十一月，辭闕歸任。

十三年癸亥

奏論戶縣監住四鈔，宜皆存留，以備互照。

奏請招集四方勤王之兵，圖復中原。

十四年甲子

予告歸平江府，即今蘇州府。娶夫人林氏，同知樞密院吳國文節公希孫女。

十七年丁卯

奏請減免江東西月椿錢。

十八年戊辰

奏請升五帝爲上祀。

十九年己巳

奏論汀州計口科鹽之害。

二十年庚午

除授秀州兵馬鈐轄。奏論陵廟之祭，月有薦新，永祐諸陵闕而未議，請勅有司討論舉行。奏請經略山東海道。奏論民情憤激和議。

二十一年辛未

奏請勅監司檢察諸州額外征取無名妄用。

二十二年壬申

奏請勿困東南之民以狥西北。

二十四年甲戌

七月，彗星見，奏請嚴修武備，以防寇侵。

奏請褒錄死事之臣。奏請獎勸直言之士。

二十五年乙亥

除授宣州兵馬鈐轄。奏請嚴設四境守備。奏請選練軍旅。奏論和買之弊。

二十七年丁丑

二月壬寅，白虹貫日，奏請斥遠近習佞倖之人，奏請減免閩、廣漕司歲認鹽鈔錢。

二十八年戊寅

浙東西水災，奏請撥義倉米賑濟，奏請減免平江、紹興、湖、秀、常、潤等被災州縣本年田租。

七月，召赴行在，同世父榮國公諱藻、叔父顯謨閣學士諱滋奉詔入大內復古殿校定御府圖籍，鈎臨漢、晉、唐諸名帖。

九月，榮國公分以貲產，公辭不受，請立義莊，贍族及南北眷屬。義莊在壽昌縣仁壽莊，即祖妣仁壽郡主賜田。景定間，孫刑部郎中璹增置義田。世仍弗替。

二十九年己卯

正月，賜御製《損齋記》，上表陳謝。奏請慎選守令。奏請減免西和州鹽直之半。

三十年庚辰

四月，舉父燕國公殯，賜葬臨安府餘杭縣石門山。

三十一年辛巳

除授平江府兵馬鈐轄。

四月，霪雨害稼，奏請減免本年田賦之半。奏請免遷紹興府攢宮近地士庶丘塚。奏請禁革火厝之俗。

三十二年壬午

正月朔，日食，公上《修德弭災劄子》。

四月，賜《蘭亭序》、《赤壁賦》二帙，命各鈎臨一百本進御。

隆興元年癸未

除授閤門宣贊舍人、江東路兵馬鈐轄。上《營田十事劄子》。擇官必審，聚衆必廣，穿渠必深，鄉亭必修，器用必備，田處必利，食用必充，耕具必足，定税必輕，賞罰必行。上《川蜀馬政劄子》。奏請勅兩淮裒集鄉兵團結訓練。奏請勿狥講和之議。奏請收民心以固根本。奏請圖恢復之計。奏請嚴戰守之備。奏請經略江海險阻兵將糧賦。奏請築紹興府海塘以捍鹹潮。

二年甲申

上常平義倉事宜劄子。奏請卻高麗人入貢。奏請節用愛人。奏請文武互用。奏請培養人才。奏請市舶宜照熙寧舊法。奏論保正副幹當本都煙火公事外不宜泛有差擾。奏請宣訪臣僚。奏請思患預防。奏請修軍政，裕邊儲。奏論鼓鑄之弊。奏論鹽法之壞。奏請勿拘敵人之請，發還歸正人。奏請行屯田以安歸正軍民。奏請簡任邊將。

乾道元年乙酉

上和糴二害劄子。斛面、監臨官誅求。建康留司請治行宫備巡幸，公奏論勞民費財，遂罷其役。且論都統及軍門行司擇帥未善。浙東西歲澇，奏請蠲免被災郡縣身丁錢。奏論宣州水利，請開掘永豐圩圍田。奏請行祖宗轉對故事。奏請斥毁淫祠，禁創寺觀。奏請褒贈張九成。奏請斥王氏學。奏請慎名器。奏請疏濬郭澤塘。

二年丙戌

奏請罷近侍陳請恩賜。奏請勅監司按察守令臧否。奏請久任將帥。奏請開掘浙西勢豪新圍田畝。

三年丁亥

改授福建路兵馬鈐轄。過闕入見，召對選德殿，上詢守令臧否，公條析以對，上曰：「卿練達時務，習知吏事，行當用卿。」賜宴翠寒堂，賜襲衣、金帶、名馬。奏論內外職官考課之法。奏請平税役。奏請減茶課。

四年戊子

奏論民命莫重大辟，宜審愼聚錄。奏請召用魏掞之。奏論州縣用刑慘酷，請著令禁飭，鞭笞不得過三十。奏請罷二廣鹽鈔。奏請罷文武臣添差官。奏請招集兩淮義兵。

五年己丑

奏薦顔度宜登禁近。奏請撙節財用。奏請遠便辟以近忠直。

六年庚寅

奏論斷獄宜別首從。奏請厚捕盜官賞格。遣子損、抗受學金谿陸九齡。

七年辛卯

除授福建路提刑司使。郡守與寓公因詩文交訟，獄久不決，公平反之。甌人有殺人亡命者，株連日衆，公奏請摘斷，釋無辜者數十人。獄成，上嘉公明敏，加領高州刺史。

福帥常用大臣監司，例不可否獄事，公獨舉其職制，見郡縣積玩，檢驗法廢，創爲格目，分畀屬縣。每一檢驗，依立定字號，用格目三本，一上所屬州郡，一付被害之家，一申本司照會。州縣受詞，差官檢驗，受牒起發皆注日時於上，關防詳密，吏胥不得爲奸。建、劍、汀、邵四郡鹽筴屢更，漕臣請易綱運爲鈔法，公上章極陳不可。

海寇倏去忽來，調兵常無及，公請奏置

澳長，寇至，徑率民兵禦之。奏論薦舉不公，選人宜參用考任。奏論縣尉捕盜改秩多僞，宜勅所司嚴加審覈。奏論揀中禁兵武藝未精，多充私役，請行禁止。奏請遴選循良守令，以弭汀、漳盜賊。奏論汀、漳盜賊之起，由於賦役不均。奏請立賞格以散賊黨。奏論救民瘼莫先輕賦稅。漳州野象害稼，民設機穽而獲，有司追取其齒，無敢捕者，奏罷行之。

十月，上善公數論事，特遣中使王良臣持勅書手詔慰諭，賜白金、文綺。

八年壬辰

除授成州團練使。上《練兵擇將劄子》。奏請勅諸路根刷廂禁兵敎練。奏論養兵貴精不貴多。奏論李衡、王希呂等不宜罷職。

九年癸巳

正月，遷武功大夫、江州觀察使。

二月，召赴行在，充賀金生辰使，賜金帶、金魚、乘犹張繖。

五月，使還，上嘉公不辱命，賜宴便殿，賚予優渥。

六月，除授兩浙東路提刑司使。

九月，條上檢驗格目，請勅下諸路一體舉行。奏請勅諸路禁戢軍兵擾民。奏論張說擅權欺罔，亟宜罷黜。

淳熙元年甲午

四月，改除兩浙西路提刑司使，駐節平江府。重建提刑司廳事。奏請疏濬許浦。奏請刑名務遵成法，不宜任吏胥引例出入。奏請革無名之徵以寬民力。奏請蠲積欠以甦民困。

五月，特詔頒行公檢驗格目於諸路提刑司，

永著爲令。鎭江軍習水戰，貴近將命督臨，巨風，舟壞士溺。公奉詔審視，具實以聞，重忤權要。

八月，改除江東路提刑司使，兼提舉江州太平興國宮。尋詔赴行在，請祠歸里。

九月，召知閤門事，兼提舉皇城司公事。奏請劉清之宜召致館閣。

十一月，除授樞密院副都承旨，兼接送賀正使。步軍營婦楊氏殺鄰舍兒，取臂釧而棄其屍。廷尉論如律，刑部以無證佐出之。公奉詔覆治得實，上喜曰：「朕固知鄭興裔能辨此。」嘉公廉貧，特支真俸，賜居第臨安府百官宅，仍給營造費。

十二月，加領和州防禦使。

二年乙未

遷右武大夫，封壽昌縣開國男，食邑三百戶，賜紫金魚袋，蔭長子挺從義郎，次子撝成忠郎。奏薦龔明之孝行節誼，宜格外優錄。奏請嚴奏舉不實之罰。

十二月三日，瑞雪降，召入大內，侍宴明遠樓。

三年丙申

五月二十一日，天中節，侍駕詣德壽宮上壽，上皇賜金壘銀榼。奏論官田輸賦當誘以開耕，不宜恐以增賦。奏陳官戶圍築田畝，湮塞水道之害。奏論現錢會子事宜。

四年丁酉

二月，侍駕臨幸太學。奏論赦蠲積欠，州縣多變易名色取之，宜下漕司榜民通知。奏論曾覿擅權亂政。奏請錄用趙鼎、岳飛子孫。奏請罷王雱從祀孔廟。

四月，母燕國夫人卒，解職守制，哀號擗踴，幾至於毀。

十月，舉燕國夫人殯，合葬餘杭縣石門山燕國公賜塋。

五年戊戌

長孫鑄登姚穎榜進士，遣受學東萊呂祖謙。

六年己亥

八月，服闋，召赴行在，除授故官，兼客省四方館伴副使。奏對便殿，抗論時政得失，無所隱諱。上歎風俗苟且，公奏言：「陛下當治其本，凡將相大臣各安其職，則苟且之習革矣。」上嘉爲至言。

九月，充明堂大禮行宫使，與禮部尚書周必大等同上《明堂議》。明堂禮成，加上輕車都尉，賜綵繒五十端。奏請慎選執政大臣。奏請召用耆德之士。奏請開掘澱湖，圍占田畝。

長子挺除閤門宣贊舍人。

七年庚子

江淮、浙西、湖北旱，奏請蠲賦賑恤。奏論淮南鼓鑄之害。奏請優容諫臣。奏請疏濬練湖。奏請遴選宿儒輔翼太子。奏請勅監司、守令留心學校。奏請遴選教官。

八年辛丑

落階官，正除均州防禦使。奏請諭民收養遺棄嬰兒。奏論建、劍、汀、邵四郡民不舉子，請勅有司嚴禁。

第三子損登黃由榜進士，公上劄子稱謝。

夫人林氏卒，誥贈碩人。

奏請勅行浙東提舉朱熹社倉法於諸路。

冬，大雷電，奏請修聖德以格天心。

九年壬寅

復召爲國信使，再使金。使還，遷潭州觀察使，進封壽昌縣開國子，食邑五百戶。

奏陳時政五事。寬民力，蓄人材，節財用，汰冗員，抑僥倖。奏薦陸九淵不宜久置下僚。

十月朔，御賜簇四金鵰服。世父太師、榮國公卒，公請祠歸，致追報之義，校訂《奏議遺集》。

十年癸卯

續編從父文正公《啓後錄》。

十一年甲辰

除授樞密院都承旨，知廬州府，兼淮南西路總領財賦制置安撫招討大使，上表固辭，不允。上修固運河劄子。奏論淮西事宜。奏論兩淮常平。奏論淮西荒政。奉詔提舉荒政，公條上議賑議糴八事，全活饑民無算。卻傳饋，葺學舍，濬柘皋河。

第四子抗蔭文林郎。

十二年乙巳

地震，上《勤修省以回天變劄子》。奏請蠲免兩淮逋賦。奏論江、浙州郡取民無制，尤害民者，莫如改鈔，請勅嚴行禁止。

十一月，朝覲赴闕，侍駕臨幸景靈宮，謁上皇於德壽宮，賜宴清心堂。

十三年丙午

上《淮南屯田劄子》。奏請詔諸路守令舉經明行修之士。疏濬白河，重建皋陶廟、三閭大夫屈原祠。

第四子抗除秘書省校書郎。

十四年丁未

奏請寬刺配之法，奏論鹽課之重。奏論賦法之弊。重建九華樓。

十月，高廟升遐，奏論攢宮非久長之計，宜復山陵規制。

十五年戊申

正月，令合肥縣主簿唐鑄撰《合肥志》四卷。有序。

二月，揚州守闕，上御筆授周必大曰：「揚州闕帥，鄭興裔似堪其任，密具奏來。」周相國回奏：「臣伏準御批鄭興裔堪任揚帥。臣觀其人累歷監司，於職事不爲苟且，誠如聖諭。」上手詔除公知揚州，兼管內勸農使、提舉學事。

四月，公莅任揚州，適承匱乏，撙節百方。初在廬州，卻揚郡守臣傳饋不受，至是按郡籍，見前所卻，有支無收，特奏嚴其禁。揚有重屯糧乏，例糴他境，公搜括滲漏以補之，兵食遂足。編戶舊皆茅舍，屢困火災，公貸民一萬七千五百緡，陶瓦復新之，火患得息，復奏免其賞。奏毀淫祠。繕葺城隍，修建學校，增闢齋舍，捐貲置學田，贍養士子，延致耆儒，教育風化大行。建楚令尹昭陽、三閭大夫屈原、吳相國伍員、漢江都相董仲舒、秣陵尉蔣子文、晉太傅謝安、尚書令卞壺、梁昭明太子諸廟祠。

奏請建築巢縣城壁。奏請正綱紀。奏請廣言路。奏薦高郵陳造不宜置之冷曹。奏請教練民兵。奏請修造船艦。奏請檢閱水軍。

重建蜀岡平山堂。有記。淮濠與安豐不能禁戢踰淮盜馬之人，至殺其主簿。公奉詔會問，誅首惡者，事遂定。

十六年己酉

楚州議改築舊城，有謂韓世忠遺基不可易者，上雅信公，特命臨視，闕地丈餘，增築之，版幹堅密，上閱奏，喜曰：「鄭興裔不吾欺也。」創建義塚，定部轄民兵傜差法，疏濬漕河，即古邗溝，一名運河。記載西南自儀真江岸，東行四十里，至石人頭，入江都縣界。又十五里至揚子橋。南自江都縣瓜洲鎮站船塢，北行三十里，亦至揚子橋。二河始合東轉，又北行六十里入邵伯，又北行六十里入高郵，又北行四十里至界首入寶應，又北行至黃浦，接淮安山陽界，由清江浦入河。建治橋梁，重搆美泉亭，撤玉鈎亭，改建雲山觀於郡治子城上。興利除弊，細大必舉。上嘉公廉能，遣中使李賁賫手詔慰勞，賜紫花羅服。

奏論薦舉失實，奔競成風，請勅嚴革其習。奏請重獄官。奏請愼爵賞。奏請寬州縣考成。奏請減免泰州鹽課。

紹熙元年庚戌

奏請罷取折平糶糴。奏請禁革州縣勒取加耗羨餘。奏請寬民力。奏請求直言。建范文正公仲淹、胡安定先生瑗祠，重建斗野亭於郡城迎恩橋之南，繕葺無雙亭、有《瓊花考辨》。命郡學教授鄭少魏、江都尉姚一謙撰《廣陵志》十二卷。有序。

十月，拜保靖軍承宣使，進封壽昌縣開國伯，食邑一千戶，賜餘杭縣常熟鄉莊田一十二頃，蔭孫鐸成忠郎、閤門祗候。第四子抗除直秘閣，知上虞縣。

二年辛亥

春，雷雪交作，上《請斥佞倖劄子》。

四月，召赴行在，提舉醴泉觀。奏請錄用劉過。奏請事親立政，一以壽皇爲法。

長子挺除淮南提刑司使。從孫釗選尚嘉國公主，公上表陳謝。

三年壬子

奏請勅官民戶一體輸稅。奏請大散關沿邊設備。奏請過宮御朝，以安人心。

八月朔，上皇宣入重華宮，奬諭慰勞，賜宴冷泉堂，賜御書「忠孝純全」四字。

奏請擢用陳亮。

四年癸丑

奏請減臨安府餘杭縣賦額。

長子挺除忠州團練使。

五年甲寅

奏請起居重華宮。奏請竄逐內侍陳源、楊舜卿。奏請建太廟别殿，奉安僖祖以下神主。孝廟升遐，奏請博求吉兆以營陵寢。詔充明堂大禮都大主管大內公事。

慶元元年乙卯

奏請博求賢才以輔新政。奏請復劉光祖臺職。奏請貶竄李沐。奏請澄雜流以用眞才。奏請精考校以舉才能，禁關節以戢奔競。奏請勅監司守令各勵風節。奏請重縣令之選。奏請勅守令勤恤民瘼。明州闕帥。上特簡公出守，兼提舉學事，沿海制置、安撫、招討等使。陛辭，賜御廐馬二疋。

公初莅明州，即奏蠲常賦，撤去私稅，闔境便之。

八月，實錄院準御劄，移取公所著《聞見錄》六十卷。

第三子損除兩浙東路常平司。

二年丙辰，公年七十。

御賜生辰禮儀。奏請汰冗官，省浮費。奏請慎選臺諫。奏論蔡元定不宜竄處道州。

三月，公上章請老，上優詔慰留。浙東水災，奏請撥帑賑恤。

長子挺除新州團練使。

三年丁巳

上《請慎內批劄子》。疏濬鄞江，重建賀知章祠。奏薦潘友恭宜召居館閣。奏請增造沿海戰鑑。

四年戊午

奏請弛僞學之禁。奏請追復趙汝愚官職。

奏請勅郡縣增置學田以養士。
第四子抗除兩浙西路常平司。
重建甬江樓，疏濬東湖。

五年己未，公年七十有四。

累表乞休。二月五日，賜勅書手詔，特宣黃麻，拜開府儀同三司、特進、上柱國、少師、武泰軍節度使，進封壽昌郡開國侯，食邑一千九百戶，實封三百戶，賜御袍、犀帶、象簡，蔭孫鎡成忠郎。

三月，築退菴於賜第。公有《退菴集》三十卷。

公平生寡嗜慾，不置姬侍，政事之暇，惟焚香啜茗，展閱藏書，至老不倦。尤嗜白樂天《長慶集》，詩必取法。

七月，長子挺除守揚州，會公疾未任。嘉定十三年，次子損復知揚州，在任二載，著有賢聲。

八月，上遣中使郭泰發存問公疾。

九月三十日，公卒。遺表聞，上潸然謂廷臣曰：「鄭興裔材猷練達，矢志忠貞，當今殆無其比。」輟視朝三日，遣中使孫應長臨視，賜賻加等。御製祭章，命宗室魏郡王代祭。宰執暨文武朝士皆賦哀挽，舊治士民祭奠絡繹。秘書丞龔頤正撰公行狀。

十一月，詔賜太尉，追封益王，謚忠肅。夫人林氏贈益國夫人。遣太常少卿楊章營治窀穸，以十二月庚午，葬公臨安府餘杭縣常熟鄉，東林西扇，一圖石門山。嘉靖四十五年，禮部檄查先賢祠墓。浙江按察司僉事秦嘉楫行縣，備將先朝名賢鄭王墳墓緣由，開報餘杭縣知縣石應朝，躬詣賜塋，具牲醴告奠。督令里遞添土五百餘擔，削除蓁蕪，開闢墓道。世設主奉一人。以承宗祀。照吳郡范文正公仲淹、江右陸九齡事例，大比之年，一體應試。

嘉泰元年辛酉

觀文殿大學士留正撰公《四朝奏議》序。

公有《四朝奏議》三十卷。

四年甲子

左丞相、益國公周必大撰公神道碑銘。禮部尚書黄忠撰碑陰記。揚民奏請立祠祀公，祠額曰忠肅，在揚州府學中。載諸祀典，有司春秋致祭，教授鄭少魏撰碑記。

端平元年甲午

從孫崑山縣開國男諱準祀公於通德坊家廟。永樂間回禄，裔孫戊辰進士文康移建春和坊。嘉靖丙申，若曾重葺。

周益國文忠公年譜

（宋）周綸 編

刁忠民 校點

傅增湘校訂《廬陵周益國文忠公集》卷首

周必大（一一二六—一二〇四），字子充，一字洪道，晚年自號平園老叟，廬陵（今江西吉安）人。紹興二十一年進士，授徽州司户參軍。二十七年中博學宏詞科，授建康府學教授。歷太學録、起居郎，遷權中書舍人、權給事中，隆興初以繳駁龍大淵、曾覿除知閤門事奉祠。乾道間起知南劍州，召爲秘書少監兼直學士院。淳熙間，累遷禮部尚書兼翰林學士，除參知政事，知樞密院事，拜右丞相。淳熙十六年由左丞相出判潭州，紹熙間改判隆興府。慶元初以觀文殿大學士、益國公致仕。嘉泰四年卒，年七十九，謚文忠。

周必大以政事文章知名，多與當時文士交往，留意文獻傳刻題跋，立朝以忠直見稱。著述多達八十餘種，有《廬陵周益國文忠集》二百卷傳世。事蹟見樓鑰《文忠周公神道碑》、《宋史》卷三九一本傳。

周必大年譜，最早爲其子周綸所編，附集刊行（《直齋書録解題》卷一八）。明史繼辰有《周文忠公年譜》一卷，清宋賓王有《周益公年譜》一卷，今人沈治宏撰有《周必大年譜簡編》。本譜爲周綸所編，詳載譜主生平履歷及歷官制詞，尤詳於入朝侍君事蹟，兼載其子周綸等履歷。周綸（一一五六—？）爲必大長子，慶元間通判撫州，嘉泰間爲行大理司直，開禧二年，與曾三異纂集其父詩文爲《周益國文忠公集》二百卷。嘉定間累官工部郎官。有明祁氏淡生堂抄《周益國文忠公集》附録本等，今據北京圖書館藏清道光二十八年周棨刊、傅增湘校訂《廬陵周益國文忠公集》卷首所附年譜校點。

欽宗靖康元年丙午

是歲公之外王父王給事靚知平江府，皇考秦國公偕皇妣秦國夫人隨侍。

七月十五日巳時，公生於府治。

建炎元年丁未

五月，高宗即位改元。

建炎二年戊申

是歲大父秦公倅廬陵，皇考奉使湖湘，因挈家歸省。

建炎三年己酉

是歲車駕在維揚，大父秩滿入覲，皇考隨侍，薨於揚州。

建炎四年庚戌

紹興元年辛亥

紹興二年壬子

紹興三年癸丑

紹興四年甲寅

紹興五年乙卯，公年十歲。

紹興六年丙辰

是歲外祖母衛國宋夫人過廬陵，皇妣奉大母秦國張夫人之命，挈公及姊弟隨侍，寓於信州，乃命公從汴人陳持學。

紹興七年丁巳

是歲衛國宋夫人薨，皇妣哀毀致疾。

紹興八年戊午

正月乙巳，皇妣秦國夫人薨。

二月壬申，權厝於州北茶山。時伯父金紫將漕廣東，道出上饒，挈公及姊弟以歸。

紹興九年己未

紹興十年庚申

是歲金紫罷官北歸，公隨侍，留贛。

紹興十一年辛酉

紹興十二年壬戌

紹興十三年癸亥

紹興十四年甲子

紹興十五年乙丑，公年二十。

紹興十六年丙寅

紹興十七年丁卯

是歲金紫再守辰州，公侍行。

紹興十八年戊辰

紹興十九年己巳

是歲金紫丁張夫人憂，公隨侍歸贛。

紹興二十年庚午

正月，合葬大父秦公、張夫人於吉州廬陵縣膏澤鄉金鳳山。

是秋，公與廬陵薦送。

紹興二十一年辛未

是歲公擢進士第，授左迪功郎，徽州司戶參軍。司封郎官王公葆許以女妻公。公復歸贛。

紹興二十二年壬申

是秋齊述叛，公徙居於吉。

冬，權贛州雩都縣尉。

紹興二十三年癸酉

是歲，公親迎於平江之崑山。

紹興二十四年甲戌

十二月，改差監行在太平和劑局門。壬寅到任，寓漾沙坑。

紹興二十五年乙亥，公年三十。

紹興二十六年丙子

正月庚戌，子綸生。

六月己亥晦，比鄰王運屬家火，延燒數十家，公坐是去官。時外舅王公守廣德，公挈家過之，因少留。

紹興二十七年丁丑

是歲公中博學宏詞科，差充建康府府學教授，循左修職郎。

制詞：「敕左迪功郎、新差充建康府府

學教授周必大：國家自紹聖以來，設詞學一科，蒐取異能之士。行之既久，所得爲多。肆朕中興，斯文益振。今試於春官者數十輩，而爾以粹文獨與斯選，拔尤若此，陞秩匪褒。姑游泮宮，以俟甄擢。可特授左修職郎，差遣如故。」周麟之行。

紹興二十八年戊寅

二月癸巳，到任。

紹興二十九年己卯

七月壬寅，漕檄考試宣城。

八月壬子朔，抵宣城，入試院。

九月丙戌，還官所。

紹興三十年庚辰

二月癸酉，除太學錄。

制詞：「左修職郎周必大：右可特授依前左修職郎、太學錄，塡見闕。敕左文林郎蔣芾等：朕恢復學校，崇重師儒。惟採擇之加詳，故除授之不數。以爾芾問學淵源，甲科之選，其談經師席，以迪多士。以爾必大藻思駿發，詞學之英，其錄於學事，以肅規矩。夫科目，名也，職業，實也。朕既以名取之，必試之以事，庶考爾之實焉。尚勉之哉。可依前件。」葉謙亨行。

四月庚戌，供職。

六月，循左文林郎。

八月乙卯，子柔弟卒。

九月丁丑，公召試館職。戊戌，入和寧門赴學士院試策。癸卯，除秘書省正字。

制詞：「左文林郎、行太學錄周必大等，特授依前左文林郎，祕書省正字。敕左文林郎、行太學錄周必大等：蘭臺圖書之府，英俊是儲，然預遊其間者，必試之而後用，朕所以遵祖宗之訓也。以爾必大文詞之偉，早擢異科；爾大昌問學之優，有聲庠校，玆命策之翰苑，酬對可觀。宜輟成均之聯，往正中祕之籍。益思涵養，以俟簡求。可依前件。」楊邦弼行。

十月己巳，輪對後殿。

紹興三十一年辛巳

三月己丑，被宣赴垂拱殿，受敕充公試、補試、類試考校官。

四月庚午，改授左宣教郎。

十月丁亥，兼國史院編修官。

紹興三十二年壬午

五月庚子，除監察御史。

制詞：「敕左宣教郎、祕書省正字、兼權國史院編修官周必大：朕招選時髦，儲之冊府，以須不次之用，蓋亦居久而後察也。爾華贍之文，燦於給札，篤實之論，具於奏篇，斯固察識之矣。擢居憲府，助朕耳目，孰曰不宜？汝其雍容臺評，茂著賢業。其日新於譽處，式務稱於所蒙。可特授依前左宣教郎，守監察御史。」唐文若行。

六月，孝宗即位。

七月己酉，皇帝親饗太廟。攝光祿丞行事。

壬戌，覃恩轉左奉議郎。

制詞：「左宣教郎、守監察御史周必大，右可特授左奉議郎，依前守監察御史。敕左宣教郎、守殿中侍御史張震等：朕以初政之臨，祗奉慈訓，爰推慶澤，溥及萬方。凡爾有官，咸進厥秩。矧居臺省，親被寵光。往其欽承，以對休命。可依前件。」劉珙行。

八月戊寅，皇帝詣德壽宮奏上太上皇帝、

太上皇后尊號冊寶。奉勑舉太上皇后尊號寶行事。丁亥，除起居郎。制詞：「勑左奉議郎、守監察御史周必大：典謨不作，惟勛華授受之心，與夫一時賡歌出治之道，世果得而傳耶？國家繼繼承承，赫然若前日事，固足以上追千載而無慚。予惟夙夜祗惕，以無忘元首股肱之戒，實自茲始，爾高詞懿學，拔自名場，茲副簡求，冠於螭陛。言動之紀，汝得以親承；論思之職，汝得以參與。稽古在昔，二美斯存。尙勉猷爲，以光述作。可特授依前左奉議郎，試起居郎。」唐文若行。

九月丁未，兼編類聖政所詳定官。丁巳，兼權中書舍人，又時暫兼權給事中。

隆興元年癸未

三月甲辰，同金給事安節繳龍大淵、曾覿除知閤指揮。戊午入奏，以遷祔乞祠，主管台州崇道觀。

五月，至寧都，省尙氏姊。

六月壬午，至吉，寓居永和鎮本覺寺。

隆興二年甲申

乾道元年乙酉，公年四十。

六月，磨勘轉左承議郎。

十一月，再任台州崇道觀。

乾道二年丙戌

三月，尙氏姊卒。

十月，公如上饒，遷奉皇妣秦國夫人之柩歸廬陵。

十二月丁酉，襄奉於膏澤鄉長岡之原。別求輔穴，葬子柔弟。公各爲之誌。

乾道三年丁亥

三月壬寅，攜家泛舟入浙，省外舅疾。乙丑，達宜興。

八月丙申，磨勘轉左朝奉郎。戊午，發宜興。

十二月丙申，至吉。

乾道四年戊子

四月，除權發遣南劍州。

乾道五年己丑

乾道六年庚寅

是歲南劍闕到，當奏事。

四月丁亥，舟發永和。戊戌至豐城。己亥，得省劄改除閩憲。

閏五月己亥，抵崑山。

六月丁丑，祗受告命。

制詞：「敕左朝奉郎、權發遣南劍州軍州主管學事兼管內勸農事周必大：朕分遣使軺，敷求民瘼。謂與其試才於疏遠堙微之士，則孰若借重於踐揚望實之人。茲遄原隰之行，乃得絲綸之舊。將令遠俗，識我近臣。爾文揆春華，學推武庫。蜚聲場屋，兩枝仙桂之相高；寓直禁林，三峽詞源之爭騖。自厭承明之直，久嗟太史之留。茲俾按於祥刑，姑少觀於儒效。其謹六條之察，俾無庶獄之寃。儔訖外庸，嗣膺殊渥。可特授依前左朝奉郎，權發遣福建路提點刑獄公事，兼本路勸農、提舉河渠公事，塡見闕，仍借緋。」王秬行。

是日，入北關門。

七月壬辰，入和寧門，對於後殿。丙申，除秘書少監，兼權直學士院。

制詞：「敕左朝奉郎周必大：士之致遠，器識爲先，古有格言，朕常三復，故雖以科目取士，而不專以文藝用也。爾以儒術進士，奮詞業應爲時用，常顯於朝矣。比觀入對，益知涵養。茲釋憲臺之寄，俾從道山之游。峻直鑾坡，職清地邃。惟少令參太史之事，庶資直諒；而北門當視草之任，正緊才華。若夫是古而非今，矜名以眩實，如俗儒所爲者，朕實鄙之。宜知所趨，以對休命。可特授依前左朝奉郎，試秘書少監，兼權直學士院。」鄭聞行。

是日，又受磨勘轉左朝散郎告。

九月戊子，兼國史院編修官，兼實錄院檢討官。

十一月庚寅，車駕朝獻景靈宮太廟，壬午，郊祀大禮，皆充讀冊官行事。

乾道七年辛卯

正月丙子朔，大慶殿發太上皇帝、壽聖皇后加上尊號冊寶，攝禮侍，奏中嚴外辦，又差充舉寶行事。

三月丁酉，上御正殿，授皇太子冊寶，捧寶行事。

五月乙亥朔，兼權兵部侍郎。

七月壬辰，除權禮部侍郎。丁酉，有旨，仍兼權直學士院，陞同修國史、實錄院同修撰。

制詞：「敕：朕遠稽載郁之文，監於二代；孰副維寅之命，僉曰伯夷。是咨能賢，俾貳掌禮。左朝散郎、試秘書少監、兼權直學士院、兼國史院編修官、實錄院檢討官、兼權兵部侍郎周必大，尚古作者，爲時聞人。德性守於宮庭，常特立獨行而不顧；文聲諧於《韶》《護》，有一倡三嘆之遺音。朕夙聞其摛藻之工，嘗試以出綸之任。乃方羊而難進，雖回遠以益光。逮茲再見之期年，安有用賢而累日。亟躋禁列，以贊春卿。夫問揖遜之儀者，何足以治神人；聽鏗鏘而已者，何足以被動植。其頤中和之致，來資製作之成。益尊見聞，嗣有選任。可特授依前左朝散郎、權尙書禮部侍郎、兼權直學士院，兼同修國史、實錄院同修撰。」范成大行。

九月己卯，兼侍講。

制詞：「敕：朕當萬幾之暇，玩好都捐；探六藝之歸，聖賢是對。光復金華之故事，博延虎觀之諸儒。左朝散郎、權尙書禮部侍郎、兼權直學士院、兼同修國史、實錄院同修撰、賜紫金魚袋周必大，富贍詞源，酌焉不竭，淵澄學海，測之益深。曩以才華而收宏博之科，今以器識而處直清之任。茂膺茲選，孰曰不宜。夫會有本源，豈在於斷句離章之末；約歸簡易，庶明乎至德要道之端。罄爾多聞，副予遜志。可特授依前左朝散郎、權尙書禮部侍郎、兼直學士院、兼同修國史、實錄院同修撰、兼侍講，賜如故。」林機行。

乾道八年壬辰

正月庚辰，時暫兼權中書舍人。

二月癸丑，張說、王之奇除簽樞，幷上章辭免新命。公入奏，未敢撰不允詔草。

乙卯，有旨與在外宮觀，日下出國門。

六月己未，至吉。庚申，挈家入望雲門新居。

乾道九年癸巳

正月，除知建寧府。

制詞：「敕左朝散郎、賜紫金魚袋周必大：言語侍從之臣，朕所望以朝夕論思，日月獻納者也。間者均佚於外，顧瞻在列，念之不忘。況嘗典朕三禮，分直北門，以有顯庸者乎。式圖爾居，莫如南服。爾宏才奥學，獨步一時；大冊雄文，高推兩禁。簪筆入侍，知無不爲。乃眷賢勞，久安祠觀。建寧，吾潛藩，其俗健武而尚氣，可以義服，不可以力勝，顧豈輕畀哉。昔王仲舒爲蘇州刺史，唐穆宗謂其文可思，最宜爲誥，朕於汝幾是矣。善撫吾民，嗣有異寵。可特授依前左朝散郎，知建寧軍府事、提舉學事、兼管內勸農使，替任文薦到任成資闕，賜如故。」王淮行。

公再請祠，不允。

八月戊辰，挈家離吉。舟次豐城，復以疾告。

九月丁巳，提舉江州太平興國宫。

十月丁丑，公還吉。

淳熙元年甲午

正月，磨勘轉朝請郎。

四月戊寅，除右文殿修撰。

制詞：「敕朝請郎、提舉江州太平興國宫、賜紫金魚袋周必大：朕臨朝思治，稽古右文。惟時著撰之華，晉與嚴凝之直。儻非名勝，曷副選掄，爾學探道原；才標國器。論事據昔人之正，能言推當世之工。早參兩禁之遊，雅擅三長之譽。討論潤色，豈徒追鄭國之賢能；獻納論思，固已備漢臣之風采，粤從補外，久遂養恬。即書殿以聯榮，俾儒林之增重，宜承眷渥，以俟甄陞。可特授依前朝請郎，充右文殿修撰，差遣、賜如故。」王淮行。

十二月，召赴行在。

淳熙二年乙未，公年五十。

正月丙午，公離吉。

二月甲子，次餘干縣，省外姑。

三月庚子，入國門。壬寅，對於隱岫。癸卯，除敷文閣待制、侍講。

制詞：「敕：簪筆禁林，執經帝幕，有議論從容之益，無簿書倥傯之勞。自非名儒，不在茲選。朝請郎、充右文殿修撰、賜紫金魚袋周必大，挺剛方之操，守端靜之規。早脫穎於群英，即遍儀於華貫。起嗣眞祠之逸，來膺宣室之咨。朕方稽二帝三王之心，以圖康乂；爾惟富六藝百家之學，宜共講明。爰錫贊書，俾躋重席。茲益親於晝接，其備告於辰猷，可特授依前朝請郎，充敷文閣待制、侍講，賜如故。」湯邦彥行。

六月壬戌，兼權兵部侍郎。

八月丁卯，兼直學士院。

閏九月癸丑，除兵部侍郎。

制詞：「敕：國家之設武部，職固簡於周官；論思之屬從臣，任特隆於漢制。惟兼需於猷告，是每嘆於才難。朝請郎、充敷文閣待制、侍講、兼權兵部侍郎、兼直學士院、賜紫金魚袋周必大，事幾贊見其微，議論不負所學。粤從閒館，召寘西清。資爾文以黼黻予言，藉爾識以訏謨古義。間者五兵之虛位，嘗令三組以交垂。迨此暇時，具尺籍五符而不調；乃能極意，於夕修晝訪而有明。既不當積日以爲功，亦何待爲眞於滿歲。其祗新渥，以究遠謨。教民而可以即戎，固無忘於率典；敬王則不陳非道，其益務於篤心。可特授依前朝請郎，試尙書兵部侍郎，兼直學士院，賜如故。」程大昌行。

丁巳，兼侍講。

制詞：「敕：朕惟總攬萬幾之餘，探賾

六經之粹。謂《春秋》繫事，雖因廣記而備言；然褒貶成文，莫非懲惡而勸善。疇咨鴻博，入奉燕閒。朝請郎、試尚書兵部侍郎兼直學士院、賜紫金魚袋周必大，名擅儒宗，學臻聖域。自徧儀於禁路，常備竭於嘉猷。既侍金華之講，以濬其淵源；又參玉堂之直，以攄其藻麗。肆爲眞於武部，爰申命於邇英。俾加紬繹之勤，以助緝熙之益。載念仁皇可傳之法，深明仲尼不刊之書。丁度開其端，宋綬繼其後，皆嘗以從容之際，而見乎答問之間。朕仰遵列祖之規模，方資折衷；爾其攷三傳之同異，以廣發揮。益思古訓之稽，庶獲多聞之效。可特授依前朝請郎、試尚書兵部侍郎兼侍講、兼直學士院，賜如故。」蕭燧行。

十月丙申，兼太子詹事。

十一月戊申朔，大慶殿發太上皇帝、壽聖皇后加上尊號册寶，權禮侍，押寶案。

十二月辛巳，磨勘轉朝奉大夫。制詞：「敕：周人序群吏之勞，以八柄而馭貴；虞氏雖九官之列，猶三考而陟明。庸昭考核之公，不以崇卑而間。朝請郎、試尚書兵部侍郎、兼侍講、兼直學士院、兼太子詹事、賜紫金魚袋周必大，忠多裨益，朕所深知。祿位每加，身愈恭而退遜；閥閱所積，吏以時而舉颺。肆循品秩之常，爰行褒進之律。是云信賞，豈用賢而日月爲功；顧猶歷階，示惟君之名器不假。儻更論思而有補，會令言利以相當。其究爾庸，以若兹訓。可特授朝奉大夫，依前試尚書兵部侍郎、兼侍講、兼直學士院、兼太子詹事，賜如故。」程大昌行。

淳熙三年丙申

正月丙辰，借兵部尚書、永寧侯，押伴金國賀正旦人使御筵於赤岸。

三月辛未，德壽慶典，封管城縣開國男，食邑三百戶。

制詞：「敕：朕惟歲曆相推，有運無積，慈極在上，常壽且康。八千爲春，平格之休滋至；五十而慕，燕寧之日方長。若時邇聯，宜同兹慶。朝奉大夫、試尚書兵部侍郎、兼侍講、兼直學士院、兼太子詹事、賜紫金魚袋周必大，靜淵以敏，直亮而文。爲言語侍從之臣，豐於裨益；凡君臣父子之懿，多所發揮。比從簪筆之班，誕揚奉册之意。覽而心善，知深中於情宜；古謂色難，喜獨臻於順適。以比周行之衆，當膺大賚之施。其啓封列爵之初，仍錫壤井腴之富。益茂輸於忠藎，用上答於褒揚。可特授依前朝奉大夫、試尚書兵部侍郎、兼侍講、兼直學士院、兼太子詹事，特封管城縣開國男，食邑三百戶，賜如故。」程大昌行。

太上《日曆》成。

四月丙戌，轉朝散大夫。

制詞：「敕：紹承天統，思協帝華。巍乎其有成功，具存三紀之政；寶之以爲大訓，宜垂四繫之文。緊予法從之臣，嘗居太史之職。奏篇來上，第賞有差。朝奉大夫、試尚書兵部侍郎兼侍講、兼直學士院、兼太子詹事、管城縣開國男、食邑三百戶、賜紫金魚袋周必大，學富而聞多，氣和而守正。徧儀清近，蔚有聲光。書命之行，當時未有及者；禮樂之任，疑義皆取決焉。兹寓直於禁林，復陞華於講席。大典一出於其手，嘉謀屢沃於朕心。顧千卷之信書，藉諸儒之緒業。夷攷所居之官重，諒知載筆之功多。肆答賢勞，進陞文秩。其對揚於休命，當嗣有於褒遷。可特授朝散大夫，依前試尚書兵部侍郎兼侍講、兼直學士院、兼太子詹事，封賜如故。」劉孝韙行。

九月甲辰，兼侍讀。

制詞：「敕：朕延鴻博之英，侍清閒之燕。以六經載道，既詳究於指歸；顧列聖貽謀，其可忘於矜式。宜就陞於位次，俾進讀於朕前。覬大起於治功，豈直爲於觀美。朝散大夫、試尚書兵部侍郎兼侍講、兼直學士院、兼太子詹事、管城縣開國男、食邑三百戶、賜紫金魚袋周必大，早以高明之學，徧揚華近之塗。正直不回，多所論思之益；文章有體，形於播告之修。自參簪筆之聯，屢在橫經之列。訪問多至中夕，顧待蓋非一朝。時方率由於舊章，必求明習於故事。係衆所望，非卿而誰。選耆儒以質史疑，朕豈愧開元之主；讀寶訓而先政體，爾當如康定之臣。可特授依前朝散大夫、試尚書兵部侍郎、兼直學士院兼太子詹事，兼侍讀，封賜如故。」劉孝韙行。

十月丙子，文德殿發中宮冊寶，進解嚴牙牌。

十一月壬子，上自太廟登玉輅，過青城，郊祀大禮，充執綏官。辛酉，赴璿璣觀奏告奉安北斗神像。幹辦本宮霍汝弼傳旨賜香茶。

十二月丙子，車駕恭謝太乙宮次，詣璿璣觀，簪花御圃，對御酒三行，宣勸兩盞。

丁酉，進封開國子，加食邑二百戶。制詞：「敕：玉輅以祀，時乃周道。若陞侍於左，執此良綏，則屬文學之臣，豈獨以密近爲榮。實蓄所聞，以俟有問。朝散大夫、試尚書兵部侍郎兼侍讀、兼直學士院、兼太子詹事、管城縣開國男、食邑三百戶、賜紫金魚袋周必大，詳雅而釋回，齊莊而去僞，正立之容，乃有可觀。自進發廟門至於壇宮，鸞鳴和應，匪匪翼翼，所以安予乘而肅民瞻也。其嘉汝有助哉。今熙事既成，所不愛於汝者，子爵之進也，采邑之加也。如使軍度戎物常以整備聞，則汝不負於新寵者在是。可特授依前朝散大夫、試尚書兵部侍郎兼侍讀、兼直學士院、兼太子詹事，進封管城縣開國子，加食邑二百戶，賜如故。」陳騤行。

乙未，除吏部侍郎。制詞：「敕：國昌在於得士，政乂關於官人。不謹鑒銓，則公平幾息；弗清流品，則倖冒實繁。雖設長以聽焉，庸擇才而貳此。朝散大夫、試尚書兵部侍郎、兼直學士院、兼太子詹事、兼侍讀、管城縣開國子、食邑五百戶、賜紫金魚袋周必大，性極謹瑟，體蹈忠醇，學足以裕咨詢，文足以華乎渙。立朝所以見節，而汝節之弗渝；臨事然後見能，而汝能之甚茂。眷久參於圻父，獲五戎咸整之稱；德宜亞於冢卿，底六敘備修之績。副予則哲，尚爾克勤。可特授依前朝散大夫，試尚書吏部侍郎兼直學士院、兼太子詹事、兼侍讀，封、賜如故。」陳騤行。

淳熙四年丁酉

《祐陵實録》成。

五月乙丑，轉朝請大夫。

制詞：「敕：朕祗若皇猷，茂揚祖烈。惟祐陵在御，益踰兩紀之年；而實録之書，當傳萬世之信。中更放失，雖就編摹，念猶闕於舊聞，詔申加於載筆。奏篇來上，褒律是頒。朝散大夫、試尚書吏部侍郎、兼直學士院、兼太子詹事、兼侍讀、管城縣開國子、食邑五百戶、賜紫金魚袋周必大，學造淵源，文知體要。掌內外之制，居多潤色之功；歷講讀之官，備整切劘之益。兹勒成於大典，常允賴於良才。多所發明，爲之嘉嘆。用序遷於華秩，以顯答於舊勞。其體朕恩，益殫儒效。可特授朝請大夫，依前試尚書吏部侍郎兼直學士院、兼太子詹事、兼侍讀，封、賜如故。」劉孝韙行。

丁卯，除翰林學士。

制詞：「敕：朕考唐室之制，重翰苑之臣，謂文誥悉由中書，或有稽時之弊，以供奉改稱學士，實專密命之司。逮我本朝，用爲故事。恩禮加異，搢紳所榮。既非他才之可居，宜求已試而後用。朝請大夫、試尚書吏部侍郎、兼直學士院、兼太子詹事、兼侍讀、管城縣開國子、食邑五百戶、賜紫金魚袋周必大，心醇而履正，學廣而聞多。早決異科，徧儀禁路。雖平居周密，不言溫木之名；而議事雍容，時號粲花之論。洊寓鑾坡之直，屢當綍典之行。掩盛事於前聞，布大喜於天下。凡號令一出其手，猶卜筮罔不是孚。副予遴簡之懷，庸正久虛之席。豈特資於潤色，蓋欲備於疇咨。裁大義於中，是爲內相之職；舉至治之要，毋忘夜對之時。尚追配於古人，以永有於休譽。可特授依前朝請大夫，充翰林學士，知制誥，兼太子詹事，兼侍讀，封賜如故。」劉孝韙行。

六月辛巳，忠翊郎、學士院待詔錢滋宣召入院。

七月甲子，兼修國史。

九月戊午，同宰執、侍從宣赴芙蓉閣觀擊毬次，內宴選德殿，有和御製詩。

十一月庚申，磨勘轉朝議大夫。

制詞：「敕：朕待非常之才，不次而用；計群吏之治，應格乃遷。故雖甘泉之舊臣，不廢審官之常法。翰林學士、朝請大夫、知制誥兼太子詹事、兼侍讀、兼修國史、管城縣開國子、食邑五百戶、賜紫金魚袋周必大，早由望實，亟踐清華，不名一長，實兼數器。以文章則擅常、楊書詔之美，以顧問則備崔、高古今之知。典禮直哉惟清，作史質而不俚。倚切劘於經席，賴贊護於儲闈。學廣聞多，歘歷益著，職親地禁，禮遇方隆。顧惟助朕之居多，奚待計功而後賞。用遷華秩，尚爾因歲月之成；亦使庶僚，知朕重名器之意。可特授朝議大夫，依前充翰林學士、知制誥兼太子詹事、兼侍讀、兼修國史、封、賜如故。」劉孝韙行。

淳熙五年戊戌

正月己未，乞補外，降詔不允。

三月甲寅，被宣充御試舉人詳定官。

五月丁酉，對於隱岫，得旨撰《選德殿記》。

閏六月丙午，進呈記文。

九月乙丑，中使李裕文傳旨令書。丙寅，

進所書殿記。壬申，車駕幸秘書省，賜宴右文殿。

十月戊申，轉中奉大夫。

制詞：「敕：望蓬萊，隔弱水，嚴列聖之寶儲；約《史記》，修《春秋》，奮宿儒之鴻筆。肆予臨幸，宜有恩榮。翰林學士、朝議大夫、知制誥兼太子詹事、兼侍讀、兼修國史、管城縣開國子、食邑五百戶、賜紫金魚袋周必大，學廣聞多，量宏德粹。才兼數器，徧儀侍近之聯；史有三長，深明筆削之旨。逮茲清蹕之涖，備觀汗青之勞。爰錫贊書，序遷崇秩，萬世不刊之典，允賴鋪張；生平未見之書，靡勞紬繹。欽承茂沃，益告嘉猷。可特授中奉大夫，依前充翰林學士、知制誥兼太子詹事、兼侍讀、兼修國史，封賜如故。」鄭丙行。

壬子，會慶節，攝殿中監，以盤盞授上公。

十一月壬戌，乞外祠，降詔不允，不得再有陳請。甲申，內直申時三刻，宣至選德殿，別令中使引至新立所作記石之下，傳旨云：「記文詞釆贍蔚，今初立石，召卿觀覽。」宣坐，賜酒，賜茶，賜御書白居易《七德舞》、《七德歌》一軸。丁亥，進謝御書《古風》一首。

十二月癸巳，除禮部尚書，兼翰林學士。

制詞：「敕：朕稽德於《乾》爻，惟亨嘉之會以合禮；求治於《履》象，惟上下之辨以定民。實待人而後行，故設官而是掌。莫重文昌之位，用先淸廟之才。翰林學士、中奉大夫、知制誥兼太子詹事、兼侍讀、兼修國史、管城縣開國子、食邑五百戶、賜紫金魚袋周必大，識達顯微，學窮因造。商瑚夏璉，可方其質之溫；虞皺周章，宜比其文之麗。與聞封拜之久，宜居出納之尊。予欲正國以權衡，則汝承；予欲納民於防範，則汝助。毋鄙殺烝以爲末，毋輕綿蕞以爲迂。秩宗本直清，既已歸於姜伯；爲命工潤色，豈容捨於國僑。可特授依前中奉大夫，試禮部尚書，兼翰林學士，兼太子詹事、兼侍讀、兼修國史，封賜如故。」陳騤行。

丙辰，借端文殿、簽樞押伴金國賀正旦人使御筵於都亭驛。

淳熙六年己亥

正月辛酉，上辛祈穀，初獻官。

二月丙午，得旨撰《文鑑序》。

四月辛卯，進呈《文鑑序》。《日曆》成書。

辛丑，轉中大夫。

制詞：「敕：朕自膺傳緒，累年於茲。申命著廷，直書無隱，涉筆兼資於衆俊，汗青至溢於千編。凡與纂修，宜均恩渥。中奉大夫、試禮部尚書兼翰林學士、兼太子詹事、兼侍讀、兼修國史、管城縣開國子、食邑五百戶、賜紫金魚袋周必大，學該百氏，才擅三子。頃爲中祕之游，實董承明之職。大則策，小則簡，迄用有成；藏之山，傳之人，可垂不朽。雖已遷於舊次，亦備錄於前勞。賞以視功，格當進秩。爰賜贊書之寵，用增從橐之華。可特授中大夫，依前試禮部尚書兼翰林學士、兼太子詹事、兼侍讀、兼修國史，封賜如故。」李木行。

五月己未，乞外祠，降詔不允。丁卯夏至，祀皇地祇，初獻官。東宮講《禮記》徹章。庚辰，轉大中大夫。

制詞：「朕妙簡宮僚，分講經術。喜

《戴禮》一編之竟，錄儲闈百執之勤。宜被醲恩，莫先端尹。中大夫、試禮部尚書兼翰林學士、兼太子詹事、兼侍讀、兼修國史、管城縣開國子、食邑五百戶、賜紫金魚袋周必大，賦性敦敏，造道深醇。敬以仁義與言，既罄論思之益；事無小大皆統，久兼詹省之官。嘉元良學問之寖成，實總正表儀之素熟。屬訓解之終帙，因遷陟以疇庸。爾其祗我寵光，率汝僚屬，同勉漸摩之力，益思輔導之方。可特授大中大夫，依前試禮部尚書兼翰林學士、兼太子詹事、兼侍讀、兼修國史，封賜如故。」李木行。

九月庚午，上自太廟登玉輅，入麗正門，明堂大禮，充執綏官。癸未，請對，乞外祠。十月乙酉朔，上批：「依已降詔不允，不得再有陳請。」

戊子，從駕過太乙宮瓊璣觀，對御五盞。

乙未，進封開國伯，加食邑三百戶。

制詞：「敕：朕蒐太室之儀，舉明禋之典。將事之夕，尚煙雲之蔽虧；降福自天，俄月星而明溉。乃眷侍臣之列，助予毖祀之修。宜均餕惠之施，載錫光華之寵。大中大夫、試禮部尚書兼翰林學士、兼太子詹事、兼侍讀、兼修國史、管城縣開國子、食邑五百戶周必大，道全德粹，才周器宏。夙夜在公，咸仰儀刑之懿；謀猷告后，備殫啓沃之忠。予方翼翼而小心，汝皆濟濟而敬事。函商吐角，以達和豫；焫蕭燎膋，而升苾芬。神游宴娭，景貺昭答。清明啚矣，慶熙事之備成；福履綏之，豈朕躬之專鄉。再稽彝典，并涣恩榮。進陟執圭，申陪食賦。昭事上帝，朕永懷寅畏之誠；精白一心，爾尚罄交修之效。可特授依前大中大夫、試禮部尚書兼翰林學士、兼太子詹事、兼侍讀、兼修國史，進封管城縣開國伯，加食邑三百戶。」鄭丙行。

壬子，金國賀會慶節人使朝辭，被旨入驛押宴。

十一月丙辰，除吏部尚書，兼翰林學士承旨。

制詞：「敕：天官綜叙群才，翰苑對揚密旨。冠侍臣之首選，極儒生之至榮。非望高於一時，曷身兼於二任。大中大夫、試禮部尚書兼翰林學士、兼侍讀、兼太子詹事、兼修國史、管城縣開國伯、食邑八百戶周必大，德全至粹，道造大原。早躐殊科，事朕初載。發言抗論，嚴、徐皆義禮之文；摛藻掞庭，常、楊得制誥之體。總領數職，勤勞百爲。勸講延英，直筆東觀。春官典禮，履聲直上於星辰；東宮爲僚，國本自成於羽翼。比懇款以求佚，爲眷懷而少留。宜司文部之崇，仍陟金鑾之長。豈惟人才品藻，若水鑒之清明；抑使號令文章，還古風而粹正。往祗茂渥，益勵遠猷。可特授依前大中大夫，試吏部尚書兼翰林學士承旨，兼侍讀、兼太子詹事、兼修國史，封如故。」鄭丙行。

丁巳，內批：「周必大已除吏部尚書兼翰林學士承旨，天官事繁，今後非特旨撰述，其餘并免。」再入奏免兼承旨，降詔不允。

淳熙七年庚子

正月己未，金國賀正旦人使朝辭，被旨入驛押宴。

四月己酉，請對，乞外祠。庚戌，拜不允

詔，入第二劄。辛亥，上批：「依已降詔不允，不得再請。」

五月乙卯，講筵讀《三朝寶訓》終篇，賜金匣、端硯、鞍馬。丁巳，賜御筵於秘書省道山堂。己未，進謝表幷詩。戊辰，除參知政事。御藥吳回宣押至都堂。己巳，門司謝安道宣押赴內殿，綴新班，賜茶。戊寅，受經筵徹章轉通議大夫告。制詞：「敕：朕若稽祖訓，覽三朝治要之書；進讀經帷，資一代儒臣之彥。久矣閱歲，茲焉終篇。肆疇陪侍之勤，庸示褒陞之寵。大中大夫、試吏部尚書、兼翰林學士承旨、兼侍讀、兼太子詹事、兼修國史、管城縣開國伯、食邑八百戶周必大，見聞博洽，操履端方。堯舜之道陳王前，備形獻替；文武之政布方策，尤藉指明。矧朕開虎門訪問之初，而爾司螭陛記注之任。始終入奉，裨益居多。屬幷敍於賢勞，宜莫先於舊德。爰推賞典，用陟文階。雖禁從崇班，顧何論於祿秩；然朝廷故事，姑往服於恩榮。可特授通議大夫，依前試吏部尚書兼翰林學士承旨、兼侍讀、兼太子詹事、兼修國史，封如故。」施師點行。

又受參知政事告，進封滎陽郡侯，加食邑四百戶。

制詞：「敕：尚書喉舌之司，命令由之出納；大臣股肱之任，紀綱賴以維持。宜得時髦，俾參國柄。通議大夫、試吏部尚書兼翰林學士承旨、兼侍讀、兼太子詹事、兼修國史、管城縣開國伯、食邑八百戶周必大，性端而道直，才周而識宏。文追作者之風，學通時務之要。黃鐘諧衆律，備涵太極之和；砥柱屹中流，坐閲百川之注。朕自初載，擢於近塗。謀猷悉罄於忠嘉，操履克全於堅正。承明三入，精白一心。黄麻似六經之醇，久掌絲綸之命；天官枋群才之會，獨專冰鑑之明。經帷日效於論思，宫尹首資於調護。總領衆職，勤勞數年。枚數廷臣，無出其右。博稽人望，素已允孚。延登兩社之崇，協贊萬幾之化。爾其開衆正之路，通群下之情。調娱盡納於太和，豫備迄成於整暇。噫！名盛而人斯責望，益宜砥節以守公；本强則朝有精神，允賴折衝而壓難。欽予時訓，同底不平。可特授依前通議大夫、參知政事，進封滎陽郡開國侯，加食邑四百户、食實封一百户。」鄭丙行。

六月丙戌，遷居政府。戊子，入謝德壽宫，太上皇帝面賜御書《千字文》一軸。

七月壬戌，同提舉詳定一司敕令。甲子，中使賜生日牲餼、米麪、羊酒。己卯，禱雨天慶觀聖祖殿。

八月癸巳，以旱災乞行黜責。甲午，宣押者再，御筆不允。己亥，雨，賜酒果。

九月丙辰，謝雨聖祖殿。辛酉，季秋祀上帝，初獻官。

十月丁未，會慶節，入驛押伴金國人使宴。

十二月丙戌，《四朝史志》成。宰執赴史院觀書，主管諸司傳旨賜酒，賜香藥。丙午未後，隱岫奏事，曲宴。

淳熙八年辛丑

正月庚午，轉通奉大夫，加食邑五百户。制詞：「敕：祖功宗德，昭奕世之規摹；帝典皇墳，新一時之述作。肆覽成編之奏，聿嚴邃閣之儲。緊我洪儒，宜旌舊績。通議大夫、參知政事、同提舉詳定一司勑令、榮陽郡開國侯、食邑一千二百戶、食實封一百戶周必大，學根於六藝，文繼於兩京。以淵乎似道之資，抗卓爾不羣之志。徧儀槖從，嘉謀嘉猷之備聞；亟踐政塗，立政立事之無闕。克究經綸之藴，蔚爲廊廟之華。朕述神廟之丕彝，迄獻陵之盛際。敷求雋乂，裒次章程。仰觀俯察之具陳，大綱小紀之咸載，凡詔厥後，畢志於篇。聖繼聖，明繼明，既全灝噩之體；筆則筆，削則削，允資潤色之工。兹第賞於勞能，頃實多於論輯。庸超命秩，併衍戶畬。萃厥寵章，光其汗簡。噫！建八書而廣十志，有嘉傳信之功；熙庶績而釐百工，尚賴同寅之助。往祗明訓，益懋遠圖。可特授通奉大夫，依前參知政事、同提舉詳定一司勑令，加食邑五百戶、食實封二百戶。」木待問行。

四月甲戌，宣押赴講筵，聽讀《正説》終篇，御藥院吏持賜目，賜金帶、象簡。己卯，賜御筵道山堂。

五月戊子，同宰執以霖雨乞用慶曆故事，一相兩參，皆乞降官，以塞災異。降詔不允。

十月乙丑，會慶節，入驛押伴金國人使宴。

十一月庚辰，冬至，祀上帝，初獻官。

淳熙九年壬寅

五月乙未，留身乞罷政，即往仙林寺。門司楊晧宣押至堂，復過寺中，晚受不允詔。丙申，門司甘昺宣押赴後殿，再上表。退至省中，中使茶湯訖，復上馬過仙林。有旨不放出，行李不得先出，通進司不得接文字。晚再受不允詔。丁酉，門司李肅宣押赴朝，復宣押至堂。

九月庚午，除知樞密院事。門司李肅宣押赴院治事。丁亥，受告，仍進封榮陽郡公，加食邑四百戶。

制詞：「敕：朕由祖宗之舊章，分文武之二柄。雖廟堂無兵甲之問，每思遠以憂深；而夙夜惟宥密之基，宜責專而任重。疇咨近弼，進長洪樞。通奉大夫、參知政事、同提舉詳定一司敕令、榮陽郡開國侯、食邑一千七百戶、食實封三百戶周必大，學造精微，氣全剛大。自登名於賢級，遂接武於清班。問古今則富於崔、高，掌制誥則求之元、白。極禮樂文章之選，罄論思獻納之忠。獨步鑾坡，久陪經幄。言天下事，足以任股肱之寄；從吾子游，足以成羽翼之功。爰繹師虞，陟參機政。講求時病，屢試囊中之方；通達事情，不拘紙上之語。載嘉丕績，無愧昔人。厚重如勃，而文有餘；明斷如瑜，而才則過。是用畀以本兵之柄，俾收蓋世之勳。肆予之垂拱仰成，賴爾之謀猷入告。噫！制梃撻秦、楚，特兵家一勝之常；廣廈論唐、虞，有廟算萬全之策。往祗明訓，同底丕平。可特授依前通奉大夫，知樞密院事，進封榮陽郡開國公，加食邑四百戶、食實封一百戶。」宇文价行。

辛巳，明堂大禮，充儀仗使。

十月己酉，車駕詣太一宮瓊璣觀，簪花對御，五盞兩勸。己未，會慶節，入驛押伴金國人使宴。

十一月甲戌，正謝，加食邑五百戶。

制詞：「敕：朕祗率舊章，薦修大享。合祛天地，備殫寅畏之誠；幷侑祖宗，式昭功德之報。克贊鉅典，實賴元樞。

逮茲竣事之初，宜錫均釐之慶。通奉大夫、知樞密院事、滎陽郡開國公、食邑二千一百戶、食實封四百戶周必大，才高識遠，德厚器竑。外無浮實之名，內有顧言之行。久參機政，嘉旦夕承弼之勛；晉陟本兵，基夙夜宥密之命。屬明禋之載講，陪使列以先期。六服群辟，咸視於羽儀；千乘萬騎，兼資於督護。侍冕旒而展采，踐籩豆以薦馨。禮三獻而肸蠁通，樂六變而風馬降。永孚神貺，備著賢勞。肆增衍於井封，仍陪敦於圭食。以昭眷渥，以侈邦彝。噫！國之大事在祀戎，已顯肅雍之助；治之二柄惟文武，更資道德之威。益殫厥心，并受其福。可特授依前通奉大夫、知樞密院事，加食邑五百戶、食實封二百戶，如故。」宇文价行。

十二月戊午，赴喜雪御筵於尚書省。

淳熙十年癸卯

二月壬子未時，再奏事隱岫，賜酒五行。

三月癸未，車駕幸玉津園，宣赴江亭，賜酒三行。

七月乙亥，禱雨社稷壇。是日以旱災乞罷黜，宣押降詔不允者再。又辭免生日牲餼。丙子，御批：「還政引災，已難徇請。續齡錫慶，何必預辭。」辛巳，雨，宣賜酒果。丙戌，謝雨社稷壇。

十月癸丑，會慶節，入驛押伴金國人使宴。

十一月庚寅，冬至，祀昊天上帝初獻官。

淳熙十一年甲辰

正月己亥，入驛押宴。

六月庚申，文德殿宣麻除樞密使。御藥鄧從訓宣押赴院治事。有旨，立班恩數，并依宰臣。辛酉，御藥謝安道宣押赴新班。壬戌，鄧從訓賜不允批答。癸亥，門司劉光祖賜不允斷章批答。己巳，殿門受告，仍加食邑一千戶。

制詞：「門下：斗極之臨四海，中經天緯之熙；神樞之斡萬兵，右躐政途之峻。眷我爽邦之哲，率時基命之嚴。暨闡迪於賢猷，盍登詔於使範。飭宣丕號，告錫治廷。通奉大夫、知樞密院事、滎陽郡開國公、食邑二千六百戶、食實封六百戶周必大，端亮而粹夷，篤誠而宏裕。問學貫九流之邃，文章返三代之醇。早會休辰，寖敷美業。洪鐘發簴，隱然天地之和；華玉昭庭，允矣邦家之寶。雅積經綸之望，進毗密勿之謨。管攝羣微，治克先於上策；輯柔四外，勢端在於本朝。閱歲方深，運籌滋劭。朕大明陟典，申簡茂庸。趣陞位次之崇，增畀事權之重。提綱斯在，肅大武於本兵；衍渥維新，極隆名於宥府。侈茲多邑，益以眞租。載示殊褒，式昭良績。於戲！德有常而立武，要資政事之修；機不密則害成，當謹謀猷之告。往究規恢之蘊。訖臻勵翼之勛。繄若元臣，詎煩深詔。可特授樞密使，依前通奉大夫，加食邑一千戶、食實封四百戶，封如故，主者施行。」李巘行。

十月甲子，宣宰執聽講《未濟》卦終篇。

十一月丙戌朔，賜御筵道山堂。御藥吳回傳旨賜鞍馬、笏帶、香茶。

淳熙十二年乙巳，公年六十。

正月辛卯，上辛祀昊天上帝，初獻官。

二月丁卯未時，淸華閣再奏事，曲宴酒五行。戊辰，內侍鄭大亨批目子賜出格茶龍團勝雪、潘衡墨。

六月庚辰，入奏乞依慶曆二年故事，命宰相兼樞密使。辛巳，御批續聽處分。

十一月辛丑，郊祀大禮，充儀仗使。

十二月庚戌朔，大慶殿發太上皇帝、壽聖皇后加上尊號冊寶。權中書令，前導赴德壽宮，奉冊讀冊行事。先是又充書冊文官。

淳熙十三年丙午

正月癸巳，受南郊加食邑一千戶告。

制詞：「門下：執嘉牲而見帝，禮莫盛於精禋；奉明德以祈天，任聿崇於顯相。朕欽承鴻祐，順攷彌文。蕆郊報以備成，沛恩休而溥洽。粵我本兵之寄，膺時進律之褒。渙有寵章，格於公聽。通奉大夫、樞密使、滎陽郡開國公、食邑三千六百戶、食實封一千戶周必大，材宏濟物，道重覺民。以眞儒無敵之資，運籌乎帷幄；以賢人可大之業，典職乎樞機。風化翼宣，而持之以寬洪；智略輻輳，而本之以醇正。得守文之體於有要，明防患之端於未形。朝廷賴以尊安，方內聞而悅穆。協氣宣臻於穹壤，彝儀秩舉於家邦。當一陽肇旅於黃鐘，適三歲親祠於紫畤。明禮備樂，集風馬以來歆；授威盛容，煥雲龍而在列。使端攸建，祀事惟寅。儼前導以肅雝，迄告成而顯毖。宜疇懿績，用錫慶條。俾衍拓於戶租，示亟蒙於祭福。於戲！懋馨香之治，既丕享於神明；嚴宥密之基，益究勤於夙夜。尚祗美況，共濟宏圖。可特授依前通奉大夫、樞密使、滎陽郡開國公，加食邑一千戶、食實封四百戶。主者施行。」李巘行。

二月，德壽慶典，轉正議大夫，加食邑一

千戶。

制詞：「門下：皇天眷命以爲君，懋寧親之要道；聖人大德而得壽，申冠古之鴻名。朕履緒明昌，膺圖宏遠。肆崇昭於丕冊，庸茂衍於多祺。乃眷本兵之賢，有嘉秉筆之懿。爰疏渙渥，敷諗治廷。通奉大夫、樞密使、滎陽郡開國公、食邑四千六百戶、食實封一千四百戶周必大，明允惠和，端醇簡亮。學傳道統，孟、荀羽翼於六經；言協忠規，益、稷股肱於庶事。自服贊襄之任，久資康濟之才。紓略術於前籌，積功庸於右府。使儀增重，儒效孔昭。大臣之慮四方，洞幾微於未兆；司馬之掌九法，消姦虓於無形。和氣交孚，縟儀備舉。會慈宸之介祉，勒寶牒以揚輝。彌文精琬琰之書，盛事軼篇圖之載。庭闕疊慶，自天永錫於萬年；帷幄酬勳，與相貴同於一等。方頒曠澤，再飾豐章。以德懋官，陞峻班朝之秩，因田制賦，陪荒奠食之封，併示殊榮，式存茂奬。於戲！養莫大於天下，聿開備順之符；樞始得其環中，共廣愛欽之化。誕惟勵翼，服此顯褒。可特授正議大夫，依前樞密使、滎陽郡開國公，加食邑一千戶、食實封四百戶。主者施行。」李巘行。

四月癸亥，孟夏祀上帝，初獻官。丙子，宣召宰執聽讀陸贄奏議終篇。

五月癸未，赴秘書省御筵。

九月丙寅，入奏乞外祠，徑過仙林寺。御藥關禮宣押赴院，降詔不允。丁卯，御藥張安中宣押赴朝奏事，再納劄子申前請。張安中復宣押赴院，有旨通進司都門、臨安府本府依時上馬，不許搬移，再降詔不許再請。

十二月戊寅，赴喜雪御筵於中書省。

淳熙十四年丁未

二月丁亥，文德殿宣麻轉光祿大夫、右丞相，加食邑一千戶、食實封四百戶。御藥劉興祖宣押赴都堂治事。庚寅，門司鄭大亨賜不允批答。癸巳，御藥劉興祖賜不允斷來章批答。甲午五更，御藥黃邁宣押赴朝，立新班，提舉國史院，提舉編修國朝會要，提舉勑令。己亥，殿門受告。

制詞：「門下：分政柄於東西，久重樞庭之任；資廟謨於左右，并崇宰路之瞻。乃眷鴻儒，實嚴宥命。越自本兵之長，進登次相之尊。爰告昕朝，式敷坦制。正議大夫、樞密使、滎陽郡開國公、食邑五千六百戶、食實封一千八百戶周必大，行醇而守正，識茂而慮周。經綸包萬變之微，綜彙洞群言之奧。修身有道，審觀君子之樞機；正色立朝，稔著賢人之德業。運帷籌於密勿，增國體於安強。天下之務惟幾，深究英謀之祕；儒者之效已試，寖更華歲之多。茲疇弼直之良，務簡忠勞之最。熙帝之載，禮特厚於奮庸；代天之工，職敢輕於理物。匪資碩望，孰懋宏猷。儀圖爾能，夾輔予治。乾台彪列，象益炳於六符；廟鉉燮和，勢更隆於九鼎。峻陟文階之秩，申開采邑之封。稽於僉諧，萃此徽渥。於戲！唐、虞建官之制，莫先百揆之司；周、召作輔之勳，實出羣賢之表。予欲上參於盛際，汝其遠紹於前修。陰陽調則庶類遂其宜，刑政清則蒸民樂其業，內俾紀綱之大振，外臻疆宇之永寧。咸思翊贊之方，庸體倚毗之意。尚恢績用，奚俟訓詞。可特授光祿大夫、右丞相，依前滎陽郡開國公，加食邑一千戶、食實封四百戶。主者施行。」李巘行。

三月甲寅，遷居右相府。

五月戊申，夏至，祀皇地祇。甲寅，臣僚論王謙。以嘗論薦，待罪。降詔不允。

六月丁酉，禱雨皇地祇。辛卯，以旱災乞罷政，往浙江亭。宣押者四，降詔不允者再。

七月壬子，禱雨圜丘，充亞獻官。是日具奏乞免生日牲餼，又同王丞相、黃參政乞減俸，御筆并依所乞。丁卯，雨。

八月壬申，奏謝皇地祇。辛卯，御筆宰執復舊俸。

十月癸酉，太上皇帝服藥。祈禱皇地祇。是月撰《高宗謚冊文》。

淳熙十五年戊申

三月癸卯，從憲節皇后謚冊寶入太廟，奉冊授寶行事。乙巳，從高宗謚冊寶入德壽宮，奉冊授寶行事。甲寅，高宗梓宮進發。攝太傅，持節前導靈駕，及奠謚寶，監掩攢宮。

四月辛未，回達江下。內侍梁彬傳宣撫問，賜銀合茶藥。甲戌，延和奏事。己丑，明堂御劄降，奏告皇地祇。

五月丁巳，差提舉編修玉牒。再具奏乞改差留正權，御筆批依。

九月己亥，明堂大禮，朝獻景靈宮，初獻官。辛丑，大享明堂，充大禮使。辛酉，正謝，進封濟國公，加食邑一千戶、食實封四百戶。

制詞：「門下：明堂布政之宮，飭親承於神祀；大臣事君以道，咨咸亨於天心。

眘言顯相之賢，屬舉宗祈之禮。緊首崇於使範，爰踵錫於靈鼇。丕號播修，羣工典聽。光祿大夫、右丞相、滎陽郡開國公、食邑六千六百戶、食實封二千二百戶周必大，高明而博達，端亮而醇深。以儒者之宗，苞古今而會極；負天下之重，懋夙夜以奮庸。方顓鈞軸之司，采峻階符之望。朝論僉穆，政體日新。由心德之交孚，措邦家之底乂。粵此季秋之饗，冠於列辟之趨。靈瑣揭虔，肅分於嘉薦；總期昭報，祗協於精禋。辨章咸秩於彌文，勵翼具敷於碩畫。肆茲拜貺，迄用告成。方歆至治之馨香，宜溥湛恩之汪濊。顧惟宅揆，可後疏榮。稽疇公社之華，進啓國封之渥。衍荒圭食，陪實井腴。以卲大猷，以蕃徽數。於戲！恭默而賚予弼，敢忘尊帝之誠；緝熙而彌厥心，庸倚佐王之效。尚欽斯訓，益纘乃勳。可特授依前光祿大夫、右丞相，進封濟國公，加食邑一千戶、食實封四百戶。主者施行。」李巘行。

十月甲戌、乙亥，恭謝景靈宮。丙子，恭謝太一宮及本命殿、璿璣觀。

十一月乙未，公留身乞罷政。上宣諭傳位太子之意：「朕方以此委卿，不須留劄子。」

淳熙十六年己酉

正月己亥，文德殿宣麻轉特進、左丞相，進封許國公，加食邑一千戶、食實封四百戶。壬寅，御藥關禮宣押綴新班。是日以制詞不自安，乞祠，徑過靈芝寺。關禮宣押赴堂，復出靈芝寺。癸卯，御藥鄭邦憲宣押赴國忌行香，出北關，泊仁和館。御藥張安仁宣押歸私第。丙午，後殿奏事，退乞免從駕。御藥黃邁就殿門傳旨上馬。相繼行馬從駕回，宣押至私第。丁未，李巘知寧國府。戊申，黃邁就堂賜批答不允。己酉，門司李彥正賜斷章批答。己未，正謝。

制詞：「門下：帝咨百揆以亮工，蓋取衆賢之協；王命六官而分職，莫如冢宰之尊。朕稽述洪猷，儀圖俊德。睠弼諧於政路，俾登冠於台司。誕有明綍(二)，格於公聽。光祿大夫、右丞相、濟國公、食邑七千六百戶、食實封二千六百戶周必大，道推先覺，行迪大儒。稟直方之氣，而濟以疏通之才；廓高遠之識，而輔以醇正之學。瞭若蓍龜之兆，理灼見於古今；確然金石之姿，節靡渝於夙夜。踐更二府，酬酢萬幾。自進秉於國鈞，乃備宣於賢輼。謀謨乎上，足以康庶事；表厲乎下，足以正羣工。陰陽理而物遂其宜，社稷安而國蒙其利。比由顯任，期以首台。望采峻於中朝，位宜崇於上相。紫綬金印之寵，即廓肆以不移；黃耳玉鉉之輝，與泰符而增煥。褒歇斯至，倚屬匪輕。政已治則尤務於調娛，勢已安則當思於振飭。肆華資之超進，仍名社之序陞。衍拓爰租，申陪眞食。併從令典，式備優恩。於戲！仲虺爲左相於湯，實懋日新之德；高平觀故事於漢，益明時用之宜。化惟久可以有成，志惟堅可以有立，使茂業克安於萬世，則令名無愧於前人。勉迪訓言，欽承眷意。可特授特進、左丞相，進封許國公，加食邑一千戶、食實封四百戶。主者施行。」李巘行。

是日，內批兼提舉玉牒，監脩日曆。

二月壬戌，光宗受禪登寶位。

三月辛卯，文德殿宣麻轉少保，進封益國公，加食邑一千戶、食實封四百戶。

制詞：「門下：朕祇奉慈謀，欽承丕緒。任大守重，豈夙夜之敢康；謨明弼諧，繄股肱之攸賴。眷予上宰，爲國宗臣。既久翊於熙朝，玆首裨於初政。宜疏異渥，以答殊勛。爰輯庭紳，誕揚詔綍。特進、左丞相、許國公、食邑八千六百戶、食實封三千戶周必大，忱恂而博達，端亮而粹夷。經濟之才，足以開物而成務；淵源之學，始於誠意而正心。頃自機庭，晉登揆路。修明百度，雖小物而克勤；酬酢萬微，遇大事而能斷。民瞻益聳，國勢愈強。仰惟壽皇，將舉內禪。厥既傳之以道，又復遺之以賢。乃陞冠於家司，俾輔成於聖計。屬玆繼體，方慶澤之廣覃；其於褒功，詎徽章之可後。肆陞華於亞保，庸增重於元台。併開大國之封，申衍爰田之食。式昭晚遇，采厚倚毗。於戲！聖賢相逢治畢張，夙已彰於成效；后臣克艱政乃乂，今方竚於嘉猷。益究乃心，奚俟多訓。可特授少保，依前左丞相，進封益國公，加食邑一千戶、食實封四百戶。仍令所司擇日備禮冊命，主者施行。」倪思行。

公五具辭免，皆降詔不允。辛丑，乞序位在嘉王之下，御批不允。

四月丙寅，皇帝親饗太廟，充禮儀使。

五月乙未，公乞解機政，降詔不允，宣押如儀。丙申，入第二、第三、第四奏。

是日，諫議大夫上殿。丁酉，除觀文殿大學士，判潭州。

制詞：「門下：三孤洪化，允資弼亮之

謨；十國爲連，更賴蕃宣之略。任雖殊於內外，寵不異於始終。爰即昕廷，誕敭丕號。少保、左丞相、益國公、食邑九千六百戶、食實封三千四百戶周必大，量宏而識遠，德鉅而才全。文高黼黻之華，學富經綸之妙。忠勤體國，孜孜而無不爲；通敏濟時，綽綽乎有餘裕。系天下之重望，結慈扆之深知。預大政而秉洪樞，迭司二柄；由次相而登上宰，光輔兩朝。舜傳有詔於詒謀〔三〕，益贊克裨於繼治。肆陞亞保，增峻元台。股肱良而庶事康，方觀成效；紀綱張而衆目舉，甫立宏規。俄遽露於需章，願亟還於相印。諭旨丁寧而莫奪，陳情堅確而弗移。既雅志之重違，在茂恩而宜厚。是用付以長沙之巨屏，俾作牧於上游；寵以書殿之大名，仍通班於左棘。罔替眷懷之渥，式昭體貌之優。進退有光，觀瞻咸聳。於戲！作舟檝汝用，惜不爲於朕留；毋金玉爾音，尚樂殫於我告。勉祗明訓，益懋外庸。可特授觀文殿大學士，依前少保，判潭州軍州事兼管內勸農營田使，充荆湖南路安撫使、馬步軍都總管，益國公，食邑、食實封如故。主者施行。」倪思行。

壽皇御筆賜金器、香茶。戊戌，再上辭免，仍乞以元官奉祠。殿中侍御史乞因辭勉從所請，是日除醴泉觀使。戊申，次宜興。

七月乙亥，泝江。

九月戊辰，至吉。

紹熙元年庚戌

三月二十日，孫顥生。

十月戊申，除判隆興府。

制詞：「敕：潛藩督府，夙推地望之雄；舊弼名臣，不替睠懷之厚。屬茲謀帥，亶謂得賢。爰錫褒綸，式昭茂渥。少保、充醴泉觀使、益國公、食邑九千六百戶、食實封三千四百戶周必大，身端而行備，學富而才華。材無施而不宜，言所厎而可績。光輔兩朝之治，具著忠忱；獨高三事之班，允膺休寵。自祠庭之均逸，亦歲籥之已更。眷言江湖之都，上應翼軫之次。與我共理，實藉於循良；視邦選侯，莫如於名德。是用起之閑適，任以蕃宣。孤棘所臨，俾方維之增重；鄉枌是統，在晝繡以尤榮。既素稔於民情，宜易施於善政。噫！召伯之教明於南國，有遺愛之不忘；韋丹之功被於八州，尚良規之可考。勉祗明命，無愧昔人。可依前少保，特授判隆興軍府事，兼管內勸農營田使，充江南西路安撫使，馬步軍都總管，封、食實封如故。」倪思行。

公入奏，再辭免，降詔宜不允。

紹熙二年辛亥

八月壬午，除觀文殿學士，判潭州。

制詞：「敕：書殿通班，無若延恩之峻；价藩作屏，尤推連帥之崇。眷言寅亮之賢，久遂燕閑之適。肆申前命，用起舊人。少保、充醴泉觀使、益國公、食邑九千六百戶、食實封三千四百戶周必大，經綸全才，羽翼宿望。光輔重華之治，進位冢司；親逢一道之傳，弼予初政。乃剡章而有請，祈上印以歸休。旋寵以學士之隆名，畀以長沙之重鎮。易祥源之使領，洊閲歲華；近剖豫章之守符，屢勤諭旨。莫移素守，姑遂雅懷。

朕惟均勞逸者雖人主之恩，分憂顧者實大臣之誼，是用再頒初詔，俾殿上游。噫！周公分東陝之權，益使侯方之重；召伯明南國之教，坐觀民俗之醇。尙體眷懷，亟祗褒渥。可依前少保，特授觀文殿學士、判潭州軍州事兼管内勸農營田使、充荆湖南路安撫使、馬步軍都總管，封、食實封如故。」倪思行。

三辭免，降詔不允。

十一月己巳，至潭。郊恩加食邑一千戶、食實封四百戶。

制詞：「門下：周祀昊天，頌播肇禋之美；漢祠雍時，史嚴初見之書。朕踐祚以來，卜郊云始。考丕彝而尋舊，煥縟典以維新。眷言寅亮之賢，實任藩宣之寄，宜敉褒紼，用錫神釐。少保、觀文殿學士、判潭州軍州事兼管内勸農營田使、充荆湖南路安撫使、馬步軍都總管、益國公、食邑九千六百戶、食實封三千四百戶周必大，端肅而惠和，忱恂而閎達。貳公洪化，首毗初政之成；十國爲連，載倚上游之重。甫開藩而作牧，阻相祀以趨班。輸貢篚以在庭，入包茅而供祭。迨茲竣事，可後疏恩？爰增采邑之封，采聳幹方之望。於戲！姬公之分東陝，莫陪入祼之儀；賈傅之在長沙，孰對受釐之問。肆因均福，尤切注懷。尙體眷私，益殫忠藎。可依前少保、觀文殿學士、判潭州軍州事兼管内勸農營田使、充荆湖南路安撫使、馬步軍都總管、益國公，加食邑一千戶、食實封四百戶。主者施行。」倪思行。

紹熙三年壬子

六月甲子，受復觀文殿大學士告。

制詞：「門下：朕序進臣工，率循彝憲。惟延恩之峻職，在書殿以最高；惟學士之大名，非舊弼而莫畀。眷予亞保，作牧上游。爰播明綸，洊頒前命。少保、觀文殿學士、判潭州軍州事兼管內勸農營田使、充荊湖南路安撫使、馬步軍都總管、益國公、食邑一萬六百戶、食實封三千八百戶周必大，道隆致主，德盛格天。顯魁柄於兩朝，用密藏於輔贊；典方維於十國，績藹著於蕃宣。聲實愈孚，眷懷冞厚。朕若稽皇祐，加獎昌朝，始創紫宸之穹班，用極鴻儒之殊寵。矧如宿望，有邁昔賢，故於上印之時，嘗煥出綸之渥。兹申初詔，殆踰華衮之榮；式茂新恩，盡復青氈之舊。以示至公之道，以昭馭貴之權，丕聳民瞻，增雄帥閫。於戲！賢者素輕乎富貴，夫豈計得失之間；朝廷莫重於名器，蓋將寓黜陟之典。往祗猷訓，益懋勳庸。可依前少保、特復觀文殿大學士，判潭州軍州事兼管內勸農營田使、充荊湖南路安撫使、馬步軍都總管、益國公，食邑、食實封如故。主者施行。」倪思行。

公再入奏辭免，降詔不允，不得再有陳請。

七月庚申，坐舉監文思院常良孫，降滎陽郡公。

制詞：「門下：國家設薦舉之科，所以廣求才之路；嚴保任之法，所以懲失實之愆。欲昭示於至公，爰必行於近列。眷時舊弼，允謂宗臣。偶累知人之明，可逃紬爵之罰？肆敷訓告，用協彝章。少保、觀文殿大學士、判潭州軍州事兼管內勸農營田使、充荊湖南路安撫使、馬步軍都總管、益國公、食邑一萬六百戶、食實封三千八百戶周必大，德茂恢洪，道存忠恕。班莫高於九棘，寄方重於十連。以人事君，夙著秉鈞之日；舉賢報國，晚堅推轂之誠。屬一時管庫之卑，乃再世臺臣之後。徒知名閥之是取，弗悟僞言之見欺。既貪墨之有聞，尋察覺而奚及。雖非深咎，難廢薄懲。稍鐫公社之封，仍厚邑租之入。庶申儆戒，靡替眷懷。於戲！過可知仁，已初心之曲諒；復斯無悔，尚後效之勉圖。其體隆寬，以綏吉履。可依前少保、觀文殿大學士、判潭州軍州事兼管內勸農營田使、充荆湖南路安撫使、馬步軍都總管，降榮陽郡開國公，食邑、食實封如故。主者施行。」倪思行。

紹熙四年癸丑

八月丙辰，受復益國公告。制詞：「門下：行法由近而始，厥既示天下以公；知人自昔所難，要當諒君子之過。矧已臻於滿歲，宜俾復於舊封。誕布明綸，式孚群聽。少保、觀文殿大學士、判潭州軍州事兼管內勸農營田使、充荆湖南路安撫使、馬步軍都總管、降榮陽郡開國公、食邑一萬六百戶、食實封三千八百戶周必大，德全而才鉅，識遠而量宏。勳在兩朝，望尤高於左棘；政成九牧，詠咸美於甘棠。頃景慕於前修，肆矜錄其後裔。遂乖保任，有昧賢愚。繆舉必懲，罰雖加於紬爵；閱時云久，恩可後於滌瑕。爰按邦彝，敘還公社。以謹馭臣之典，以彰補過之休。於戲！胙土分茅，茲全歸於賜履；推賢報國，其勿替於初心。茂對寵光，益殫忠藎。可依前少保、觀文殿大學士、判潭州軍州事兼管內勸農營田使、充判湖南路安撫使、馬步軍都總管，特叙復益國公，食邑、食實封如故。主者施行。」倪思行。

十月己酉，改判隆興府。癸丑辭廟，甲寅交印，乙卯出城。

紹熙五年甲寅

正月庚午，至吉。戊寅，判隆興府告至。制詞：「敕：詔起東山，已報長沙之政；符分南服，尙提新府之封。乃睠元台，載揚明訓。少保、觀文殿大學士、判潭州軍州事兼管內勸農營田使、充判湖南路安撫使、馬步軍都總管、益國公、食邑一萬六百戶、食實封三千八百戶周必大，閎深而肅括，堅正而裕和。極論思獻納之工，盡輔贊彌縫之用。始終一節，光顯三朝。進退百官，聚英才而在列；總領衆職，任大事以不疑。方安藥館之間，往鎭藩方之遠。眷懷不替，委寄則均。政化流傳，有顯上公之分陝；威名孚洽，共期大老之歸周。惟此南昌，尤爲要地。爰命三孤之重，式遄十乘之行。矧爾寓居之鄉，實今賜履之下。既喜衮衣之寖近，抑知晝繡之有光。先聲所臨，群聽自聳。噫！令行庭戶，當還帶牛佩犢之風；福及京師，更佇自葉流根之效。來綏四國，式憲萬邦。可依前少保、觀文殿大學士，特授判隆興軍府事兼管內勸農營田使，充判湖南路安撫使、馬步軍都總管，封、食實封如故。」樓鑰行。

丁亥，拜辭免不允詔，入第二奏。

二月丁巳，受醴泉觀使勑。

五月甲子，今上即位，準詔言事。

八月甲寅，宣麻轉少傅，加食邑一千戶，食實封四百戶。制詞：「門下：朕祗膺駿命，寅紹丕圖。舊弼偃藩，甫遂內祠之佚；霈恩進律，爰陞亞傅之崇。乃輯群工，用敷渙號。少保、觀文殿大學士、充醴泉觀使、益國公、食邑一萬六百戶、食實封三千八百戶周必大，道隆而德備，實茂而聲閎。自有書契以來，悉能該綜；首以詞章之選，入踐清華。西掖北門，周旋纍歲，高文大冊，震耀四方。逮參柄於事樞，尋進專於國柄。謀謨經遠，任社稷以不疑；精神折衝，撫華夷而咸肅。久辭相印，起殿帥垣。退爲綠野之游，自適東山之志。眷沖人之嗣服，方歌求助之詩；想元老以興懷，嘗下乞言之詔。兹頒異數，就陟孤卿。夏篆通旜，班寖高於左棘；袞衣赤舄，禮增煥於三槐。仍衍故封，併增眞食。於戲！嘆股肱之美，庸加貳公洪化之名；進藥石之規，式究致君澤民之藴。尙孚明命，毋有遐心。可特授少傅，依前觀文殿大學士、充醴泉觀使、益國公，加食邑一千戶、食實封四百戶。令所司擇日備禮冊命，主者施行。」樓鑰行。

公入奏及上表辭免，皆降詔不允。十月甲子，上遣閤門簿書武功大夫趙嗣祖、承受成忠郎王松賜少傅告。再上表辭免，降詔不允。四入奏乞回授，有旨依所乞。

九月，明堂，加食邑一千戶，食實封四百戶。

制詞：「門下：朕嗣守邦圖，肇修宗祀。父天母地，祭既重於合祛；尊祖敬宗，禮尤嚴於并侑。予一人越紼以行事，爾多士奉璋而侍祠。爰眷舊以興思，顧慶條之可後。誕敭渙號，敷告昕庭。少傅、觀文殿大學士、充醴泉觀使、益國公、食邑一萬一千六百戶、食實封四千二百戶周必大，簡重而閎深，直方而膚敏。典誥上規於姚姒，詞章遠軋於漢周。弼亮兩朝，未究經綸之蘊；鎮安四海，有懷康濟之功。偃藩南國之雄，均逸東山之勝。比以霈恩之渥，陞之亞傅之崇。注想不忘，乞言方切。屬伸大報，爰啓合宮。載謀載惟，聖父嘗頒於先甲；我將我享，季秋乃卜於仲辛。熙事既成，蕃釐來介。申衍多田之賦，仍加眞食之封。於戲！明堂，王者之堂，方荷神休之答；二老，天下之老，宜先祭澤之施。尚迪遠猷，永綏殊寵。可依前少傅、觀文殿大學士、充醴泉觀使、益國公，加食邑一千戶、食實封四百戶。主者施行。」樓鑰行。

十一月辛亥，公遷新第，蓋貢院舊基，公嘗預薦於此，乃名堂曰充賦。東偏闢園數畝，地勢坦夷，名之曰平，自號平園老叟。

慶元元年乙卯，公年七十。

正月丁亥朔，三上表乞引年致仕。

七月庚寅，宣麻轉少傅致仕，加食邑一千戶、食實封四百戶。

制詞：「門下：援禮經而告老，大臣所以循止足之規；稽邦典以疏恩，人主所以茂褒崇之渥。朕眷懷耆舊，渴想儀形。方問政之是圖，遽引年而有請。肆頒異數[三]，庸表高風。揚於大庭，竦乃群聽。少保、觀文殿大學士、充醴泉觀使、益國公、食邑一萬一千六百戶、食實封四千二百戶周必大，才宏而識遠，行峻而氣和。其學以致知爲先，其文以鳴道爲本。有一德若伊尹，任重保衡；亮四世如畢公，望隆壽俊。身雖繫於軒冕，心常樂乎丘樊，頃辭洪井之麾，復領祥源之使。年齡甫及，筋力未衰，而乃叠貢封章，懇還官政。朕惟賜几而不得謝，蓋具著於前彝；垂車以保其榮，殆難從於雅志。勉諭優賢之旨，莫回勇退之祈。念重違於悃誠，宜優加於體貌。是用陞班孤傅，載申成命之休；增賦爰田，仍衍眞租之食。以示寵光之備，以昭名節之全。孰不嘆息於賢哉，足以興起於聞者。於戲！進夫棘位，益資洪化之謨；迎以蒲輪，尚有乞言之禮。惟深於道者，無殆辱之累；惟忠於國者，何仕止之殊。往綏壽祉之多，勿替謀猷之告。可特授少傅，依前觀文殿大學士、益國公致仕，加食邑一千戶、食實封四百戶。令所司擇日備禮冊命，主者施行。」倪思行。

慶元二年丙辰

慶元三年丁巳

三月戊子，綸倅臨川。公作《十以箴》送行。

十一月，郊恩，加食邑一千戶、食實封四百戶。

制詞：「門下：淸廟茅屋，王入祼以展容；甘泉竹宮，臣臨壇而拜貺。維皇家之懿矩，侈舊弼之陪班。駿奔而執豆籩，唯飭司存之典；鴻飛而歸袞繡，庶咨尊老之詢。雖隔儀刑，特優慶澤。少傅、觀文殿大學士致仕、益國公、食邑一萬二千六百戶、食實封四千六百戶周必大，中和而簡亮，精密而閎深。究百氏之異同，亦歸於道；漱六藝之芳潤，以昌其文。積粹望於四朝，紀茂庸於兩枋。既明且哲，早遂潔身；俾壽而臧，久安介福。屬蕆初郊之毖，聿嚴並侑之恭。冬授策於泰元，迄展奉瑄之禮；夜受釐於宣室，迥凝前席之思。飭增衍於豐腴，亶褒榮於冲逸。不遐有佐，遹觀厥成。嗚呼！熙漢時，雍神休，曾阻侍祠之列；保魯邦，錫公嘏，尚懷夾輔之規。祇繹隆恩，永綏令祉。可依前少傅、觀文殿大學士致仕、益國公，加食邑一千戶、食實封四百戶。主者施行。」傅伯壽行。

慶元四年戊午

慶元五年己未

慶元六年庚申

九月，明堂，加食邑一千戶、食實封四百戶。

制詞：「門下：朕因時而興禮，練日以交神。蓐收御辰，適萬寶西成之際；房宿占象，飭九筵南鄉之儀。孝奉天地之臨，靈承祖宗之侑。竣事方頒爲祭餕，疏恩豈後於耆英。錫以明綍，告於列位。少傅、觀文殿大學士致仕、益國公、食邑一萬三千六百戶、食實封五千戶周必大，器資偉亮，業履清醇。閎中肆外之文，本於殫洽；經體贊元之用，懋乃弼諧。夙躋位棘之班，久遂垂車之佚。鄉黨欽其德行，神明相之壽祺。屬稽三歲之經，載肅四阿之宇。禮崇越紼，祀不敢以廢尊；胙有均釐，惠靡忘於及下。因念累朝之宿望，屢陪大典之休成。以溫厚之詞，代宣於祭澤；以烈文之輔，助格於靈心。今雖適於里居，顧可稽於邦賚。申陪多井之賦，併衍眞畬之封。以廣祜休，以昭敬異。於戲！罔不恤祀，是爲商家之隆；未有遺年，亦繇虞氏而始。朕欲兼全於斯義，時庸加獎於舊臣。祗服徽章，益綏純嘏。可依前少傅、觀文殿大學士致仕、益國公，加食邑一千戶、食實封四百戶。主者施行。」（陳宗召行。

嘉泰元年辛酉

二月，監察御史覺察呂祖泰上書及公姓名，特降少保。

制詞：「敕：大臣從故里之安，務曲全於優禮；王者審治朝之聽，曾可廢於公言。肆予纂紹於丕圖，稽古率循於茲道。有衆弗協，固難獨私。少傅、觀文殿大學士、益國公致仕、食邑一萬四千六百戶、食實封五千四百戶周必大，身受國恩，名推時望。文章議論，早膺烈祖之選掄；典禮時幾，尤重慈皇之注倚。歲月推移於三紀，風雲感會於千齡。翕九德以敷施，寧分同異；襄一人而有合，罔間初終。庶全天下之爲公，不愧先民之時若。乃拂協和之義，浸羅奮昵之偏。馴致狂生，扇成僞習。視群才之進退，分私黨之盛衰。沿類相從，殆水流而火就；暢萌以泯，幾陰長而陽消。慨流弊之及今，謂造端之自汝。尤指元良之重，欲遄退傅之歸。自爲明哲之保身，則異於是；有匪《春秋》之責備，不在茲乎。駭異論之沸騰，溢臺評之枚數。獨念辭榮之久，固應用罰之寬。姑抑穹班，庸儆有位。棄人間事而學輕舉，知久忘寵辱之驚；引里俗讖而忘窮愁，諒一洗愛憎之累。尚休晚末，無負隆寬。可特降授少保，依前觀文殿大學士、益國公致仕，食邑、食實封如故。」邵文炳行。

嘉泰二年壬戌

四月庚子，綸赴贛倅，公有詩送行。

十二月，內批復元官。

嘉泰三年癸亥

正月丙子，受復少傅告。

制詞：「門下：混同天下而一之中，亶示大公之道；體貌大臣而厲其節，載疏馭貴之恩。眷言綠野之英，偶麗丹書之籍。復孤卿而睎舊，渙寵數以維新。播告大廷，誕敷明命。降授少保、觀文殿大學士、益國公致仕、食邑一萬四千六百戶、食實封五千四百戶周必大，閎深而簡重，溫裕而剛方。博物洽聞，貫百家九流之奧；高文大冊，追三代兩漢之醇。思陵愛其有制誥之才，孝廟識其眞宰輔之器。贊虞舜垂裳之制，久詧於明謨；洎神禹若帝之初，力裨於新政。庶官無曠，百職惟熙。懇辭機務之繁，旋俾保釐之重。衣錦動故鄉之喜，建旟陞亞傅之崇。進退可觀，始終罔間。時事靡聞於掛口，家居惟樂於著書。駭匹夫狂悖之上聞，乃片言詿誤之併及。既有疑於三至，始薄褫於一階。朕方建皇極而融會於黨偏，尊重闈而霈浹於慶施。中念先朝之遺老，僅同下國之靈光。寧屈彝章，以全晚節。屬外親之詣闕，在更生初豈與知；貶宮保以居閒，矧彥博已嘗得謝。爰侈便蕃之渥，盡還寅亮之聯。仍方社之舊封，示安車之偉觀。於戲！福威惟辟，朕庶幾偕命偕復之公；明哲保身，爾固無三仕三已之累。益綏壽履，祗服恩私。可特復少傅，依前觀文殿大學士、益國公致仕、食邑一萬四千六百戶、食實封五千四百戶。主者施行。」顔棫行。

五月壬子，綸被審察之命。

十月，綸除大理司直。壬子，益國夫人王氏薨。

十一月，郊祀，加食邑一千戶、食實封四百戶。

制詞：「門下：朕參酌彌文，恭承明祀。王入大室，首嚴祼鬯之儀；帝臨中壇，載舉燔熏之禮。荷靈旂之來霈，宜國胙之均頒。乃睠舊人，亶謂耆德。爰孚渙號，臨告明廷。少傅、觀文殿大學士致仕、益國公、食邑一萬四千六百戶、食實封五千四百戶周必大，器量宏深，才思通敏。有覺德行，夙並駕於淵騫；發爲文章，蓋上規於姚姒。早被聖神之睠，浸膺廊廟之求。翊贊兩朝，密勿敷陳之際；始終一節，雍容進退之間。蹇蹇王臣，皤皤國老。遂開館珍臺之適，乘安車駟馬之榮。千里封公，啓梁州之沃壤；三孤命秩，兼文殿之隆名。竊觀日至之圭，虔奉雲陽之玉。神光交燭，是宜降福之多；祭澤旁流，可後加田之寵。兹爲異數，允屬宗工。於戲！奉郊廟之精禋，雖莫陪於顯相；緒旂常之成績，亦何愛於褒嘉。其服懋恩，益堅晚節。可依前少傅、觀文殿大學士致仕、益國公，加食邑一千戶、食實封四百戶，主者施行。」莫子純行。

嘉泰四年甲子

三月甲子，葬益國夫人於廬陵縣儒林鄉斗岡之原，公爲誌銘。

十月旦，公薨於正寢，享年七十九。遺奏

聞，上輟朝兩日。贈太師，賻銀絹一千疋兩。

制詞：「敕：朕遵先王之法言，念今日祖風之未遠；感故國之喬木，嘆當時朝士之無多。晻言調鼎之英，久遂掛冠之適。忽遺言之來諗，詎愍冊之可稽。故少傅、觀文殿大學士致仕、益國公、食邑一萬五千六百戶、食實封五千八百戶周必大，知周萬殊，學鏡千古。以文華國，豈惟莊騷太史之工；以道事君，屢展稷契皋陶之畫。初振詞臣之譽，旋疇眞宰之庸。既練習於國章，尤精通於世務。亮衆采於台極，烈祖恃爲股肱；捧大明於天衢，聖父資其羽翼。頃以棘班之峻，往分帥閫之權。雖餞於郿者，有以冊申伯之勳；然浴乎沂者，無以奪曾點之志。遂致大夫之事，聿觀晚節之香。爵列三孤，寄傲每存於林壑；年幾八袠，研精弗倦於簡編。云胡一鑑之亡，莫起兩楹之夢。錫之密印，襚以袞衣。於戲！我咸成文王之功，靡忘繩武；爾尙式周公之訓，宜俾爲師。賁於竁封，服我光命。可特贈太師，餘如故。」李大異行。

十二月丙申，合葬於斗岡之原。

開禧三年丁卯

二月辛酉，賜謚文忠。《謚議》見《附録》。

嘉定元年戊辰

十一月，内侍張延壽傳旨宣賜御書「忠文耆德之碑」六字，并詔詞臣撰書碑銘。

〔一〕誕有明綸：《宋宰輔編年録》卷一八作「誕布明綸」。

〔二〕詔：右引卷一九作「助」。

〔三〕異數：原脱，據明祁氏淡生堂抄本《周益國文忠公集》卷末附《年譜》補。

大鄭公行年小紀

（清）孫衣言 編
吴洪澤 校點

同治十二年刊本《遜學齋文鈔》卷一二

鄭伯熊（一一二七？—一一八一），字景望，永嘉（今浙江温州）人。與弟伯英齊名，時人稱爲大鄭公、小鄭公。紹興十五年進士，二十年，授黄巖尉，移婺州司户。隆興初召試正字，未幾監南嶽廟。歷太常博士。乾道三年，除著作佐郎，四年爲吏部員外郎。出爲福建提舉。魏王判宣州，除王府司馬，引論不從，遂自劾去。改江西提刑，奉祠。起知婺州，入爲吏部郎官兼太子侍讀。淳熙四年，以國子司業兼國史院編修官，除宗正少卿。出知寧國府，移知建寧。八年卒，後謚文肅。

伯熊邃于經學，與薛季宣俱以學行聞，倡伊洛之學于永嘉，學者宗之。著有文集三十卷、《六經口義拾遺》、《𧬈語》、《記聞》，均已佚。今存《書説》一卷，收入《藝海珠塵》絲集丙集。

伯熊《宋史》不爲立傳，事蹟散見《南宋館閣録》卷七、《宋史翼》卷一三、雍正《浙江通志》卷一二五等，清孫衣言輯有《大鄭公行年小紀》一卷，載《遜學齋文鈔》卷一二，同治十二年瑞安孫氏刊本。《小紀》重在考證其生卒、生平行實等，鈎輯文獻豐贍，考據多精，對研究鄭氏生平及永嘉之學，頗有裨益。

鄭文肅公在宋南渡時，爲吾鄉大儒，薛文憲、陳文節、蔡文懿諸公皆其弟子，實爲永嘉學問所自出。以不爲苟合，官止九卿。《宋史》不爲立傳，郡邑志列之《儒林傳》，叙次尤多舛漏。偶於讀書之暇，略爲考訂，爲行年小譜一卷，庶後之人有以考焉。

公諱伯熊，字景望，永嘉人。父熙績，母陳氏，以宋高宗建炎初生公。

按：郡邑志二鄭公傳，不詳家世。水心爲《景元墓誌》，亦不書其父母。去秋得公母《陳太恭人墓誌》，言太恭人陳，贈朝請郎鄭熙績之妻，贈奉直大夫豫之女。朝請之先三衢石室人，周廣順中六世祖官樂清，其子延祚遂居永嘉。又考張九成《橫浦集·陳氏考妣墓銘》，言豫字謙仲，封右承議郎，四女，次適進士鄭熙績。郡邑志進士題名無熙績，或舉而未中第歟？墓銘爲陳一鶚開祖父母作，則公乃開祖甥也。《陳太恭人墓誌》言恭人以淳熙乙巳卒，年八十七。而《景元墓誌》言景元卒於紹熙三年，年六十三。景元之生，當建炎四年戊申，則公之生當在建炎元、二年間。

紹興十五年

中進士第。

陳騤《中興館閣錄》七：鄭伯熊，劉章榜進士出身。治《詩》，兼經義。

萬曆《溫州志·選舉》：紹興乙丑劉章榜鄭伯熊，永嘉人。

按：乙丑爲紹興十五年，公登第時，年蓋甫十六七。

授台州黃巖尉。紹興二十年至黃巖，從高士徐先生庭筠學。

陳耆卿《赤城志》十二：「黃巖尉鄭伯熊，永嘉人，文行爲學者師。紹興元誤作「建炎」。二十年至，人呼爲石蓮縣尉，以其年尚少而堅不可磷也。」按：是時公年甫二十二三。《宋史·隱逸·徐庭筠傳》附父中行傳後。曰：「黃巖尉鄭伯熊代去，請益庭筠，曰：『富貴易得，名節難守。願安時處順，主張世道。』伯熊受其言，訖爲名臣。」又林表民《赤城集·石磬徐季節墓誌》云：「尉令龍圖鄭公伯熊生日，有獻歌詩者，先生作《上壽論》詒之。公得論喜，盡卻賀者。其罷也，求言於先生，先生曰：『富貴易得，名節難保。』公謹受焉。」蓋公少年時志趣已如此。

再調婺州司戶參軍。

淩迪知《萬姓統譜》、黃宗羲《宋元學案》，皆言公登第後歷黃巖尉、婺州司戶，萬曆《溫州志》、乾隆《永嘉志》皆失書黃巖、婺州二節，湯成烈《永嘉志稿》失書婺州一節。而不詳其歲月。《橫浦集·陳氏考妣墓銘》云：「孫女八人，次適左迪功郎、婺州司戶參軍鄭伯熊。」於太恭人爲姑姪，惟開祖兄弟三人，不知公所娶誰女。

按：開祖母潘安人以紹興二十五年乙亥卒，銘即作於是年。時公適官司戶，惟不知黃巖以何時滿替，婺州以何時到官耳。今《金華志·職官》則幷其姓名佚之矣。

孝宗隆興元年

除秘書省正字，尋以奉祠去。

《中興館閣錄》八正字隆興以後：鄭伯熊，元年三月除，八月監南嶽廟。

按：宋制，凡令錄簿尉有薦才任館閣者，召試而後除。公蓋在黃巖時以薦被召，而不知薦者何人。爲正字甫五月，即監嶽廟，蓋以不合求去而得祠祿也。《姓譜》、萬曆《志》、《學案》皆云召試正字，除太常博士，而不知其以奉祠去。又所謂遷太常博士者，於它書亦無可攷。《姓譜》、《學案》於常博後即繼以出爲福建提舉，萬曆《志》於常博後即繼以遷吏部侍郎，不知其爲提舉由吏部出，吏部則由佐著作遷，且公在吏部爲員外郎，非侍郎也。宋制，尚書六曹，吏部最峻，叙遷之法，必由刑、户侍郎乃轉吏侍，常博轉前行郎中，特旨乃得左右司諫、殿中侍御史耳。萬曆《志》蓋不攷之甚。

乾道二年

冬，召爲國子丞。

諸書皆不言公嘗丞太學，薛季宣《浪語集》五有《送鄭景望赴國子丞》詩二章，又《集》六《送景元赴秀州判官詩序》云：「走歸自武昌，始獲交於景望、景元。」又云：「居數年，景望召爲國子丞，又兩踰時，景元赴由拳從事。」其序末曰「乾道三年四月二十七日」，則景元之赴秀州，即在是年。攷《浪語集》附錄鄭伯英《祭常州先生文》云：「歲在甲申，公歸里居。」甲申爲孝宗隆興二年，公之被召，當在乾道二年。其送詩有句云：「好溪寒已半，京洛暖應回。」好溪即今處州溪通甌江者，是二年之仲冬也。景元以次年夏赴官，自春而夏，可云兩踰時矣。又送公詩序言及水災，又有「鄉人儀之」之語，蓋海溢之後，有人薦之，而家居被命，則爲乾道二年丙戌之冬無疑。又送公詩次章有云「百惱愁成斛，羣疑鬼載車」，而序亦多戒辭，蓋公久食祠祿，至此始有召命，故勸其避疑忌以俟大用耳。

乾道三年

六月，除著作佐郎，尋兼太子侍讀。

《中興館閣錄》七著作佐郎乾道以後：鄭伯熊，三年六月除，四年六月爲吏部員外郎。又《錄》四《修日曆式》注云：「舊式，少監程俱定。紹興三十一年四月，少監陳之淵、著作佐郎張震復上《建炎以來日曆格》。至乾道間，著作佐郎鄭伯熊以新舊格參立。」

按：是年冬，金使賀會慶節上壽，在親郊散齋期內。公在館職，移書政府，爭爲北使用樂。見李心傳《朝野雜記》乙集四。

乾道四年

六月，爲吏部員外郎。

《浪語集》二十四《與鄭景望書》：「自聞拜佐著作之命，嘗一領教畢。」又云：「又拜手札，感尉良甚，啓沃微意，略蒙見教，思之誠切時病，十寒一暴，何以哉。願勿以未聽而惰我告導之心，成所謂遠者大者，必不可進，乃鴻鵠舉耳。」

按陳振孫《書錄解題》十八言公爲館職、王府東宮官，《姓譜》、《學案》、《志稿》皆於吏部郎後繼書太子侍讀，萬曆《府志》失書侍讀一節。此言「拜佐著作」，復言「啓沃微意」，是爲著作時即兼太子侍讀。《館閣錄》偶未及載，而諸書皆不知其由小著遷郎官。又《姓譜》繫此於寧國司馬後，《學案》繫此於知婺州後，《志稿》則於黃巖代去後即云入爲吏部員外郎，皆爲失攷。

又按：與書前言「勿以未聽而惰我告導之情」，又言「必不可進乃鴻鵠舉」，則公爲侍讀時，已有不合而去之意。攷《浪語集》十三《劉復之哀詞》云：「歲大災，饑癘比屋，復之請粟於郡，身挾醫撫鄉士大夫，家〔至〕戶到。」又云：「走乃大服，介鄉先生鄭景望吏部一見。」復之爲郡司戶在乾道初年，其亡在乾道六年四月，而《哀詞》猶稱吏部，則公爲郎官歲月稍久，未幾遂以提舉常平出矣。

出爲福建路提舉常平茶鹽公事。

同治《福建通志》九十《宋職官·提舉常平茶鹽公事》：鄭伯熊，乾道間任。

《朱子集》八十五《何叔京鎬墓碣》：「再調汀州上杭丞，數行縣事，專用寬簡爲治，罷稅外無名之賦，人便安之。部使者鄭君伯熊名好士，行部得君甚喜。顧郡事爲不理，囚禁或累數月不得釋，檄君佐其守。」又三十六《答何叔京書》：「來使云願招歸流亡復業，及募得新民願受一廛者，此最厚下固本之良策。然更有方便，與寬得一兩項泛科，亦久遠之利，來者必益衆矣，如何？聞新倉使鄭景望甚賢，或可告語耳。」

按：《叔京墓碣》不言調上杭年月，而《福建志·職官·上杭丞》何鎬，注亦但云乾道間任。薛士龍《復之哀詞》作於乾道六年六月後，尚稱景望爲吏部，則其出爲監司，當在六年秋冬間。《姓譜》、《學案》皆誤繫正字、常博後，《萬曆府志》、《永嘉志》、湯成烈《永嘉志稿》皆失書。

越一年，遂有寧國司馬之命。蓋其在閩歲月甚淺，政績可見者，獨賴有朱子一《碣》一《書》耳。

魏王愷判寧國府，召爲王府司馬。

《浪語集》二十四《與景望第二書》：「茲承寵膺綸命，綱紀王府，佐宋太伯，蓋極一時之選，可謂儒者之榮，敢以爲賀。然聞以國遜易，處閒靜難，非漸漬以仁義之指歸，俾知所自，以優於天下之樂，無以見輔導之德。以丈老於聖人之學，蒙聖天子託子之寄，廟堂遴於宮僚之擇，誠可謂當人之舉。某所見如此，不得不告。」

攷《宋史·光宗紀》，乾道七年立爲太子，慶王愷爲雄武保寧軍節度使，判寧國府，進封魏王。此書正以爲王府司馬致賀。魏王光宗兄，故以太伯爲況，則王府之命當在七年秋冬。其言「擇於宮僚」，亦公嘗爲太子侍讀之證也。又攷《魏憲惠王傳》，淳熙元年徙明州，則王判寧國，蓋首尾三年。公爲司馬，又在魏王到鎭之後，又先以自劾去，其在寧國，蓋當乾道八年。書末又云「丈在閩中，門庭之廣，得人有幾」，則又詢其提舉福建時所得人才，亦可見其禮賢好士之概，即《何叔京碣》所謂「名好士」也。又按《浪語集·與陳君舉書》云：「四三哥卻有典午之命，似舍驥勿乘矣。」公在鄭氏諸從中次第蓋在四十三，而典午者司馬也，以監司除王府屬官，不爲美遷，故有此語。

上魏王書，言謙德未光，不聽，自劾免，改江西提刑，未行，乞祠以歸。

《姓譜》：魏王判宣州，南面受屬吏謁，幕府進劄子，亦坐而可否之。及伯熊除府司馬，遂以劄子開說謙德未光，嫌疑之際，或駭觀聽。《姓譜》繫吏部郎官於此下，誤。

萬曆《志》：魏王判宣州，除司馬，以劄子開說謙德未光，不聽，遂自劾免，改江西提刑，奉祠。《學案》同。

攷陳亮《龍川集》十五《送叔祖筠州高安簿序》：「某之師友永嘉鄭公，朝暮來持憲節。」按：筠州今江西瑞州，此即《郡志》、《學案》所謂「自劾免，改江西提刑」也。今《江西通志·職官》無鄭公名，或未上即以奉祠歸歟？

起知婺州。

康熙《金華府志·職官·知婺州軍》：鄭伯熊，淳熙二年，由奉議郎任。

按：公去寧國在乾道九年，其起知婺州亦以家居被命，而於淳熙二年至婺也。

淳熙三年

秋，召赴闕，尋除國子司業。

《龍川集》二十七《郎秀才翥墓誌銘》：「淳熙三年秋，鄭婺州召還，約其弟迓母括蒼，而語其屬邑之民永康陳亮曰：『我必取道龍窟，以趨行在所。』」

按：公弟即景元，蓋公母在婺，以將赴闕，送母歸溫州，而約其弟來處以迓之，乃造於朝，故有「取道龍窟，以趨行在」之語。

呂祖謙《東萊集·與周丞相子充書》：「鄭景望之去，邦人甚去思。然此公論正而氣和，還朝必有裨益，但未知處之如何耳。」

按：周益公淳熙十一年始爲相，此書在景望初召還時，不應即稱丞相，蓋後人編集時追改。又按：《東萊集·與潘叔度書》：「景望入學，舊觀浸還。」蓋自婺州奉召時，尚未除官，不久即爲少司成矣。

周必大《平園續稿》二十六《敷文閣學士李文簡公燾神道碑》：「力請變文體，取實學，以致人才。上袖公奏，付三省下學官議。國子監司業鄭伯熊等請如公言。」

按：《碑》先言四年春駕幸太學，命公執經。四年爲淳熙丁酉，則公爲少司成蓋在三年丙申冬，其時甫自婺州召還也。《姓譜》失書知婺州及自婺州召爲少司成一節，而《學案》乃謂由婺州入爲吏部郎官兼太子侍讀，歷國子司業，《志稿》亦繫司業於太子侍讀之後，皆爲失攷。

《止齋集·張忠甫墓誌銘》：「景望三入朝，二十餘年。其卒也，位不過九卿。」「三入朝」謂初召丞國子，繼除著作佐郎，及後自婺州召爲少司成也。

淳熙四年

七月，兼國史院編修官。

淳熙四年九月，遷宗正少卿，仍兼國史院編修官。

《中興館閣錄》八國史院編修官淳熙以後：鄭伯熊，四年七月以國子司業兼，九月爲宗正少卿，仍兼。

淳熙五年

除直龍圖閣、知寧國府。

《水心集》十二《歸愚翁集序》：「景望徇道寂寞，視退如進，官至宗正少卿而止。」

按：《書錄解題》言公「至少司成、宗正少卿，嚮用矣，每少不合輒乞去」。水心《祭鄭龍圖文》云：「官雖不爲賤，而未得要地以建明。」蓋宋時常由侍從得執政，由卿監得侍從，官至宗正，可以洊登從列，而每以不合乞去，故以卿貳終也。又按《宋史·職官志二》：「直龍圖閣，祥符九年以馮元爲太子中允、直龍圖閣，直閣之名始此(二)。凡館閣之久次，必選直龍圖，皆爲遷待制之基也。中興後，凡直閣爲庶官任藩閫、監司者貼職，各隨高下而等差之。」貼職猶今之督撫兼銜。又云：「龍圖閣大中祥符中建，以奉太宗御書御集，有學士、直學士、待制等官。」又云：「直龍圖閣，寺監掌貳補外謂出守。或領監司、提刑、提舉皆是。帥臣，宋時州有軍額者皆爲帥臣。則除之。」而公由宗正卿出守，則寺貳也。寺監掌貳，其官已崇，故外補時復加館閣貼職，以示寵異。

乾隆《寧國府志·職官上·宋知府事》：「鄭伯熊，字景望，永嘉人。開治學舍，市官書二千卷，聚生徒至二百人。」又《職官表》：「淳熙五年任，七年代去。」蓋首尾二年。

淳熙七年

寧國秩滿，歸永嘉，尋除知建寧府。

袁燮《絜齋集》十五《通判平江府校書郎姚君穎行狀》：「淳熙五年廷對第一，授承事郎、簽書寧國軍節度判官。」又云：「七年，奉二親之官。太守龍圖鄭公伯熊，鉅儒也，一見契合，遇之良厚。秩滿去，語君曰：『親老思鄉，滿則罷，罷則歸，雖丐祠之請亦不至於廟堂。』君韙其言，亟以書白魯公具道之，且曰：『首當爲言於上，使以達官榮其親，甚於里居之樂其親也。』」按《行狀》，穎以淳熙八年召對，除校書郎，改倅平江，而鄭公先在寧國，又先以秩滿去，則其知寧國實在淳熙五、六年，又可知其去寧國時未奉移官之命也。《學案》言移知建寧，亦微誤。《東萊集》與朱子書云：「鄭景望自寧國過此，渠亦是未滿。前年歲間，不曾通政府書，直至細滿，猶今言實滿，蓋宋時俚俗語。亦無問。」正與《姚穎行狀》所言合。或宰相爲之言，乃復知建寧耶？魯公，王淮也。

《龍川集》二十七《郎秀才蠹墓誌銘》：「孤出鄭公之書，曰：『是從寧國以三萬賻我。』」又云：「夏五月，鄭公還永嘉。余與徐元德居厚候之館頭。」

按《誌》，蠹卒於淳熙五年正月，其子景明以免喪之年冬十一月將葬，乞銘於同甫當在七年，所云「夏五月，鄭公還永嘉」，蓋由寧國歸，以五月過永康也。徐元德亦永嘉人，壻於永康，遂僑居焉。館頭蓋永康郵次。又按《水心集·送鄭丈赴建寧》詩云：「兩地旌旗一閏中，十年監牧九卿崇。」公以淳熙五年出守寧國，至七年復知建寧，首尾三年，所謂「一閏中」也。又有句云：「遙知獨上千山路，處處梅花逐暖風。」《止齋集·送鄭少卿景望知建寧》第一首末句云：「新茶可擷英。」蓋公守建寧以七年冬間拜命，八年春初上道，而抵任當在採茶時矣，故二公贈詩如此。止齋又有句云：「過家鄉里敬，將母士夫榮。」「過家」即同甫所謂歸永嘉，「將母」則與太夫人同行也。又止齋《兼送景元》一章首句云：「海內言華蕚，誰名動搢紳。」末二語云：

「公餘如促膝，剩把古書陳。」蓋景元亦同行也。公卒時，景元嘗有書報朱子，言其臨終不亂，而朱子爲之跋，見《朱子集》八十一。

同治《福建通志》九十二《宋職官·知建寧府》：鄭伯熊，淳熙間任。

淳熙八年

以疾卒於建寧。

陸游《渭南集》三十四《知興化軍趙彦眞墓誌銘》：「郡守鄭公伯熊知君最深，有疾，不以郡事屬其貳，而言於使者，請檄公攝守。疾革，獨延公至卧内，屬以草《乞致仕奏》。」

《朱子集》八十一《跋鄭景望書呂正獻公四事》云：「右申國呂正獻公四事，見其家傳，而故建寧太守鄭侯書齋壁以自警也。侯此時已屬疾，間不兩月而終。啓手足時，淸明安定，執禮不懈如常日。」又云：「其爲此邦，號令條敎必本於孝弟忠信，學者傳之。」

按：公守建寧，甫及半歲，其建明它無所見，於此二則，可以見其大略。

又按：是年七月，金華呂伯恭亦卒，《東來年譜》：卒於淳熙八年辛丑七月二十九日。而其與朱子書有「景望不起」之語，則鄭公之卒先於伯恭，蓋在是年夏間。

又按《龍川集》二十二《祭鄭龍圖文》云：「丙午之夕，我將哭吾亡友於金華，銜冤籲天，謂天不明。癸卯之朝，誰尸死生？黑頭如𪋿，獨我良朋。哀哀不寐，躑躅而行。爲此邂逅，恍若銘旌。問其前驅，來自建寧。嗚呼噫嘻，得非吾鄭先生之靈耶！」又云：「去年之夏，舉酒相屬。旅舍依然，不知今日之酹公於冥冥也。」蓋同甫往哭伯恭，而鄭公歸櫬適過金華，「舉酒相屬」即《郎秀才墓誌》所謂「與徐居厚候之館頭」也。又《止齋集·哭呂伯恭郎中舟行寄諸友》云：「去年上溪船，落日建安旐。今年上溪船，露濡金華草。」則當在淳熙九年，伯恭已葬，而止齋哭之墓上也。

是年秋，公弟伯英以喪歸葬於永嘉清通鄉證覺院後山鄭氏先世塋也。

《書錄解題》但言卒於建寧府，《姓譜》、《溫州府志》、《永嘉志》皆言卒於寧國，失攷。不言有謚及贈官。《姓譜》、《郡邑志》皆云卒謚文肅，亦不言贈官。按吳子良《林下偶談》云：「鄭敷文，大儒也，名伯熊。」《朱子語類》云：「黃義剛問鄭敷文所論甫刑之意，今敷文鄭氏《書說》其書具存。」攷《宋史·職官志》諸閣有敷文閣學士、直學士、待制、直閣等官，公由宗正少卿除直龍圖閣出守，或以致仕恩例加贈敷文閣待制，故有此稱。

又鄭公卒時得年若干，不可攷。水心《景元墓誌》，景元以紹熙三年卒，年六十三，而公先十一年卒，蓋甫五十三四。

《陳太恭人墓誌》云：「先是，伯英葬龍圖於清通鄉證覺院北山，而坎其中央爲壽藏，今以葬。」則公蓋祔葬母墓。《鄭氏家譜》謂鄭氏祖墓在永嘉四十一都證覺院後左側山麓，蓋即龍圖葬處。

又郡邑志不詳二鄭所居，水心《陰陽精義序》云：「鄭氏園，住城南。」

《林下偶談》云「木尙書待問造宅侵鄭氏地」，則其居在城南，而與木爲鄰也。《姓譜》：鄭伯海傳家居立義塾，延師訓生徒五百餘人，至今名其里曰學堂。前距文肅公百餘步，人謂之東西二鄭。

又按：公有子四人，《陳太恭人墓誌》云：「孫男修職郎耆仁亦先卒，次志仁、由仁、處仁、爲仁、好仁、求仁，將仕郎。曾孫男台僧、公寧、充耘、圓僧。」《止齋集·承事郎潘公墓誌》云：「二女孫，長適直龍圖故宗正少卿鄭公伯熊第四子處仁。」又《分韻送王得修詩序》云：「鄭志仁字能之，能之與叔父伯英字去華，則以故龍圖先生嘗客德修於宣城。」以伯英爲叔父，則志仁亦景望子。而景元二子爲仁、求仁，見水心所作《墓誌》，則耆仁、由仁蓋亦公出，惟好仁不知爲誰子耳。據《陳太恭人墓誌》，公尙有弟伯海、伯麟。

所著書有集三十卷，有《六經口義拾遺》，有《戇語》，有《紀綱》，又有《書說》、《雜著》，同甫有《景望書說序》、《雜著序》，見《龍川集》。《書說》今存。

其從學弟子曰陳傅良、蔡幼學、朱伯起、木待問、黃巖應恕、永康郎翥。

《宋史·陳傅良傳》：伯熊於古人經制治法，討論尤精。

《水心集·溫州學記》：「鄭景望出，明見天理，神暢氣怡，篤信固守，言與行應。」

《歸愚公集序》：「大鄭公恂恂少而德成，經爲人師，深厚悃愊，無一指不本於仁義，無一言不關於廊廟。景望徇道寂寞，視退如進。

《祭鄭景望龍圖文》：「惟公順正靜密，夷曠粹沖，不違其心，不襮其躬，出處進退，潛涵顯融，謗譽不及，庶幾中庸。此愚不肖，謂如公者，可以繫天下之望而待萬物之會通。」

《浪語集·答葉適書》：「王梅溪之方正，鄭著作之沖養，皆吾黨之望。」

周必大《省齋文稿·跋鄭景望詩卷》：「言道學者薄詞章，近世則然。景望龍圖通經篤行，見爲儒宗，而其詩句乃綽有晉唐名勝之風，胸中所養亦可知矣。」

樓鑰《攻媿集·祭鄭龍圖文》：「德量淵澄，而不見其涯涘；性質玉粹，而不勞于琢磨。其形於文也，渾然天成而上軋於周、漢；其進於道也，怡然理順而深探於雄、軻。與之游如在春風之中，登其門如入泰山之阿，是非至明而涵容不顯其迹，進退至切而從容不見其他。至於莅官則有不惡而嚴之風，憂世則有哀而不傷之意，發而中節，兹又皆其所以爲至和者也。」

《龍川集·祭鄭少卿景望文》：「師儒輔導之官，舉天下皆以爲莫宜於公，而公亦庶幾出其一二以上論三代之英。及舉手之少異，已多言之足懲，雖去國之不較，寧有志之竟成。將所存之高而事不下接，抑道之興廢不可以人事爲憑耶？」

《鄭景望雜著序》：「公之行己以呂申公、范淳夫爲法，論議以賈長沙、陸贄爲準，而惓惓斯世，若有隱憂，則又學於孔、孟者也。」

〔一〕直閣：原脱，據《宋史》卷一六二補。

尤袤年譜

吴洪澤 編

據《宋代文化研究》第三輯增訂

尤袤（一一二七—一一九三），字延之，號梁溪，又號遂初，無錫人。紹興十八年進士，歷知泰興縣，教授江陰軍，除將作監丞，遷秘書丞。淳熙二年出知台州，歷淮東、江東提舉，除江西運判，遷轉運使，召爲吏部員外郎，除太常少卿，權禮部侍郎兼直舍人院，奉祠。紹熙元年起知婺州，改太平州，召除給事中，累官禮部尚書，以疾致仕。紹熙四年卒，年六十七，謚文簡。

尤袤博極群書，有「書橱」之稱，又是當時著名的藏書家，手録、校刻古籍甚富，在文獻學上卓有建樹，所著《遂初堂書目》流傳至今。尤袤又以詩知名，與陸游、楊萬里、范成大并稱「中興四大家」，詩風平淡。著有《梁溪集》五十卷、《遂初小稿》六十卷、《内外制》三十卷，均佚。今存輯本，有尤桐刊《梁溪遺稿》，分《文鈔》、《外編》，《詩鈔》、《外編》，收入《錫山尤氏叢刊》甲集。事蹟見《宋史》卷三八九本傳、《梁溪遺稿》卷首《家譜本傳》。

據《中國歷代人物年譜考録》載，近人尤載興編有《尤延之先生年譜》，惜未見傳本。尤袤爲一時之聞人，然苦無行狀、墓誌傳世，《宋史》本傳時有失誤，而《萬柳溪邊舊話》、《家譜本傳》之類，已屬後人敷演，非皆信實可靠，且如尤袤卒年，已是衆説紛紜。因而考訂其行實，雖説艱難，然實有必要。本譜爲吴洪澤編，原載《宋代文化研究》第三輯，本書所收，有所增訂。

尤袤字延之，號梁溪居士，又號遂初居士，無錫（今屬江蘇）人。

《宋史》卷三八九《尤袤傳》（以下簡稱本傳）："尤袤字延之，常州無錫人。……嘗取孫綽《遂初賦》以自號，光宗書扁賜之。"

《家譜本傳》（常州先哲遺書本《梁溪遺稿》附，以下簡稱《家譜》）："文簡公諱袤，字延之……與楊廷秀、范（德極）〔至能〕、陸放翁相倡和，時號四詩翁。"

《誠齋集》卷二四《偶送西歸朝天二集與尤延之蒙惠七言和韻以謝之》自注云："尤丈號梁溪居士，新歸自朝陵所。"《跋王順伯所藏歐公集古錄序眞迹》自注云："遂初、欣遇，尤延之、沈虞卿自號也。二公與順伯皆喜收碑刻，各自夸尚。"

《無錫志》卷三上云："〔袤〕平身博極群書，同貫古今，時人號曰尤書廚，當世推爲人物之最。……袤形貌不逾人，而丯度端凝，孝宗嘗有短小精悍之褒。晚益嗜書不倦，所藏三萬卷。爲詩平淡，楊誠齋嘗列之四詩將。自號遂初居士，光宗嘗書『遂初』二字賜之。"

始祖叔保，自晉江（今福建泉州）遷居長洲（今江蘇常州）西禧里，再遷無錫白石里。爲人正直，以書畫享名。晚年頗雄于財，園亭池館爲一時絕勝。以孫輝貴顯贈待制（《萬柳溪邊舊話》，以下簡稱《舊話》）。

《無錫志》卷三上："宋尤袤字延之，其先閩人。本姓沈，因避王審知諱，去水姓尤，來居無錫，至袤遂爲無錫人。"

祖申（一〇七四—？），字陽秋，號淸素道

人。生甫歲而孤，以輝推恩進名不應，布衣終其身（《舊話》）。

父時亨（一一〇三—一一四四），字逢盛，號雲耕。性至孝，傾財與賢豪交，爲里人蕭氏辨冤，以勞瘁卒，年四十二。贈官少師（《舊話》）。

按：《舊話》云尤申與尤輝同年同月生，年三十而生子時亨，又云時亨卒于紹興十四年秋，則尤時亨卒年當爲四十二歲。而《舊話》卻云時亨「年四十有五」，前後矛盾，蓋《舊話》原本三卷，至明初已「簡斷墨暗，不可讀者逾半」，尤玘曾孫命門人鈔其完者刊于南昌，則其錯漏自是難免。

母耿氏（一一〇三—一一四四），與尤時亨同年同月生，同年同月同日卒，人咸異之（《舊話》、《紹興十八年同年小録》）。

尤袤妻姓氏事蹟不詳。

長子棐字與忱，號五湖，以蔭入仕，累官兵部侍郎。次子槩字與平，淳熙二年進士。歷建康府推官，擢左朝奉郎、太常博士，著有《綠雲寮詩草》。

孫焴（一一九〇—一二七二），字伯晦，號木石，嘉定元年進士，累進工部尚書、翰林學士，卒謚莊定；煓字季端，理宗朝歷官臨安府倅，浙東提刑；爚，號松泉生，累官知江陵府兼京湖路安撫使；燿（一一七一—一二二三），字仲微，嗣從父梁爲子，更名宗英，以袤蔭入仕，累官衛尉寺丞（《舊話》、《宋詩紀事補遺》卷五三）。

兹據《舊話》、《家譜》、《紹興十八年同年小録》將尤袤家族世系列表如下：

尤叔保
- 大成—申—時亨—袤
  - 棐
    - 焴
    - 煓
  - 槩
    - 爚
    - 燿
- 大公—輝—著—槩—梁—宗英

宋欽宗靖康二年丁未，五月，改元建炎

二月十四日，尤袤生。

《紹興十八年同年小録》：「第三甲第三十七人尤袤，字延之，小名盤郎，小字季良。年二十二，二月十四日生。外氏耿。永感下第百九。兄弟四人。」《舊話》：「文簡公生靖康丁未。」

按：尤袤生年，約有二説：一以《宋史》爲據，「上（光宗）已屬疾，國事多舛。袤積憂成疾，請告，不報。疾篤，乞致仕，又不報。遂卒，年七十。」《宋人傳記資料索引》據以推斷尤袤生年爲宣和六年（一一二四）。一以《同年小録》、《家譜》爲代表，認爲《宋史》記載有誤。如《家譜》所謂「公生靖康丁未，卒紹熙甲寅，享年六十有八。史稱七十，舉全數耳」。檢《宋史》于尤袤既卒之後，復言：「明年，轉正奉大夫致仕。贈金紫光禄大夫。」核以樓鑰《攻媿集》卷三八《正議大夫尤袤轉一官守禮部尚書致仕制》：「恩隆儲寀，俯從納禄之私。兹焉告歸，于以示寵。」則確有致仕歸居之事，《宋史》所載必有錯亂。《同年小録》係當時人所載，證以《舊話》、《家譜》，尤袤生靖康二年之説當爲可信。

是年九月二十二日，楊萬里生（宋楊長孺

《誠齋楊公墓誌》、清鄒樹榮《楊文節公年譜》）。

《宋史》卷四三三《楊萬里傳》謂萬里卒于開禧二年（一二〇六），年八十三。後人多據以推斷楊萬里生于宣和六年（一一二四），誤。

紹興元年辛亥，五歲。

能爲詩句。

《舊話》：（公）資質絕人，五歲能爲詩句，文獻公（尤輝）曰：「此天上騏驎，吾不如也。」尤輝（一〇七四—一一五八），登紹聖元年進士，以薦試學官高等，歷官國子司業、中書舍人、給事中，拜兵部尚書，知樞密院事。以觀文殿學士出知建康府，加少保致仕。卒年八十五，贈少師，謚文獻（《舊話》）。

按：《舊話》所載尤輝歷官顯要，而《宋會要輯稿》（以下簡稱《會要》）、《續資治通鑑長編》、《宋史》等書中並無尤輝其人，《舊話》所載未必可信。

紹興二年壬子，六歲。

尤著登張九成榜進士第二名。

《舊話》：尤著（一一一五—？），字少蒙，號西禧居士，尤輝長子。有文名，嘗主管吏部架閣文字，歷太學錄、博士，兵部、禮部郎官，累官工部侍郎，以疾致仕。徙居鵝湖，改造覺林寺，有《覺林寺記》（存）。

紹興四年甲寅，八歲。

讀杜甫詩。

《新編事文類聚翰墨大全》後丙集卷二：「尤袤字延之，年八九歲，讀杜甫長篇歌行，一過即能逆誦。」

紹興六年丙辰，十歲。

從尤輝學經。蔣偕、施坰以神童薦于朝（《舊話》）。

本傳云：「少穎異，蔣偕、施坰呼爲奇童。」蔣偕，不詳。施坰，字林宗，武進（今屬江蘇）人。崇寧五年進士，歷江東提刑，除右正言，知信州。紹興十二年除禮部侍郎，終敷文閣待制（《咸淳毗陵志》卷一七）。

紹興七年丁巳，十一歲。

從喻樗、汪應辰游。

尤棟《重建五先生祠堂記》：「惟堯、舜、文、武、周公、孔子、孟氏所傳之道，至河南二程夫子而後傳，而龜山先生蓋受學於二程夫子。昔伊川自涪歸，獨稱楊、謝長進，使其學少變於凋落之餘，詎有是言哉！慨思龜山載道東南，士之游先生之門者甚衆，玉泉乃登其門，而能續程夫子之道。遂初不及登其門，而從玉泉學，亦能續程夫子之道。……故玉泉得之而主紹興之正論，遂初得之而爲乾淳之老儒。」（《無錫志》卷四下）

本傳云：「少從喻樗、汪應辰游。樗學于楊時，時，程頤高弟也。」喻樗（？—一一八〇），字子才，寓居無錫（見《無錫志》卷三上）。建炎三年進士，紹興初爲秘書省正字，以不主和議忤秦檜，出知懷寧縣，通判衡州致仕。後累官工部員外郎，提舉浙東常平。淳熙七年卒（見《宋史》本傳）。汪應辰（一一一八—一一七八），字聖錫，玉山（今屬江西）人。少從喻樗學，樗妻以女。紹興五年進士第一，歷秘書省正字，忤秦檜，出通判建州。檜死，累官吏部尚書，出知平江府，致仕不起，淳熙三年卒。有

《文定集》(存)，集中尚存有與尤袤往來的書信以及舉薦尤袤的奏章等(《宋史》本傳)。袤從喻樗、汪應辰游的具體時間難以確定，如《宋史》記載不誤，則當在此後數年之間。又《咸淳毗陵志》卷一七《尤袤傳》：「入太學，登紹興十八年第。從工部喻樗游。」《無錫志》卷三上《尤袤傳》云：「登紹興進士第。嘗從玉泉喻樗游。樗，龜山高弟也。樗以所得龜山之學授之，由是學益進。」似此，則又當在及第以後。難以定論。

紹興十一年辛酉，十五歲。

《舊話》：「年十五，以詞賦魁多士。」據本傳，「以詞賦冠多士」在入太學以後，而據《宋史》卷三〇《高宗本紀》：「紹興十二年四月甲申，增修臨安府學爲太學。」則南宋于紹興十二年始立太學，年十五魁多士之説似未確。

紹興十四年甲子，十八歲。

秋，父時亨、母耿氏卒于同一日。尤袤奔喪，廬墓三年。

《舊話》：「閩僧普明，喜爲人相葬地。文簡公父雲耕翁卒，普明遍相吳塘山之陽而葬之。文簡公廬于墓者三年。其始葬方十日……此紹興十四年秋事也。」

紹興十五年乙丑，十九歲。

當在無錫吳塘山守墓。

紹興十六年丙寅，二十歲。

服除，入太學。以詞賦魁多士。

按：高宗于紹興十二年復立太學，此後數年間不斷增召學員，至十六年增外舍生千人，《宋史·高宗紀》：「紹興十六年春正月戊子，增太學外舍生額至千人。」可謂多士雲集。據《無錫志》卷三上，尤袤「弱冠入太學，魁監省」，與本傳所謂「入太學，以詞賦冠多士，尋冠南宮」合。是知尤袤此年入太學。

紹興十七年丁卯，二十一歲。

在太學。

紹興十八年戊辰，二十二歲。

二月十二日，權吏部侍郎兼權直學士院邊知白知貢舉。尤袤應禮部試，名冠南宮。三月，殿試，沈該爲初考官，李朝正、湯思退爲覆考官。四月十七日，高宗御集英殿唱名，賜狀元王佐以下及第出身、同出身共三百三十人。尤袤名列第三甲第三十七人（《紹興十八年同年小録》）。《舊話》云：「毗陵自置郡以來，未有舉進士第一人者。文簡公二十二歲，名冠南宮，廷擬狀元，因不呈卷，秦檜易以王佐。」

是年結識朱熹。朱熹中第五甲第九十人，賜同進士出身。此後尤朱二人交往頻繁，《朱熹集》中與尤袤談論學術的書信甚多。《無錫金匱縣志》卷一四載，無錫有來朱亭，云尤袤曾與朱熹在此講道，「後人因圖其像于壁」。檢《朱子年譜》，朱熹至無錫之事難以考知。

紹興二十一年辛未，二十五歲。

得京都舊印本《山海經》三卷。

《山海經跋》云：「始予得京都舊印本三卷，頗疏略。……予自紹興辛未至今，垂三十年，所見無慮十數本。」

紹興二十九年己卯，三十三歲。

與呂祖謙相識，當在此年前後。

《祭直閣大著郎中呂公文》云：「維淳熙九年歲次壬寅二月壬寅朔，……自我識公，于今三紀。」

紹興三十一年辛巳，三十五歲。

知泰興縣，政績顯著。

按：尤袤及第後初官何職，今無從考實。本傳云「紹興十八年擢進士第，嘗爲泰興令」。光緒《泰興縣志》卷一六載，紹興二十七年洪尊祖、三十一年尤袤、三十五年葉疇知縣事（三十五年當為三十二年之誤）。據此，則尤袤很可能在紹興三十年始知泰興，三十二年離任，葉疇繼任。據本傳尤袤在泰興任上，問民疾苦，曾力請于臺閫以免除擾民二弊；修築外城，當金兵入侵時，泰興城賴以保全。

作《淮民謡》。

據《三朝北盟會編》卷二四〇，紹興三十一年十一月，袤嘗以淮南置山水寨擾民，竊悲哀之，作《淮民謡》。尤袤作《淮民謡》當在泰興任上，姑繫于此年。十一月，金主完顔亮傾國入侵揚州，袤堅守泰興不去（《建炎以來繫年要録》卷一九四、《三朝北盟會編》卷二四〇）。

紹興三十二年壬午，三十六歲。

知泰興縣事。

是年，注江陰軍學教授，需次七年。

據本傳，「注江陰學官，需次七年，爲讀書計」。嘉靖《江陰縣志》卷一二《職官表》載：尤袤，宣教郎，乾道四年注江陰教授，乾道五年迪功郎魏中復繼任。

按：尤袤於乾道五年以薦召爲將作監簿，如乾道四年始注江陰學官，則與本傳「需次七年」不合。《江陰縣志》卷一六《尤袤傳》又云：「隆興四年戊子注江陰學官，需次七年。」隆興四年當爲乾道四年之誤，而卷一二於尤袤注授江陰教授後，又言五年魏中復繼任，顯然，《江陰縣志》誤將尤袤赴任時間當作注授時間了。由乾道四年逆推七年，正爲紹興三十二年，故繫尤袤注授江陰軍學教授於本年。

乾道四年戊子，四十二歲。

是年，赴江陰學官任。

乾道五年己丑，四十三歲。

以汪應辰薦召除將作監簿（本傳，嘉靖《江陰縣志》卷一二）。

《文定集》卷六《薦尤袤劄子》云：「伏見左從事郎、江陰軍學教授尤袤學問該洽，富于文詞，議論詳明，通于世務，隨牒州縣，久安下僚。……又前此蔣芾、陳之茂、胡沂皆嘗舉袤自代，蓋公論所與，非獨臣知之也。而袤貌既不揚，性復靜退，故久之未爲時用。臣謂貌非所以取人，而靜退之士尤當獎進。」

乾道六年庚寅，四十四歲。

除大宗正丞。

本傳：「大宗正闕丞，人爭求之。陳俊卿曰：『當予不求者。』遂除袤。」尤袤除大宗正丞的時間雖難確定，但在乾道六年七月以前卻是肯定的（周必大《乾道庚寅奏事録》），姑且繫于此年。

七月甲申，應候周必大。

周必大《乾道庚寅奏事錄》：「七月甲申，黃通老尙書、尤袤延之宗丞、劉重卿及其二子並相候。延之云：『兩月來自釐務官而上，外補貶逐死之者僅四十人，亦氣數使然。』」

乾道七年辛卯，四十五歲。

五月，除秘書丞。始爲楊萬里所知。

據《南宋館閣録》（以下簡稱《館閣録》）卷七。楊萬里《益齋藏書目序》云：「一日，除書下遷大宗正丞尤公延之爲秘書丞。吾友張欽夫悦是除也，曰：『此眞秘書矣。』予自是知延之之賢，始願交焉。」本傳云：「虞允文以史事過三館，問誰可爲秘書丞者，僉以袤對，亟授之。張栻曰：『眞秘書也。』」

編次秘府書目。

周必大《乞取唐仲友尤袤書目劄子》：「臣昨任秘書少監日，嘗屬正字唐仲友、丞尤袤將四庫典籍，仿崇文舊目而爲一書，後來聞已就緒。」周必大乾道六年七月除秘書少監，七年七月除權禮部侍郎，故尤袤受命編目必在除秘書丞後不久。所編書目，未知其名。周必大上此奏在淳熙三年，至淳熙五年秘書監所上《中興館閣書目》，其體例也仿《崇文總目》，陳騤領其事，未知此書是否是在唐、尤書目的基礎上增修而成（《建炎以來朝野雜記》甲集卷四）。

十二月，兼國史院編修官、實録院檢討官（本傳、《館閣録》卷七）。

乾道八年壬辰，四十六歲。

正月九日，以秘書丞參與點檢試卷（《會要》選舉二〇之二二）。

《象山先生年譜》云：「時尤延之袤知舉，吕伯恭祖謙爲考官。」據《會要》，王曮知貢舉，尤袤、吕祖謙同爲點檢試卷官，《年譜》誤。

五月，除著作郎，兼實録院檢討官（《館閣録》卷七）。

八月中秋，跋司業汪逵家藏《蘭亭帖》。

按：《蘭亭考》卷五至卷七，載尤袤

《蘭亭帖》跋共八篇，此爲第二跋，見卷五。袁說友《東塘集》卷一九《跋汪季路太博定武本蘭亭修禊序》云：「尤延之領袖博雅，定武古本偶未得刮目，嘗見沈虞卿之本，似不減順伯、季路者。余雖隨羣嗜此，而所儲殊未確，僅有一二可以備遺，然必求有以頡頏於尤、沈、王、汪之門可也。」周必大《題修禊帖》（《省齋文稿》卷一五）云：「朝士喜藏金石刻且殫見洽聞者，莫如沈虞卿、尤延之、王順伯，予每咨問焉。淳熙己酉（十六年）正月五日，某題。」可見尤袤嗜古博雅，在當時即享盛名。

十二月，有信與周必大，必大復信。

周必大書信云：「大著名譽日起，新春當右遷，此縉紳所共期，非私禱也。」（《文忠集》卷一八九）

乾道九年癸巳，四十七歲。

六月十四日，以著作郎兼太子侍讀。

據《會要》職官七之二九、《宋中興東宮官僚題名》（以下簡稱《東宮官僚題名》）。

十月，除知吉州。

《東宮官僚題名》云：「乾道九年六月，（尤袤）以著作郎兼權侍讀。十月，知吉州。」本傳云袤率三館上書諫阻張說入西府，說留身密奏，于是梁克家罷相，袤與秘書少監陳騤與郡。袤得台州，繼趙汝愚任。今考《宋史·高宗紀》，張說入西府，梁克家罷相事確在乾道九年十月。《館閣錄》卷七亦載陳騤十月知贛州，尤袤知台州。又檢《嘉定赤城志》卷九，乾道九年九月二十八日，知台州陶之真以州城大火罷。詹儀之繼任，淳熙二年二月改知信州。三月，趙汝愚繼任，十月，除江西路轉運判官。十月三日，尤袤繼任。顯然，尤袤除知台州在淳熙二年十月，如在乾道九年，則不會繼趙汝愚知，本傳蓋誤。當然，乾道九年九月二十八日知台州陶之眞罷，十月尤袤除知台州也是完全可能的，但尤袤與陳騤皆因開罪張說而同時與郡，陳騤既貶知贛州遠郡，則尤袤貶知吉州（遠郡）似比貶知台州（近郡）的可能性要大些。《館閣錄》云尤袤十月知台州，《館閣錄》係陳騤所編，此條記載本不應有誤，但傳本訛誤特甚，《四庫全書總目》已明確指出，並云據《宋史》校正。《宋史》既云補外知台州，而他書又無知吉州之記載，四庫館臣或因字迹不清，形近而訛，或據史徑改的可能性都是存在的。周必大《乞還尤袤禮記徹章賞劄子》云：「後來方省記得尤袤一員雖係侍讀，卻曾于乾道九年十一月內，緣庶子、諭德闕官，專差本人兼講《禮記》，已取會到吏部所受聖旨全文。」（《文忠集》卷一六一）周必大此奏上于淳熙五年九月，故云「後來方省記得」。尤袤《說文繫傳跋》云「方傳錄未竟，而余有補外之命，遂令小子暨于舟中補足」，則似已由水路赴任，而由臨安至吉州是可以走水路的。大約上路不久便即召回，並未到任，所以《江西通志》、《吉州府志》等均無尤袤知吉州的記載。

十月二十四日，跋《說文繫傳》。

原書卷末及《梁溪遺稿》文鈔補編載跋云：「余暇日整比三館亂書……會江西

漕劉文潜以書來，言李仁甫托訪此書，乃從葉石林氏借得之。方傳錄未竟，而余有補外之命，遂令小子曁于舟中補足。此本得於蘇魏公家，而訛舛尚多，當是未經校理也。乾道癸巳十月廿四日，尤袤題。」

十一月，因太子庶子、諭德闕官，專差講《禮記》。

淳熙元年甲午，四十八歲。

當在東宫講《禮記》。有《甲午春前得雪》三首。

淳熙二年乙未，四十九歲。

在東宫講經。

十月三日，以承議郎知台州（《嘉定赤城志》卷九）。

重修郡城。

據本傳，「前守趙汝愚修郡城工才十三，屬袤成之。袤按行前築，殊鹵莽，亟命更築，加高厚，數月而畢。」

奏請旌表臨海縣貢士朱伯履妻陳氏，十二月，詔依所表，次年三月，特封安人。

《赤城集》卷一四《朱氏旌表門閭碑》載：先是元年正月，台州守臣詹儀之奏請旌表其氏孝行，以爲節孝勸。十月，守臣趙汝愚繼奏，皆未報。守臣尤袤申前奏，上嘉其節，明年三月壬戌，有旨特封安人，旌表門閭，仍宣付史館。

淳熙三年丙申，五十歲。

正月己未始建霞起堂，二月壬午竣工，有記及詩。

《嘉定赤城志》卷五載《霞起堂記》云：「雙巖堂踞兩崖之間，獨得地勝，其下面牆，廣不尋丈，擁蔽心目，不快人意。予首闢之。牆之外糞壤所瀦，乃墾乃夷。

得舊址焉，撤廢亭於射圃，移植其上，榜曰『凝思』，取孫興公賦所謂『凝思幽巖』者也。亭之前有敗屋數椽，東向西上，榱棟撓折，隅奥庳仄，乃改創爲堂，三楹南鄉，與靜鎮堂相直，因名曰『霞起』。……始役於淳熙三年正月己未，成於二月壬午。」

重建都酒務、商税務、清平閣，建樂山堂（《嘉定赤城志》卷五）。

九月，大水，更築郡城，城賴以不沒。有《次韻德翁苦雨》詩。

據本傳、《宋史全文》卷二六。

十二月，周必大薦尤袤任監司。

《文忠集》卷一三九《薦監司郡守狀》云：「右臣伏睹朝奉郎、知台州尤袤豈弟廉勤，處事精審……既補舊欠，郡計亦裕，督察屬吏，各舉其職。使備監司之選，必能澄清所部，上副臨遣。」

是年有《台州郡圃雜咏》五首、《清平閣》、《霞起堂》、《參雲亭》、《玉霄亭》、《雙巖堂》、《樂山堂》、《寄林景思》等詩及《玉霄亭柱記》。

《嘉定赤城志》卷五載《玉霄亭柱記》云：「台州南、西、北三面逼山，獨東望諸峰差遠，雲煙空濛，外際溟海，蓬萊方丈，想見其處。舊有小亭在子城之上，紹興丁卯，南豐曾使君紘父創建，更名玉霄。距今三十年，摧敗傾圮，岌岌欲壓。」

淳熙四年丁酉，五十一歲。

正月，有《入春半月未有梅花》、《德翁有詩再用前韻三首》。建匿峰亭、凝思堂、節愛堂、思賢堂，纂修台州志（《嘉定赤城志》卷五）。

陳耆卿《赤城志序》:「有守四人，嘗勤其力於斯矣。如尤公袤、唐公仲友、李公兼，類鞅掌不克就，最後黃公㽦辱以命余。」(《篔窗集》卷三)

是年有《君子堂》、《節愛堂》、《凝思堂》、《匿峰亭》、《駐日亭》詩及《節愛堂記》。

是年台州任滿，有《台州四詩》、《台州秩滿歸》等詩。

《臨海縣重建縣治記》云:「乾道癸巳秋九月，臨海居民不戒于火，濫爓扇延，以及縣治，……後三年，予來爲州，有意興之，而無與任其責者。淳熙丁酉秋，永嘉彭君仲剛來主縣事。……予乃畀錢三十萬，使營度之。是冬，予罷官歸。」(《梁溪遺稿》文鈔)

尤袤在台州二年有餘，抗水災，修城池，政務繁忙，但也建了不少亭館，難免遭人議論。本傳云:「會有毁袤者，上疑之，使人密察，民頌其善政不絶口，乃錄其《東湖》四詩歸奏。上讀而嘆賞，遂以文字受知。」所謂《東湖》四詩，或即《梁溪遺稿》中所載《台州四詩》。《台州四詩》之三云「多病多愁老使君，不憂風雨不憂貧。三年不識東湖面，枉與東湖作主人。」道出了爲政的繁忙與艱辛。之四云:「兩載終更過七旬，今朝方始是閑身。」《台州秩滿歸》云:「送客漸稀人漸遠，歸途應減兩三程。」

與林憲、李德翁告别，有詩。

據《嘉定赤城志》卷九。尤袤守台州日，交游可考者主要有林憲和李德翁。林憲字景思，號雪巢，吳興(今浙江湖州)人。賀允中愛其才，妻以女，因徙居天台。乾道間特科，監南岳廟。工詩，有

《雪巢小集》，尤袤、楊萬里、樓鑰均爲作序。尤袤《雪巢記》云：「余來天台，始識君，一見如平生歡。時方困郡事，卒卒無須臾閑。每從君語，輒爽然自失，顧視鞭撲滿前，牒訴盈几，便欲舍去。」離台州時，有《別林景思》云：「二年無德及斯民，獨喜從游得此君。囊乏一錢窮到骨，胸蟠千古氣凌雲。論交卻恨相逢晚，別袂眞成不忍分。後夜相思眇空闊，尺書應許雁知聞。」此外與李德翁也有交往，德翁爲台州人，事蹟不詳。《梁溪遺稿》中存有尤袤與李德翁交往的詩五首，《別李德翁》云：「長恨古人少，斯人今古人。二難俱益友，兩載覺親情。世態深難測，心期久益眞。相看俱半百，此別倍酸辛。」

十二月十三日，除淮東路提舉常平茶鹽。持節歸無錫，訪楊萬里。楊萬里爲作《益齋藏書目序》（《誠齋集》卷七八）。序云：「延之于書靡不觀，觀書靡不記。至于字畫之叢殘，月日之穿漏，歷歷舉之無竭，聽之無疲也。……延之每退則閉戶謝客，月計手抄若干古書。其子弟亦抄書，不惟延之手抄而已也。其諸女亦抄書，不惟子弟抄書而已也。……今年，余出守毗陵，蓋延之之州里也。延之持淮南使者之節皈，一日入郛訪余。余與之秉燭夜話，問其閑居何爲，則曰：『吾所抄書，今若干卷，將匯而目之。饑讀之以當肉，寒讀之以當裘，孤寂而讀之以當交朋友，幽憂而讀之以當金石琴瑟也。』……延之屬余序其書目。余既序之，且將借其書而傳焉。」楊萬里淳熙四年五月知毗陵，六年正月除廣東提舉，則其序益齋書目與延之相訪當在是年年底。至淳熙十三年，楊萬里復爲尤袤遂初堂題詩。

按：《無錫縣志》卷三下載：「錫麓書堂在錫山下，宋文簡公尤袤讀書之處。」《江南通志》卷三二云：「錫麓書堂在無錫縣秦皇塢下，宋尤袤讀書處。結廬數椽，不事雕飾。」「又有遂初堂，孝宗手書『遂初』二字賜焉。後袤十四世孫質重構，明歸有光爲記。」據此，則尤袤書齋除益齋、遂初堂外，尚有「錫麓書堂」。此錫麓書堂與益齋、遂初堂是否一地而異名，抑或後人爲紀念尤袤而構建，俟考。

淳熙五年戊戌，五十二歲。

是年，作《雪巢記》、《雪巢小集序》。

記云：「今得歸休林下，每一思君，發于夢想。」此「歸休」，即指持淮南使者之節歸無錫。

《吳興備志》卷一三：「吳興林憲字景思，少從其父宦游天台，因留蕭寓焉。……淳熙五年，尤延之爲作《雪巢記》，又爲《雪巢小集序》。」

樓鑰《雪巢詩集序》（《攻媿集》卷五二）：「淳熙五年，余自删定郎贅倅丹丘，始識雪巢林君景思，……于是遂初尤公尚書、誠齋楊公待制俱爲之序，此可以不朽矣。」

三月十八日，降一官。

《會要》職官七二之二〇：「知溫州韓彥直、前知台州尤袤……並各特降一官，以溫、台州自乾道六年以後拖欠內藏庫坊場錢數多，並不發納故也。」

游張公洞，有詩寄楊萬里，楊萬里有《謝

尤延之提舉郎中自山間惠訪長句》。《游張公洞·序》云：「余游山川多矣，兹游最可紀。因成五百字，貽我同志，以備他日觀覽焉。」萬里詩云：「淮南使者郎官星，瑞光夜燭荆溪清。……秋風呼酒荷邊亭，主人自醉客自醒。」（《誠齋集》卷一〇，時楊萬里年五十二）則尤袤此詩當作于是年。

秋，始識陸游于杭州。

陸游《尤延之尚書哀辭》（《劍南文集》卷一四）：「余自梁益歸吳兮，愴故人之莫逢。後生成市兮，摘裂剽掠以爲工。遇尤公于都城兮，文氣如虹。落筆縱横兮，獨殿諸公，晚乃契遇兮，北扉南宫。」陸游是年春東歸，秋至杭州，孝宗召對，除提舉福建路常平茶事，秋末返里，冬季赴任。尤袤因何至杭州，已難考知。

九月，周必大有《乞還尤袤禮記徹章賞劄子》（《文忠集》卷一六一）。

淳熙六年己亥，五十三歲。

正月，有《己亥元日》詩。

提舉淮南東路常平茶鹽。

楊萬里除廣東提舉，尤袤有《送提舉楊大監解組西歸》詩。

二月十五日，作《二賢堂記》。

《永樂大典》卷七二三六載《二賢堂記》云：「淳熙戊戌，壽春魏侯作州之二年，……爰即故基，載新祠室，圖繪像設，以慰邦人之所以思公者。凡一泉一石，經昔人之所題品，必表而出之。既又建豐樂、全聲、班春三亭於舊址。經始於十一月甲戌，落成於十二月戊申。……予既竊幸託名諸公之次以爲榮耀，故樂書其事，又爲滁民幸焉。明年二月望日，錫山尤袤記。」

改提舉江東常平茶鹽（本傳）。

作《報恩光孝寺僧堂記》（《梁溪遺稿》文鈔）。

《嘉定赤城志》卷二七載記云：「淳熙三年秋九月，故參政觀文錢公施其私財於台州報恩光孝禪寺，復建僧堂。明年九月十二日經始，後十五日而公薨，又明年六月二日堂成。……又明年，長老惟禋命其徒了性持書求文於錫山尤袤而記之。」

秋，應臨海令彭仲剛之邀作《臨海縣重建縣治記》（《梁溪遺稿》文鈔）。

記云：「淳熙丁酉秋，永嘉彭君仲剛來主縣事。……予乃畀錢三十萬，使營度之。是冬，予罷官歸。踰年，則彭以書來告成矣。……蓋經始于丁酉之冬，而落成於己亥之秋。」

十一月丁丑，應朱熹之邀作《五賢祠記》。

記云：「南康使君朱侯熹下車之初，先即學宮，立濂溪周先生與二程夫子之祠於學之西序，屬其友張栻敬夫爲之記。則又考古今士之居是邦者，得五人，曰晉靖節徵士陶公，本朝西澗居士劉公，兵部尚書李公，諫議忠肅陳公，與西澗之子祕丞，復立祠於學之東序，而俾愚記之。……淳熙己亥仲冬丁丑，晉陵尤袤記。」（《梁溪遺稿》文鈔補編）。

王懋竑《朱子年譜》卷二：朱熹三月赴南康任，立五賢祠；五月修復劉屯田（凝之）墓。

《劉屯田壯節亭》詩亦當作于是年。

淳熙七年庚子，五十四歲。

二月八日，跋《山海經》。

《梁溪遺稿》文鈔補編載跋云：「始予得京都舊印本三卷，頗疏略。繼得《道藏》本，……雖編簡號爲均一，而篇目錯亂不齊。晚得劉歆所定書，……雖若卷帙不均，而篇次整比最古，遂爲定本。予自紹興辛未至今，垂三十年，所見無慮十數本，參校得失，於是稍無舛訛，可繕寫。……淳熙庚子仲春八日，梁溪尤袤題。」據此，則袤校《山海經》，用力至勤。

夏，大旱，賑災。

本傳云：「江東旱，單車行部，覈一路常平米，通融有無，以之賑貸。朱熹知南康，講荒政，下五等戶租五斗以下悉蠲之。袤推行于諸郡，民無流殍。」《晦庵集》卷一三《延和奏劄》四云：「臣昨任南康軍日，適值旱傷，乞將五斗以下苗米人戶免檢全放，當時即與施行，人以爲便。本路提舉常平尤袤遂以其法行之諸郡，其利甚溥。」

《朱子年譜》卷二：七月，大修荒政。

九月，朱熹有《與江東尤提舉劄子》（《晦庵集》卷二七）。

是年，刻《隸續》。

《盤州文集》卷六三《池州隸續跋》云：「錫山尤延之刻二卷于江東倉臺，而輦其板歸之越。延之與我同志，故鄭重如此。……庚子十一月。」

十二月，游茅山，有《庚子歲除前一日游茅山》詩。

是年，李燾薦袤任史官。

《宋史》卷三八八《李燾傳》：「淳熙七年，薦尤袤、劉清之十人爲史官。」

是年，作《思賢堂三贊》。《畢文簡公贊》序云：「淳熙丁酉，袤假守是邦，嘗立公（畢士安）之祠于郡學，獨訪遺像未獲。後三年，袤來江東，而公之六代孫希文爲安仁宰。」《元章簡公贊》序云：「大參政章簡元公於慶曆六年來守是邦，有功在民。後一百三十四年，得其畫像於裔孫康曾，繪置學宮，以慰邦人歲時之思云。」

淳熙八年辛丑，五十五歲。

正月，行部至都昌，作《輪藏記》。《梁溪遺稿》文鈔補編《輪藏記》云：「自癸巳迄庚子，閲七寒暑乃成。……余行部至都昌，嘗憩於寺，始識登。登乞余文以記始末，乃爲隨喜而説偈言。……淳熙八年正月，尤袤記。」

正月二十八日夜，大雪，有詩（《瀛奎律髓》卷二一）。

二月，跋米元暉《瀟湘圖》卷（見《梁溪遺稿》文鈔補編，署「淳熙辛丑二月中休」），又跋朱逢年詩集（四部叢刊續編本《玉瀾集》卷末，署「淳熙辛丑仲春望日」）。

十八日，題米元暉《瀟湘圖》云：「萬里江天杳靄，一村烟樹微茫。只欠孤篷聽雨，恍如身在瀟湘。　淡淡晴山横霧，茫茫遠水平沙。安得緑蓑青笠，往來泛宅浮家。淳熙辛丑中春十八日，梁溪尤袤觀於秋浦。」（《書畫題跋記》卷二）。

三月，刻《昭明文選》畢，有跋（見《梁溪遺稿》文鈔補編，尤刻本、胡刻本《文選》附録）。跋云：「貴池在蕭梁時實爲昭明太子封邑，血食千載，威靈赫然，水旱疾疫，無禱不應。廟有文選閣，宏麗壯偉，而獨無是書之板，蓋缺典也。往歲邦人嘗欲募衆力爲之，不成。今是書流傳於世，皆是五臣注本。五臣特訓釋旨意，多不原用事所出，獨李善淹貫該洽，號爲精詳。雖四明、贛上各嘗刊勒，往往裁節語句，可恨。袤因以俸餘鋟木，會池陽袁使君助其費，郡文學周之綱督其役，踰年乃克成。旣摹本藏之閣上，以其板置之學宮，以慰邦人所以尊事昭明之意云。淳熙辛丑上巳日，晉陵尤袤題。」

按：尤袤刻《文選》，蓋曾親手校釋，而此跋不云考校事。據袁說友跋稱：「《文選》以李善本爲勝。尤公博極群書，今親爲讎校，有補學者。」此所「讎校」，即尤刻本後附《李善與五臣同異》。尤刻在後世影響很大，清嘉慶間胡克家據尤本重刻《文選》，序稱：「淳熙中，尤延之在貴池倉使，取善注讎校鋟木，厥後單行之本，咸從之出。」又稱：「其善注之合并五臣者，與尤殊別。凡資參訂，旣所不廢，又尋究尤本，輒有致疑，鈎稽探索，頗具要領，宜諗來者，撰次爲《考異》十卷。」卻未附錄尤袤考校語。其後盛宣懷訪得尤刻《文選》原本，取尤袤校語摹刊爲《考異》一卷，收入《常州先哲遺書》，序稱：「《文選》有李善注本，有五臣注本，兩本字句間有不同，延之專據善本。五臣異字，別爲《考異》一卷，而不加論定，俟讀者自得之。」僅標異文，而不妄下斷語，正是尤袤治學謹愼處。民國年間，尤桐又據此刻入《錫山尤氏叢刊》甲集。

是月，朱熹南康任滿除江西提刑。閏三月二十七日，去郡歸，尤袤有詩送之（《朱子年譜》卷二）。

除江西路轉運判官。七月，進直秘閣。

《會要》瑞異二之二五：「（淳熙）八年七月十七日，詔去歲諸路州軍有旱傷去處，其監司、守臣修舉荒政，民無浮殍，各與除職轉官。既而江西運判尤袤、淮南運判趙彥逾、江西提舉朱熹、知廣德軍耿秉並除直秘閣。」據此，尤袤在四月至七月間，嘗除江西運判。《晦庵集》卷七九《江西運司養濟院記》云：「江南西路轉運司養濟院在隆興府城東崇和門內，轉運副使吳郡錢公某之所爲，而判官嘉禾丘公□、毗陵尤公袤之所徙也。」也可爲證。又云「予時方罷浙東常平事」，《江西運司養濟院記》作于淳熙十年三月。考《朱子年譜》，朱熹除兩浙東路常平茶鹽公事在今年八月，明年八月改除江南西路提點刑獄公事，則尤袤在淳熙九年八月以前仍爲江西運判。

在隆興，時官朝奉大夫、直秘閣、江南西路轉運判官。

淳熙九年壬寅，五十六歲。

二月二十五日，遣人致祭呂祖謙。

祭文云：「自我識公，于今三紀。史館從游，恍若夢寐。去歲池陽，敬遣行李，問公起居，得公報字。遺墨未乾，遽隔生死。顧瞻門牆，渺邈千里。斂不撫棺，葬不臨隧。一奠致哀，久乃克致。」按：呂祖謙卒于去年七月二十九日，至此尤袤爲文祭之。

九月十日，作《呂氏家塾讀詩記序》（《梁

溪遺稿》文鈔補編）。序云：「伯恭自少年嚅嚌道眞，涵泳聖涯，至以此得疾且死。六經皆有論著，未就，獨此書粗備，誠不可使其無傳。雖伯恭之學不止於是，然使學者因是書以求先王所以厚人倫、美教化，君子之所以事君事父，則於聖學之門戶，豈小補哉！淳熙壬寅重陽後一日，錫山尤袤書。」

遷江西漕兼知隆興府（本傳）。

雍正《江西通志·職官志》云淳熙間爲江西轉運使。《舊話》云兼知台州府，誤。尤袤遷江西漕使的具體時間難以確定，姑繫于此。

十月，刻《申鑒》（《梁溪遺稿》文鈔補編）。

《申鑒題辭》云：「今《漢紀》會稽郡已版行，而此書則世罕見全本，余家有之，因刻置江西漕臺。但簡編脫繆，字畫差舛者不一，不敢以意增損，疑則闕之，以俟知者。淳熙九年冬十月己亥，錫山尤袤。」

是年又刻《張文定玉堂集》二十卷於江西漕臺（《郡齋讀書志》卷五下）。

是年朱熹有《跋尤延之論字法後》（《朱熹集》卷八二）。

淳熙十年癸卯，五十七歲。

任江西漕兼知隆興府。

陸九淵有信至。

《象山先生年譜》淳熙十年下載《與漕使尤延之書》略云：「元晦浙東救旱之政，比者屢得浙中親舊書及道途所傳，頗知梗槪，浙人殊賴。自劾一節，尤爲適宜。至如其間言誕謾以僥祿者，當少阻矣。至如其間言事，誠如來諭所言者云。」檢《朱子年譜》，朱熹赴浙東提舉任在淳熙八年十月，救旱在次年，自劾在次年八月，尋改江西提刑。則尤袤與陸九淵書似在淳熙九年底，陸回信在十年初。

屢請祠，進直敷文閣，改江東提刑。以梁克家薦，召對，除吏部員外郎（本傳）。

七月，奏論荒政，略云：「東南民力凋弊，中人之家，至無數月之儲。前年旱傷，江東之南康，江西之興國，俱是小壘，南康饑民一十二萬二千有奇，興國饑民七萬二千有奇。且祖宗盛時，荒政著聞者，莫如富弼之在青州，趙抃之在會稽，在當時已是非常之災。夷考其實，則青州一路饑民止十五萬，幾及南康一軍之數；會稽大郡，饑民纔二萬二千而已，以興國較之，已是三倍。至於振贍之米，弼用十五萬，抃用三萬六千。今江東公私合力振救，爲米一百四十二萬。去歲江西振濟興國一軍，除民間勸誘所得，出於官者，自當七萬，其視青州一路，會稽一郡，所費實相倍蓰，則知今日公私誠是困竭，不宜復有小歉。國家水旱之備，止有常平、義倉，頻年旱暵，發之略盡。今所以爲預備之計，唯有多出緡錢，廣儲米斛而已。」（《文獻通考》卷二六）「願預飭有司隨市價禁科抑，則人自樂輸，必易集事。」（本傳）

應詔上封事，論救荒之策。略云：「方今救荒之策，莫急於勸分。昨者朝廷立賞格以募出粟，富家忻然輸納，故庚子之旱不費支吾者，用此策也。自後輸納既多，朝廷吝於推賞，多方沮抑，或恐富家以命令爲不信。」（本傳、《文獻通考》

卷二六）

按：《宋史》卷三五載，淳熙十年秋七月甲戌，「以夏秋旱暵，避殿減膳，令侍從、臺諫、兩省、卿監、郎官、館職各陳朝政闕失」，則袤上事，蓋在此時。

又按：請祠、除江東提刑及召對除吏部員外郎，蓋此數月間事，周必大《與尤延之侍郎袤劄子》（《書稿》卷四）云：「某竊以秋氣漸清，恭惟提刑敷文吏部台候動止萬福。……夏秋之交，旱勢可畏。上念仍歲祈禱後時，凡百先事爲備。一念通天，遂得中熟，豈偶然哉？……宜春兄百日内已葬，過蒙遺介致奠，豈勝悲感！指期晤言，更均馳系，願言加意保攝，來承天寵。」《文忠集》繫此書於淳熙十年，蓋作於八月，時必大知樞密院事，尤袤赴京，二人尚未謀面。而書題稱「侍郎」，蓋誤。

十月三日，以吏部員外郎兼太子侍講（本傳、《東宮官僚題名》）。

《會要》職官七之三三云：「詔吏部尚書尤袤兼太子侍講。」作吏部尚書誤。

淳熙十一年甲辰，五十八歲。

六月十一日銓試，任考官（《會要》選舉二一之三）。

八月，除樞密院檢詳文字兼太子侍講（《東宮官僚題名》）。

應朱熹之託爲朱弁作墓銘（《朱文公文集》卷九八《奉使直秘閣朱公行狀》）。

九月十五日，作《刑部郎官題名記》。

十一月，兼國史院編修官（《館閣續録》卷九）。

冬，有詩與楊萬里，楊萬里和詩（《誠齋集》卷一九《追和尤延之檢詳紫宸殿賀雪》）。

淳熙十二年乙巳，五十九歲。

正月二十日，除右司郎中兼太子侍講（《會要》職官七之三三、《東宮官僚題名》）。

二月六日，兼國史院編修官（《會要》職官七之三三、《館閣續録》卷九）。

是月有《右司郎署疏竹》詩寄楊萬里，楊萬里和詩（《誠齋集》卷一九）。

是月，趙燁卒（蔡戡《定齋集》卷一五《朝奉郎提點江南東路刑獄趙公墓誌銘》）。

按：《梁溪遺稿》文鈔補編載尤袤《與曾侍郎無玷書》云：「袤講聞高義之日久矣，得趙憲景明書，說足下不容口。……袤承乏於此，得同王事，懼不聞過，凡有可以鐫切者勿惜。」景明爲趙燁（一一三八—一一八五）字，燁於淳熙二年知撫州，以治最就除本路提刑，移節江東，再任，十二年卒。書稱「趙憲景明」，則此書當作於淳熙五年至淳熙十二年間。而題稱「曾侍郎無玷」，考臨江曾三復字無玷，《宋史》卷四一五有傳，其權刑部侍郎在紹熙五年九月以後（《宋史》卷一〇七）、慶元三年之前（周必大《祭曾無玷侍郎文》），則尤袤卒時，無玷尚未爲侍郎，此書題當誤，或爲後人誤擬，未可知。姑因趙燁之卒，繫於此，俟考。

三月，跋《范文正公與尹師魯二帖》（見《梁溪遺稿》文鈔補編，署「淳熙乙巳清明日」）。

是月，與朱熹書，並封送朱弁墓銘。

朱熹《答尤尚書》：「奉三月四日手敎一通，三復慰喜，不可具言。又蒙封送差敕及所撰族祖銘文，尤切感荷。衰病之餘，復叨祠祿，已爲優幸，而雲臺改命又如私請，便得仰止希夷之高躅，以激衰懦，則又執事者不言之敎也。幸甚！誌銘之作雄健高古，曲盡事情，雖或節用行狀之詞，而一經點化，精神迥出。正襟伏讀，使人魄動神悚，知君臣之義與生俱生，果非從外得也。竊謂此文實天下名敎之指南，寒鄉冷族，何幸而獨得之！然亦非可得專有之矣，幸甚幸甚！」（《朱文公文集》續集卷五）。

按：尤袤所撰朱弁墓銘，未見傳本。朱熹答書所謂「衰病之餘，復叨祠祿，已爲優幸，而雲臺改命又如私請」，檢《朱子年譜》，熹由主管台州崇道觀改華州雲臺觀，在淳熙十二年四月，則此銘文之成，當在是年三月。

以右司郎官分領封樁庫，辭。五月十九日，差何萬兼領。

《會要》食貨五一之二二云：「右司郎官尤袤分領封樁庫，袤辭以封樁、寄樁印記人吏同繫一處，難析爲二，故就差何萬兼領。」

六月，和楊萬里《新涼五言》，有「早歸山林」之句。

楊萬里有《新涼五言呈尤延之》等詩，《尤延之和予新涼五言末章有早歸山林之句復和謝焉》云：「平生還山約，終食能忘此」；「從今可相疏，卻嘆日爲歲。」（並見《誠齋集》卷一九）

與楊萬里、沈揆等泛舟游西湖（《誠齋集》卷一九）。
九月，楊萬里有《九日即事呈尤延之》詩。
冬，楊萬里有《紫宸殿賀雪呈尤延之二首》（《誠齋集》卷一九）。
陸九淵有《與尤延之書》（《象山先生年譜》）。
十一月，書陳公亮《重建嚴先生祠堂記》。載記云：「因筆其始末，以昭諸賢使者崇高之志云。淳熙乙巳十有一月朔，郡守東陽陳公亮記，錫山尤袤書，開封趙公孚篆額。」（《嚴陵集》卷九）

淳熙十三年丙午，六十歲。

三月，與楊萬里、陸游、沈虞卿等至張氏北園賞海棠（《誠齋集》卷一九）。
是月有《送趙子直帥蜀得須字二首》。《誠齋集》卷二〇有《送趙子直出帥益州……得猶字》詩，是知當時尤、楊都在送客行列。
楊萬里作《題尤延之右司遂初堂》詩（《誠齋集》卷二〇）。
七月，題《蘭亭帖》。《蘭亭考》卷七《題王順伯第一本》云：「此本舊所拓，尤可貴。余見《蘭亭叙》多矣，此特一二見爾。淳熙丙午季夏望日，尤袤延之。」
八月，除左司郎中，兼國史院編修。遷中書門下檢正諸房公事，兼太子侍講（《東宫官僚題名》、《館閣續録》卷九）。
楊萬里有《跋尤延之左司所藏光堯御書歌》、《尤延之檢正直廬窗前紅木犀一小株盛開戲呈延之》、《跋尤延之山水兩軸詩》。
周必大《題東坡子高無雪二帖》：「丙午

秋，有衣冠子持坡帖兩紙從小兒鬻錢，以七千官陌得之。朝士有秘書監沈虞卿、檢正尤延之殫見洽聞，因請題其後。」（《益公題跋》卷八）

淳熙十四年丁未，六十一歲。

正月，以中書門下檢正諸房公事兼國史院編修官兼太子侍講，差別試所考試（《會要》選舉二二之八）。

三月，同楊萬里、林憲等游西湖。楊萬里作《上巳同沈虞卿尤延之王順伯林景思游湖上得十絕句呈同社》（《誠齋集》卷二二）。

五月二十五日，升兼太子左諭德（《會要》職官七之三三、《東宮官僚題名》）。

是月，楊萬里有《同尤延之京仲遠玉壺餞客》（《誠齋集》卷二二）。

九月十日，同楊萬里至南山觀靜慈新殿（《誠齋集》卷二三《九月十日同尤延之觀靜慈新殿》）。

與楊萬里同游靈芝寺（《誠齋集》卷二三《劉寺展繡亭上與尤延之久待京仲遠不至再相待于靈芝寺》）。

十月七日甲戌，除太常少卿，兼太子左諭德（《東宮官僚題名》）。

本傳云：「高宗崩前一日，除太常少卿。自南渡以來，恤禮散失，事出倉卒，上下罔措，每有討論，悉付之袤，斟酌損益，便于今不戾于古。」

尤袤此除，當由周必大之薦，據《思陵錄》上載：十月壬申（五日）：「時太常闕卿、少，二日因呈孟享前導官權差王渥，予奏不可闕官。上初議移察官冷世光爲之。既而世光除殿中，至是復問誰可爲太常。予奏：『論學問該洽無如尤袤，亦嘗議定。但其人物短小，衆人恐前導時不軒昂。』上曰：『此不須管，顧學問如何耳，堪其任則用之。』」

是月，宋高宗（趙構）薨，有《大行太上皇帝廟號》二疏。

按：《宋史·高宗紀》，高宗薨于乙亥（八日）。本傳云：當定廟號，袤與禮官定號「高宗」，洪邁獨請號「世祖」。袤率禮官顔師魯、鄭僑上奏言，大行太上皇帝上繼徽宗正統，廟號當稱宗。如稱祖，則徽宗在天之靈有所未安。「詔群臣集議，袤復上議如初，邁論遂屈。」《梁溪遺稿》所載《大行太上皇帝廟號疏二》，係將《建炎以來朝野雜記》所載尤袤奏和下文禮部太常寺奏合而爲一，似欠妥。

十月二十一日，論引見金國人使當在小祥兩日後（《會要》儀制八之二二）。

十一月一日，與顔師魯同上改服疏（《宋史》卷一二二）。

十二月有《論賀正使不當卻疏》。

據《會要》職官五一之三一、《建炎以來朝野雜記》乙集卷三，上此奏者爲宇文价、顔師魯、尤袤、倪思、黄元章、詹體仁。

淳熙十五年戊申，六十二歲。

正月乙巳，太常少卿兼太子左諭德，有《獻皇太子書》（《建炎以來朝野雜記》乙集卷二、《宋史全文》卷二七下）。

本傳云：「建議事堂，令皇太子參決庶務。袤時兼侍讀，乃獻書，以爲：儲副之位，止于侍膳問安，不交外事；撫軍監國，自漢至今，多出權宜。乞便懇辭，以彰殿下之令德。」

薦蔡元定。

劉爚《西山先生蔡公墓誌銘》：「淳熙戊申，太常少卿尤袤、秘書少監楊萬里以律曆薦于朝廷，下郡津遣赴行在。先生以疾辭。」《宋史》卷一五六載：「寧宗慶元間，蔡元定以高明之資，講明一代正學，以尤袤、楊萬里之薦召之，固以疾辭，竟以僞學貶死，衆咸惜之。」顯誤。尤袤《薦蔡元定章》，見《蔡氏九儒書》，《梁溪遺稿》漏輯。

乞禁釋、老之教。

本傳云：「臺臣乞定喪制，袤奏：『釋、老之教，矯誣褻瀆，非所以嚴宮禁、崇几筵，宜一切禁止。』」

四月十八日，上綏定配享疏（見《中興禮書續編》卷一三）。

本傳云：「靈駕將發引，忽定配享之議，洪邁請用呂頤浩、韓世忠、趙鼎、張俊。袤言：祖宗典故，既祔然後議配享，今忽定于靈駕發引一日前，不集衆論，懼無以厭伏勛臣子孫之心。宜反覆熟議，以俟論定。奏入，詔未預議官詳議以聞，繼寢之，卒用四人者。時楊萬里亦謂張浚當配食，爭之不從，補外。進袤權禮部侍郎兼同修國史、侍講，又兼直學士院。力辭，上聽免直院。」

四月辛卯，權禮部侍郎。

《文忠集》卷一七三《思陵錄》下：「（淳熙十五年四月）辛卯，內門開，批出尤袤權禮侍。」

五月十一日，上疏乞裁定將來明堂大禮所設神位（奏見《中興禮書續編》卷五），大略謂高宗皇帝几筵未除，考于典禮，未合升配。

本傳：「淳熙十四年，將有事於明堂，詔議升配，袤主紹興孫近、陳公輔之説，謂方在几筵，不可配帝，……請俟喪畢議之。」

按：本傳言「淳熙十四年」云云，又謂「方在几筵，不可配帝」，則是高宗已薨之後事。又謂「方有事於明堂」，則不可能是淳熙十四年九月之前事。考《宋史》卷一〇一《禮志》稱「十五年九月，有事於明堂，上問宰執配位。周必大奏：『昨已申請，高宗几筵未除，用徽宗故事未應配坐，且當以太祖、太宗并配。』留正亦言之。上曰：『有紹興間典故，可參照無疑。』」據此及《中興禮書續編》，「十四年」當爲「十五年」之誤。

五月十四日，奏請皇帝于後殿視事。

《會要》禮三五之一云：「權禮部侍郎尤袤等奏乞皇帝于後殿視事，所有儀制，乞下閤門禁衛所具申尙書省。」又《會要》職官三一之二九云：「五月十四日，詔後殿視事，排立班直親從裁減一百五十人，以權禮部侍郎尤袤奏也。」

五月，監測淳熙日曆。

《宋史全文》卷二七下：「國學進士石萬、楊忠輔指淳熙曆日差忒事，詔尤袤、宋之瑞監視測驗。」

六月二十日，袤以疾病，遂改命吏部侍郎章森德茂與宋之瑞同往。至十月二十九日，尤袤方往監試，並於十一月二十七日呈報測驗結果（《建炎以來朝野雜記》乙集卷五）。

六月，以權禮部侍郎兼同修國史（《館閣續録》卷九）。

七月九日，應右丞相周必大邀至都堂議金國賀使事（《建炎以來朝野雜記》乙集卷三）。

八月二日，詔修蓋皇太后宮。五日，詔擬宮名，尤袤同鄭僑、倪思、葉適等擬名慈福，詔依（《會要》方域三之二）。

九月十四日，與羅春合奏正旦引見金國人使事。

《建炎以來朝野雜記》乙集卷三云：「延之與奉常羅春合奏：依正旦例，于垂拱殿東楹設淡黃幄引見。仍用紹興三十年故事，移宴于館，不用樂。從之。」

是年，楊萬里送《朝天集》來，尤袤題詩。

楊萬里有《偶送朝天二集與尤延之蒙惠七言和韻以謝之》詩（此詩《梁溪遺稿》漏輯，見《誠齋集》卷二四）。

十二月二十三日，跋歐陽文忠公《集古錄跋尾》（見《秘殿珠林石渠寶笈合編》第九冊第一四〇三頁）。

《誠齋集》卷二四《跋王順伯所藏歐公集古錄序眞迹》云：「遂初欣遇兩詩伯，只臨川先生一禪客。三人情好元不疏，只是相逢逢不得。渠有正觀碑，儂有永和詞。眞贗爭到底，未說姸與蚩。珊瑚擊得如粉碎，趙璧博城翻手悔。不似三家門斷碑，夜半戰酣莫先退。皇朝愛碑首歐陽，《集古》萬卷六一堂。玄珪漆玉堆墨寶，黟霜黑水涂緗裳。臨川無端汲古手，席卷歐家都奄有。嶙山科斗不要論，嶧山野火不經焚。尤家沈家喙如鐵，未放臨川第一勛。不知臨川何許得尤物，《集古》序篇出眞筆。遂初心妒口不言，君看跋語猶悵然。」

淳熙十六年己酉，六十三歲。

正月，以權禮部侍郎兼權中書舍人兼直學士院（《宋中興學士院題名》）。

周必大《學士添員御筆回奏》：「尤袤學問該洽，文字敏贍。雖見今獨掌外制，然鄭僑早晚言還，既行上三房，則下房文字甚少，會有旨兼直。袤自謙避，衆謂宜在此選。」（《奉詔録》卷七，淳熙十六年正月）。

本傳云：「孝宗嘗論人才，袤奏曰：『近召趙汝愚，中外皆喜。如王藺亦望收召。』上曰：『然。』一日論事久，上曰：『如卿才識，近世罕有。』次日語宰執曰：『尤袤甚好，前此無一人言之，何也？』兼權中書舍人，復詔兼直學士院，力辭，且薦陸游自代，上不許。時內禪議已定，猶未諭大臣也。是日諭袤曰：『且夕制冊甚多，非卿孰能爲者，故處卿以文字之職。』袤乃拜命，內禪一時制冊，人服其雅正。」《建炎以來朝野雜記》乙集卷二云：「十五日丙午……會學士李巘以草制得罪，乃命禮部侍郎尤袤直學士院。」

袤以道學爲陳賈等所攻，爲孝宗言攻道學之非（本傳）。

據《宋史紀事本末》卷二一載：朱熹以劾唐仲友，而爲仲友姻家王淮所怨，淮遂風吏部尚書鄭丙上疏，論道學欺世盜名。淳熙十年六月，監察御史陳賈請禁道學。孝宗從之，「由是道學之名，貽禍於世。後直學士院尤袤以程氏之學爲賈所攻，言於帝曰：『……此名一立，賢人君子欲自見於世，一舉足且入其中，俱無所免，此豈盛世所宜有？願徇名責實，聽言觀行，人情庶不懷于疑似。』帝曰：『道學豈不美之名，正恐假托爲奸，眞僞相亂爾。』」本傳記孝宗之言，尚有「待付出戒敕之」一語。

按：自鄭丙首立道學之名，陳賈請禁僞學之後，道學之名，已成爲權臣斥逐異己的工具，並爲慶元黨禁開端。據《宋史·孝宗紀》載，淳熙十五年六月，朱熹除兵部郎官，以疾未就職，林栗即劾其慢命。太常博士葉適論栗襲王淮、鄭丙、陳賈之說，爲「道學」之目，妄廢正人。尤袤之論，或也因林栗劾朱熹之事而發，未可知也。而《宋史紀事本末》、《資治通鑑後編》卷一二六並於淳熙十年六月陳賈請禁僞學後連書袤論，而題銜俱稱「直學士院尤袤」，本傳亦稱「方乾道、淳熙間，程氏學稍振，忌之者目爲道學，將攻之。袤在掖垣，首言」云云，是袤此論，當在直學士院時爲孝宗進言，姑繫於此。

二月，參酌接送金國人使服飾（《會要》職官五一之三三）。

二月下旬，在講筵屢屢論奏。

本傳：「光宗即位甫兩旬，開講筵，袤奏：『願謹初戒始，孜孜興念。』……又歷舉唐太宗不私秦府舊人爲戒。又五日講筵，復論官制，謂：『……近年舊法頓壞，使被堅執鋭者積功累勞，僅得一階；權要貴近之臣，優游而歷華要，舉行舊法。』」

三月，與周必大論祭金國文。

周必大《祭金國文添年號回奏》：「臣等適準付下薛叔似奏，乞追改祭金國文，添入年號。緣臣等已曾招直學士院尤袤商量，袤云：『既是國書，自來止用月日，其祭文即合一體。』兼袤已將泗州遺留牒徧示臺諫侍從，亦説及祭文不寫年號，蓋與國書一同，衆遂無説。今未知聖意如何，更取進止。」（《奉詔録》卷七，繫淳熙十六年三月九日）

五月，周必大罷相，判潭州，未幾奉祠（《宋史全文》卷二七下）。

六月二十二日，罷權禮部侍郎，奉祠歸里（《宋中興學士院題名》、《東宫官僚題名》、本傳），居無錫東帶河大第（《舊話》）。

《會要》職官七二之五二：「詔權禮部侍郎尤袤與郡，以言者訟袤兼翰苑、詞掖、史館、經筵，疏謬曠失，士論不服，乞賜罷黜，故有是命。」據此，則尤袤因講筵上奏忤姜特立而與郡，旋即奉祠，即本傳所謂：「姜特立以爲議己，言者固以爲周必大黨，遂與祠。」所與郡當未赴任。

陸游題遂初堂詩以送尤袤歸里。

《劍南詩稿》卷二一《尤延之侍郎屢求作遂初堂詩詩未成延之去國因以奉送》云：「遂初築堂今幾時？年年説歸眞得歸。異書名刻堆滿屋，欠伸欲起遭書圍。請舍之出游公豈誤，綠髮朱顔已非故。將勛業付諸郎，身踐當年《遂初賦》。」

七月，有詩寄楊萬里，並覓《道院集》。

《誠齋集》卷二五有《寄中洲茶與尤延之延之有詩再寄黄檗茶仍和其韻》，又有《延之寄詩覓道院集遣騎送呈和韻謝之》：「與君鬢發總星星，詩句輸君老更成。別去多時頻夢見，夜來一雨又秋生。故人金石情猶在，贈我瓊琚雪似淸。誰把尤楊語同日，不教李杜獨齊名。」

十一月，鄉居。楊萬里過無錫，有詩。

楊萬里于淳熙十五年四月出知筠州，十六年十月召除秘書監，十一月接伴北使，過蘇州、無錫，《誠齋集》卷二七有《五更過無錫縣寄懷范參政尤侍郎》詩。

是年，姜夔訪尤袤于無錫。

姜夔《白石道人詩集自序》云：「近過梁溪，見尤延之先生。……先生因爲余言：『近世人士喜宗江西，溫潤有如范至能乎？痛快有如楊廷秀乎？高古如蕭東夫，俊逸如陸務觀，是皆自出機軸，亶有可觀者，又奚以江西爲！』」姜夔見尤袤當在是年，陳思《白石先生年譜》謂是年秋。姜虬緣《白石先生年譜》謂慶元二年訪尤袤，誤。

是年有《落梅》詩（一題《瑞鷓鴣·落梅》）。詩云：「梁溪西畔小橋東，落葉紛紛水映空。五夜客愁花片裏，一年春事角聲中。歌殘玉樹人何在，舞破山香曲未終。卻憶孤山醉歸路，馬蹄香雪襯東風。」《舊話》謂致仕歸居時作，今按紹熙四年尤袤以疾乞致仕，旋卒（參紹熙四年「尤袤卒」條），是歸居無錫，尚無明證，《舊話》所云，未必可信。今因尤袤奉祠里居，姑繫於此。又《玉簪花一名鷺鷥》詩，寄寓了尤袤孤直之品格及不同時好而遭貶斥的身世之感，似亦當作於是年末。

紹熙元年庚戌，六十四歲。

正月，家居。楊萬里有詩寄懷尤袤。

《誠齋集》卷二九《雪後陪使客游惠山寄懷尤延之》云：「眠雪跂石梁溪叟，恨殺風烟隔草堂。」

作《海棠》詩（一作《瑞鷓鴣·海棠》詞）（《舊話》）。

詩云：「兩株芳蘂傍池陰，一笑嫣然抵萬金。火齊照林光灼灼，彤霞射水影沉沉。曉妝無力燕支重，春醉方酣酒暈深。定自格高難著句，不應工部總無心。」

起知婺州，改太平州（本傳）。

是年，復刊尹洙《河南集》，跋云：「予往刻師魯文百篇於會稽行臺，今迺得閱其全集，甚慰，因復梓行之。我朝古文之盛，倡自師魯，一再傳而後有歐陽氏、王氏、曾氏，然則師魯其師資云。淳熙庚戌，錫山尤袤延之跋。」

紹熙二年辛亥，六十五歲。

寄《資暇集》刻本與陸游（陸游《渭南文集》卷二八《跋資暇集》）。

紹熙三年壬子，六十六歲。

除煥章閣待制，召爲給事中。

本傳：「既就職，即昌言曰：『老矣，無所補報。凡貴近營求內除小礙法制者，雖特旨令書請，有去而已，必不奉詔。』甫數日，中貴四人希賞，欲自正使轉横行，袤繳奏者三，竟格不下。」尤袤起知婺州在紹熙元年，而除給事中的時間卻難以考證，但尤袤在紹熙三年三月以給事中兼侍講，六月兼實錄院同修撰，則其除給事中似當在紹熙三年。

三月二十一日，以給事中兼侍講。

《會要》職官六之七一：「詔給事中尤袤、侍御史林大中並兼侍講。」本傳云：「兼侍講，入對，言：『願上謹天戒，下畏物情，內正一心，外正五事，澄神寡欲，保毓太和，虛己任賢，酬酢庶務。不在于勞精神、耗思慮、屑屑事爲之末也。』」《歷代名臣奏議》卷四繫此奏于紹熙元年，誤。

六月，論太學待補之弊。

據《會要》崇儒一之四六，與趙汝愚、羅點、黄裳、樓鑰、張叔椿等同上。大略謂待補之法，弊端甚多，易以混試，亦多不便。今欲遠稽古制，近酌時宜，惟重教官之選，假守貳之權，仿舍法以育才，因大比而貢士，考終場之數，定所貢之員，期以次年試于太學。庶幾士修實行，不事虚文，漸復淳風，仰裨大化，有三舍之利，而無三舍之害，其法頗爲近古。

任給事中日，屢有論駁。

本傳：「陳源除在京宮觀，耶律适嘿除承宣使，陸安轉遙郡，王成特補官，謝淵、李孝友賞轉官，吴元充、夏永壽遷秩，皆論駁之，上並聽納。韓侂冑以武功大夫、和州防禦使用應辦賞直轉横行，袤繳奏，謂：『正使有止法，可回授不可直轉。侂冑勛賢之後，不宜首壞國法，開攀援之門。』奏入，手詔令書行，袤復奏：『侂冑四年間已轉二十七年合轉之官，今又欲超授四階，復轉二十年之官，是朝廷官爵專徇侂冑之求，非所以爲摩厲之具也。』命遂格。」

跋曾敏行《獨醒雜志》（文見《獨醒雜志》附録，題「紹熙壬子孟秋望日」）。

十一月，上封事請朝重華宮。

本傳云：「上以疾，一再不省重華宮，袤上封事曰……後數日，駕即過重華宮。」《宋史·光宗紀》：紹熙三年十一月丙戌，「兵部尚書羅點、給事中尤袤、中書舍人黄裳皆上疏請帝朝重華宮，吏部尙書趙汝愚亦因面對以請，帝開納。辛卯，帝朝重華宮，皇后繼至，都人大悅。」

侍御史林大中以論事左遷，袤率左史樓鑰上疏論奏（本傳）。

袁燮《樓公神道碑》云：「侍御史林公大中彈奏大理少卿宋之瑞，不從，遷吏部侍郎，力辭，與郡。公與給事中尤公袤言：『大中最蒙眷注，今因論一少卿而同日與郡，實傷國體。公議皆願還大中言職，或留之論思獻納之班。若不可留，亦宜優禮以遣之，與被論者殊科，猶足以示四方也。』尋詔之瑞與祠。」

再論耶律适嘿不當除承宣使。

本傳：「耶律适嘿復以手詔除承宣使，一再繳奏，輒奉內批，特與書行。袤言：『天下者祖宗之天下，爵祿者祖宗之爵祿。壽皇以祖宗之天下傳陛下，安可私用祖宗爵祿而加于公議不允之人哉？』疏入，上震怒，裂去後奏，付前二奏出。袤以後奏不報，使吏收閣，命遂不行。」

皇后李氏歸謁家廟，官吏推賞者一百七十二人。袤力言其濫，乞裁節。上從之（本傳）。

《續資治通鑑》卷一五二：十二月，「后歸謁家廟，推恩親屬二十六人，使臣一百七十二人，下至李氏門客，亦奏補官。」

是年周必大有書至（《周文忠公集》卷一八九）。

紹熙四年癸丑，六十七歲。

正月十一日，除禮部尙書，仍兼實錄院同修撰（《館閣續録》卷九）。樓鑰撰制詞，見《攻媿集》卷三八。

是年，受王藺之託，爲其父撰《贈故太師王公神道碑》。

碑云：「樞使罷政還故鄉，周視松檟，乃謀刻其先德於墓之碑，而以其辭屬袤。於是太師之薨，蓋二十有五年矣。」王之道（一〇九三—一一六九）卒於乾道五年六月，則此碑文當撰於今年。

三月，上疏乞朝重華宮。

本傳云：「駕當詣重華宮，復以疾不出，率同列奏言：『壽皇有免到宮之命，願力請而往，庶幾可以慰釋群疑，增光孝治。』後三日，駕隨出，中外歡呼。」《宋史·光宗紀》云：「三月丙子，帝朝重華宮，皇后從。」尤袤上此奏當在本月二十日以前。

三月二十日，以禮部尚書兼侍讀。

《止齋先生文集》卷一二《正議大夫守給事中兼侍講尤袤除禮部尚書兼侍讀制》注：「四年正月十一除禮書，三月二十日兼侍讀，二詞並行。」

五月二十一日，召江東總管姜特立。袤上封事論之。

本傳：「兼侍讀，上封事曰：『……如陳源者奉祠，人情固已驚愕。至姜特立召，尤爲駭聞。……彼其閑廢已久，含憤蓄怨，待此而發，儻復呼之，必將潛引黨類，力排異己，朝廷無由安靜。』」《宋史·光宗紀》載召姜特立後，留正即上疏諫阻，不聽。六月，沈有開、彭龜年、項安世等上疏乞寢召命。觀封事內容，尤袤此奏當在六月。

以疾乞致仕。

本傳云：「時上（光宗）已屬疾，國事

多舛，袤積憂成疾，請告，不報。疾篤乞致仕，又不報。」考《宋史·光宗紀》、《續資治通鑑》卷一五三，光宗有疾不視朝，留正與胡晉臣同心輔政，中外帖然。六月十三日，胡晉臣卒於位（彭龜年《止堂集》卷二《乞議知院胡晉臣卹典罷曝書會譏疏》）。七月，留正待罪范村，陳源爲入內內侍省押班。九月以後，李后預政，群臣屢請光宗朝重華宫，爲李后所阻，皆不聽，至十一月始往朝。則所謂「國事多舛」，當在五月以後。

六月，尤袤卒。

本傳：「時上（光宗）已屬疾，國事多舛，袤積憂成疾，請告，不報。疾篤乞致仕，又不報。遂卒，年七十。遺奏大略勸上以孝事兩宮，以勤康庶政，察邪佞，護善類。又口占遺書別政府。明年，轉正奉大夫致仕。贈金紫光禄大夫。」

按：尤袤卒年，約有三說：一以《家譜》爲代表，謂尤袤「生靖康丁未，卒紹熙甲寅，享年六十有八，史言七十，舉全數耳」，即卒于紹熙五年，今人姜亮夫、于北山先生持此説；一以《宋史》爲據，謂袤卒於紹熙四年，享年七十，王德毅先生《宋人傳記資料索引》即採是説；一以《舊話》爲依據，「陳源、姜特立召用，人情驚駭，公上封事極言二人之惡，不聽。時公年七十，遂引年歸，又八年薨。《宋史》言年七十終于位，誤也。」姜虬緣《白石先生年譜》、夏承燾《姜白石繫年》均持此說。其中卒於紹熙五年、年六十八之説影響最大，幾成定論，而筆者所撰年譜初稿亦從是説，未加辨駁。近得刁忠民先生質疑，復檢宋籍，考辨如下：

（一）據《宋史》本傳等載，尤袤卒於紹熙四年，應屬可信。

其一，《宋史》載尤袤卒年七十之後，又云「明年，轉正奉大夫致仕」。檢樓鑰《正議大夫尤袤轉一官守禮部尚書致仕制》云：「兹焉告歸，于以示寵……乃因感疾，遽欲辭榮。俾陟崇階，以華晚節。」考樓鑰此制草於光宗朝，又下於尤袤「告歸」之後，當在紹熙五年，蓋爲致仕遺表恩澤而發，故其後又有《尤袤贈四官制》。本傳所謂「明年」，當指紹熙五年而言，可推知尤袤卒於紹熙四年。

其二，陳傅良《繳奏張子仁除節度使狀》（《止齋先生文集》卷二三）云：「至如尤袤，三朝老儒，而陛下之潛邸僚友也。最蒙睿簡，行且大用，而其致仕遺表之章，亦數月未報。」此狀繫於紹熙四年八月十一日，而稱「致仕遺表之章亦數月未報」，與本傳所云「疾篤乞致仕，又不報，遂卒」吻合，可謂尤袤卒於紹熙四年之鐵證。又據此狀，尤袤乞致仕當在四年五、六月間，而遺表也當上於此後不久，據此推斷，尤袤當卒於紹熙四年六月前後。

其三，魏了翁《顯謨閣學士特贈光祿大夫倪公墓誌銘》（《重校鶴山先生大全文集》卷八五）：「胡晉臣、尤袤、夏執中卒，上不以爲信。公因魯僖公十六年二大夫卒，懇懇言之。……是時留丞相請罷政，待放于范村，久不獲命。廷臣謂上欲專相葛公邲，陳起居賛章司諫擊之。公于葛雖同郡人，實未嘗附麗，而陳疑之，謀于執政，命公爲金國賀正使以間之。」（夏執中，四庫本作「夏執守」）。是此文繫胡、尤之卒於留正待罪於范村、倪思爲金國賀正使之前。胡晉臣卒於四年六月，史有明文，應確實無疑；而留正以論姜特立事，於六月出城待罪，七月復論之，并繳納出身以來文字，待罪於范村，見《宋史·光宗紀》。《墓誌銘》謂「待放於范村，久不獲命」，當指七月以後事，而倪思爲金國賀正使在四年九月壬午（《宋史·光宗紀》），則尤袤與胡晉臣同卒於四年，應屬可信，而同卒於六月的可能性也很大。

其四，周必大《祭尤延之尚書文》（《文忠集·平園續稿》卷三九），略云：「受知兩朝，時已云可。致身二品，官不爲左。……舉朝咨嗟，善類驚哆。相知以心，何況于我。寓詞千里，衰淚頻墮。」明祁氏淡生堂抄本於題下署「紹熙五年正月」，此可證尤袤卒於紹熙五年正月前。而「寓詞千里」云云，必大時判隆興府，去無錫甚遠，當屬設位遙祭，扣除路途奔波報喪的時間，亦可證尤袤卒於紹熙四年。

（二）至於尤袤卒於紹熙五年之說，有《家譜本傳》佐證，但未言依據，當屬清以後人據當時所見資料推論而定。于北山先生撰有《尤袤卒年考辨》一文（《南開學報》一九八〇年五期），據陸游哀辭、周必大祭文，以及樓鑰所草制詞並哀詞，推斷尤袤卒於寧宗即位及孝宗去世之前，且「必距寧宗踐位甚邇」，甚是。但因此推論尤袤卒于紹熙五年，尚欠力證。因上舉材料僅證明尤袤卒於寧宗即位前，結合本傳所云「遺奏大略勸上以孝事兩宮」，「袞死數年，侂胄專政」，以及制詞所謂「以孝事兩宮，以勤康庶政」，均針對光宗每每託疾不朝重華宮、不理朝政而發，據此可推斷尤袤卒於孝宗去世之前。而孝宗卒于紹熙五年六月七日（《宋史·孝宗紀》），由此雖可推定尤袤卒年不晚於紹熙五年六月，卻不能證明尤袤卒於紹熙五年。

樓鑰《尤袤贈四官制》云：「舊老遺榮，猶有留行之意；表章載覽，忽形垂絶之言。……以時耆德，事朕初潛……爰暨纂承之日，首參侍從之班。召自藩方，喜典刑之如故；擢居瑣闥，嘉悻直之不衰。圖任方深，求歸何亟。雖弗至甘盤之罔顯，恨不許彥博之少閑。喪此良臣，動予深念。進四階而命秩，按三尺以疏恩。學焉而後臣之，正賴多聞之益；死者如可作也，抑惟斯人之歸。」「事朕初潛」，「學焉而後臣之」，「甘盤之罔顯」等，顯屬光宗語氣。樓鑰又有《尚書尤公袤挽詞》四首（見《攻媿集》卷一三），其三云：「舊學方登用，公來領從臣。末光依日月，聽履上星辰。共政將圖舊，騰章屢乞身。甘盤終罔顯，雨露未沾新。」均可爲尤袤卒于光宗朝的鐵證。「表章載覽，忽形垂絶之言」則可爲本傳「遺奏」云云張本。

陸游作《尤延之尚書哀辭》（《劍南文集》卷一四），略云：「余久擯于世俗兮，公顧一見而改容。相期江湖兮，斗粟共舂。別五歲兮，晦顯靡同。書一再兮，奄其告終。」陸游於淳熙十六年六月與尤袤告別，至紹熙四年六月後尤袤去世，已四年有餘，《哀辭》稱「別五載」，也可說

「舉其全數」，並不能證明尤袤卒於紹熙五年。

（三）本傳云「卒年七十」，從紹熙四年上推七十年，則尤袤當生於徽宗宣和六年甲辰（一一二四）。而《紹興十八年同年小錄》明載尤袤年二十二及第，《萬柳溪邊舊話》、《家譜本傳》則直謂尤袤生靖康丁未，則《宋史》「卒年七十」或爲「卒年六十七」之奪誤，姑存疑俟考。而《舊話》謂尤袤卒年七十八之説，顯屬謬誤，前人辨之已確，兹不贅言。

紹熙五年甲寅

轉正奉大夫致仕（《攻媿集》卷三八《正議大夫尤袤轉一官守禮部尚書致仕制》）。

贈四官（《攻媿集》卷三八《尤袤贈四官制》）。

葬無錫西孔山（《無錫金匱縣志》卷一二）。

《無錫志》卷二：西孔山去州西一十八里舜山之陰，其上有宋端明尤袤墓。

《大清一統志·常州府二·古迹》：尤袤墓，在無錫縣西南二十里。

陸游作《尤延之尚書哀辭》（《劍南文集》卷一四）。

周必大有祭文（《文忠集·平園續稿》卷三九）。

楊萬里有祭文。

楊萬里爲尤袤生平至交，相敬相期相許之情，在《誠齋集》中時時流露。兹錄《鶴林玉露·尤楊雅謔》一則，以窺二人之交往。「尤梁溪延之博洽工文，與楊誠齋爲金石交。淳熙中，誠齋爲秘書監，延之爲太常卿，又同爲青宫寮寀，無日不相從。二公善雅謔，延之嘗曰：『有一經句，請秘監對。』曰：「楊氏爲我。」

誠齋應曰：『尤物移人。』衆皆嘆其敏確。誠齋戲呼延之爲『蝤蛑』，延之戲呼誠齋爲『羊』。一日，食羊白腸，延之曰：『秘監錦心繡腸，亦爲人所食乎？』誠齋笑吟曰：『有腸可食何須恨，猶勝無腸可食人。』蓋蝤蛑無腸也。一坐大笑。厥後閑居，書問往來，延之則曰：『羔兒無恙？』誠齋則曰：『彭越安佳？』誠齋寄詩曰：『文戈卻日玉無價，寶氣蟠胸金欲流。』亦以蝤蛑戲之也。延之先卒，誠齋祭文云：『齊歌楚些，萬象爲挫。環偉詭譎，我倡公和。放浪諧謔，尚友方朔。巧發捷出，公嘲我酢。』此祭文今本《誠齋集》闕載，姑存之以備一說。

陳傅良有《尤延之尚書挽詞》四首（《止齋文集》卷九）。其四云：「壯歲從游兩鬢霜，重來函丈各堪傷。哪知卒業今無望，極悔論心昨未嘗。相約歸期須次第，獨存病骨更凄涼。他年賴有門生記，托在碑陰永不望。」陳傅良以門生自居，但尤袤集久佚，何時從游，已難考知。

袁說友有《祭尤尚書文》，略云：「公之清節，不以利疚。事或過舉，賴以正救。以下劘上，凜然東臺。至再至三，抗奏弗回。公之摛文，兼麗典誥。綸掖代言，玉堂敷號。史廷直筆，帝幄橫經。黼黻王度，儒臣至榮。群書萬卷，山藏海積，公博極之，章句臚析。繭紙舊聞，千載散佚，公愛玩之，寶於金玉。嗚呼哀哉！以公之節，足以鎮俗；以公之文，足以華國。讀書是勤，百氏指南；樂古爲富，四海律貪。比正嫉邪，友舊篤親，皆盛德事，具有典型。天子眷乎舊學，學者依乎宗師。將彌綸乎廊廟，均仁壽乎華夷，何聽履之方強，倏逝川乎已而。嗚呼哀哉！上而公議，孰主張之；下而善人，孰領袖之？斯文不幸，殆如綫矣；舉世混淆，誰能變矣。識與不識，莫不涕洟。古人云亡，將誰與歸？小子辱眷，接武朝蹟，一再姻婭，聯好膠漆。聞公易簀，我嘗視之；及公蓋棺，我實撫之。實肴於豆，實酒於卮，爲斯文慟，九原莫追。公而有知，鑒此奠詞。」袁說友爲尤袤親友，此文對尤評價甚高，而大抵近實，並非虛美過譽之辭。

彭龜年有《挽尤尚書二首》（見《止堂集》卷一七）。

尤袤博學多才，著有《遂初小稿》六十卷、《內外制》三十卷、《遂初堂書目》二卷（存）（本傳）。

陳振孫《直齋書錄解題》卷一八云：「《梁溪集》五十卷，禮部尚書錫山尤袤延之撰。家有遂初堂，藏書爲近世冠。」尤袤文集在明代蓋已散失，諸家藏書目録均無此書。至清康熙年間，其十八世孫侗始從朱彝尊處覓得輯本付梓。尤侗《梁溪遺稿跋》云：「吾祖文簡公有《梁溪集》、《遂初稿》二刻，庋置萬卷樓中，間厄于兵燹，浸尋散失。歷今五百餘年，靡有孑遺。」「今歲庚辰，內閣秀水朱竹垞檢討……搜篋衍得古今詩四十七首，雜文二十六首，匯成二卷，手抄示予。」其中《拄杖》爲滕元秀詩，見《瀛奎律髓》。道光間盛宣懷重刻，增詩十一首，文一篇。民國二十四年錫山尤氏排印《錫山尤氏叢刊集》，收羅尤袤佚文最多，復增詩二首，殘詩一聯，文二十一篇，

輯成《梁溪遺稿》文鈔、詩鈔。筆者在校點《全宋文》整理尤袤生平資料時，

復輯佚詩一首，文十四篇。估計尚有部分散佚篇什，有待補輯。

《遂初堂書目》一卷，《宋史·藝文志》著錄。

《直齋書錄解題》卷八：「《遂初堂書目》一卷，錫山尤氏尚書袤延之，淳熙名臣，藏書至多，法書尤富。嘗燼于火，今其存亡幾矣。」魏了翁《遂初堂書目後序》謂寶慶元年（一二二五）遂初堂藏書燼于火，與陳氏所言合，蓋藏書已焚而書目幸存。今本一卷，《四庫全書總目》謂其「一書而兼載數本，以資互考，則與史志小異耳。諸書皆無解題，檢馬氏《經籍考》及袤說，知原本如是。惟不載卷數及撰人，則疑傳寫者所刪削，非其原書耳。……宋人目錄存于今者，《崇文總目》已無完書，惟此與晁公武志爲最古，固考證家之所必稽矣」。

又著《周禮辨義》、《周禮音訓》、《老子音訓》等，均佚。

朱彝尊《經義考》卷一二三載尤袤著有《周禮辨義》，佚。《無錫金匱縣志》卷三九載尤袤著《梁溪集》一作《樂溪集》，又有《周禮音訓》、《老子音訓》，並佚。

此外，《全唐詩話》十卷，因序末有「咸淳辛未（一二七一）重陽日遂初堂書」之語，明安惟學等遂定爲尤袤撰，顯誤。尤侗知其誤，泥于「遂初堂」三字，又定爲尤燴撰；《四庫全書總目》則考爲賈似道作。郭紹虞《宋詩話考》對二說細加考證，最終確認爲賈似道假手廖瑩中之作。

楊文節公年譜

（清）鄒樹榮　編
劉德清校點

南昌鄒氏一粟園叢書

楊萬里（一一二七—一二〇六），字廷秀，號誠齋，宋吉州吉水（今屬江西）湴塘人。紹興二十四年進士，歷任太常博士、太子侍讀、左司郎中、秘書監等職，出爲江東轉運副使。後奉祠歸鄉，寧宗朝屢召不起。開禧二年卒，年八十，謚文節。

楊萬里是南宋傑出詩人，與陸游、范成大、尤袤并稱「中興四大詩人」，同時他又是著名的唯物主義思想家，詩品、官品、人品譽稱于世，是一位文節俱佳的歷史人物。著有《誠齋易傳》二十卷、《誠齋集》一百三十三卷。事蹟見楊長孺《誠齋楊公墓誌》（乾隆五十九年刊本《誠齋集》附）、《宋史》卷四三三本傳。

楊萬里年譜，今存最早者爲清人鄒樹榮所編《楊文節公年譜》。此後有崔驥《楊萬里年譜簡編草稿》，刊于《江西教育》第十九號（一九三六年五月）；葉渭清《楊誠齋先生年譜手稿》，姜亮夫《楊誠齋疑年》，刊于《歷代人物年里碑傳綜表》（中華書局一九五九年版）；劉桂鴻《楊萬里年譜及其詩》，臺灣大學中文研究所一九七〇年油印本；胡明珽《楊萬里先生年譜》，臺北《大陸雜志》第三十九號（一九七四年）；另有夏敬觀《楊誠齋年譜》，附刊于《楊誠齋詩》（商務印書館一九四〇年）；王守國《誠齋年表》，附刊于《誠齋詩研究》（中州古籍出版社一九九二年）。還有僅見著録的王迪諏《楊誠齋年譜》（《江西現代人物及其著述目》）、王咨臣《楊誠齋先生年譜》（著者自藏稿本），未見其傳世。

本譜據鄒樹榮《楊文節公年譜》（一九二二年南昌鄒氏排印本）點校而成，更正了一些明顯的錯字。

楊文節公年譜　時事 出處 詩文著述

南昌鄒樹榮少陶著

高宗建炎元年丁未，一歲。

是年九月念二日子時，先生生於吉水南溪之里第。父諱芾，母毛氏。比陸放翁少二歲，范石湖少一歲。

二年戊申，二歲。

三年己酉，三歲。

金兵南下，帝航海，命張浚駐平江，與呂頤浩會兵討賊，爲川陝京湖宣撫處置使。

四年庚戌，四歲。

帝歸臨安，金人立劉豫爲子皇帝。

紹興元年辛亥，五歲。

秦檜始相。

二年壬子，六歲。

秦檜免相，張浚知樞密院事。

三年癸丑，七歲。

遭母毛氏憂，哭甚哀。

四年甲寅，八歲。

趙鼎相。

五年乙卯，九歲。

是年徽宗殂於金。大饑，先生父芾爲親負米百里外。

六年丙辰，十歲。

趙鼎罷。

七年丁巳，十一歲。

樓鑰生於是年。

金人廢劉豫。趙鼎再相，安置張浚於永州。

八年戊午，十二歲。

秦檜再相，與金議和。趙鼎罷。

九年己未，十三歲。

金人歸河南、陝西地。

十年庚申，十四歲。

師事鄉先生高守道，與其子德順爲友。金復取所歸地。

十一年辛酉，十五歲。

《夜雨》詩有云：「憶年十四五，讀書松下齋。」

十二年壬戌，十六歲。

金人歸徽宗、鄭后、邢后喪及韋太后。

十三年癸亥，十七歲。

師事瀘溪王庭珪。

十四年甲子，十八歲。

徙趙鼎於吉陽。是年袁燮生。

十五年乙丑，十九歲。

放張浚於連州。

十六年丙寅，二十歲。

劉豫死。

十七年丁卯，二十一歲。

師事安福劉安世，與劉承弼交。

十八年戊辰，二十二歲。

十九年己巳，二十三歲。

自安福劉安世處回家。

二十年庚午，二十四歲。

是年中本省解試，爲趙像之所取士。

二十一年辛未，二十五歲。

舉於禮部，聞罷。

二十二年壬申，二十六歲。

師事椒溪劉才卲。

二十三年癸酉，二十七歲。

金遷都於燕。

二十四年甲戌，二十八歲。

中進士丙科。

二十五年乙亥，二十九歲。

秦檜死。除贛州司戶參軍。

二十六年丙子，三十歲。

任贛州司戶參軍。欽宗殂於金。

二十七年丁丑，三十一歲。

在贛〔州〕任。

二十八年戊寅，三十二歲。

任滿回籍，始由南山歸南溪。除零陵丞。

二十九年己卯，三十三歲。

十月十九日丞零陵，父與繼母羅碩人迎侍俱來。謁張浚於永州，當在是年。

三十年庚辰，三十四歲。

仲春遊東山，作《東山聽琴賦》。

三十一年辛巳，三十五歲。

金主亮南侵，被殺於瓜州。十一月賀張浚判建康。

作《劉廷直墓表》、《海鰌賦》。

三十二年壬午，三十六歲。

七月編詩，曰《江湖集》，盡焚前所著「江西體」千餘篇。秋，考試湖南漕司。有《賀張魏公少傅宣撫啓》、《施少材蓬戶甲稿序》、《羅上行墓表》。

焦竑《略記字義》云：「楊誠齋考較湖南，同寮取《易》義爲魁者。誠齋見卷上書『盡』作『尽』，黜之，曰：『揭榜，喧傳以爲場屋取尺二秀才，吾輩面目何施耶？』」

孝宗隆興元年癸未，三十七歲。

二月，罷零陵丞，父與繼母羅氏俱自零陵回籍。移寓邑人唐德明之書齋，爲之記。病傷寒兩旬。秋，回籍。冬，至京引見。是年三月，有《送郭慶道序》、《玉立齋記》。

二年甲申，三十八歲。

正月，自京回籍。張浚薦除臨安教授，未赴，遭外艱。

是年有《祭張魏公文》、《清江譚氏景延樓記》。

乾道元年乙酉，三十九歲。

宅憂，在籍。七月，謁羅棐恭。

秋，作《黄世永哀辭》。

二年丙戌，四十歲。

秋，訪張南軒於長沙。

有《中秋月賦》、《送劉景明遊長沙序》。

三年丁亥，四十一歲。

春，遊都下，見虞允文，待以國士。秋，還家。

十二月，有《送羅永年序》。八月，有《秋暑賦》。冬，作《葉丞相顒行狀》。

四年戊子，四十二歲。

有《正月六日雷雨感歎示壽仁子》詩。十月，有《賀陳俊卿左相啓》。二月，有《一經堂記》。

五年己丑，四十三歲。

八月，有《楊杞文集序》。十一月，有《與虞右相允文書》，又有《與陳俊卿右相書》。

六年庚寅，四十四歲。

四月廿六日，知奉新縣。五月，有《與胡銓書》。十月六日，内升國子博士，虞允文薦之也。

是年有《羅棐恭行狀》、《懷種堂記》、《竹所記》。

七年辛卯，四十五歲。

是年上疏乞留張栻，黜韓玉。栻雖不果留，而公論偉之。七月廿八日，遷太常博士。

有《上虞允文書》。

八年壬辰，四十六歲。

春二月，爲省試主司。九月七日，升太常丞。上《輪對劄子》二。冬有《與虞允文宣撫四川書》。

九年癸巳，四十七歲。

孟夏，太廟薦櫻桃，禮官各分賜四籃。是月廿八日，升將作少監。上《輪對劄子》二，有《劉承弼水月亭記》。

淳熙元年甲午，四十八歲。

春，出知漳州。子長孺以《書》經中解試。有《得臨漳陛辭劄子》二、《祭虞允文文》、《嚴州聚山堂記》、《袁機仲通鑑本末序》。

二年乙未，四十九歲。

六月，薦知常州，乞祠不赴，而歸營一小齋，狀如舟，名「釣雪舟」，讀書其間。有《螺陂五一堂記》。

三年丙申，五十歲。

以辭常州乞祠祿在籍。爲劉光祖記《怡齋劉氏旌表門閭記》。

四年丁酉，五十一歲。

四月十日，赴常州任。編詩曰《荆溪集》。十月，寄書張敬夫，又有《益齋藏書目序》。

五年戊戌，五十二歲。

任常州。五月，碩人羅氏病，五易醫，得葉伯文藥而愈，送之以序。子長孺試南宮，不遇。《荆溪集自序》云：「戊戌三朝，時節賜告，少公事，遂作詩，未覺作詩之難也。」是年九月，自序《江湖集》。

三月，有《宜州豫章先生祠堂記》。

六年己亥，五十三歲。

二月晦，卸常州任。三月，除廣東常平使者，由常回籍候補。編詩曰《西歸集》。秋，喪子壽佺，李與賢自安福來訪。十月三日，有《興崇院經藏記》。

七年庚子，五十四歲。

提舉廣東茶鹽公事，正月赴任，三月到任。

編詩曰《南海集》。子長孺、次公俱隨任，旋遣歸，冬初復來。

正月，有《王氏慶衍堂記》。九月，有《胡銓行狀》。

八年辛丑，五十五歲。

二月五日，兼本路提點刑獄。閩（道）〔盜〕沈師犯南粵，冬月，督諸郡兵往平之。孝宗稱爲「仁者有勇，書生知兵。」九月九日，有《韶州張余二公祠記》。

九年壬寅，五十六歲。

正月，自潮（洲）〔州〕平賊回任。二月，有祭呂祖謙、張栻文。七月，丁繼母羅太碩人憂。八月五日，除直秘閣，因喪不赴，回籍，諸郡賻布爲錢四百萬。有《吉水近民堂記》。

十年癸卯，五十七歲。

是年幼子幼輿生。宣溪王維藩來訪。

十一年甲辰，五十八歲。

十一月，授吏（科）〔部〕員外郎。

編詩曰《朝天集》。有《上殿劄子》三。十月，有《似剡老人正論序》、《江西宗派詩序》。十二月，有《楊輔世文集序》。

十二年乙巳，五十九歲。

二月，爲銓試考官。五月，以地震應詔上書，條列十事，愷切詳明，授吏部郎中、樞密院檢詳諸房文字。八月，兼太子侍讀，宮僚以得端人相賀。講陸宣公奏議，隨事規警，太子深敬之。時王淮爲丞相，問宰相何最急先務，答以人才最急先務，即疏朱熹以下六十人以獻。

有《楊邦乂行狀》、《輪對劄子》三、《獨醒雜志序》、《東宮勸讀錄》。

十三年丙午，六十歲。

守右司郎中。三月間，光宗爲皇太子，御

書「誠齋」二字賜之。十九日，皇太子召宴榮觀堂，賜金杯纈羅。五月，有《樞密院官屬名題記》。十二月，尚書左司郎中。

是年六月十八日，自序《南海集》（守）。

十四年丁未，六十一歲。

三月，充殿試主司官。夏旱，應詔上言。十月十一日，授秘書少監。太上皇崩，詔皇太子參決庶務，上疏諫止。八月，有《王眩墓表》。四月三日，自序《荆溪集》。六月十五日，自序《西歸集》。

十五年戊申，六十二歲。

三月，永思陵禮成。洪邁議以呂頤浩、趙鼎、韓世忠、張俊等配享。上疏詆之，力言張浚當預，由是忤旨。四月，以直秘閣出知筠州。七月到任。

編詩曰《江西道院集》。八月，始作《易傳》，有《易外傳序》、《陳俊卿墓銘》。九月，有《王瀘溪文集序》、《西溪和陶詩序》。

十六年己酉，六十三歲。

五月四日，再復直秘閣。六月五日，授朝議大夫。七月間，仍在筠州任。八月十二日，拜召命，是日啓行。九月十二日入修門，十月十二日奏事選德殿。二十九日授秘書監，兼實錄院檢詳官。借煥章閣學士爲接伴金國賀正旦使。

是年編詩曰《朝天續集》。春二月，壽聖傳位皇太子，是爲光宗。四月，有《張鎡南湖集序》。九月，有《祭王淮文》。十二月，有《和霍卿當世急務序》。閏月，有《浩齋記》、《高安學記》。十月三日，自序《江西道院集》。十月初三日，有

《上殿劄子》三。八月，有《御書誠齋二大字跋》。

光宗紹熙元年庚戌，六十四歲。

正月，復借煥章閣學士爲送伴金國賀正旦使。《孝宗日曆》成，故事，王藺屬先生爲序，留正取用傅伯壽作。先生以失職，十月上章丐外。十一月十三日，除江東運副。

編詩曰《江東集》。

子長孺赴官零陵簿。

六月，有《羅氏一經堂集序》。四月十九日，自序《朝天續集》。九月，有《麻姑山藏書山房記》。

二年辛亥，六十五歲。

任江東轉運副使，權總領淮西、江東軍馬錢糧公事。五月七日，奏薦劉起晦、章燮堪充館學。八月，行部常禮，不受。九月七日，奏薦吳師尹等政績。

是年四月，有《眞州壯觀亭記》。五月，有《吉州六一堂記》。九月，有《蕭千巖摘稿序》。

是年按郡，見南康教授臨川危稹，奬歎之，偕遊廬山。

三年壬子，六十六歲。

是年朝議淮行鐵錢於江南諸郡，上疏言其不便，不奉詔，忤宰相留正意，以疾力辭請祠。八月十一日，除知贛州，不赴，回籍。編詩曰《退休集》。

是年春仍行部各郡。三月十三日，奏舉徐木、袁采、朱元之、求揚祖政績。四月初八日，奏舉王自中、曾集、徐元德政績。二十六日，奏舉程倓應賢良方正科。五月廿五日，自序《江東集》，和陶淵明《歸去來詞》，有《建康府新建貢院記》，有《廬陵王英臣墓志銘》。

四年癸丑，六十七歲。

授秘閣修撰，提舉隆興府玉隆萬壽宮，封吉水縣男，食邑三百戶。正月，闢東園。有《梅花賦》、《陳養廉墓銘》。十二月，有《通鑑韵語序》。五月，有《泉石膏肓記》。七月，有《吉水除屯田租記》。十一月，有《李成用集序》。

五年甲寅，六十八歲。

是年七月，帝禪位於太子，是爲寧宗。上巳日，周益公來訪。夏，游郡城，游眺雲際寺。

閏月，有《李氏重修遺經閣記》。三月，有《福榮堂記》。十月，有《五美堂記》。

寧宗慶元元年乙卯，六十九歲。

五月，召赴行在，辭不至，仍乞祠。八月，授煥章閣待制，提舉江州太平興國宮。歲暮小恙，周益公來訪。冬，遊雲際寺。

二月，有《答朱子書》，又有《孫正之文集序》。是年廬陵羅椿有詩寄之云：「苦辭君命驚凡子，淸對梅花更與誰？」

二年丙辰，七十歲。

六月，引年致仕。十二月十三日，有詔不允。以牛尾貍獻周益公。

有《與余丞相端禮書》、《隆興府學記》、《喚春園記》、《趙氏三桂堂記》、《趙公衡墓表》。

三年丁巳，七十一歲。

七月，復乞致仕，詔不允。八月二十六日，豫章李原之主吉水簿，執贄於門，潭帥余端禮遣騎惠書送酒。有《廣漢李氏義概堂記》、《送郭才舉序》、《葉顒行狀》。十二月，知綿州王沆請籍僞學趙汝愚等五十九人，先生與焉。

四年戊午，七十二歲。

正月六日，封吉水縣子，食邑五百戶。二月十七日，進寶文閣待制、通議大夫致仕。

有《御製贈詩致仕》七絶一首，有《奉新縣懷種堂後記》、《龍湖遺稿序》、《蕭侍御廷試眞書跋》。

是年十二月，有《金安節撰陳丞相志銘稿跋》，結銜尚題大中大夫、煥章閣待制。

五年己未，七十三歲。

是年與周益公《牡丹詩》相倡和。子次公入京，授官監衡州安仁縣税。八月二十八日，有《胡澹庵先生文集序》、《劉德禮行狀》。十一月，有《存齋覽古詩斷序》。

六年庚申，七十四歲。

是年光宗崩。長子長孺令南昌，幼子幼輿監慈利縣税。臘月，周益公送一麞四兔，有啓謝之。

五月，有《靜庵記》。六月，有《北窗集序》、《楊存墓表》。十月，有《章貢道院記》，又有《眉山任公小醜集序》。秋，有《祭京鏜文》。十二月，有《張奭行狀》，又有《祭朱子文》、《答福帥張子儀書》。

嘉泰元年辛酉，七十五歲。

加吉水縣伯，食邑七百戶。上元後一日，遊眺山莊。夏，偶足痛三日。秋，登天柱峰。是年四月，有《陳僉判思賢錄序》。六月，有《送侯子雲序》、《頤庵詩集序》、《澉溪文集序》、《彭漢老行狀》。十月，有《湖北檢法廳盡心堂記》，又有《祭余端禮文》、《蕭服詩軸跋》。

二年壬戌，七十六歲。

子次公秩滿回籍。秋，蘇州使君張子儀尙書贈衣服、送酒錢，行散雲際寺。冬至，遊郡城。

是年正月八日，有《秀溪書院記》。閏月，有《醉樂堂記》、《趙應齋雜集序》。十月，有《趙像之行狀》。是年有《題張敬之南昌官寺重新梅子眞祠堂詩》。

三年癸亥，七十七歲。

六月二十四日，詔進寶謨閣直學〔士〕，七月辭免。九月三十日，詔不許。秋，遊郡城，謁周益公。

二月，有《長汀縣治記》、《王淮行狀》。四月，有《江西續派二曾詩集序》、《三近齋餘錄序》、《椒溪集序》。是年，有《寄題南昌尉張敬之徐孺子墓之思賢亭詩》。

四年甲子，七十八歲。

以寶謨閣直學士、通奉大夫致仕，進封廬陵郡侯，食邑一千戶。以男長孺官僚升朝儀，遇郊祀大禮，封叙通奉大夫。

四月，《易傳》成，自爲後序，共二十卷。

五月間，患淋疾，復腳痛。十月，有《祭周益公必大文》，又有《答袁樞書》、《與邱宓書》、《瑞蓮齋記》、《周易宏綱序》。

開禧元年乙丑，七十九歲。

九月二十日，召赴行在，以淋疾力辭不至。

八月，欲上奏極陳韓侂胄之奸，以壅閼不得自達而止。

十月，有《沈氏山居記》。

十二月，子次公入京受縣。

二年丙寅，八十歲。

正月，進寶謨閣學士，賜衣帶鞍馬。聞侂胄用兵事，慟哭失聲，有遺言八十四字，又十四字，又十五字，擲筆隱几而沒，時五月初八日午時也。史作八十三，誤也。

宋太師徽國文公朱先生年譜節略

（元）都璋　編
尹波　校點

元至正十二年都璋刻明修本《朱文公大同集》卷首

朱熹（一一三〇—一二〇〇），字元晦，一字仲晦，號晦庵、晦翁、雲谷老人、滄洲病叟，晚號遁翁，卒謚文，封徽國公。祖籍徽州婺源（今屬江西），生于南劍州尤溪（今屬福建），徙居建陽崇安（今福建武夷山市），晚年徙居考亭，學者稱考亭先生。爲中國古代著名的思想家，宋代理學集大成者。其主要精力傾注于講學與著述，從學者達五百餘人，著述數十種，在文獻整理、校讎、訓詁、音韻、史學、文學、哲學等方面都有貢獻，爲中國古代影響巨大的人物之一。因而備受重視，自宋至今，後人所編朱熹年譜近六十種（據謝巍《中國歷代人物年譜考録》統計）。其中影響較大者有宋李方子編《紫陽年譜》三卷，明李默增訂爲五卷，明朱境編《朱子年譜》三卷，清王懋竑所編《朱子年譜》四卷、附《考異》四卷、《附録》二卷，較爲翔實，影響最大，已有影印、校點本，流傳較廣，故本刊暫未入編。今人束景南撰有《朱熹年譜長編》（華東師範大學出版社二〇〇一年版）。

此譜爲元都璋編，是在李方子原譜之上節略而成，爲現存編刻年代較早的朱熹年譜。

按公傳，先生姓朱諱熹，字仲晦，世居歙之黄墩。八世祖唐天祐中以陶雅之命，總卒三千，戍婺源邑，民賴以安。因於縣之萬年鄉松巖里而家焉。五世祖〔惟〕甫生振，振生絢，皆不仕。絢生森，少務學，不事進取，卒贈承事郎。生三子，長曰松，字喬年。甫冠，擢進士第，入館爲尚書郎兼史事，以不附和議去國。少以詩文名，從豫章羅公從彦仲素游，則聞龜山楊氏所傳河洛之學，得古先聖賢不傳之餘意，於是益自刻勵，痛刮浮華，以趨本實。日誦《大學》、《中庸》之書，以用力於致知格物之地。自號韋齋，卒年四十七歲。次〔聖〕〔檉〕，次橰。橰負軼才，不肯俯仰於世。有詩，高遠近道。韋齋娶同郡祝氏，贈碩人。生三子，伯仲皆夭，季則先生。宣和末，韋齋公尉建之政和，丁外艱。時干戈未息，道梗不能歸，遂葬承事公於政和護國寺之側。後調尤溪尉，而先生生焉。初居建寧之崇安五夫，榜其讀書之室曰紫陽書堂，以新安有紫陽山，識故鄉也。其後築室建陽廬峰之巔，號曰雲谷，因創草堂，而扁以晦庵，自號雲谷老人，亦曰晦庵。又得武夷五曲之地，結廬其間，曰武夷精舍。晚卜築於考亭，作精舍曰竹林，後更名曰滄州，號滄州病叟。揲蓍遇《遯》之《同人》，因更號遯翁，而晦庵之名尤顯於世。謹以紀年序次如左。

略采家譜，參以《宋史·道學》本傳。凡致君澤民、出處久遠，與夫師友淵源、著述終始、精粗本末，悉載無遺。庶學者知文公全體大用之學云。

庚戌，宋高宗建炎四年
朱子以是年九月甲寅生於延平尤溪之寓舍。
辛亥，紹興元年
壬子，二年
癸丑，三年
甲寅，四年
朱子五歲，始入小學。
乙卯，五年
丙辰，六年
丁巳，七年
八歲，通《孝經》大義。書八字於上曰：「若不如此，便不成人。」間從群兒嬉遊，獨以沙列八卦，端坐默視。
戊午，八年
己未，九年
十歲，自知力學。
庚申，十年

春，韋齋補外，得請知饒州，旋請祠，遂待學於家庭。初，韋齋聞龜山楊氏所傳河洛之學，於是益自刻厲，痛刮浮華，以趨本實。日誦《大學》、《中庸》之書，以用力於致知誠意之地。而朱子之學有自來矣。
辛酉，十一年
壬戌，十二年
癸亥，十三年
二月，丁韋齋憂，稟學於劉公子羽、胡憲原仲、白水劉勉之致中三君子之門，（無）〔撫〕教如子姪。致中以息女妻焉。二劉公沒，獨事胡公最久。
甲子，十四年
乙丑，十五年
丙寅，十六年
丁卯，十七年

秋，請建州鄉舉。
戊辰，十八年
己巳，十九年
庚午，二十年
春，歸婺源，拜省丘墓宗族。
辛未，二十一年
春，註中同安主簿。
壬申，二十二年
癸酉，二十三年
夏，受學李延平先生之門。初，朱子學靡常師，出入經傳，泛濫釋老有年。及見延平，洞明道要，頓悟異學之非。由於專精致誠，剖微窮源，晝夜不懈，至忘寢食，而道統之傳，盡有所歸矣。
七月之同安，蒞職勤勉，苟利於民，雖勞無憚。職兼學事，規矩甚嚴，厲諸生以誠敬，增修講問之法。

甲戌，二十四年
乙亥，二十五年
丙子，二十六年
丁丑，二十七年
冬十一月，秩滿，歸自同安。士思其敎，民懷其惠，立祠於學。
戊寅，二十八年
監潭州南嶽廟。
己卯，二十九年
庚辰，三十年
辛巳，三十一年
壬午，三十二年
六月，孝宗即位，詔求直言，遂應詔言事。大略以帝王之學，格物致知，以極夫事物之變，使夫事物之過乎前者，義理所存，纖微悉照，則自然意誠心正，而所以應天下之務者得矣。至於記（詞）

〔誦〕華藻，非所以探淵源而出治道；虛無寂滅，非所以貫本末而立大本也。又謂今日之計，要在修政事、攘夷狄而已。然其計所以不時定者，講和之說疑之也。

癸未，隆興元年

三月，被召。

十月辛巳，入對垂拱殿。其略曰：「大學之道在於格物，格物者，窮理之謂也。謂之理，則無形而難知；謂之物，則有迹而易睹。必因物求理，使瞭然無毫髮之差，則應事自然無毫髮之謬。是以意誠心正而身修，家齊國治而天下平。勸講之臣，所以開陛下者，不過記誦詞章之習，而陛下又不過求之老、釋之書。是以雖有生知之性，未嘗隨事以觀理，即理以應事。是以舉措之間，動涉疑貳；聽納之際，未免蔽欺，由不講乎《大學》之道，而溺心於淺近虛無之過也。願博訪眞儒知此道者，講而明之，則今日所當爲者不得不爲；所不當爲者，不得不止。」上爲之動容。

十二月，除武學博士。

甲申，二年

乙酉，乾道元年

丙戌，二年

丁亥，三年

戊子，四年

編次《程氏遺書》成。

己丑，五年

庚寅，六年

《家禮》成。

辛卯，七年

五夫三里社倉始成，歲一斂散，俾願貸者出息什二，小歉即弛半息，甚則盡蠲之。

初，建大饑，朱子請於府，貸粟散給，民免饑死。社倉之法始此。

壬辰，八年

正月，《論孟精義》成。

四月，《資治通鑑綱目》成。綱倣《春秋》，而兼群史之長；目倣《左氏》，而稽合諸儒之粹。

十月，《西銘解義》成。

癸巳，九年

四月，《太極圖通書解》成。

六月，《程氏外書》成。

甲午，淳熙元年

乙未，二年

五月，呂東萊來訪，講學於寒泉精舍。編次《近思錄》成。及歸，餞於鵝湖。江西陸子壽、子靜、清江劉清之皆會，相與講其所聞。二陸執己見，不合而罷。

七月，作晦庵於廬峰之雲谷。

丙申，三年

二月，歸婺源，六月乃還，除秘書郎，辭不允，再辭，遂差主管武夷山冲（祐）〔佑〕觀。

丁酉，四年

六月，《論孟集注》、《或問》成。

十月，《詩集傳》成。

戊戌，五年

己亥，六年

知南康軍。冬，復建白鹿洞書院成。約聖賢教人爲學之大端，條列以示學者。立濂溪祠於學宫，以二程配。奏乞蠲減星子縣税錢，禁別籍異財者。

庚子，七年

三月，修學，乞以泗水侯鯉升從祀。

秋旱，竭力爲荒政備。

辛丑，八年

冬十一月，奏事延和殿，極陳災異與修德用人之説。

十二月，提舉浙東常平茶鹽，按歷郡縣，官吏憚之，至有引去者。

壬寅，九年

夏，奏疏言事，大略云：「爲今之計，獨有斷自聖心，沛然發號，責躬求言，然后君臣相戒，痛自省改。其次惟有盡出內庫之錢，以供大禮之費爲收糴之本。詔戶部無得催理舊欠，詔諸路漕臣遵依條限，檢放税租。詔宰臣沙汰被災路分州軍、監司守臣之無狀者，遴選賢能，責以荒政，庶幾猶足以下結人心，消其乘時作亂之意。」得旨，頒行社倉法。條具義役，奏本路沿海四州產鹽法。

八月，除直徽猷閣，改江西提刑。

癸卯，十年

主管台州崇道觀。時鄭丙上疏，詆程氏之學以沮之。

是歲，作武夷精舍成，四方士友來者甚衆。

甲辰，十一年

還自浙中，力辨浙學之非。每語學者，且觀《孟子》「道性善」及「求放心」兩章，務收斂凝定，以致克己求仁之功。以爲舍六經、《語》、《孟》而尊史遷，舍窮理盡性而談世變，舍治心修身而喜事功，大爲心術之害。

乙巳，十二年

四月，拜華州雲臺之命。

丙午，十三年

三月，《易學啓蒙》成。

八月，《孝經刊誤》成。

丁未，十四年

三月，差主南京鴻慶宮。

七月，除江西提刑，以疾辭，不許，遂行。

是歲，《小學書》成。

戊申，十五年

六月，奏事延和殿，除兵部郎官。足疾，乞辭。本部侍郎林栗嘗與論《易》、《西銘》不合，劾其本無學術，徒竊張載、程頤緒餘，謂之道學。所至輒攜門生數十人，妄希孔、孟歷聘之風。乃仍舊職江西提刑。再乞辭免，除直寶文閣，主管西京嵩山崇福宮。

十一月，趣入對，遂上封事，除主管太乙宮兼崇政殿說書。因密草奏疏，言講學以正心、修身以齊家、遠便嬖以近忠直、抑私恩以抗公道、明義理以絶神姦、擇師傅以輔皇儲、精選任以明體統、振紀綱以厲風俗、節財用以固邦本、修政事以攘夷狄，凡十事。會執政有指道學爲邪氣者，力辭新命，遂不果上。

己酉，十六年

正月，除秘閣修撰，仍奉外祠。

二月，光宗即位，拜祠命，辭職名。是月，序《大學章句》。

三月，序《中庸章句》。

五月，仍舊直寶文閣，降詔獎諭。

居數月，除江東轉運副使，以疾力辭，改知漳州。

庚戌，紹（興）〔熙〕元年

四月，到任。首下教令，變風俗，述古今禮律、喪葬、嫁娶之儀，命父老解說，以訓子弟。男女聚僧廬爲傳經會〔一〕，女不嫁者，私爲庵舍以居，悉禁止之。時即學校，誨誘諸生如南康時。刊四經、四子成。《易》取古文，分經傳爲十二篇，《書》、《詩》皆別序，合爲一篇，寘諸經後。《春秋》出左氏，經文別爲一書，以踵三經之後。奏除屬縣無名賦七百萬，減經總制錢四百萬。

辛亥，二年

除秘閣修撰，主管南京鴻慶宮。未幾，除湖南轉運副使，辭，不允。

壬子，三年

《孟子要略》成。

癸丑，四年

甲寅，五年

夏五月，寧宗即位，召赴行在奏事。除焕章閣待制、侍講。辭，不許。入對便殿，面辭職名，不允，遂拜命受詔，進講《大學》，每講務積誠意以感悟。奏疏論廟祧，異議者忌之，事竟不行。遂除寶文閣待制、知江陵府、湖南安撫，辭。仍乞追還新舊職名，詔依舊焕章閣待制、提舉南京鴻慶宮。

是歲，竹林精舍成，釋菜於先聖先師，以周、程、邵、張、司馬、延平七先生從祀。

乙卯，慶元元年

五月，乞致仕，不許，依舊秘閣修撰、宫觀。

丙辰，二年

是歲，《楚辭集注》成。

僞學禁起，詔諭天下。

丁巳，三年

是歲，修《儀禮經傳通解》成。

與蔡元定會宿寒泉，訂正《參同契》。

是歲，《韓文考異》成。

戊午，四年

正月，集《書傳》。

十二月，以近七十，乞致仕。

己未，五年

始用野服見客。其榜略云：滎陽呂公嘗言，京洛致仕官與人相接，皆以閑居野服爲禮，而嘆外郡或不能然。又謂上衣下裳，大帶方履，比之涼衫，自不爲簡。其所便者，但取束帶足以爲禮，解帶足以燕居而已。且使窮鄉下邑，得見祖宗盛時京都舊俗其美如此，亦補助風教之一端也。

庚申，六年

三月辛酉，改《大學·誠意章》。先是，庚申夜復說《西銘》甚詳，且言：「爲學之要，惟事事審求其是，決去其非。積集久之，心與理一，自然所發皆無私曲。聖人應萬事，天地生萬物，直而已矣。」乙丑，以疾卒，年七十一。

初，疾革，精舍諸生入問，乃起坐曰：「誤諸君遠來，然道理亦止是如此。但相倡率，下堅苦工夫，牢固著足，方有進步處。」諸生退，手書屬其子在及門人范念德、黃榦，拳拳以勉學及修正《遺書》爲言。翌日，即命移寢中堂。黎明，諸生復入問疾，因請曰：「先生之疾革矣。萬一不諱，當用《書儀》乎？」曰：「疏略。」「然則當用《儀禮》乎？」乃頷之。良久，恬然而逝，午初刻也。送終之事，皆用遺訓焉。

是日，大風拔木，洪水崩山，哲人之萎，豈小變哉！及將葬，言者謂：「四方僞徒，期會送僞師之葬。會聚之間，非妄談時人短長，則謬議時政得失。望令守臣約束。」從之。時送者幾千人。

嘉泰初，學禁稍弛。二年，詔：朱某已

致仕，除華文閣待制，與致仕恩澤。後侂胄死，詔賜遺表恩澤，謚曰文。尋贈中大夫，特贈寶謨閣直學士。理宗寶慶三年，贈太師，追封信國公，改徽國。以其《大學》、《語》、《孟》、《中庸》訓説立於學官。淳祐元年辛丑正月，手詔以周，張、二程及朱子從祀孔子廟。元至正二十二年二月，追封齊國公，父韋齋爲獻靖公。

〔一〕聚：原作「娶」，據《宋史》卷四二九《道學傳》三改。

朱子年譜

（舊題宋）李方子　編

佚名　補注

尹波　校點

明刻本

譜主朱熹（見前譜提要）。編者舊題李公晦，或題佚名。李方子，字公晦，號果齋，邵武（今屬福建）人。少博學能文，從朱熹學。嘉定七年進士，調泉州觀察推官，真德秀爲守，以師友相待，講論不倦。除國子録，以忤史彌遠罷歸。寶慶二年，起通判辰州。著有《禹貢解》、《傳道精語》、《清源文集》四十卷等，均佚。《直齋書録解題》卷一八著録其所編《紫陽年譜》三卷，魏了翁《鶴山大全集》卷五四有《朱文公先生年譜序》，其譜在宋時蓋已單刻印行。其後元明人所纂年譜，多在此譜之上增删補注，致其原本面目難以考見。明李默編譜時，所見已「多出於洪武、宣、景間諸人之筆，與朱氏增益所成，斷非果齋之舊」（《朱子年譜序》），則其原本在明時已亡佚。今人束景南《朱熹年譜長編》後附録輯本，係採輯真德秀《西山讀書記》卷三一所節録、馬季默《經濟文衡》所引《文公先生年譜》及李幼武《宋名臣言行録外集》卷一二所録《行實》而成，可資考見李方子原本概貌。取與比勘，則此譜叙事較《紫陽年譜》（輯本）簡略，又嘗引録元虞集所作《復田記》，顯非李方子原本，而係元明以後人所補編者。今據上海圖書館所藏明刻本點校。

朱文公年譜序

天生斯民，必有出乎其類者爲之君師，以任先覺之責。然而非一人所能自爲也，必並生錯出，交修互發，然後道章而化成。是故有堯、舜則有禹、皋陶，有湯、文則有伊尹、萊朱、大公望、散宜生，各當其世。觀其會通以盡其所當爲之分，然後天衷以位，人極以立，萬世之標準以定。雖氣數詘信之不齊，而天之愛人，閲千古如一日也。自比閭節授之法壞，射飲讀法之禮無所於行，君師之柄移於孔子，則又有冉、閔、顏、曾羣弟子左右羽翼之，微言大義，天開日揭，萬物咸睹。自孔子没，則諸子已有不能盡得其傳者，於是子思、孟子又爲之闡幽明微，著嫌辨似，而後孔氏之道歷萬世而亡敝。嗚呼，是不曰天之所命而誰實爲之！秦、漢以來，諸儒生於籍去書焚、師異指殊之後，不惟孔道晦蝕，孟氏之説亦鮮知之。千數百年間，何可謂無人，則往往孤立寡儔，倡焉莫之和也，絶焉弗之續也。乃至國朝之盛，南自湖湘，北至河洛，西極關輔，地之相去何翅千有餘里，而大儒輩出，聲應氣求，若合符節。曰極曰誠，曰仁曰道，曰中曰恕，曰性命，曰氣質，曰天理人欲，曰陰陽鬼神，若此等類，凡皆聖門講學之樞要，而千數百年習浮踵陋，莫知其説者，至是脱然如沈痾之間、大寐之醒。至于吕、謝、游、楊、尹、張、侯、胡諸儒切磋究之，分別白之，亦幾無餘藴矣。然而絶之久而復之難，傳者寡而咻者衆也。朱文公先生始以强志博見，凌高厲空，自受學延平李子，退然如將弗勝，於是斂豪就實，反博歸約。迨其蓄久而思渾，資深而行熟，則貫精粗，合外内，羣獻之精緼、百家之異指，毫分縷析，如眎諸掌。張宣公、吕成公同心協力，以閑先聖之道，而僅及中身，論述靡竟。惟先生巋然獨存，中更學禁，自信益篤。蓋自《易》《詩》《中庸》《大學》《論語》《孟子》，悉爲之推明演繹，以至三《禮》《孝經》，下迨屈、韓之文，周、程、邵、張之書，司馬氏之史，先正之言行，亦各爲之論著，然後帝王經世之規、聖賢新民之學，粲然中興。學者習其讀，惟其義，則知三才一本，道器一致。幽探乎無極太極之妙，而實不離乎匹夫匹婦之所知；大至於位天地、育萬物，而實不外乎暗室屋漏之無愧。蓋至近而遠，至顯而微，非若棄倫絶學者之慕乎高而譁衆取寵者之安於卑也，猗其盛與！吾友李公晦方子嘗輯先生之年行，令高安洪史君友成爲之鋟木以壽其傳，高安之弟天成屬予識其卷首。嗚呼，帝王不作而洙泗之教興，微孟子，吾不知大道之與異端果孰爲勝負也。聖賢既熄而闗洛之學興，微朱子，亦未知聖傳之與俗學果孰爲顯晦也。韓子謂孟子之功不在禹下，予謂朱子之功不在孟子下。予生也後，雖不及事先生，而與公晦及輔漢卿廣昔者嘗共學焉，故不敢以固陋辭。

文公先生六十一歲像

朱子自題畫像

從容乎禮法之場，沈潛乎仁義之府。是予蓋將有意焉，而莫能與也。佩先師之格言，奉前烈之遺矩。惟闇然而日修，或庶幾乎斯語。

自題畫像詩

蒼顏已是十年前，把鏡回看一悵然。履薄臨深量無幾，且將餘日付殘編。

趙氏汝騰贊

理明義精，德盛仁熟。折衷群言，如射中鵠。絶學梯航，斯文菽粟。在慶元初，中行獨復。

草廬吴氏贊

義理密微，蠶絲牛毛。心胸恢廓，海闊天高。豪傑之才，聖賢之學。景星卿雲，泰山喬嶽。

朱子年譜卷之一

宋高宗建炎四年庚戌

九月甲寅，朱子生。

朱子本歙州人，世居婺源之永平鄉松巖里。宣和末，厥考吏部韋齋先生松爲政和尉，遭父承事府君喪，以方臘亂睦不能歸，遂葬其親於其邑護國寺之側。身嘗僑寓建、劍二州。是歲館於尤溪之鄭氏，而朱子生焉。

紹興元年辛亥

二年壬子

三年癸丑

按《行狀》云：先生能言，韋齋指天示之曰：「天也。」問曰：「天之上何物？」韋齋異之。

四年甲寅

始入小學。

韋齋《與內弟程復亨書》云：「息婦生男，名五二，今五歲上學矣。」

按：朱子小名沈郎，小字季延，此云五二，以行稱。

五年乙卯

六年丙辰

七年丁巳

通《孝經》大義，書其上曰：「若不如此，便不成人。」間從羣兒嬉遊，獨以沙列八卦，端坐默視。

八年戊午

九年己未

自知力學，聞長者言，輒不忘。

按《語錄》云：十數歲時，讀《孟子》至「聖人與我同類」者，喜不可言，以爲聖人亦易做。

十年庚申

受學於家庭。

時韋齋爲吏部郎，以不附和議出知饒州，請祠，居於家。初，韋齋師羅豫章，與李延平爲同門友，聞楊龜山所傳河洛之學，獨得古先聖賢不傳之遺意，於是益自刻厲，痛刮浮華，以趨本實。日誦《大學》、《中庸》之書，以用力於致知誠意之地。自謂卞急害道，因取古人佩韋之義名其齋以自警。

是歲朱子年十一。

十一年辛酉

十二年壬戌

十三年癸亥

三月，丁父韋齋先生憂。初，稟學於胡籍溪、劉草堂、劉屏山三君子之門。

韋齋卒於建之水南，享年四十七。當疾革時，手自爲書，以家事屬少傅劉公子羽，而訣於籍溪胡憲原仲、白水劉勉之致中、屏山劉子翬彥冲，且顧謂朱子曰：「此三人者，吾友也。其學皆有淵源，吾所敬畏。吾即死，汝往父事之，而惟其言之聽。」韋齋歿，少傅爲築室於其里第之傍，朱子遂奉母夫人遷而居焉。乃遵遺訓，稟學於三君子之門。三君子撫教如子姪。白水劉公因以其女妻之。二劉尋下世，獨事籍溪最久。

按：朱子所作《草堂墓表》與《籍溪行狀》，俱稱二公受學涪陵譙天授，盡聞伊洛之學。其淵源大略本此。至於師門誼篤，則屏山爲最，其作《屏山墓表》有云：先生病時，熹以童子侍疾。一日，請問平昔入道次第，先生欣然告曰：「吾於《易》得入德之門焉。所謂不遠復者，乃吾之三字符也。汝尚勉之。」又命字祝詞有云：「木晦於根，春容曄敷；人晦於身，神明內腴。」又云：「子德不日新，則時予之恥；言而思毖，動而思躓，凜乎惴惴，惟顏曾是畏。」其期望之意如此。朱子晚歲猶書門符曰「佩韋遵考訓，晦木謹師傳」，蓋識之也。

十四年甲子

葬韋齋先生。

墓在崇安縣五夫里之西塔山。

十五年乙丑

按《語錄》云：熹年十五六時，見呂與叔「雖愚必明，雖柔必強」一段解得痛快，讀之未嘗不竦然警厲奮發。

十六年丙寅

按《語錄》云：熹年十六七時，喫了多少辛苦讀書。

十七年丁卯

秋，舉建州鄉貢。

考官蔡茲謂人曰：「吾取中一後生，三篇策皆欲爲朝廷措置大事，他日必非常人。」

十八年戊辰

春，登王佐榜進士。

中第五甲第九十人，準敕賜同進士出身。

十九年己巳

按《語錄》云：從十七八歲讀《孟子》，至二十歲，只逐句理會，更不通透。二十歲後，方知只恁地熟讀，自見得意思。又云：自十五六至二十歲，史書都不要看，但覺得沒要緊，不難理會。又云：二十歲前，得上蔡《語錄》觀之，初用朱筆畫出合處，再觀用粉筆，三觀用墨筆。數過之後，全與元看時不同矣。又云：二十歲前，已看得書大意如此。又《跋曾南豐帖》云：「熹年二十許時，便喜讀南豐先生之文，竊慕效之。」

二十年庚午

春，如婺源展墓。

時鄉會，酒酣，坐客以次歌誦，朱子獨歌《離騷》經一章，音吐洪暢，坐客竦然。有帖與內弟程洵論詩，且曰：「學者所急，亦不在此。學者之要務，反求諸己而已。《語》、《孟》二書，宜加精熟，求見聖賢用意處，佩服而力持之可也。」

按：虞學士集作《復田記》略云：韋齋之仕於閩，嘗質其先田百畝以爲資，同邑張敦頤教授於劍，請爲贖之。韋齋歿，敦頤以書慰朱子，於喪次而歸田焉。至是朱子省墓婺源，遂以其租入充祭掃費。

是歲朱子年二十一。

二十一年辛未

春，銓試中等，授左迪功郎、泉州同安縣主簿。

二十二年壬申

二十三年癸酉

夏，始受學於延平李先生之門。

初，龜山先生倡道東南，從遊甚衆，語其潛思力行、任重詣極者，羅公仲素一人而已。李先生愿中受學羅公，實得其傳，同門皆以爲不及。然樂道不仕，人罕知之。沙縣鄧迪天啓嘗曰：「愿中如冰壺秋月，瑩徹無瑕。」韋齋深以爲知言。朱子少耳熟焉。至是將赴同安，特往見之。

朱子嘗言：始見李先生，告之學禪。李先生但曰「不是」，再三質問，則曰「且看聖賢言語」。熹遂將所謂禪權倚閣起，取聖賢書讀之，讀來讀去，日復一日，覺得聖賢言語漸漸有味。卻回頭看釋氏之說，漸漸破綻，罅漏百出。

又言：初見李先生，說得無限道理。李先生曰：「公恁地懸空理會得許多道理，而面前事卻理會不下？道亦無他，玄妙只在日用間着實做工夫處，便自見得。」熹後來方曉得他說，故今日不至於無理會耳。

又云：李先生令去聖經中求義理，熹後刻意經學，推見實理，始信前日諸人之誤。

又延平與其友羅博文宗禮書曰：「元晦進學甚力，樂善畏義，吾黨鮮有。」又云：「此人極穎悟，力行可畏，講學極造其微處。渠所論難處，皆是操戈入室。」又云：「此子别無他事，一味潛心於此。初講學時，頗爲道理所縛。今漸能融釋，於日用處一意下工夫，若於此漸熟，則體用合矣。」

秋七月，至同安。

蒞職勤敏，纖悉必親，郡縣長吏，事倚以決。苟利於民，雖勞無憚。廨有燕坐之室，更名曰高士軒，而以令甲凡簿所當爲者，大書揭之楣間。又職兼學事，乃選邑之秀民充弟子員，身加督勵，并數爲文以諭之。有柯君翰者家居教授，常百餘人，行峻不爲苟合，遂請爲學職，衆益有所嚴憚，不敢爲非。先生又以爲：區區防之於法制之末，而禮義不足以悅其心，則亦無以使之知所趣而興於行。乃增脩講問之法，使職事、諸生相與漸摩，禮義有以博其內，規矩有以約其外。學者翕然從之，以至學殿、講坐、齋舍悉加整葺云。

是歲長子埜生。

二十四年甲戌

是歲仲子埜生。

二十五年乙亥

建經史閣。請於帥府，盡模府中所有書，歸置閣中。又料簡故匱治平中所藏書，得尚可讀者二百餘卷，悉上於閣，學者得以覽觀焉。初，縣學釋奠，舊例止以人吏行事。朱子至，求《政和五禮新儀》印本於縣，無之，乃取《周禮》、《儀禮》、《唐開元禮》、《紹興祀令》更相參考，畫成禮圖，訓釋辨明，纖悉畢備。執事、學生得以日夕觀覽，臨事無舛。

立故相蘇公祠於學宮。公名頌，同安人，相元祐間，學術風節，爲世所稱。

二十六年丙子

七月，秩滿。冬，奉檄走旁郡。時代者不至，因送老幼以歸。按《語録》云：同安簿滿，到泉州候批書。客邸借得《孟子》一冊，仔細讀，方尋得本意。

二十七年丁丑

春，還同安，候代不至，罷歸。館於陳北溪畏壘庵者數月，命友生之嗜學者與居，作《畏壘庵記》。冬十月，代者卒不至，以四考滿罷歸。其去也，士思其教，民懷其惠，相與立祠於學。

二十八年戊寅

以養親請祠。十二月，差監潭州南嶽廟。

二十九年己卯

作《謝上蔡語錄後序》。

八月，召赴行在，辭。

用執政陳康伯薦也〔一〕。朱子方控辭，會言路有託抑奔競以沮之者，以故不就。是歲，籍溪胡公由司直改正字，將就職，朱子送行，有詩曰：「執我仇仇詎我知，謾將行止驗天機。猿驚鶴怨渾閑事，只恐先生袖手歸。」其後又寄詩曰：「先生去上芸香閣，閣老新峨豸角冠。留取幽人卧空谷，一川風月要人看。甕牖前頭翠作屏，晚來相對靜儀刑。浮雲一任閑舒卷，萬古青山只麼青。」五峰胡宏曰：「此詩有體而無用，因賡之曰：『幽人偏愛青山好，爲是青山青不老。山中雲出雨大虚，一洗塵埃山更好。』」似爲籍溪解嘲云。

三十年庚辰

冬，再見李先生於延平。

退寓舍旁西林院，閲月而後去。

是歲朱子年三十一。

三十一年辛巳

貽書黄樞密，論恢復。

三十二年壬午

春，迎謁李先生於建安，遂與俱歸。

復寓西林者數月。汪端明應辰嘗稱：「朱子師事延平，久益不懈，每一去而復來，則所聞必益超絶。」

六月，應詔上封事。是月，復予祠。

是歲五月，祠秩滿，復以爲請。會孝宗即位，詔求直言，遂上封事，略曰：「帝王之學，必格物致知，以極夫事物之變。使夫事物之過乎前者，義理所存，纖微畢照，則自然意誠心正，而所以應天下之務者得矣。至於記誦華藻，非所以探淵源而出治道；虛無寂滅，非所以貫本末而立大中也。」又曰：「今日之計，要在修政事、攘夷狄而已。然其計所以不時定者，講和之說疑之也。」又曰：「陛下前日所號召者，皆天下所謂忠臣賢士也。誠與之共圖天下之事，使疏而賢者雖遠不遺，親而否者雖邇必棄，毋主先入以致偏聽獨任之譏，毋篤私恩以犯示人不廣之戒，進退取舍，惟公論是從，則朝廷正而內外遠近莫不一於正矣。」不報。

作《論語纂訓序》。

孝宗隆興元年癸未

三月，再召，辭，有旨趣行。十月，至行在。辛巳，入對垂拱殿。

其略曰：「大學之道本於格物，格物者，窮理之謂也。必因物求理，使瞭然無毫髮之差，則應事自然無毫髮之謬。是以意誠心正而身修，家齊國治而天下平。勸講之臣所以聞於陛下者，不過記誦詞章之習，而陛下又不過求之老子、釋氏之書，是以雖有生知之性，高世之行，而未嘗隨事以觀理，即理以應事。舉措之間，動涉疑貳；聽納之際，未免蔽欺。由不講乎《大學》之道，而溺心於淺近虛無之過也。」上爲之動容。

次論：「今之論國計者三：曰戰，曰守，曰和。國家之與北虜，其不可與共戴天明矣。今日所當爲者，非戰無以復讎，非守無以制勝，此皆天理之自然，非人欲之私忿也。」

三論：「先王制御夷狄之道，其本不在

威强，而在乎德業；其備不在邊境，而在乎朝廷；其具不在兵食，而在乎紀綱。願開納諫諍，黜遠邪佞，杜塞倖門，安固邦本。四者爲急先之務，庶幾形勢自强，而恢復可冀矣。」時朝廷遣王之望使虜約和未還，宰臣湯思退等皆主和議，而近習曾覿、龍大淵招權，故奏及之。三劄所陳，不出封事之意，而加剴切焉。先是朱子將趨召命，問李先生所宜言。李先生以爲：今日三綱不立，義利不分，故中國之道衰，而夷狄盛，人皆趨利而不顧義，而主勢孤。朱子首用其説以對。按：朱子《與魏元履帖》云：初讀第一奏，論致知格物之道，天顔温粹，酬酢如響。次讀第二奏論復讎之義，第三奏論言路壅塞、佞幸鴟張，則不復聞聖語矣。

十一月，除武學博士，拜命遂歸。

替成資闕也。按：是歲有《答陳漕書》論鹽法，及《與汪尚書書》論龜山語録。

是歲，《論語要義》、《論語訓蒙口義》成。

既序次《論語要義》，又以其訓詁略而義理詳，殆非啓蒙之要，因而删録，以成此編。

歸劉氏田。

按乾道中《田劵跋》云：初，屏山與朱子講習武夷，去家頗遠，特於中途建歇馬莊，買田二百餘畝，以供諸費。實與朱子共之。屏山既没，忠定公珙盡以畀朱，資其養母。後朱子同安秩滿歸，以田還屏山子玶。玶不受，謀於忠定，轉畀南峰寺，至今猶存。

二年甲申

正月，之延平，哭李先生。

比葬，又往會。

是歲，《困學恐聞》成。

朱子嘗以困學名其燕坐之室，因目其雜記之編曰《困學恐聞》，至是書成。

乾道元年乙酉

四月，請祠。五月，復差監南嶽廟。

先是省劄趣就職，既至，而執政錢端禮等復主和議，不合，請祠以歸。是歲，讀魏元履所作《戊午讜議》，爲之流涕，因序之，略曰：「戊午之議，發言盈庭，其曰虜世讎不可和者，尚書張公闡、左史胡公銓而止耳。自餘亦有謂不可和者，而其說不出於利害之間。又其餘則忘其疇昔之言。厥或告之，則曰處士之大言耳。」

二年丙戌

三年丁亥

八月，訪南軒張公敬夫於潭州。

按朱子《與曹晉叔》云[二]：「此月八日，抵長沙，今半月矣。荷敬夫愛予甚篤，相與講明其所未聞，日有問學之益。敬夫學問愈高，所見卓然，議論出人意表。近讀其《語說》，不覺胸中灑然，誠可歎服。」

是時范念德侍行，常言二先生論《中庸》之義，三日夜而不能合。留長沙再閱月，與南軒偕登衡嶽，至衡州而別，有《南嶽倡酬集》。南軒贈詩云：「遺經得紬繹，心事兩綢繆。超然會太極，眼底無全牛。」朱子答詩曰：「昔我抱冰炭，從君識乾坤。始知太極蘊，要妙難名論。謂有寧有迹，謂無復何存。惟茲酬酢處，特達見本根。萬化從此流，千聖同茲源。曠然遠莫禦，惕若初不煩。」是行道經邵武，遂謁黃端明中於其家。端明端莊靜重，德容粹然，朱子請納再拜之禮而見之。

十二月，至自長沙。

與南軒別後，遂偕范伯崇、林擇之東歸，掇拾道中所作詩，得二百餘篇，名《東歸亂藁》。

除樞密院編脩。

用執政陳俊卿、劉珙薦也。

四年戊子

四月，崇安饑，貸粟於府以賑之。

時盜發浦城，崇安人情大震，乃請貸於府，得粟六百斛，籍戶口散給之，民以不饑。是冬，有年民願輦粟還官，知府事王淮俾留里中，而上其籍於官。社倉之法始此。

《程氏遺書》成。

初，二程門人各有所錄，雜出並行間，頗爲後人竄易。至是序次有倫，去取精審，學者始有定從，而程子之道復明於世。

七月，大水，奉府檄行視水災。

省劄屢趣就職，固辭。

時國子學錄魏掞之以論曾覿去國，遂力辭。

五年己丑

是歲子在生。作《太極通書後序》。

九月戊午，丁母孺人祝氏憂。

八月，省劄復趣行，會丁祝孺人憂。孺人，歙處士確之女，後贈碩人，追封粵國夫人。

六年庚寅

正月，葬祝孺人。

墓在建陽縣崇泰里後山天湖之陽，名曰

寒泉塢。自作《壙記》。

是歲朱子年四十一。

《家禮》成。

朱子居喪盡禮。既葬日，居墓側，旦望則歸奠几筵。自始死至祥禫，參酌古今，咸盡其變，因成《喪祭禮》。又推之於冠婚，共爲一編，命曰《家禮》。

按：是書晚年多所損益，未暇更定。

七月，遷韋齋先生墓。

按：《遷墓記》云：「乾道六年七月，遷於里之白水鵝子峰下。」及考《行狀》，又云：「慶元某年某月，遷於寂歷山。」即今墓是也，豈韋齋之墓嘗再遷歟？

十二月，召赴行在，以喪制未終辭。

侍郎胡銓以詩人薦，與王庭珪同召。

七年辛卯

創立社倉於所居之里。

朱子所居之鄉曰五夫，每歲春夏之交，豪戶閉糴牟利，細民發廩強奪，動相賊殺，易至挺變。遂因前所貸郡米創立社倉一區，以備出貸。每石量收息米二斗，逐年依此斂散。或遇小歉，即蠲其息之半，大饑即盡蠲之。故一鄉四五十里之間，雖遇凶年，人不缺食。

八年壬辰

《論孟精義》成。

是書初名《要義》，後改今名，序略曰：「《論語》之書無所不包，而所以示人者，莫非操存涵養之要。七篇無所不究，而所以示人者，類多體驗充廣之端云。」其後又改名《集義》。

四月，有旨疾速起發，再辭。

以祿不及養故也。

是歲，《資治通鑑綱目》成。

初，司馬公作《通鑑》，朱子因取其書，創爲義例，表歲以首年，因年以著統，大書爲綱，分註爲目，蓋倣《春秋左氏》以爲此書。

《八朝名臣言行錄》成。

《西銘解義》成。

自二程推《西銘》，爲擴前聖所未發，遊其門者，必令看《大學》、《西銘》，而未有發明其義者，朱子首爲之解。

九年癸巳

省劄再趣行，又辭，就乞差監南嶽廟。

《太極圖傳通書解》成。

其序略曰：周子之學，其妙具於《太極》一圖，《通書》之言，皆發此圖之蘊。而程子兄弟語及性命之際，亦未嘗不因其說。然周子既手以授二程，而程本因附書後，傳者見其如此，遂誤以圖爲書之卒章，不復釐正，使立象盡意之微旨暗而不明，而驟讀《通書》者，亦不復知有所統攝矣。

作《尹和靖言行錄序》。

五月，有旨特與改秩宮觀，辭。

朱子既累辭召命，宰相梁克家因奏：「朱熹累召不起，宜蒙褒錄。」上曰：「朱熹安貧守道，廉退可嘉，特與改合入官，主管台州崇道觀，任便居住。」

《程氏外書》成。

既編《遺書》，復取諸集錄，參伍相除，得十有二篇，名曰《外書》，而二程子之遺言備矣。

作《中和集解序》。

淳熙元年甲午

六月，始拜改秩之命。

省劄凡三下，趣依已降指揮。朱子以爲改官賦祿，蓋朝廷進賢賞功、優老報勤之典，乃使小臣終年安坐，一日無故而驟得之，求退得進，義所不安，故三具辭免，遜避逾年。上意愈堅，至是始拜命。

二年乙未

五月，東萊呂公伯恭來訪。《近思錄》成。

呂公自東陽來訪，留寒泉精舍者旬日，相與掇周子、程子、張子書關大體而切日用者，彙次成十四篇，號《近思錄》。朱子嘗語學者曰：「四子，六經之階梯；《近思錄》，四子之階梯。」蓋言爲學當自此而入也。

偕東萊及復齋陸公子壽、象山陸公子靜會於鵝湖。

東萊歸，朱子送至信州之鵝湖寺，江西陸九齡子壽、弟九淵子靜及淸江劉淸之子澄皆來會，相與講其所聞。子壽詩云：「孩提知愛長知欽，古聖相傳只此心。大抵有基方築室，未聞無址忽成岑。留情傳註翻榛塞，着意精微轉陸沉。珍重友朋勤琢切，須知至樂在於今。」子靜和云：「墟墓興哀宗廟欽，斯人千古不磨心。涓流積至滄溟水，拳石崇成泰華岑。易簡工夫終久大，支離事業竟浮沉。欲知自下升高處，眞僞先須辨只今〔三〕。」諸公各持所見，不合而罷。後三年，朱子寄和云：「德義風流夙所欽，別離三載更關心。偶扶藜杖出寒谷，又枉藍輿度遠岑。舊學商量加邃密，新知培養轉深沉。卻愁說到無言處，不信人間有古今。」

七月，作晦庵。

庵在蘆峰之雲谷，自爲記。

三年丙申

二月，如婺源。

蔡元定從。既至，邑宰張漢率諸生請講書於學，辭，復請撰書閣記，許之，而以《程氏遺書》、《外書》、《文集》、經說，司馬氏《書儀》、高氏《送終禮》、呂氏《鄉約》、《鄉儀》等書留學中，日與鄉人子弟講學於汪氏之敬齋，隨其資稟，誨誘不倦。又作《茶院朱氏譜序》。至六月初旬乃歸。

六月，除秘書省秘書郎，辭。

時上諭大臣，欲獎用廉退之士。參政龔茂良以朱子操行耿介、屢召不起爲言，遂有此除。朱子以改官之命正以嘉其廉退之節，今乃冒進擢之寵，是左右望而罔市利，乃辭。七月，答汪尚書書云：「熹狷介之性，矯揉萬方，而終不能回；迂疎之學，用力既深，而自信愈篤。以此自知，決不能與時俯仰，以就功名，故二十年來，甘自退藏，以求己志。所願欲者，不過脩身守道，以終餘年。因其暇日，諷誦遺經，參考舊聞，以求聖賢立言本意之所在，既以自樂，間亦筆之於書，以與學者共之，且以待後世之君子而已，此外實無毫髮餘念也。」

八月，再辭，許之，遂復與祠。

會有言虛名之士不可用者，遂再辭，仍差主管武夷山冲（祐）〔佑〕觀。

十一月，令人劉氏卒。

次年二月，葬於建陽縣之唐石大林谷，名其亭曰宰如，而規壽藏於其側，名其庵曰順寧。

四年丁酉

六月，《論孟集註》、《或問》成。

朱子既編次《論孟集義》，又作《訓蒙口義》，既而約其精粹妙得本旨者爲《集註》，又疏其所以去取之意爲《或問》。然恐學者轉而趍薄，故《或問》之書未嘗出以示人。其後《集註》删改日益精密，而《或問》則不復釐正矣。

十月，《周易本義》、《詩傳》成。

《詩》自毛、鄭以來，皆以《小序》爲主，其與經文舛戾，則穿鑿爲說以通之。朱子獨以經文爲主，而訂其《序》之是非，復爲一編，附寘經後，以還其舊。又《答東萊論易書》云：「讀《易》之法，竊疑卦爻之詞本爲卜筮者斷吉凶，而因以訓戒；至彖象文言之作，始因其吉凶訓戒之意而推說其義理以明之。後人但見孔子所說之義理，而不復推本文王、周公之本意，因鄙卜筮爲不足言，而其所以言《易》者，遂遠於日用之實，類皆牽合委曲，偏主一事，無復包含該貫曲暢旁通之妙。若但如此，則聖人當時自可別作一書，明言義理，以詔後世，何用假托卦象爲此艱深隱晦之辭乎？」

五年戊戌

八月，差知南康軍，辭不允，仍令疾速之任。

宰相史浩必欲起之，或言宜處以外郡，於是差權發遣南康軍事，兼管內勸農事，仍借緋。

六年己亥

正月，再請祠，不報，候命於鉛山。

東萊屢書勉行，南軒亦謂：須一出爲善，雖去就出處素有定論，然更須斟酌消息，勿至已甚。苟一向固拒，則上之人謂賢者不肯爲用，於大體卻有害也。至是再請祠，不報，朱子始有出意。正月行至信州鉛山俟命，寓止崇壽僧舍。陸梭山來訪。

三月，省劄再趣行。是月晦，赴上。

到郡，首下教三條，其一延訪利病，其二令父老教戒子弟，其三勸民遣子弟入學。每五日一詣學宮，爲諸生講説，亹亹不倦。郡之有賢德者，禮之以爲學職，士風翕然丕變。

立三先生祠及五賢堂。

先是，移文教授、司戶，以爲蒙恩假守，畀付民社，固將使之宣明教化，篤厲風俗，非徒責以簿書期會之最而已。乃立濂溪周先生祠於學宮，以二程先生配，其陶靖節、劉西澗父子、李公擇、陳了翁，則別爲堂祀之。

六月，奏乞蠲減星子縣税錢。

事下戶部，戶部下漕司，責以對補。會有言庶僚不當用劄子奏事者，因引以自劾。

十月，重建白鹿洞書院。

時白鹿洞書院故址榛廢已久，朱子詢得之，乃令星子令復建書院於其地，且言於朝，得賜勑額及賜御書石經監本九經，又捐俸買書以益之，并置田以贍學者。數月告成，率郡僚寓公過客學徒釋菜於先聖先師以落之。每暇輒一至，諸生從而質疑問難，因約聖賢教人爲學之大端以示學者，尤致意於明誠敬義數語。又與時宰書，乞復洞主廢官，使得備員，與學徒講道。其間假之稍廩，略如祠官之入。不報。

七年庚子

正月，請祠，不報。

二月，張南軒訃至，罷宴哭之。

時南軒卒於江陵府治，朱子爲文祭之，略曰：「蓋有我之所是，而兄以爲非；亦有兄之所然，而我之所議。又有始所共向，而終悟其偏；亦有早所同嚌，而晚得其味。蓋繳紛往反者，幾十有餘年，末乃同歸而一致。」

南軒常言：學莫先於義利之辨，而義也者，本心之所當爲，而不能自已，非有所爲而爲之者也。一有所爲，則皆人欲而非天理矣。朱子以爲擴前聖之所未發，與性善養氣之論同功。

是歲朱子年五十一。

三月，復請祠，不允。

四月，申減屬縣科紐木炭錢歲二千緡。

應詔上封事。

時詔監司、郡守條具民間利病，遂上疏言：「天下之大務，莫大於恤民，恤民之本，又在人君正心術以立紀綱。今日民貧賦重，若不討理軍實，去其浮冗，則民力決不可寬。今日將帥之選，率皆膏（梁）〔粱〕子弟、廝役凡流，到軍之日，惟望裒斂尅剝，以償債負，總餽餉之任者，亦皆倚負幽陰，交通貨賂。其所驅催東南數十州之脂膏骨髓，名爲供軍，而輦載以輸權倖之門者，不可以數計。是以生民日益困苦，無復聊賴。今欲計軍實以紓民力，則必盡反前之所爲，然後乃可冀也。所謂其本在於正心術以立紀綱者，蓋君心不能以自正，必親賢臣，遠小人，講明義理之歸，閉塞私邪之路，然後乃可得而正。今宰相、臺省、師傅、賓友、諫諍之臣，皆失其職，而陛下所與親密謀議者，不過一二近習之臣。此一二小人者，上則蠱惑陛下之心志，下則招集天下士大夫之嗜利無耻者，盡入其門，所喜則陰爲引援，擢寘清顯；所惡則密行訾毁，公肆擠排。所盜者皆陛下之財，所竊者皆陛下之柄。陛下所謂宰相、師傅、賓友、諫諍之臣，或反出入其門牆，承望其風旨，勢成威立，中外靡然向之，使陛下之號令黜陟，不復出於朝廷，而出於此一二人之門。蓋非獨壞陛下之紀綱，乃併與陛下所以立紀綱者而壞之，則民又安可得而恤？財又安可得而理？軍政何自而脩？土宇何自而復？宗廟之讎耻又何自而可雪耶？」疏入，上讀之大怒，命其分析。宰相趙雄詭辭救解乃已。

大脩荒政。

時值大旱，至秋，約苗失收什八已上，乃竭力措置，爲救荒備。會詔江東帥守恤民隱，決滯獄，以銷旱災，且頒勸分賞格。因即二事推廣爲奏，乞降特旨，減前所申星子縣稅，及三年赦文已蠲官租，禁州郡勿得催理。若囚繫淹延，則在特詔大臣一員專督理官，嚴立程限，排日結絶乃可因以賞格諭富室，得米二萬石，使椿留以待。復奏請截留綱運，乞轉運、常平兩司錢米充軍糧，備賑濟。郡濱大江，舟艤岸者，遇大風輒淪溺，至是募民築堤捍舟，冀稍振業飢者，舟患亦息。預戒三縣，每邑市鄉村四十里則置一場，以待賑糶，合爲三十五場。其闕食甚者，先加賙給。比冬，遂以旱傷分數告於朝，乞蠲閣稅租。本軍苗米四萬六千五百餘石，檢放三萬七千四百餘石。奉旨：三等以下人戶夏稅畸零，並與倚閣。放數既寬，民以故無流徙。

十一月，作卧龍庵。庵在廬山之陽五老峰下，祀諸葛武侯也。并向龍潭作起亭，爲民禱賽之所。皆捐俸爲之，而屬西源隱者崔嘉彥董其役，官民咸無預焉。

八年辛丑

正月，開場濟糶。

初既分場，選見任、寄居、指使、添差、監押、酒稅、監廟等大小使臣三十五員，各蒞一場，以轄糶事，而分委縣官巡察之，以戢減尅乞覓之弊。至是人戶悉令赴場就糶，鰥寡孤獨之人，則用常平米，依令賑濟。又慮農事將起，民間乏錢，凡合糴者，皆濟半月。都昌無米，自郡運而往，千里之內，莫不周浹。凡三月結局，所活饑民老幼二十一萬七千餘口。其施設次第，人爭傳錄以爲法。時孝宗臨御日久，垂意恤民，凡所奏請，無不報可，以故得行其志，民無流離捐瘠之患。

二月，陸象山來訪。

象山請書其兄教授墓誌銘。朱子率僚友諸生，與俱至白鹿洞書院，請升講席。象山以《君子小人喻義利》章發論，大略謂：科舉之士，日從事聖賢之書，而志之所向，專在乎利，必於利欲之習怛然爲之，痛心疾首，專志乎義而日勉焉，博學審問，愼思明辨而篤行之，斯謂之君子。朱子以爲切中學者隱微深錮之病，請書於簡，以諗同志。

三月，差提舉江西常平茶鹽，待次。

初到南康，有任滿奏事之旨。將滿，廟

堂議遣使蜀，上意不欲其遠去，遂有此命，然猶待次。因奏本職四事，一，請勿拘對補之說，特旨蠲減星子縣稅。二，請照賞格，補授諸出粟人，使民間早獲爲善之利。三，請凡被災之郡，盡今年毋得理積年舊欠，而去年倚閣夏稅，悉與蠲放。上二等戶亦有出粟減價賑糶而不及賞格者，亦請許其多作料數，帶補去年夏稅殘欠。如此，則無一夫一婦不被堯舜之澤矣。其四，則申請白鹿賜額及監本九經。多見施行。

閏三月，去郡東歸。

朱子治郡，視民如傷，至姦豪侵暴細民，撓法害政者，亦必繩治不少貸。尤以厚人倫、美教化爲急務，風俗丕變，文學行義之士彬彬出焉。四月，過九江，拜濂溪先生書堂遺像。劉子澄來謁，請爲諸生說《太極圖》義，遂以是月十九日至家。

七月，除直秘閣，辭。

以荒政脩備，民無流殍，故有此除。朱子以前所勸出粟人未推恩，不拜，復辭不允。

呂東萊訃至，爲位哭之。

呂公定《周易》爲十二篇，以復古經之舊。朱子深喜而從之。又謂《大事記》一書，自成一家之言，有補學者。又《與呂公帖》云：「昨叩比日講授次第，聞只令諸生讀《左氏》及諸賢奏疏，至於諸經、《論》、《孟》，則恐學者徒務空言而不以告也，此恐未安。蓋爲學之序，爲己而後可以及人，達理而後可以制事，故程子教人先讀《論》、《孟》，次及諸經，然後看史。其序不可亂也。若恐其徒務空言，但當就《論》、《孟》經書中教以躬行之意，庶不相遠。至於《左氏》奏疏之言，則皆時事利害，而非學者切身之急務也。其爲空言，亦益甚矣。而欲使之從事其間，而得躬行之實，不亦背馳之甚乎。」其切磨之意如此。

八月，差提舉浙東常平茶鹽。

時浙東荐饑，上軫宸慮，遂拜命，不敢辭，即日單車上道。辭前所授職名，仍乞奏事。十月，堂帖報南康出粟人已推恩，乃受職名。

十一月己亥，奏事延和殿。

朱子去國二十年，既得見上，極陳災異之由，與夫脩德任人之說。上爲動容竦聽。因條陳救荒之策，畫爲七事上之。

十二月，視事於西興。

初受命，即印榜招海商販廣米至浙東，許以不收力勝及雜税錢，到則依價出糶，更不裁減，至是海商米舟已輻輳矣。日與僚屬寓公鈎訪民隱，規畫纖悉，晝夜不倦，至廢寢食。分畫既定，則親出按歷，始於會稽諸縣，次及七郡，窮山長谷，靡所不到，拊問存恤，不遺餘力。然每出皆乘輕車，屏徒御，一身所需，皆自齎以行，秋毫不及州縣，以故所歷雖廣，而部內不知。官吏憚其風采，夙夜戒飭，常若使者壓其境，至有自引去者。婺有朱縣尉，不伏賑糶，及紹、衢屬吏賈祐之等，不恤荒政，皆按劾其罪。大抵措畫類南康時，而用心尤苦，所活不可勝計。有短先生者，謂其疎於爲政，上謂宰相王淮曰：「朱熹政事卻有可觀。」

九年壬寅

正月，條奏救荒事宜。

幷乞借撥官會，給降度牒，推賞獻助人。又請將山陰等縣下戶夏稅、秋苗丁錢並行住催。

有詔捕蝗，復上疏言事。

略云：「爲今之計，獨有斷自聖心，沛然發號，責躬求言，然後君臣相戒，痛自省改。其次惟有盡出內庫之錢，以供大禮之費爲收糴之本。詔戶部無得催理舊欠，諸路漕臣遵依條限檢放稅租，宰臣沙汰被災路分州軍監司、守臣之無狀者，遴選賢能，責以荒政，庶幾猶足以下結人心，消其乘時作亂之意。不然，臣恐所憂者不止於餓殍，而在於盜賊；蒙其害者不止於官吏，而上及於國家也。」復上時宰書，略云：「朝廷愛民之心，不如惜費之甚，是以不肯爲極力愛民之事。明公憂國之念，不如愛身之切，是以但務爲阿諛順旨之計。然民之與財孰輕孰重，身之與國孰大孰小，財散猶可聚，民心一失，則不可復收；身危猶可以安，國勢一傾，則不可復正。至於民散國危而措身無所，則其所聚，有不爲大盜積者邪？」

詔行社倉法於諸郡。

初條陳荒政，請推行崇安社倉法於天下，至是得請，首頒行之台、婺，有應時爲之者。

條奏諸州利病。

首言：「紹興和買之弊，欲乞痛減歲額，然後用貫頭均紐，仍用高下等第均敷，而免下戶出錢，使得相乘除以優之。」及言台州丁絹錢有抑納陪輸之患，奏乞每丁納半錢、半絹。其諸郡義役之法，請令民均出義田，罷去役首，免排役次，官差保正、副長輪收義田，仍令上戶兼充戶長。沿海四州鹽法，乞倣福建下四州產鹽法行之。諸郡酒坊，亦乞改照處州萬戶酒法。救荒之餘，凡可以便民者，莫不規爲經久之計焉。

劾奏前知台州唐仲友不法。

七月行部，將由台趍溫，既入台境，民有訴太守、新除江西提刑唐仲友不法者。及趍台城，則訴者益衆。因盡得其促限催稅、違法擾民、貪汙淫虐、蓄養亡命、偷盜官錢、僞造官會等事，具劾之，仍送紹興鞫實。丞相王淮以姻舊，匿不爲奏。仲友亦自辨，且乞送浙西無礙官體究。已而紹興獄具，按章至十上，宰相不得已，取首章語未甚深者，及仲友(名)〔自〕辯疏同上，曲說開陳，故他無鐫削，止罷江西新任。台州久旱，雨遂大注，是歲穀重熟。

毀秦檜祠。

永嘉學有秦檜祠，移文毀之。

八月，除直徽猷閣，辭。

奬賑濟之勞也。朱子以爲：徒費大農數十萬緡之積，而無以全活一道饑饉流殍之民，躐等踐榮，懼非所以示勸懲。況近按唐仲友，反爲所訴，雖已罷其新任，而根究指揮，尚未結絕。方藉藁以俟斧誅，豈敢遽竊恩榮，以紊賞刑之典？不允。

差江西提點刑獄，辭。詔與江東提刑梁總兩易其任，再辭。

初，聞江西之命，即日解職東還，亟具辭免，大略以爲：所除官乃塡唐仲友闕，蹊田奪牛之誚，雖三尺童子，知其不可，臣愚何敢自安？願得歸耕故壟，畢志舊聞。詔與江東梁總兩易之，又辭，且言：祖鄉隸江東，墳墓田產，合該迴避。詔特免迴避，復辭，以爲今來所除，仍司按察，若復奉公守法，則恐如前所爲，或至重傷朝廷事體。若但觀勢徇私，又恐下負夙心，上孤眷使，乞特與祠，使得卒其舊業，退避仇怨。時辭職名不允之命同下，則又辭，以爲：前按唐仲友，既不差官體究，恐臣所按有不公不實之罪，難以例沾恩賞。詔並不許。

十一月，始受職名，仍力辭新任，請祠。

極言：「昨來所按贓吏黨與衆多，棋布星羅，並當要路。自其事發以來，大者宰制斡旋於上，小者馳騖經營於下，所以蔽日月之明，而損雷霆之威者，臣不敢論。若其加害於臣不遺餘力，則遠至於師友淵源之所自，亦復無故橫肆觝排，向非聖明洞見底蘊，則不惟不肖之身，反爲魚肉，而其變亂白黑，詿誤聖朝，又有不可勝言者。」時吏部尚書鄭丙、監察御史陳賈奉時相意上疏，毀程氏之學以陰詆朱子，故奏及之。

十年癸卯

正月，差主管台州崇道觀。

上覽奏，知不可強起，故有是命。初，朱子起守南康，使浙東，始有以身狥國之意。及是知道之難行，退而奉祠，杜門不出。海內學者尊信益衆，作《感春賦》以見志。

四月，武夷精舍成。

正月經始，至是落成，徙居之。四方士友來者甚衆，有《精舍雜詠幷序》。

朱子年譜卷之二

十一年甲辰

力辨浙學之非。

朱子還自浙東，見其士習馳騖於外，每語學者，且觀《孟子》「道性善」及「求放心」兩章，務收斂凝定，以致克己求仁之功，而深斥其所學之誤。以爲舍六經、《語》、《孟》而尊史遷，舍窮理盡性而談世變，舍治心修身而喜事功，大爲學者心術之害。極力爲呂祖儉、潘景愈、孫應時輩言之。《答呂祖儉書》云：「大抵此學以尊德性、求放心爲本，而講以聖賢親切之訓以開明之。若通古今、考事變，則亦隨力所至，推廣增益，以爲補助耳。不當以彼爲重，而反輕凝定收斂之實，少聖賢親切之訓也。若如此說，則是學問之道不在於己，而在於書，不在於經，而在於史，爲子思、孟子則孤陋狹劣而不足觀，必爲司馬遷、班固、范曄、陳壽之徒，然後可以造於高明正大、簡易明白之域也。」《與劉子澄書》云：「伯恭無恙時，愛說史學，身後爲後生輩糊塗說出一般議論，賤王尊霸，謀利計功，更不可聽。」

十二年乙巳

二月，崇道秩滿，復請祠，差主管華州雲臺觀。

十三年丙午

三月，《易學啓蒙》成。

六經遭秦煨燼，惟《易》以卜筮得全，迄於漢魏，流爲讖緯之學。王弼始刊落象數，釋以淸談，諸儒因之。至伊川程子，始發明孔氏之微言，而卦爻之本則未及焉。康節邵子傳伏羲《先天圖》，蓋得其本，而亦未及於卜筮也。朱子既推羲、文之意，作《周易本義》，又懼學者未明厥旨，乃作《啓蒙》四篇，以爲言《易》不本象數，既支離散漫，而無所根著。其本象數者，又不知法象之自然，未免牵合附會。故其篇目以《本圖書》、《原卦畫》、《明蓍策》、《考變占》爲次，凡掛揲及變爻，又皆盡破古今諸儒之失，而《易經》始還其舊。

八月，《孝經刊誤》成。

十四年丁未

正月，如莆，吊陳福公。

以三紀遊從，晚歲知己，且爲中興賢輔，故千里赴吊，幷爲文祭之。是歲，作《律呂新書序》。

三月，《小學》成。

朱子既發揮《大學》以開悟學者，又懼其失序無本，而不足以有進也，乃輯此書，以訓蒙士，使培其根，以達其枝。內篇四，曰《立教》，曰《明倫》，曰《敬身》，曰《稽古》；外篇二，曰《嘉言》，曰《善行》。脩身之事，此略備焉。

差主管南京鴻慶宫。

七月，差江西提點刑獄，辭。

時上諭宰執：「朱熹久閒，可與監司。」周必大議除轉運副使，或謂金穀非其所長，故有是命。誥詞云：「勑宣教郎、直徽，先德後刑，民從其化。而救荒之政，所全活者尤衆。久從家食，念之不忘，江右持平，往哉惟允。行爾盡心之學，廣我好生之仁。可依前官，差提點江南西路刑獄公事。」淳熙十四年七月日，陳居仁行詞。

十五年戊申

正月，趣奏事之任，復以疾再辭，不允，且趣入對。

六月壬申，奏事延和殿。

會宰臣王淮罷政，乃以其月入國門。丞相周必大令人諭意，云：「上問，朱熹到已數日，何不請對？」遂詣閤門進榜子。有旨：初七日後殿班引。及對，上迎謂之，曰：「久不見卿，卿亦老矣。」自陳：「昨任浙東提舉，曲荷聖恩保全。」上曰：「浙東救荒煞究心。」又言：「蒙除江西提刑，衰朽多疾，不任使令。」上曰：「知卿剛正，今留在此，待與清要差遣，不復勞卿州縣。」奬諭甚渥，再三辭謝，方出奏劄，上曰：「正所願聞。」其一言刑獄失當，上曰：「似此有傷風教，不可不理會。」其二言獄官當擇其人，三言經總制錢，四言諸州科罰，上曰：「聞多是羅織富民。」其五乃言：「陛下即位二十有七年，因循荏苒，無尺寸之效可以仰酬聖志。」因反復以天理人欲爲言，規諷切至。又言：「置將之權旁出閹寺。」上曰：「這箇事卻不然，盡是採之公論，如何由他？」對曰：「彼雖不敢公薦，然皆託於士大夫之公論，而實出於此曹之私意，獨陛下未之知耳。」又指甘昇問上曰：「陛下知此人否？」上曰：「固是。但漏洩文書，乃是他子弟之罪。」對曰：「豈有子弟有過，而父兄無罪？然此特一事耳。此人挾勢爲奸，所以爲盛德之累者多矣。」上曰：「高宗以其才薦過來。」對曰：「小人無才尚可，有才鮮不爲惡。」至論言官緘默，奏曰：「陛下以曾任知縣人爲六院，察官闕則取以充之。雖曰親擢，然其途轍一定，宰相得以先布私恩於合入之人，及當言責，往往懷其私恩，豈肯言其過失？」上曰：「然，近日之事可見矣。」至論軍政不備，士卒愁怨，曰：「主將刻剝士卒，以爲苞苴，陞轉階級，皆有成價。」上曰：「卻不聞此。果有時，豈可不理會？卿可子細採探來說。」末後辭云：「照對江西，係是盜賊刑獄浩繁去處，久闕正官。臣今迤邐前去之任，不知有何處分。」上曰：「卿自詳練，不在多囑。」是行也，有要之於路，以「正心誠意、上所厭聞」戒以勿言者，朱子曰：「吾平生所學惟此四字，豈可回互而欺吾君。」及奏，上未嘗不稱善。除兵部郎官，以足疾請祠，詔依舊職名，提刑江西。

前數日，兵部侍郎林栗與朱子論《易》及《西銘》不合，栗怒，至是遣吏抱印來，迫以供職。時朱子以足疾甚在告申部，乞候疾愈，不聽。翌日，栗疏其欺慢，請行罷逐。故事，無以侍郎劾本部郎者，滿朝皆駭笑之。於是朱子請祠，上曰：「林栗似過當。」丞相周必大奏：「熹上殿之日，足疾未瘳，勉強登對。」上曰：「朕亦見其跛曳。」時上意方向朱子，欲易他部，丞相請仍授提刑，從之。

七月，除直寶文閣，主管西京崇福宮。朱子既行，且辭曰：「論者謂臣事君無禮，爲人臣子有此名，罪當誅戮，豈可復任外臺耳目之寄？」上覽之，諭宰執曰：「林栗章初未降出，何得外廷喧播？」或對以栗在漏舍宣言章疏，人人知之，上不悅。太常博士葉適上疏，極言栗以私意劾熹，所言不實。侍御史胡晉臣論栗狠愎自用，無事而指學者爲黨，最人之所惡聞。栗遂罷去，詔朱熹可疾速之任。因固辭足疾不任起發，復丐祠，遂除直寶文閣，主管西京嵩山崇福宮。告詞云：「朕惟廉節不立，風俗未淳，思得難進易退之士，表而用之，庶幾曠然變其舊習。爾之學術，遠有淵源，其爲操行，養之久矣。志在憂時，曾未得一日立於朝。比以部刺史入奏便殿，朕嘉其讜論，留寘郎曹，蓋將進諸清要之地，遽以疾謚，祈反初服。既勉從於素志，復更請於眞祠。夫招麾何意於去來，仕止不形於喜慍，此古之清達之士也。朕察爾誠，是用陞職二等，聽食優閑之祿。身雖在外，亦有補於風化。」淳熙十五年八月日，中書舍人鄭僑行詞。時廟堂知上眷厚，憚朱子復入，故爲兩罷之策焉。

九月，復召，辭。

初朱子之去，上悟其故，至是復召之，朱子以爲遷官進職皆爲許其閑退，方竊難進易退之褒，復爲彈冠結綬之計，則其爲世觀笑，不但往來屑屑之譏。

十一月，趣入對，再辭，遂上封事。

初朱子入奏事，迫於疾作，嘗面奏，以爲口陳之說有所未盡，乞具封事以聞。至是再辭，遂併具封事，投匭以進。其略曰：「今天下大勢，如人有重病，内自心腹，外達四肢，無一毫一髮不受病者。臣敢以天下之大本與今日之急務爲陛下言之。蓋大本者，陛下之心；急務則輔翼太子，選任大臣，振舉綱維，變化風俗，愛養民力，脩明軍政六者是也。

凡此六事，皆不可緩，而本在於陛下之一心。一心正則六事無不正，一有人心私欲介乎其間，則雖欲憊精勞力以求正乎六事，亦將徒爲文具，而天下之事愈至於不可爲矣。」疏入，夜漏下七刻，上已就寢，亟起秉燭，讀之終篇。

除主管西太一宮，兼崇政殿說書，辭。

於是上感其忠鯁，故有經帷之命，蓋將爲燕翼謀也。朱子因密草疏奏，言講學以正心，脩身以齊家，遠便嬖以近忠直，抑私恩以抗公道，明義理以絕神姦，擇師傅以輔皇儲，精選任以明體統，振綱紀以厲風俗，節財用以固邦本，修政事以攘夷狄，凡十事，欲以爲新政之助。會執政有指道學爲邪氣者，力辭新命，遂不果上。

始出《太極通書》、《西銘解義》以授學者。

初，陸象山之兄九韶嘗有書與朱子，言《太極圖說》非正，曲加扶掖，終爲病根，意謂不當於太極上更加無極二字。朱子答書云：「不言無極，則太極同於一物，而不足以爲萬化根本。不言太極，則無極淪於虛寂，而不能以爲萬化根本。」又曰「無極只是無形，太極只是有理」，子美不以爲然。是夏，象山爲之申辨《第一書》有曰：「《易》之《大傳》曰，形而上者謂之道，又曰一陰一陽之謂道。一陰一陽，已是形而上者，況太極乎。極者，中也。言無極則是言無中也，豈宜以無極字加於太極之上？無極二字，出於《老子》，聖人之書，所無有也。」朱子答書有云：「《大傳》既曰形而上者謂之道矣，而又曰一陰一陽之謂道，此豈眞以陰陽爲形而上者哉？正所以見一陰一陽雖屬形器，然其所以一陰而一陽者，是乃道體之所爲也。故語道體之至極，則謂之太極；語太極之流行，則謂之道。雖名二物，實無兩體。周子所以謂之無極者，正以其無方所，無形狀，以爲在無物之前，而未嘗不立於有物之後；以爲在陰陽之外，而未嘗不行乎陰陽之中，以爲通貫全體，無乎不在，則又初無聲臭形響之可言也。今乃深詆無極之不然，則是直以太極爲有形狀，有方所矣。且以陰陽爲形而上者，則既昧於道器之分矣，又於『形而上者』之上復有『況太極乎』之語，則是又以道上別有一物爲太極矣。如《老子》復歸於無極，無極乃無窮之義，非若周子所言之意也。」象山《第二書》有曰：「老氏以無爲天地之始，以有爲萬物之母，以常無觀妙，以常有觀竅，直將無字搭在上面，正是老氏之學，豈可諱也。」朱子答書有曰：「詳老氏之言有無，以有無爲二；周子之言有無，以有無爲一。正如南北、水火之相反。更請子細着眼，未可容易譏評也。如曰未然，則我日斯邁，而月斯征，各尊所聞，各行所知，無復可望於必同也。」

十六年己酉

正月，除秘閣脩撰，辭。

時孝宗內禪，光宗即位。

是歲，序《大學》、《中庸》章句。

二書定著已久，猶時加竄改，至是以穩愜於心而始序之。又各著《或問》及《中庸輯略》。

四月，再辭職名，許之，仍舊直寶文閣，降詔獎諭。

詔詞云：「以爲寵卿以爵秩，不若全卿名節之爲尤美也。」乃上表謝。

閏五月，更化覃恩，轉朝散郎，賜緋魚。

八月，除江東轉運副使，又辭。

詔疾速之任，任滿前來奏事。朱子以祖鄉田產隸部內辭，詔免迴避。

十一月，改知漳州，再辭不允，始拜命。

以光宗初政，再被除命，遂不敢辭。

光宗紹熙元年庚戌

四月，到郡，首頒禮教。

臨漳風俗薄陋，民不知禮，至有居父母喪而不服衰經者。朱子首下教述古今禮律以開喻之，又採古喪葬、嫁娶之儀，揭以示之，命父老解說，以訓子弟。其俗尤崇尚釋氏，男女至聚僧廬爲傳經會，女不嫁者，私爲庵舍以居，悉禁之。俗爲大變。時詣學校，訓誘諸生，如南康時。其至郡齋請業問難者，接之不倦。又擇士之有行義、知廉耻者，使列學職，爲諸生倡。按《語錄》云：先生初到時，教習諸軍弓射，分作三番，每（月）〔日〕輪番入教場挽弓，及等者有賞，不及者留射，及等則止，終不及者，罷之。兩月之間，皆成精伎。又熟聞知錄趙師慮之爲人，試之政事，尤得其實，遂首舉之。聞者無不心服。是歲朱子年六十一。

奏除屬邑上供，罷科茶錢，及蠲減本州無額經總制錢，凡萬餘緡。

奏行經界法。

初，朱子爲同安簿，已知經界不行之害，至是即加訪問講求，纖悉畢究，以至弓量、筭造之法，盡得其說，乃具陳利害，疏於朝，及與執政書究論之，然貧民下戶，莫不深喜，而寓公豪右兼併侵漁者，輒以爲不便。會州人有居要路者，幸其有是奏，亟啓從之。久之有旨，本州先行經界，後竟有阻之者，事遂以寢。

十月，以地震及足疾不能赴錫宴，自劾，仍請祠，不允。

刻五經四書於郡。

各著爲說，繫於諸經書後，以曉學者。按《語錄》云：熹如今方見得聖人一言一字不吾欺，只今六十一歲，方理會得恁地。又曰：熹覺得今年方無疑。又曰：熹當初講學也，豈意到這裏，幸而天假之年，許多道理在這裏，今年頗覺勝似去年，勝似前年。

二年辛亥

春，與永嘉陳君舉論學。

朱子往歲聞陳傅良君舉嘗著《詩說》，以書問之，至是，書來報云：「來徵《詩說》，年來或與士友言之，未嘗落筆。愚見願以《雅》、《頌》之音，蕭勺群慝，訓（詁）〔詁〕章句，付之諸生。」又謂：「二十年間聞見異同，無從就正，間欲以書叩之，念長者前有長樂之爭，後有臨川之辯，他如永康往還，動數千言，更相切磋，未見其益，而學者轉相夸毗，浸失本旨。蓋刻畫太精，頗傷簡易，矜持已甚，反涉吝驕，以此益覺書不能宣，要須請見，究此衷曲耳。」朱子答書云：「嘗謂人之爲學，若從平實地上循序加功，則其目前雖未見日計之益，而積累工夫漸見端緒，自然不假用意裝點，不待用力支撐，而聖賢之心，義理之實，必皆有以見其確然而不可易者。至於講論之際，心即是口，口即是心，豈容別生較計，依違遷就，以爲諧俗自便之計耶。今人爲學，既已過高而傷巧，是以其說常至於依違遷就而無所分別，蓋其胸中未能無纖芥之疑，有以致然，非獨以避咎之故，而後詭於辭也。若熹之愚，自信已篤，向來之辯，雖至於遭讒取辱，然至於今日，此心耿耿，猶恨其言之未盡，不足以暢彼此之懷，合異同之趣，而不敢以爲悔也。老病幽憂，死亡無日，念此大事，非一人私說、一朝淺計，而終無面寫之期，是以冒致愚悃。鄉風引領，不勝馳情。」後無聞焉。

二月，《與趙帥書》，論招州軍募江戌。

三月，復除秘閣修撰、主管南京鴻慶宮，任便居住。

正月，長子塾卒於婺州。報至，即以繼體服斬衰丐祠，歸治喪葬。遂有是除。

四月，去郡，再辭職名。

上初政，嘗除秘撰，時已力辭，奉詔褒許，難以復受，故再辭焉。《與留丞相書》論黨禍，且以黨正黜邪爲諷。其治漳也，一以崇敎化、正風俗爲先務，期年化成而去，漳民莫不思之。

五月，歸次建陽，寓同繇橋。

七月，再辭職名，不允。

九月，除湖南轉運副使，辭。

十二月，仍以漳州經界不行，自劾。

三年壬子

二月，復請補祠職，從之。

詔：漳州經界議行已久，湖南使節事不相關，可疾速之任。朱子猶以補祠職爲請，遂許之。

始築室於建陽之考亭。

先是，韋齋嘗過考亭而愛之，書日記

曰：「考亭溪山清邃，可居。」至是卒成韋齋之意。

永康陳同甫來訪。

同甫名亮，永康人，以文雄浙中，自負王霸之略，而任俠豪舉。朱子往歲嘗與書，箴其義利雙行，王霸並用，且謂漢、唐行事，非三綱五常之正，以風切之。同甫有書辨難，朱子累答書，極力開論。同甫雖不能改，未嘗不心服，每遇朱子生辰，雖居千里外，必遣人問遺，歲以爲常。至是來訪，朱子嘗曰：「海內學術之弊，不過兩說，江西頓悟，永康事功，若不極力爭辨，此道無由得明。」

十二月，除知靜江府、廣西經略，辭。

四年癸丑

正月，再辭。

十二月，除知潭州、湖南安撫，辭，不允。

或傳是冬使人自虜中回，虜問南朝朱先生安在，答以見擢用。歸白廟堂，遂有是除。誥詞云：「十國爲連，師帥是寄。矧長沙據湖湘上游，賜履甚廣，視邦選侯，尤難其人。以爾學古粹深，風節峻特，可以爲世之師；仁心仁聞，威惠孚洽，可以爲時之帥。兼是二者，往臨藩方，聲望所加，列城聳服。儒先相望，士氣方振，爾其爲朕教之；楚俗雖安，尚有凋瘵，爾其爲朕撫之。典刑所存，奚事多訓。可。」紹熙四年十二月日，中書舍人樓鑰行詞。朱子以辭遠就近，不爲無嫌，力辭。

五年甲寅

正月，再辭，詔疾速之任。

詔：「長沙巨屏，得賢爲重。往祗成命，毋執謙辭。可依已降指揮，疾速之任。」

會洞獠侵擾屬郡，恐其滋熾，遂拜命。

五月，至鎮。

在途所次，老稚攜扶來觀，夾道塡擁，幾不可行。長沙士子夙知向學，及鄰郡數百里間學子雲集，朱子誨誘不倦，坐席至不能容。士俗懽動。

洞獠侵擾郡境，遣使諭降之。

傜人蒲來矢出省地作過，或薦軍校田昇可用，召問之，以爲可招，期以某日不俘以來，將斬汝。昇即以數十輩馳往，取文書相若告身者數通自隨，諭以禍福。來矢喜，聽命，遂幷其妻子俘以至，官給衣冠，引赦不誅。

改建嶽麓書院。

書院本樞密劉公、南軒先生之舊，久而廢墜，乃更擇爽塏之地而新之，別置員額，以待不由課試而入者，其廩給與郡庠等。朱子常窮日之力治郡事，夜則與諸生講論問答，略無倦色，每訓以切己務實之學，懇惻至到，聞者感動。

奏請飛虎軍隸本路節制，從之。

以本路別無軍馬，唯賴飛虎軍以壯聲勢，而乃遙隸襄陽，不便，故以爲請。

六月，申乞歸田，不允。

時孝宗陞遐，朱子哀慟不能自勝。又聞光宗以疾不能執喪，中外洶洶憂懼，遂有此陳。

七月，寧宗即位，召赴行在奏事，辭。

先是蜀人黃裳爲嘉邸翊善，善講說開導，上學頓進。一日，光宗宣諭曰：「嘉王進學，皆卿之功。」裳謝，因進曰：「若欲進德修業，追蹤古先哲王，則須尋天下第一等人乃可。」光宗問爲誰，對曰朱熹。或言長沙之命亦頗由此。彭龜年繼爲宮寮，因講魯莊公不能制其母，云：「母不可制，當制其侍御、僕從。」上問：「此誰之說？」對曰：「朱熹之說。」自後每講，必問朱熹之說云何。蓋傾心已久，故履位之初，首加召用。

考正釋奠禮儀，行於郡。

先是漳州任內，嘗列上釋奠禮儀，得請施行。既去官，復格不下，至是下之。時召還奏事，又苦目眚，乃力疾（窮）〔躬〕爲鈎校，删剔猥穰，定爲數條，頒行巡内州邑，僅畢而行。

立忠節廟。

東晉王敦之亂，湘州刺史、譙閔王司馬承起兵討賊，不克而死。紹興初，金賊犯順，通判潭州事孟彥卿、趙民彥督兵迎戰，臨陣遇害。城陷之日，將軍劉玠、兵官趙聿之巷戰，罵賊不屈而死。五人皆以忠節歿於王事，而從前未有廟貌，乃於城隍廟內創立祠堂，肖象祀之。又請於朝，賜廟額曰忠節。

八月，除煥章閣待制，兼侍講，再辭不允，仍趣令疾速供職。

誥詞云：「朕初承大統，未暇他圖，首闢經帷，詳延學士。眷儒宗之在外，頒召節以趣歸，徑登從班，以重吾道。具位朱熹，發六經之蘊，窮百氏之源。其在兩朝，未爲不用，至今四海，猶謂多奇。擢之次對之班，處以邇英之列，若程頤之在元祐，若尹焞之於紹興。副吾尊德樂義之誠，究爾正心誠意之說，豈惟慰滿於士論，且將增益於朕躬。非不知政化方行，師垣有賴。試望之於馮翊，不如寘之本朝；召賈傅於長沙，自當接以前席。慰兹渴想，望爾遄驅。可。」紹熙五年八月日，黄由行詞。朱子初辭奏事之命，兼旬不報，遂東歸。道中忽被除命，以爲超躐不次之除，不免冒昧之譏，乞仍舊奉祠，辭至再，且云：「陛下嗣位之初，方將一新庶政，所宜愛惜名器，若使倖門一開，其弊豈可復塞？至於博延儒臣，專意講學，蓋將求所以深得親懽者，爲建極導民之本；思所以大振朝綱者，爲防微慮遠之圖。顧問之臣，實資輔養，用人或謬，所繫非輕。」蓋朱子在道，聞南内朝禮尚闕，近習已有用事者，故預有是言。

九月晦日，至自長沙，次於郭外。

先是，朱子行至上饒，聞以内批逐首相，有憂色。學者問其故，曰：「大臣進退，亦當存其體貌，豈宜如此！」或謂此蓋廟堂之意，曰：「何不風其請去而後許之。上新立，豈可（道）〔導〕之使輕逐大臣耶？」及至六和塔，永嘉諸賢俱集，各陳所欲施行之策，紛紜不決。朱子曰：「彼方爲几，我方爲肉，何暇議及此哉！」蓋是時近習用事，御筆指揮皆已有端，故朱子憂之。

十月朔，乞且帶舊職奏事。次日，入國門，越日，奏事行宫便殿。

其略曰：天運艱難，國有大咎，所謂天下之大變，而不可以常理處也。太皇太后躬定大策，皇帝陛下寅紹丕圖，所謂處之以權，而庶幾不失其正者。亦曰陛下之心，前日未嘗有求位之計，今日未嘗忘思親之懷耳。充吾未嘗求位之心，則可以盡吾負罪引慝之誠；充吾未嘗忘新之心，則可以致吾溫凊定省之禮。如此而大倫可正，大本可立矣。」次言爲學之道，莫先於窮理，而窮理之要，必在於讀書；讀書之法，莫貴於循序而致精，而致精之本，則又在於居敬而持志。此不易之理也。其三劄皆言湖南事宜。初朱子行至宜春，門人盧陵劉黻遮見，請曰：「先生是行，上虛心以待，敢問其道何先？」曰：「今日之事，非大改更不足以悅天意，服人心。然天下無不可爲之時，人主無不可進之善，吾知竭吾誠，盡吾力耳，外此，非吾所能預計也。」

辭新除職名，不允。

奏事後，面納劄子，辭職名，有旨依已降指揮，不允。又申省，以爲未得進說，而先受厚恩，萬一異時未效涓埃，而疾病不支，遂竊侍從職名而去，則臣死有餘罪。上手劄：「卿經術淵源，正資勸講，次對之職，勿復牢辭，以副朕崇儒重道之意。」乃拜命。

上《孝宗山陵議狀》。

趙彥逾按視山陵，謂土肉淺薄，掘深五尺，下有水石，旋改新穴，視舊僅高尺餘。孫逢吉覆按，亦乞少寬日月，別求吉兆。有旨集議，臺史憚之，議遂中寢。朱子乃上《議狀》，言壽皇聖德神功，宜得吉土，以奉衣冠之藏。當廣求術士，博訪名山，不宜偏信臺史罔上誤國之言，固執紹興坐南向北之說，委之水泉砂礫之中，殘破浮淺之地。不報。

辛丑，受詔進講《大學》。

故事，講筵每遇隻日，早晚進講，及至當日或值假故，即行權罷。又大寒大暑，亦繫罷講月分。乃奏乞除朔、望、旬休及過宮日外，不以寒暑、雙隻月日諸色假故，並令逐日早晚進講，從之。朱子每講，務積誠意，以感悟上心。以平日所論著者敷陳開析，坦然明白，可舉而行。講畢，有可以開益聖德者，罄竭無隱，上亦虛心嘉納。

差兼實錄院同脩撰，再辭，不允。

更化覃恩，授朝請郎，賜紫金魚袋。

誥詞云：「學先王之道，而明於當世之務，三仕三已，義不苟合，天下高之，蓋累朝之所嘉嘆而不忘也。長沙謀帥，強爲時起，肆予初政，式遄其歸，於以勸講，朕將虛己聽焉。爰因大賚，序進闕秩，雖曰舊章，亦冀樂告。可。」紹熙五年十月，中書舍人陳傅良行詞。

乙巳，晚講，乞令後省看詳封事。

時以雷雨之異，下詔求言。因奏：登極之初，獻言者衆，乞令後省官看詳，擇其善者，條上取旨施行，庶聞者知勸，直言日聞。詔差沈有開、劉光祖看詳，限十日奏聞。

奏乞三年內賀禮並免。

（端）〔瑞〕慶聖節前一日晚，關報來日百官稱賀。朱子欲不出，不可，乃草劄子，明日立班投進。有旨卻賀表不受。末復請：三年內賀禮並免，節序進名奉慰。

庚戌，講筵留身，奏四事。

時有旨修葺東宮三數百間，而諫臣黃度將論近習，遽以特批逐之。朱子不勝憂慮，乃具奏四事，其略曰：「上帝震怒，災異數出，饑餓流離，太上皇帝未有進見之期，而壽皇在殯，因山未卜，几筵之奉，不容少弛。太皇太后、皇太后皆以尊老之年，煢然憂苦，晨昏之養，尤不可闕。不宜大興土木，以適安便。又壽康定省之禮，所宜下詔自責，頻日繼往。至於朝廷紀綱，尤所當嚴。今進退宰執，移易臺諫，皆出於陛下之獨斷。中外傳聞，皆謂左右或竊其柄，而其所行，又未能盡允於公議。至於攢宮之卜，偏聽臺史謬妄之言，但欲於祐思諸陵之旁，趲那遷就，苟且了當。既不爲壽皇體魄安寧之處，又不爲宗社血食久遠之圖。臣願陛下首罷修葺東宮之役，而以其工料回就慈福、重華之間，草創寢殿一二十間，使粗可居。及過宮之日，願暫變服色，望見太上皇帝，即當流涕伏地，抱膝吮乳，以伸負罪引慝之誠。及深詔左右，勿預朝政。而凡號令之弛張，人材之進退，則一委之二三大臣，使之較量，勿狥己見。若夫山陵之卜，亦望先寬七月之期，次點臺史之說，別求草澤，以營新宮，使壽皇之遺體得安於內，則宗社生靈，皆蒙福於外矣。此四事，皆今日最急之務，切乞留神，反復思慮，斷而行之。」上爲之感動，然卒無所施行。

閏月朔，編次講章以進。

朱子進講，數論及《盤銘》、《丹書》，復編次成帙以進。上（書）〔喜〕，且令點句來聞。他日請問，上曰：「宮中常讀之，其要在求放心耳。」朱子頓首謝，因復奏疏勉上進德，其言：「願陛下日用之間，語默動靜，必求放心以爲之本，而於玩經觀史已用力處，益用力焉。數召大臣切劘治道，即陳今日要務，略如仁祖開天章閣故事。至於群臣進對，亦賜溫顔，反復詢訪，以求政事之得失，民情之休戚，而又因以察其人材之邪正短長，庶於天下之事各得其理。所以推廣上意焉。」朱子退，謂門人曰：「上可與爲善，顧常得賢者輔導，天下有望矣。」

請修嫡孫承重之服。

略曰：「禮經勑令，子爲父，嫡孫承重爲祖父，皆斬衰三年。蓋嫡子當爲父後，以承大宗之重，而不能襲位以執喪，則嫡孫繼統以代之，義當然也。漢文短喪之後，千有餘年，莫能釐正，及我壽皇聖帝至性孝誠，易月之外，猶執通喪，超越千古拘攣牽制之弊，甚盛德也。間者遺詔初頒，太上皇帝偶違康豫，不能躬就喪次。陛下實以世嫡之重，仰承大統，則所謂承重之服，著在禮律，所宜一遵壽皇已行之法，易月之外，日以布衣布冠視朝聽政，以代太上皇帝躬執三年之喪。而一時倉卒，不及詳議，遂用漆紗淺黃之服，不惟上違禮律，無以風示天下，且將使壽皇已行之禮，舉而復墜，臣竊痛之。然既往之失，不及追改，惟有將來啓殯發引，禮當復用初喪之服。欲望陛下仰體壽皇聖孝成法，明詔禮官稽攷禮律，預行指定。」詔禮官討論。後不果行。按：書奏藁後云：「嫡孫爲祖，禮經無文，但《傳》云：父歿而爲祖後者服斬。本條下疏中，有諸侯父有廢疾不任國政不任喪事之間，而鄭答以天子諸侯之服皆斬之文，方見父在而承國於祖之服。向來入此文字時，無文字可撿，歸來稽攷，始見此說，方得無疑，乃知學之不講，其害如此。」

上《廟祧議》。

孝宗將祔廟，禮官初請祧宣祖而祔孝宗，

繼復有請并祧僖、宣二祖，而正太祖東向之位者。宰相趙汝愚素主此說，給舍樓鑰、陳傅良皆附和之。癸亥，當集議，朱子度難以口舌爭，乃辭疾不赴，而入《議狀》，條其不可者四，復引大儒程頤之說，以爲物豈無本而生者？今日天下基本蓋出僖祖，豈可謂無功德？併其說上之，宰相不聽，復奏疏論之，臺諫因乞且依禮官初議，樓鑰獨乞主併祧之說。丙寅，得旨：來日內引。丁卯，入對，賜食，上問外事人才畢，請宣引之旨，上於榻後取文書一卷，曰：「此卿所奏廟議也，可細陳其說。」初，朱子既被旨，恐上必問及，乃取所論畫爲圖本，貼說詳盡。至是，出以陳奏，久之，上再三稱善，且曰：「僖祖乃國家始祖，高宗、孝宗、太上皇帝俱不曾祧，今日豈可容易？可於榻前撰數語，俟徑批出施行。」朱子方懲內批之弊，因乞降出劄子，再令臣僚集議，上亦然之。既退，即以上意喻廟堂，則聞已毀僖、宣廟，而更創別廟，以祀四祖矣。時相既以王安石之論爲非，異議之徒，忌其軋己，藉以求勝，事竟不行，天下恨之。

准告，封婺源縣開國男，食邑三百戶。

戊辰，入史院。

朱子以實錄院略無統紀，脩撰官三員，檢討官四員，各欲著撰，不相統攝，所脩前後往往不相應。嘗與衆議，欲以事目分之，譬之六部，吏部專編差除，禮部專編典禮，刑部專編刑法，須依次序編排，各具首末，然後類聚爲書，方有條理。又如一事而紀載不同者，須置簿抄出，與衆會議，然後去取，庶幾存得案底在。時檢討官不從。

丙戌，詔除寶文閣待制、知江陵府、湖北安撫，辭。

是日，晚講留身，申言前疏，乞賜施行。既退，即降御批：「朕憫卿耆艾，方此隆冬，恐難立講，已除卿宮觀，可知悉。」宰相趙汝愚留御劄固諫，內侍王德謙徑遣付下，因即附奏以謝。樓鑰、鄧驛、劉光祖、陳傅良皆爭留之，不可。有旨除寶文閣待制，與州郡差遣。遂行，道除知江陵府，辭，不允。他日，工部侍郎黃艾因對問所以逐朱熹之驟，上曰：「始除熹經筵爾，今乃事事欲與聞。」吏侍孫逢吉亦因講《權輿》之詩，反復以諷，上曰：「朱熹所言，多不可用。」初，韓侂胄自謂有定策功，且依托肺腑，出入宮掖，居中用事。朱子聞之，惕然以爲憂，因辭免職名，已微寓其意。及進對，再三面陳之，又約吏部侍郎彭龜年請對，白發其奸。龜年出護使客，侂胄益得志。朱子又數以手書遺生徒密白丞相，當以厚賞酬其勞，勿使得預朝政。丞相方謂其易制，所倚以爲腹心謀事之人，又皆持祿苟安，無復遠慮。朱子獨懷忠憤，因講畢奏疏極言之，侂胄大怒，陰與其黨謀去之，而一時爭名之流，亦潛有甚間之意，由是侂胄之計遂行。朱子既去國，彭龜年遂攻侂胄，因奏曰：「正緣陛下近日逐得朱熹太暴，故亦欲陛下亟去此小人。」既而省劄直批龜年與郡。侂胄由此聲勢益張，群憸附和，并疑及丞相，視正士如深仇。衣冠之禍，蓋始此云。

十一月，還考亭，復辭前命，仍乞追還新

舊職名。

初還，過玉山，邑宰司馬邁請爲諸生講說，辭不獲，乃就縣庠賓位，因學者所請問而發明道要，聞者興起。邁刻講義一篇以傳於世。及抵家，遂力辭新命。

十二月，詔依舊煥章閣待制、提舉南京鴻慶宮。

誥詞云：「從欲者，聖人之仁；尙謙者，君子之行。眷我執經之老，辭夫次對之榮。既諒忱誠，其頒茂命。以爾心耽墳典，性樂丘樊，被累朝之特招，稱疾屢矣；於十連而趣召，肯起翻然。既陪東學之遊，兼侍西清之邃。見卿幾晚，方善桓榮之說書；高論未聞，遽若貢生之懷土。仍夫華職，秩以眞祠，蓋彰優老之風，且示隆儒之意。逮茲累歲，始復有陳，前受之是，今受之非，誰能無惑？大遜如慢，小遜如僞，夫豈其然！顧而務徇於名高，在我詎輕於爵馭，俾解禁嚴之直，復居論著之聯。雖雅志之勉從，在至懷而良咈。噫！厥承明勞侍從，既違持橐之班；歸鄉里授生徒，往究專門之業。其祗予訓，用蹈於中。可依舊秘閣脩撰，宮觀差遣。」慶元元年十一月日，中書舍人傅伯壽行詞。

竹林精舍成。

朱子既歸，學者甚衆。至是精舍成，率諸生行釋菜禮於先聖，其文略曰：「恭惟道統，遠自羲、軒。集厥大成，允屬元聖。維顏曾氏，傳得其宗。逮思及孟，益以光大。自時闕後，口耳失眞。千有餘年，乃曰有繼。周、程授受，萬理一原。曰邵曰張，爰及司馬。學雖殊轍，道則同歸。俾我後人，如夜復旦。熹以凡陋，少蒙義方。中靡常師，晚親有道。載鑽載仰，雖未有聞。賴天之靈，幸無失墜。逮茲退老，同好鼎來。落此一丘，群居伊始。探原推本，敢昧厥初。」精舍規約整肅，置堂長以司之，且書其門符云：「道迷前聖統，朋誤遠方來。」後精舍更名曰滄州。

寧宗慶元元年乙卯

正月，辭舊職名，三月，又辭，並不允。

以議僖祖祧不合自劾，幷累申省。有旨：「次對之職，除受已久，與廟議初不相關，依已降指揮，不得再有陳請。」

轉朝奉大夫。

誥詞云：「敕：登崇俊良，固欲符於衆望；丕視功載，自難廢於彝章。雖予法從之英，亦用叙遷之典。具位受才宏遠，造道精醇。舉明主於三代之隆，夙懷此志；以六經爲諸儒之倡，務淑斯人。爵每見於辭榮，節素高於難進。載稽吏考，爰陟文階。積久以致官，恐未免如昔人之議；舉賢不待次，當有以徇天下之公。其體朕心，勿忘猷告。可。」慶元元年三月日，中書舍人鄧驛行辭。

五月，復辭職名，幷乞致仕，不允。

初，侂冑即欲併逐趙相而難其辭。及是，誣以不軌，竄永州，中外震駭。大權一歸侂冑矣。侂冑本武人，志在招權納賄，士大夫嗜利無耻，或素爲淸議所擯者，乃教以除去異己者，然後可以肆志。陰疏姓名授之，於是群小附和，以攻僞學。太府寺丞呂祖儉以論救丞相，貶韶州。先生自以蒙累朝知遇之恩，且尚帶從臣職名，義不容默，乃草封事數萬言，極陳姦邪蔽主之禍，因以明丞相之冤。子弟諸生更進迭諫，以爲必自賈禍，先生不聽。蔡元定入諫，請以蓍決之，遇《遯》之《同人》，先生默然退，取奏藁焚之，更號遯翁，遂以疾丐休致云。

十二月，以屢辭職名，詔依舊充秘閣脩撰，宫祠如故。

先是辭職名，不允。又以嘗妄議山陵，自劾待罪，乞鐫職名，詔無罪可待。又言已罷講官，不敢復帶侍從職銜，詔從之。

是歲，《楚辭集註》成。

時朝廷治黨人方急，丞相趙公謫死於永。先生憂時之意，屢形於色，因註《楚辭》以見志。其書又有《辯證》及《後語》。

二年丙辰

二月，申省乞改正恩數。

大意言：昨來疏封錫服、封贈蔭補、磨勘轉官，皆爲已受從官恩數，請乞改正。不許。

十二月，褫職罷祠。

先是臺臣擊僞學，既榜朝堂。未幾，張貴模指論《太極圖説》之非，省闈知之。是科取士稍涉義理者，悉見黜落，士子咸避時忌，文氣日卑。門人楊道夫聞鄉曲射利者多撰造事跡，以投合言者之意，亟以書告朱子，報曰：「死生禍福，久已置之度外，不煩過慮。」久之，奸人相顧不敢發，獨胡紘草疏將上，會遷去不果。沈繼祖以追論伊川先生，得爲察官，紘因以藁授之。繼祖鋭於進取，意謂立可致富貴，遂奏乞褫職罷祠，從之。蔡元定隱居不仕，亦特編置道州。善類重足以立。是歲，作《皇極辨後記》。

是歲，始脩禮書。

名曰《儀禮經傳通解》。其書大要以《儀禮》爲本，分章附疏，而以小戴諸義各綴其後，其見於他篇及他書可相發明者，或附於經，或附於義。其外如《弟子職》、《保傅傳》之屬，又自別爲篇，以附其類。其目有《家禮》、《鄉禮》、《學禮》、《邦國禮》、《王朝禮》、《喪禮》、《祭禮》、《大傳》、《外傳》，其大體已具者蓋十七八。先是，草奏欲乞脩《三禮》，曰：「遭秦滅學，禮樂先壞，漢、晉以來，諸儒補輯竟無全書，其頗存者《三禮》而已。《周官》一書，固爲禮之綱領，至其儀法度數，則《儀禮》乃其本經，而《禮記·郊特牲》、《冠義》等篇，乃其義說耳。前此猶有《三禮》、《通禮》、學究諸科，禮雖不行，而士猶得以通習，而知其說。熙寧以來，王安石變亂舊制，廢罷《儀禮》，而獨存《禮記》之科，棄經任傳，遺本宗末，其失已甚。而博士諸生又不過採其虛文以供應舉，至於其間亦有因儀法度數之實而立文者，則咸幽冥而莫知其源，一有大議，率用耳學臆斷而已。若乃樂之爲教，則又絕無師授，律尺短長，聲音清濁，學士大夫莫有知其說者，而不知其爲闕也。臣頃在山林，嘗與一二學者考訂其說，欲以《儀禮》爲經，而取《禮記》及諸經史、雜書所載有及於禮者，皆以附於本經之下，具列註疏，諸儒之說，略有端緒。而私家無書檢閱，無人抄寫，久之未成。會蒙除用，學徒分散，遂不能就。而鐘律之制，則士友（問）〔間〕亦有得其遺意者。竊欲更加參考，別爲一書，以補六藝之闕，而亦未能具也。

欲望聖明特詔有司，許臣就秘書省關借禮樂諸書，自行招致舊日學徒十餘人，踏逐空閑官屋數間，與之居處，令其編類。可以興起廢墜，垂之永久，使士知實學，異時可爲聖朝制作之助，則斯文幸甚。」會去國，不及上。

三年丁巳

別蔡元定於寒泉精舍。

前數日，朱子方與諸生講論，有以褫職之命來報者，略起視之，復坐講論如初。翼旦，諸生乃知有指揮。尋具表謝，略云：「雖補過以脩身，無及桑榆之暮景；然在家而憂國，未忘葵藿之初心。」時郡縣逮捕元定甚急，元定色不爲動。既行，朱子與嘗所游百餘人會別淨安寺，坐方丈寒暄外，無嗟勞語，坐客感嘆有泣下者。朱子微視元定不異平時，因曰：「朋友相愛之情，季通不挫之志，可謂兩得之矣。」明日，獨與元定會宿寒泉，相與訂正《參同契》，終夕不寐。次年，元定卒於舂陵，朱子爲之哀慟。元定從游最久，精識博聞，同輩皆不能及。時黨禁益譁，稍稱善類，斥逐無遺，至薦舉考校，皆爲厲禁。朱子方與同志講道於竹林精舍，不爲輟。或勸以謝絕生徒，儉德避禍者，朱子曰：「禍福之來，命也。」或又微諷先生有天生德於予底意思，卻無微服過宋之意，曰：「熹不曾上書自辨，又不曾作詩謗訕，只與朋友講習古書，說道理，更不教做卻何事。」

《韓文考異》成。

作《書傳》。

四年戊午

按《大全集》止載《二典》、《禹謨》、

《金縢》、《召誥》、《洛誥》、《武成》諸說數篇，及親藁百餘段具在，其他大義悉口授蔡沉，俾足成之。

十二月，引年乞休。

朱子以明年年及七十，尚帶階官，義當納祿，具申建寧府，乞保明申奏致仕。

是歲，《答李季章書》云：「親舊凋零，如蔡季通、呂子約皆死貶所，令人痛心，益無生意。所以惜此餘日，正爲所編禮傳已略見端緒而未能就，若更得年餘間未死日與了卻，亦可瞑目矣。」

五年己未

四月，有旨令守朝奉大夫致仕。

始用野服見客。

《坐位榜》略云：「滎陽呂公嘗言，京、洛致仕官與人相接，皆以閑居野服爲禮，而嘆外郡或不能然，其指深矣。又謂上衣下裳，大帶方履，比之涼衫，自不爲簡。其所便者，但取束帶足以爲禮，解帶足以燕居而已。且使窮鄉下邑，得見祖宗盛時京都舊俗其美如此，亦補助風教之一端也。」

六年庚申

三月辛酉，改《大學·誠意章》。

戊午歲，嘗與廖德明帖云：「《大學》又脩得一番，簡易平實，次第可以絕筆。」是日，改《誠意章》，午刻疾甚，不能興。先是己未夜，爲諸生說《太極圖》，庚申夜，復說《西銘》甚詳。且言：「爲學之要，惟事事審求其是，決去其非，積累久之，心與理一，自然所發皆無私曲。聖人應萬事，天地生萬物，直而已矣。」

甲子，朱子卒。

前夕癸亥，精舍諸生入問疾，告之曰：「誤諸君遠來，然道理亦止是如此，但相倡率，下堅苦工夫，牢固着足，方有進步處。」諸生退，乃作三書，一與子在，令早歸收拾遺文。一與黄榦，令更加勉力，且云：「吾道之託在此，吾無憾矣。」及令收禮書底本，踵而成之。其書界行開具逐項合脩條目，且封一卷往爲之式。一與范念德，托寫禮書。甲子，即命移寢中堂。黎明，諸生復入問疾，因請曰：「先生之疾革矣，萬一不諱，當用《書儀》乎？」朱子搖首。「然則當用《儀禮》乎？」亦搖首。「然則以《儀禮》、《書儀》參用之乎？」乃頷之。就枕，誤觸巾，目門人使正之，揮婦人無得近。諸生揖而退，良久，恬然而逝，午初刻也，享年七十有一。送終諸禮，皆遵遺訓焉。

十一月壬申，葬於建陽縣唐石里之大林谷。會葬者幾千人。

〔一〕康伯：原作「俊卿」，按：《陳文正公家乘》卷三《朱子啓》云：「伏遇丞相國公妙熙天緈，獨運化鈞，欲儲材於朽鈍之余，肯垂意於事功之外，遂令衰晚，有此叨踰。」王懋竑《朱熹年譜》亦作康伯，故改。

〔二〕叔：原無，據《朱熹集》卷二四補。

〔三〕辨：原作「辦」，據《象山集》卷二五《鵝湖和教授兄韻》改。

袁樞年譜

（近）鄭鶴聲 編

民國十九年上海商務印書館中國史學叢書本

袁樞（一一三一—一二〇五），字機仲，建安（今福建建甌）人。隆興元年試禮部，詞賦第一人，調温州判官，教授興化軍，入爲禮部試官，除太學録。乾道九年出爲嚴州教授，取《資治通鑑》爲藍本，以事相類，編爲《通鑑紀事本末》。召爲大宗正簿，歷太府丞兼國史院編修官、權工部郎官、軍器少監，除吏部員外郎，遷大理少卿，權工部侍郎，仍兼國子祭酒。光宗朝知常德府。寧宗朝知江陵府，被劾罷，提舉太平興國宫。開禧元年卒，年七十五。

袁樞有史才，其修國史列傳，拒章惇家人文飾之請，有「無愧古良史」之稱；創紀事本末體，對後世影響頗大。所著除《通鑑紀事本末》外，尚有《易傳解義》及《辯異》、《童子問》等，已佚。事蹟見《宋史》卷三八九本傳。

本譜爲鄭鶴聲編，考述譜主歷官及學術活動，尤詳於所著《紀事本末》及與楊萬里、朱熹等討論《易》學等事蹟，對研究南宋學術史，可資參考。今據民國十九年版《中國史學叢書》本重排，將原版一律改爲新式標點，對引文中的個别訛誤，有所訂正。

袁樞年譜

袁氏亦作轅氏，又作爰氏，復有作溒、榬、援等字者，皆古字通用，一聲之轉，非別自爲姓也。鄭樵《氏族略》列而爲三：

（一）袁氏，嬀姓，舜後，陳胡公之裔。胡公生申公，申公生靖伯，十八世孫莊伯生諸，字伯爰，孫濤塗，以王父字爲氏，世爲陳上卿。

（二）轅氏，陳轅濤塗之後，其詳見《袁氏譜》；《史記·儒林》有轅固，《漢書》有轅豐，《後漢》功臣禦兒侯轅終古。

（三）爰氏，即袁氏也。陳胡公九代孫爰伯諸之後，漢有爰盎，楚人，後漢侍中爰延，陳留人，魏郎中令爰節（《通志》卷二七）。

《姓觿》列而爲六：

（一）袁，雨元切。《姓纂》云陳胡公七世孫莊伯生諸，字伯爰，其子孫以王父字爲氏。《左傳》伯爰孫轅濤塗，濤塗子袁選，濤塗孫袁頗，袁僑。

（二）轅，音同上。《姓苑》云轅濤塗之後，《左傳》陳大夫袁頗之族有轅咺、轅買，《千家姓》云彭城族，《漢書》有轅固、轅終古。

（三）榬，音同上。出袁系，《千家姓》云臨安族。

（四）溒，音同上。亦出袁系，《千家姓》云汝南族。

（五）爰，音同上。《千家姓》云濮陽族。《列子》有爰旌國，前漢功臣爰類，後漢有爰延、爰魯。

（六）援，音同上。亦出爰系，《千家姓》云陳留族（《姓觿》卷二）。

由此言之，則袁有六字五族之異。

附表一　袁氏系派表：

袁氏系派

汝南　袁氏…胡公　申公　靖伯　莊伯　諸　濤塗　袁選　袁頗　袁僑
　　　溒氏

彭城　轅氏…轅濤塗　轅晅　轅買　轅固　轅終古

臨安　榬氏

濮陽　爰氏…爰旌國　爰類　爰延　爰魯

陳留　援氏

《唐書》宰相世系表：「袁氏出自嬀姓。陳胡公滿生申公犀侯，犀侯生靖伯庚，庚生季子惛，惛生仲牛甫，甫生雲伯順，順生伯他父，他父生戴伯，戴伯生鄭叔，鄭叔生仲爾金父，金父生莊伯，莊伯生諸，字伯爰，孫宣仲濤塗賜邑陽夏，以王父字爲氏。宣仲生選，選生聲子突，突生惠子雅，雅生頗，奔鄭。秦末裔孫告辟難，居於河洛之間，少子政，以袁爲氏，九世孫袁生生玄孫幹，封貴鄉侯，

復居陳郡陽夏。八世孫良，二子昌、璋。昌，成武令，生漢司徒安，字邵公，三子賞、京、敞。京，蜀郡太守，二子彭、湯。湯字仲河，太尉，安國康侯，三子成、逢、隗。成，左中郎，生紹。紹中子熙，其後世居樂陵東光。熙裔孫全喜（同州侍中）。璋生司徒滂，字公熙，滂生渙，字曜卿，魏御史大夫，四子侃、寓、奧、準。準字孝尼，晉給事中。生冲，字景玄，光祿勳。生耽，字彦道，

歷陽太守。耽生質，字道和，東陽太守，二子湛、豹。豹字士蔚，丹陽尹，二子洵、湛。洵，宋吳郡太守，謚曰貞，二子顗、覬。顗字國章，宋雍州都督，二子戩、昂（梁司空）。河東袁氏，本出陳郡。」（《唐書》卷七四）列表如次：

附表二　袁氏系統表：

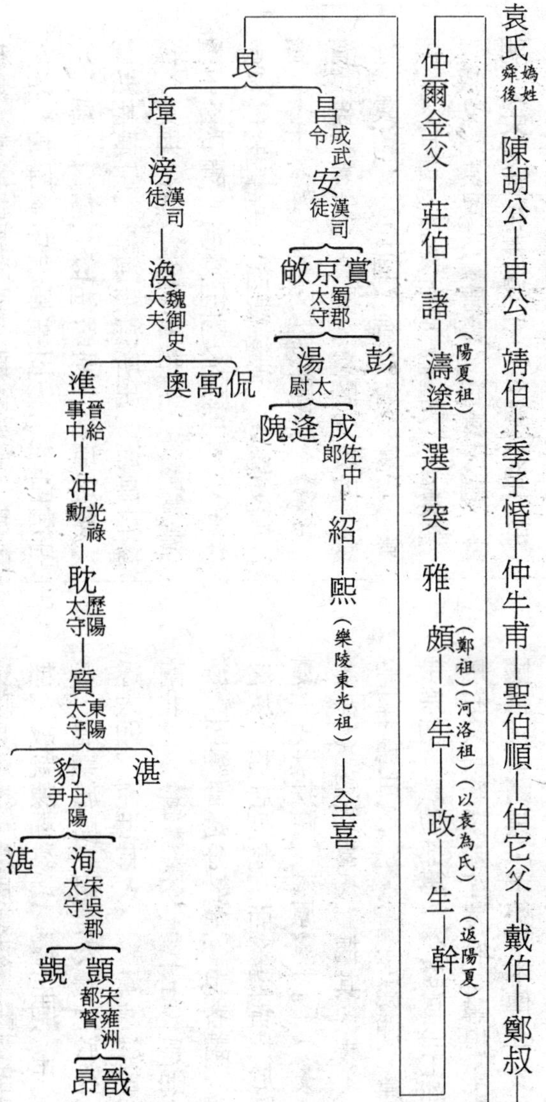

據此，袁氏世居陽夏，再徙東光，別出河東。唐時袁氏得宰相三人：恕己相中宗，爲昌之裔；滋相憲宗，爲璋之裔；智弘相高宗，爲河東派所出，而昌之裔孫，莫與之匹。故袁氏諸族，汝南爲著，劉子玄所謂「稱袁則飾之陳郡」（《史通·邑里》）者是也。而袁樞者，實屬汝南之裔。《千家姓》云：「汝南族，《漢書》有袁盎、袁安、袁閎、袁閬、袁隗、袁逢、袁紹，《三國》有袁譚、袁尚、袁熙，《晉書》有袁宏，《南史》有袁粲、袁叔文、袁昂，《唐書》有袁天綱、袁朗，《宋史》有袁樞。」（《姓觿》卷二引）韓愈《袁氏先廟碑》云：「周樹舜後，其陳陳公子有爲大夫食國之地袁鄉者，其子孫世守不失，因自別爲袁氏。春秋世陳常壓於楚，與中國相加尤疏，袁氏猶斑斑見可譜。常居陽夏，陽夏至晉屬陳郡，故號陳郡袁氏。博士固、申，儒過、黃，唱業於前，司徒安懷德於身，袁氏遂大顯，連世有人。終漢連魏晉，分仕南北。」（《昌黎集》卷二七）是則袁氏之族，至魏晉始分散矣。說者謂：「袁氏之族，枌居列州，而系望皆出於陳郡陽夏，支葉扶疏，本原實一。」（《袁氏藝文志序》）建安袁氏，樞其代表人物焉。《四庫總目》：「袁樞字機仲，建安人。孝宗初，試禮部第一。歷官至工部侍郎，以右文殿修撰知江陵府，尋提舉太平興國宮。事蹟具《宋史》本傳。」（《四庫總目》卷四九）茲集其生平事蹟，爲《袁樞年譜》。

宋高宗紹興元年辛亥，一歲。

(一)生於建州建安縣。

《宋史》本傳：「袁樞，字機仲，建之建安人。」(《宋史》卷三八九)

建安屬福建路。《宋史·地理志》：「建寧府本建州建安郡，舊軍事。崇寧戶一十九萬六千五百六十六。縣七：建安、浦城、嘉樂、松溪、崇安、政和、甌寧。」(《宋史》卷八九)

《疑年錄三續》：「袁機仲七十五，樞，生紹興元年辛亥，卒開禧元年乙丑。」(《疑年録》卷二) 是時距司馬光之卒已四十有五年(《疑年録》：司馬君實六十八，生天禧三年己未，卒元祐元年丙寅。案即西元一〇一九至一〇八六也)。

宋淳熙間郡守韓元吉記其風俗曰：「家有詩書，戶藏法律，其民之秀者，狎於文，負其厲氣者，亦悍以勁。」(康熙《建寧府志》卷五) 樞之品性，頗受地方風氣之影響云。

(二)祖勝之退建寇。

《福建通志·宋列傳》：「袁樞祖勝之，居家以信義聞。建炎間，張員、范汝爲二寇繼發，欲屠其鄉。勝之挺身往說，遂引去。」(《福建通志》卷七四)

又《外紀》：「建炎元年，建州軍校張員等作亂，二年夏五月，轉運判官謝如意執張員等誅之。」又：「建炎四年秋七月，建州民范汝爲作亂，紹興元年冬十月，范汝爲復叛入建州。二年春正月，宣撫使韓世忠圍建州，汝爲自焚死，餘黨悉平。」(《福建通志》卷一六六) 是張、范之亂，自建炎元年至紹興二年方平也。

紹興二年壬子，二歲。

韓世忠平建州。

《宋史·高宗本紀》：「紹興二年春正月辛丑，韓世忠拔建州，范汝爲自焚死，斬其二弟，餘黨悉平。」（《宋史》卷二七）又《韓世忠傳》：「建州范汝爲反，辛企宗等捕討不克，賊勢愈熾，以世忠爲福建江西荆湖宣撫副使。世忠曰：『建居閩嶺上流，賊沿流而下，七郡皆血肉矣。』亟領步卒三萬，水陸並進。五日城破，汝爲竄身自焚，斬其弟岳、吉以徇。世忠欲盡誅建民。李（剛）〔綱〕自福州馳見世忠曰：『建民多無辜。』世忠令軍士馳城上，毋下，聽民自相別，農給牛穀，商賈弛征禁，脅從者（流）〔汰〕遣，獨取附賊者誅之。民感更生，家爲立祠。」（《宋史》卷三六四）自是建州一帶，始得安居樂業矣。

紹興三年癸丑，三歲。

重修《神宗哲宗實錄》。

《宋史·職官志》：「紹興三年，詔置國史院，重修《神宗哲宗實錄》，以從官充修撰，以左僕射呂頤浩提舉國史，右僕射朱勝非監修國史。」（《宋史》卷一六四）

紹興四年甲寅，四歲。

朱熹始入小學。

《朱子年譜》：「紹興四年甲寅，五歲，始入小學。」《年譜》：韋齋與内弟程復亨書云：「息婦生男名五二，今五歲，上學矣。」（《朱子年譜》卷一）

紹興五年乙卯，五歲。

當始誦讀。

《尚友録》謂樞七八歲時題詩屏間，爲衆所奇（見後）。則其誦讀當先此數年。

紹興六年丙辰，六歲。

當在誦讀（見前）。

紹興七年丁巳，七歲。

（一）當在誦讀（見前）。

（二）呂祖謙生。

《疑年錄》：「呂伯恭四十五（祖謙），生紹興七年丁巳，卒淳熙八年辛丑。」（《疑年録》卷二）案：伯恭爲機仲論學好友，又爲同年友，生晚於機仲，而卒又早於機仲，蓋機仲之小友也。

紹興八年戊午，八歲。

當題詩屏間。

《尚友錄》：「袁樞幼穎悟，七八歲時，題詩屏間云：『泰山一葉輕，滄浪一滴水。我觀天地間，何啻猶一指。』衆大奇之。」（《尚友録》卷五）機仲之幼慧，可見一斑矣。

紹興九年己未，九歲。

命〔續〕修《徽宗實錄》及《元豐會要》。

《宋史·高宗本紀》：「紹興九年二月壬申，命修《徽宗實錄》。十二月，命修《元豐會要》。」（《宋史》卷二九）

又《職官志》：「紹興九年，修《徽宗實錄》，詔以實錄院爲名，仍以宰臣提舉，以從官充修撰。又是年詔秘書省校讎《國朝會要》。」（《宋史》卷一六四）

紹興十年庚申，十歲。

罷史館，置監修官。

《宋史·高宗本紀》：「紹興十年二月丁卯，罷史館，以日曆歸祕書省，置監修國史官。」（《宋史》卷二九）

又《職官志》「紹興十年，日曆所詔依舊制併歸祕書省國史案，以著作郎佐修纂。舊史館官罷歸元官。尋復。」（《宋史》卷

一六四）

紹興十一年辛酉，十一歲。

秦檜上《徽宗實錄》。

《宋史·高宗本紀》：「紹興十一年七月戊戌，秦檜上《徽宗實錄》。」（《宋史》卷二九）又《秦檜傳》：「十一年六月拜僕射同中書門下平章事兼樞密使，《徽宗實錄》成，遷少保。」（《宋史》卷四七三）

紹興十二年壬戌，十二歲。

始立太學。

《宋史·高宗本紀》：「紹興十二年四月甲申，增修臨安府學爲太學。」（《宋史》卷三〇）又《選舉志》：「建炎初，即行在置國子監，立博士二員，以隨行幸之士三十六人爲監生。紹興八年，葉綝上書請建學，而廷臣皆以兵興餽運爲辭。十二年兵事稍息，建太學，置司業、祭酒各一員，博士三員，正、錄各一員，養士七百人，上舍生三十員，內舍生百員，外舍生五百七十員。自外舍有月校而公試入等曰內舍，自內舍有月校而舍試入等曰上舍，凡升上舍者，皆直赴廷對。」（《宋史》卷一五七）

紹興十三年癸亥，十三歲。

修《兩朝忠義錄》。

《玉海·藝文》：「紹興十三年六月十四日，詔史館編修靖康、建炎《忠義錄》。」（《玉海》卷五八）

紹興十四年甲子，十四歲。

秦熺進日曆。禁野史。

《宋史·秦檜傳》：「紹興十四年，檜乞禁野史，又命子熺以祕書少監領國史，進建炎元年至紹興十二年日曆五百九十卷。自檜再相，凡前罷相以來詔書章疏稍及

檜者，率更易（禁）〔焚〕棄，日曆時政，亡失已多，是後記錄皆熺筆，無復有公是非矣。」（《宋史》卷四七三）

紹興十五年乙丑，十五歲。

詔增太學弟子員。

《宋史·高宗本紀》：「紹興十五年二月戊寅，增太學弟子員百人。」（《宋史》卷三○）《通鑑後編》：「紹興十五年二月戊寅，帝謂宰執曰：『朕觀史册，見古之養士，有至二三千人，亦朝廷一盛事。』於是復增弟子員百人，通舊以七百人爲額。尋命置上舍生三十人，内舍生百人。」（《通鑑後編》卷一一六）

紹興十六年丙寅，十六歲。

詔增太學外舍生。

《宋史·高宗本紀》：「紹興十六年春正月戊子，增太學外舍生額至千人。」（《宋史》卷三○）又《選舉志》：「凡諸道住本州學滿一年三試中選，不犯第三等以上罰，或不住學而曾兩豫釋奠及齒於鄉飲酒者，聽充弟子員。每歲春秋而試之，旋命一歲一補。於是多士雲集，至分場試之。俄又詔三年一試，增至千員，中選者皆給綾綵贊詞以寵之。」（《宋史》卷一五七）

紹興十七年丁卯，十七歲。

（一）當入太學。

《福建通志·宋列傳》：「樞初入太學。」（《通志》卷七四）高宗自紹興十二年重興太學，嗣後連年擴充學額，南宋太學，盛於一時。所謂多士雲集者，蓋不虛也。機仲曾入太學肄業，亦當在是時矣。

（二）朱熹舉鄉貢。

《朱子年譜》：「紹興十七年丁卯，十八

歲。秋，舉建州鄉貢。《年譜》：考官蔡滋謂人曰，吾取中一後生，三篇策皆欲爲朝廷措置大事，他日必非常人。」（《朱子年譜》卷一）

紹興十八年戊辰，十八歲。

（一）當在太學（見前）。

（二）朱熹登進士第。

《朱子年譜》：「紹興十八戊辰，十九歲。春，登王佐榜進士。夏，准勅賜同進士出身。《年譜》：『中第五甲第九十人。』《語錄》：『某少年時，只做得十五六篇舉業，後來只是如此發舉及第。』」（《朱子年譜》卷一）

紹興十九年己巳，十九歲。

（一）當在太學（見前）。

（二）禁科舉用程說。

《宋史·選舉志》：「紹興十九年，詔自今鄉貢前一歲州軍屬縣長吏籍定合應舉人，以次年春縣上之州，州下之學，覈實引保。自神宗朝程顥、程頤以道學倡於洛，四方師之，中興盛於東南，科舉之文，稍用頤說。諫官陳公輔上疏詆頤學，乞加禁絕。秦檜入相，甚至指頤爲專門。侍御史汪勃請戒飭攸司，凡專門曲說，必加黜落。中丞曹筠亦請選汰用程說者。並從之。」（《宋史》卷一五六）

紹興二十年庚午，二十歲。

（一）當在太學（見前）。

（二）試國子監。

《宋史》本傳：「幼力學，嘗以《修身爲弓賦》試國子監，周必大、劉珙皆期以遠器。」（《宋史》卷三八九）

案《周必大傳》：「紹興二十年登進士，授徽州戶曹，中博學鴻詞科，教授建康府。除太學錄。」（《宋史》卷三九一）又《劉珙傳》：「登進士乙科，召除諸王宮大小學教授。」（《宋史》卷三八六）機仲自幼力學，復以修身爲務，故爲時人所器重，必大於是年登進士第，其除太學錄，至早當在是年也。

紹興二十一年辛未，二十一歲。

當在太學（見前）。

紹興二十二年壬申，二十二歲。

當在太學（見前）。

紹興二十三年癸酉，二十三歲。

當在太學（見前）。

紹興二十四年甲戌，二十四歲。

當在太學（見前）。

紹興二十五年乙亥，二十五歲。

當在太學（見前）。

紹興二十六年丙子，二十六歲。

（一）當在太學（見前）。

（二）重修日曆。

《宋史·高宗本紀》：「紹興二十六年六月辛卯，以秦檜既死，命史館重修日曆。」（《宋史》卷三一）

紹興二十七年丁丑，二十七歲。

當離太學。

宋制，太學生自外舍而內舍而上舍，凡分三級，自紹興十六年後，定三年一試，則自外舍生至上舍生，其間九年已滿，設機仲自十七歲入太學，至是當離太學矣。

紹興二十八年戊寅，二十八歲。

鄭樵進《通志》。

《玉海·藝文》：「紹興二十八年二月己巳，鄭樵召對，授迪功郎，其所著《通志》，令有司給筆札寫進。《通志》二百卷，樵以歷代史冊及采他書，上自三皇下迄隋代，通爲一書，倣遷、固體爲本紀列傳，而改表爲譜，改志爲略。」（《玉海》卷四七）

紹興二十九年己卯，二十九歲。

詔錄李燾《百官公卿表》。

《玉海·藝文》：「紹興二十九年七月十七日戊戌，史院言知成都雙流縣李燾有《續皇朝百官公卿表》一百十二卷，乞給札鈔錄。從之。」（《玉海》卷四七）

紹興三十年庚辰，三十歲。

國史院進《徽哲宗寶訓》。

《玉海·藝文》：「紹興庚辰，提舉國史進《徽宗哲宗寶訓》。」（《玉海》卷四九）

紹興三十一年辛巳，三十一歲。

國史院進《三朝史帝紀》。

《玉海·藝文》：「紹興二十八年八月戊子朔，置國史院，修三朝史。三十一年，提舉陳（伯）康〔伯〕奏乞進呈帝紀三十卷。」（《玉海》卷四六）

紹興三十二年壬午，三十二歲。

（一）鄭樵卒。

《疑年錄》：「鄭漁仲五十九（樵）生崇寧（七）〔三〕年甲申，卒紹興三十二年壬午。梁玉繩《瞥記》引汪應辰薦鄭樵狀稱年逾七十，篤學不倦，與史不合。茲據周益公《辛巳親征錄》」（《疑年録》卷二）

（二）詔集建炎、紹興詔旨條例。

《玉海·藝文》：「紹興二（二）〔三〕十二年六月丁亥，詔曰：『朕惟太上皇帝臨御三紀，法令典章，粲然備具。嗣位之初，深懼墜失，其議設法裒集建炎、

紹興以來詔旨，條例以聞。朕當與卿等恪意奉行，以對揚慈訓。』既而命吏部侍郎徐度、刑部侍郎路彬衮集。」（《玉海》卷四九）

孝宗隆興元年癸未，三十三歲。

（一）登進士第。

《宋史》本傳：「試禮部，詞賦第一。」（《宋史》卷三八九）

《福建通志·宋列傳》：「試禮部，詞賦第一，隆興元年登進士。」（《通志》卷七四）

案《宋史·孝宗本紀》「隆興元年四月壬申，賜禮部進士（李）〔木〕待問以下五百三十八人及第出身。」（《宋史》卷三三）《通鑑後編》：「隆興元年科，得呂祖謙。」（《通鑑後編》卷一二一）《呂祖謙年譜》：「孝宗隆興元年癸未春，試禮部，四月十二日，賜進士及第，改左迪功郎。」（《呂東萊文集》）是科得第者甚多，機仲鄉人袁說友亦於是科及第，其《和御製賜進士詩》二首云：「雲漢昭回下建章，鸞翔鳳翥燦龍光。宸奎錯落皆謨訓，聖語丁寧示抑揚。自古求賢開數路，只今兼聽極羣方。一篇默寓憂勤意，正爲成王不敢康。」「堯言不數漢文章，謏説唐人萬丈光，百辟共知尊上指，羣儒何止戴言揚。絲綸甫幸來中葉，琬琰俄欣奏上方，京邑小臣觀盛事，願輸忠悃贊明康。」（《東塘集》卷五）蓋孝宗竭力欲圖恢復，首求賢以自輔，是科及第，列傳於《宋史》，其事業可考者，約得黃洽、黃度、詹體仁、許及之、樓鑰、王阮、趙雄、（岳）〔丘〕崈、李祥、孫逢吉、傅伯成、應孟明、呂祖謙、程迥、林光朝等十五人，列表如次：

附表三　《宋史》中隆興元年進士錄

姓名	籍貫	事蹟舉要
黃洽（德潤）	福州侯官	《宋史》本傳：「隆興元年，以太學生試春官第二，詔循故事臨軒賜第二人及第，授紹興府觀察判官。……慶元六年薨，年七十九，贈金紫光祿大夫。洽質直端重，有大臣體，兩朝推爲名臣。有文集奏議八十五卷。」（《宋史》卷三八七）
黃度（叔文）	紹興（新昌）	《宋史》本傳：「好學讀書，祕書郎張淵見其文，謂似曾鞏。隆興元年進士，知嘉興縣，入監登聞鼓院。……嘉定六年卒，進龍圖閣學士，贈通奉大夫。度志在經世，而以學爲本，作《詩書周禮說》，著《史通》，抑僭竊，存大分，別爲編法，不用前史法。至於天文地理井田兵法，即近驗遠，可以據依，無遷陋牽合之病。」（《宋史》卷三九三）
詹體仁（元善）	建寧浦城	《宋史》本傳：「登隆興元年進士第，調饒州浮梁尉。……開禧二年卒，年六十四。體仁穎邁特立，博極羣書。少從朱熹學，以存誠慎獨爲主。爲文明暢，悉根諸理。周必大當國，體仁嘗疏薦三十餘人，皆當世知名士。郡人眞德秀早從其游。」（《宋史》卷三九三）

許及之（深甫）	溫州永嘉	《宋史》本傳：「隆興元年第進士，知袁州分宜縣，以部使者薦除諸軍審計。……嘉定二年，拜參知政事，進知樞密院事，兼參政。兵端開，侂胄欲令及之守金陵，及之辭。嘉定二年卒。」（《宋史》卷三九四）
樓鑰（大防）	明州鄞縣	《宋史》本傳：「隆興元年試南宮，有司偉其辭藝，欲以冠多士，策偶犯舊諱，知貢舉洪遵奏得旨以冠末等，（段）〔投〕贄謝諸公，考官胡銓稱之曰，此翰林才也。試教官，調溫州教授。……嘉定六年薨，年七十七，贈少師，謚宣獻。鑰文辭精博，自號攻媿主人，有集一百二十卷。」（《宋史》卷三九五）
王阮（南卿）	江州	《宋史》本傳：「少好學，尚氣節。……阮見朱熹於考亭，熹與語大悅之。登隆興元年進士第。……朱熹嘗惜其才氣術略過人，而留滯不偶云。嘉定元年卒。」（《宋史》卷三九五）
趙雄（温叔）	資州	《宋史》本傳：「爲隆興元年類省試第一，虞允文宣撫四蜀，辟幹辦公事。入相，薦於朝。……紹熙四年薨，年六十五，贈少師。」（《宋史》卷三九六）
（岳）〔丘〕崈（宗卿）	江陰軍人	《宋史》本傳：「隆興元年進士，爲建康府觀察推官，丞相虞允文奇其才，奏除國子博士。孝宗諭允文舉自代者，允文首薦崈，有旨賜對。……知樞密院事，卒謚忠定。崈儀狀魁傑，機神英悟，嘗慷慨謂人曰，生無以報國，死願爲猛將以滅敵，其忠義性然也。」（《宋史》卷三九八）

李祥（元德）	常州無錫	《宋史》本傳：「隆興元年進士，爲錢唐縣主簿……以直龍圖閣致仕。嘉泰元年八月卒，謚肅簡。」（《宋史》卷四〇〇）
孫逢吉（從之）	吉州龍泉	《宋史》本傳：「隆興元年進士第，授郴州司戶。乾道七年太常黃鈞薦於丞相虞允文、梁克家，將〔處〕以學官，逢吉竟就常德教授以歸。李燾、劉珙、鄭伯熊、劉焞相繼薦之。……知贛州，已屬疾。卒謚獻簡。弟逢年、逢辰，皆有文學行義，時稱孫氏三龍。」（《宋史》卷四〇四）
傅伯成（景初）		《宋史》本傳：「少從朱熹學，登隆興元年進士第，調連江尉，試中教官科，授明州教授，以年少，嫌以師自居，日與諸生論質往復，後多成才。……卒年八十四，贈開府儀同三司。端平三年，賜謚忠簡。」（《宋史》卷四一五）
應孟明（仲實）	婺州永康	《宋史》本傳：「少游太學，登隆興元年進士第，試中教官，調臨安府教授，繼爲浙東安撫司幹官、樂平縣丞。……慶元初，權吏部侍郎卒。孟明以儒學奮身，受知人主，官職未嘗倖遷，韓侂胄嘗遣其密客誘以諫官，俾詆趙汝愚，孟明不答，士論以此重之。」（《宋史》卷四二三）

呂祖謙（伯恭）	婺州金華	《宋史·儒林本傳》：「祖謙之學，本之家庭，有中原文獻之傳。長從林之奇、汪應辰、胡憲游，既又友張栻、朱熹，講索益精。初蔭補入官，後舉進士，復中博學宏詞科，調南外宗教。丁內艱，居明招山，四方之士爭趨之。……除著作郎，兼國史院編修官，卒年四十五，謚曰成。……晚年會友之地曰麗澤書院，在金華城中。既殁，郡人即而祠之。」（《宋史》卷四三四）
程迥（可久）	應天寧陵	《宋史·儒林本傳》：「登隆興元年進士第，歷揚州泰興尉。……嘗教授經學於崑山王葆，嘉禾聞人茂德，嚴陵喻樗，所著有《古易考》、《古易章句》等，卒官朝奉郎。」（《宋史》卷四三七）
林光朝（謙之）	興化莆田	《宋史》本傳：「孝宗隆興元年，光朝年五十，以進士及第，調授袁州司戶參軍。……以集英殿修撰出知婺州。光朝老儒，素有士望。因引疾提舉興國宮，卒年六十五（《宋史》卷四三三）。

（二）調溫州判官、教授興化軍。

《宋史》本傳：「試禮部，詞賦第一人，調溫州判官，教授興化軍。」（《宋史》卷三八九）案《選舉志》：「隆興元年御試第一人承事郎、簽書諸州節度判官，第二、第三人文林郎、兩使職官，第四、第五人從事郎、初等職官，第六人至第四甲並迪功郎、諸州司戶簿尉，第五甲守選。」（《宋史》卷一五六）機仲以第一人及第，得授溫州判官。呂祖謙等或爲迪功郎，或爲諸州司戶簿尉，蓋在第六人至第四甲之間也。

又案《職官志》：「簽書判官，掌裨贊郡政，總理諸案文移，斟酌可否，以白於其長而罷行之。凡員數多寡視郡小大及職務之煩簡。初，政和改簽書判官廳公事爲司錄，建炎初復舊，凡節度推判官從軍額，察推及支使從州府名，凡諸州減罷通判處，則升判官爲簽判以兼之，小郡推判官不並置，或以判官兼司法，或以判官兼支使，亦有併判官窠闕省罷，則令錄參兼管。」又：「教授，景祐四年，詔藩鎮始立學，他州勿聽。慶曆四年，詔諸路州軍監，各令立學，學者二百人以上許更置縣學，自是州郡無不有學。始置教授，以經術行義訓導諸生，掌其課試之事，而糾正不如規者。委運司及長史於幕職州縣內薦，或本處舉人有德藝者充。熙寧六年，詔諸路學官委中書門下選差，至是始命於朝廷。元豐元年，州府學官，共五十三員。諸路惟大郡有之，軍監未盡置。元祐元年，詔齊、廬、宿、常等州，各置教授一員，自是列郡各置教官。建炎三年，教授並罷。紹興三年，復置四十二州。十二年，詔無教授官州軍令吏部申尙書省選差。二十六年，詔並不許兼他職，令提舉司常切遵守。」（《宋史》卷一六七）案此可知機仲初爲判官，後爲教授，皆由尚書省選差。溫州即瑞安府，屬兩浙路，興化軍屬福建路。《宋史·地理志》：「瑞安府本溫州永嘉郡，太平興國三年降爲軍，政和七年升應道軍節度。建炎三年，罷軍額。縣四，永嘉、平陽、瑞安、樂清。」又：「興化軍同下州，太平興國四年，以泉州游洋百丈二鎮地置太平軍，尋改。縣三，莆田、仙游、興化。」（《宋史》卷八九）機仲自及第後，歷任兩職，至乾道七年爲禮部試官，其間八九年中，不聞另調他官，當仍爲判官或教授也。

（三）胡銓論史官失職。

《宋史·職官志》：「隆興元年，以編類聖政所歸併國史院，命起居郎胡銓同修國史。」（《宋史》卷一六四）

又《胡銓傳》：「隆興元年，遷祕書少監，擢起居郎，論史官失職者四：一謂記注不必進呈，庶人主有不觀史之美；二謂唐制二史立螭頭之下，今在殿東南隅，言動未嘗得聞；三謂二史立後殿，而前殿不立，乞於前後殿皆分（日待）立；四謂史官欲其直前而閤門以（日待）立，四謂史官欲其直前而閤門以未嘗預牒，以今日無班次爲辭，乞自今直前言事，不必預牒閤門，及以有無班次爲拘。詔從之。」（《宋史》卷三七四）於是可知當時史局之失。

隆興二年甲申，三十四歲。

（一）當爲溫州判官或興化教授（見前）。

（二）錢端禮監修國史。

《宋史·職官志》：「隆興二年，參政錢端禮權監修國史。」（《宋史》卷一六四）

乾道元年乙酉，三十五歲。

（一）當爲溫州判官或興化教授（見前）。

（二）虞允文提舉國史。

《宋史·職官志》：「乾道元年，參政虞允文權提舉國史。」（《宋史》卷一六四）又《陳俊卿傳》：「乾道元年，除吏部侍郎，同修國史。錢端禮起戚里爲參政，窺相位甚急，端禮遣客密告俊卿，已即相，當引共政，深拒不聽。翌日，進讀《寶訓》，適及外戚，因言本朝家法，外戚不預政有深意，陛下宜謹守。上首肯，端禮憾之。」（《宋史》卷三八三）

乾道二年丙戌，三十六歲。

（一）當爲溫州判官或興化教授（見前）。

（二）免進《欽宗日曆》，送國史院修纂。

《宋史·孝宗本紀》：「乾道二年十二月辛巳，詔免進呈《欽宗日曆》，送國史院修纂實錄。」（《宋史》卷三三）又《職官志》：「乾道二年置實錄院，修《欽宗實錄》。其修撰檢討，以國史院官兼領。」（《宋史》卷一六四）

乾道三年丁亥，三十七歲。

當爲溫州判官或興化教授（見前）。

乾道四年戊子，三十八歲。

（一）當爲溫州判官或興化教授（見前）。

（二）蔣芾等上《欽宗帝紀》、《實錄》。

《宋史·孝宗本紀》：「乾道四年四月甲寅，蔣芾等上《欽宗帝紀》、《實錄》。」（《宋史》卷三四）

（三）李燾上《續通鑑長編》。

《宋史·孝宗本紀》：「乾道四年四月丙辰，禮部員外郎李燾上所著《續通鑑長編》，自建隆至治平，一百八卷。」（《宋史》卷三四）又《李燾傳》：「倣司馬光《資治通鑑》例，斷自建隆，迄於建康，爲編年一書，名曰《長編》，浩大未畢。

仍效光體爲《百官公卿表》。史官以聞，詔給札來上。乾道四年，上《續通鑑長編》，自建隆至治平，凡一百八卷。」（《宋史》卷三八八）

乾道五年己丑，三十九歲。

（一）當爲溫州判官或興化教授（見前）（據《興化府志》是年以陸琰充興化學官，琰著《莆陽志》七卷，見《宋志》）。

（二）詔刪定會要以《續修會要》爲名。

《宋史·職官志》：「陳俊卿提舉編修《國朝會要》，乾道五年，令本省再加刪定，以《續修國朝會要》爲名。」（《宋史》卷一六四）又《玉海·藝文》：「乾道五年四月戊子，祕書少監汪大猷言蔡攸所修自元豐至政和吉禮，妄有刪改，欲再刪定，以《續會要》爲名，從之。」（《玉海》卷四八）

乾道六年庚寅，四十歲。

（一）當爲溫州判官或興化教授（見前）。

（二）陳俊卿等上《四朝會要》、太上皇《玉牒》。

《宋史·孝宗本紀》：「乾道六年五月己未，陳俊卿、虞允文等上神宗、哲宗、徽宗、欽宗《四朝會要》、《太上皇玉牒》。」（《宋史》卷三四）《玉海·藝文》：「乾道六年五月己未，宰相虞允文上《續會要》，斷自神宗之初，訖於靖康之末，凡六十年，總二百卷，分二十一類，六百六十六門。」（《玉海》卷四八）

乾道七年辛卯，四十一歲。

（一）爲禮部試官，除太學錄。輪對三疏。

《宋史》本傳：「乾道七年，爲禮部試官，除太學錄，輪對三疏，一論開言路以養忠孝之氣，二論規恢復當圖萬全，

三論士大夫多虛誕，僥榮利。」（《宋史》卷三八九）

案《福建通志》本傳，於輪對三疏後，有孝宗嘉納之語。《宋史·孝宗本紀》：「乾道七年十一月甲戌，御集英殿策試應賢良方正能直言極諫科李垕，戊寅，賜垕制科出身。」（《宋史》卷三四）《選舉志》：「孝宗乾道七年，詔舉制科，以六論增至五通爲合格，始命官糊名謄錄如故事。試院謂文卷多不知題目所出，有僅及二通者，帝命賜束帛罷之。舉官皆放罪。舊試六題一明一暗，時考官命題多暗僻，失求言之意。臣僚請遵天聖元祐故事，以經題爲第一篇，然後雜出九經、《語》、《孟》內注疏，或子史正文，以見尊經之意，從之。」（《宋史》卷一五六）機仲之充禮部試官，蓋爲李垕等制舉科矣。又《孝宗本紀》：「乾道七年十二月庚申，詔閤門舍人，依文臣館閣，以次輪對。」（《宋史》卷三四）機仲之輪對三疏，當在是時。

是時機仲方爲太學錄，案《宋史·職官志》：「元豐官制，國子監置祭酒、司業、丞、主簿各一人，太學博士十人（舊係國子監直講，元豐三年，詔改為太學博士，每經二人），正、錄各五人，武學博士二人，律學博士、正各一人。……隆興以後，又定國子博士一員，太學博士三員，正、錄共四員，學官之制始定。」（《宋史》卷一六五）機仲爲太學錄，即正錄也。案《職官志》：「正錄掌舉行學規，凡諸生之戾規矩者，待以五等之罰，考校訓導，如博士之職。」（《宋史》卷一六五）蓋猶學校之訓育主任也。

（二）奏劾張說。

《宋史》本傳：「乾道七年，張說自閤門以節鉞簽樞密，樞方與學省同僚共論之。上雖容納而色不怡。樞退詣宰相，示以奏疏。且曰：公『不恥與噲等伍邪？』虞允文愧甚。」（《宋史》卷三八九）

案《宋史·孝宗本紀》：「乾道七年三月己卯，起復劉珙同知樞密院事，以明州觀察使知閤門事兼樞密都承旨張說簽書樞密院事。左司員外郎兼侍講張栻言說不宜執政。丙戌，殿中侍御史李處全乞遣張說按行邊戍，以息衆論。中書舍人范成大乞不草詞。戊子，說罷爲安慶軍節度使，提舉萬壽觀。」（《宋史》卷三四）又《佞幸傳》：「張說，開封人。父公裕，省吏也。爲和州防禦使，建炎初有軍功。說受父任爲右職，娶壽聖皇后女弟。由是累遷知閤門事。隆興初，兼樞密副都承旨。乾道初，爲都承旨，加明州觀察使。七年三月，除簽書樞密院事。時起復劉珙同知樞密院，珙恥與之同命，力辭不拜（《宋史·劉珙傳》：起復同知樞密院事，珙六上奏懇辭）。命既下，朝論譁然不平，莫敢頌言於朝者。惟左司員外郎張栻在經筵力言之。（《宋史·道學傳》：「知閤門事張說除簽書樞密院事，栻草疏極諫其不可，且詣朝堂質責宰相虞允文曰：『宦官執政，自京、黼始，近習執政，自相公始。』允文慚憤不堪。栻復奏：『文武誠不可偏，然今欲右武以均二柄，而所用乃得如此之人，非惟不足以服文吏之心，正恐反激武臣之怒。』孝宗感悟，命得中寢。」）中書舍人范成大不草詞。（《宋史·范成大傳》：張説除簽書樞密院事，成大當制，留詞案頭，七日不下，又上疏言之，説命竟寢。）尋除説安遠軍節度使奉祠歸第。不數月，出知袁州。」（《宋史》卷四七〇）説以佞幸見進，與士大夫異流，其不爲當時正人君子所容，已有公論。機仲以諍諫名（《圖書集成》以機仲入諍諫部），遇事直言，雅有古風，所謂同僚，則楊萬里等也（見後）。呂祖謙謂「庚寅、辛卯之間，袁、楊風節，隱然在兩學間」（《跋通鑑紀事本末》），良有以也。

乾道八年壬辰，四十二歲。

（一）爲禮部試官除太學錄（見前）。

案《宋史·孝宗本紀》：「乾道八年夏四月庚子，賜禮部進士黃定以下三百八十有九人及第出身。」（《宋史》卷三四）《通鑑後編》：「乾道八年科得陸九淵、舒璘。考官呂祖謙謂九淵曰，未承款教，僅得傳聞。一見高文，心開目明，知爲江西陸子靜也。」（《通鑑後編》卷一二三）

又《宋史·呂祖謙傳》：「嘗讀陸九淵文，喜之，而未識其人。考試禮部，得一卷，曰：『此必江西小陸之文也。』揭示果九淵，人服其精鑑。」（《宋史》卷四三四）

案：是科自陸九淵、舒璘外，其餘著名《宋史》者，尚有陳謙、徐誼、劉爚等數人。列表如次：

附表四《宋史》中乾道八年進士錄

姓名	籍貫	事蹟舉要
陸九淵（子静）	撫州金溪	《宋史·儒林本傳》：「登乾道八年進士第，至行在，士爭從之游，言論感發，聞而興起者甚衆。……朱熹守南康，九淵訪之，熹與至白鹿洞，九淵爲講君子小人喻義利一章，聽者至有泣下，熹以爲切中學者隱微深痼之病。至於無極而太極之辯，則貽書往來，論難不置焉。門人楊簡、袁燮、舒璘、沈煥能傳其學云。」（《宋史》卷四三四）
舒璘（元質亦作元賓）	奉化	《宋史》本傳：「舉乾道八年進士，兩授郡教授，不赴，繼爲江西轉運司幹辦公事。或忌璘所學，望風心議，及與璘處，了無疑問。爲徽州教授，其學寖盛，丞相留正稱璘爲當今第一〔教官〕。」（《宋史》卷四一〇）
陳謙（益之）	溫州永嘉	《宋史》本傳：「乾道八年進士，授福州戶曹，主管刑工部架閣文字，遷國子錄、敕令所刪修官、樞密院編修官，陳中興五事。……謙有雋聲，早爲善類所予，晚坐僞禁中（卷）〔廢〕，首稱侂胄爲我王，士論繇是薄之也。」（《宋史》卷三九六）
徐誼（子宜）	溫州	《宋史》本傳：「乾道八年進士，累官太常丞。……誼嘗與紹興老將接，於行陣之法，分數奇正，皆有指授，自爲圖式。後謚忠文。」（《宋史》卷三九七）

劉爚（晦伯）　建州建陽

《宋史》本傳：「與弟韜仲，受學於朱熹、呂祖謙。乾道八年，舉進士，調山陽主簿。……每講讀至經史所陳聲色嗜欲之戒，輒懇切再三。……卒贈光祿大夫，其後賜謚文簡。」（《宋史》卷四〇一）

（二）張說再用事，貶謫相繼。

《宋史·佞幸傳》：「乾道八年二月，張說復自安遠軍節度使、提舉萬壽觀簽書樞密院事。侍御史李衡、右正言王希呂交章論之。起居郎莫濟不書錄黃，直院周必大不草答詔。（《宋史·李衡傳》：除侍御史，以老固辭，不獲命，差同知貢舉，會外戚張說以節度使掌兵權，衡力疏其事，謂不當以母后肺腑，為人擇官。廷爭移時，改除起居郎。衡曰，與其進而負於君，孰若退而合於道。章五上，請老愈力。上知不可奪，仍以祕撰致仕，時給事中莫濟不書敕，翰林周必大不草制，右正言王希呂亦與衡相繼論奏，同時去國。士為《四賢》詩以紀之。又《王希呂傳》：乾道六年召試，授祕書省正字，除右正言，時張說以攀援戚屬擢用，再除簽書樞密院事，希呂與侍御史李衡交章劾之。上疑其合黨邀名，責遠小監當，既而悔之，改授宮觀。方說之見用，氣勢顯赫，後省不書黃，學士院不草詔，皆相繼斥逐，而希呂復以身任怨。去國之日，屏徒御，躡履以行，恬不為悔。由是直聲聞於遠邇，雖以此黜，亦以此見知。又《周必大傳》：張説再除簽書樞密院事，給事中莫濟封還録黄，必大奏曰：昨舉朝以為不可，陛下亦自知其誤而止之矣，曾未周歲，此命復出，貴戚預政，公私兩失，臣不敢具草。上批王曮疾速譔入，濟、必大予宫觀，日下出國門。説露章薦濟、必大，於是濟除温州，必大除建寧府。濟被命即出，必大至豐城，稱疾而歸，濟聞之，大悔。必大三請祠，以此名益重。）於是命權給事中姚憲書（數）（讀）行下，命翰林學士王曮草答詔。未幾，曮升學士承旨，憲贈出身爲諫議大夫。詔希吕合黨邀名，持論反覆，責遠小監當。衡素與説厚，所言亦婉，止罷言職，遷左史，而濟、必大皆與在外宫觀，日下出國門。國子司業劉焞移書責宰相，言説不當用，即爲言者所論，出爲江西轉運判官。於是説勢赫然，無敢攖之者。」（《宋史》卷四七〇）

案《孝宗本紀》：「乾道八年二月辛亥，以虞允文爲左丞相，梁克家爲右丞相，並兼樞密使。癸丑，以安慶軍節度使張説、吏部侍郎王之奇並簽書樞密院事。侍御史李衡、右正言王希吕交章論説不可爲執政，不報。禮部侍郎兼直學士院周必大不草答詔，權給事中莫濟封還録黄，詔並與在外宫觀。丙辰，詔罷王希吕，與遠小監當，尋詔與宫觀。丁巳，李衡罷爲起居郎。」（《宋史》卷三四）觀此，可見當時士大夫之好持正論，不屈勢利，而説之不滿人望，亦非偶然。

（三）朱熹撰成《通鑑綱目》。

《玉海·藝文》：「紹興八年，胡安國因司

馬光遺藁，修成《舉要補遺》，文約而事備。乾道壬辰，朱熹因兩公之書，別爲義例，爲《綱目》五十九卷（《序例》一卷）。綱倣《春秋》，而參取羣史之長；目倣《左氏》，而稽合諸儒之粹（綱者，《春秋》著事之法；目者，《左氏》備言之體）。《序例》曰：『表歲以首年（逐年之上行書其甲子，遇甲子字，則朱書以別之。則雖無事，依舉要以備歲年），而因年以著統（凡正統之年歲分大書，非正統者，兩行分注）。大書以提要（凡大書有正例變例，正例如始終興廢、災祥沿革及號令征伐、生殺除拜之大者，變例如不在此例而善可為法、惡可為戒者，皆特書之），而分注以備言（凡分注始追原其始者，有遂言其終者，有詳陳其事者，有備載其言者，有因始終而見者，有因拜罷而見者，有因事類而見者，有因家世而見者，有温公所立之言，所取之論，有胡氏所收之説，所著之評，而兩公所遺與夫近世大儒先生折衷之語，今亦頗采，以附於其間）。歲周於上而天道明，統正於下而人道定，大綱槩舉而鑒戒昭，衆目畢張而幾微著。』」（《玉海》卷四七）

乾道壬辰夏四月自序云：「先正溫國司馬文正公受詔編集《資治通鑑》既成，又撮其精要之語，別爲《目錄》三十卷。晚病本書太詳，《目錄》太簡，更著《舉要歷》八十卷，以適厥中而未成也。至紹興初，故侍讀南陽胡文定公始復因公遺藁，修成《舉要補遺》若干卷，則其文愈約而事愈備矣。然往者得於其家而伏讀之，猶竊自病記識之弗強，不能有以領其要而及其詳也，故嘗過不自料，輒與同志因兩公四書，別爲義例，增損檃括，以就此編。蓋表歲以首年，而因年以著統，大書以提要，而分注以備言，使夫歲年之久近，國統之離合，辭事之詳略，議論之同異，通貫曉析，如指諸掌，名曰《資治通鑑綱目》。」（《朱子文集》）《朱子行狀》：「考論西周以來，至於五代，取司馬公編年之書，繩以《春秋》紀事之法，綱舉而不煩，目張而不紊，國家之理亂，君臣之得失，如指諸掌。」（《朱子年譜》卷一）

案：是書《書錄解題》、《文獻通考》、《宋史·藝文志》俱載之，《宋志》又别出《提要》五十九卷，蓋即一書而誤分爲二也。《四庫全書提要》以聖祖御批，著錄於史評類中。《四庫總目》史評：「朱子因司馬光《資治通鑑》以作《綱目》，惟《凡例》一卷，出於手定，其綱皆門人依凡例而修，其目則全以付趙師淵。後疏通其義旨者，有遂昌尹起莘之發明，永新劉友益之書法；箋釋其名物者，有望江王幼學之《集覽》，上虞徐昭文之《考證》，武進陳濟之《集覽正誤》，建安馮智舒之《質實辨正》；其傳寫差互者，有祁門汪克寬之《考異》。明宏治中，莆田黃仲昭取諸家之書，散入各條之下，是爲今本，皆尊崇朱子者也。故大抵循文敷衍，莫敢異同。明末張自勳作《綱目續麟》，始以《春秋》舊法，糾義例之譌，芮長恤作《綱目拾遺》，以《通鑑》原文，辨刪節之失，各執所見，屹立相爭。我聖祖因陳仁錫刊本，親加評定，折衷歸一。」（《四庫總目》卷八八）蓋是書行世，距朱子沒已二十年矣，展轉傳鈔，不知是原本否。且朱子晚歲欲加更定，以趨詳密，而力有未暇，則此書實爲朱子未定之藁矣。

乾道九年癸巳，四十三歲。

（一）調嚴州教授。

《宋史》本傳：「張説自閤門以節鉞簽樞密，樞方與學省同僚共論之，上雖容納而色不怡，即求外補，出爲嚴州教授。」（《宋史》卷三八九）

嚴州即建德府，屬兩浙路。《宋史·地理志》：「建德府，本嚴州新定郡，遂安軍節度，本睦州軍事。宣和元年升建德軍節度，三年改州名軍額。縣六：建德、淳安、桐廬、分水、遂安、壽昌。」（《宋史》卷八八）

《景定嚴州續志·州學教授題名》：「學惟教授一員，宣靖兵興，至乃闕官，紹興（一）〔元〕年，始復置。乾道五年，呂成公以太學博士，需次來爲員外教授，後未有繼者。淳祐十二年，省併京局官爲在外添差官，乃復員外置，以監封樁庫江一鶚爲之，然非常員。前志例無題名，今補其闕，自紹興二年始。」（《嚴州續志》卷三）茲就乾道間諸教授列表如次：

附表五　乾道間嚴州教授人物表

乾道間嚴州教授：
- 鄭　庶—乾道三年六月初十日到任
- 呂祖謙—乾道五年九月十五日到任
- 曹　嶧—乾道六年七月初七日到任
- 蔡　霖—乾道六年十一月十九日到任
- 程弘圖—乾道八年九月初七日到任
- 袁　樞—乾道九年六月二十四日到任
- 顧　強—淳熙三年二月二十一日到任

上七人中，著名《宋史》者，僅祖謙、樞而已。《宋史·呂祖謙傳》：「除太學博士，時中都官待次者例補外，添差教授嚴州，尋復召爲博士，兼國史院編修官，實錄院檢討官。」（《宋史》卷四三四）機仲接程宏圖任，接任者則爲顧強，其在嚴州教授任內，當自乾道九年六月至淳熙三年二月間，前後約四年。其時任知州者，則爲詹亢宗、曹耜。《紹興重修嚴州圖經·知州題名》：「詹亢宗，乾道七年八月二十三日，以左朝奉郎權發遣，乾道九年七月二十五日赴召。曹耜，乾道九年八月十五日以朝（教）（散）郎權發遣，淳熙元年九月二十七日，丁父憂去任。」（《重修嚴州圖經》卷二）機仲在任內，最大工作即爲《通鑑紀事本末》之撰著，得與郡人呂祖謙等商榷，亦盛事也。據《袁氏藝文金石錄》稱：「機仲曾爲嚴州教授，因家桐廬。」果爾，則其在嚴州當甚久矣。

（二）撰著《通鑑紀事本末》。

《宋史》本傳：「求外補，出爲嚴州教授。樞常喜誦司馬光《資治通鑑》，苦其浩博，乃區別其事，而貫通之，號《通鑑紀事本末》。」（《宋史》卷三八九）案：是書《書錄解題》、《通考》、《宋志》、《四庫全書》俱著錄，作四十二卷。明張西銘（溥）於每篇後加以論斷，依篇分析，爲二百三十九卷。初楊萬里爲之序，闡明作書之旨。元延祐己未，宣城陳良弼得萬里所刊版，因書其顛末於叙次。至張溥重刊時，標事綱於上方，附末論於事訖，又圈點於其旁，亦頗便於觀者。卷首有張序。（《郘亭知見傳本書目》：「《通鑑紀事本末》四十二卷，宋袁樞撰。通行本，張溥校官本。通行本合明沈朝陽前編及陳邦瞻、谷應泰之書為一。」《天禄後目》有宋刊本二部，宋刊元印本一部。宋刊有嚴陵小字本，岳州本當從此出。岳州本，湖廣巡撫豐城李栻校刊，十三行，行二十八字。內府及陽湖孫氏並有宋寶祐丁巳趙與𥲅重刊大字本，每頁二十二行，行十九字，是板尚在南監，故印本至今不少。按今上海涵芬樓刊者，即宋刊大字本也。）

茲據上海涵芬樓影印宋刊大字本列目如次：

附表六　《通鑑紀事本末》總目表

（共計四十二卷二百三十九篇）

卷一：（一）三家分晉（二）秦并六國（三）豪傑亡秦

卷二：（四）高帝滅楚（五）諸將之叛（六）匈奴和親（七）諸呂之變（八）南粵稱藩（九）七國之叛（一〇）梁孝王驕恣

卷三：（一一）漢通西南夷（一二）淮南謀反（一三）漢通西域（一四）武帝伐匈奴（一五）武帝平兩越（一六）武帝擊朝鮮（一七）武帝惑神怪（一八）巫蠱之禍（一九）燕蓋謀逆

卷四：（二〇）霍光廢立（二一）趙充國破羌（二二）匈奴歸漢（二三）恭顯用事（二四）成帝淫荒（二五）河決之患

卷五：（二六）丁傅用事（二七）董賢嬖倖（二八）王莽篡漢（二九）光武中興

卷六：（三〇）光武平赤眉（三一）光武平漁陽（三二）光武平齊（三三）光武平隴蜀（三四）楚王英之獄（三五）馬后抑外家（三六）竇氏專恣（三七）西域歸附

卷七：（三八）兩匈奴叛服（三九）諸羌叛服（四〇）鮮卑寇邊（四一）嬖倖廢立（四二）梁氏之變

卷八：（四三）宦官亡漢黨錮之禍董卓之亂（四四）黃巾之亂（四五）韓馬之叛（四六）袁紹討公孫瓚

卷九：（四七）曹氏篡漢（四八）孫氏據江東（四九）劉備據蜀

卷一〇：（五〇）吳蜀通好（五一）諸葛亮出師平南中附（五二）吳侵淮南（五三）魏平遼東（五四）明帝奢靡（五五）司馬懿誅曹爽（五六）吳易太子（五七）諸葛恪寇淮南孫琳逆節附

卷一一：（五八）魏滅蜀（五九）淮南三叛（六〇）司馬氏篡魏（六一）吳滅晉（六二）羌胡之叛樹機能齊萬年（六三）陳敏之叛

卷一二：（六四）西晉之亂賈氏諸王胡羯江左中興附

卷一三：（六五）劉淵據平陽殺太弟乂附（六六）慕容據鄴（六七）成李據蜀（六八）張氏據涼（六九）王敦平湘漢（七〇）石勒寇河朔（七一）前趙平秦隴（七二）石勒滅前趙（七三）氐據仇池

卷一四：（七四）祖逖北伐（七五）王敦之亂（七六）蘇峻之亂（七七）燕討段遼討宇文附（七八）趙魏亂中原冉閔滅石氏

卷一五：（七九）江左經略中原（八〇）桓溫伐燕（八一）桓溫滅蜀（八二）桓溫廢立（八三）苻氏據長安苻堅篡立（八四）苻

秦滅涼(八五)苻秦滅燕

卷一六:(八六)慕容叛秦復燕肥水之役姚萇滅秦慕容滅西燕(八七)丁零叛燕(八八)拓跋興魏(八九)魏伐後燕慕容德據廣固附

卷一七:(九〇)僞楚之亂(九一)盧循之亂(九二)譙縱之亂(九三)呂光據姑臧(九四)乞伏據金城(九五)禿髮據廣武(九六)蒙遜據張掖(九七)秦滅後涼

卷一八:(九八)馮跋滅後燕(九九)蒙遜伐西涼(一〇〇)乞伏滅西涼(一〇一)蒙遜伐西秦(一〇二)劉裕滅南燕(一〇三)劉裕滅後秦(一〇四)赫連據朔方(一〇五)魏滅北燕(一〇六)魏滅夏(一〇七)魏滅北涼(一〇八)魏平仇池

卷一九:(一〇九)劉裕篡晉(一一〇)元魏寇宋(一一一)徐傅廢立(一一二)彭城王專政(一一三)宋文圖恢復(一一四)宗愛弒逆(一一五)太子劭弒逆(一一六)南郡王之叛(一一七)竟陵王之叛

卷二〇:(一一八)廢帝之亂(一一九)宋明帝北伐(一二〇)蕭道成篡宋(一二一)魏遷洛陽(一二二)蕭鸞篡弒

卷二一:(一二三)元魏寇齊(一二四)蕭衍篡齊(一二五)南北交兵(一二六)魏伐柔然

卷二二:(一二七)肇忠用事(一二八)邢巒寇巴西(一二九)梁魏爭淮堰(一三〇)元乂幽后(一三一)六鎭之叛(一三二)元顥入洛(一三三)元魏之亂

卷二三:(一三四)魏分東西(一三五)高氏篡東魏北齊(一三六)宇文篡西魏後周(一三七)侯景之亂

卷二四:(一三八)梁氏亂亡陳霸先篡梁附(一三九)西魏取蜀(一四〇)蕭勃據嶺

南(一四一)王琳奔齊陳伐齊附(一四二)齊顯祖狂暴常山王篡立附(一四三)安成王篡立(一四四)周陳之叛(一四五)宇文護逆節(一四六)周伐齊周齊爭宜陽附(一四七)吐谷渾盛衰

卷二五：(一四八)周滅齊(一四九)楊堅篡周(一五〇)始興王謀逆(一五一)隋滅陳(一五二)隋易太子

卷二六：(一五三)突厥朝隋(一五四)隋討高麗(一五五)煬帝亡隋(一五六)高祖興唐

卷二七：(一五七)唐平東都李密王世充(一五八)唐平河朔竇建德(一五九)唐平隴右薛舉(一六〇)唐平河西李軌(一六一)唐平河東劉武周(一六二)唐平江陵蕭銑(一六三)唐平江淮杜伏威李子通沈法興輔公祐(一六四)唐平山東劉黑闥

卷二八：(一六五)太宗平內難(一六六)太宗易太子(一六七)太宗平突厥(一六八)唐平鐵勒(一六九)唐平西突厥(一七〇)太宗討龜茲(一七一)太宗平高昌(一七二)太宗平吐谷渾

卷二九：(一七三)貞觀君臣論治(一七四)唐平遼東(一七五)吐蕃請和(一七六)突厥叛唐(一七七)唐平奚契丹

卷三〇：(一七八)武韋之禍(一七九)太平公主謀逆

卷三一：(一八〇)李林甫專政(一八一)姦臣聚斂宇文融楊慎矜韋堅王鉷楊釗(一八二)楊氏之寵(一八三)安史之亂

卷三二：(一八四)劉展之叛(一八五)李輔國用事張后程元振附(一八六)僕固懷恩之叛周智光附(一八七)元載專政(一八八)吐蕃入寇代宗幸陝(一八九)兩稅

之弊(一九〇)裴延齡姦蠹(一九一)吐蕃叛盟

卷三三：(一九二)藩鎮連兵涇原之變李懷光之叛附

卷三四：(一九三)伾文用事(一九四)憲宗平蜀劉闢(一九五)憲宗平吳李錡(一九六)魏博歸朝田洪正(一九七)憲宗討成德王承宗(一九八)憲宗平淮蔡吳元濟德宗討吳少誠附(一九九)憲宗討淄青李師道(二〇〇)河朔再叛

卷三五：(二〇一)南詔歸附(二〇二)宦官弑逆甘露之變附(二〇三)朋黨之禍(二〇四)武宗平澤潞劉植(二〇五)裘甫寇浙東

卷三六：(二〇六)龐勛之亂(二〇七)回鶻叛服(二〇八)吐蕃衰亂唐復河湟附(二〇九)蠻導南詔入寇(二一〇)李克用歸唐

卷三七：(二一一)黃巢之亂(二一二)藩鎮之亂(二一三)楊行密據淮南(二一四)王建據蜀

卷三八：(二一五)諸鎮相攻(二一六)朱溫取淄青(二一七)朱溫篡唐宦官之亂(二一八)郢王篡弑(二一九)李氏據鳳翔岐蜀相攻附

卷三九：(二二〇)錢氏據吳越董昌僭逆附(二二一)王氏據閩中(二二二)劉氏據廣州(二二三)高氏據荊南(二二四)徐氏篡吳

卷四〇：(二二五)馬氏據湖南(二二六)晉王滅燕(二二七)後唐滅梁(二二八)莊宗滅蜀

卷四一：(二二九)鄴都之變李紹深之叛附(二三〇)安重誨專權(二三一)秦王之

亂潞王篡弑附（二三二）契丹入寇（二三三）孟知祥據蜀（二三四）石晉篡後唐（二三五）范陽之叛范延光楊光遠卷四二：（二三六）契丹滅晉劉知遠復汴京（二三七）三叛連兵（二三八）郭威篡漢劉旻據河東（二三九）世宗征淮南

（三）梁克家上《中興會要》等。

《宋史·孝宗本紀》：「乾道九年九月丙申，梁克家等上《中興會要》、太上皇及皇帝《玉牒》。」（《宋史》卷三四）又《職官志》：「乾道九年，祕書少監陳騤言編類建炎以後會要成書，以《中興會要》爲名，從之。」（《宋史》卷一六四）《玉海·藝文》：「乾道九年七月，自建炎初元，續修成書二百卷。八月丙申，右相梁克家等上之，進呈於垂拱殿。九月，祕書少監陳騤請名曰《中興會要》。」（《玉海》卷五一）

淳熙元年甲午，四十四歲。

（一）爲嚴州教授（見前）。與楊萬里相遇於嚴陵。

（二）楊萬里撰《通鑑本末敘》。

《袁機仲通鑑本末序》：「初，予與子袁子同爲太學官，子袁子錄也，予博士也，志同志，行同行，言同言也。後一年，子袁子分教嚴陵。後一年，予出守臨漳，相見於嚴陵，相勞苦，相樂，且相楙以學。子袁子因出書一編，蓋《通鑑》之本末也。予讀之，大抵搴事之成以後於其萌，提事之微以先於其明，其情匿而泄，其故悉而約，其作窕而摦，其究遐而邇，其治亂存亡，蓋病之源，醫之方也。予每讀《通鑑》之書，見其事之肇於斯，則惜其事之不竟於斯，蓋事以年隔，年以事析，遭其初莫繹其終，攬其終莫志其初，如山之峨，如海之茫，蓋編年繫日，其體然也。今讀子袁子此書，如生乎其時，親見乎其事，使人喜，使人悲，使人鼓舞，未旣而繼之以嘆且泣也。嗟乎！由周秦以來，曰諸侯，曰大盜，曰女主，曰外戚，曰宦官，曰權臣，曰夷狄，曰藩鎭，亦不一矣，而其源亦不一哉。蓋安史之亂，則林甫之爲也；藩鎭之禍，則令孜之爲也，其源不一哉。得其病之之源，則得其醫之之方矣。此書是也。有國者不可無此書，前有姦而不察，後有邪而不悟；學者不可以無此書，進有行而無徵，退有蓄而無宗。此書也，其入《通鑑》之戶歟！雖然，覩人之病，戚人之病，理人之病，得人之病，至於身之病不懵焉，不諱焉，不醫之距焉，不醫而繆其醫焉，古亦稀矣。彼闇而此昭宜也，切於人，紓於身，可哀也夫。子袁子名樞，字機仲，其爲人也，正物以己，正枉以直，有不可其意，憤怒見於色辭，蓋折而不靡，躓而不悔者。孔子曰，剛毅木訥近仁，子袁子有焉。」（《誠齋集》卷七八）

案：宋刊本序末署「淳熙元年三月戊子，廬陵楊萬里叙」等字（叙文間有出入，末段子袁子名樞以下删），則此序當作於是年明矣。

機仲與萬里，最爲知好，萬里屢有書牘，與之討論學術，又薦之於時相王淮。《宋史·楊萬里傳》：「楊萬里字廷秀，吉州吉水人，中紹興二十四年進士第，爲贛州司戶，調永州零陵丞。

時張浚謫永，杜門謝客，萬里三往不得見，以書力請始見之。浚勉以正心誠意之學，萬里服其教終身，乃名其讀書之室曰誠齋。浚入相，薦之朝，除臨安府教授，未赴，丁父憂，改知隆興府奉新縣。會陳俊卿、虞允文爲相，交薦之，召爲國子博士。侍講張栻以論張說出守袁，萬里抗疏留栻。又遺允文書，以和同之說規之，栻雖不果留，而公論偉之。遷太常博士，尋升丞，兼吏部右侍郎官，轉將作少監，出知漳州。」是序之撰，則萬里赴漳州任，道出嚴州時也。

淳熙二年乙未，四十五歲。

（一）爲嚴州教授（見前）。

（二）呂祖謙《跋通鑑紀事本末》。

《書袁機仲國錄通鑑紀事本末後》：「《通鑑紀事本末》，袁子所輯，章首則楊子之筆也。庚寅、辛卯之間（孝宗乾道六、七年也），袁、楊風節，隱然在兩學間。予辱爲僚，相與講肄，蓋四有得焉。憂患索居，舊業湮廢，袁子官旁郡，閔其孤陋，乃以是書開予。予慨然曰：《通鑑》之行，百年矣，綜理經緯，尠或知之，習其讀而不識其綱，則所同病也。今袁子掇其體大者，區別終始，使司馬公之微旨，自是可考。躬其難而遺學者以易，意亦篤矣。昔者司馬公與二劉氏、范氏繙中祕外邸之書，餘二十年，其定爲二百九十四卷者，蓋百取其一，千取其十也，（檻之）（覽者）猶難之。若袁子之紀本末，亦自其昔年玩繹參訂，本之以經術，驗之以世故，廣之以四方賢士大夫之議論，而後部居條流，較然易

見矣。夫豈一日之積哉！學者毋（從）〔徒〕樂其易而深思其所以難則幾矣。」（《東萊集》卷七）

案《東萊集》目錄注云「淳熙二年二月」，則是跋當作於是年明矣。機仲與祖謙爲同年友，祖謙金華人，機仲教授嚴州，故云旁郡。祖謙以丁內憂居明招山，其時方在籍，故云憂患索居也。

（三）朱熹《跋通鑑紀事本末》。

《跋通鑑紀事本末》：「古史之體，可見者《書》、《春秋》而已。《春秋》編年通紀，以見事之先後；《書》則每事別記，以具事之首尾。意者當時史官，既以編年紀事，至於事之大者，則又採合而別記之。若二典所記，上下百有餘年，而《武成》、《金縢》諸篇，其所紀載，或更數月，或歷數年，其間豈無異事，蓋必已具於編年之史，而今不復見矣。故左氏於《春秋》，既依經以作傳，復爲《國語》二十餘篇，國別事殊，或越數十年而遂其事，蓋亦近《書》體，以相錯綜云爾。然自漢以來爲史者，一用太史公紀傳之法，此意固不復講。至司馬溫公受詔纂述《資治通鑑》，然後千三百六十二年之事，編年繫日，如指諸掌，雖託始於三晉之侯，而追本其原，起於智伯，上繫左氏之卒章，實相受授。偉哉書乎！自漢以來，未始有也。然一事之首尾，或散出於數十百年之間，不相綴屬，讀者病之。今建安袁君機仲，乃以暇日作爲此書，以便學者。其部居門目，始終離合之間，又皆曲有微意，於以錯綜溫公之書，其亦《國語》之流矣。或乃病其於古無初，而區別之外，無發明者，顧第弗深考耳。機仲以摹本見寄，熹始得而讀之，爲之撫卷太息。因記其後如此，以曉觀者。淳熙二年秋七月甲寅，新安朱熹書於雲谷之晦菴云。」（《朱子大全集》卷八一）《朱子年譜》：「淳熙二年秋七月雲谷晦菴成。」（《朱子年譜》卷二）是時熹方著《近思錄》成。其夏呂祖謙訪於寒泉精舍。（《文集·書近思録後》云：淳熙乙未之夏，東萊呂伯恭來自東陽，過余寒泉精舍，留止旬日，相與讀周子、程子、張子之書，歎其廣大宏博，若無津涯，而懼夫初學者不知所入也，因共掇取其關於大體而切於日用者，以為此編，總六百二十二條，分十四卷。）

（四）朱、陸會講鵝湖。

《朱子年譜》：「淳熙二年乙未，四十六歲，偕東萊呂公至鵝湖，復齋陸子壽、象山陸子靜來會。《年譜》：東萊歸，先生送至信州鵝湖寺，江西陸九齡子壽、九淵子靜及清江劉清之子澄皆來會，相與講其所聞，而子壽、子靜自執所見，不合而罷。其後子壽頗悔其非，而子靜終身守其說不變。」（《朱子年譜》卷一）《象山年譜》：「淳熙二年乙未，呂伯恭約先生與季兄復齋會朱元晦諸公於信之鵝湖寺。復齋詩云云，元晦歸三年乃和此詩。朱亨道云：『鵝湖講道，誠當今盛事，伯恭蓋慮朱與陸猶有異同，欲令歸於一，而定其所適從。伯恭蓋有志於此，語自得則未也。臨川趙守景明邀劉子澄、趙景昭，景昭在臨安與先生相款，亦有意於學。』又曰：『鵝湖之會，論及教人，元晦之意，欲令人泛觀博覽，而後歸之約。二陸之意，欲先發明人之本心，而後使之博覽。朱以陸之教人爲太簡，陸以朱之教人爲支離，此頗不合。先生更欲與元晦辨，以爲堯舜以前，何書可讀？復齋止之。趙、劉諸公，拱聽而已。』」（《象山年譜》卷一）

案：鵝湖之會，爲朱、陸學術辯論之總匯，關繫理學，故叙於此。

淳熙三年丙申，四十六歲。

（一）爲嚴州教授（見前）（二月二十一日顧强接任）。

（二）洪适《回袁教授狀》。

《回袁教授狀》：「竊審拜恩帝宇，分職教官，枉汗竹以甚勤，知往瓜之已及。某官學稱經笥，譽振儒林。絳帳垂堂，將應撞鐘之問；褒衣匝序，可無鳴鼓之攻。即對言論，遂榮朝獻，幸從容之有便，冀跋履之自頤。」（《盤洲文集》卷五五）機仲以二月間去任，則是狀至遲在是年二月前矣。

（三）龔茂良上《通鑑紀事本末》。

《宋史》本傳：「參知政事龔茂良得其書奏於上，孝宗讀而嘉嘆，以賜東宮及分賜江上諸帥，且令熟讀，曰：『治道盡在是矣。』」（《宋史》卷三八九）

《玉海·藝文》：「《紀事本末》四十二卷，袁樞編。淳熙三年十一月二十四日，參政龔茂良言袁樞編《通鑑紀事》，有補治道，或取以賜東宮，增益見聞。詔嚴州摹印十部，仍先以卿本上之。」（《玉海》卷四七）

又：「淳熙三年十一月戊辰（二十四日）詔取袁樞《資治通鑑紀事》賜皇太子，

與陸贄《奏議》，熟讀以求治道。」（《玉海》卷五五）

案《宋史·龔茂良傳》：「龔茂良，字實之，興化軍人，紹興八年進士第。……除禮部侍郎，上亟用茂良，手詔問國朝典故，有自從官經除執政例，明日即拜參知政事，奏事賜坐。上顧葉衡及茂良曰，兩參政皆公議所與。」（《宋史》卷三八五）茂良，機仲鄉人，深知之，故以奏上耳。案《景定嚴州續志》：「郡有經史詩文方書，凡八十種。」（《續志》卷四）今錄其經史部分如次：

（一）六經正文

（二）《語》《孟》正文

（三）櫟齋《禮記集說》

（四）《玉藻講義》

（五）《通鑑紀事本末》

（六）《本史》

（七）《唐鑑》

（八）周子《太極通書》

（九）胡氏《春秋傳》

（一〇）胡氏《春秋通書》

（一一）《春秋後傳》

（一二）《春秋後傳補遺》

（一三）《尚書說命講義》

（一四）《尚書無逸講義》

（一五）謝先生《語論》

（一六）《爾雅義》

以上郡學書籍十六種，《通鑑紀事本末》已占其一。蓋《通鑑紀事本末》一書，自淳熙二年，即有摹本寄呈朱熹，呂祖謙所見，諒亦爲摹本，則其時所有，不過爲友好參訂之用。至是詔嚴州摹印十部，然後始有刊本矣，所謂宋刊嚴陵小字本者是也。是刊楊萬里爲之序。越八十四年爲理宗寶祐五年丁巳（西元一二五七），趙與𥲅以嚴州本字小且譌，易爲大書，出私錢序刊於湖州。迨元仁宗延祐六年己未（西元一三一九），陳良弼時爲嘉興學掾，與𥲅之孫明安出所藏書版示良弼，因白御史宋一齋、僉憲鄧善之，償以中統鈔七十五錠，移置禾學，良弼爲記。明初版歸南監，成化中，重爲修補。《南雍志》載《通鑑紀事本末》四十二卷，版完，計四千四百面者，即此刻也。寶祐丁巳秋七月朔，趙與𥲅序有云：「淳熙壬子，退而里居，四年之間，熟得繙閱。……嚴陵舊本，字小且訛，乃易爲大書，精加讎校，以私錢重刊之，非特便老眼，訓子弟，庶與四方朋友共之云。」（宋刊本《通鑑紀事本末序》）延祐己未陳良弼序云：「節齋患嚴陵本字小且訛，於是精加讎校，易爲大字，刊版而家藏之，凡四千五百面，可謂天下之善本也。頃年士學陋，藝苑蕪，此版東之高閣者四十餘年，又懼其爲勢家所奪也，祕不示人。一日，節齋孫趙明安者，過嘉禾謁學宮，目擊余所爲若不懈者，乃歎曰，昔有雲間好事者，出中統鈔三百錠求市，吾不忍售，恐流散而不能永其傳也。若置之嘉禾學宮，償吾半直，亦無憾矣。余集學之士議之，或曰，此書幸矣，然挾貴勢而覬覦者，得毋爲學校累乎。或曰，全是書以惠後學，厚德也，挾貴勢而不償直者，賢者不爲，夫何懼。議未決，適御史宋公一齋、僉憲鄧公善之按臨是邦，良弼白其事，二公大喜曰，有補文治，其速成之。學宮方有助創試闈之費，力不能如趙所需，乃出中統鈔七十五錠償之，趙亦不計也。」（元刊本序）此《通鑑紀事本末》在宋、元間刊行之大概焉。

（四）調任大宗正簿，召對。

《宋史》本傳：「參知政事龔茂良得其書，奏上，……他日，上問袁樞今何官，茂良以實對。上曰：『可與寺監簿。』於是以大宗正簿召。登對，即因史書以言曰：『臣竊聞陛下嘗讀《通鑑》，屢有訓詞，見諸葛亮論兩漢所以興衰，有小人不可不去之戒，大哉王言，垂法萬世。』遂歷陳往事，自漢武而下至唐文宗偏聽姦佞致於禍亂，且曰：『固有詐僞而似誠實，憸佞而似忠鯁者，苟陛下日與圖事於帷幄中，進退天下士，臣恐必爲朝廷累。』上顧謂曰：『朕不至與此曹圖事帷幄中。』樞謝曰：『陛下之言及此，天下之福也。』」（《宋史》卷三八九）

案：機仲以是年二月去任，其年十一月詔取《通鑑紀事本末》，孝宗閱而嘉嘆，因問其官，茂良以實對，蓋言其闕職也。故孝宗即令爲大宗正簿，當在其年，與進書時不遠。《宋史·職官志》：「宗正寺，卿、少卿、丞、主簿各一人，卿掌叙宗派屬籍，以別昭穆而定親疏，少卿爲之貳，丞參領之。主簿一員，以京官充。元豐官制行，詔宗正長貳不專用國姓，蓋自有大中正司以統皇族也。……大宗正司，景祐三年始制〔司〕。……中興後，以位高屬尊者爲判大宗正事，又置大宗正丞一員，以文臣充，掌糾合宗室而檢防訓飭之。」（《宋史》卷一六四）

案：機仲爲大宗正簿，受茂良之薦，茂良以四年六月丁丑罷參知政事，則機仲亦當以是時去職。

（五）李燾權同修國史，進《四繫錄》。

《宋史·職官志》：「淳熙三年，特命李燾以祕書監權同修國史，權實錄院同修撰。」（《宋史》卷一六四）

《玉海·藝文》：「淳熙三年，權禮部侍郎李燾進《四繫錄》，記女眞、契丹起滅，自紹聖迄宣和、靖康，凡二十卷。上曰：『朕可一日忘此哉！』」（《玉海》卷五八）。

淳熙四年丁酉，四十七歲。

（一）爲大宗正簿（見前）。

（二）龔茂良上《徽宗實錄》等。

《宋史·孝宗本紀》：「淳熙四年三月己酉，龔茂良等上《仁宗玉牒》、《徽宗實錄》、皇帝玉牒。」（《宋史》卷三四）

又《儒林·呂祖謙傳》：「除秘書郎、國史院編修官、實錄院檢討官，以修撰李燾薦重修《徽宗實錄》，書成，進秩。」（《宋史》卷四三四）

（三）龔茂良罷。

《宋史·孝宗本紀》：「淳熙四年夏四月乙亥，參知政事龔茂良以曾覿從騎不避道杖之。戊寅，上奏乞罷政，不許。六月丁丑，龔茂良罷，乙卯，以王淮參知政事。」（《宋史》卷三四）

《宋史·龔茂良傳》：「淳熙四年正月，召史浩於四明，茂良覺眷少衰，因疾力求去，上曰：『朕以經筵召史浩，卿不須疑。』時曾覿欲以（大）〔文〕資祿其孫，茂良以文武官各隨本色蔭補格法繳進。覿因茂良入堂道間，俾直省官賈光祖等當道不避，街司叱之，曰：『參政能幾時？』茂良奏：『臣固不足道，所惜者朝廷大體。』上諭覿往謝，茂良正色曰：『參知政事者，朝廷參知政事也！』覿懟退，上諭茂良先遣人於覿，銜替而後施行，茂良批旨取賈光祖輩下臨安府鞫之。手詔宣問施行太遽，茂良待罪。上使人宣諭委曲，令繳進手詔，且謂：『卿去雖得美名，置朕何地？』茂良即奉詔。謝廓然賜出身，除殿中侍御史，廓然附曾覿者也。中書舍人林光（輔）〔朝〕繳奏不書黃，遂補外。茂良力求去。上諭曰：『朕極知卿，不敢忘，欲保全卿去，俟議恢復，卿當再來。』是日除職（與郡）。」（《宋史》卷三八五）

案：茂良以淳熙元年十一月參知政事，至四年六月罷。孝宗嘗從容謂茂良曰：『自今諸事毋循私，若鄉曲親戚，未須援引。朕每存公道，設有誤，卿等宜力爭，君臣之間，不可事形迹。』茂良曰：『大臣以道事君，遇有不可，自當啓沃，豈容迹見於外。』因上言：『官人之道，在朝廷則當量人才，在銓部則宜守成法。』」（《資治通鑑後編》卷一二四）其在任內推薦之士，自機仲外，若朱熹、葉適、陳傅良、劉清之等，俱爲當時名士，皆加引薦，可謂賢矣。茲列推薦諸人如次。

附表七　龔茂良引薦人物表

姓名	籍貫	事蹟舉要
朱熹（仲晦元晦）	徽州婺源	《宋史》本傳：「淳熙二年，上欲獎用廉退，以勵風俗。龔茂良行丞相，以熹名進，除祕書郎，力辭，且以手書遺茂良，言一時權倖。羣小乘間讒毁，乃因熹再辭，即從其請，主管武夷山沖祐觀。」（《宋史》卷四二九）
葉適（正則）	溫州永嘉	《宋史》本傳：「少保史浩薦於朝，召之不至，改浙西提刑司幹辦公事，士多從之游。參知政事龔茂良復薦之，召爲太學正，遷博士。」（《宋史》卷四三四）
陳傅良（君舉）	溫州瑞安	《宋史》本傳：「登進士甲科，教授泰州。參知政事龔茂良才之，薦於朝，改太學錄，出通判福州。丞相梁克家領帥事，委成於傅良。」（《宋史》卷四三四）
劉清之（子澄）	臨江	《宋史》本傳：「詣吏部詮，得知宜黃縣。茂良入爲參知政事，與丞相周必大薦清之於孝宗，召入對，首論民困兵驕，大臣退託，小臣苟媮。」（《宋史》卷四三七）

淳熙五年戊戌，四十八歲。

（一）遷太府丞，論奏諸事。

《宋史》本傳：「遷太府丞，時士大夫頗有爲黨與者，樞奏曰：『人主有偏黨之心，則臣下有朋黨之患。比年或謂陛下寵任武士，有厭薄儒生之心，猜疑大臣，親信左右，內庭行廟堂之事，近侍參軍國之謀。今雖總權綱，專聽覽，而或壅蔽聰明，潛移威福。願可否惟聽於國人，毁譽不私於左右。』上方鋭意北伐，示天下以所向，樞奏：『古之謀人國者，必示之以弱。苟陛下志復金讎，臣願蓄威養鋭，勿示其形。』復陳用宰執、臺諫之術。時議者欲制宗室應舉鎖試之額，限添差嶽祠，減臣僚薦舉，定文武任子，嚴特奏之等，展郊禋之歲，緩科舉之期，樞謂此皆近來從窄之論，人君惟天是則，不可行也，遂抗疏勸上推廣大以存國體。」（《宋史》卷三八九）

案《宋史·職官志》：「太府寺，舊置判寺事。元豐官制行，始正職掌，置卿、少卿各一人，丞、主簿各二人。卿掌邦國財貨之政令，及庫藏出納，商稅平準，貿易之事。少卿爲之貳，丞參預之。凡四方貢賦之輸於京師者，辨其名物，視其多寡，別而受之。儲於內藏者，以待非常之用。頒於左藏者，以供經常之費。」（《宋史》卷一六五）機仲之爲太府丞，當在是年，以職而論，非言事之官，而機仲遇事奏聞，切中時事，惜不得盡見其議論也。

《資治通鑑後編》：「淳熙五年夏四月，以陳俊卿判建康府，時曾覿、王抃、甘昇三人盤結擅政，進退大臣，權震中外，士大夫爭附之。俊卿自興化赴建康，過闕入對，因極言三人招權納賄，薦進人才，而以中批行之等事。且曰去國十年，風俗大變，向士大夫奔覿、抃之門，十纔一二，尙畏人知，今則公然趨附，蓋已七八，不復顧惜矣。此曹聲勢既張，侍從、臺諫，多出其門，大非朝廷美事。臣恐二人壞朝廷紀綱，廢有司法度，敗天下風俗，累陛下聖德。帝感其言。」（《後編》卷一二五）則其時國事之不振，可以知矣，機仲之奏論，亦當在是時也。

（二）李燾言《四朝史》乞責近限。

《玉海·藝文》：「淳熙五年四月，禮部侍郎、同修國史李燾言：『今修《四朝正史》，開院已十七年（自開院至成書凡二十有八年），乞降睿旨，責以近限，庶幾大典早獲備具。』詔限一年。」（《玉海》卷四六）

淳熙六年己亥，四十九歲。

（一）爲太府丞（見前）。

（二）趙雄上《會要》。

《玉海·藝文》：「淳熙六年七月甲戌，（十八日）進《會要》一百五十八卷。」（《玉海》卷五一）又《資治通鑑後編》：「淳熙六年秋七月，趙雄等上《會要》。」（《後編》卷一二五）

淳熙七年庚子，五十歲。

（一）兼國史院編修官，分修國史。

《宋史》本傳：「兼國史院編修官，分修國史傳。章惇家以其同里，宛轉請文飾其傳。樞曰：『子厚爲相，負國欺君。吾爲史官，書法不隱，寧負鄉人，不可負天下後世公議。』時相趙雄總史事，見

之嘆曰：『無愧古良史！』」（《宋史》卷三八九）

《資治通鑑後編》：「淳熙七年十二月庚寅，趙雄等上神、哲、徽、欽《四朝國史志》，時袁樞同爲編修官，章惇家以同里之情，宛轉致意，請樞文飾其傳。樞曰：『子厚爲相，負國欺君。吾爲史官，書法不隱，寧負鄉人，不可負天下後世之公論。』雄時總史事，見之嘆曰：『無愧古良史矣！』」（《後編》卷一二五）

案：趙雄（與）隆（興）元年類省試第一，淳熙五年三月參知政事，十一月拜右丞相。以宰相而提調修史之事者也。章惇字子厚，建州浦城人，《宋史》與蔡確、邢恕、呂惠卿、曾布、安惇等同列《姦臣傳》。紹興五年，高宗閱任伯雨章疏，手詔曰：「惇詆誣宣仁后，欲追廢爲庶人，賴哲宗不從其請，使其言施用，豈不上累泰陵。貶昭化軍節度副使，子孫不得仕於朝。」詔下，海內稱快，獨其家猶爲《辨誣論》，見者哂之（《宋史》卷四七一）。則其爲時人所痛疾可知矣，機仲雖欲文飾，亦不可得也。

(二)趙雄等上《四朝國史志》。

《宋史·孝宗本紀》：「淳熙七年十二月庚寅，趙雄等上神宗、哲宗、徽宗、欽宗《四朝國史志》。」（《宋史》卷三五）

《玉海·藝文》：「淳熙七年十二月十二日，國史院上《四朝正史志》一百八十卷，《地理志》全出李燾之手，餘多采《續通鑑》。」（《玉海》卷四六）

(三)命張從祖類纂《會要》。

《玉海·藝文》：「淳熙七年十月九日，祕

書少監趙汝愚言《國朝會要》、《續會要》、《中興會要》、今上《會要》，分爲四書，去取不同，詳略各異，請合而爲一，俾辭簡事備，勢順文貫。從之。將作少監張從祖類輯《會要》，自國（郎）〔初〕至孝廟爲一書，凡二百二十三册，五百八十八卷，嘉定元年四月十六日，詔府省寫進，三年六月十六日上之。」（《玉海》卷五一）

淳熙八年辛丑，五十一歲。

（一）兼國史院編修官，分修國史（見前）。

（二）喻良能進《忠義傳》。

《玉海·藝文》：「淳熙八年冬十月，國子監簿喻良能進《忠義傳》，起於戰國王蠋，終於五代孫晟，上下一千一百年，所取者一百九十人，凡二十五卷。乞頒之武學，授之將帥。上曰：『忠臣義士，不顧一身，可以表勵風俗。』」（《玉海》卷五八）

淳熙九年壬寅，五十二歲。

（一）權工部、吏部郎官。

《宋史》本傳：「權工部郎官，累遷兼吏部郎官。」（《宋史》卷三八九）

案《職官志》：「工部員外郎，舊制，凡制作營繕計置採伐材物，按程式以授有司，則參掌之。建炎三年，詔工部郎官兼虞部，屯田郎官兼水部。隆興元年，詔工部、屯田共一員兼領，自此四司合爲一矣。」又：「吏部員外郎，舊主判二人，以朝官充。元豐官制行，置吏部郎中、主管尚書左右選及侍郎左右選各一員，參掌選事而分治之。凡郎官並用知府資序以上人充。未及者爲員外郎。先是乾道元年，詔今後非曾任監司守臣，不除郎官，著爲令。自是館學、寺監臣拘礙資格，遷除不行，郎曹闕員，但得兼攝，旋即外補，間有不次擢用者，則自二著躐升二史，以至從列。其自外召爲郎，則資級已高，曾不數月，必序進卿、少，而郎有正員者益少矣。」（《宋史》卷一六三）機仲之充兩部郎官，亦皆暫權性質，旋即外補矣。

（二）廉視眞、揚、廬、和四郡。

《福建通志》列傳：「淳熙九年，兩淮旱，命樞廉視眞、揚、廬、和四郡，還奏民占田不知其數，二稅既免，上輸穀帛之課，力不能墾者，皆廢爲荒地。他人請佃，則以疆界爲詞，官無稽考。是以野不加闢，戶不加多，而郡縣之計益窘。望詔州縣畫疆立券，占田多而輸課少，隨畝增之，其餘閑田給與佃人，庶幾流民有可耕之地，而田萊不至多荒。復陳兩淮形勢，語皆切中時病。」（《福建通志》卷一七四）

《宋史》本傳：「兩淮旱，命廉視眞、揚、廬、和四郡，歸陳兩淮形勢，謂：『兩淮堅固，則長江可守，今徒知備江而不知保淮，置重兵於江南，委空城於淮上，非所以戒不虞。瓜州新城，專爲退保，金人過而指議，淮人聞而嘆嗟，誰爲陛下建此策也。』」（《宋史》卷三八九）

案《宋史·孝宗本紀》：「淳熙九年正月庚寅，詔江浙、兩淮旱傷州縣貧民稻種，計度不足者，貸以樁積錢。三月壬辰，遣使按視淮南、江浙振濟。」（《宋史》卷三五）又《食貨志》：「淳熙九年，著作郎袁樞振兩淮。」（《宋史》卷一七三）

附表八　袁樞振災區域表

州郡	隸屬	崇寧戶數	崇寧人口	管轄縣數
眞州（望）	淮南東路	二萬四千二百四十二戶	八萬二千四百十三口	揚子（中）六合（望）
揚州	淮南東路	五萬六千四百八十五戶	十萬七千五百七十九口	江都（緊）廣陵（緊）泰興（中）
廬州（望）	淮南西路	八萬三千五百十六戶	十七萬八千三百五十九口	合肥（上）舒城（下）梁（中）
和州	淮南西路	三萬四千一百四戶	六萬六千三百七十一口	歷陽（緊）含山（中）烏江（中）

（四）遷軍器少監，除提舉江東常平茶鹽。

《宋史》本傳：「遷軍器少監，除提舉江東常平茶鹽。」（《宋史》卷三八九）

案《職官志》：「軍器監置監、少監各一人，丞二人，主簿一人。監掌監督繕造（共）〔兵〕器什物，以給軍國之用，少監爲之貳，丞參領之。乾道六年，以少監韓玉往建康檢點物馬，以奉使軍器少監爲名。淳熙二年，錢良臣以少監總領淮東財賦。八年，沈揆復以監長行。（詣）〔諸〕監長貳，自是始許總餉外帶。然二人實初兼版曹職事。」（《宋史》卷一六五）又：「提舉茶鹽司，掌摘山煮海之利，以佐國用，皆有鈔法，視其歲額之登損以詔賞罰。凡給之不如期，鬻之不如式，與州縣之不加恤者，皆劾以聞。政和改元，詔江淮荆浙六路共置一員，既而諸路皆置。中興後，通置提舉常平茶鹽司，掌常平義倉免役之政令，凡官田產及坊場河渡之人，按額拘納收糴儲積，時其斂散以便民，視產高下，以平其役。」（《宋史》卷一六七）機仲以軍器少監兼充江東茶鹽提舉使，蓋未久任，即調知處州矣。

淳熙十年癸卯，五十三歲。

（一）知處州。

《宋史》本傳：「除提舉江東茶鹽，改知處州。」（《宋史》卷一八九）

處州，屬兩浙路。《宋史·地理志》：「處州，上，縉雲郡軍事，戶一十萬八千五百二十二，口二十六萬五百三十六。縣六：麗水、龍泉、松陽、遂昌、青田、慶元。」（《宋史》卷八八）

其在任當有一二年之久。

（二）朱熹築武夷精舍成。

《朱子年譜》：「淳熙十年癸卯，四十四歲，春正月，差主管台州崇道觀。夏四月，武夷精舍成。《年譜》：結廬於武夷之五曲，正月經始，至四月落成，始來居之。四方士友來者甚衆。」（《朱子年譜》卷三）

案：武夷精舍有仁智堂、隱求室、止宿寮、石門塢、觀善齋、寒棲館、晚對亭、鐵笛亭、釣磯、茶竈、魚艇之勝。熹俱有詩以紀之，實武夷山中之巨觀也。

宋韓元吉《武夷精舍記》：「吾友朱元晦，居於五夫里，去武夷一舍而近，若其後圃，暇則游焉。與其門生弟子，挾書而誦，取古詩三百篇及楚人之詞，哦而歌之，瀟灑嘯咏，留必數日。淳熙十年，元晦既辭節使於江東，遂賦祠官之祿，而於其溪之五折負大石屛，規之以爲精舍，取道士之廬猶半也。誅鋤茅草，僅得數畝，而勢幽清，奇石佳木，拱揖映帶，使弟子輩具畚鍤，集瓦木，相率成之。元晦躬書其處，中以爲堂，旁以爲齋，高以爲亭，密以爲室，講書肄業，琴歌酒賦，莫不在是。」（《武夷山志》卷一〇）

案：武夷精舍，又名文公祠，淳熙十年，熹卜築於此，其子孫葺而廣之，號紫陽書院。

朱熹《武夷精舍雜詠詩序》：「武夷之溪東流凡九曲，而第五曲爲最深，蓋其山自北而南者，至此而盡聳全石爲一峰，拔地千尺，上小平處微戴土，生林木，極蒼翠可玩，而四隤稍下，則反削而入，如方屋帽者，舊經所謂大隱屛也。屛下兩麓，坡坨旁引，還復相抱。抱中地平廣數畝，抱山溪水隨山勢，從西北來，四曲折始過其南，乃復遶山東北流，亦四曲折而出。溪流兩旁丹崖翠壁，林立環擁，神剜鬼刻，不可名狀。舟行上下者，方左右顧瞻錯愕之不暇，而忽得平岡長阜，蒼藤茂木，按衍迤靡，膠葛蒙翳，使人心目曠然以舒，窈然以深，若不可極者，即精舍之所在也。直屏下兩麓相抱之中，西南向爲屋三間者，仁智堂也。堂左右兩室，左曰『隱求』，以待棲息。右曰『止宿』，以延賓友。左麓之外，復前引而右抱，中又自爲一塢，因累石而門之，而命曰『石門之塢』。別爲屋其中，以俟學者之羣居，而取《學記》『相觀而善』之義，命之曰『觀善之齋』。石門之西少南，又爲屋以居道流，取道書《眞誥》中語，命之曰『寒棲之館』。直觀善前山之巔爲亭，回望大隱屏。最正且盡，取杜子美詩語，名以『晚對』。其東出山背、臨溪水，因故基爲亭，取胡公語名以『鐵笛』，說具本詩注中。寒栖之外，乃植楥列樊，以斷兩麓之口，掩以柴扉，而以『武夷精舍』之扁揭焉。經始於淳熙癸卯之春，其夏四月既望堂成，而始來居之。四方士友來者亦甚衆，莫不嘆其佳勝，而恨他屋之未具，不可以久留也。釣磯、茶竈皆在大隱屏西，磯石上平，在溪北岸；竈在溪中流，巨石屹然，可環坐八九人。四面皆深水，當中科臼，自然如竈，可爨以瀹茗。凡溪水九曲，左右皆石壁，無側足之徑。惟南山之南有蹊焉，而精舍乃在溪北，以故凡出入乎此者非漁艇不濟。總之爲賦小詩十有二篇，以紀其實。」（《朱子文集》卷九）

(三)與朱熹等倡和武夷山中。

朱熹（夷）武〔夷〕精舍成，四方士友至者頗衆，倡和酬酢，盛極一時，如祝穆、潘植兄弟、張巽、廖德明等，俱從熹學於精舍，而機仲最爲勝友。《武夷山志》：「袁樞與朱文公友善，武夷精舍，題咏最多。」（《武夷山志》卷一七）其實機仲與元晦屢有倡和之作，不僅武夷精舍題咏已也。

《精舍雜咏》十二首（《朱子文集》卷九）　朱熹

琴書四十年，幾作山中客。一日茅棟成，居然我泉石（精舍）。

我慚仁智心，獨自愛山水。蒼崖無古今，碧澗日千里（仁智堂）。

晨窗林影開，夜枕山泉響。隱去復何求，無言道心長（隱求室）。

故人肯相尋，共寄一茅宇。山水爲留行，無勞具雞黍（止宿寮）。

朝開雲氣擁，暮掩薜蘿深。自笑晨門者，那知孔氏心（石門塢）。

負笈何方來，今朝此同席。日用無餘功，相看俱努力（觀善齋）。

竹間彼何人，抱甕靡遺力。遙夜更不眠，焚香坐看壁（寒棲館）。

倚筇南山巔，卻立有晚對。蒼峭矗寒空，落日明影翠（晚對亭）。

何人轟鐵笛，噴薄兩崖開。千載留餘響，猶疑笙鶴來（鐵笛亭）。

削成蒼石稜，倒影寒潭碧。永日靜垂竿，茲心竟誰識（釣磯）。

仙翁遺石竈，宛在水中央。飲罷方舟去，茶煙裊細香（茶竈）。

出載長煙重，歸裝片月輕。千巖猿鶴友，愁絶棹歌聲（漁艇）。

《精舍雜詠》十首（《武夷志》卷一〇）　袁樞

先生出雲谷，看盡東南山。吳越幾往來，衡廬屢躋攀。恨無璚瑤英，駐此冰雪顏。有懷武夷仙，相期蒼翠間（隱屏精舍）。

此聞本無累，動靜隨所寓。結廬在巖谷，自適山水趣。朝來抱雲氣，日夕沐風露。坐觀天地心，詎忘仁智慮（仁智堂）。本是山中人，歸來山中友。豈同荷蓧老，永結躬耕耦。浮雲忽出岫，膚寸彌九有。此志未可量，見之千載後（隱求室）。出處紹前哲，典型資後生。虛堂懸青鏡，視者心自明。古人不難到，功用在力行。緬懷朋盍簪，耿耿中夜情（觀善齋）。巖前風入松，谷口泉漱石。寫之五絃琴，身在函丈席。竹間有餘地，營館招羽客。靜夜緬高絃，待月寒林隙（寒棲館）。落日鬱蒼煙，空山轉寒碧。石屏倚天立，端峭一千尺。無言獨與對，足以承朝夕。何用向時流，抵掌恣談劇（晚對亭）。當年跨鶴翁，想在雲深處。鐵笛忽龍吟，萬壑披靈霧。遙知發天祕，踏破蒼苔路。吹與衆仙聞，來看晚題句（鐵笛亭）。投轄出東溟，持竿歸九曲。溪翁未問訊，笑失雙鬢綠。潭邊舊釣石，瑩滑磨青玉。竟日漫垂綸，忘機看鷗浴（釣磯）。摘茗蛻仙巖，汲水潛虬穴。旋然石上竈，輕泛甌中雪。清風已生腋，芳味猶在舌。何時棹孤舟，來此分餘啜（茶竈）。溪迴山路斷，月白沙汀冷。有人掀短篷，擊櫂歌聲永。聞之三嘆息，渙然發深省。歸去萬石灘，理我釣魚艇（漁艇）。

寄朱晦翁山中丹砂（《武夷志》卷二二）　袁樞

丹砂九轉世莫傳，羽衣婀娜飛朝天。淒然風露洗塵世，星斗一天隨轉旋。空餘丹鼎在巖際，夜夜虬光騰霽煙。天遺紫陽弭絳節，點石成玉公須專。朝來金鎖開洞府，丹火已灰當復然。離龍坎虎玄又玄，不須人間詢謫仙。黃熊跑號青兕舞，爭欲舐鼎嚴笞鞭。巖頭風高捲衣袂，嘶斷玉龍雲滿川。怡然上池漱瓊液，鼓枻下濯丹溪泉。雲間雙鶴儻未下，招隱爲我歌長篇。

奉陪機仲宗正，景仁太史，期會武夷，而文叔茂實二友適自昭武來集，相與泛舟九曲，周覽巖壑之勝而還。機仲、景仁，唱酬迭作，謂僕亦不可以無言也。衰病懶廢，那復有此，勉出數語，以塞嘉貺，不足爲外人道也（《朱子文集》卷四） 朱熹

此山名自西京傳，丹臺紫府天中天。似聞雲鶴時降集，應笑磨螘空回旋。我來適此秋景晏，青楓葉赤搖寒煙。九還七返不易得，千巖萬壑渠能專。同遊幸有二三子，天畀此段非徒然。梁郎季子山澤臞，傅伯爰盎瀛洲仙。相逢相得要彊附，卻恨馬腹勞長鞭。黃華未和白雪句，畫舸且共清泠川。回船罷酒三太息，百歲誰復來通泉（景仁數日屢誦此句）。盈虛有數豈終極，爲君出此窮愁篇。

奉答景仁老兄贈別之句（同上） 朱熹

古人一去心不傳，舉世誰復知其天。奔趨嗜欲名利境，浩蕩勢若飄風旋。嗟予慨此其已久，矧復痼疾霾雲煙。禪關夜扣手剝啄，丹經晝誦心精專。十年齊楚得失裏，醉醒夢覺今超然。迷心昧性哂篤學，貪生惜死悲方仙。如何懶惰行不力，日月逝矣羲和鞭。秖今已□遠玄象，羨子正似方來川。何憂功名與事業，但要溥博而淵泉。不見君家鼻祖開聖學，照耀今古書三篇（《六經說命篇》始有學

字）

復用前韻敬別機仲（同上） 朱熹

君家道素幾葉傳，只今用舍懸諸天。屹然砥柱戰河曲，肯似落葉隨風旋。奮髯忽作蝟毛磔，浩氣勃若霄中煙。隱憂尙在遺直在，壯烈未許前人專。武夷連日聽奇語，令我兩腋風泠然。初如茫茫出太極，稍似冉冉隨羣仙。安能局促夜起舞，下與祖逖爭雄鞭。終憐賢屈惜往日，亦念聖孔悲祖川。願君盡此一杯酒，預澆舌本如懸泉。沃心澤物吾有望，勒移忍繼《鍾山篇》。

讀機仲景仁別後詩語因及詩傳綱目復用前韻（同上） 朱熹

道有默識無言傳，向來誤矣空談天。只今斷簡窺蠹蝕，似向追蠡看蟲旋。始知古人有妙處，未遽秦谷隨飛煙。終然世累苦芳奪，下帷發憤那容專。一心正爾思鵠至，兩手欲救驚頭然。書空且復罷咄咄，屢舞豈暇陪仙仙（兩年罷詩止酒，故云）。功名況乃身外事，我馬硉兀甘回鞭。解頤果值得水井（謂《詩傳》），鑒古亦會朝宗川（謂《綱目》）。兩公知我不罪我，便可築室分林泉。十年燈下一夜語，閑日共賦春容篇。

讀通鑑紀事本末用武夷唱和元韻寄機仲（同上） 朱熹

先生諫疏莫與傳，忠憤激烈號旻天。卻憐廣文官舍冷，只與文字相周旋。上書乞得聊自屏，清坐日對銅爐煙。功名馳騖往莫悔，鉛槧職業今當專。要將報答陛下聖，矯首北闕還潸然。屬詞比事有深意，憑愚護短驚羣仙。口言未秉太史筆，自幸已執留臺鞭（溫公以留臺領書局，時韓魏公與書，有「執鞭」之語）。果然敕遣六丁取，香羅漆匣浮桐川。陰凝有戒竦皇鑒（恭聞上讀此書，有「履霜堅冰」之語），陽剝欲盡生玄泉。明年定對白虎殿，更誦《大學》《中庸》篇（頃在武夷宮講正心誠意）。

次袁機仲韻（《朱子文集》卷一〇）　朱熹

長記與君別，丹鳳九重城。歸來故里，愁思悵望渺難平。今夕不知何夕，得共寒潭煙艇。一笑俯空明。有酒徑須醉，無事莫關情。　尋梅去，疎竹外，一枝橫。與君吟弄風月，端不負平生。何處車塵不到，有箇江天如許，爭肯換浮名。只恐買山隱，卻要煉丹成。

（四）李燾上《續資治通鑑》。

《宋史·孝宗本紀》：「淳熙十年三月戊辰，李燾上《續資治通鑑長編》六百八十七卷。」（《宋史》卷三五）

又《李燾傳》：「七年，《長編》全書成，上之，詔藏祕閣。燾自謂此書寧失之繁，無失之略，故一祖八宗之事，凡九百七十八卷，總目五卷，依熙寧修三經例，損益修換四千四百餘事，上謂其書無愧司馬遷。」（《宋史》卷三八八）

《玉海·藝文》：「乾道四年四月丙辰，禮部郎李燾言：臣於去年八月（《會要》二十九日）奉旨從汪應辰奏取臣所著《續資治通鑑》，自建隆迄元符，令有司繕寫校勘，藏之祕閣。臣尋於十四日賜對面奉旨，令早投進，又令給札。臣先次寫到建隆元年至治平四年閏三月五朝事迹，共一百八十年，計一百八卷。內建隆元年至太平興國元年太祖一朝事迹，雖曾於隆興元年具表投進，後來稍有增益，謹重錄進。治平以後文字，更加整齊節次修寫。臣此書非可便謂《續資治通鑑》，姑謂《續資治通鑑長編》，庶幾可也。其篇帙或相倍蓰，則《長編》之體當然，寧失於繁，猶光志云爾。今寫成一百七十五册，幷目錄一册上進。五月壬戌朔，詔燾纂述有勞，特轉兩官。六年三月二日，詔降下《長編》付祕省，令依《通鑑》字様大小繕寫，仍將李燾銜位於卷首，依司馬光銜位修寫。淳熙十年三月六日，燾爲遂寧守，始上其全書（《會要》云：六百八十七册，十年修撰上之），自建隆至靖康，凡九百八十卷（《書目》一百六十八卷。建隆訖靖康），《舉要》六十八卷，上甚重之，以其書藏祕府。燾以司馬光作《資治通鑑》，唐三百年長編，范祖禹掌之。祖禹所修六百餘卷，光細删之，止八十卷，故燾纂集用光義例，廣記備言，以待後之作者。」（《玉海》卷四七）

淳熙十一年甲辰，五十四歲。

（一）知處州（見前）。

（二）李燾卒。

《通鑑後編》：「淳熙十一年九月甲寅，敷文閣學士致仕李燾卒。燾甫冠，憤金讎未報，著《反正議》十四篇，皆救時急務。爲人剛大特立，每正色以訂國論，張栻嘗謂李仁甫如霜松雪柏。仁甫，燾字也。燾無嗜好，不殖産業，生死文字間，《長編》一書，用力四十年，葉適謂《春秋》以後，纔有此書。」（《後編》卷一二六）

（三）熊克上《九朝通略》。

《玉海·藝文》：「淳熙十一年十二月四日，知台州熊克上《九朝通略》一百六十八卷（一百册）。詔遷一官。仿《通鑑》之體作繫年之書，一載釐爲一卷。簡要不如徐度之紀，詳備不如李燾之編。」（《玉海》卷四七）

淳熙十二年乙巳，五十五歲。

（一）知處州（見前）。

（二）楊萬里薦朱熹、袁樞等六十人。

《宋史·楊萬里傳》：「東宮講官闕，帝親擢萬里爲侍讀，官僚以得端人相賀。王淮爲相，一日問曰，宰相先務者何事？曰人才。又問孰爲才，即疏朱熹、袁樞以下六十人以獻，淮次第擢用之。」（《宋史》卷四三三）《宋史·王淮傳》：「王淮字季海，婺州金華人也。登紹興十五年進士第。……與李彥穎同行相事，淮謂授官當論賢否，不事形迹，誠賢不敢以鄉里故舊廢之，非才不敢己私庇之，上稱善。擢知院事。……趙雄罷相，蜀士之在朝者，皆有去意，淮謂此唐季黨禍之胎也，豈聖世所宜有，皆以次進遷，蜀士乃安。」（《宋史》卷三九六）

楊長孺《淳熙薦士錄跋》：「淳熙乙巳，誠齋爲吏部郎中，時王季海爲丞相。一日，丞相問誠齋云：『宰相何事最急先務？』誠齋答丞相云：『人才急當先務。』丞相云：『安得人才而用之？』誠齋取筆疏六十人以獻，隨所記憶者書之，退而各述其長，上之丞相，此卷是也。稿藏於家，雜然而書，初無先後之序，皆無優劣之意。」（《誠齋集》卷一一三）

茲據原稟薦引人物列表如次：

附表九　楊萬里淳熙薦士録（《誠齋文集》卷一一三）

姓名	個人特長	備考
朱熹	學博二程，才雄一世，雖賦性近於狷介，臨事過於果鋭，若處以儒學之官，涵養成就，必爲異才。	見《宋史》卷四二九
袁樞	議論堅正，風節峻潔，今知處州。	《宋史》卷三九八
石起宗	立朝敢言，作郡有惠。	
祝櫰	奇偉之節，恬退之心，士論所稱，久置閑散。	
鄭僑	立朝甚勁正，持節有風采。	
林枅	外溫中厲，遇事敢爲。	
蔡戡	器度凝重，學問該洽。	
馬大同	文學政事，士林之英，至於持節，風采甚厲，官吏皆肅。	

鞏湘	今之儒先，世之吏師。	
京鏜	性資靜慤，文辭工致。	《宋史》卷三九四
王回	俊辯而敏，豐而裕。	《宋史》卷四三二
劉堯夫	嘗冠釋褐，立朝敢言。	
蕭德藻	文學甚古，氣節甚高，其志常欲有爲，其進未嘗苟合，老而不遇，士者屈之，今爲湖北參議官。	
章穎	早冠多士，其學益進，立朝鯁挺，公論推表。	《宋史》卷四〇四
霍箎	儒而知兵，長於論事，至於兩淮利害，尤其所諳。	
周必正	工於古文，敏於吏事，臨疑應變，好謀而成。	
張貴謨	上庠名士，有才謀可應時須。	
劉清之	得名儒朱熹之學，傳乃祖原甫之業。	《宋史》卷四三七
湯邦彥	學邃於《易》，得先天之數；才濟於用，有經世之心。	
王公袞	儒者能斷，吏事敢爲，剗繁摧姦，尤其所長。	

莫　漳	長於史學，達於吏治。	
張　默	魏公之姪，能傳胡文定《春秋》之學，所至作吏，皆有能聲。	
孫逢吉	學邃文工，吏用明敏，沈介德和、黄鈞仲秉以國士待之。梁膀陞朝，前知袁州萍鄉縣。	《宋史》卷四〇四
吴　鎰	早以文學受知名勝，如張安國、沈德和、黄仲秉皆以國士待之。京官，今知郴州郴縣。	
王　謙	風力振聳，勇於摧姦，立朝蹇蹇，士論歸重。	
譚惟寅	文辭甚古，志操甚堅，嘗除太學博士，今知郴州。	
但中庸	有學有文，操守堅正，持節布憲，風采甚厲。	
韓　璧	直諒修潔，人稱其賢。	
李　誦	恬退難進，廉吏之表，陞朝，今爲江州德安知縣。	
余紹祖	德勝於才，廉而有惠，新江陵府通判。	

葉元潾	和而有立，早有奇節，故相葉顒子昂之姪，今爲江西提舉司幹官待次。	
廖德明	所學正，遇事能斷，選人，前韶州教授。	《宋史》卷四三七
趙充夫	廉明彊濟，治行甚高，陞朝，今知臨江軍新喻縣。	
左昌時	吏能精密，所至有聲，新知眞州。	
胡思成	和粹而賢，敏達於政，嘗知安豐軍。	
趙像之	能文練事，淡如寒畯，今爲隨州通判。	
孫逢辰	儒術飾吏，廉操癒人。	
劉德秀	議論古今，切於世用。鄭榜，京官，今知湘潭縣。	
施淵然	工於古文，恬於仕進，前任監和劑局，今任祠祿，陞朝。	
祝禹圭	氣節正方，議論鯁挺。	

張　泌	器宇粹和，文辭工致，與其弟濤俱有令名，前輩稱吴中二陸。	
李大性	四六詩句，甚有律令。	《宋史》卷三九五
李大異	嘗冠别頭，仕優進學，作文下語，準柳儀曹。	
李大理	學問殫洽，吏事通明。	
曾三復	以文策第，以廉褆身，作邑有聲，盡罷横斂，梁榜。	《宋史》卷四一五
曾三聘	刻意文詞，雅善論事，蕭榜選人，前西外宗學教授。	《宋史》卷四二二
徐　澈	詩句明爽，牋奏典重，作邑愛民，辨而不擾。鄭榜，陞朝，今知臨江軍清江縣。	
趙彦恂	吏能精敏，不擇劇易，戊辰王榜，前知衡州，今任宫觀。	
王　濱	治郡有聞，惠而能辨，前知吉州，正當苻寇之鋒，修城治兵，寇不敢近，今任宫觀。	
虞公亮	力學有文，子弟之秀，雍公之子，尚淹下僚。	

陳　謙	學問深醇，文辭雄俊，聲冠兩學，陸沈下僚。	《宋史》卷三九六
李　沐	大臣之子，而綽有寒酸之操；用科之雋，而益厲文辭之工。	
李耆俊	其進雖非科級，其文尤工四六，今知柳州。	
嚴昌裔	學甚正，守甚堅，蓋嘗師張魏公而友欽夫。	
陳　字	事母至孝，作郡甚辨，臨事應變，事集而民不擾。	
盧宜之	作文有古人關鍵，日進未已，至於吏能，乃其餘事。	
蘇　渭	通敏吏事，最善四六，任子之流，所不易得。	
鄭　鄖	持身甚廉，愛民甚力，嘗知南雄州保昌縣，殊有治行。太守虐政，一切反之，民情翕然，至今去思。	
趙善佐	爲政和而有威，治賦緩而自辨，章貢吏民，無不安之。	
胡　澥	名臣之子，修潔博習，州里有聞，能世其家，今爲撫州宜黃丞，其父字邦衡云。	

(三)洪邁請以史傳體分類載述。

《玉海·藝文》：「淳熙十二年七月，同修史洪邁奏神宗至於欽宗傳叙相授，閱六十五年，除紀志已進外，當立傳者千三百人，其間妃嬪、親王、公主、宗室，幾當其半。乞倣前代諸史體例，分類載述，不必人爲一傳。」(《玉海》卷四六)

淳熙十三年丙午，五十六歲。

(一)當赴闕奏事。

《宋史》本傳：「改知處州，赴闕奏事。樞之使淮入對也，嘗言朋黨相附，則大臣之權重，言路壅塞，則人主之勢孤。時宰不悦。至是又言：『威權在下則主勢弱，故大臣逐臺諫以蔽人主之聰明；威權在上則主勢強，故大臣結臺諫以遏天下之公議。今朋黨之舊尚在，臺諫之官未正，紀綱言路，將復荆榛矣。』」(《宋史》卷三八九)

機仲於淳熙朝最爲諍諫名臣，其奏議甚多，直言諤諤，風節凜然，然亦卒因而去位。眞西山《跋袁侍郎機仲奏議》云：「侍郎袁公，以清名直節，受阜陵之知，自庶僚峻躋法從，其制詞略曰：『有愛君憂國之心，有憤世疾邪之志，雖未諧於中道，要可謂之正人。』大哉王言，公之平生，盡於此矣。然嘗疑公之忠誠亮直，既爲一世正人矣，而猶未合中道，何哉？觀吾先聖有言，求也退，故進之，由也兼人，故退之，所以約其偏而歸之中，聖門鑪錘之妙，大抵如此。袁公之德，純乎剛者也，剛之過，則爲世所不容，故聖訓及之，是亦洙泗成就英才之意也。其後公果以此不安於朝，退居梅巖，十有餘載，竟老泉石，當世惜之。今觀其奏疏遺藁，凜然精忠，無所回隱，使當前代諱言之朝，必以爲狂爲訐，爲干名，爲賣直，安得有正人之褒。愚於是三歎淳熙之盛。」（《真西山文集》卷三六）可謂至言。

（二）朱熹《易學啓蒙》成。

《玉海·藝文》：「淳熙十三年三月，《易學啓蒙》成四篇，以本圖書、原卦畫、明蓍策、考變占爲次。又有《蓍卦考誤》。揲蓍之法，見於《大傳》，郭雍爲《蓍卦辨疑》三卷，熹謂疏家小失其指，而辨之者又大失焉。說愈多而法愈亂，因爲考誤，畢氏中和揲法，視疏義爲詳，論三揲皆卦，一正合四營之義，唯以三揲之掛扐分，措於三指間爲小誤，然大數亦不差。《易》本爲卜筮而作，其言皆依象數以斷吉凶，今其法不傳，諸儒言象數者皆穿鑿，言義理者大汗漫，故其書難讀，此《本義》、《啓蒙》所以作也。」（《玉海》卷三六）

《啓蒙自序》：「聖人觀象以畫卦，揲蓍以命爻，使天下後世之人，皆有以決嫌疑、定猶豫而不迷於吉凶悔吝之途，其功可謂盛矣。然其爲卦也，自本而幹，自幹而支，其勢若有所迫而自不能已。其爲蓍也，分合進退，縱横順逆，亦無往而不相值焉。是豈聖人心思智慮之所得爲也哉？特氣數之自然，形於法象，見於圖書者，有以啓於其心而假手焉耳。近世學者，類喜談《易》，而不察於此。其專於文義者，既支離散漫而無所根著，其涉於象數者，又皆牽合傅會，而或以爲出於聖人心思智慮之所爲也。若是者，予竊病焉，因與同志頗輯舊聞，爲書四

篇，以示初學，使無疑於其說云。」（《朱子文集》卷一二）

又《答袁機仲論啓蒙》：「忽然半夜（一作平地）一聲雷，萬戶千門次第開。若識無心含有象，許君親見伏羲來。」（《朱子文集》卷九）

又《答袁機（論仲）（仲論）易書》：「此非熹之說，乃康節之說；非康節之說，乃希夷之說；非希夷之說，乃孔子之說。但當日諸儒既失其傳，而方外之流，陰相付受，以爲丹竈之術，至於希夷、康節乃反之於《易》，而後其說始得復明於世。然與見今《周易》次第行列多不同者，故聞者創見多，不能曉而不之信，只據目今見行《周易》，緣文生義，穿鑿破碎，有不勝其杜撰者，此《啓蒙》之書所爲作也。若其習聞易曉，人人皆能領略，則又何必更著此書，以爲屋下之屋，牀上之牀哉。更願高明毋以爲熹之說而忽之，姑且虛心遜志，以求其通曉，未可好高立異，而輕索其瑕疵也。玩之久熟，浹洽於心，則天地變化之神，陰陽消長之妙，自將瞭於心目之間，而其可驚可喜可笑可樂，必有不自知其所以然而然者矣。」（《朱子文集》卷三八）

（三）王淮上《四朝史傳》等。

《宋史·孝宗本紀》：「淳熙十三年十一月甲子，王淮上《仁宗英宗玉牒》、《神宗哲宗徽宗欽宗四朝國史列傳》、《皇帝會要》。」（《宋史》卷三五）

又《玉海·藝文》：「淳熙十三年十一月（二十二日），上《國史列傳》一百三十五卷，《目錄》二卷。初，乾道二年，胡元質言：『三朝之史，開院纂修，累年於茲。竊見靖康繼宣和之後，以功緒本末則相關，以歲月久近則相繼，伏望併修欽宗帝紀繳進，名爲《四朝國史》。』四年三月二十四日，詔進呈《欽宗實録》，并本紀已畢，就修纂《四朝正史》，從洪邁之請也。」（《玉海》卷四六）

（四）洪邁請通修《九朝正史》。

《玉海·藝文》：「淳熙十三年八月十九日，邁又請通修《九朝正史》，上許之。復言別作之事，已經先正名臣之手，是非褒貶，皆有據依，乞命史官無或删改。書未就而邁去國。」（《玉海》卷四六）

（五）王偁上《東都事略》。

《玉海·藝文》：「淳熙十三年八月二十六日，知龍州王偁上《東都事略》百（十三）〔三十〕卷（《紀》十二，《世家》五，《列傳》百五，《附録》八）。明年春三月除直祕閣。其書特掇取《五朝史傳》及《四朝實録附傳》，而微以野史附益之。」（《玉海》四十六）

淳熙十四年丁未，五十七歲。

（一）當除吏部員外郎。

《宋史》本傳：「除吏部員外郎。」（《宋史》卷三八九）

《職官志》：「凡郎官並用知府資叙以上人充，未及者爲員外郎。」（《宋史》卷一六三）

案：是年朱熹以楊萬里薦除江南西路提點刑獄公事，待次，辭不允。機仲之任職，當亦不久。

（二）當遷大理少卿，劾御史冷世光。

《宋史》本傳：「遷大理少卿，通州民高氏以産業事下大理，殿中侍御史冷世光

納厚賄曲庇之。樞直其事以聞，人爲危之。上怒，立罷世光。以朝臣劾御史，實自樞始。」（《宋史》卷三八九）

案《職官志》：「大理寺舊置判寺一人，兼少卿事一人，元豐官制行，置卿一人，少卿二人。卿掌折獄詳刑鞫讞之事，凡職務分左右，天下劾奏命官將校及大辟囚以下以疑請讞者，隸左。斷刑則司直、評事詳斷，丞議之，正審之。若在京百司事當推治，或特旨委勘，及係官之物應追究者，隸右。治獄則丞專推鞫，蓋少卿分領其事，而卿總焉。」（《宋史》卷一六四）高氏之獄屬左，機仲時爲少卿，得豫其事，而冷世光以殿中侍御史犯法。殿中侍御史掌以儀法糾百官之失，職在監察羣僚，而爲機仲所劾，則適反其道而行之矣。

（三）當權工部侍郎，兼國子祭酒，貶秩罷歸。

《宋史》本傳：「手詔權工部侍郎，仍兼國子監祭酒，因論大理獄案請〔外〕，有予郡之命，既而貶兩秩，寢前旨。」（《宋史》卷三八九）

《福建通志·宋列傳》：「初，樞與羅點、詹體仁、葉適、馮震武五人，皆主張朱熹，爲監察御史陳賈所嫉。及發世光事，賈以臺臣同僚，尤惡之。適樞薦士章入，賈遂論樞多徇所私，貶兩秩罷歸。」（《福建通志》卷一七四）

案《職官志》：「工部尚書，掌百工水土之政令，稽其功緒，以詔賞罰，總四司之事，侍郎爲之貳。侍郎掌貳尚書之事，南渡初，長貳互置，隆興詔各置一員。」（《宋史》卷一六三）又：「國子監，舊置判監事二人，以兩制或帶職官充。元豐官制行，始置祭酒、司業、丞、主簿各一人，太學博士十人，正、錄各五人，武學博士二人，律學博士、正各一人。祭酒掌國子太學、武學、律學、小學之政令，司業爲之貳。」（《宋史》卷一六五）機仲旋以故去位，則亦不能永其任也。

（四）龔端頤著《元祐建中列傳譜述》。

《玉海·藝文》：「元祐黨籍、建中上書邪等名在兩籍者三百九人，和州布衣龔端頤訪求闕遺，成《列傳譜述》一百卷。書於編者三百五人，不可得而詳者，四人而已。淳熙十四年三月十八日，修國史洪邁請甄錄，從之。授端頤上州文學。」（《玉海》卷五八）

淳熙十五年戊申，五十八歲。

（一）被貶罷歸（見前）。

（二）修《高宗實錄》。

《宋史·職官志》：「淳熙十五年，《四朝國史》成書，詔罷史院，復開實錄院，修《高宗實錄》。」（《宋史》卷一六四）

《玉海·藝文》：「淳熙十五年三月十一日，洪邁請開院修纂《高宗實錄》。」（《玉海》卷四八）

淳熙十六年己酉，五十九歲。

（一）被貶罷歸（見前）。

（二）叙復元官。

《宋史》本傳：「光宗受禪，叙復元官。」（《宋史》卷一八九）

案：原官者即淳熙十四年所除工部侍郎及國子監祭酒也。《宋史·光宗本紀》：「淳熙十六年正月辛亥，兩府奏事，孝宗諭以倦勤，欲禪位皇太子，退就休養，以畢高宗三年之制。因令周必大進呈詔草。二月壬戌，孝宗吉服御紫宸殿，行內禪禮，應奉官以次稱賀。內侍固請帝坐，帝固辭，內侍扶掖至七八，乃微坐復興，次丞相率百僚稱賀。禮畢，樞密院官升殿奏事。甲子，帝率羣臣朝重華宮，大赦百官，進秩一級，優賞諸軍。」（《宋史》卷三六）如是，則機仲當自淳熙十六年二月間即復元官矣。

光宗紹熙元年庚戌，六十歲。

（一）復敘元官，提舉太平興國宮。

《宋史》本傳：「復敘元官，提舉太平興國宮。」（《宋史》卷三八九）

《宋史·職官志》：「宋別設祠祿之官，以佚老優賢。先時員數絕少，自熙寧以後，乃增置焉。在京宮觀，舊制以宰相執政充使，或丞郎、學士以上充副使，兩省或五品以上爲判官，內侍官或諸司使副爲都監，又有提舉、提點、主管。其戚里近屬及前宰執留京師者，多除宮觀，以示優禮。時朝廷方經理時政，患疲老不任事者廢職，欲悉罷之，乃使任宮觀，以食其祿。」（《宋史》卷一六九）機仲在京師，朝廷以優禮相示，故有提舉太平興國宮之事。

（二）上《壽皇聖帝玉牒》。

《宋史·光宗本紀》：「紹熙元年八月己亥，帝率羣臣上壽皇聖帝《玉牒》、《日曆》於重華宮。」（《宋史》卷三六）

紹熙二年辛亥，六十一歲。

（一）提舉太平興國宮（見前）。

（二）詔朝臣奏事。

《宋史·光宗本紀》：「紹熙二年五月庚申，詔侍從、經筵、翰苑官，自今並不時宣對，庶廣咨詢，以補治道。六月癸巳，詔宰臣執政，自今不時內殿宣引奏事。」（《宋史》卷三六）

紹熙三年壬子，六十二歲。

（一）提舉太平興國宮（見前）。

（二）上壽皇聖帝《玉牒》。

《宋史·光宗本紀》：「紹熙三年十二月癸卯，帝率羣臣上壽皇聖帝《玉牒》、《聖（故）（政）》、《會要》於重華宮。」（《宋史》卷三六）

《玉海·藝文》：「紹熙三年十二月壬寅，進《會要》八十卷，事雖備載，而首尾前後紛錯。」（《玉海》卷五一）

又：「淳熙十六年二月二十九日，有旨令編類《壽皇聖政》，紹熙三年十二月四日上，五十卷，御製序。十二月壬寅進呈，癸卯詣宮恭進，凡六百四十一條，五十冊。」（《玉海》卷四九）

（三）李謙撰《壽皇聖範》。

《玉海·藝文》：「紹熙三年十二月十四日，御史臺檢法李謙倣《貞觀政要》、《仁皇訓典》諸書，爲《壽皇聖範》十卷，共一百四十門，一千一百五十事。」（《玉海》卷四九）

紹熙四年癸丑，六十三歲。

（一）提舉太平興國宮（見前）。

（二）上皇太后冊寶。

《宋史·光宗本紀》：「紹熙四年十一月癸未，帝率羣臣奉上皇太后冊（文）（寶）於慈福宮。」（《宋史》卷三六）

紹熙五年甲寅，六十四歲。

（一）起知常德府。

《宋史》本傳：「知常德府。」（《宋史》卷三八九）

《福建通志·宋列傳》：「紹熙末，起知常德府。」（《福建通志》卷一七四）

常德府屬荊湖北路。《宋史·地理志》：「常德府，本鼎州、武陵郡、常德軍節度（使）。乾道元年，以孝宗潛藩升府。崇寧戶五萬八千二百九十七，口一十三萬八百六十五，縣三：〔武陵〕、桃源、龍陽。南〔浚〕〔渡〕後增縣一，沅江。」（《宋史》卷八八）所謂紹熙末，至遲當在是年矣。

（二）侍講朱熹罷。

《宋史·寧宗本紀》：「紹熙五年冬十月戊寅，侍講朱熹以上疏忤韓侂胄罷，趙汝愚力諫不聽，臺諫、給舍交章請留朱熹，亦不聽。」（《宋史》卷三七）

又《朱熹傳》：「寧宗之立，韓侂胄自謂有定策功，居中用事。熹憂其害政，數以爲言，且約吏部侍郎彭龜年共論之。會龜年出護使客，熹乃上疏斥言左右竊柄之失，在講筵復申言之。御批云：『憫卿耆艾，恐難立講，已除卿宮觀。』趙汝愚袖御筆還上，且諫且拜。內侍王德謙徑以御筆付熹，臺諫爭留不可，樓鑰、陳傅良旋封還錄黃，修注官劉光祖、鄧馹封章交上。熹行，被命除寶文閣待制，與州郡差遣。尋除知江陵府，辭，仍乞遣還新舊職名，詔依舊煥章閣待制，提舉南京鴻慶宮。」（《宋史》卷四二九）

寧宗慶元元年乙卯，六十五歲。

（一）擢右文殿修撰。

《宋史》本傳：「寧宗登位，擢右文殿修

撰。」（《宋史》卷三八九）

案《職官志》：「元祐元年，許内外官帶貼職。紹聖二年，詔職事官罷帶職，易集賢殿學士爲修撰。政和六年，以集賢院無此名，其見任集賢院修撰，並改爲右文殿修撰，次於集英殿修撰，爲貼職之高等。」（《宋史》卷一六二）

（二）撰建溪《萬石橋記》。

袁樞《萬石橋記》：「建溪有橋，自正憲陳公始也。公建橋於西溪，人賴以濟，道路誦之。淳熙七年秋大水，北津多敗，自甌寧令季琮請於諸司，欲視西溪之阨而建橋焉。太守趙侯彥操與部使者議合，給公錢五十萬使營之。令乃屬僧妙昌董其事，且使求四方之助。昌遂經始。明年，令憂財用告匱，諸司以官渡與絶寺之田給之，俾斂其歲入以供工役。累石將崇，敗於春潦。十五年，邦人黄慶曾率耆老告於府，請招講師了性於溫陵，以集其事。太守趙侯善俊從之，遣昌攜疏往諭。明年，師與昌偕至，乃相溪夷險而定其址。師曰：『建溪居八閩之上流，北流據一流之要會，非規模雄勝，則不足以壯大邦之勢。然崇山束隘，萬石據險，湍流震激，勢必衝決，當撤故基而崇新址，然後可永其利。』衆皆善之。師遂南下求貲於富室，梱載而來。造舟運移，據乎磻水之上，糾其徒使供力役，而自往來以經財計，上下協心。歷五年，而新址之崇成矣。於是刊木陶甓，横梁桓宇，凡所資以爲用者，皆求於四方，計費錢三萬九千五百餘緡，而米之斛萬有一千五百四十有奇，較諸西溪用度則損矣。溪廣一百四十餘丈，爲址十有五，多於西溪之三，而石厚博有加，爲屋一百七十二楹，其數少益，而橫廣殺焉。餘皆相若也。慶元元年三月橋成，太守、待制單公會兩司以落之，寮屬畢至，聚觀者萬餘人。耆老語於衆曰：『吾邦地狹而歲多儉，人貧而心易危，使年穀不登，田里愁嗟，則橋之成無日矣。今年豐人安，事克有濟，亦太守鎮撫之惠也。盍請名於橋，以彰其德。』公聞之，曰：『歲之豐由於天，人之安原於上，橋之成繫於時。吾守此邦，適逢其會，顧何德之有？幸與邦人同慶之。』遂牓其橋『萬石』，且屬樞爲之記焉。樞，邦人也，不敢辭。乃言曰：昔唐御史中丞崔公守零陵，作亭於城西之墟，命之曰『萬石』，蓋託物寓名，以爲遊觀樂也。柳子厚作記，猶以州邑耆老之辭，頌而祝之。矧公鎮撫之惠，多於崔中丞，而邦人懷詠之情，切於永之耆老，樞無子厚之才，曷爲辭以盡形容之美乎！竊惟遊觀非政，鎮撫爲德，此邦之人所以祈贊於公者，與永之耆老有間也。請以子厚之頌而爲此橋之銘，庶幾秉筆無愧辭，而邦人之情，可以少慰矣。頌曰：漢之三公，秩號萬石，我公之德，宜受茲錦。此子厚辭也，述而書之，以告來者。」（康熙《甌寧縣志》卷一〇）

（三）朱熹、彭龜年論奏韓侂胄。

《宋史·寧宗本紀》：「慶元元年，四月丁巳，朱熹、彭龜年等忤韓侂胄，送韶州安置。」（《宋史》卷三七）

又《朱熹傳》：「慶元元年初，趙汝愚既相，收四方知名之士，中外引領望治。熹獨惕然以侂胄用事爲慮，既屢爲上言，又數以手書啓汝愚，當用厚賞酬其勞，勿使得預朝政，有『防微杜漸，謹不可忽』之語。汝愚方謂其易制，不以爲意。及是，汝愚亦以誣逐，而朝廷大權，悉歸侂冑矣。熹始以廟議自劾不許，以疾再乞休致，詔：『辭職謝事，非朕優賢之意，依舊祕閣修撰。』」（《宋史》卷四二九）

又《彭龜年傳》：「初，朱熹與龜年約共論韓侂冑之姦，會龜年護客，熹以上疏見絀，龜年聞之，附奏云：『始臣約熹同論此事，今熹既罷，臣宜併斥。』不報。迨歸，見侂冑用事，權勢重於宰相，於是條數其姦，上疏求去。詔侂冑與內祠，龜年與郡，以煥章閣待制知江陵府。」（《宋史》卷三九三）

觀此，可知當時韓侂冑之專恣，而國是不堪問矣

（四）修《孝宗實錄》。

《宋史·職官志》：「慶元元年，開實錄院修《孝宗實錄》。」（《宋史》卷一六四）

《玉海·藝文》：「慶元元年七月二十日，詔修《孝宗實錄》。」（《玉海》卷四八）

慶元二年丙辰，六十六歲。

（一）知江陵府。

《宋史》本傳：「寧宗登位，知江陵府。江陵瀕大江，歲壞爲巨浸，民無所託。楚故城楚觀在焉，爲室廬徙民居之，以備不虞。種木數萬，以爲捍蔽，民德之。」（《宋史》卷三八九）

江陵府屬荆湖北路。《宋史·地理志》：「江陵府，次府，江陵郡，荆南節度（舊領）。咸淳十年，荆湖四川宣撫使兼江陵府事。崇寧戶八萬五千八百一，口二十

二萬三千二百八十四。縣八：江陵、公安、潛江、監利、松滋、石首、枝江、建寧。」（《宋史》卷八八）

案：機仲之知江陵府，蓋接彭龜年任。《宋史·彭龜年傳》：「寧宗受禪，以煥章閣待制知江陵府、湖北安撫使，龜年丐祠。慶元二年，以呂棐言落職。」（《宋史》卷三九三）則機仲之任事，亦當在二年明矣。

茲據《荆州府志》列寧宗時江陵刺史如次（《荆州府志》卷三五）。

附表十　寧宗朝江陵知府表

寧宗朝知江陵者	彭龜年（寧宗慶元元年以煥章閣待制任） 袁樞（慶元初任） 宇文紹節（寧宗開禧四年任） 辛棄疾（寧宗時以龍圖閣待制再任）

（二）提舉太平興國宮，閒居著述。

《宋史》本傳：「（授）知江陵府，尋爲臺臣劾罷，提舉太平興國宮，自是三奉祠，力上請制，比之疏傳、陶令。開禧元年卒。自是閒居十載，作《易傳》、《解義》、《辨異》、《童子問》等書，藏於家。」（《宋史》卷三八九）

案：自慶元二年至開禧元年，適爲十載，則機仲之去職，當在是年明矣。其去職原因，史未明言，是時僞學之禁甚嚴，朱熹及其門人，俱行罷免，機仲與熹，故亦不能免耳。

（三）禁用僞學黨。

《宋史·寧宗本紀》：「慶元二年正月甲辰，右諫議大夫劉德秀劾留正引用僞學之黨，詔落正觀文殿大學士，罷宮觀。

八月丙辰，以太常少卿胡紘請權住進擬僞學之黨。十二月，監察御史沈繼祖劾朱熹，詔落熹祕閣修撰，罷宮觀，竄處士蔡元定於道州。」（《宋史》卷三七）

案《宋史·朱熹傳》：「慶元二年，沈繼祖爲監察御史，誣熹十罪，詔落職罷祠，門人蔡元定亦送道州編管。自熹去國，侂胄勢益張，何澹爲中司，首論專門之學，文詐沽名，乞辨眞僞，劉德秀仕長沙，不爲張栻之徒所禮，及爲諫官，首論留正（行）〔引〕僞學之罪。僞學之稱，蓋自此始。太常少卿胡紘言比年僞學猖獗，圖爲不軌，望宣諭大臣，權住進擬，遂召陳賈爲兵部侍郎。未幾，熹有奪職之命。劉三傑以前御史論熹、汝愚、劉光祖、徐誼之徒，前日之僞黨，至此又變而爲逆黨，即日除三傑右正言。右諫議大夫姚愈論道學權臣結爲死黨，窺伺神器。乃命直學〔士〕院高文虎草詔諭天下，於是攻僞學（者）日急，選人余（嘉）〔嚞〕至上書乞斬熹。方是時，士之繩趨尺步稍以儒名者，無所容其身。從游之士特立不顧者，屛伏丘壑；依阿巽懦者，更名他師，過門不入，甚至變易衣冠，狎遊市肆，以自別其非黨。而熹日與諸生講學不休，或勸其謝遣生徒者，笑而不答。有籍田令陳景思者，故相康伯之孫也，與侂胄有姻連，勸侂胄勿爲已甚，侂胄意亦漸悔。嘉泰初，學禁稍弛。」（《宋史》卷四二九）此即後世所謂慶元黨禁是也。至慶元六年，朱熹卒，其間三四年，機仲與之論《易》最多。

茲據《慶元黨禁》列表如次：

附表十一　慶元黨禁人物（五十九人並見於當時臺諫章疏）

宰執四人：

（一）趙汝愚右丞相，饒州。

（二）留正少保、觀文殿大學士，泉州。

（三）王藺觀文殿學士、知潭州，廬江。

（四）周必大少傅、觀文殿大學士，吉州。

待制以上十三人：

（一）朱熹焕章閣待制兼侍講，建州。

（二）徐誼權工部侍郎，温州。

（三）彭龜年吏部侍郎，温州。

（四）陳傅良中書舍人兼侍讀兼直學士院，温州。

（五）薛叔似權户部侍郎兼樞密都承旨，永嘉。

（六）章穎權兵部侍郎兼侍講，婺州。

（七）鄭湜權刑部侍郎，福州。

（八）樓鑰權吏部尚書，明州。

（九）林大中吏部侍郎，婺州。

（一〇）黄由權禮部尚書，平江。

（一一）黄黼權兵部侍郎，臨安。

（一二）何異權禮部侍郎，臨安。

（一三）孫逢吉權吏部侍郎，吉州。

餘官三十一人：

（一）劉光祖起居郎兼侍讀，蜀。

（二）吕祖儉太府寺丞，婺州。

（三）葉適太府少卿、總領淮東財賦，温州。

（四）楊芳祕書郎，汀州。

（五）項安世校書郎，荆州。

（六）沈有開起居郎，常州。

（七）曾三聘知郢州，臨江軍。

（八）游仲鴻軍器監簿，果州。

（九）吳獵監察御史，（軍）〔潭〕州。
（一〇）李祥國子監祭酒，常州。
（一一）楊簡國子監博士，明州。
（一二）趙汝讜添差監左藏西庫。
（一三）趙汝談前淮西安撫司幹官。
（一四）陳峴校書郎，温州。
（一五）范仲黼著作郎兼權禮部郎官，成都。
（一六）汪逵國子司業，信州。
（一七）孫元卿國子博士。
（一八）袁燮太常博士，明州。
（一九）陳武國子正，温州。
（二〇）田澹宗正丞兼權工部郎官，南劍。
（二一）黃度右正言，紹興。
（二二）詹體仁太府卿。
（二三）蔡幼學福建提舉，福州。
（二四）黃灝浙西提舉常平茶鹽公事。
（二五）周南池州教授，平江。

（二六）吳柔勝新嘉興府教授，宣州。
（二七）李埴校書郎，蜀。
（二八）王厚之直顯謨閣、江東提刑，紹興。
（二九）孟浩知湖州，袁州。
（三〇）趙鞏祕閣修撰、知揚州。
（三一）白炎震新通判成都府，普州。

武臣三人：

（一）皇甫斌池州都統制。
（二）范仲壬知金州。
（三）張致遠江南兵馬鈐轄，南劍。

太學生六人：

（一）楊宏中
（二）周端朝
（三）張道
（四）林中鱗
（五）蔣傅
（六）徐範

士人二人：

（一）蔡元定編管道州。

（二）呂祖泰决杖配欽州。

慶元三年丁巳，六十七歲。

（一）提舉太平興國宮，閒居著述（見前）。

（二）朱熹題機仲所校《參同契》。

朱熹《題機仲所校參同契後》：「予頃年經行順昌，憩篔簹鋪，見有題『煌煌靈芝，一年三秀。予獨何爲，有志不就』之語於壁間，三復其詞而悲之，不知題者何人，適與予意會也。慶元丁巳八月七日再過其處，舊題固不復見，而屈指歲月，忽忽餘四十年，此志眞不就矣。道間偶讀此書，并感前事，戲題絶句：『鼎鼎百年能幾時，靈芝三秀欲何爲。金丹歲晚無消息，重歎篔簹壁上詩。』晦翁。」（《朱子文集》卷八四）

案：朱熹《答機仲書》，亦有論及《參同契》者，機仲蓋深於《易》道，而研習《參同契》，亦曾致力者也。

（三）京鏜等上《神宗玉牒》、《高宗實錄》。

《宋史·寧宗本紀》：「慶元三年二月己酉，京鏜等上《神宗玉牒》、《高京實錄》。」（《宋史》卷三七）

慶元四年戊午，六十八歲。

（一）提舉太平興國宮，閒居著述（見前）。

（二）詔禁僞學。

《宋史·寧宗本紀》：「慶元四年四月，右諫議大夫張（金）〔釜〕請下詔禁僞學。五月己酉，詔禁僞學。」（《宋史》卷三七）

慶元五年己未，六十九歲。

（一）提舉太平興國宮，閒居著述（見前）。

（二）與楊、朱等論《易》。

機仲晚而好《易》，其《學易索隱》一卷，已見《宋志》著錄，據本傳又有《易傳解》、《周易辯異》、《易童子問》等書，蓋旨晚年索居之作也。常以所撰諸書示楊萬里、朱熹等，郵書往還，頗有論辨，而朱熹《答機仲論易》之書，多至十有一次。據《宋志》著錄，楊萬里《易傳》二十卷，朱熹《易傳》十二卷，又《本義》二卷，《易學啓蒙》三卷，《古易音訓》二卷（《宋史》卷二〇二），亦皆深於《易》學者也。楊氏《易傳》嘗求教於熹及尤（褒）〔袤〕，經始（慶元）〔淳熙〕戊申，成於己未，答機仲書亦論及之。又問熹無恙，然熹卒慶元六年，則其答書至早至遲，俱當在此年矣。熹答書首言病中方得紬繹所示圖書卦書三說，則其答書亦在病中。《宋史·朱熹傳》：「慶元四年，熹以年近七十申乞致仕，五年依所請，明年卒，年七十一。」（《宋史》卷四二九）則其答書，至遲當在此年矣。茲併錄之如次。

（三）楊萬里《答袁機仲書》。

《答袁機仲寄示易解書》：「某今月二十二日入城郭，謁新尹趙文，文一見某，因首問機仲、元晦、宋臣皆故人無恙外，趙文因取機仲《易書》五編及辯歐陽子《易說》一紙，云機仲小忙，不暇作書，託以此文面授而口諗某焉。某老病，久不作書問體中如何，何敢以無書望機仲也。抑機仲之賜，有大於暄涼之書者，何大乎此賜也。五編一紙之作，探天造之機緘，發聖門之管籥。皆先儒之所未覿，後學之所未聞，某也何人，乃得覿而聞諸乎！歐陽先生云不意老年見此奇特，籍弟令得機仲一幅八行之書，孰與仲多也。此某所以大之也。機仲之言曰：『易者，剛柔相易之謂。』又曰：『乾坤者，《易》之太極。』又曰：『《易》之象數，盡在乾坤。』又曰：『道之變遷，微而難知。』又曰：『學《易》者，不可不原象數。』淵哉，子袁子之言乎！切哉，子袁子之（案闕一字）乎！引天下後世之學者，自葉而根，自支而源者，必此之言乎！而某之款啓，何足以與於斯，此某之所以大之也。某也儒其號而不儒其實者也，然抑嘗有志於斯而悾悾如者也。蓋嘗以謂聖人之經，如日在天，一人仰之，不若使衆人仰之，庶各有得於目也。如射有侯，一人射之，不若使衆人射之，庶各有中於侯也。若曰非離婁子無與於觀目，非后羿無與於射侯，則曰無乃孤，而侯無乃棄乎。是以不度其陋而妄有志於斯也。注六十四卦，自戊申發功，至己未畢務，嘗出《屯》、《蒙》以降八卦於尤延之矣。延之我愛，不我棄也，皆有所竄定焉，某皆聽從而改之焉，是以樂爲延之出而忘其瀆焉。又嘗出《家人》一卦於元晦矣，元晦一無所可否也，但云『蒙示《易傳》之祕』六字焉，某茫然莫解其意焉，是以不敢復進焉。今再以出之於元晦者出之於機仲，正犯機仲變遷難知之戒也，機仲能如延之之不我棄而我敎乎，幸也。不然，又曰蒙示《易傳》之祕乎，戲也。幸之戲之，惟命焉。」（《誠齋集》卷六七）

（四）朱熹答袁機仲書。

《答袁機仲》：「熹數日病中，方得紬繹

所示《圖書》、《卦畫》一二說，初若茫然不知所謂，因復以妄作《啓蒙》考之，則見其論之之詳而明者，偶未深考，是以致此紛紛多說而愈致疑耳。夫以河圖洛書爲不足信，自歐陽公以來，已有此說，然終無奈《顧命》、《繫辭》、《論語》皆有是言，而諸儒所傳二圖之數，雖有交互而無乖戾，順數逆推，縱橫曲直，皆有明法，不可得而破除也。至於河圖與《易》之天一至地十者，合而載天地五十有五之數，則固易之所自出也。《洛書》與《洪範》之初一至次九者，合而具九疇之數，則固《洪範》之所自出也。《繫辭》雖不言伏羲受河圖以作《易》，然所謂仰觀俯察，近取遠取，安知河圖非其中之一事耶？大抵聖人制作所由，初非一端，然其法象之規模，必有最親切處。如鴻荒之世，天地之間，陰陽之氣，雖各有象，然初未嘗有數也。至於河圖之出，然後五十有五之數，奇偶生成，粲然可見，此其所以深發聖人之獨智，又非汎然氣象之所可得而擬也。是以仰觀俯察，遠求近取，至此而後兩儀四象八卦之陰陽奇偶，可得而言，雖《繫辭》所論聖人作《易》之由者非一，而不害其得此而後決也。來喻又謂熹不當以大衍之數，參乎河圖洛書之數，此亦有說矣。數之爲數，雖各主於一義，然其參伍錯綜，無所不通，則有非人之所能爲者。其所不合，固不容以強合；其所必合，則縱橫反覆，如合符契，亦非人所能強離也。若於此見得自然契合，不假安排底道理，方知造化功夫，神妙巧密，直是好笑，說不得也。若論《易》

文，則自大衍之數五十，至再扐而後卦，便接乾之策二百一十有六，至可與祐神矣爲一節，是論大衍之數。自天一至地十，卻連天數五至而行鬼神也爲一節，是論河圖五十五之數。今其文間斷差錯，不相連接，舛誤甚明。伊川先生已嘗釐正，《啓蒙》雖依此寫，而不曾推論其所以然者，故覽者不之察耳。至於卦畫之論，反復來喻，於熹之說，亦多未究其底蘊。且如所論兩儀，有曰『乾之畫奇，坤之畫偶』，只此乾坤二字，便未穩當。蓋儀四也，兩儀如今俗語所謂一雙一對云爾。自此再變，至生第三畫，八卦已成，方有乾坤之名。當爲一畫之時，方有一奇一偶，只可謂之陰陽，未得謂之乾坤也。來喻又曰：『以二畫增至四畫，爲二奇二偶，又於四畫之上各增一奇一

偶，而爲八畫。』此亦是於熹圖中所說發生次第，有所未明，而有此語。蓋四象第一畫本只是前兩儀圖之一奇一偶，緣此一奇一偶之上，各生一奇一偶，是以分而爲四，而初畫之一奇一偶，亦隨之而分爲四段耳。非是以二畫增成四畫，又以四畫增成八畫也。此一節正是前所謂自然契合，不假安排之妙。孔子而後，千載不傳，至康節先生始得其說，然猶不肯大段說破。蓋《易》之心髓，全在此處，不敢容易輕說其意，非偶然也。來喻又曰：『不知陰陽二物，果可分老少而爲四象乎？』此恐亦考之未熟之故。夫老少於經固無明文，然揲蓍之法，三變之中掛扐四以奇偶分之，然後爻之陰陽可得而辨。又於其中各以老少分之，然後爻之變與不變，可得而分，經所謂

用九用六者，正謂此也。若其無此，則終日揲蓍，不知合得何卦，正使得卦，不知當用何爻，安得以爲後世之臆説而棄之乎。又詳所論，直以天地爲兩儀，而天生神物，以下四者爲四象，此尤非是。大抵曰儀曰象曰卦，皆是指畫而言，故曰：『《易》有太極而生兩儀，四象八卦。』又曰：『《易》有四象而示人以卦爻吉凶。』若如所論，則是先有太極兩儀四象，然後聖人以畫八卦，而兩儀四象八卦三物，各是一種面貌，全然相接不着矣。此乃《易》之綱領，如法律之有名例，不可以毫釐差。熹之所見，判然甚明，更無疑惑，不審高明以爲如何？如其未然，幸復有以見教也。」

(五)其二。

《答袁機仲》：「邵子曰：『太極既分，兩儀立矣，陽上交於陰，陰下交於陽，而四象生矣。陽交於陰，陰交於陽，而生天之四象。剛交於柔，柔交於剛，而生地之四象。八卦相錯，而後萬物生焉。』此來教所引邵先生説也。今子細辨析奉呈，幸詳考之，方可見其曲折，未遽可輕議也。然此已是就六十四卦已成之後言之，故其先後多寡，有難着語處。乍看極費分疏，猝然曉會不得，若要見得聖人作《易》根原，直截分明，卻不如且看卷首横圖，自始初只有兩畫時，漸次看起，以至生滿六畫之後，其先後多寡既有次第，而位置分明，不費詞説，於此看得，方見六十四卦，全是天理自然挨排出來。聖人只是見得分明，便只依本畫出，元不曾用一毫智力添助，蓋本不煩智力之助，亦不容智力得以助於其間也。及至卦成之後，逆順縱橫，都成義理，千般萬種，其妙無窮。卻在人看得如何而各因所見爲說，雖若各不相資，而實未嘗相悖也。蓋自初未有畫時說到六畫滿處者，邵子所謂先天之學也。卦成之後，各因一義推說，邵子所謂後天之學也。今來喻所引《繫辭》、《說卦》三才六位之說，即所謂後天者也。先天後天既各自爲一義，而後天說中，取義又多不同，彼此自不相妨，不可執一而廢百也。若執此說，必謂聖人初畫卦時，只見一個三才，便更不問事由，一連便掃出三畫，以擬其象。畫成之後，子細看來，見使不得，又旋劃擘添出後一半截，此則全是私意，杜撰補接，豈復更有《易》耶！來喻條目尚多，然其大節目不過如此，今但於此看破，則其餘小小未合處，自當迎刃而解矣。故今不復悉辨，以浼高明，伏幸賜察。」

(六)其三。

《答袁機仲》：「來教疑河圖洛書是後人僞作。熹竊謂生於今世而讀古人之書，所以能別其眞僞者，一則以其義理之所當否而知之，二則以其左驗之異同而質之，未有舍此兩塗而能直以臆度懸斷之者也。熹於世傳河圖洛書之舊所以不敢不信者，正以其義理不悖而證驗不差爾。來教必以爲僞，則未見有以指其義理之謬，證驗之差也，而直欲以臆度懸斷之，此熹之所以未敢曲從而不得不辨也。況今日之論，且欲因象數之位置往來，以見天地陰陽之造化，吉凶消長之本原。苟於此未明，則固未暇別尋證據。今乃全不尋其義理，亦未至明有證據，而徒然爲此無益之辨，是不議於室而譟於門，不味其腴而齩其骨也。政使辨得二圖眞僞端的不差，亦無所用，又况未必是乎。願且置此，而於熹所推二圖之説，少加意焉。則雖未必便是眞圖，然於象數本原，亦當略見意味有歡喜處，而圖之眞僞，將不辨而自明矣。

來教疑先天後天之説，據邵氏説，先天者，伏羲所畫之《易》也；後天者，文王所演之《易》也。伏羲之《易》，初無文字，只有一圖，以寓其象數，而天地萬物之理、陰陽始終之變具焉。文王之《易》，即今之《周易》，而孔子所爲作傳者是也。孔子既因文王之《易》以作傳，則其所論，固當專以文王之《易》爲主，然不推本伏羲作《易》畫卦之所由，則學者必將誤認文王所演之《易》，便爲伏羲始畫之《易》。只從中半説起，不識向上根原矣。故《十翼》之中，如八卦成列，因而重之，太極兩儀，四象八卦，而天地山澤雷風水火之類，皆本伏羲畫卦之意，而今新書《原卦畫》一篇，亦分兩儀。伏羲在前，文王在後，必欲知聖人作《易》之本，則當考伏羲之畫，若只欲知今《易》書文義，則但求之文王之經、孔子之傳足矣。兩者初不相妨，而亦不可以相雜。來教乃謂專爲邵氏解釋，而於《易》經無所折衷，則恐考之有未詳也。

來教謂七八九六不可爲四象。四象之名，所包甚廣，大抵須以兩畫相重，四位成列者爲正。而一二三四者，其位之次也；七八九六者，其數之實也。其以陰陽剛柔分之者，合天地而言也。其以陰陽太少分之者，專以天道而言也。若專以地道言之，則剛柔又自有太少矣。推而廣之，縱橫錯綜，凡是一物，無不各有四者之象，不但此數者而已矣，此乃天地之間自然道理。未畫之前，先有此象此數，然後聖人畫卦時，依樣畫出，揲蓍者又隨其所得，卦扐過揲之數以合焉。非是元無實體，而畫卦揲蓍之際，旋次安排出來也。來喻於此見得未明，徒勞辨說，竊恐且當先向未畫前，識得元有個太極兩儀四象八卦底骨子，方有商量，今未須遽立論也。用九用六之文，固在卦成之後，而用九用六之理，乃在卦成之前，亦是此理。但見得實體分明，則自然觸處通透，不勞辨說矣。至謂七八九六乃揲蓍者所爲而非聖人之法，此誤尤不難曉。今且說揲蓍之法，出於聖人耶？出於後世耶？若據《大傳》，則是出於聖人無疑，而當是之時，若無七八九六，則亦無所取決，以見其爻之陰陽動靜矣，亦何以揲蓍爲哉。此事前書辨之已詳，非熹之創見新說，更請熟玩，當自見之，今不復縷縷也。來喻又云《繫辭》本只是四象生八卦，今又倍之，兩其四象而生八卦之一，此數字不可曉，然想不足深辨。請且於前所謂實體者驗之，庶乎其有得也。

來教〔疑四爻五爻者無所主名〕，一畫爲儀，二畫爲象，三畫爲卦，則八卦備矣。此上若旋次各加陰陽一畫，則積至三重，再成八卦者，八方有六十四卦之名，若徑以八卦偏就加乎一卦之上，則亦如其位而得名焉。方其四畫五畫之時，未成外卦，故不得而名之耳。內卦爲貞，外卦爲悔，亦是畫卦之時，已有此名，至揲蓍求之，則九變而得貞，又九變而得悔，又是後一段事，亦如前所論七八九六云爾，非謂必揲蓍然後始有貞悔之名也。大抵新書所論卦位，與《繫辭》、《說卦》，容有異同，至論揲蓍，則只本《繫辭》，何由別有他說。如此等處，至爲淺近，而今爲說乃如此，竊恐考之殊未詳也。

來教引伊川先生說重卦之由，重卦之由，不但伊川先生之說如此，蓋《大傳》亦云八卦成列，因而重之矣。但八卦所以成列，乃是從太極兩儀四象，漸次生出，以至於此。畫成之後，方見其有三才之象，非聖人因見三才，遂以己意思惟而連畫三爻以象之也。因而重之，亦是因八卦之已成，各就上面節次生出。若旋生逐爻，則更加三變，方成六十四卦；若併生全卦，則只用一變，便成六十四卦。雖有遲速之不同，然皆自然漸次生出，各有行列次第。畫成之後，然後見其可盡天下之變，不是聖人見下三爻，不足以盡天下之變，然後別生計較，又幷畫上三爻以盡之也。此等皆是作《易》妙處，乃其畫時，雖是聖人，亦不自知裏面有許多巧妙奇特，直是要人細心體認，不可草草立說也。」

(七)其四。

《答袁機仲》：「伏承別紙，誨諭諄悉，及示新論，尤荷不鄙。但區區之說，前此已悉陳之，而前後累蒙排擯揮斥，亦已不遺餘力矣。今復下喻，使罄其說，顧亦何以異於前日耶。然既辱開之使言，則又不敢嘿嘿。然其大者未易遽論，姑即來教一二淺者質之。夫謂溫厚之氣，盛於東南，嚴凝之氣，盛於西北者，禮家之說也。謂陽生於子，於卦爲復，陰生於午，於卦爲姤者，曆家之說也。謂巽位東南，乾位西北者，《說卦》之說也。此三家者，各爲一說，而禮家、曆家之言，猶可相通，至於《說卦》，則其卦位自爲一說，而與彼二者不相謀矣。今來教乃欲合而一之，而其間又有一說之中，自相乖戾者，此熹所以不能無疑也。夫謂東南以一陰已生而爲陰柔之位，西北以一陽已生而爲陽剛之位，則是陽之盛於春夏者，不得爲陽，陰之盛於秋冬者，不得爲陰，而反以其始生之微者爲主也。謂一陰生於東南，一陽生於西北，則是陰不生於正南午位之遇而淫於東，陽不生於正北子位之復而旅於西也。謂巽以一陰之生而位乎東南，則乾者豈一陽之生而位於西北乎？況《說卦》之本文，於巽則但取其潔齊，於乾則但取其戰而已，而未嘗有一陰一陽始生之說也。凡此崎嶇反復，終不可通，不若直以陽剛爲仁，陰柔爲義之明白而簡易也。蓋如此則發生爲仁，肅殺爲義，三家之說，皆無所牾。肅殺雖似乎剛，然實天地收斂退藏之氣，自不妨其爲陰柔也。來教又論黑白之位，尤不可曉，然其圖亦非古法，但今欲易曉，且爲此以寓之耳。乾則三位皆白，三陽之象也。兌則下二白而上一黑，下二陽而上一陰也。離則上下二白而中一黑，上下二陽而中一陰也。震則下一白而上二黑，下一陽而上二陰也。巽之下一黑而上二白，坎之上下二黑而中一白，艮之下二黑而上一白，坤之三黑，皆其三爻陰陽之象也。蓋乾兌離震之初爻皆白，巽、坎、艮、坤之初爻皆黑，四卦相間，兩儀之象也。乾、兌、巽、坎之中爻皆白，離、震、艮、坤之中爻皆黑，兩卦相間，四象之象也。乾、離、巽、艮之上爻皆白，兌、震、坎、坤之上爻皆黑，一卦相間，八卦之象也。豈有震、坎皆黑而如坤，巽、離皆白而如乾之理乎？此恐畫圖之誤，不然，則明者察之有未審也。凡此乃《易》中至淺至近而易見者，契丈猶未之盡，而況其體大而義深者，又安可容易輕忽而遽加詆誚乎？此熹所以不敢索言，蓋恐其不足以解左右者之惑而益其過也。幸試詳之。若熹所言略有可信，則願繼此以進，不敢吝也。又讀來書，以爲不可以仁義禮智分四時，此亦似太草草矣。夫五行五常五方四時之相配，其爲理甚明，而爲說甚久，非熹猶於今日創爲此論也。凡此之類，竊恐高明考之未詳，思之未審，而卒然立論，輕肆詆訶，是以前此區區所懷，不欲盡吐於老丈之前者尚多，此其爲訑訑之聲音顏色大矣。若欲實求義理之歸，恐當去此而虛以受人，庶幾乎其有得也。僭易皇恐，熹又稟。」

（八）其五。

《答袁機仲別幅》：「乾於文王八卦之位在西北，於十二卦之位在東南，坤於文王八卦之位在西南，於十二卦之位在西北，故今圖子列文王八卦於內，而布十二卦於外，以見彼此位置，迥然不同，雖有善辯者，不能合而一之也。然十二卦之說可曉，而八卦之說難明，可曉者當推，難明者當闕，按圖以觀，則可見矣。

論十二卦，則陽始於子而終於巳，陰始於午而終於亥。論四時之氣，則陽始於寅而終於未，陰始於申而終於丑。此二說者雖若小差，而所爭不過二位。蓋子位一陽雖生，而未出乎地，至寅位泰卦，則三陽之生，方出地上，而溫厚之氣，從此始焉。巳位乾卦，六陽雖極，而溫厚之氣未終，故午位一陰雖生，而未害於陽，必至未位遯卦，而後溫厚之氣始盡也。其午位陰已生而嚴凝之氣及申位方始，亥位六陰雖極，而嚴凝之氣，至丑方盡，義亦放此。蓋地中之氣難見，而地上之氣易識，故周人以建子爲正，雖得天統，而孔子之論爲邦，乃以夏時爲正，蓋取其陰陽始終之著明也。按圖以推，其說可見。

來喻謂坤之上六陽氣已生（其位在亥），乾之上九陽氣已生（其位在巳），以剝上九碩果不食十月爲陽月之義推之，而剝卦上九之陽方盡而變爲純坤之時，坤卦下爻已有陽氣生於其中矣。但一日之內，一晝之中，方長得三十分之一，必積之一月，然後始滿一畫而爲復，方是一陽之生耳。夬之一陰爲乾爲遇，義亦同此（來喻雖有是說而未詳密，故為推之如此）。蓋論其始生之微，固已可名於陰陽，然使以此爲陰陽之限，則其方盛者未替，而所占不啻卦內六分之五，方生者甚微，而所占未及卦內六分之一，所以未可截自此處，而分陰陽也。此乃十二卦中之一義，與復遇之說，理本不殊，但數變之後，方說得到此，不可攙先輥說，亂了正意耳。來喻又謂冬春爲陽，夏秋爲陰。以文王八卦論之，則自西北之乾以至東方之震，皆父與三男之位也。自東南之巽以至西方之兌，皆母與三女之位也。故坤蹇解卦之彖辭，皆以東北爲陽方，西南爲陰方。然則冬春爲陽，夏秋爲陰，亦是一說。但《說卦》又以乾爲西北，則陰有不盡乎西，以巽爲東南，則陽有不盡乎東，又與三卦彖辭，小不同（此亦以來書之說推之，而《說卦》之文適與彖辭相爲表裏，亦可以見此圖之出於文王也）。但此自是一說，與他說如十二卦之類，各不相通爾。來喻以東南之溫厚爲仁，西北之嚴凝爲義，此《鄉飲酒義》之言也。然本其言雖分仁義，而無陰陽柔剛之別，但於其後復有陽氣發於東方之說，則固以仁爲屬乎陽，而義之當屬乎陰，從可推矣。來喻乃不察此而必欲以仁爲柔，以義爲剛，此既失之，而又病夫柔之不可屬乎陽，剛之不可屬乎陰也，於是彊以溫厚爲柔，嚴凝爲剛。又移北之陰以就南，而使主乎仁之柔，移南之陽以就北，而使主乎義之剛，其於方位氣候，悉反易之，而其所以爲說者，率皆參差乖迕而不可合。又使東北之爲陽，西南之爲陰，亦皆得其半而失其半，愚於圖子已具見其失矣。蓋嘗論之，陽主進而陰主退，陽主息而陰主消，進而息者其氣彊，退而消者其氣弱，此陰陽之所以爲柔剛也。陽剛溫厚居東南，主春夏，而以作長爲事；陰柔嚴凝居西北，主秋冬，而以斂藏爲事。作長爲生，斂藏爲殺，此剛柔之所以爲仁義也。以此觀之，則陰陽剛柔仁義之位，豈不曉然。而彼揚子雲之所謂於仁也柔、於義也剛者，乃自其用處之末流言之，蓋亦所謂陽中之陰，陰中之陽，固不妨自爲一義，但不可以雜乎此而論之爾。向日妙湛蓋嘗面稟，《易》中卦位義理，層數甚多，自有次第，逐層各是一個體面，不可牽強合爲一說。學者須是旋次理會，理會上層之時，未要攪動下層，直待理會得上層都透徹了，又卻輕輕揭起下層，理會將去。當時雖似遲鈍，不快人意，然積累之久，層層都了，卻自見得許多條理，千差萬別，各有歸着，豈不快哉。若不問淺深，不分前後，輥成一塊，合成一說，則彼此相妨，令人分疎不下，徒自紛紛成鹵莽矣。此是平生讀書已試之效，不但讀《易》爲然也。

前書所論仁義禮智，分屬五行四時，此是先儒舊說，未可輕詆。今者來書雖不及之，然此大義也，或恐前書有所未盡，不可不究其說。蓋天地之間，一氣而已，分陰分陽，便是兩物，故陽爲仁而陰爲義。然陰陽又各分而爲二，故陽之初爲木爲春爲仁，陽之盛爲火爲夏爲禮，陰之初爲金爲秋爲義，陰之極爲水爲冬爲智。蓋仁之惻隱方自中出，而禮之恭敬，則已盡發於外；義之羞惡方自外入，而智之是非，則已全伏於中。故其象類如此，非是假合附會。若能默會於心，便自可見。元亨利貞，其理亦然。《文言》取類，尤爲明白，非區區今日之臆說也。五行之中，四者既各有所屬，而土居中宮，爲四行之地，四時之主。在人則爲信，爲眞實之義，而爲四德之地、衆善之主也（五聲、五色、五臭、五味、五藏、五蟲，其分放此）。蓋天人一物，内外一理，流通貫徹，初無間隔，若不見得，則雖生於天地間，而不知所以爲天地之理，雖有人之形貌，而亦不知所以爲人之理矣。故此一義切於吾身，比前數段，尤爲要緊，非但小小節目而已也。」

（九）其六。

《答袁機仲》：「垂喻《易》說，又見講學不倦。下問不能之盛美，尤竊欽仰，已悉鄙意，别紙具呈矣。此但《易》中卦畫陰陽之分位耳，未是吾人切身之事，萬一愚見未合盛意，可且置之，而更别向裏尋求，恐合自有緊切用功處也。」

（一〇）其七。

《答袁機仲》：「再辱垂喻，具悉尊旨。然細觀本末，初無所爭，只因武陵舊圖仁義兩字偶失照管，致有交互，其失甚微。後來既覺仁字去西北方不得，義字去東南方不得，即當就此分明改正，便無一事。顧乃護其所短而欲多方作計，移换『陰陽剛柔』四字以蓋其失，所以競辨紛紜，以至于今而不能定也。蓋始者先以文王八卦爲說，而謂一陰生於巽，一陽生於乾，則既非《說卦》本意矣。其以（二）（三）陽純乾之方爲一陽始生之地，則又爲乖剌之甚者。及已知而又以十二卦爲說，則謂一陽生於乾之上九，一陰生於坤之上六，遂移北方之陰柔以就南，使之帶回仁字於西南，而不失其爲陰柔；移南方之陽剛以歸北，使之帶回義字於東北，而不失其陽剛，則亦巧矣。然其所移動者凡二方，而六辰六卦例皆失其舊主，又更改卻古來陰陽界限，蓋不勝其煩擾。而其所欲遷就之意，乃不過僅得其半而失其半。蓋北方雖曰嚴凝，而東方已爲溫厚；南方雖曰溫厚，而西方已爲嚴凝也。是則非惟不足以救舊圖一時之失，而其耻過作非、故爲穿鑿之咎反有甚於前日者。竊恐高明於此急於求勝，未及深致思也。欲究其說以開盛意，又念空言繳繞，難曉易差，不免畫成一圖，先列定位，而後別以舊圖之失及今者兩次所論之意隨事貼說，有不盡者，則又詳言，別爲數條以附於後。切望虛心平氣，細考而徐思之。若能於此翻然悔悟，先取舊圖分明改正『仁義』二字，卻將今所移易『陰陽剛柔』等字一切發回元來去處，如熹新圖之本位，則易簡圓成，不費詞說，而三才五行、天理人事已各得其所矣。

至於文王八卦，則熹嘗以卦畫求之，縱橫反覆，竟不能得其所以安排之意，是以畏懼，不敢妄爲之說，非以爲文王後天之學而忽之也。夫文王性與天合，乃生知之大聖，而後天之學方恨求其說而不得，熹雖至愚，亦安敢有忽之心耶？但如來書所論，則不過是因其已定之位、已成之說而應和贊歎之爾。若使文王之意止於如此，則熹固已識之，不待深思而猶病其未得矣。故嘗竊謂高明之於此圖尊之雖至，信之雖篤，而所以知之則恐有不如熹之深者，此又未易以言語道也。至如邵氏以此圖爲文王之學，雖無所考，然《說卦》以此列於『天地定位』、『雷以動之』兩節之後，而其布置之法迥然不同，則邵氏分之以屬於伏羲、文王，恐亦不爲無理。但未曉其根源，則姑闕之以俟知者，亦無甚害，不必卓然肆意立論而輕排之也。又謂一奇一偶不能生四象，而二奇二偶不能生八卦，則此一圖極爲易曉，又不知老丈平時作如何看，而今日猶有此疑也。蓋其初生之一奇一偶，則兩儀也。一奇之上又生一奇一偶，則爲二畫者二，而謂之太陽、少陰矣。一耦之上亦生一奇一耦，則亦爲二畫者二，而謂之少陽、太陰矣。此所謂四象者也（四象成，則兩儀亦分為四）。太陽奇畫之上又生一奇一偶，則爲上爻者三而謂之乾、兌矣（餘六條準此）。此則所謂八卦者也（八卦成，則兩儀四象皆分為八）。是皆自然而生，瀵湧而出，不假智力，不犯手勢，而天地之文、萬事之理莫不畢具。乃不謂之畫前之《易》，謂之何哉？僕之前書固已自謂非是古有此圖，只是今日以意爲之，寫出奇偶相生次第，令人易曉矣。其曰畫前之《易》，乃謂未畫之前已有此理，而特假手於聰明神武之人以發其祕，非謂畫前已有此圖，畫後方有八卦也。此是《易》中第一義也，若不識此而欲言《易》，何異舉無綱之網，挈無領之裘，直是無著力處。此可爲知者道也。目疾殊甚，不能親書，切幸深照。」

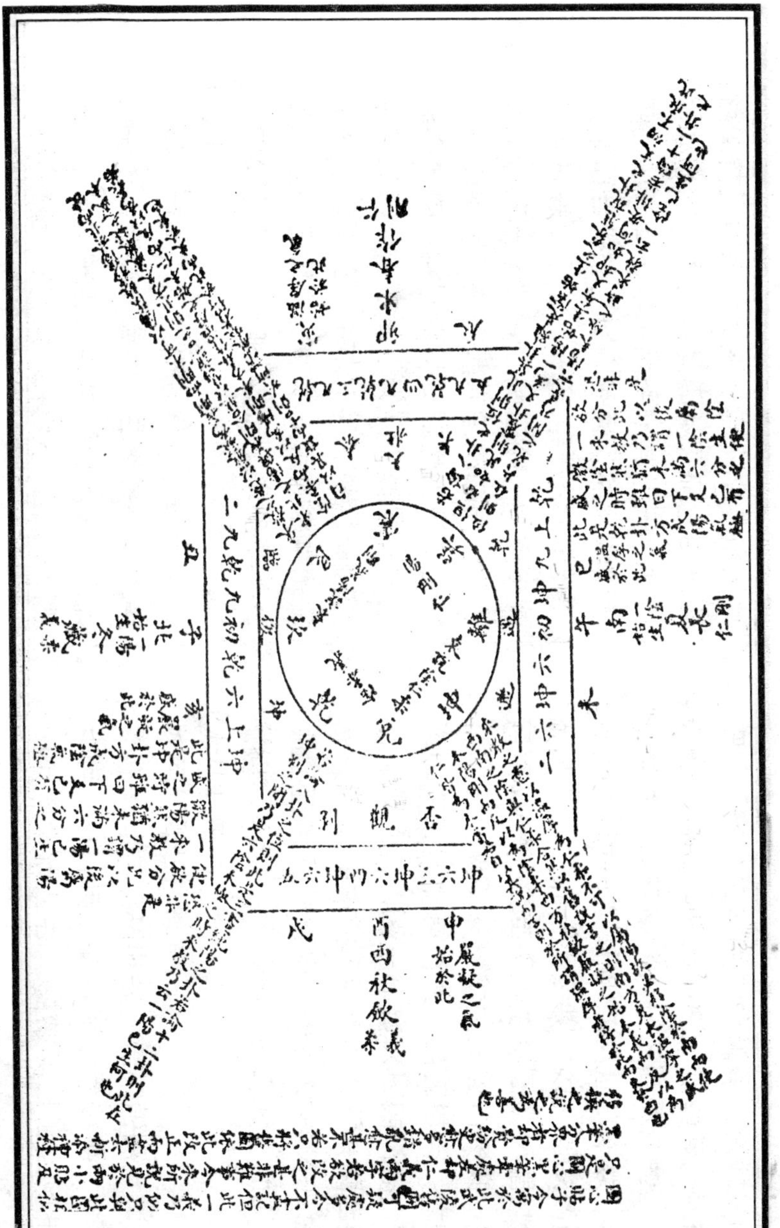

「第四畫者，以八卦爲太極，而復生之兩儀也。第五畫者，八卦之四象也。第六畫者，八卦之八卦也。再看來書，有此一項，此書未答，故復及之。熹又稟。」

（一一）其八。

《答袁機仲》：「《易》說不知尊意看得如何？前書所云二方六卦六辰皆失其所與得半失半之說，後來思之，亦有未盡。蓋徙陽於北，使陽失其位而奪陰之位；徙陰於南，使陰失其位而奪陽之位，二方固已病矣。東方雖得仍舊爲陽，然其溫厚之仁不得南與同類相合，而使彊附於北方嚴凝之義，不則卻須改仁爲義，以去陰而就陽，方得寧貼。然又恐無此理，是東方三卦三辰亦失其所也。西方雖得仍舊爲陰，然其離北附南，與夫改義爲仁，其勢亦有所不便。是西方三卦三辰亦失其所也。蓋移此二方而四方、八面、十二辰、十二卦一時鬼亂，無一物得安其性命之情也。前書所稟，殊未及此之明白詳盡也。」

（一二）其九。

《答袁機仲》：「《易》說已悉。若只如此，則熹固已深曉，不待諄諄之告矣。所以致疑，正恐高明之見有所未盡而費力穿鑿，使陰陽不得據其方盛之地，仁義不得保其一德之全，徒爾紛紜，有損無益爾。今既未蒙省察，執之愈堅，則區區之愚尚復何說？竊意兩家之論，各自爲家，公之不能使我爲公，猶我之不能使公爲我也。不若自此閉口不談，各守其說，以俟羲、文之出而質正焉。然以高明之見，自信之篤，竊恐羲、文復出，亦未肯信其說也。魏鄭公之言以爲

『望獻陵也，若昭陵則臣固已見之矣』；佛者之言曰『諸人知處良遂總知，良遂知處諸人不知』，正此之謂矣。世間事吾人身在閑處，言之無益，此正好從容講論，以慰窮愁。而枘鑿之不合又如此，是亦深可歎者，而信乎其道之窮矣。」

（一三）其十。

《答袁機仲》：「《易》說垂示，極荷不鄙。然淺陋之見，前已屢陳，至煩訶斥久矣，今復何敢有言？但詳序說諸篇，唯是依經說理，而不惑於諸儒臆說之鑿，此爲一書要切之旨。今以篇中之說考之，則如《繫辭》、《說卦解》兩引《禮記》以春作夏長爲仁，秋斂冬藏爲義，《說卦》解又獨引溫厚之氣始於東北，盛於東南；嚴凝之氣始於西南，盛於東北，以爲仁義之分。此於經既有據，又合於理之自然，眞可謂不惑於諸儒臆說之鑿矣。但其所以爲說，則又必以爲聖人恐乾止有陽剛而無仁，坤止有陰柔而無義，故必兼三才以爲六畫，然後能（居）〔使〕乾居東北而爲冬春之陽，坤居西南而爲夏秋之陰。又必横截陰陽，各爲兩段，以分仁義之界，然後能使春居東而爲乾之仁，夏居南而爲坤之仁，秋居西而爲坤之義，冬居北而爲乾之義（此非本書之詞，但以鄙意注解如此，庶覽者之易曉耳）。則其割裂補綴，破碎參差，未知於經何所據依，而何以異於諸儒臆說之鑿也。

又案文王、孔子皆以乾爲西北之卦，艮爲東北之卦，顧雖未能洞曉其所以然，然經有明文，不可移易，則已審矣。今乃云乾位東北，則是貶乾之尊使居艮位，未知使艮卻居何處，此又未知於經何所據依，而何以異於諸儒臆說之鑿也。又案孔子明言《易》有太極，是生兩儀，是則固以太極爲一，兩儀爲二，而凡有心有目者，皆能識之，不待推曆布算而後可知也。今《太極論》乃曰『乾坤者，《易》之太極』，則以兩儀爲太極，而又使之自生兩儀矣。未知此於經何所據依，而又何以異於諸儒臆說之鑿也。至《繫辭解》，又謂太極者一之所由起，則是又以爲太極之妙一不足以名之，而其序則當且生所起之一而後再變，乃生兩儀矣。此則又未暇論其於經有無據依，是與不是諸儒臆說之鑿，而但以前論參之，已有大相矛盾者。不審高明之意果何如也。凡此四條，熹皆不敢輒以爲非，以觸尊怒，但所未曉，不敢不求教耳。」

（一四）其十一。

《答袁機仲》：「誨諭《參同》，邵氏不知《易》之說，辨博高深，非淺陋所能窺測。但《參同》之書本不爲明《易》，乃姑借此納甲之法以寓其行持進退之候。異時每欲學之，而不得其傳，無下手處，不敢輕議。然其所言納甲之法，則今所傳京房占法見於《火珠林》者是其遺說。沈存中《筆談》解釋甚（誤）〔詳〕，亦自有理。《參同》所云甲、乙、丙、丁、庚、辛者，乃以月之昏旦出沒言之，非以分六卦之方也。此雖非爲明《易》而設，然《易》中無所不有，苟其言自成一說，可推而通，則亦無害於《易》，恐亦不必輕肆詆排也。

至於邵氏先天之說，則有推本伏羲畫卦次第生生之妙，乃是《易》之宗祖，尤不當率爾妄議。或未深曉，且當置而不論，以謹闕疑。若必以爲不知《易》，則如熹輩尚何足與言《易》，而每煩提耳之勤也？既荷不鄙，不敢不盡其愚。其他如『六五坤承』，向亦疑有誤字，見於《考異》。而所示十二卦圖以姤爲子，以復爲午，亦所未喻。所引坎離無爻位，亦有脫字。此或只是筆誤，皆未暇論也。」（俱《朱子文集》卷三八）

慶元六年庚申，七十歲。

（一）提舉太平興國宮，閒居著述（見前）。

（二）朱熹卒。

《疑年錄》：「朱元晦七十一，生建炎四年庚戌，卒慶元六年庚申。」（《疑年錄》卷二）

《朱子年譜》：「慶元六年庚申，七十一歲。三月辛酉，改《大學》誠意章。甲子，先生卒，冬十一月壬申，葬於建陽縣唐石里之大林谷。」（《朱子年譜》卷四）

《宋史·朱熹傳》：「熹既沒將葬，言者謂四方僞徒期會送僞師之葬，會聚之間，非妄談時人短長，則謬議時政得失，望守臣約束。從之。」（《宋史》卷四二九）

（三）致楊萬里書并示《建溪北山四景》詩，見楊萬里《答袁機仲侍郎書》。

（四）寄楊萬里《易贊》，見楊萬里《答袁侍郎書》。又《跋袁機仲侍郎易贊》：「右《易贊》并序，吾友子袁子機仲侍郎作也。微斯人，眸子不運而見三聖，一心空洞以納太極，能倒傾蛟室，寫此瓊瑰否？誠齋野客楊萬里敬書。」（《誠齋集》卷一〇〇）

（五）楊萬里答書。

《答袁侍郎》：「某伏以即辰秋已小立，暑猶未退，恭惟宮使殿撰侍郎尊契丈，奉瑄祝釐，潛天見聖，身在霞外，望屬寰中，三神扶持，台候動止萬福。契家玉媲咸慶。某昨日有自城中來者，得報賜妙帖示教，新作《家人卦解義》，詞約理明，如斧析薪，如水赴岳，二五兩爻，尤爲易簡。若乘此破竹之鋒，不數日可了此八八卦矣，何必如某旁搜幽討，枉卻十二年之燈火乎！『掎摭風火』等詞，皆切中二豎所居者，醫和之目，那得遁疢，當聞而藥之也。感極荷極。《易贊》敬爲書一通，且妄下一轉語，又未知道著否？晦翁可痛，孔堂兩楹，遂折其一，其關吾道興喪，非細事也。亦既遣人弔祭之，得其子文之報章矣。敢復以爲朋友唁也。願言珍重，即看賜環。」（《誠齋集》卷一一〇）此書作於晦翁逝世後，當即爲是年也。

（六）上《太上皇玉牒》、《會要》等。

《宋史·寧宗本紀》：「慶元六年二月乙卯，率羣臣奉上《聖安壽仁太上皇玉牒》、《聖政》、《日曆》、《會要》於壽康宮。」（《宋史》卷三七）

《玉海·藝文》：「慶元六年二月戊寅，上《太上會要》一百卷，京鏜上。自淳熙己酉二月，迄紹熙甲寅七月，總二十三類，三百六十四門，禮樂兵財之大原，儒術刑法之要指，取賢斂財之品式，設官分職之制度，九州之別合，四夷之叛服，概見於斯。」（《玉海》卷五一）

嘉泰元年辛酉，七十一歲。

（一）提舉太平興國宮，閒居著述（見前）。

（二）楊萬里答書。

《答袁機仲侍郎書》：「某再拜，伏以熙春過中，淑景初麗。恭惟宮使、殿撰、侍郎尊契（文）〔丈〕，祝釐竹宮，（侍）〔待〕問宣室，（夭）〔天〕迪昕晦之忠，神聽正直之與，台候動止萬福。某狗馬齒，今七十有八矣。人間萬事，不到胸次，不待掃溉而自除，不煩排遣而自遠，不足勤執事之心惻也。惟是挾策讀書，此書生之餘習，登山臨水，此野人之滯癖。二病痼之，一居膏之上，一居肓之下，秦緩之鍼，攻之而不達，華佗之劑，澆之而不入，執事何以爲我謀哉？然二病者，又有淺深，每遇書冊，財入佳境，目輒痛而告勞，輿輒敗而作惡。至於登臨，則足愈輕而不知倦，行愈遠而不知反。前之病不若後之病之深也，執事又何以爲我謀哉？燕居深念，又有一病，每懷我執事相與金石之處，相忘形骸之表，璧水講習之樂，嚴瀨詩酒之娱，如夢中事，夢中之喜，不足償覺後之慨也，執事又何以爲我謀哉？今日寒食，方欲躡青鞋，喚烏籐，鷗鷺前導，猿鶴旁扶，相將挑野菜於芳洲，拾瑤草於枉渚。而李尉乃以執事往歲九月之書來，發而占之，正冠盥手，再拜三讀，瑤林瓊樹，瞻之在前，金聲玉振，洋洋乎盈耳也。夢喜覺慨之一病，於是脫然去吾體，甚幸甚荷，甚幸甚荷。示教《北山四詠》新作，朗誦未旣，忽乎追參步趨，陟降林岳，攀上巖之刺天，俯中巖之倚空，冰壺清寒以逼人，玉虹飛動而奪目，執事且謂某何如其幸也。徵及拙句，甚願充員湛輩也。山谷云『褱懷對勝境，更覺落筆難』也。牽課四絕句呈似，第公輸之門，乃敢揮其斤，西子之牖，乃敢銜其醜。不如是則公輸不哂，西子不矉。再未見，惟觀頤金軀、考祥玉燭之是禱，惟蒲輪遄歸、靈壽錫命之是禱。」（《誠齋集》卷六八）

案《疑年錄》：「楊萬里八十三，生宣和六年甲辰，卒開禧二年丙寅。」（《疑年録》卷二）是年萬里年七十有八，與答書云云相符。萬里《與建康帥丘宗卿書》云：「今犬馬之齒，七十有八矣，自六十有六，病而棄其官，已而致其仕矣。朝與樵夫乎拾薪，夕與漁父乎叉魚，尙何爲哉，尙何爲哉。」（《誠齋集》卷六八）則是時亦已隱居矣。

（三）楊萬里題和《建溪北山四景》（見上書）。

《尙友錄》：「樞所居有飛瀑梅竹之勝，爲樓臺亭榭其上，扁曰梅巖。日杖履往來，賦詩飲酒其間。」（《尙友録》卷五）此機仲晚年退休後之生活焉。

楊萬里《寄題袁機仲侍郎殿撰建溪北山四景》（《誠齋集》卷四二），茲錄之如次：

韓子不肯拂，饒操苦出家。何如妙靜老，紫橐碧蓮花（妙靜菴）。

竹國風世界，梅兄雪友朋。地清無可比，且道玉壺冰（冰壺閣）。

銀河月外來，玉虹天上落。騎虹弄銀河，人間無個樂（玉虹橋）。

脚底一朵雲，乘之繞空碧。前身王子喬，今代李太白（抗雲亭）。

（四）修《光宗實錄》。

《宋史・寧宗本紀》：「嘉泰元年二月癸

巳，修《光宗實錄》。」（《宋史》卷三八）又《職官志》：「嘉泰元年開實錄院，修《光宗實錄》。」（《宋史》卷一六四）

（五）上《孝宗會要》。

《玉海·藝文》：「嘉泰元年七月十一日，《孝宗會要》書成上之，凡二百卷，蓋比而同之者六百九十二條，刪而正之者二千八百有七條，潤色初緒，凡三千八百十八條，別門析類，傳合者九，蔓煩者四，增多四十有六，事詳文省，紀綱制度，粲然有章。」（《玉海》卷五一）

嘉泰二年壬戌，七十二歲。

（一）提舉太平興國宮，閒居著述（見前）。

（二）上《高宗實錄》，修《高宗正史》、《寶訓》等。

《宋史·寧宗本紀》：「嘉泰二年春正月丁卯，陳自強等上《高宗實錄》。二月丁亥，修《高宗正史》、《寶訓》。九月甲寅，修《皇帝會要》。」（《宋史》卷三八）

嘉泰三年癸亥，七十三歲。

（一）提舉太平興國宮，閒居著述（見前）。

（二）上《孝宗實錄》、《寧宗會要》等。

《宋史·寧宗本紀》：「嘉泰三年三月乙卯，陳自強等上《徽宗玉牒》、《孝宗光宗實錄》。」（《宋史》卷三八）

《玉海·藝文》：「嘉泰三年八月二十一日，進今上《會要》一百十五卷。」（《玉海》卷五一）

嘉泰四年甲子，七十四歲。

（一）提舉太平興國宮，閒居著述（見前）。

（二）周必大卒。

《疑年録》：「周子充七十九（必大），生靖康元年丙午，卒嘉泰四年甲子。」（《疑年録》卷二）

《宋史·周必大傳》：「嘉泰元年，御史施康年劾必大首唱僞（私）徒，（私）植黨與，詔降爲少保。自慶元以後，侂胄之黨，立僞學之名以禁錮君子，而必大與趙汝愚、留正實指爲罪首。四年薨，年七十有九，贈太師，謚文忠。寧宗題其墓碑曰『忠文耆德之碑』。」（《宋史》卷三九一）機仲幼年最爲必大所器重，是年始卒，汝愚於慶元二年暴卒，留正亦卒於開禧二年，正人君子，相繼盡矣。

開禧元年乙丑，七十五歲。

卒於家。

《宋史》本傳：「開禧元年卒，年七十五。」（《宋史》卷三八九）

案：機仲晚年，隱居家園，攸然自得，飲酒賦詩，玩山弄水，又得研習《易傳》，與仲晦、廷秀等互相檢討，故史稱比之疏傅、陶令，良有以也。機仲之被斥，蓋緣侂胄之專恣，其時侂胄以勢利蠱士大夫之心，薛叔似、辛棄疾、陳謙皆起廢顯用。當時固有困於久斥，損晚節以規榮進者矣（《宋史·韓侂胄傳》）。若機仲者，可謂賢矣。

論曰：機仲自幼時，見奇於衆，比長，見識於劉珙、周必大，其論學，見重於呂祖謙、朱熹，論事見嘆於趙雄。楊萬里所謂：「議論堅正，風節峻（節）（潔）。」（《薦士録》）非虛言也。以剛毅木訥之精神，施之於從政爲學，此其所以能「正物以己，正枉以直，折而不靡，躓而不悔」（《楊萬里序》）者也。機仲之學，不外兩途，中年從事於《通鑑》之整理，晚年致力於《易經》之探索，換言之，則初好史而復好經，蓋爲深於經史之學之一大學者。其論《易》，與楊萬里、朱熹輩論辯甚詳，茲不另述。其《通鑑紀事本末》一書，貢獻於史學界者甚鉅，則不得不爲之說明。茲分兩方面述之。

（一）通鑑本末體制。本末一體，或謂出於創，或謂有所因。《四庫總目》：「古之史策，編年而已，周以前無異軌也；司馬遷作史記，遂有紀傳一體，唐以前亦無異軌也；至宋袁樞以《通鑑》舊文，每事爲篇，各排比其次第，而詳敘其始終，命曰紀事本末，遂又有此一體。」又：「唐劉知幾作《史通》敘述史例，首列六家，總歸二體，自漢以來，不過紀傳、編年兩法，乘除互用。然紀傳之法，或一事而複見數篇，賓主莫辨；編年之法，或一事而隔越數卷，首尾難稽。樞乃自出新意，因司馬光《資治通鑑》，區別門目，以類排纂，每事各詳起訖，自爲標題，每篇各編年月，自爲首尾。始於三家之分晉，終於周世宗三征淮南，包括數千年事蹟，經緯明晰，節目詳具，前後始末，一覽了然。遂使紀傳、編年通爲一貫，前古之所未見也。」（《四庫總目》卷四九）閔萃祥云：「古者記事之書，左氏、司馬氏尚矣。左氏以事繫年，創編年之始例，司馬氏變爲紀傳，則又以事繫人，爲體雖殊，而記事一也。後之史家，未有能出其範圍者。顧古之爲史，事簡而易明，後世多務，記載彌繁，綜一年之所聚，萃一人之所爲，累紙盈寸，起訖未窮。且年不一事，事不一人，端緒既繁，引申非易。學者欲求一事之本末，原始而要終，則編年者患其前後隔越，紀傳者患在彼此錯陳，自非博觀強識，融會於中，有未易明其條理者矣。袁氏樞有見於此，乃作《通鑑紀事本末》，揭事爲題，聚類而條分，首尾詳備，鉅細無遺，一變編年、紀傳之例，而實會其通，誠記事之別格，而史學之捷徑也。」（《彙刻紀事本末序》）葉維幹云：「自袁氏創爲斯體，踵爲之者，代有其人。乾隆中欽定《四庫提要》，於史部立『紀事本末』一門，凡以類排比者，悉隸於此。」（同上序）梁啓超云：「今日之西史，大率皆紀事本末之體也，而此體在中國實惟袁樞創之，其功在史界者亦不少。」（《中國新史學》）又云：「編年體以年爲經，以事爲緯，使讀者能瞭然於史蹟之際的關係，此其所長也。然史蹟固有連續性，一事或亘數年而亘百數十年，編年體之紀述，無論若何巧妙，其本質總不能離帳簿式。讀本年所紀之事，其原因在若干年前者，或已忘其來歷，其結果在若干年後者，若不能得其究竟，非直翻檢爲勞，抑亦寡味矣。樞鈔《通鑑》，以事爲起訖，千六百餘年之書，約之爲二百三十有九事，其始亦不過感翻檢之苦痛，爲自己研究此書謀一方便耳。及其既成，則於斯界別闢一蹊徑焉。」（《中國歷史研究法》）以上諸說，皆以機仲本末爲新創體例之說也。故宋人或乃病其於古無初，而不經焉。持有所因之說者，又有兩論也，或以爲出於《國語》，或以爲出於《尚書》。朱熹云：「左氏之於《春秋》，既依經以作傳，復爲《國語》二十餘篇，國別事殊，或越數十年而遂其事。袁君機仲，乃以暇日作爲此書，其亦《國語》之流矣。」（《跋通鑑紀事本末》）焦竑云：「史之爲體，有編年、紀傳二家。編年者，以年系事，詳一國之治體，蓋本左氏。紀傳者，以人系事，群一人之事蹟，蓋本史也。雖各有所長，而編年爲古矣。何者？紀表志傳，自爲篇章，彼此互出，不無煩複，蕭穎謂子長創作，不合典訓，嘗深非之。然《左傳》雖以年爲叙，而別爲《國語》一書，國別事殊，或越數十年而竟其義，亦知事詞不屬而自爲錯綜，亦其勢然也。後之史家，一以司馬遷爲程，《春秋》之義，鬱而不明。荀悦、袁宏，始復其舊，而事止一代，於閎巨之觀闕如也。司馬溫公覃精史學，總百代爲人君之鑑，乃接魯史以迄五季，一倣《左傳》之例，說者謂其爲流略之津筏，經濟之潭奧，詎不信哉。但世遠事繁，文見於此而起義在彼者，往往有之，學者尋究其事，欲即始見終，不可驟得，不無遺憾。袁機仲氏著《紀事本末》以參溫公之書，隨條甄舉，離合始末之間，曲有微意，即謂爲溫公之《國語》可也。」（萬曆刊本序）此以紀事本末有類《國語》之說也。韓菼云：「左氏先經以始事，後經以終義，依經以辨理，錯經以合異，是紀事之史，左氏其首也。又稽逸文、纂別說爲外傳以廣之，分八國各爲卷，是亦一國之本末也。其傳一人之事與言，必引其後事率連以終之，是亦一人一事之本末也。然則內傳紀事，而外傳即所以足其事之本末者與？顧內傳以事爲主，既以事斷，首尾不屬，外傳復以言爲主，國之大事不具，譬隋珠之未貫，如狐腋而未集，今學者前後討尋，周章省覽，豈若會萃而種別之爲瞭如哉。」（《左傳紀事本末序》）此謂《國語》雖具本末雛形，而不若本末之瞭然。然其以本末出諸《國語》，則無間也。至謂其出於《尚書》者，章實齋實主之。實齋之言曰：「司馬《通鑑》病紀傳之分，而合之以編年，袁樞《紀事本末》又病《通鑑》之合，而分之以事類。按本末之爲體也，因事命篇，不爲常格，非深知古今大體，天下經綸，不能網羅隱括無遺無濫。文省於紀傳，事豁於編年，決斷去取，體圓用神，斯眞《尚書》之遺也。在袁氏初無其意，且其學亦未足與此，書亦不盡合於所稱。但即其成法，沈思冥案，加以神明變化，則古史之原，隱然可見。」（《文史通義·書教》下）周中孚云：「機仲善讀《通鑑》，苦其浩博，乃以《通鑑》之文，每事爲篇，各排比其次第而詳其始終，名曰《紀事本末》，遂於史家紀傳、編年二體之外，又別爲一體。然其源實出於《尚書》，《史通·六家》所謂《堯典》直序人事，《禹貢》唯言地理，《洪範》總述災祥，《顧命》都陳喪禮者，本末已具，即機仲所取法也。」（《鄭堂讀書記》）此皆以本末出《尚書》之說也。

其實一事物之創造，一體例之發明，必受其他事體之暗示，蓋有無襲取之意，而常與之冥合者，比比然也。編年以年爲經，紀傳以人爲經，本末以事爲經，所謂史體之三大派別也，其間鴻溝截然，各不相混，固已。然本末一體，又與《尚書》、《國語》有殊焉，《尚書》以言爲經，《國語》以國爲經是也。蓋《書》之所主，本於號令，所以宣王道之正義，發話言於臣下，故其所載，皆典謨訓誥誓命之文，所謂《二典》、《禹貢》、《洪範》、《顧命》之叙事，特其例外耳。《國語》稽内傳之逸文別說，分周、齊、魯、晉、鄭、楚、吳、越八國，起自周穆王，終於魯悼公，未嘗以一事爲起訖也。後人以本末比附之，遂以機仲之書，淵源於是，實有誤會。然亦不得謂其毫無關繫，以其記述事物，首尾具備，則與本末之意同也。即以本末一體而論，亦復有不同，有一書備諸事之本末者，自《通鑑紀事本末》外，如《宋史紀事本末》、《元史紀事本末》、《明史紀事本末》等是也；有一書具一事之本末者，如《三藩紀事本末》、《親征朔漠方略》、《欽定臺灣紀略》等是也。

(二)《通鑑本末》之價值。編年之體，其失在同爲一事，分在數卷，斷續相離，前後屢出，讀者難以記憶，艱於融會，本末體則適足以救其弊。《通鑑》紀事，端緒紛繁，前後隔越，閱者昏目。機仲之書，錯綜事實，每篇括數字標題，各編年月爲次，自三家分晉至世宗征淮南，凡二百三十九事，事各爲篇，頗便檢閱。然則馬、袁兩書，角力爭先，欲廢其一，固亦難矣。而綱目非其倫也。王鳴盛謂：「綱目不作無害，而此書似不可無。」(《十七史商榷》卷一百《綴言》)可謂知言。馬、袁之書，相輔而行，各有其用，楊、趙兩氏，言之詳矣。萬里之言曰：「予每讀《通鑑》之書，見事之肇於斯，則惜其事之不竟於斯，蓋事以年隔，年以事析，遭其初莫繹其終，攬其終莫志其初，如山之峨，如海之茫，蓋編年繫日，其體然也。今讀袁子此書，如生乎其時，親見乎其事，使人喜，使人悲，使人鼓舞未既而繼之以歎且泣也。」（本末楊序）與意之言曰：「《通鑑》一書，於治道最切實，諸史之精華，百代之龜鏡，古未有也。神宗皇帝深所愛重，錫賚治之嘉名，且命經筵進讀，歷朝寶之，永以爲訓。近世建安袁公復作《紀事本末》，區別條流，各從其類，豈求加於《通鑑》之外哉。蓋《通鑑》以編年爲宗，本末以比事爲體，編年則雖一事而歲月遼隔，比事則雖累載而脈絡貫聯。故讀《通鑑》者如登高山，泛巨海，未易遽覩其津厓；得《本末》而閱之，則根幹枝葉，繩繩相生，不待反覆它卷，而瞭然在目中矣。故本末者，《通鑑》之戶牖也。袁公之爲是書，其殆司馬文正之疏附先後也歟。」（《本末》趙序）蓋事以類聚，則相形益彰；首尾具備，則因果自明。故近人研究史實，有畫出「史蹟集團」之說。例如法國大革命，一集團也；一九一四至一九一九年之世界大戰，亦一集團也。史蹟雖不可分，但非如此則研究無所得施，故史蹟之劃分，皆以爲研究之方便計也。所謂集團者，與一段之紀事本末略相近。楊萬里謂：「《通鑑本末》大抵搴事之成以後於其萌，提事之微以先於其明，其情匿而泄，其故悉而約，其作窕而槬，其究遐而邇，其於治亂存亡，蓋病之源，醫之方也。」（楊萬里序）梁啓超謂：「紀傳體以人爲主，編年體以年爲主，而紀事本末體以事爲主。夫欲求史蹟之原因結果，以爲鑑往知來之用，非以事爲主不可。故紀事本末體於吾儕之理想的新史最爲相近，抑亦舊史界進化之極軌也。」（《中國歷史研究法》）張西銘云：「國之有史，史之有通鑑，通鑑之有紀事本末，三者不可一缺也。國史因人，通鑑因年，本末因事。人非紀傳不顯，年非通鑑不序，事非本末不明。學者欲觀歷代之史，則必先觀通鑑，既觀通鑑，不能即知其端，則必取紀事本末以類究之，此宋袁機仲先生之書，所以與司馬同功也。」（《通鑑紀事本末序》）閔萃祥云：「觀乎編年之書，而古今風會之變遷瞭然矣；觀乎紀傳之書，而古今人物之臧否瞭然矣；觀乎紀事本末之書，而後古今事理之得失瞭然矣。三者皆紀事書也，並行則不悖，偏廢則不可。」（《彙刻紀事本末序》）故機仲之書，實有其特殊之價值，與紀傳、編年不能以軒輊論也。

當時學者，或病其書區別之外，無所發明。故朱熹題跋，以爲《通鑑》一事之首尾，或散出於數十百年之間，不相綴屬，《本末》部居門目始終離合之間，曲有微意（見前引）。呂祖謙亦謂《通鑑》綜理經緯，尠或知之，《本末》掇其體之大者，區別始終，使司馬公之微旨，自是可考，躬其難而遺學者以易（見前引）。則亦不得與抄錄者比也。祖謙又謂袁子之紀本末，亦自其昔年玩繹參訂，本之以經術，驗之以世故，廣之以四方賢士大夫之議論，而後卻居條流，較然易見，初非一日之積（見前引）。蓋以述而作者也。張西銘云：「《通鑑》上起戰國，下終五代，凡一千三百六十二年，爲書二百九十四卷，又爲《目錄》三十卷，《考異》三十卷，紀載詳矣。先生通理其間，其事二百三十有九，其書卷四十有二，蠻夷僭竊，廢興存亡，無不備也。約而該，曲而當，其亦以述兼作者乎。」（《通鑑紀事本末序》）諒哉言也。《四庫總目》：「樞所綴集，雖不出《通鑑》原文，而去取剪裁，義例極爲精密，非《通鑑總類》諸書，割裂撦撏者可比。其後如陳邦瞻、谷應泰等遞有沿仿，而包括條貫，不漏不冗，則皆出是書下焉。」（《四庫總目》卷四九）梁啓超亦云：「樞書出後，明清兩代踵作頗多，然謹嚴精粹，亦未有能及樞者。」（《中國歷史研究法》）韓菼以機仲之書與高士奇《左傳紀事本末》相較，以爲司馬氏之書，其徵事也近而立義也顯，近則易核，顯則易明。袁氏特整齊鉤釽其間，爲力少易。左氏能傳經之所無，亦時闕經之所有，又參以二傳，每多不同，好語神怪，易致失實，而自啖趙以來，多有舍傳立說，獨抱遺經以終始者矣。先生特爲起例，皆袁氏所無。」（《左傳紀事本末序》）其言雖亦近似，然創作難爲力，因仍易爲功，不可一日語也。梁啓超謂樞之著《通鑑紀事本末》也，非有見於事與事之相聯屬，而欲求其原因結果也，不過爲讀《通鑑》之方便法門，著此以代抄錄云爾。雖爲創作，實則無意識之創作，故其書不過爲《通鑑》之一附庸，不能使學者讀之有特別之益。」（《中國新史學》）其論亦似是而實非者也。

雖然，機仲之書，亦不能無闕點也。《通鑑》一書，偏於政治，其大綱所在，楊萬里所謂曰諸侯、曰大盜、曰女主、曰外戚、曰宦官、曰權臣、曰夷狄、曰藩鎮而已。其餘史蹟，如文學也，經學也，制度也，與一切衣食住行之社會狀況也，皆置而不道。機仲因之，遂付闕如。乾隆間錢塘王介眉有補《通鑑紀事本末》，杭世駿序之，述介眉之言曰：「建安之書，不言田制，則度地居民之法亡；不言漕運，則鑿渠引河之利塞；不言府兵，則耕牧戰守之功隳。漢唐治理一也，曷爲貞觀之政要詳而文景之太平略也？太子國本也，曷爲楊勇、承乾則詳，而東海、臨江之易則略也？后妃大分也，曷爲飛燕、武媚則詳，而子夫、麗華之立則略也？不韋以呂易嬴，是秦先周而亡；馮后酖獻幽文，是魏較晉尤偪。清河逆等劉劭，高陽罪浮蓋主。平津外寬內深，一口（密）〔蜜〕腹劍也，弘羊販物求利，一連檣輕貨也，或隱而不書，或大書而特書，譬之於數，是知一而不知二也，是知二五而不知有十也。」（杭世駿序）此等去取，雖各隨人而殊，不能一概而論，且其書限於《通鑑》所有材料，不能旁搜博采，亦無可議。惟僅摘錄原文，不能融會貫穿，說明其原因結果及各種背景影響等等，則頗有遺憾之處。梁啓超謂：「樞所述僅局於政治，其於社會他部分之事項，多付闕如。其分目又仍涉瑣碎，未極貫通之能事。然彼本以鈔《通鑑》爲職志，所述不容出《通鑑》外，則著書體例宜然。即提要拘元之功，亦愈後起而愈易致力，未可以吾儕今日之眼光苛責古人。」(《中國歷史研究法》)議雖公允,然就書論書,實有未合。雖孝宗有「治道盡在是矣」之嘉歎,而實齋有「不盡合於所稱」之評義焉。

張孝祥事蹟著作繫年

李一飛 編

據《湘潭師專學報》增訂

張孝祥（一一三二—一一六九），字安國，號于湖居士，歷陽烏江（今安徽和縣）人。紹興二十四年進士第一，簽書鎮東軍節度判官，召爲秘書省正字，累遷起居舍人、權中書舍人，爲御史中丞汪澈劾罷。尋起知撫州。孝宗即位，知平江府。張浚北伐，薦除中書舍人，遷直學士院兼都督府參贊軍事，兼領建康留守。宋軍符離潰師，被劾落職。湯思退罷，起知静江府兼廣南西路經略安撫使，復以言者罷。起知潭州，權荆湖南路提點刑獄，遷知荆南、荆湖北路安撫使，所歷皆有政績。乾道五年，以疾致仕，卒，年三十八。

張孝祥力主抗金，所作詩文也以抗金爲主旨，其詞更充滿愛國熱情，風格雄放，兼工書法，時人比之爲蘇東坡。所著《于湖居士文集》四十卷，流傳至今，有徐鵬校點本（上海古籍出版社一九八〇年），另有宛敏灝《張孝祥詞箋校》（黄山書社一九九三年）。事蹟見《宋史》卷三八九本傳、陸世良《宣城張氏信譜傳》（文集附録）。

今人畢壽頤、宛敏灝、徐照華、李一飛均編有張孝祥年譜，其中宛敏灝所編流傳最廣，初刊於《安徽史學通訊》一九五九年四至五期，後又不斷考補，較爲翔實，附入所著《張孝祥詞箋校》後。但宛譜也偶有失誤，今人張實撰有《張孝詳年譜辨正》。李一飛此譜，也對宛譜有所訂補，原載《湘潭師專學報》一九八三年第四期至一九八四年第一、二期，此次重刊，又有增訂。

張孝祥，字安國，號于湖。

見《宋史》卷三八九《張孝祥傳》（以下簡稱《史傳》）；《于湖居士文集》附錄陸世良《宣城張氏信譜傳》（以下簡稱《譜傳》）。

歷陽烏江人。自紹興初寓居蕪湖。

《史傳》：「歷陽烏江人。」《譜傳》：「本貫和州烏江縣。紹興初年，金人寇和州，隨父渡江，居蕪湖升仙橋西。」葉紹翁《四朝聞見錄》乙集《張于湖》條：「寓居蕪湖。」

按：歷陽，南宋爲淮南西路和州治所，即今安徽省和縣。烏江，在和縣東北。蕪湖，爲江南西路太平州所轄縣。《資治通鑑》注云：「蕪湖即于湖。」

張籍七世孫。

《譜傳》：「唐司業張籍七世孫。」《于湖居士文集》（以下簡稱《文集》）卷三七《代總得居士回張推官》：「某家世歷陽之東鄙，自先祖始易農爲儒。或云唐末遠祖自若湖徙家，蓋文昌之後。文昌諱籍，見于《唐書》，烏江人也。」

按：《新唐書》卷一七六《張籍傳》：「張籍者，字文昌，和州烏江人。……籍爲詩，長于樂府，多警句。仕終國子司業。」

父祁，字晉彥，號總得居士。因構惡于秦檜，嘗被誣繫獄，檜死獲釋，授淮南轉運判官，終直秘閣。能詩，惜不傳。

《譜傳》：「父祁，任直秘閣，淮南轉運判官。」《史傳》：「先是，上之抑塤而擢孝祥也，秦檜已怒，既知孝祥乃祁之子，祁與胡寅厚，檜數憾寅，且唱第後，曹泳揖孝祥于殿庭，以請婚爲言，孝祥不答，泳憾之。于是風言者誣祁有反謀，繫詔獄。會檜死，上郊祀之三日，魏良臣密奏散獄釋罪。」《文集》卷二四《代總得居士上沈相該》：「舊詩一編，閑居無事，紓憂娛悲，輒綮以見。」

伯父邵，字才彥，建炎三年直龍圖閣，假禮部尚書，充通問使使金，被羈十五年，終不屈，得歸。以敷文閣待制提舉江州太平興國宮。知池州。紹興二十六年六月卒。

周密《齊東野語》「張才彥」條云：「歷陽張邵才彥，乃總得居士祁晉彥之兄也。」李心傳《建炎以來繫年要錄》（以下簡稱《要録》）載：「邵以丙子歲六月二十七日生，復以其年月日死，人皆異之。」推知邵生于哲宗紹聖三年丙子（一〇九六）六月二十七日，卒于高宗紹興二十六年丙子（一一五六）六月二十七日。

按：《宋史》卷三七三有《張邵傳》。

孝祥性剛正不阿，平生志在恢復，治有政聲。其天資穎悟，文章過人，王十朋稱爲「當代才子」。其詩清婉而俊逸。詞駿發踔厲，書學顏、魯，多得古人筆意，韓元吉以爲「咏其詩而歌其詞，亦足以悲其志之所寓，而知其爲一世之雋杰人也」。

《譜傳》：「公性剛正不阿，秦塤同登第，官禮部侍郎，一揖之外，不交一言。」《史傳》：「孝祥俊逸，文章過人。」《譜傳》：「魏公（張浚）志在恢復，公力贊相」，「歷事中外，士師其道，吏畏其威，民懷其德，所至有聲」。朱熹《跋張安國帖》：「安國天資敏妙，文章政事皆過人遠甚。」王十朋《跋張紫微帖》：「張公紫微，當代才子。」謝堯仁《張于湖先生集序》：「先生詩文與東坡相先後者已十之六七，而樂府之作，雖但得于一時燕笑咳唾之頃，而先生之胸次筆力皆在焉。……自渡江以來將近百年，唯先生文章翰墨爲當代獨步。」湯衡《張紫微雅詞序》：「公平昔爲詞，未嘗著稿，筆酣興健，頃刻即成。初若不經意，反復究觀，未有一字無來處，……所謂駿發踔厲，寓以詩人句法者也。」朱熹《跋張安國帖》：「其作字多得古人用筆意。使其老壽，更加學力，當蓋其偉。」韓元吉《張安國詩集序》：「安國之詩，清婉而俊逸，其機杼錯綜，如繭之方絲；其步驟蹀躞，如驥之始駕。……士大夫或未識安國，咏其詩而歌其詞，襟韻灑落，宛其如在，亦足以悲其志之所寓，而知其爲一世之雋傑人也。」其《自贊》云：「于湖，于湖，隻眼細，隻眼粗。細眼觀天地，粗眼看凡夫。」（見《文集》卷一五）。

宋高宗紹興二年壬子，一歲。

孝祥誕生于歷陽烏江。

按：《文集》卷五《贈震山主》詩云：「震公住山年，與我共壬子。」用這種句法表年歲，已見于前人文集，如王宗稷《東坡先生年譜》引譜主《贈長蘆長老》云：「與我同丙子，三萬六千日。」《東坡七集·前集》卷一四《送沈逵赴廣南》云：「嗟我與君皆丙子，四十九年窮不死。」《後集》卷七有詩，題曰《永和清都觀謝道士，童顏鬒髮，問其年，生于丙子，蓋與余同，求此詩》，均說明蘇軾生于仁宗景祐三年，歲次丙子。孝祥此詩句法與蘇詩同，意謂震公長老始住持震山寺之年，與己之生，同在壬子，即紹興二年；與《譜傳》「紹興甲戌，廷試擢進士第一，時年二十有三」所載相合，知孝祥生于紹興二年，歲次壬子。

同時代名流及與交游者：

朱敦儒（希真）五十二歲（一〇八一—一一五九）。

曾幾（吉甫）四十九歲（一〇八四—一一六六）。

陳與義（去非）四十三歲（一〇九〇—一一三八）。

張元幹（仲宗）四十二歲（一〇九一—約一一七〇）。

張浚（德遠）三十六歲（一〇九七—一一六四）。

劉錡（信叔）三十五歲（一〇九八—一一六二）。

胡寅（明仲）三十五歲（一〇九八—一一五六）。

岳飛（鵬舉）三十歲（一一〇三—一一四二）。

虞允文（彬甫）二十三歲（一一一〇—一一七四）。

王十朋（龜齡）二十一歲（一一一二—一一七一）。

林之奇（少穎）二十一歲（一一一二—一一七六）。

龐謙孺（佑甫）十六歲（一一一七—一一六七）。

韓元吉（無咎）十五歲（一一一八—一

一八七）。

劉珙（共甫）十一歲（一一二二—一一七八）。

洪邁（景盧）十歲（一一二三—一二〇二）。

楊萬里（廷秀）九歲（一一二四—一二〇六）。

陸游（務觀）八歲（一一二五—一二一〇）。

范成大（致能）七歲（一一二六—一一九三）。

王質（景文）六歲（一一二七—一一八九）。

王阮（南卿）生卒不詳，約與王質同時。

朱熹（晦庵）三歲（一一三〇—一二〇〇）。

宋高宗趙構經數年奔竄後，于是年正月丙午回到臨安府（見《續資治通鑑》卷一一〇）。

紹興三年癸丑，二歲。

張栻（敬夫）生（一一三三—一一八〇）。

四月壬辰，移都督府于建康，照應江、淮兩軍機務。

紹興四年甲寅，三歲。

金人寇和州，孝祥隨父渡江，寓居蕪湖升仙橋西。

按：宛敏灝先生《張孝祥年譜》（載《安徽史學通訊》一九五九年第四、五期合刊，以下簡稱《宛譜》）繫「隨父渡江居蕪湖」于紹興十一年，時孝祥已十歲，似與《譜傳》所載「紹興初年，金人寇和州，隨父渡江居蕪湖升仙橋西。時公甫數歲」之「初年」、「甫數歲」不合。據《續資治通鑑》卷一一四）：紹興四年九月，金與僞齊合兵南侵，騎兵自泗攻滁，步兵自楚攻承。壬申，和州防禦使樊序棄城去。繫「隨父渡江」于是年似較切合。

紹興七年丁巳，六歲。

約于是年從師就讀。天資敏悟，讀書過目不忘。同學者有王朝英。

《譜傳》：「幼敏悟，書再閱成誦。」《史傳》：「讀書一過目不忘。」《文集》卷二八《題王朝英梅溪竹院》：「朝英童子時與余同師。」

從弟孝伯生。

張孝伯《張于湖先生集序》：「于湖先生長孝伯五歲。」

按：孝伯，孝祥之叔父邠子，邠曾爲明州觀察推官，「奉母居鄞，卒葬鄞之雷峰，因家焉」（見《浙江通志》卷一五四《寓賢上》）。孝祥少時因常往寓四明。《文集》卷三五《與明守趙敷文書》：「某頃寓居鄮郭餘十年。……世父待制公、季父莆田丞公以子從母，皆葬其下，故家視四明猶鄉里。」

紹興十年庚申，九歲。

辛棄疾生（一一四〇—一二〇七）。

紹興十一年辛酉，十歲。

十一月，宋金「和議」成。十二月，岳飛父子遇害。

紹興十三年癸亥，十二歲。

伯父邵自金歸，八月至臨安。

陳亮生（一一四三—一一九四）。

紹興十七丁卯，十六歲。

領鄉書。

《史傳》、《譜傳》：「年十六，領鄉書。」

紹興十九年己巳，十八歲。

居建康，從蔡清宇學。傳本年即有詞，得朱敦儒賞愛。

《文集》卷二九《汪文舉墓誌銘》：「余年十八，時居建康，從鄉先生蔡君清宇爲學。」陳鵠《耆舊續聞》云：「待制公十八歲時，嘗作樂府云：『流水泠泠，斷橋斜路橫枝椏。雪花飛下，全勝江南畫。白壁青錢，欲買應無價，歸來也，風作平靜，一點香隨馬。』朱希眞訪司農公不値，于几案間見此詞，嘆賞不已，遂書于扇而去。」

按：此詞今既不載《于湖詞》，亦不載《樵歌》，張祁是時也未嘗爲「司農」，陳說恐屬附會。

紹興二十年庚午，十九歲。

代父作《壽芝頌》上人。

《壽芝頌代總得居士上鄭漕》并序，今存《文集》卷一。自注：「時年十九作。」

紹興二十三年癸酉，二十二歲。

再應鄉試，中舉冠里選。赴行在候明年廷試，與從弟孝伯會于臨安。

《史傳》、《譜傳》：「再舉冠里選。」張孝伯《張于湖先生集序》：「垂髫奉書追隨，未嘗一日相舍。別去餘十年，先生再冠賢書，會于臨安，時紹興癸酉也。」

紹興二十四年甲戌，二十三歲。

廷試，擢進士第一。

《史傳》：「紹興二十四年，廷試第一。」《譜傳》：「紹興甲戌，廷試擢進士第一，時年二十有三。」

按：關于張孝祥冠多士的具體情形，除《史傳》、《譜傳》外，《宋史·高宗本紀》、《續資治通鑑》、《要錄》、《四朝聞見錄》、《二老堂雜志》、《宋六十名家詞·于湖詞跋》、《直齋書錄解題》多所記載。尤以《要錄》爲詳，爲省篇幅從略。

同榜進士：虞允文、楊萬里、范成大等。

夏秋，在期集所，上疏請表岳飛忠義。

《譜傳》：「先是，岳飛卒于獄，時廷臣畏禍，莫敢有言者。公方第，即上疏言：『岳飛忠勇，天下共聞，一朝被謗，不旬日而亡，則敵國慶幸而將士解體，非國家之福也。』又云：『今朝廷冤之，天下冤之，陛下所不知也。當亟復其爵，厚恤其家，表其忠義，播告中外。俾忠魂瞑目于九原，公道昭明于天下。』帝特優容之。時公尚在期集所，猶未官也。秦相益忌之。」

十一月，授承事郎，簽書鎮東軍節度判官。

《史傳》：「授承事郎，簽書鎮東軍節度判官。」

按：《文集》附錄《初補承事郎授鎮東簽判誥》發布于「紹興二十四年十一月十日。」

紹興二十五年乙亥，二十四歲。

十月，因孝祥進士第一，居秦檜孫秦塤之上，秦檜含恨，乃誣孝祥父祁有反謀，繫大理寺獄。

按：《史傳》載，前已錄，兹略。

孝祥等五十三人，險遭秦檜毒手。

按：此事《朱文公文集》、《中興聖政大事記》都有記載，《要錄》據朱熹所撰《張浚行狀》修入，云：「檜秉政十八年，富貴且極，老病日侵，將除異己者，使徐吉、張扶論趙汾、張祁交結事，先捕汾下大理寺，拷掠無全膚，令汾自誣與張浚、李光、胡寅謀大逆，凡一時賢士五十三人，檜所惡者皆與。」「所謂五十三人，趙令衿、胡銓、汪應辰、張孝祥之徒皆是也。」

會檜死，孝祥得免，祁獲釋。十二月，以孝祥爲秘書省正字。

《史傳》：「會檜死，上郊祀之二日，魏良臣密奏散獄釋罪，遂以孝祥爲秘書省正字。」《要錄》卷一七〇：「紹興二十五年十二月丙子，左承事郎張孝祥爲秘書省正字。」

召對，乞總攬權綱。

《史傳》：「初對，首言乞總攬權綱以盡更化之美。」

是年有作：

文：《論總攬權綱以盡更化劄子》、《與洪帥魏參政書》。

紹興二十六年丙子，二十五歲。

六月，上言乞改正官吏因忤秦檜而獲罪者，從之。遷校書郎，兼國史實錄院校勘。

《史傳》：「又言官吏忤故相意，並緣文致，有司觀望，鍛煉而成罪，乞令有司即改正。」

按：《譜傳》、《要錄》所載略同，《要錄》載明爲「紹興二十六年六月辛卯」。《史傳》、《譜傳》將《乞修日歷劄子》續列于此，以爲遷校書郎前之事，殆誤。因此劄子注明「起居舍人兼修玉牒實錄院檢討官日」，而孝祥授此官在守校書郎後二年。參紹興二十八年所繫。

芝生太廟楹，百官畢賀，孝祥獨上《原芝》篇，諷帝立儲。

《文集》附錄《張安國傳》：「會芝生太廟楹，百官賀畢，或獻賦頌，孝祥獨上

《原芝》篇以諷之。時儲位尚虛，以大本未立爲言，乞早定大計，高宗首肯。」

按：《史傳》、《譜傳》及岳珂《桯史》所載略同。

六月，伯父邵在由池州歸四明途經廣德軍時猝卒。十月，葬于四明，孝祥代諸父撰文以祭。

按：《要錄》載邵卒年月，前已錄，與《宋史·張邵傳》、《文集》卷三〇《代諸父祭伯父文》相合。

秋，有書答范成大。時范爲徽州司戶參軍。

《文集》卷三六《答范司戶》：「捐書甚寵，非所當受。……秋氣高潔，伏惟坐曹清暇，體中勝常。某出寒鄉寂寞之濱，濫超群俊，實自知其不可，而公朝乃以備史官之缺，朝夕惴惴。」

按：范司戶，范成大，成大于紹興二十五年末至三十年末爲徽州司戶參軍，見孔凡禮《范成大年譜》。

是年有作：

詩：《進芝草》二首；文：《乞改正遷謫士大夫罪名劄子》、《論涵養人才劄子》、《原芝》、《朱安之墓誌銘》、《代諸父祭伯父文》、《廣招後序》等。

紹興二十七年丁丑，二十六歲。

正月二十日，授宣教郎，職仍秘書省校書郎，兼國史實錄院校勘。三月十六日，授秘書郎，仍兼國史實錄院校勘。

按：《文集》附錄《轉宣教郎誥》署「紹興二十七年正月二十日」，《除秘書郎誥》署「紹興二十七年三月十六日」。

上《論先備劄子》，強調「荒政不可以不治，邊備不可以不謹」。

按：此劄子今存《文集》卷一六。與韓元吉、王質、林之奇、郭世模等交游。韓元吉《南澗甲乙稿》卷二二《安人張氏墓誌銘》：「夫人之兄孝祥，妙年以文學冠多士，……方其校中秘書也，某實與之游。」其《永遇樂·爲張安國賦》云：「算猶記，蘭房畫燭，醉時共剪。」即記與游事。韓元吉，字無咎，許昌人，南渡寓居信州。孝宗隆興間，官吏部尚書，善詞，有《南澗甲乙稿》。孝祥妹法善，適韓元龍，元龍，元吉之兄。王質《雪山集》卷五《于湖集序》：「歲丁丑，某始從公于臨安。」王質，字景文，號雪山，興國人，《宋史·王質傳》云：「質博通經史，善屬文。游太學，與九江王阮齊名」，「質與張孝祥父子游，深見器重。」有《雪山集》。

《文集》卷三一《贈江清卿》云：「吾友林少穎，讀書不計屋，抄書手生繭，照書眼如燭。往時群玉府，上直對牀宿，夜半聞吾伊，我睡已再熟。」林之奇，字少穎，號拙齋，福州侯官人，紹興二十一年進士及第。調長汀尉，召爲秘書省校書郎。著有《拙齋文集》二十卷。郭世模，字從範，善詞能文，孝祥嘗爲其《廣招》作《後序》。《全宋詞》收其詞六首。

是年三月丙戌，王十朋以下四百二十六人進士及第、出身（《續資治通鑑》卷一三一）。

是年有作：

詩：《賀郊祀》；文：《請刪定列聖圖書劄子》、《乞不施行官員限三年起離僧寺寄居劄子》、《論先備劄子》等。

紹興二十八年戊寅，二十七歲。

正月癸未，守禮部員外郎（《史傳》、《譜傳》）。

按：守禮部員外郎時間，《文集》附錄《除禮部尚書郎誥》「年月缺」。《要錄》卷一七九：「紹興二十八年正月癸未，秘書省校書郎張光孝守禮部員外郎。」此張光孝，當爲張孝祥之誤，因與孝祥事蹟相合，且《要錄》再無「張光孝」一名出現，查影印文淵閣《四庫全書》本，正作「張孝祥」。

上《乞更定太常樂章劄子》，并自制《樂章》數闋備用。

《文集》卷一六《乞更定太常樂章劄子》，卷一《樂章》七闋。

八月癸巳，試起居舍人，兼修玉牒實錄院檢討官。

《史傳》、《譜傳》：「尋爲起居舍人。」《要錄》卷一八〇：「紹興二十八年八月癸巳，尚書禮部員外郎張孝祥試起居舍人。」

按：《要錄》所載年月與《文集》卷一八《辭免除起居人奏狀》之「塵竊科第，甫及五年」，《文集》卷三六《與池州守周尚書》《答樊憲》、卷三七《淮西吳漕》之「爲郎滿歲，遽躐殿坳」，均相符合。

上《乞修日曆劄子》，建議取秦檜執政時所修日曆，詳加審正。玉牒成，代百官進之。

《史傳》：「又言，王安石作《日錄》，一時政事美則歸己，故相信任之專非特安石，臣懼其作《時政記》亦如安石專用己意，乞取已修日曆詳審是正，黜私說

以垂無窮。」（《譜傳》略同）

按：《乞修日曆劄子》載《文集》卷一六，注云：「起居舍人兼修玉牒實錄院檢討官日」，故繫于此。《代百官進玉牒成書表》見《文集》卷二〇。

九月辛巳，兼權中書舍人。

按：《史傳》、《譜傳》俱載「權中書舍人」，但不具年月。《要錄》卷一八〇載：「紹興二十八年九月辛巳，起居舍人張孝祥兼權中書舍人。」

父祁起守蔣州。

按：張祁守蔣州年月，據《文集》卷三五《代總得居士上相府》載：「昨者山陽之命，雖爲佳郡，然空道從出，使傳往來，某憂患薰心，難堪委寄，而松楸姻戚，又有淮東西之阻焉。今茲寢丘，在他人得之，或以爲遠，特與某鄉黨氣俗相去甚近。……某也今懷太守章臨之，豈不甚寵。」復云：「某之子孝祥，擢侍殿坳，復承缺員，暫兼書命。」祁守山陽之命在去年六月左右，故推知祁起守蔣州在本年冬，與孝祥「擢侍殿坳，暫兼書命」相合。寢丘，古域名，南宋時爲光州（蔣州），屬淮南西路。

是年有作：

詩：《西湖》；文：《游無窮齋記》、《乞更定太常樂章劄子》、《乞修日曆劄子》、《跋周德友所藏後湖帖》等。

紹興二十九年己卯，二十八歲。

正月辛巳，奏請以己官序，加封其繼母時夫人（《要錄》卷一八一）。

按：孝祥繼母時夫人以親父官封孺人，孝祥請以己官序加封，從之，封恭人。

此爲其後孝祥被劾一事。三月甲戌，父祁爲淮南轉運判官。

《要録》卷一八一：「紹興二十九年三月甲戌，右朝奉郎、新知蔣州張祁爲淮南轉運判官，兼淮南西路提點刑獄公事。」又《文集》卷二九《汪文舉墓誌銘》云：「余年十八，時居建康，……後十年，家君奉使淮南。」與《要録》相符。

《文集》卷三七有《答虞幷父書》。虞允文，字彬甫（并父），紹興二十九年六月丙戌，授秘書丞兼國史院編修。虞允文自蜀還朝，先以書問，孝祥奉答。

閏六月癸酉，試中書舍人。

《要録》卷一八二：「紹興二十九年閏六月癸酉，起居舍人張孝祥試中書舍人。」《文集》卷二〇有《謝除中書舍人表》。按：孝祥任此所草制，内制有《戒諭將臣詔》，外制有《沈該落職制》、《陳誠之降官制》、《韓元吉除度支郎中制》、《晁公武除監察御史制》、《查籥除夔州路運判制》、《張德遠除利州路提刑制》等，俱存《文集》卷一九。

八月壬子朔，因侍御史汪澈彈劾，罷中書舍人，既而提舉江州太平興國宫。

《要録》：「紹興二十九年八月壬子朔，……詔孝祥與外任……既而孝祥乞宫觀，乃以孝祥提舉江州太平興國宫。」《史傳》：「初，孝祥登第，出湯思退之門，思退爲相，擢孝祥甚峻，而思退素不喜汪澈。孝祥與澈同爲館職，澈老成重厚，而孝祥年少氣鋭，往往陵拂之。至是澈爲御史中丞，首劾孝祥奸不在盧杞下，孝祥遂罷，提舉江州太平興國宫。」《譜傳》所載略同。

按：《要錄》卷一八二載汪澈劾章，數孝祥過錯，多屬夸大失實之辭，茲略。

初，將薦王質舉制科，因去職，遂輟。

《宋史·王質傳》：「質游太學，與張孝祥父子游，深見器重。孝祥爲中書舍人，將薦質舉制科，會去國不果。」

按：王質于明年（一一六〇）中進士第。

歸蕪湖。冬，往父祁任所。時邊警已呈，孝祥極爲關注。

《文集》卷三八致《賀參政》：「仲冬之月，嘗具劄子仰干鈞聽，負罪屛處，不敢時以姓名自達。……大人昨蒙朝廷委捕黃賊，今遂擒馘而歸。但日來所聞北耗，正爾紛紛，伏想廟算自定，應之有餘。」賀參政，賀允中，紹興二十九年七月丁亥參知政事。見《續資治通鑑》卷一三二。

是年有作：

詩：《殿廬偶成》、《賦沈商卿硯》、《吳城阻風》；詞：《鷓鴣天》「日日青樓醉夢中」、《菩薩蠻》「吳波細卷東風急」、《清平樂》「光塵撲撲」、《多麗》「景蕭疏」；文：《論衛座戍荆州劄子》、《論王公袞復仇議》等。

紹興三十年庚辰，二十九歲。

春夏，在淮南漕司所在地淮西廬州。有《庚辰二月夜雪》、《虞美人·代季弟壽老人》等作。

《庚辰二月夜雪》存《文集》卷五，《虞美人·代季弟壽老人》存《文集》卷三二。

六月己未，父祁直秘閣。

《譜傳》：「父祁，任直秘閣，淮南轉運判官。」《要錄》卷一八五：「紹興三十年六月己未，右朝奉郎、淮南轉運判官祁直秘閣。」

祁屢以金主亮謀叛盟聞于朝，言者以張皇生事論罷。孝祥侍親歸，客宣城。《文集》卷三九《代總得居士上葉參政》：「某生長淮甸，知虜之情必不但已，日夜究心。凡思爲之慮，蓋嘗縷縷白之廟堂，至于十數。」卷三八致《徐左司》：「往者大人效官邊鄙，二年其久，虜之情僞，知之爲詳，屢以所見聞于朝。獨以疏遠不賜省察耳。」又云：「某自頃拜書，候使者之歸，旋即侍親來宣城，……郵筒拜初冬所下敎，正以大人去官，因循不辦治報。」

按：據此知祁罷淮南轉運判官在本年初冬十月。旋由孝祥侍歸并客宣城。

十一月，知荆南府、充本府諸軍統制劉錡奉詔東下，訪孝祥于宣城，與論時事，孝祥極爲感奮。

事見《文集》卷三九《與劉兩府書》。《續資治通鑑》卷一三三載：紹興三十年十月戊申，詔知荆南府、充本府駐札御前諸軍統制劉錡，赴行在議事。

是年有作：

詩：《庚辰二月夜雪》、《咏雪》；詞：《虞美人》「畫得游戲夜得眠」、《鷓鴣天》「雪花一尺江南北」；文：《代總得居士上葉樞密》、《代總得居士上葉參政》、《徐左司》、《劉兩府》等。

紹興三十一年辛巳，三十歲。

春，過池陽，拜會都統制李顯忠，陳所以報國一二事，受贊賞。

《文集》卷二四《與李太尉顯忠》：「今春過池陽，始識太尉，置酒高會，開心見誠。某竊不自揆，嘗爲太尉陳其所以報國一二事。太尉不以爲罪，擊節稱善。」

九月甲午，金主完顏亮帥師六十萬渡淮南侵。守江諸將或戰或退，步調不一。孝祥致書李顯忠，又代宣城守任信孺致書王權，促其「協義同力，首尾相應」。

《與李太尉顯忠》、《代任信孺與王太尉權》二書俱載《文集》卷二四。

按：據《續資治通鑑》卷一三四：紹興三十一年四月，朝議因金人決欲敗盟，乃令兩淮諸將各畫界分，使自爲守，于是戚方戍九江，李顯忠戍池陽，王權戍建康，劉錡戍鎮江。

十一月丙子，中書舍人、參謀軍事虞允文，指揮水軍敗金主亮于東采石。孝祥聞捷，賦《水調歌頭》詞、《辛巳冬聞德音》詩。

《水調歌頭》「雪洗虜塵靜」，見《文集》卷三一；《辛巳冬聞德音》二首見《文集》卷六。

是年有作：

詩：《辛巳冬聞德音》二首、《諸公分韻得老庭字》二首、《和韓中父》二首；詞：《水調歌頭》「雪洗虜塵靜」；文：《題龔深之侍郎太常奏稿後》、《龍舒淨土文序》、《又劉兩府》、《與李太尉顯忠》、《代任信孺與王太尉權》等。

紹興三十二年壬午，三十一歲。

二月己巳，受命知撫州。先是，嘗至建康，聞命，即返宣城。

《文集》卷二八《題王朝英梅溪竹院》：

「壬午春，余自建康還宣城。道過朝英所居，爲留一昔。……閏月既望，張某安國題。」（是年閏二月）

按：關于孝祥知撫州時間，《史傳》、《譜傳》均記爲「尋出知撫州，年未三十」，《宛譜》據以定爲紹興三十年庚辰，公元一一六〇年，任期一年，次年罷歸。今據有關史料，參以《文集》內證，知在紹興三十二年二月。《史傳》、《譜傳》「年未三十」應爲「年纔三十」；《宛譜》據以所定時間亦誤。茲論列如下：

一、《要錄》卷一八九載：「紹興三十二年二月己巳，集英殿修撰張孝祥知撫州。」《文集》卷二二《撫州到任謝執政》云「一收朝迹，三易歲華」，知撫州在罷中書舍人三年後，而罷中舍在二十九年八月（參該年所繫），則起知撫州在紹興三十二年，證明《要錄》所載屬實。

二、《文集》卷二五《贈時起之》云：「某守臨川，同舍郎王宣子守廬陵。」《要錄》卷一八九載「直寶文閣王佐（字宣子）知吉州（治廬陵）」，與張孝祥知撫州命同發布于紹興三十二年二月己巳。

三、《文集》卷三八《與徐左司書》云：「某自頃拜初冬書，旋即侍親來宣城，……而郵筒拜初冬所下教，正以大人去官，因循不辦治報。」孝祥父祁罷漕官在紹興三十年十月（見該年所繫），是時接徐左司書，稍後致書徐左司，與書中「彌綸中臺，亦既更歲」相合。是知孝祥紹興三十年十月前在父祁任所，十月後侍父客宣城，不在撫州任。

四、《文集》卷三九《與劉兩府書》云：劉錡「奉詔東下」時，孝祥以「晚出不肖，又方放棄湖海，持刺修謁，亟蒙賜見」，劉錡奉詔由荆州東下在紹興三十年十月戊申（見該年所繫），知孝祥此時在宣城；又《要録》卷一八七載：「紹興三十年十二月乙卯，侍御史汪澈言：秘書省正字查籥任滿造都，……逮孝祥之去，恃籥以爲心腹，使之刺探時事，詔罷。」明孝祥此時仍在罷「去」中，二者均説明孝祥其時不可能在撫州任。

是知孝祥起知撫州在紹興三十二年二月無疑。

初夏，啓程赴撫州任。

按：《文集》卷三《宣州修城記》作于「冬十月，虜騙絶淮，……十有一月，亮首就斃」之「明年三月吉日」，知紹興三十二年三月孝祥仍在宣城；《文集》卷四《丙戌七夕入衡陽境獨游岸傍小寺》詩云：「七年暑中行，道路萬里賒」，作于乾道二年（參該年所繫），則「七年暑行」，應含本年赴撫州任。

在撫州任，莅事精確，因治績受嘉獎。

《史傳》：「尋出知撫州，年未三十，莅事精確，老于州縣者所不及。」《譜傳》：「尋除知撫州事。臨川黠卒趨劫庫兵，一時鼎沸，官吏屏迹。公單騎馳赴軍中，喻列校曰：『汝曹必欲爲亂，請先殺太守。』僉曰：『不敢，惟所給未敷耳！』公即手喻衆卒，聽命者待以不死，隨取金帛以次支給，摘發婁卒，叱之曰：『倡亂者罔赦！』」立命斬之。衆校俯伏不敢仰視，闔城宴然。事聞，帝極喜獎。時年未三十，莅事精確，雖老于州縣者所不逮也。」

州有賣假藥者，出榜戒之。

《文集》卷四〇存有《禁榜》文。

是年六月丙子，高宗內禪，昚即位，是爲孝宗（《宋史·高宗本紀》）。

是年有作：

詩：《奉陪宣守任史君謁昭亭神詞》、《雨入廬山》、《再次韻》、《郡侯饋醞用黃宰韻》、《在臨川追懷昭亭昔游用寄卍庵韻》、《用總得居士韻招卍庵住報恩》、《用前韻簡天童應庵》；詞：《水調歌頭》「淮楚襟帶地」；文：《題王朝英梅溪竹院》、《宣州修城記》、《贈時起之》等。

宋孝宗隆興元年癸未，三十二歲。

是年改元隆興，孝祥上表稱賀。

《文集》卷二〇《賀元正節表》云：「元年正月，……臣猥以賤官，出守外服。」《謝曆日表》云：「元年正月，實拜新書。」

三月一日，詔授朝散大夫。尋除集英殿修撰，知平江府。

《史傳》：「孝宗即位，復集英殿修撰，知平江。」《譜傳》：「孝宗即位，除集英殿修撰，知平江軍府事，提舉學事，賜紫金魚袋。」

按：《文集》附錄《轉朝散大夫誥》，署「隆興元年三月一日」；《文集》卷一五《送王壽朋歸霅川序》署「隆興初元六月二十五日」，云：「自臨川相從，三閱月至吳門」，推知受命知平江府在三、四月之間，與卷七《去臨川書西津漁家》「作客臨川又一年，卻尋歸路淺灘船」語相合。

去臨川，泛鄱陽，登廬山，順流東下，六月，艤舟平江府。

《文集》卷一五《送王壽朋歸霅川序》：「王壽朋自臨川相從，度彭蠡，登廬阜，方舟順流，盡覽東南山川之勝，蓋三閱月，至吳門而後別去。……隆興初元六月二十五日。」據此知離臨川時在是年四月。

按：《文集》卷一三《宣州新建御書閣記》又云：「臣前年客宛陵，……今年秋，臣自撫來吳，舟行過江上，邂逅宣之士大夫。」記作于隆興元年冬十一月。由上，知孝祥知撫州時在紹興三十二年至隆興元年，爲期一年；亦知係由知撫州逕移知平江。《宛譜》以爲「紹興三十一年辛巳，公元一一六一年，去臨川」，殆誤。平江府治長洲，即今江蘇省蘇州市。《文集》卷二〇《平江府到任謝表》有「以小易大」之語；又紹興間官中書舍人所撰《陳漢知平江府制》云：「平江吾股肱郡，遴選所付，必惟其人」，知孝祥守平江實爲擢升。

既負重任，扶弱抑強，遇事敏斷，有善政。如：捕治屬邑鹽商以奸牟利者，上書乞不催兩浙積欠。

《史傳》：「知平江，府事繁劇，孝祥剖決，庭無滯訟。屬邑大姓並海囊橐爲奸利，孝祥捕治，籍其家，得谷粟數萬。明年吳中大饑，迄賴以濟。」又見《譜傳》。

《文集》卷一七《乞不催兩浙積欠劄子》，自注：「知平江府日。」六月，帝以符離師五月，張浚北伐失敗。潰，乃議講和。十二月辛巳，陳亮上《中興五論》，力排和議。是歲，兩浙大水、旱、蝗，江東大水。

是年有作：

詩：《去臨川書西津漁家》；詞：《蝶戀花》「恰到杏花紅一樹」、《水調歌頭》「艤舟太湖岸」；文：《送王壽朋歸霅川序》、《樂齋記》、《乞不催兩浙積欠劄子》、《宣州新建御書閣記》等。

隆興二年甲申，三十三歲。

初春，以張浚薦，召赴行在。入對稱旨，除中書舍人，尋除直學士院，兼都督府參贊軍事。

《譜傳》：「張魏公還朝，乃首薦公，召赴行在。」又見《史傳》。

朱熹《少師魏國張公行狀》：「（隆興元年）十二月二十二日制拜公尚書右僕射、同中書門下平章事，兼樞密使，都督如故。公既入輔，首奏當旁招仁賢，共濟國事。上令條具。公奏虞允文、陳俊卿、汪應辰、王十朋、張闡可備執政；劉珙、王大寶、杜莘老宜即召還；胡銓可備風憲；張孝祥可付事任；馬時行、任盡言、馮方皆可備近臣；朝士中林栗、王秬、莫冲、張守卿議論據正，可任臺諫，皆一時選也。」（《朱文公文集》卷九五）據此知孝祥赴行在約在隆興二年初。

《史傳》云：「孝祥入對，乃陳二相當同心戮力，以副陛下恢復之志。且靖康以來，惟和戰兩言遺無窮禍，要先立自治之策以應之。復言用才之路太狹，乞博釆度外之士以備緩急之用。上嘉之，除中書舍人。尋除直學士院，兼都督府參贊軍事。」

按：《文集》卷一八《再除中書舍人辭免奏狀》「伏念臣去國六年，分甘永棄，叨蒙收召，使服故官」，謂紹興二十九年罷中書舍人至今，已進入第六個年頭；《文集》卷二〇《中書舍人直學士院謝表》有「一收朝迹而歸，五見律筩之換」，則指離朝後已五易歲華；而《論治體劄子》（《文集》卷一七）注明「甲申二月九日」。因推知孝祥再除中書舍人在隆興二年二月。

張浚欲請帝幸建康以圖進兵，復薦孝祥領建康留守。孝祥即赴建康，旋往兩淮措置軍事。

《譜傳》：「時魏公欲請帝幸建康以圖進兵，復薦公領建康留守。湯思退言改除敷文閣待制，留守如故。」《文集》卷一八《赴建康畫一利害》：「臣今來起發，欲先往鎮江府措置事宜訖，即至建康府交割職事，就令本府以次官時暫權管，卻往兩淮。將來若有邊事，亦許臣往來措置。」

建康爲古名城，江南重鎮，孝祥以妙壯之年，力負守任。懷古感今，蒿目時艱，于赴淮措置訖歸的暮春，賦《六州歌頭》。

《花草粹編》卷二引《朝野遺記》：「張安國在建康留守席上賦云：「長淮望斷，關塞莽然平。征塵暗，霜風勁，悄邊聲。黯銷凝。追想當年事，殆天數，非人力，洙泗上，弦歌地，亦羶腥。隔水氈鄉，落日牛羊下，區脫縱橫。看名王宵獵，騎火一川明。笳鼓悲鳴，遣人驚。念腰間箭，匣中劍，空埃蠹，竟可成！時易失，心徒壯，歲將零。渺神京。干羽方懷遠，靜烽燧，且休兵。冠蓋使，紛馳鶩，若爲情？聞道中原遺老，常南望翠葆霓旌。使行人到此，忠憤氣塡膺，有淚如傾。』歌闋，魏公爲罷席而入。」一一些論著，次此詞于紹興三十二年，以爲紹興三十一年十一月詔以張浚判建康府。浚十二月到建康。三十二年正月金主雍遣使來聘，二月宋亦遣洪邁使金。據「冠蓋使，紛馳鶩」等語，推知此詞約作于本年正、二月間。

今按：一、洪邁充賀大金登寶位國信使使金在紹興三十二年三月丁巳，而孝祥于閏二月十六日前已自建康回宣城（見《文集》卷二八《題王朝英梅溪竹院》），孝祥如于閏二月前在建康賦此詞，則不能據洪邁使金事有「冠蓋使，紛馳鶩」句，故次此詞于紹興三十二年，非是；二、詞中「長淮望斷」、「隔水氈鄉」等語，表明此詞取境于宋金邊界實況，當是孝祥隆興二年二、三月間赴兩淮巡視後留下的印象；自隆興元年五月符離師潰後，一時和議之論甚囂塵上，八月，遣盧仲賢使金，十一月王之望充金通問使，許割唐、鄧、海、泗四州，隆興二年正月，又遣胡昉使金。時湯思退主和，張浚力排和議，鬥爭非常激烈。由于孝宗早已傾向和議，故張浚等處境越來越不利。正是在這種北伐受挫（原因不在符離一敗，而在包括孝宗在內的南宋小朝廷奉行妥協苟安政策）、冠蓋紛馳的時刻，孝祥在建康留守席上賦《六州歌頭》的。張浚聞賦，引起共鳴，罷席而入，不久，即本年四月丁丑就被罷了官！

初，孝祥赴建康，途中嘗晤陸游于京口。秋，京口甘露寺多景樓成，陸游賦《水調歌頭》，孝祥書而刻之崖石。

按：陸游《水調歌頭·多景樓》，見《渭南文集》卷四九。

約九月，宣諭使劾孝祥落職。歸蕪湖。

《譜傳》：「及魏公罷判福州，宣諭劾公爲黨，落職。」《史傳》：「會金再犯邊，孝祥陳金之勢不過欲要盟，宣諭使劾孝祥落職，罷。」

按：據《文集》卷二八《題單傳閣記後》云「去年九月，某守建康。……今年夏，某將赴桂林」，知孝祥被劾落職不得早于九月。

本年八月，張浚卒。十二月丙申，制許和議。史稱「隆興和議」。

是年有作：

詩：《同胡邦衡夜直》、《張仲欽朝陽亭》、《聞德遠與曾裘甫、黎師候會飲范周士所》三首、《次信陽使君邊字韻》、《赭山分韻得成葉字》、《重入昭亭賦二十韻》、《和沈教授子壽賦雪》三首等；

詞：《六州歌頭》「長淮望斷」、《水調歌頭》「江山自雄麗」；文：《赴建康畫一利害》、《題陸務觀多景樓長短句》、《論先盡自治以爲恢復劄子》、《論用才之路欲廣劄子》、《進故事》二則等。

乾道元年乙酉，三十四歲。

春至初夏，居蕪湖。正月十日，賦《滿江紅》一闋，書于玩鞭亭。

吳師道《吳禮部詩話》：「于湖玩鞭亭，晉明帝覘王敦營壘處。……張安國賦《滿江紅》云：『千古淒涼，興亡事，但悲陳迹。凝望眼，吳波不動，楚山叢碧。巴滇綠駿追風遠，武昌雲旗連江赤，笑老奸遺臭到如今，留空壁。邊書靜，風烟息，通軺傳，銷鋒鏑。仰太平天子，坐收長策。蹙踏揚州開帝里，渡江天馬龍爲匹。看東南佳氣鬱葱葱，傳千億。』嘗見安國大書此詞，後題云乾道元年正月十日。筆勢雄偉可愛。」

夏，復集英殿修撰，知靜江府、廣南西路經略安撫使。

《史傳》、《譜傳》：「復集英殿修撰，知靜江府，廣南西路經略安撫使。」

按：《文集》卷一三《太平州學記》作于「改元乾道」之「夏四月既望」，時孝祥尚在蕪湖，知赴靜江任不早于四月十六日。又據《文集》卷二《南陵大雨，鄱陽無雨，呈王龜齡》詩原題「月之四日，至南陵」，指五月四日至南陵，則啓程當在四月底。

過饒州，知州王十朋熱情款待，洪景盧、王嘉叟在，相與酬唱。意暢興濃的一段生活，使孝祥創作進入一旺盛期。

按：王十朋唱和詩收入《梅溪先生文集後集》卷九。孝祥詩有：《南陵大雨，鄱陽無雨，呈王龜齡》、《鄱陽使君王龜齡閔雨，再賦一首》、《喜雨次王龜齡韻》二首、《和何子應賦不欺室韻》、《王龜齡遣妓送酒賜詩，走筆爲謝》、《與薦福》、《夜讀楚東酬唱次韻》、《薦福觀次何子應韻》、《再用韻作五公詩》、《次王龜齡五峰亭韻》、

《王龜齡用韻送行，走筆和答》、《王龜齡同洪景廬、王嘉叟餞別，再用韻》等。

五月二十四日離饒州，迂程至撫州，六月經豐城，過萍鄉，入荆湖南路境，七夕至永州。約于七月中旬抵桂林。

《文集》補遺《浣溪沙》詞題曰：「過臨川，席上賦此詞」，詞有「我是臨川舊史君，而今欲作嶺南人」一句。《文集》卷二《七夕》：「去年永州逢七夕，今年衡州逢七夕。」（此詩作于乾道二年丙戌）《文集》卷一四《仰山廟記》：「乾道元年，張某來守桂林，……其七月，某至郡。」記此程所歷時間甚明。

秋冬在桂林任上。時張仲欽提點廣西刑獄公事，朱元順漕廣西，與游甚洽。

按：張維，字仲欽，閩延平人，歷任縣令、建康府通判、知太平州，于乾道元年十月來桂林任提刑，能詩。朱元順，廣西轉運判官，能詩善畫。

是年有作：

詩：《題彭澤故縣修眞觀》、《賦餘干趙公頭養正堂》、《登清音堂再用韻》、《豐城一山宛如鷄籠福地，感之賦詩》、《午憩道傍人家》、《九段田》、《豐城觀音院觀胡明仲諸公題字》、《愛直驛寄萍鄉趙令》、《入桂林歇滑石驛題碧玉泉》；《登七星岩呈仲欽》二首、《和仲欽題粉巖》、《仲欽寄民爲重齋詩和答》五首、《次朱漕元順韻》七首、《椰子酒榼》；詞：《水調歌頭》「青嶂度云氣」、《浣溪沙》「我是臨川舊史君」、《南歌子》「路盡湘江水」、《水調歌頭》「今夕復何夕」、《滿江紅》「秋滿灕源」、《柳梢青》「重陽時節」、《水調歌頭》「五嶺皆炎熱」、《念奴嬌》「弓刀陌上」、《念奴嬌》「朔風吹雨」、《念奴嬌》「繡衣使者」、《定風波》「鈴索聲干夜未央」、《鷓鴣天》「舞鳳飛龍五百年」；文：《太平州學記》、《隱靜修造記》、《題眞山觀》、《題單傳閣記後》等。

乾道二年丙戌，三十五歲。

春夏在桂林。三月，曾行巡臨桂一帶。見《文集》卷一《廣右道中》、卷八《月夜與蔡濟忠、曹公會泛舟自水東歸》。知靜江府一年，治有聲績。六月，罷去。《史傳》：「治有聲績，復以言者罷。」

按：《文集》卷二三《與王運使書》有「劾章亟上，即使歸田」語，知被劾是實，但未及原委。《文集》卷七《靜江朝陽巖賡建康韻》二首序：「明年，余爲桂林，仲欽以常參官十六人薦，爲廣西提點刑獄公事。又明年，余罷去，仲欽直秘閣，實代余。……于余之行也，仲欽置酒巖上，諸侯賓客咸集。」知代孝祥者，爲故人張仲欽。

是期有作：

詩：《登瀛圖》、《題蔡濟忠所摹御府米帖》、《登馬氏永寧閣，和朱漕元順分韻》、《再用韻呈仲欽、元順》、《廣右道中》二首、《月夜與蔡濟忠、曹公會泛舟自水東歸》、《范達甫送端硯》、《謝劉子思送筆》、《與趙、李二同年夜飲，有懷石惠叔》、《石惠叔以石斛爲賜，因筆賦詩》、《奉送李彥國還廬陵》、《贈邕州滕史君》、《初得愛巖》、《八桂池上賞蓮納涼》、《靜江朝陽岩賡建康韻》二首、《游千山觀》、《贈江清卿》五古、《贈江清卿》五律、《黄升卿送椶鞋》、《罷歸》、《罷歸呈同官》；詞：《鷓鴣天》「去日清霜菊滿叢」、《丑奴兒》「年年有個人生日」、《丑奴兒》「伯鸞德耀賢夫婦」、《虞美人》「盧敖夫婦驂鸞侣」、《蝶戀花》「君泛仙槎銀海去」、《踏莎行》「藕葉池塘」、《西江月》「窗戶青紅尚濕」；文：《游朝陽岩記》、《仰山廟記》、《棠陰閣記》、《送吳教授序》等。

經靈川、滑石鋪，過炎關入湖南境，泛湘江，攀浯溪，七月七日入衡陽境。

《文集》卷四《丙戌七夕，入衡陽境，獨游岸傍小寺》：「七年暑中行，道路萬里賒，今夕已七夕，我猶在天涯。」又卷二《七夕》：「去年永州逢七夕，今年衡州逢七夕。」

途中有作：

詩：《過靈川，寄張仲欽，兼贈王令君》、《重過碧玉泉次韻六言》、《過興安呈張仲欽》、《興安》、《羅江驛》、《風洞》、《秦城》、《蒸霞谷爲曹公會賦》、《炎關》、《泛湘江》、《讀中興碑》、《暑甚得雨，與張文伯同登禪智寺》、《丙戌七夕，入衡陽境，獨游岸傍小寺》、《七夕》；詞：《踏莎行》「古屋叢祠」、《水調歌頭》「濯足夜灘急」、《水龍吟》「平生只説語溪」等。

七月中旬，游南岳；復返衡陽。

按：由《文集》卷八《丙戌七月望日自南臺游福嚴書留山中》、卷四《上封寺》「七月十五夜，我在祝融峰」及卷一四《衡州新學記》作于乾道二年八月一日推知。

衡陽及南岳有作：

詩：《早發衡山》、《朝謁南岳》、《南臺》、《游福嚴》、《次萬老韻》、《福嚴》、《上封寺》、《朱陵洞》；詞：《望江南》「朝元去」；文：《衡州新學記》等。

中秋，過洞庭，賦《念奴嬌》。

《文集》卷一《祭金沙堆廟》：「九秋之半兮，絶洞庭予將歸」；卷一四《觀月記》：「蓋余以八月之望過洞庭。」卷三一《念奴嬌·過洞庭》：「洞庭青草，近中秋，更無一點風色。玉鑒瓊田三萬頃，着我扁舟一葉。素月分輝，明河共影，表裏俱澄澈。悠然心會，妙處難與君說。

應念嶺海經年，孤光自照，肝肺皆冰雪。短髮蕭騷襟袖冷，穩泛滄浪空闊。盡吸西江，細斟北斗，萬象爲賓客。扣舷獨笑，不知今夕何夕！」葉紹翁《四朝聞見錄·乙集》《張于湖》條云：「嘗舟過洞庭，月照龍堆，金沙蕩射，公得意命酒，唱歌所自制詞，呼群吏而酌之曰：亦人子也！其坦率皆類此。」王闓運《湘綺樓詞選》：「飄飄有凌雲之氣，覺東坡《水調》猶有塵心。」

此外有作：

詩：《黃陵廟》、《贈別詩僧萬致一》、《送萬老六言》、《磊石》、《金沙堆屈大夫廟》；詞：《雨中花慢》「一葉凌波」、《蝶戀花》「漠漠飛來雙屬玉」、《浣溪沙》「行盡瀟湘到洞庭」；辭賦：《祭金沙堆》、《金沙堆》；文：《觀月記》等。

重九，抵蘄州；經江州，歸至蕪湖。

《文集》卷五《書懷》：「七夕在衡陽，九日在蘄州。」卷七《庚樓和林黃中韻》：「九月扁舟下水風，一尊佳處與君同。」

按：林黃中時守江州。庾樓，一名庾公樓，在九江縣治。晉庾亮鎮江州時所建。陸游《入蜀記》云：「樓正對廬山之雙劍峰，北臨大江，氣象雄麗，自京口以西，登覽之地多矣，無出庾樓右者。樓不甚高，而覺江山烟雲，皆在几席間，眞絶景也。」又據《文集》卷一四《三河記》記和州守胡昉以民力治河事，末署「乾道丙戌十月旦」，知孝祥九月下旬已抵蕪湖。

是年，故交曾幾卒。

按：《文集》卷六有《將如會稽寄曾吉甫》詩，詩云：「起居一代文章老，闕寄音書恰二年。詩債未還因懶拙，宦游如此竟危顛。會稽舊有探書穴，賀監應尋載酒船。我欲從公留十日，問公乞句手親編。」知孝祥此前與曾幾有詩書交往。

途中有作：

詩：《古意留別王弱翁》、《黄州》、《東坡》、《次韻東坡先生韻》其五、《謝蘄州仲寺丞》、《臨發再次韻》、《次韻仲彌性烟扉韻》二首、《書懷》、《庾樓和林黃中韻》、《高遠亭和林黃中韻》、《琵琶亭》二首；詞：《南歌子》「曾到蘄州不」、《點絳唇》「四到蘄州」、《菩薩蠻》「史君家枕吳波碧」；文：《三河記》等。

乾道三年丁亥，三十六歲。

三月十五日，過金山，從長老寶印請，題其堂曰「玉鑒」，并書蘇紳詩使刻之山石。

《文集》卷二八《題蘇翰林詩後》：「右翰林侍讀學士、贈太師、魏國蘇公之詩。乾道丁亥三月望，張某過金山，長老寶印作堂上方，請名于某，敬取公詩中語名之曰玉鑒，而書其詩使刻山石。」道光《京口山水志》卷二引陸游《入蜀記》：「玉鑒堂。玉鑒，蓋取蘇儀甫詩云：『僧依玉鑒光中坐，客踏金鼇背上行。』儀甫果終于翰苑，當時以爲詩讖。」

按：蘇紳字儀甫，泉州晉江人。仁宗朝仕至翰林學士，知制誥。《宋史》有傳。其原詩云：「九派分流擁化城，登臨潛覺骨毛清。僧依玉鑒光中坐，客踏金鼇背上行。鐘阜雲開春雨霽，海門雷吼夜潮生。因思絕頂高秋夜，四面雲濤浸月明。」

夏，以劉珙薦詔知潭州、權荆湖南路提刑。

《史傳》：「俄起知潭州。」《譜傳》：「俄改知潭州，權荆湖南路提點刑獄公事。」

按：《史傳》曰：「起」，《譜傳》曰「改」，以「起」爲宜，因是時孝祥由桂林罷居家中。《文集》卷四〇致《劉舍人》書：「某罪戾之迹，蒙先生進薦之恩，俾主留務。」《宋史·劉珙傳》：「劉珙字共父，……檜死，召爲大宗正丞。遷吏部員外郎。……兼權秘書少監，兼權中書舍人。……眞除中書舍人，直學士院。……湖南旱，郴州宜章縣李金爲亂，朝廷憂之，以珙知潭州、湖南安撫使。」孝祥曾上章以父母年老多病弟幼辭，乞「于江、淮間易一小郡」，未獲，其父、母及幼弟乃同往。

赴湖南任，六月，抵潭州。

《文集》卷一五《送野堂老人序》：「乾道丁亥六月，余來長沙。」

按：王質《于湖集序》「歲丁亥，追游

廬山之間」云者，當爲孝祥此行經江州，從游廬山事也。

七月，劉珙歸朝，孝祥率屬僚離觴深勸，屢有作。

按：據《續資治通鑑》卷一四〇：乾道三年，「閏七月癸巳，劉珙自湖南召還。」推知劉珙去潭州時間在七月。孝祥餞別之作，詳下。

十月：築敬簡堂成，朱熹、張栻各爲詩文以記之。《譜傳》：「會敬夫、定夫扶魏公柩至州境，不能入蜀，公爲營葬于屬縣寧鄉之西，遂與敬夫講性命之學，日夕不輟。築敬簡堂以爲論道之所，而四方之學者至焉。公自篆顏淵《問仁》章于中屏，晦庵、南軒各爲詩文以記之。」朱熹《敬簡分韻得月字》詩今存《晦庵先生朱文公文集》卷五；張栻《敬簡堂記》載《張南軒先生文集》卷四。

按：營葬張浚一事，時地有出入。據《朱文公文集》卷九五下《少師魏國張公行狀》，張浚歿于隆興二年八月；十一月辛亥，葬于衡山縣南嶽之陽豐林鄉龍塘之原。俟考。

九月，朱熹由婺源專程作衡嶽之游，晤孝祥于長沙。十一月，張栻陪登南嶽。

據朱熹《與曹敬叔書》、張栻《南嶽酬唱序》：朱熹此行日程爲：八月一日離家，九月八日抵長沙，十一月庚戌自潭州渡湘水，乙亥抵岳頂，庚辰下山，由櫧洲（今湖南省株洲市）別去。在長沙兩月中，孝祥與朱熹、張栻等同游定王臺、嶽麓寺，讀經論道，詩詞唱和，相與甚洽。

是歲有作：

詩：《舟中熱甚，從鄂守李壽翁乞冰雪櫻桃》、《夜半走筆酬壽翁》二首、《謝劉恭父玉潭月色眞石室之賜》、《酬朱元晦登定王臺之作》、《題朱元晦所書凱歌卷後》、《過嶽麓寄韓子雲》二首、《從張欽夫覓紙》、《贈尹童子夢龍》、《與同僚十五人謝晴東明，得淵字》；詞：《水龍吟》「竹輿曉入青陽」、《水調歌頭》「猩虎嘯篁竹」、《浣溪沙》「卷旗直入蔡州城」、《鷓鴣天》「憶昔追游翰墨場」、《鷓鴣天》「劃鐙難留乘馬東」、《點絳唇》「綺燕高張」、《浣溪沙》「玉節珠幢出翰林」、《鷓鴣天》「浴殿西頭白玉堂」、《蒼梧謠》三闋、《浣溪沙》「謝策金門記昔年」、《青玉案》「紅塵冉冉長安路」、《蝶戀花》「畫戟旍閑刀入鞘」、《水調歌頭》「鰲禁輟頒牧」、《南鄉子》「江上送歸船」、《臨江仙》「問訊宜樓樓下竹」、《踏莎行》「桂嶺南邊」、《鵲橋仙》「明珠盈斗」、《鷓鴣天》「楚楚吾家千里駒」；文：《致劉舍人書》、《題陳擇之克齋銘》、《與朱編修書》、《萬卷堂記》、《送野堂老人序》、《壽芝堂記》等。

乾道四年戊子，三十七歲。

七月前，在潭州任上。入夏，湖南又旱。作《湖湘以竹車激水》、《次韻南軒喜雨》詩。

《文集》卷二七《祈雨文》：「三湘之區，比歲不熟，乃今七月，復以常暘。」

《文集》卷四《湖湘以竹車激水粳稻如雲書此能仁院壁》：「象龍喚不應，竹龍起行雨。聯綿十車輻，伊軋百舟艣。轉此大法輪，救汝旱歲苦。橫江鎖巨石，濺瀑叠城鼓。神機日夜運，甘澤高下普。

老農用不知，瞬息了千畝。抱孫帶黃犢，但看翠浪舞。餘波及井臼，舂玉飲酡乳。江吳夸七塌，足繭腰背僂。此樂殊未知，吾歸當教汝。」謝堯仁《張于湖先生集序》云：「其帥長沙也，一日，有送至水車詩石本，挂在書室，特攜堯仁就觀，因問曰：『此詩可及何人？不得佞我。』堯仁時窘于急卒，不容有不盡，因直言曰，『此活脱是東坡詩』。」

《文集》卷一二《次韻南軒喜雨》其一：「午窗溜雨忽潺潺，想見欣然阡陌間。敬簡堂中有新事，水滿新池雨滿山。」其三「天公有意不作難，一雨千金須臾間。但得湖南今歲熟，我亦腰鐮歸故山。」

知潭州一年，爲政簡易，時以威濟之，湖南遂以無事。

《史傳》：「知潭州，爲政簡易，時以威濟之，湖南遂以無事。」亦見《譜傳》。

是年在潭州還有作：

詩：《元宵同張欽夫、邵懷英分韻，得紅、旗字》二首、《出郊》、《勸農分韻，得十字》、《送張定叟》、《次劉恭父送新茶韻》三首、《送邵懷英，分黃魯直詩韻，得書字》、《送謝夢得歸昭武》、《呈樞密劉恭父》、《同張欽夫過陳仲思所居，次欽夫韻》、《贈陳監廟》、《題屏風送曾裘甫歸臨川》、《從吳伯承乞茶》、《和吳伯承送茶韻》、《送道州酒與吳伯承》、《次吳伯承送苦筍消、梅韻》二首、《和吳伯承惠筍》二首、《吳伯承生孫分韻，得啼、定字》二首、《張欽夫遺送箭筍用所寄吳伯承韻》；詞：《鷓鴣天》「咏徹瓊章夜問闌」、《鷓鴣天》「子夜封章扣紫清」、《南歌子》「人物羲皇上」、《鵲橋仙》「北窗涼透」、《踏莎行》「洛下根株」、《二郎神》「坐中客」、《鷓鴣天》「阿母蟠桃不記春」、《鵲橋仙》「南州名酒」；文：《送臨武雷令序》、《汪文舉墓誌銘》等。

徙知荆南、荆湖北路安撫使。去潭州，張栻爲序以贈。八月抵荆州。

《譜傳》：「復待制，徙知荆南、荆湖北路安撫使。」（《史傳》同）

按：張栻《送張荆州序》，見《南軒先生文集》卷一五。《譜傳》謂此序乃乾道五年安國致仕時張栻爲之餞行所作，《文集》附録收此文復改其題爲《張南軒贈學士安國公歸蕪湖序》，以副《譜傳》。胡宗楙《張宣公年譜》已據《序》有「上流重地，暫茲往牧」語，推定乃乾道四年送安國赴荆州任時所作，《宛譜》從其説。今按：《文集》卷一八《辭免知荆南奏狀》亦有「上游重鎮，王師所宿」語與序相符，茲從胡、宛説。

又：《文集》卷一四《金堤記》云：「秋八月，某自長沙來」；卷二三《帥江陵通運使楊顯謨》云：「山川跋涉，欲遍東南；父子扶攜，復來荆楚」等語，知孝祥抵荆州時間爲八月，父母隨往。

是年春夏大水，荆城堤決，孝祥到任，便聚人力資財，築寸金堤。

《史傳》：「築寸金堤，自是荆州無水患。」《譜傳》：「築寸金堤以免水患。」《文集》卷一四有《金堤記》記其事。

是年赴任途中、在荆州有作：

詩：《金沙堆》、《有懷長沙知識呈欽夫兄弟》；詞：《鵲橋仙》「黄陵廟下」、《西江月》「滿載一船秋色」、《浣溪沙》「霜日明霄水蘸空」、《鵲橋仙》「湘江東畔」；文：《題楊夢錫客亭類稿後》、《高侍郎夫人墓誌銘》、《邕帥蔣公墓誌銘》等。

乾道五年己丑，三十八歲。

荆州駐重兵，年輸米、麥、麻、豆于府，數甚鉅，而府倉破敝，至糧食黑腐。孝祥乃率民建萬盈倉。三月一日，撰文記其事。

《史傳》：「置萬盈倉以儲諸漕之運。」《譜傳》：「置萬盈倉以儲漕運，爲國爲民計也。」《文集》卷四《荆南重建萬盈倉記》記其事甚詳，末署「乾道五年三月旦」。

薦郭雍。不就。

《續資治通鑑》卷一四一：乾道五年「三月壬午，賜洛陽郭雍號沖晦處士，以湖北帥張孝祥薦其賢，召而不至也。」

偶不豫，請祠侍親，三月，進顯謨閣直學士致仕。

《譜傳》：「乾道五年己丑，偶不豫，遂力請祠侍親，疏凡數上。帝深惜之，進顯謨閣直學士致仕。」

《文集》卷四〇與朱熹書：「自來荆州，老者病甚思歸，……某自到官即請去，凡六七，最後乞致仕，乞尋醫，且欲不俟報棄官而歸，諸公乃亦相察，今復得祠祿矣。」

《文集》附錄《升顯謨閣直學敕黃》：「尚書省牒朝議大夫、敷文閣待制、荆南荆湖北路安撫司張孝祥。」牒奉敕：「依前朝議大夫，升顯謨閣學士致仕。牒至準敕。乾道五年三月三日。」

是年荆州有作：

詩：《上元設醮畢作長句》、《和張欽夫

尋梅》、《有懷》、《栖眞寄南康錢守》、《送荆州進士入都》；詞：《浪淘沙》「琪樹間瑶林」、《浪淘沙》「溪練寫寒林」、《鵲橋仙》「吹香成陣」、《踏莎行》「旋葺荒園」、《霜天曉角》「柳絲無力」、《浣溪沙》「宮柳垂垂照空」；文：《跋道德經碑》、《與朱熹書》、《金堤記》、《荆州重建萬盈倉記》等。

旋去荆州，士民哭送登舟。賦《鷓鴣天·荆州别同官》。

《譜傳》：「荆南士民哭送登舟。」

《文集》卷三一《鷓鴣天·荆州别同官》：「又向荆州住半年，西風催放五湖船。來時露菊團金顆，去日池荷叠緑錢。　斟别酒，扣離弦，一時賓從最多賢。今宵拚醉花迷坐，後夜相思月滿川。」

經公安、石首，過岳陽，阻風漢口，四月經黄州至蘄州。

《文集》卷一四《黄州開澳記》：「余來適丁其成。乾道五年四月八日，張某記。」《文集》卷一五《史警序》：「余自荆州得歸還湖陰，未至黄州二十里，扁舟逆浪來迎者，故人談獻可也。……同舟至蘄陽而别。乾道己丑四月既望。」

過江州，迂程至隆興府，訪晤劉珙，復偕王阮游廬山。

《文集》卷四〇《與朱熹書》云：「劉丈之去，奇哉偉哉，此行至江上，當迂數程見之。」

按：乾道四年十月，知樞密院劉珙因進對語切，忤帝意，乃出爲江西安撫使。在隆興府。

岳珂《程史》「王義豐詩」條云：「王阮者，德安人，仕至撫州守，嘗從張紫微學詩。紫微罷荊州，侍總得翁以歸，偕之游廬山。……紫微大書二章。」

艤舟采石，約六月歸抵蕪湖。

按：據四月十六日在蘄陽（《文集》卷一五《史警序》）推知。

途中有作：

詩：《風雨石首呈同行，寄荊州舊僚》、《江行再用前韻》、《屢登橫舟，欲賦不成，阻風漢口，乃追作寄趙富文、楊齊伯》、《萬杉寺》二首、《黃子餘自海昏見予于九江，欲行，爲賦此詩》、《將至池陽呈魯使君》、《請說歸休好》二首、《喜歸作》、《送猿翟伯壽》；詞：《鷓鴣天》「又向荊州住半年」、《浣溪沙》「方船載酒下江東」、《水調歌頭》「湖海倦游客」、《望江南》「談子醉」、《浣溪沙》「六客西來共一舟」、《西江月》「落日熔金萬頃」、《西江月》「疇昔通家事契」、《減字木蘭花》「江頭送客」、《菩薩蠻》「十年常作江頭客」、《菩薩蠻》「烟脂淺染雙珠樹」、《醉蓬萊》「問人間榮事」；文：《史警序》、《黃州開澳記》、《與蕪湖沈知縣書》等。

七月，中暑卒。年三十八。

《史傳》：「請祠，會以疾終卒。孝宗惜之，有用才不盡之嘆。進顯謨直學士致仕，年三十八。」（徐鵬校云：「此段文字疑有錯簡，似當作：『請祠，進顯謨直學士致仕，年三十八。會以疾終卒。孝宗惜之，有用才不盡之嘆。』」）

按：關于孝祥卒年，《宛譜》從《譜傳》「庚寅冬，疾復作，遂卒」。宛先生繼于一九六二年發表《張孝祥和他于湖詞》（《合肥師範學院學報》一九六二年第一期)、一九八一年發表《張孝祥研究中的幾個問題》(《文藝論叢》第一三輯),加以訂正,從《史傳》認定孝祥卒年爲乾道五年己丑,公元一一六九年。現綜合補正于下:

(一)由史籍及孝祥自紀推斷:

據《譜傳》「紹興甲戌,廷試擢進士第一,時年二十有三」,李心傳《朝野雜記》「本朝狀元年三十以下者,……梁內翰顥、張舍人孝祥,王尚書(偃)〔佐〕皆二十三」,推定孝祥生于紹興二年壬子,公元一一三二年(參本文紹興二年)。生年既明,合《史傳》「請祠,以疾卒,年三十八」所載,知卒年爲乾道五年己丑,公元一一六九年。

(二)旁證以親友所記:

一、「方自荆州歸,……曾不數月,乃有此聞!」(《南軒先生文集》卷四三《祭于湖先生文》)

二、「歲己丑,某下峽過荆州,公出其文數十篇,……是歲,公殁于當涂之蕪湖。」「往會于荆州之杞梓堂……後四月而公亡。」(王質《雪山集·于湖集序》)

三、「張帥長沙,某移書求貢院字,……明年二公皆在鬼錄。」(王十朋《梅溪文集後集》卷二七《跋孫尚書張紫微帖》)

四、「其帥長沙也,……次年,公自江陵得祠東下,方欲踐此言,未幾,則已聞爲馭風騎氣之舉矣。」(謝堯仁《張于湖先生集序》)

五、「紫微罷荆州,……偕之游廬山,(王阮)送之江津,别去才兩旬,而得

湖陰之訃矣。」（岳珂《桯史》「王義豐詩」條）

以上除岳珂外，均係孝祥同時親友，所記一致，都以孝祥卒于乾道五年己丑，王質更確指爲己丑歲三月之「後四月而公亡」，自屬可信。

（三）關于孝祥死因，韓元吉《南澗甲乙稿》卷一八《祭張舍人文》云：「觸炎而遽疾，卧空舟而倏逝」；周密《齊東野語》卷一三《張才彥》條云：「安國以當暑送虞雍公飲蕪湖舟中，中暑卒。」是可信的。孝祥自紹興二十九年罷中書舍人後，紹興三十、三十一年夏多次往返于蕪湖與父祁任所廬州之間；三十二年初夏赴撫州任；隆興元年四月由撫移吳「三閱月」而之吳門；二年夏常「往來兩淮措置」；乾道元年五至七月在赴桂林道上跋涉；二年六月罷歸，作詩云：「七年暑中行，道路萬里賒」；三年赴潭州任，六月至長沙；四年移荆州，八月抵江陵；五年得祠去荆州，三月啓程，約六月抵蕪湖。故其與劉舍人書云：「載從去國，屢遣作州，常以五六月之間，則爲數千里之役。精神耗于憂畏，筋力疲于奔馳」（《文集》卷二三）。長年累月在炎暑中跋涉，積熱成疾；此次迎虞允文于舟中中暑是完全可能的。據《宋史》卷二一三《宰輔表四》：乾道五年，「六月己酉，虞允文自資政殿大學士、知樞密院事、四川宣撫使召除樞密使。」查《二十史朔閏表》，本年六月丙戌朔，己酉二十四日。約七月經蕪湖一帶，正合。

據此種種，可推斷孝祥以中暑卒于乾道五年（公元一一六九年）七月，當無可疑。

葬于秣陵之鍾山。

韓元吉《祭張舍人文》：「寓斗酒而往酹，望孤墳于鍾山。」

佚名《吊于湖墓在秣陵》（《文集》附録）：「晚出白門下，疲馬踏秋色。鍾山度蒼翠，慰我遠游客。……平生張于湖，萬里去一息，翻然九州外，汗漫跨鯨脊。」

有集四十卷傳世。

按：《宋史·藝文志》、陳振孫《直齋書録解題》均著録「《于湖集》四十卷」，與《四部叢刊》影印涵芬樓借慈溪李氏藏宋刊本實際卷數相符。徐鵬校點《于湖居士文集》，以《四部叢刊》影印本爲底本，校以宋乾道本《于湖先生長短句》等，于一九八〇年六月由上海古籍出版社出版。集中存詩（含辭賦）四一八，詞二二七，文（記、序、銘、説、贊、奏議、啓、書、題跋、墓誌銘、祭文、尺牘等）二六七，其他（制、表、疏、文、青詞、釋語、祝文、致語、定書等）一五九，共得一〇七〇餘篇。以上就集中之與作者生平、思想、文學成就有較大關係者編次之。

子太平，方髫年，從諸父徙宣城，遂籍焉。

《譜傳》：「子太平，公易簀時方髫年，從諸父徙宣城，既而從事素書，合門蔭，不克磨勘者二十年，今皇帝登極建元，始得蒙例遙授登仕郎。」

唐仲友年譜

周學武 編

轉載自《國魂》第三一〇期

唐仲友（一一三六—一一八八），字與政，號説齋，東陽（今屬浙江）人，堯臣子。紹興二十一年進士，調衢州西安簿。紹興三十年再中宏詞科，通判建康府。乾道間歷秘書省正字兼國史院編修官、實録院檢討官，除著作佐郎，出知信州。淳熙間知台州，遷江西提刑，爲朱熹劾罷，主管武夷山冲佑觀以歸。開席受徒，致力于經史百家。淳熙十五年卒，年五十三。

唐仲友以博學窮理聞名于時，著有《六經解》、《諸史精義》、《群書新録》、《説齋文集》四十卷等，大多已佚。今存《帝王經世圖譜》、《詩解鈔》、《九經發題》、《魯軍制九問》、《愚書》，清張作楠輯爲《金華唐氏遺書》，有道光刻本。胡宗楙又刻《悦齋文鈔》十卷、補一卷，有《續金華叢書》本。事蹟見《金華先民傳》卷三、《宋史翼》卷一三。

此譜爲今人周學武所著，作者據史志、文集、《會要》等鈎輯排比，對舊書所載仲友事蹟，補闕正訛，較爲簡明。本書收録時，對版式略有調整。

唐仲友説齋爲南宋大儒，乾淳之際，以典禮經制與東萊（呂祖謙）、止齋（陳傅良）齊名。後知台州時，爲朱子所劾，聲名遂晦而不彰，著作亦散佚殆盡。今考諸家所載説齋生平，率皆二三百言，於事蹟多所遺略，而其中舛誤尤多；乃不揣譾陋，考其行事，按以年月，作成年譜如下。

（一）

唐仲友，字與政，號説齋，南宋婺州金華人。

案：唐氏説齋，《宋史》無傳。宋潛溪有《唐仲友補傳》一卷，見《明史藝文志》著録，今佚。其生平事蹟略見於錢士升《南宋書》卷六三《儒林傳》、鄭柏《金華賢達傳》卷八《儒學傳》、應廷育《金華先民傳》卷二《名儒傳》、陸心源《宋史翼》卷一三《列傳》第十三、《金華府志》卷一六人物類、《金華縣志》卷五文學傳。

父堯封，孝宗時以殿中侍御史致仕，有直聲。

王懋德《金華府志》（以下稱《府志》）卷一八科第類：「唐堯封，字嘉猷，又中師儒選，累官吏部侍郎、國子祭酒。」胡頌《金華縣志》（以下稱《縣志》）卷五人物類氣節條：「素負氣節，不苟取予。紹興癸丑進士，遷侍御史，歷官龍圖閣、朝散大夫。讜論執奏，不避權貴。劾王之望、錢端禮驟進，不聽，輒棄官歸。……家居貧甚，卒之日，至無以爲葬。」唐仲友《説齋文鈔》（以下稱《文鈔》）卷一《館職備對劄子》三：「臣之先臣某，仕宦卅年，不離校官，晚蒙陛下擢置風憲，……烏臺章奏，十可其九。」

何異《宋中興東宮官僚題名》（以下稱《東宮官僚題名》）：「（隆興二年）十一月，除殿中侍御史。」

王柏《魯齋王文憲公文集》（以下稱《魯齋集》）卷一一《跋唐侍御家問》：「侍御史唐公，淸德勁操，吾鄉之典刑。……言行相顧，表裏如一。……當孝皇嗣服之初，厲精求治，從諫如流；公於是時以敢言受上知，被親擢，諫行言聽，宜也。」

兄仲溫、仲義，紹興進士。

《縣志》卷六人物類仕進條：「唐仲溫，字與直，仲友之兄，任饒州教授。」又：「唐仲義，字與信，任通判，仲友之兄。」

弟某，王師心以女妻之。師心，時相王淮之父。

《宋史》卷四二九《朱熹傳》：「知台州唐仲友，與王淮同里，爲姻家。」

《魯齋集》卷八《跋同郡王公帖》：「說齋唐公與莊敏（師心謚號）伯祖位爲婚姻。」

《朱子全集》卷九《按唐仲友第五狀》：「仲友弟婦，門族貴盛。」又同卷《乞罷黜狀》：「（按發仲友），與宰相臺諫皆有妨嫌。」據此，當係師心之女，妻仲友之弟。

子士俊、士特、士濟。

《朱子全集》卷八《劾唐仲友第三狀》：「仲友有三子：長曰士俊，次曰士特、士濟。」士俊別見於《永樂大典》卷一四〇五二仲友《祭念五弟文》。

（二）

高宗紹興六年丙辰，一歲。

仲友生。

案：仲友生卒年，舊籍皆不載。周必

大《帝王經世圖譜序》言：「不幸得年僅五十三。」今考《說齋文鈔》卷三《上四府書》云：「蒙被國家長養作成之恩二十九年」，是其上書時當在廿九歲。書中又云：「拏兵以來，勝負略當，是其受病同也。秦隴之師，吾之上駟，符離之役，吾之大舉，確山之屯，忠義之巨擘也。二年之間，數與虜角，得未毫毛，而喪踰邱山。」據《宋史》，宋將李顯忠兵潰符離（今安徽宿縣）時爲隆興元年（西元一一六三年）五月甲寅。而金人忠義犯淮，亦在此之後，詳見《金史》卷八十七《忠義傳》。故說齋上書，必不早於隆興元年。

又案：紹興末年，宋金之戰，始於卅一年九月金人南下，至次年六月，和議成功，戰爭即告結束，是月丙子，高宗內禪孝宗，翌年改元隆興。孝宗即位之後，銳意恢復，首以主戰派之張浚督師兩淮，於是戰火復燃。《宋史記事本末》卷七十七：「隆興元年夏四月戊辰，張浚被命入見，帝銳意恢復，……（浚）謂金人至秋必爲邊患，當及其未發攻之，帝然其言，乃議出師渡淮。……會李顯忠、邵宏淵亦獻擣虹縣、靈壁之策。帝命先圖二城，浚乃遣顯忠出濠州趨靈壁，宏淵出泗州趨虹縣。」據此可知，隆興間之戰鬭，實由宋人主動。至二年年末，和議重開，以迄乾道元年二月和議之成，歷時將近二載。以是證之，說齋書中所謂拏兵以來之「二年之間」，當係隆興元年至二年之間，而非紹興卅一年至卅二年之間。由此可知，唐氏上書時必在隆興二年。又據其文集，唐氏於淳熙十五年仲冬尚在人間（《説齋文鈔補·重建學校記》）；設其於隆興元年上書，時已五十四歲，與周必大《圖譜序》所載不合。隆興二年，唐氏二十九歲，據此向前後推算，當生於高宗紹興六年，卒於孝宗淳熙十五年十二月（西元一一三六—一一八八年）。

是年，朱熹七歲（此下名人生卒年均不另外引證）。薛季宣二歲。

紹興七年丁巳，二歲。

呂祖謙、陳傅良生。

紹興九年己未，四歲。

陸九淵生。

紹興十三年癸亥，八歲。

陳亮生。

紹興二十年庚午，十五歲。

葉適生。

紹興廿一年辛未，十六歲。

登進士第。

《府志》卷一八科第類：「紹興辛未趙逵榜。」

授西安尉。考察役法民情。

《文鈔》卷一《信州朝辭劄子》：「臣初任縣僚，嘗歷考役法之本末；久伏田野，又熟察民情之利病。」

紹興廿四年甲戌，十九歲。

兄仲溫登進士第。

《府志》卷一八科第類：「紹興甲戌張孝祥榜。」

紹興卅年庚辰，二十五歲。

二月，舉博學宏詞。

熊克《中興小紀》卷卅九：「（紹興卅年

二月庚戌）貢院考到博學宏詞合格西安主簿唐仲友，詔與堂除。仲友，金華人，堯封子也。」

《建炎以來繫年要錄》卷一八四：「（紹興卅年二月戊午）貢院言：應博學宏詞科西安尉唐仲友合格，詔與堂除。仲友，堯封子也。」

《宋會要》選舉十二：「（紹興）卅年二月七日，禮部貢院言：試博學宏詞科左迪功郎、衢州西安縣主簿唐仲友（題略），考入下等，減二年磨勘。」

兄仲義登進士第。

《府志》卷一八科第類：「紹興庚辰梁克家榜。」

紹興卅一年辛巳，廿六歲。

通判建康。

《文鈔》卷九《送同官黃敎授序》：「紹興歲辛巳，北虜渝盟，……時永嘉黃君圯老方爲金陵泮宮師，僕始忝同僚。」考諸籍載仲友爲建康府通判，當始於此時。

秋，金人渡淮（此下一般史實均不另外引證）。

紹興卅二年壬午，廿七歲。

六月，宋金和議成。高宗內禪太子眘，是即孝宗。

九月，堯封以「光錄寺丞兼慶王府直講。當月除戶部員外郎，仍兼。」（《東宮官僚題名》）

孝宗隆興元年癸未，廿八歲。

宋金戰起。五月，宋兵敗於符離。

隆興二年甲申，廿九歲。

上書陳時弊。

《文鈔》卷三《上四府書》：「無問和之於守，皆當熟察之者，其患有四：眩於虛數，以兵爲足用；惑於閒言，以敵爲無能；財力屈而妄費；官爵濫而輕與。此皆失之於前，當察之於今也。」同卷又有《上張相公萬言書》，論守戰之策。

孝宗乾道元年乙酉，三十歲。

二月，宋金和議成。

乾道六年庚寅，三十五歲。

爲秘書省正字。

宋陳騤《中興館閣錄》卷八（以下稱《館閣錄》）：「（乾道）六年十一月除。」洪适《盤洲文集》卷廿二《唐仲友秘書省正字制》：「劉晏言：天下之文，惟朋字未正。朕既擢爾父於風霜之地，破黨與之私矣。爾弟兄鼎立，白眉最良。發策玉堂，奏篇甚善。宜居中秘，讎校羣書，歸休從容，必無異同之論。」

在此或稍後，與尤袤編四庫典籍，倣《崇文》舊目。

《周益國文忠公集奏議》卷六淳熙三年《乞取唐仲友尤袤書目劄子》：「自紹興以來，設藏書之策，置校讐之官，闕書脱簡，浸充秘府而未嘗編次，散無統記。臣昨任秘書省少監日，嘗屬正字唐仲友、丞尤袤將四庫典籍倣《崇文》舊目而爲一書，後來聞已就緒。今二人皆守近郡，不難繕寫，欲望聖慈下臣此章，許以其書來上，然後付之館閣，重加考訂，錫以嘉名，斯中興之聖典也。」

案：共八十三卷，名《乾道秘書羣書新錄》，爲陳騤所獻《中興館閣書目》藍本。見胡宗楙《金華經籍志》卷十《附考》。

乾道七年辛卯，三十六歲。

七月，授國史院編修，實錄院檢討官。

《館閣錄》卷八：「七年七月以正字兼。」

乾道八年壬辰，三十七歲。

五月，除著作佐郎。

《館閣錄》卷七：「治《詩》，八年五月除。」

稍後，疏陳正心誠意之學。

《文鈔》卷一《館職備對劄子》一：「大公至正之道，人心同然，不爲智有而愚無，亦非昔多而今寡。……臣觀自古直道之行，本於至心誠意之間，顯於舉賢放佞之際。」又云：「竊以爲成治功在善風俗，善風俗在行直道，行直道在去私心。私心去則直道行，直道行則風俗善，風俗善則治功成。」

八月，出知信州。

《館閣錄》卷七：「（八年）八月，知信州。」

乾道九年癸巳，三十八歲。

薛季宣卒。

孝宗淳熙二年乙未，四十歲。

四月，朱、陸會於鵝湖。

《朱子年譜》卷之二上：「偕東萊呂公至鵝湖，復齋陸子壽、象山陸子靜來會。」

淳熙七年庚子，四十五歲。

知台州。

《文鈔》卷九《新建中津橋碑記》：「郡介括蒼、天台間，……仲友淳熙庚子來守。」

《文鈔》卷九《重修台州郡學記》：「仲友奉命假守至郡，既謁先聖，行視學宮將就傾圮，惕然念非宣化所宜，乃議修學。……始作於庚子孟春，畢於首夏。材良匠能，可支百載。」

四月，建中津橋。

《新建中津橋碑記》：「始於四月丙辰，成於九月乙亥。」

條具荒政之策。

《文鈔》卷一《台州奏劄子》三略云：請行本朝司馬光賑贍舊策，令富室有蓄積者，官給印歷，聽其舉貸，量出利息，候豐熟日，官爲收索，示以必信，不可誑誘。

案：此一劄子不考月日，附此。

淳熙八年辛丑，四十六歲。

十一月，刊《荀子》、《揚子》、《文中子》書。

《古逸叢書》有仲友《唐楊涼注荀子後序》，作於淳熙辛丑十一月甲申。又殘本《說齋文粹》第七卷目錄有《荀子後序》、《揚子後序》、《文中子後序》。

稍後，刊《韓子》書。

《文鈔》卷九《韓子後序》：「仲友既刊荀、揚、王通書，因掇取愈之古文三十四篇爲四卷，題曰《韓子》。」

是年，呂祖謙卒。

淳熙九年壬寅，四十七歲。

遷江西提刑。

七月，爲朱子所劾。

《朱子年譜》卷之三上：「知台州唐仲友，與丞相王淮爲姻家，吏部尚書鄭丙、侍御史張大經交薦之，遷江西提刑，未行。七月，先生巡所部，將趨溫州，涉台州境，民訴太守新任江西提刑唐仲友不法者紛紛。急趨台城，前訴者益衆，至不可勝窮。因盡得其促限催稅，違法擾民，貪污淫虐，蓄養亡命，偷盜官錢，僞造官會等事，節次劾之，仍送紹興司理院鞫實。章三上，王淮匿不以聞。先生論愈力，仲友亦自辨，淮乃以先生章進呈。上令宰屬看詳，都司陳庸等乞令浙西提刑司委清彊官體究。」

八月，新任知州史彌正至台州，朱子乞賜罷黜。

《朱子全集》卷九《乞賜罷黜狀》：「臣之所以久留台州，只緣憂慮仲友逞憾報復，殘虐吏民。今新知本州史彌正已到，俟其交割州印，臣即便恭稟聖旨日下起發，不敢稽留外。再臣雖孤賤，叨被使令，今者所按巨姦，未蒙朝廷準依常法略賜施行，則自是以往，復有貪殘不法、肆毒害民如仲友者，未審在臣合與不合按劾。如臣愚闇，實有疑焉。然以臣之私計而言，則惟有收迹朝市，遠避權豪，可以少遂初心，克全素守，臣謹奏乞賜罷免。」

是月，奪江西提刑新任授熹。仲友罷祠。

是年，陸象山評台州事。

《象山全集》卷七《與陳倅第一書》：「朱元晦在浙東，大節殊偉。劾唐與政一事，尤快衆人之心。雖士大夫議論中間，不免紛紜，今其是非已漸明白。」

案：朱子按發說齋，自淳熙九年七月，至同年九月上旬，奏章凡六上，都一萬五千餘言。是非曲直，雖未必如朱子所陳，然亦非盡枉。宋周密《齊東野語》、荆溪吳氏《林下偶談》、明朱右《白雲稿》謂台州之獄係陳亮、高文虎誣構，紀曉嵐《四庫提要》幷據以為唐氏平反。而明清諸儒，如宋濂、蘇平仲、黃宗羲、王崇炳、鄭柏、章學誠、張作楠……等，亦多有右唐之語（評見拙著《唐說齋研究》）。

淳熙十年癸卯，四十八歲。

六月，陳賈請禁道學。

陳同甫評台州事。

《龍川集》卷二〇《癸卯通書》：「台州之事，是非毀譽參半。然其爲震動一也。世俗日淺，小小舉措，已足以震動一世。」

淳熙十四年丁未，五十二歲。

十二月，遊郡西八詠樓。

《文鈔》卷十有《續八詠詩》，前有序，作於淳熙丁未季冬。

淳熙十五年戊申，五十三歲。

十一月，題浦陽縣學。

《文鈔補》有《重建新學記》。

十二月，卒。

是年朱子五十九歲、陳傅良五十二歲、陸九淵五十歲、陳亮四十六歲、葉適三十九歲。

（三）

寧宗慶元二年丙辰，卒後八年。

臺臣擊僞學。

冬十二月，削修撰朱熹官（俱詳《宋史》及《朱子年譜》）。

慶元六年庚申，卒後十二年。

朱子卒。

慶元六年戊午，卒後十年。

嚴禁僞學。

《宋史》卷三九六《王淮傳》：「初，朱熹爲浙東提舉，劾知台州唐仲友，淮素善仲友，不喜熹，乃擢陳賈爲監察御史，俾上疏曰：近日道學假名濟僞之弊，請詔痛革之。鄭丙爲吏部尚書，相與叶力攻道學，熹由此得祠，其後慶元黨學之禁始於此。」